Ela é carioca

ARPOADOR, 1910
Ipanema à espera de seus fiéis

Ruy Castro

Ela é carioca

UMA ENCICLOPÉDIA
DE IPANEMA

*Edição ampliada,
atualizada e definitiva*

Projeto gráfico
Hélio de Almeida

COMPANHIA DAS LETRAS

Copyright © 1999 by Ruy Castro

Grafia atualizada segundo o Acordo Ortográfico da Língua Portuguesa de 1990, que entrou em vigor no Brasil em 2009.

Projeto gráfico e capa
Hélio de Almeida

Foto de capa e lombada
DR/ Acervo do autor

Preparação
Isabel Cury

Revisão
Camila Saraiva
Huendel Viana
Clara Diament

Índice onomástico
Luciano Marchiori

Dados Internacionais de Catalogação na Publicação (CIP)
(Câmara Brasileira do Livro, SP, Brasil)

Castro, Ruy
  Ela é carioca : uma enciclopédia de Ipanema / Ruy Castro. — 4ª ed. — São Paulo : Companhia das Letras, 2021.

  Bibliografia.
  ISBN 978-65-5921-040-4

  1. Ipanema (Rio de Janeiro, RJ) – Crônicas 2. Ipanema (Rio de Janeiro, RJ) – Vida intelectual I. Título.

21-57400   CDD-B869.8

Índice para catálogo sistemático:
1. Crônicas : Literatura brasileira B869.8

Cibele Maria Dias – Bibliotecária – CRB-8/9427

[2021]
Todos os direitos desta edição reservados à
EDITORA SCHWARCZ S.A.
Rua Bandeira Paulista, 702, cj. 32
04532-002 — São Paulo — SP
Telefone: (11) 3707-3500
www.companhiadasletras.com.br
www.blogdacompanhia.com.br
facebook.com/companhiadasletras
instagram.com/companhiadasletras
twitter.com/cialetras

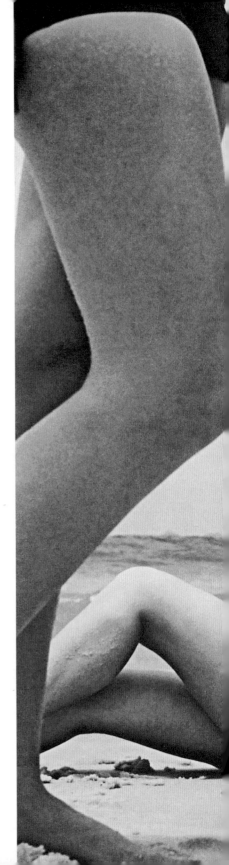

*Para Bunda, Miu, Piu, Tetê,
Glorinha, Pia, Lili, Colette,
Yellow, Carlota, Zulu, Fu Manchu,
Zazie, Bing, Dixie e Bizu*

*Em memória de Ivan Lessa,
que me pediu este livro*

QUEM ESTÁ EM *ELA É CARIOCA*

AFRANIO Coutinho
ALAIR Gomes
ALBINO Pinheiro
Alvaro ALVIM
ANA MARIA Machado
ANA MARIA Magalhães
ANGELO de Aquino
ANIBAL Machado
ANNA LETYCIA
ANTONIO CARLOS (Tom) Jobim
ARDUINO Colasanti
ARMANDO Costa
ARPOADOR
ASDRÚBAL Trouxe o Trombone
ASTRUD Gilberto

BANDA de Ipanema
BAR LAGOA
BARBADO
BEA Feitler
BETTY Faria
Enrico BIANCO
BLITZ
BOFETADA
BONDE 13
BOSSA NOVA
BUTIQUES DE IPANEMA

CACÁ (Carlos) Diegues
CAIO Mourão
Antonio CALMON
CALYPSO
CARLINHOS (Carlos) Niemeyer
CARLINHOS (José Carlos) Oliveira
CARLOS (Caloca) Leão
CARLOS (Carlinhos) Lyra
CARRETA
Hugo CARVANA
Geraldo CASÉ
CASTELINHO
Marechal CASTELLO Branco
CAZUZA
Robert CELERIER

Adolfo CELI
Alfredo CESCHIATTI
CHICO BRITTO
Os CHOPNICS
CINEMA NOVO
CIRCO VOADOR
CLAUDIO Marzo
COLÉGIOS DE IPANEMA
COUNTRY Club

Milton DACOSTA e
   Maria LEONTINA
DANIEL Azulay
DANIEL Más
DANUZA Leão
DARWIN e GUGUTA Brandão
DOLORES Duran
DOMINGOS Oliveira
Narciso DOVAL
Carlos DRUMMOND de Andrade
DUDA Cavalcanti
Eurico Gaspar DUTRA
DZI CROQUETES

EDITORA DO AUTOR
ELSIE Lessa
ESQUERDA FESTIVA

FAUSTO Wolff
FEIRA Hippie
FERDY Carneiro
FERNANDO Sabino
FOSSA
The FOX
Paulo FRANCIS
FREI LEOVIGILDO Balestieri

Fernando GABEIRA
Paulo GARCEZ
"GAROTA de Ipanema"
GAROTA de Ipanema
GAROTA de Ipanema
GERALD Thomas
Rubens GERCHMAN
GERMANA de Lamare
GILLES Jacquard

GLAUBER Rocha
GLAUCO Rodrigues
GUERREIRINHO (Josef
   Guerreiro)
Antonio GUERREIRO
Ferreira GULLAR

HANS e MIRIAM Etz
HELIO Beltrão
HELIO Oiticica
HELÔ Pinheiro
Bruno HERMANNY
Rudolf HERMANNY
Eugenio HIRSCH
HUGO Bidet

IBRAHIM Sued
IRA Etz
ISABEL
ISADORA Duncan
IVAN Lessa

Arnaldo JABOR
JACQUELINE Silva
JAGUAR
JANGADEIRO
JANIO de Freitas
JEAN Boghici
JEAN Sablon
JÔ Soares
JOÃO DO RIO
JOÃO LUIZ de Albuquerque
JOAQUIM PEDRO de Andrade
JOMICO (Jom Tob) Azulay
JOSÉ HONORIO Rodrigues
JOSUÉ de Castro
JOYCE Moreno
JUAREZ Machado
JUSCELINO Kubitschek

KABINHA
KALMA Murtinho

LAURA Alvim
LÉA Maria
LEILA Diniz

Carlos LEONAM
LEOPOLDO Serran
LILIANE Lacerda de Menezes
LOBÃO
LUCIO Cardoso
LUCIO Rangel
LUIZA Barreto Leite
LYGIA MARINA

Luiz Carlos MACIEL
MANECO (Jacinto de Thormes) Müller
MARCIA Rodrigues
MARCO AURELIO Mattos
MARCOS Valle
MARCOS de Vasconcellos
MARIA CLARA Machado
MARIA GLADYS
MARIA LUCIA Dahl
MARILIA Carneiro
MARILIA Kranz
MARINA Colasanti
MARIO Carneiro
MARIO Pedrosa
Eduardo MASCARENHAS
MAU CHEIRO
Luiz Carlos MIELE
MILLÔR Fernandes
MONTENEGRO
MORAES (Sorveteria das Crianças)
John MOWINCKEL

NAPOLEÃO Moniz Freire
Ernesto NAZARETH
NELSON Dantas
NELSON (Nelsinho) Motta
NELSON Xavier
NEWTON Mendonça
NUMBER ONE

ODETTE Lara
ODILE Rodin Rubirosa Marinho
OLGA Savary

PASQUIM
PAULO Amaral
PAULO Goes

PAULO Mendes Campos
PEDRO (Pedrinho) de Moraes
PER Johns
Paulo César PEREIO
PETIT
PETITE GALERIE
PÍER
PIZZAIOLO
PONTES de Miranda
Luiz Carlos PRESTES e
    OLGA Benario
Monsieur PUJOL

Roberto QUARTIN

RAYMUNDO Nogueira
REGINA Rosenburgo Lecléry
ROBERTO Magalhães
RODRIGO M. F. (Mello Franco)
    de Andrade
RONALDO Bôscoli
RONIQUITO de Chevalier
Angela RO RO
ROSAMARIA Murtinho
ROSE di Primo
Armando ROZÁRIO
RUBEM Braga
RUY Guerra

SABADOYLE
João SALDANHA
SANDRO Moreyra
José SANZ
Paulo Cesar SARACENI
SCARLET Moon de Chevalier
Carlos SCLIAR
SENHOR
SERGIO Rodrigues
SILVEIRA Sampaio
SILVIA AMELIA Chagas de
    Waldner
SILVIA Sangirardi
SIMPATIA É Quase Amor
SINHOZINHO
SOL Ipanema
Eduardo SUED

SURFE
SUZANA de Moraes

TANIA Caldas
TARSO de Castro
Clube dos TATUÍS
TEATROS DE IPANEMA
Joaquim TENREIRO
Cesar THEDIM
THÉO-Filho
Carlos THIRÉ
TOCA DO VINICIUS
TONIA Carrero
TRIO TUMBA

VARANDA
VELOSO
VERA Barreto Leite
Carlos VERGARA
VINICIUS de Moraes

WALTER Clark

YLLEN Kerr
YONITA Salles Pinto

ZÉ (José) Henrique BELLO
ZEPPELIN
ZEQUINHA Estellita
David Drew ZINGG
ZIRALDO
ZÓZIMO Barrozo do Amaral
ZÓZIMO Bulbul
ZUZU Angel

SUMÁRIO

Quem está em *Ela é carioca*, 10

Introdução: Uma província de cosmopolitas, 15

Uma enciclopédia de Ipanema, 21

Agradecimentos, 521

Bibliografia, 525

Créditos das imagens, 533

Índice onomástico, 535

INTRODUÇÃO

Uma província de cosmopolitas

Ao sul, o oceano Atlântico, incluindo as ilhas Cagarras e tudo que o olho alcançar dentro das duzentas milhas. Ao norte, a Lagoa Rodrigo de Freitas — do Clube Caiçaras até a margem esquerda do Corte do Cantagalo. A leste, de um lado, o ARPOADOR, a praia do Diabo, o mar e o horizonte correspondentes; de outro, a rua Conselheiro Lafayette ao cruzar as ruas Rainha Elizabeth, Joaquim Nabuco e Francisco Otaviano; a fronteira leste segue pela rua Antonio Parreiras, subindo até o nº 125 da rua Saint-Roman (onde ficava o PASQUIM), galgando parte do morro do Pavãozinho e descendo pelo Corte. E, a oeste, a margem direita do Jardim de Alah. Essa demarcação das terras de Ipanema foi proposta por MILLÔR Fernandes na revista *Domingo*, do *Jornal do Brasil* de 23 de dezembro de 1990. Nunca foi contestada, donde passa a ser a oficial.

Sem contar a faixa de areia e a orla da Lagoa, Ipanema tem 1,67 quilômetro quadrado. É pouco menor que o Principado de Mônaco (mas sempre foi muito melhor). Dentro desses estreitos limites, que se atravessam a pé em duas horas, produziu-se a maior quantidade de cronistas, poetas, romancistas, designers, arquitetos, cartunistas, artistas plásticos, compositores, cantores, jornalistas, fotógrafos, cineastas, dramaturgos, roteiristas, cenógrafos, figurinistas, atores, diretores de TV, modelos, estilistas e esportistas de que se tem notícia no Brasil. Ali surgiram também as mulheres mais famosas do país em seu tempo, inúmeras atuando em uma ou várias das categorias acima. E todos eles, homens e mulheres, com características em comum: libertários, boêmios, lúdicos, corajosos, excêntricos e não muito responsáveis.

Com esse elenco funcionando dia e noite, nas praias, nos botequins e até em seus locais de trabalho, Ipanema foi o berço ou palco de várias revoluções no comportamento, na moda, nas artes plásticas, no cinema, na música popular, na imprensa e em outros itens fundamentais. Ipanema mudou o jeito de o brasileiro escrever, falar, vestir-se (ou despir-se) e, talvez, até de pensar. Foi também pioneira, no Brasil, do sexo sem culpa (LEILA Diniz não foi a primeira, mas a última de uma longa e linda linhagem de leilas-dinizes). Ipanema tornou o sexo natural numa época em que, até sozinho, bastava subir de carro a remota avenida Niemeyer para se ter uma ereção. E, apesar da aura de futi-

lidade que a cercava, foi um permanente reduto de oposição — combateu ou criticou *todos* os governos brasileiros.

Por que isso aconteceu ali? Bem, para começar, desde meados dos anos 30 Ipanema recebeu uma imigração europeia de alto nível cultural: alemães, franceses, italianos, ingleses e judeus de toda parte — gente com facilidade para línguas, habituada a museus e monumentos e a conviver com a História. Os que vieram fugindo do nazismo traziam com eles o amor à liberdade. Muitos eram artistas ou amigos de artistas em seus países e estavam impregnados das ideias da vanguarda europeia dos anos 10 e 20. Não eram ricos, longe disso, mas Ipanema era um areal quase desabitado, barato para viver. Aqui eles se misturaram aos nativos (os cariocas de Minas Gerais, São Paulo, Espírito Santo, Rio Grande do Sul, de vários estados do Nordeste e de todos os bairros do Rio) e formaram uma cultura própria — que, durante décadas, pôde germinar sossegada, longe dos olhos da cidade. Até 1960, Ipanema era quase tão "distante" do resto do Rio quanto, depois, a Restinga da Marambaia.

Durante décadas, Ipanema foi europeia e carioca. A praia vazia era um estímulo a que se vivesse com pouca roupa, e o que aqueles europeus menos precisavam era de estímulo. A judia alemã MIRIAM Etz chegou à rua Joaquim Nabuco em 1936, aos 22 anos, vinda de Londres, e a primeira coisa que tirou da mala foi seu maiô duas-peças de lã, feito por ela mesma e o primeiro que se viu por aqui (logo depois, ela confeccionaria novos duas-peças, com tecidos mais apropriados ao sol do Arpoador). As mulheres de Ipanema firmaram, desde o começo, uma tradição de independência, de aprender, de querer fazer coisas. Isso incluía ter vida sexual antes do casamento — o qual, aliás, não era visto por elas como a realização final de suas vidas. Os homens de Ipanema tiveram de ser educados a esse respeito: a velha divisão de mulher "para casar" e mulher "para comer" não existia ali. Mas, segundo MARILIA Kranz, cuja família chegou ao bairro em 1937, não foi uma educação tão traumática: "Quem se mudava para Ipanema já era meio off de alguma maneira".

O grande caldo cultural que simbolizaria Ipanema nasceu no Arpoador, que foi sua primeira praia a ser desbravada e palco de uma convivência democrática entre gente de todos os níveis: pescadores, intelectuais, artistas, aspirantes a essas categorias ou simples bebuns. Ali todos eram iguais e nin-

ARPOADOR, 1970
O mundo cabia inteiro
entre a amurada e o mar

• INTRODUÇÃO

guém era mais igual que os outros — um homem que soubesse ler a direção do vento ou a força das marés era tão respeitado quanto um leitor de Nietzsche ou Jung.

Depois da praia (em trajes civis ou não), essa mestiçagem cultural espalhava-se pelos botequins do bairro, como o JANGADEIRO, O ZEPPELIN, O VELOSO, O MAU CHEIRO, O BAR LAGOA, ou se concentrava em casas abertas ou semiabertas, como as de ANIBAL Machado, LUCIO Cardoso ou MARIO Pedrosa — homens que traziam, dentro de si, bibliotecas inteiras e adoravam reparti-las com os amigos. Num espaço tão pequeno, estava-se exposto à presença de pessoas das áreas mais diversas da criação. Não admira que tantos em Ipanema fossem multidisciplinares: os escritores faziam cinema, os arquitetos faziam música, os cartunistas faziam teatro, os pescadores faziam fotografia e muitos faziam quase tudo isso, sendo que inúmeros eram, ao mesmo tempo, artistas plásticos ou tinham feito ginástica ou aprendido a lutar com SINHOZINHO.

E como todos ali se sentiam "intelectuais" ou "artistas", os artistas e intelectuais de verdade podiam locomover-se sem os embaraços naturais da fama. ANTONIO CARLOS Jobim, por exemplo, não era parado na rua por ser o autor de "Garota de Ipanema", mas por ser o Tom, a quem todos já tinham nascido habituados. VINICIUS de Moraes podia casar-se e descasar-se à vontade. TONIA Carrero ia à praia e ficava magoada se os rapazes não lhe fizessem fiu-fiu. RUBEM Braga dava-se tanto com velhos ratos de praia quanto com belas colegiais de uniforme. Paulo FRANCIS era amigo do mergulhador, surfista e galã ARDUINO Colasanti. Leila Diniz e Fernando GABEIRA serviam de baby-sitter dos filhos dos amigos. O psicanalista Eduardo MASCARENHAS vivia de sunga na areia. Grã-finas namoravam jornalistas. Homens sérios saíam vestidos de mulher na BANDA de Ipanema. Ipanema era uma reprodução do filme de Frank Capra *Do mundo nada se leva*, só que ao vivo e de verdade.

Dessa mistura, desse jogo de cintura, brotou nos anos 50 e 60 o que se chamou de República de Ipanema — uma província habitada por cosmopolitas e uma moderna Shangri-lá à beira-mar, com uma qualidade de vida quase impossível de acreditar. Os poucos edifícios da orla tinham quatro andares e a maioria de seus menos de 40 mil habitantes vivia em casas, cujas portas podiam dormir abertas. Poucos tinham carro e as ruas pertenciam às crianças. Homens e mulheres ilustres submetiam-se prazerosamente ao bonde, que era uma das instituições mais queridas do bairro. Os botequins serviam fiado e, às vezes, seus proprietários até emprestavam dinheiro, o qual, por sua vez, era a menos valorizada das moedas de troca em Ipanema. Vivia-se com pouco ou nenhum, e ninguém era julgado em função dele. As mulheres eram lindas, ousadas; os rapazes, atléticos e bronzeados. O mar era cristalino, a paisagem, um escândalo e o sol brilhava o ano inteiro. Até princípios dos anos 70, quando, segundo o consenso, se encerrou o ciclo da Ipanema "clássica", nenhum outro bairro no Brasil teve uma tradição cultural tão rica ou de vanguarda.

É essa tradição que *Ela é carioca* tenta reconstituir, por intermédio de 238 de suas figuras ou instituições mais notáveis ou revolucionárias. (Sim, eu sei: não se pode dizer que os ex-presidentes DUTRA e CASTELLO BRANCO fossem de vanguarda — mas, até pelo contraste, a presença deles ali era uma prova do caldeirão cultural de Ipanema.) Muitos dos personagens deste livro ficaram conhecidos nacionalmente e, alguns, internacionalmente. Aos olhos de Ipanema, no entanto, isso não os tornava mais "importantes" que RONIQUITO de Chevalier, HUGO Bidet ou José SANZ, homens cuja notoriedade mal extravasou os limites da Zona Sul do Rio. Mas, sem Roniquito, Hugo Bidet ou José Sanz, não teria havido Ipanema.

O autor não pode proibir que os leitores mais velhos suspirem de saudade à leitura de *Ela é carioca* — mas sua intenção é revelar um Brasil vivo, dinâmico e atrevido que os mais jovens se orgulharão de conhecer.

Pense numa Semana de Arte Moderna com um elenco de centenas e cinquenta anos de duração, de 1920 a 1970. Pois existiu e chamou-se Ipanema.

Ruy Castro

Os verbetados aparecem quase sempre pelo primeiro nome, como eram chamados em Ipanema. Vinicius de Moraes, por exemplo, aparece com o destaque em "vinicius", não em "moraes, Vinicius de". A exceção são os casos em que o sobrenome ficou mais conhecido, como em "Ernesto nazareth". Às vezes, o diminutivo é que era universal: "carlinhos (José Carlos) Oliveira". O índice onomástico inclui todos os nomes citados no livro e segue o critério convencional.

Os nomes em versalete dentro de um verbete significam que têm verbetes próprios. O *n.* em itálico antes de uma data indica o ano de nascimento; *f.* assinala a data de fundação. Os números fechados (*1900-99*) referem-se, naturalmente, ao nascimento e morte ou à fundação e o encerramento. Exceto referência em contrário, todas as ruas, praças e avenidas citadas no texto ficam em Ipanema. É fácil localizá-las consultando o mapa do caderno de imagens. Em *Ela é carioca*, a atual rua Vinicius de Moraes continua a ser chamada de rua montenegro — como no tempo da maioria das histórias contadas no livro.

Se o leitor sentir falta de algum nome entre os verbetados, vá ao índice onomástico. Ele provavelmente estará lá.

AFRANIO Coutinho
1911-2000. Ensaísta e historiador de literatura.

Boemia e alta cultura sempre fizeram casamentos felizes em Ipanema, mas houve um amável caso de separação de corpos: o do escritor baiano Afranio Coutinho. Em 1948 ele foi morar na rua Paul Redfern, quase esquina com a rua Prudente de Morais. Como nunca bebeu, Afrânio não tinha o hábito de ir ao ZEPPELIN nem a bar algum. Mas aos poucos os bares foram a ele. Nos anos 70, sua pacata ruazinha já se transformara no que veio a ser o Baixo Ipanema: um quarteirão com nunca menos de seis ou sete botequins e restaurantes, com gente chegando e saindo e carros e motos roncando para estacionar — a noite toda. Ipanemense convicto, o professor Afranio nunca chegou à janela para reclamar do barulho.

Os boêmios da rua Paul Redfern, por sua vez, levariam um susto se soubessem que, naquela casa de três andares, no olho do burburinho, morava um intelectual cercado por quase 100 mil livros, muitos deles edições sem preço, além de manuscritos velhos de séculos. Um homem que, depois de estudar nos anos 40 com os ensaístas americanos René Wellek e Austin Warren, mestres do chamado New Criticism, trouxe dos Estados Unidos o *"close reading"* — uma visão que, para o bem ou para o mal, revolucionou a crítica literária por aqui, tornando-a mais "científica", menos impressionista. E que, durante a década de 50, organizou uma das mais completas histórias da literatura brasileira, *A literatura no Brasil*, em vários volumes, e, com seus ensaios, contribuiu para a compreensão mais séria de Machado de Assis, Raul Pompeia, Lima Barreto e dos poetas e prosadores simbolistas.

Nos anos 80, ele transformou sua casa na Oficina Literária Afranio Coutinho e, por um bom tempo, continuou morando nela. Tão perto da praia, o professor Afranio preferia pesquisar em areias de quatrocentos anos antes: aquelas em que escrevia com um graveto o fundador do teatro brasileiro — seu herói, o padre Anchieta.

ALAIR Gomes
1921-92. Fotógrafo.

No começo, e durante anos, ele se dedicou a ver o mundo de muito perto. Suas disciplinas, como estudioso, pesquisador e mestre, eram as engenharias civil e eletrônica, a física, a matemática, a biologia e a neuropsicologia, ciências em que o olho é treinado para o detalhe, o cálculo que ninguém toca, as partículas que ninguém vê. Foram essas matérias que o levaram como professor ao Instituto de Biofísica Carlos Chagas, da Universidade do Brasil (atual UFRJ), no Rio, à Universidade Yale, nos Estados Unidos, e a viagens de estudos pela Europa e pelo Oriente Médio. Tudo isso nos anos 50 e 60. Mas Alair Gomes era também, desde cedo, ardente leitor dos gregos, de Rimbaud e de D.H. Lawrence, fascinados pelo corpo humano. Tinha fumaças de crítico literário e fazia parte de uma turma de Ipanema que incluía os poetas Marcos Konder Reis (1922-2001) e LUCIO Cardoso. E mantinha secretamente um diário — o *Diário erótico* —, escrito em inglês, em que tratava de outras ciências, estas, inexatas, como sua sexualidade reclusa. Reclusa, mas de modo algum reprimida.

Em 1966, no entanto, Alair olhou pela janela de seu apartamento na rua Prudente de Morais, na altura da MONTENEGRO, e viu um outro mundo. Era um apartamento de fundos, no sexto andar, emparedado por dois prédios altos da avenida Vieira Souto, mas aberto para o mar e deixando-lhe um naco de vista — um corte vertical na areia, povoada por seres de grande beleza: os jovens dourados que praticavam, e como nunca, o culto ao corpo na praia. E Alair tinha agora o instrumento ideal para explorar esse mundo: uma Leica 35mm, equipada com teleobjetiva e grande-angular.

Ela lhe caiu às mãos em 1966, quando, para ele, os quase quinze anos de composição do *Diário erótico* — a narrativa de cada um de seus encontros homoamorosos, com a descrição minuciosa de peitos, carnes, pelos, músculos e membros — estavam se exaurindo. Não eram o desejo, a divinização do corpo jovem masculino e seu próprio poder de expressão que pareciam se esgotar. Era o veículo. Se o *Diário erótico* já exigia das palavras uma precisão, como ele dizia, pré-fotográfica, por que não ir direto à fotografia? Alair estava então com 45 anos — idade perfeita para se transferir do sonho para a realidade.

Começou por fotografar da janela com uma tele 135mm, sem que os modelos soubessem que estavam sendo alvos do seu escrutínio. Trabalhando segundo processos esteticamente ordenados, ele próprio revelava as fotos em sua sala, em formato 30 x 40, dispondo-as em dípticos, trípticos e, às vezes, sequências de dezenas de fotos, compondo dinâmicas que chamava de "sinfonias" ou "sonatinas". Fez isso durante anos até que, um dia, se atreveu a descer à rua e levar a câmera para a calçada — e, finalmente, para a areia, a dois metros de seus deuses.

A princípio, fotografava em silêncio — os rapazes fingindo não perceber, mas, conscientes de sua beleza, dispunham-se com evidente prazer a exibi-la. Depois, vieram as primeiras palavras entre eles e os convites a que subissem a seu apartamento para mais fotografias, estas, sim, posadas. Nessa fase, Alair pôde finalmente concretizar sua proposta: reproduzir em foto a estatuária e a pintura clássicas, aperfeiçoar a beleza onde ela já existia. Sua busca era por Davis de Michelangelo — mas Davis vivos, em que pudesse captar com suas lentes o suor e a seiva que deles emanavam. Concluído o trabalho, muitas vezes, para ele, era impossível resistir à tentação daqueles corpos, e nem esses corpos ofereciam grande resistência. Mas, à medida que a idade chegava e Alair sentia diminuir seu poder de atração — já tinha então perto de sessenta anos —, o sexo tornou-se privilégio quase exclusivo de seu principal instrumento: a câmera.

Alair conheceu a consagração em vida, ao ver suas fotos publicadas em jornais e revistas dos Estados Unidos (que o comparavam ao americano Robert Mapplethorpe, também voltado para o corpo masculino) e expostas em galerias do Rio e de Nova York. E o corpo não era sua única especialidade — o mundo vegetal também o fascinava, tanto que Roberto Burle Marx o contratou para fotografar a riqueza botânica de seu sítio em Barra de Guaratiba, na Zona Oeste do Rio. Era também o fotógrafo do Carnaval e de Ipanema.

A busca da beleza física por Alair não dispensava a paixão. Apaixonava-se por seus modelos e mantinha com eles relações de respeito e harmonia. Diferente de muitos artistas e intelectuais gays, ele não gostava do teatrólogo francês Jean Genet. Achava que o sexo em Genet era "sujo", passava-se no bas-fond, exalava criminalidade. Alair queria distância disso. Mas essa feia realidade acabou vindo ao seu encontro. Em 1992, ele foi encontrado em seu apartamento, morto por estrangulamento. Nunca se descobriu o assassino — suspeitou-se de um de seus modelos, empregado de uma loja de discos, com quem ele pensava manter um caso de amor.

A obra de Alair, cerca de 200 mil fotos, está hoje em grande parte na Biblioteca Nacional, e porções consideráveis dela em coleções particulares e nos museus de arte moderna do Rio e de São Paulo, Nova York e Paris. Dela se fazem regularmente exposições, peças de teatro e filmes. Alair deixou sua estreita janela em Ipanema e saiu para o mundo.

ALBINO Pinheiro
1933-99. Carioca.

Tente enquadrar Albino Pinheiro numa classificação profissional e todas resultarão incompletas e injustas. Procurador do Estado? Pesquisador do Carnaval? Produtor cultural? Boêmio histórico? Criador da BANDA de Ipanema? Estudioso profundo dos costumes do Rio? Pois Albino foi cada uma dessas coisas e também a soma delas, mas mesmo esta será uma redução. A única categoria que o abrangia era a de... carioca.

Albino não se contentaria com nenhuma outra. O Rio não era apenas a cidade onde ele nasceu e sempre viveu, mas um espaço humano e geográfico a que dedicou cada dia de sua vida. O único Carnaval que passou fora da cidade foi o de 1959 e, mesmo assim, porque não tinha como se defender. Na sexta-feira daquele Carnaval, o artista plástico FERDY Carneiro e amigos de Ipanema aproveitaram que ele estava ligeiramente inconsciente (digamos, ébrio), meteram-no num lotação fretado e pegaram a estrada. Quando Albino voltou à tona, estava em Ubá (MG), terra de Ferdy, a 250 quilômetros da praça General Osório. Mas nem aquele foi um Carnaval perdido. O que ele viu lá o inspirou, seis anos depois, em 1965, a fazer a Banda de Ipanema.

A Banda pode ser a criação pela qual ele ficou mais conhecido, mas está longe de ser a mais importante. O maior mérito de Albino foi ter promovido a ligação da Zona Sul com a cultura dos subúrbios e morros cariocas. Foi levada por sua mão, em começos dos anos 60, que Ipanema atravessou o túnel rumo ao Centro e à Zona Norte e penetrou no universo das gafieiras, escolas de samba, rodas de choro e até dos terreiros de macumba.

Albino não foi o primeiro a se interessar por esse universo. Antes dele, intelectuais da Zona Sul como LUCIO Rangel, José Ramos Tinhorão, Sergio Pôrto, Edison Carneiro, Eneida e outros já viviam fascinados pelos sons que saíam dos barracos e biroscas. Eram estudiosos sérios, preocupados com a sobrevivência daquela cultura. Mas foi Albino quem tomou providências. Ao promover festas populares, produzir shows, reativar tradições abandonadas e envolver gente de todas as áreas, ele ajudou a quebrar preconceitos raciais, de classe e, principalmente, culturais. Albino foi o grande intermediário prático entre a "alta" e a "baixa" cultura do Rio.

Sua própria biografia foi uma história dessa integração — porque ele nasceu com um pé em cada lado da cidade. A maternidade ficava na Saúde, bairro da zona portuária, e a casa de sua família na rua Ipiranga, na então aristocrática Laranjeiras. Sua avó era dona de quase todas as casas da rua, mas estas foram aos poucos transformadas em casas de cômodos, habitadas por artesãos e biscateiros. O menino Albino estudava no Liceu Francês e frequentava o Fluminense, duas louras instituições do bairro. Mas, ao olhar em torno, descobriu que o que realmente o atraía eram as belas mulatas da vizinhança, entre as quais as babás de seus sete irmãos. No Carnaval, elas saíam nos blocos e ranchos de Laranjeiras, e Albino as seguia, hipnotizado por elas e pelo samba. Não por acaso, um de seus tios era o compositor Custodio Mesquita, autor de valsas, foxes e sambas-canção do quilate de "Como os rios que correm para o mar", "Velho realejo" e "Nada além".

Enquanto a turma de Albino sonhava com Copacabana, o apelo, para ele irresistível, vinha do Centro da cidade. Aos quatorze anos, já com autonomia de voo, começou a chegar lá. Não pela beira do mar, mas por dentro, pelas pensões suspeitas do Catete, pelas mesas da Taberna da Glória e, finalmente, pelas gafieiras da praça Tiradentes (onde encontrava as empregadas da família e as subornava para que não o denunciassem a seu pai). Albino só foi dar às costas de Ipanema em 1950, aos dezessete anos, mas já entrou pela porta da frente: as domingueiras na casa de ANIBAL Machado, na rua Visconde de Pirajá, levado por amigos de Laranjeiras, como a artista plástica ANNA LETYCIA e o futuro cineasta Paulo Cesar SARACENI. Em 1960, mudou-se de vez para Ipanema, porque o bairro tinha um encanto de província, como os subúrbios que aprendera a amar. E na mesma época começou a estabelecer a ponte que ligaria as duas culturas.

Foi Albino quem transferiu os bailes pré-carnavalescos promovidos por OLGA Savary e JAGUAR em casas e boates da Zona Sul para as gafieiras do Centro, como a Elite e a Estudantina. Nesta última, apresentou Nelson Cavaquinho, Zé Kéti e Jair do Cavaquinho a uma plateia que nunca ouvira falar deles. Mas, para Albino, com sua sólida educação em mulatas, sambistas e botequins obscuros, eles já eram tão seus velhos conhecidos quanto os garçons, motoristas de táxi e até estivadores com quem se dava na cidade. Olga cansou-se da organização das festas e a batuta passou para Albino, ao lado de Jaguar e Ferdy. Dali saíram os réveillons mais animados dos anos 60: os que eles organizavam no clube Silvestre, em Santa Teresa, com passistas e compositores de escolas de samba e as maiores mulheres do Rio — muitas das quais só Albino sabia onde se escondiam. Nessa época, VINICIUS de Moraes queria ser o "branco mais preto do Brasil". Para Tinhorão, Albino não precisava querer — ele era.

Nas últimas décadas, sempre que o Rio esteve entregue a gente esclarecida, Albino foi chamado a trabalhar como secretário de Turismo ou encarregado de eventos. A exemplo do que já fizera com a Banda de Ipanema, ele sacudiu o Carnaval nos anos 70 ao ressuscitar os bailes nas praças dos subúrbios, com orquestras como a Tabajara e a de Raul de Barros, e os banhos de mar à fantasia no ARPOADOR. Mas seu gás era para o ano inteiro, promovendo a encenação da Paixão de Cristo nos Arcos da Lapa, a revitalização da Festa da Igreja da Penha, os bailes ao ar livre na Cinelândia e, a partir de 1976, no teatro João Caetano, o Projeto Seis e Meia: shows na hora do rush com os grandes nomes do samba e do choro. Do Seis e Meia nasceu, em parceria com Herminio Bello de Carvalho, o Projeto Pixinguinha, de âmbito nacional. Além disso, Albino foi um dos criadores do Corredor Cultural, que salvou tantos prédios e monumentos históricos no Centro carioca. Não admira que o chamassem de "o prefeito espiritual do Rio".

"Ele era um príncipe", disse de Albino, quando ele morreu, a repórter Lena Frias, no *Jornal do Brasil*. "Das altas cortes e dos lupanares. Dos engomados e dos pés-no-chão. O ai-jesus das mulheres, doce negreiro, aplicado mulateiro. Sumia e a gente perguntava: 'Cadê o Albino?'. Pergunta tola, pura retórica. Todo mundo sabia que só podia estar em ofício de conquista e corte, mergulhado na paixão por moças de cor sépia, pastoreando alguma cabocla, a honrar o mistério da mulher, entre lençóis safadinhos."

Frases

★ *O pior bêbado é aquele que não é seu amigo.* ★ *O maior porre que já tomei foi de 32 doses. Só não me lembro de quê.* ★ *Não tenho a pretensão de ser brasileiro. Tenho a pretensão de ser carioca.*

Alvaro **ALVIM**
1863-1928. Médico.

Por volta de 1909, o clínico geral Alvaro Alvim sabia melhor do que ninguém que o Centro do Rio estava longe de ser a Suíça como lugar para viver e criar uma família. Os morros impediam a circulação do ar e o ambiente ainda era sujeito a endemias. Alvim morava no largo da Carioca, era casado com Laura, filha do supercaricaturista Angelo Agostini, e tinham uma filha, também LAURA, nascida em 1902. Quando nasceu Mariana, em 1909, ele decidiu mudar-se para uma região mais saudável. Em vez de marchar rumo à Zona Norte, como era comum, procurou o caminho do mar. Em 1910, instalou-se na longínqua Ipanema, numa casa junto à praia — uma das primeiras no areal. A casa, sua filha Laura e ele próprio tornar-se-iam lendas vivas de Ipanema.

Alvim foi o pioneiro da radiologia e da radioterapia na América Latina. Foi também seu mártir. Discípulo da cientista Marie Curie, com quem estudou em Paris antes da Grande Guerra, trouxe o primeiro equipamento de raios X para o Brasil e empenhou-se na aplicação da descoberta. Salvou muitas vidas, mas a exposição contínua à radiação começou a afetá-lo, e ainda não se conheciam meios eficazes para impedir isso. Num longo processo, Alvim foi perdendo os dedos da mão direita, um a um. As ulcerações subiram-lhe pelo braço, que teve de ser amputado.

Madame Curie, em visita ao Rio em 1926 e frequentemente em visita à sua casa, proibiu-o de continuar expondo-se à radiação. Mas Alvim usava tapadeiras de cetim preto, que de nada adiantavam, e seguia trabalhando. Não admitia abandonar os clientes. A radiação atingiu sua mão esquerda e, no fim, só lhe restou o polegar. Quando passava mutilado pela avenida Vieira Souto, as pessoas com quem cruzava tiravam o chapéu. No dia de sua morte, em 1928, as casas de Ipanema estenderam panos pretos na janela. Seis anos depois, madame Curie também morreria, de leucemia, pelo mesmo motivo.

A história de Laura, filha de Alvaro e importante patronnesse das artes em Ipanema, não é menos emocionante. E a casa da família, na avenida Vieira Souto, 176, viria a se tornar, em 1984, a Casa de Cultura Laura Alvim.

ANA MARIA Machado
n. 1941. Escritora.

Em 1970, a jornalista Ana Maria Machado teve de sair do país. Seu irmão, Franklin Martins, então estudante envolvido na luta armada contra a ditadura, fora o principal autor do sequestro do embaixador americano Burke Elbrick. Na confusão, Franklin conseguira fugir e esconder-se, mas sua família não tinha sossego. A própria Ana Maria fora levada a depor no Cenimar, temível órgão de repressão da Marinha — sem que ela soubesse, seu carro, um Fusca creme, tinha sido usado no sequestro, e a placa fora anotada. Por prudência, ela, o marido e o filho se mandaram para a Europa. Não foi de todo mau: em Paris, Ana Maria trabalhou na revista *Elle*, estudou com Umberto Eco e lecionou teoria literária na Sorbonne. Em 1973, a poeira baixou e eles voltaram para o Brasil.

Assim que o avião pousou, Ana Maria deixou as malas em casa e correu para o JANGADEIRO, em busca de um chope. Mas, no lugar do botequim, havia um prédio em construção. Foi à casa de um amigo, ali perto, e a casa também já não existia: fora demolida e, em seu lugar, subia um edifício. Ana Maria olhou em volta e descobriu que, nos três anos em que estivera fora, a Ipanema em que morara desde os nove anos se transformara. Boa parte da paisagem de sua adolescência havia desaparecido.

Mas não era só Ipanema. Era o Brasil. A ética também se evaporara. A ganância, a insensibilidade e a inconsciência haviam se instalado. Valores como o bem, a justiça e a dignidade pareciam ter perdido o sentido — como ela mostraria quase quinze anos depois, em seu romance *Tropical sol da liberdade*, que trata daquele período e que escreveu "para se lembrar". A certa altura, um personagem diz: "Nada é tão belo e novo como a moral". De 1988 para cá, as coisas só pioraram e a frase de Ana Maria ficou mais atual do que nunca.

Ela tinha seus termos próprios de comparação. Seu pai, o jornalista e político Mario Martins, combatera o ditador Getulio Vargas e, depois do golpe de 1964 (que apoiara na primeira hora), voltou à oposição e ajudou a libertar muita gente. Em criança, Ana Maria morava na rua Bulhões de Carvalho e brincava ao pé da ladeira Saint-Roman com os meninos do morro. Em adolescente, tornara-se a "musa platônica" de RUBEM Braga, que ia esperá-la à saída do Colégio Mello e Souza. Ficavam conversando durante horas na praça General Osório — ela sabia as suas crônicas de cor e foi personagem de várias. Já adulta, foi habituée do apartamento de DARWIN e GUGUTA Brandão, onde aos sábados, depois da praia, se dava uma maratona de comes, bebes e discussões políticas.

Ana Maria levou esse universo para seus romances adultos e para aqueles em que se tornou mestra: os infantojuvenis — mais de cem até agora. Seu livro *Bisa Bia, Bisa Bel*, de 1982, é considerado um dos dez melhores da literatura brasileira para jovens. Foi traduzido para línguas em que nem ela consegue ler e já vendeu mais de 400 mil exemplares. O recordista, *Raul da ferrugem azul* (1979), com mais de 500 mil vendidos, conta sua história com os moleques do morro. E *De olho nas penas* (1981) fala de um menino de "oito anos, dois pais e uns cinco países pelo menos" — uma história comum a muitos filhos de exilados nos anos 70. Ao incluir temas como esses em seus livros, mas sem perder de vista a ótica da criança, Ana Maria provou que não há livros "infantis". Infantis são alguns leitores, não importa a idade.

Em 2000, a Unesco agraciou-a com o prêmio Hans Christian Andersen, o Nobel do gênero. E, em 2003, Ana Maria ingressou na Academia Brasileira de Letras, da qual foi presidente no biênio 2012-13. Mas o principal é que, com quase 20 milhões de livros vendidos, Ana Maria ajudou a formar outros tantos leitores. Quantos prêmios isso não valerá?

ANA MARIA Magalhães
n. 1950. Atriz e diretora de cinema.

Uma coisa o Cinema Novo tinha em comum com os antigos faroestes americanos: todo dia era dia de índio. A diferença é que, enquanto Hollywood só queria saber de Cochise ou Gerônimo, os filmes brasileiros tinham coisa melhor: Ana Maria Magalhães, nascida em Ipanema, linda, talentosa e, como os papéis exigiam, nua. Interpretando indígenas, ela fez *Como era gostoso o meu francês* (1971), de Nelson Pereira dos Santos, *Uirá, um índio em busca de Deus* (1973), de Gustavo Dahl, e *Anchieta, José do Brasil* (1978), de Paulo Cesar SARACENI. Ao sentirem o que estavam perdendo, os americanos encomendaram a Hector Babenco *Brincando nos campos do Senhor* (1991), em que ela fazia Mercedes, uma índia aculturada. Mas Aninha Magalhães sempre teve mais do que a pele morena e os cabelos negros de seus remotos avós tapuias — tem uma reserva de força de deixar orgulhosos os índios de verdade.

Aos doze anos, perdeu a mãe. Seu pai, o deputado Sergio Magalhães, derrotado por pontos por Carlos Lacerda nas eleições para o governo do estado da Guanabara em 1961, foi cassado em 1964. Aninha era interna no Sacré-Coeur, mas, no que as freiras se distraíram, ela conheceu LEILA Diniz numa guerra de areia no ARPOADOR, e isso mudou sua vida: foi estudar teatro com Eugenio Kusnet e NELSON Xavier. Aos dezessete anos, estava casada com Cecil Thiré, com quem fez seu primeiro filme de verdade, *O diabo mora no sangue*, dirigido pelo próprio Cecil. Em 1968, ela se deixou fotografar para *Fairplay*, a primeira revista masculina brasileira, quando ainda estudava no Instituto de Filosofia e Ciências Sociais (IFCS) da UFRJ. Foi a primeira mulher nua que alguns daqueles meninos viram, mesmo que no papel — e ali estava ela, ao vivo, sentada na carteira ao lado.

O casamento com Cecil foi breve, mas a carreira, longa: entre muitos filmes, Ana atuou em *Azyllo muito louco* (1970), *Quando o Carnaval chegar* (1972), *Sugurana — O duelo* (1974), *Os sete gatinhos* (1980), *Lúcio Flávio, o passageiro da agonia* (1977), *Idade da Terra* (1978-80) e *Tensão no Rio* (1982). O papel de Glorinha, a moça da janela na novela da Globo *Gabriela* (1975), tornou-a nacionalmente conhecida, e o sucesso continuou em outra novela, *Saramandaia* (1976). Mas seu negócio era mesmo a tela grande, e não só como atriz. Aprendeu a fazer de tudo em cinema antes de dirigir seus primeiros curtas, um dos quais, *Já que ninguém me tira para dançar* (1982), era um documentário sobre Leila Diniz. Em 1994, dirigiu o episódio brasileiro de *Erotique*, um filme sobre o sexo pela ótica feminina (os outros dois episódios eram da americana Lizzie Borden e da chinesa Clara Law). Mas o filme em que se jogou inteira como diretora e que lhe custou anos foi *Lara*, a cinebiografia de ODETTE Lara, finalmente lançado em 2002.

Em outubro de 1987, um Monza desgovernado subiu uma calçada no Jardim Botânico e atropelou onze pessoas, matando uma delas. Ana Maria era uma das vítimas. O acidente valeu-lhe uma cirurgia abdominal, pernas imobilizadas, três meses de cama e vários outros de muletas. Amigos como Caetano Veloso, Gilberto Gil, LOBÃO, Lulu Santos e SCARLET Moon fizeram um show no Scala, com renda destinada a custear suas despesas. Ana Maria recuperou-se e voltou à luta com a mesma garra com que criou sozinha seus três filhos, ajudou a manter acesa a memória de Leila Diniz e tenta fazer cinema no Brasil. É mesmo neta de índio.

ANGELO de Aquino
1945-2007. Artista plástico.

Delacroix pintava cavalos; Picasso, mulheres vacuns; Salvador Dalí dizia-se um porco. É normal: o pintor parte de uma ideia, tenta segui-la e, de repente, um bicho intromete-se na tela. Quando ele se dá conta, o intruso já adquiriu o direito de usucapião. Com Angelo de Aquino foi um cachorro — um vira-lata simpático, com uma cara não muito esperta, sem coleira, sempre de perfil e com a língua de fora. Um cachorro comum — tanto que Angelo o chamou de Rex. Mas incomum porque, muitos anos e milhares de Rex depois, pode-se dizer que Rex foi o verdadeiro autor de Angelo de Aquino.

Ou de sua identidade. Angelo pertence à geração de Antonio Dias, ROBERTO Magalhães, Rubens GERCHMAN e outros que, nos anos 60, saíram quase direto das mesas do ZEPPELIN para a mostra *Opinião 65*, no Museu de Arte Moderna. Dali surgiu o importante movimento da Nova Figuração, mas Angelo não se fixou em nenhuma fase. Em 1971, sob Médici, achou mais prudente ir embora do Brasil. Passou quatro anos na Europa, basicamente Milão, experimentando novos estilos, suportes e mídias — trabalhou com xerox, super-8 e vídeo, quando ainda eram poucos os artistas multimídia. Continuou a pintar, mas só usava o verde para rebater o cinza que o asfixiava em Milão. Voltou para o Rio em 1975 e passou do verde ao azul, mas a inquietude continuava. Em 1984, ainda transitando entre o abstrato, o geométrico e o conceitual, Angelo escutou um latido primal. Era Rex entrando em sua vida.

O primeiro Rex apareceu no quadro *Retrato do artista quando jovem cão*. Depois, começou a aparecer até onde não era chamado: em carros, aviões e toda parte. Com Rex em cena, Angelo descobriu-se pop, anárquico, debochado, contemporâneo. Seu mundo tornou-se um canil de um cão só. Angelo definiu Rex como "seu Leitmotiv, sua impressão digital, seu alter ego bestializado". Chegou a fazer análise para entender o porquê de Rex. Mas não havia porquê. "Rex só significa aquilo que de fato significa", escreveu o jornalista Sérgio Augusto. "Ora é um cão que passeia de carro, ora um cão que visita um pintor, ora um cão que encara um vaso de flores. Um cão de cartum, de gibi, de brincadeira."

A França e o Japão encantaram-se com Rex e abriram-lhe o mercado internacional. Desde então, sua vida no exterior não se limitou às telas: apareceu em posters, cartões, camisetas, artigos para crianças. Foi preciso até criar uma empresa, Rex Around the World, para cuidar de seus interesses. Pensando bem, Rex era inevitável porque, em seu trabalho, até o fim, Angelo sempre teve alma de vira-lata — farejou tantas saídas para sua obra que, numa dessas, tinha de ser farejado por Rex.

ANIBAL Machado
1894-1964. Escritor e primeiro anfitrião de Ipanema.

"Ele era todo uma casa, de mesa posta e luz acesa", disse de Anibal Machado seu amigo Carlos DRUMMOND de Andrade. Ternos e gravatas não lhe bastavam: sua indumentária eram suas paredes e, nela, cabiam tantas pessoas quanto em seu coração. Não seria exagero dizer que a Ipanema clássica só se reconheceu em 1945, na casa de Anibal Machado, na rua Visconde de Pirajá, 487.

Daquele ano até morrer, em janeiro de 1964, ele a abriu todos os domingos, ao cair da tarde, para os amigos, os conhecidos e até os desconhecidos. Ninguém precisava de convite ou recomendação. Era uma casa recuada, de dois andares e janelas verdes, com um pequeno jardim e um salão na frente, à qual, em 1950, se acrescentou nos fundos um estúdio, projetado por Oscar Niemeyer. Na época, aquelas reuniões podiam parecer apenas um agradável ponto de encontro. Hoje, vê-se que foram um laboratório de ideias, atitudes e, principalmente, do espírito democrático de Ipanema. Ali se misturavam artistas, intelectuais, jovens com a cabeça cheia de ideias, toda espécie de profissionais e os que não podiam ser classificados em nenhuma profissão, mas contribuíam com a alegria.

Se alguém tivesse anotado o nome de todos que passaram pelas domingueiras naqueles dezenove anos, a lista não caberia num catálogo telefônico. Havia os fixos ou que, em determinadas épocas, não faltavam nunca, como RUBEM Braga, FERNANDO Sabino (que fazia mágicas para as crianças), Murilo

Mendes, Carlos Lacerda (desafiando incautos para o pingue-pongue, que jogava bem), Drummond, Niemeyer, PAULO Mendes Campos, VINICIUS de Moraes (que dançava boogie-woogie com as filhas do anfitrião), TONIA Carrero (antes de tornar-se atriz, quando ainda se chamava Mariinha) e seu marido, Carlos THIRÉ, Origenes e ELSIE Lessa, Otto Lara Resende, Clarice Lispector, Paulo Autran, Portinari, Di Cavalcanti, Guignard, Carlos SCLIAR, o sambista-pintor Heitor dos Prazeres, políticos, diplomatas, jornalistas. A bancada internacional dependia de quem estivesse de passagem pelo Rio, mas alguns não saíam de lá, como a pintora portuguesa [Maria Helena] Vieira da Silva e o poeta chileno Pablo Neruda. E, chez Anibal, não podia faltar pelo menos um francês por noite: o romancista Albert Camus, o pintor surrealista Labisse, os atores Jean-Louis Barrault e Michel Simon e, entre uma e outra cena de banheira em seus filmes, a estrela Martine Carol. Camus, aliás, disse que vários brasileiros que conheceu por lá falavam francês melhor do que ele.

Havia também a turma dos amigos de MARIA CLARA, filha de Anibal, como ANNA LETYCIA, ALBINO Pinheiro, KALMA Murtinho, NAPOLEÃO Moniz Freire e um elenco de milhões. Maria Clara convidava seus colegas de escola e, com isso, as reuniões ficaram também dançantes. Muitos desses jovens eram estudantes de teatro e dali nasceu, em 1951, o Teatro Tablado, fundado por ela. Anibal tinha seis filhas, que Vinicius chamava de "as Machadinhas". Um dia, o poeta levou seu irmão Helius ao sarau para que ele escolhesse uma delas para se casar. E não é que aconteceu? Helius se casou com Ana Maria, filha mais velha de Anibal.

Apesar da maioria de literatos, o ambiente não tinha nada de engravatado. Anibal não permitia — dizia que, se a festa estivesse chata, ele seria o primeiro a ir embora. Quando havia dois chatos no recinto, ele apresentava um ao outro e ambos se anulavam. Era um ambiente de liberdade: podia-se falar ou fazer o que se quisesse, desde que dentro de normas mínimas. Serviam-se salgadinhos e batida de maracujá. Se alguém se excedesse, Anibal tratava discretamente do caso. Um convidado que bebera demais no domingo anterior foi desculpar-se com Anibal na reunião seguinte. "Desculpe, devo ter pintado os canecos", disse o homem. Anibal respondeu: "Esqueça. Só ficou chato quando você fez cocô no meio da sala". O homem nunca mais voltou. O entra e sai era tão livre que, nos anos 50, o sarau foi visitado por ladrões. Segundo a lenda, eles subiram aos quartos, limparam as gavetas, desceram, discutiram Kafka com os presentes, provaram os salgadinhos e saíram. Só depois é que se percebeu o assalto.

Anibal lia tudo, via tudo, sabia tudo. E, quase sempre, antes dos outros. Otto Maria Carpeaux, que também era uma enciclopédia, admirava-o por ter sido o primeiro no Brasil a falar de pintores como Derain, Vlaminck e Dufy; pelo apoio que deu a Pancetti, Goeldi e Guignard; por seu amor aos filmes de Luchino Visconti, Vittorio de Sica e Marcel Carné; e por ter ajudado a fundar grupos de teatro como Os Comediantes, o Teatro Experimental do Negro e o Tablado.

Anibal dizia-se comunista — um doce comunista, assim como seu amigo Alvaro Moreyra, que, dos anos 20 aos 50, também manteve um sarau parecido, em Copacabana. Mas não pertencia ao partido e nunca deixou que divergências ideológicas turvassem uma amizade. Na verdade, ele próprio se dizia um vanguardista, "mas só do pescoço para cima" — porque, deste para baixo, era de um implacável conservadorismo mineiro. Principalmente quando se tratava das filhas. Em carta a Maria Clara, que fora estudar teatro em Paris em 1949, ele advertia: "Nada de existencialismos!". Nesse momento, quem falava era o dono de cartório, o que, profissionalmente, ele era.

Essa ambiguidade (que ele reconhecia e definia como "estabilidade de montanha, movimento de mar") refletiu-se em sua obra de ficção, nem sempre à altura de sua efervescência como ser humano e causeur. Passou trinta anos ruminando um romance, *João Ternura*, cujos fragmentos eram admirados pelos amigos, mas que, quando foi finalmente publicado — um ano depois de sua morte, com edição final de Drummond, a quem Anibal o confiara —, não justificou de forma plena a expectativa. Exceto Otto Maria Carpeaux, ninguém pareceu extático ao lê-lo. Talvez o melhor de *João Ternura*, com todas as suas qualidades, fosse apenas a possibilidade de sua existência — um romance que um escritor passasse a vida escrevendo e que, por si só, justificasse essa vida, mas que nunca precisasse ser completado ou lido.

Anibal era, isto sim, um grande contista, e alguns de seus contos ficaram para sempre: "A morte da porta-estandarte", "Viagem aos seios de Duília" e "Tati, a garota", todos levados ao cinema, os dois primeiros pelo argentino-carioca Carlos Hugo Christensen e o último por Bruno Barreto. Outro conto, "O piano", escrito durante a Segunda Guerra, descreve uma família de Ipanema que precisa livrar-se de um piano velho e abrir espaço para acomodar a filha e o genro recém-casados. Como não conseguem vendê-lo ou dá-lo, a solução é atirá-lo ao mar. A descrição de Anibal do piano sendo arrastado pelas ruas e posto para dormir na praia, sob a suspeita de conter um rádio que passa informações para os submarinos alemães, é uma página eterna da literatura brasileira.

E sua poesia, que ele modestamente dizia só praticar "quando não tinha melhor a fazer", também era digna de consulta. Vide "Desastre no poema", publicado pela primeira vez em *Cadernos de João*, de 1955, e escrito talvez em

1951, em que ele explora recursos gráficos tão a gosto do americano e. e. cummings e dos futuros concretismos. É um texto manuscrito, como se escrito a bordo de um trem que está saindo dos trilhos, e que, em tipografia, seria mais ou menos assim: "Destr/ oços/ de/ uma/ estr/ o/ fe/ cat/ as/ tró/ fi/ ca// ruí/ nas/ de/ po/ ema// des/ carrilh/ a/ da à/ margem/ da/ linh/ a// escom/ br/ os/ do/ n/ a/ d/ a".

Frases

★ *Espantosa a rapidez com que, ante a invasão vitoriosa das novas ilusões, se dissipam os efeitos da última decepção.* ★ *O homem que ri se liberta. O homem que faz rir se esconde.* ★ *Quando Carlitos corre é um esboço de dança, com algo de voo.* ★ *Gostaria de ser peixe-voador.* ★ *Hoje amanheceu em mim.*

ANNA LETYCIA
1929-2018. Artista plástica.

Nos piores anos do regime militar, Anna Letycia abriu sua porta a pessoas que nem conhecia para escondê-las da repressão. Por causa disso, foi presa duas vezes, ambas de madrugada, e, em uma delas, sob a mira de metralhadoras. A partir daí, pelos tempos seguintes, passou a dormir com a porta aberta — para evitar arrombamentos e não ter de viver refazendo a porta. Os que só a conheciam como a mestra brasileira da gravura em metal não podiam imaginar que ela estivesse metida nessa luta subterrânea. Mas deviam ter suspeitado: em sua obra, Anna Letycia sempre se identificou com os personagens dos subterrâneos — os tímidos caracóis, búzios, formigas, tatus, raízes.

Talvez por ser tímida como eles, precisou de quarenta anos de trabalho para deixar que fizessem uma retrospectiva de sua obra, em 1996. E também por não ter muito tempo para olhar para trás — porque sempre foi muito mais que uma artista. Foi um ser humano militante, que criou, ensinou, brigou, administrou, dirigiu e não rejeitou desafios. Aprendeu isso ao conviver com a variedade intelectual e humana das casas que frequentou desde muito jovem em Ipanema, como as de LILIANE Lacerda de Menezes, ANIBAL Machado e LUCIO Cardoso. Ex-aluna de Ivan Serpa, Oswaldo Goeldi e Iberê Camargo, formou gerações de gravadores com seus cursos em museus do Rio e de Niterói. Mas, sempre que precisou deixar a oficina para lutar em gabinetes, era com ela mesmo. Se se formasse um grupo para facilitar a importação de material para os artistas plásticos, Anna Letycia estaria nele. Se fosse para discutir o regulamento do desfile das escolas de samba, também podiam contar com ela.

Mas Anna Letycia teve também um lado colorido, voltado para o sol, que se revelou em seu trabalho como pintora, como cenógrafa de MARIA CLARA Machado (em peças como *O cavalinho azul*, *Maroquinhas Fru-Fru*, *A bruxinha que era boa*) e como carnavalesca, nos desfiles das escolas de samba.

Não foi à toa que, certa vez, a revista *IstoÉ* a incluiu numa lista das "cem maiores personalidades" do Rio. Se a lista fosse de dez, ela também estaria incluída.

ANTONIO CARLOS (Tom) Jobim
1927-94. Compositor, maestro e símbolo de Ipanema.

No dia 1º de março de 1991, aniversário de 426 anos do Rio de Janeiro, o piano de cauda de Antonio Carlos Jobim desceu as encostas do Jardim Botânico e foi instalado no palco armado sobre a areia do ARPOADOR, que ele tão bem conhecia. Era a primeira vez que Tom se apresentava para seu povo, sua cidade e seu bairro num show ao ar livre. E Ipanema não faltara — havia gente na calçada, na praia, nas pedras e até no mar. Tom era acompanhado pela Banda Nova, o conjunto formado por sua mulher, seus filhos, seus amigos, os filhos dos amigos e as mulheres deles, a grande família de que ele se cercava para multiplicar harmonias. Mas todos ali, artistas e plateia, pareciam formar uma só família, com laços tão fortes quanto os de sangue: os do amor. Durante horas, milhares de pessoas beberam um mar de melodias, cantando juntas e torcendo para que esse mar não tivesse fim e o encanto não se quebrasse. Quase no encerramento do espetáculo, a noite foi inundada pelos primeiros acordes de "Samba do avião". E então se deu a verdadeira magia: um avião da Ponte Aérea passou voando baixo, piscando suas luzes, como se fizesse parte da música, da coreografia. O Arpoador ovacionou o avião e Tom deve ter experimentado um dos momentos culminantes de sua vida.

Pela importância de Tom Jobim para a música popular do século, é natural que os estudiosos se concentrem em sua vida artística. Mas, agora, os biógrafos e memorialistas começam a voltar-se para sua vida pessoal — e para a importância que Ipanema teve nela. Por muitos motivos, ele foi o paradigma do bairro. Garoto de praia, adepto de esportes, rapaz de enorme beleza física, aberto à natureza e à vida, sedento de livros e de conhecimento, safo, excêntrico, bom de copo, inestancavelmente criativo e com um senso de humor ideal para a grande especialidade de Ipanema: a conversa fiada. Curioso é que, sendo um dos brasileiros mais internacionais de seu tempo, Tom era um carioca radical: homem de sua rua, assíduo aos mesmos botequins, farmácia, banca de flores ou de jornais. Seu círculo de amigos era vasto e variado. E não importava onde morasse — Gávea, Quinta Avenida, Jardim Botânico —, levava com ele as rotinas de Ipanema. Não podia evitar: ele *era* Ipanema.

E olhe que ele nem nasceu lá, mas na rua Conde de Bonfim, 634, na Tijuca. O médico que o trouxe ao mundo, dr. José Rodrigues da Graça Mello, foi o mesmo que, dezessete anos antes, fizera o parto de Noel Rosa na vizinha Vila Isabel. Quando Tom tinha pouco mais de um ano, seus pais, Jorge e Nilza, em dificuldades financeiras, mudaram-se para Ipanema. Em 1927, a Tijuca era chique e aristocrática, e Ipanema, um areal quase desabitado, isolado da cidade, com aluguéis baratos. Seu primeiro endereço ali foi a rua Barão da Torre, nas proximidades do Jardim de Alah. Mas seu primeiro mergulho foi em Copacabana — não havia postos de salvamento em Ipanema, e Tom era levado à praia no Posto 6, por seu tio Marcelo. Nadou quase antes de andar.

Seu pai, o poeta (parnasiano) e diplomata gaúcho Jorge Jobim, era talentoso, angustiado e com mais demônios internos do que podia tolerar. Sua mãe, Nilza Brasileiro de Almeida, era belíssima e de uma família alegre e musical. Era também 21 anos mais jovem que o marido: quando se casaram, Nilza tinha dezesseis, Jorge, 37. As circunstâncias fizeram com que Tom se ligasse mais aos Brasileiro de Almeida do que aos Jobim. Quando ele tinha três anos, em 1930, o ciumento Jorge Jobim saiu de casa e foi morar sozinho em Petrópolis. Ficou dois anos fora. Quando resolveu voltar, pegou mulher e filho e foram morar em Copacabana, na travessa Trianon e, depois, na rua Constante Ramos — onde nasceu Helena, única irmã de Tom. Mas a reconciliação não durou: logo o torturado Jorge desapareceu de novo e acabou internado na clínica Dr. Eiras, em Botafogo, onde morreu, em 1935. Tom tinha oito anos, Helena, quatro. Em 1937, Nilza casou-se com Celso Frota Pessoa, professor de matemática. Ele seria o amoroso padrasto de Tom. E só então voltaram para Ipanema. Tom já completara dez anos.

Foram morar na rua Almirante Saddock de Sá, 276, numa casa cinzenta, de pó de pedra, de dois andares. Na frente, havia uma varanda e uma cerca viva de fícus; nos fundos, uma garagem e um muro. O muro separava a casa de um terreno baldio às margens da Lagoa Rodrigo de Freitas. Era como se eles tivessem uma piscina gigante no quintal — rica de pássaros e peixes e guarnecida por morros com uma vegetação exuberante. Do outro lado da restinga, "o mar de safiras", como Tom e Helena o chamavam, com as ilhas Cagarras em frente e o sol se pondo, escandalosamente belo, atrás do morro Dois Irmãos. Começava ali, para valer, a vida do menino Tom em Ipanema — diferente da que se levava em qualquer outro bairro do Rio, até mesmo na já fervilhante Copacabana. Uma vida de calção e pés descalços, com horizontes a perder de vista, como deveria ser a vida de todo menino feliz.

Em fins dos anos 30, as ruas de areia de Ipanema ainda pertenciam às crianças. Tom disputava guerras de amêndoas com seus amigos ou apostava com eles para ver quem acertava a marca do próximo carro a passar na quase deserta rua Barão da Torre, se um Ford ou um Chevrolet — às vezes, levava meia hora para aparecer um. Empinava pipa à beira da Lagoa, "com linha Urso comprada no bazar Enigma", segundo Helena. Pulava de telhado em telhado, debaixo de chuva, e nunca pensou que pudesse escorregar: "Naquele tempo, eu era imortal", disse Tom. No fim da rua Saddock de Sá, ficava a subida do morro do Cantagalo, onde Tom ia caçar rolinhas com espingarda de chumbinho. O Corte do Cantagalo foi aberto à dinamite em 1937, ligando a Lagoa a Copacabana, e Tom assistiu às explosões. Dissipada a poeira, ia revirar o entulho em busca de "pedras preciosas".

A Lagoa era limpíssima, mas perigosa para nadar, por causa do lodo no fundo ou das plantas aquáticas, que podiam prender as pernas das crianças. Mas Tom pulava o muro de sua casa, cruzava o terreno baldio e caía na água assim mesmo. Aos doze anos, nadou pela primeira vez até o outro lado, na altura da Curva do Calombo — depois, fazer isso "ficou fichinha". O mar era um desafio maior, que ele também venceu: "Eu era um peixe, um caiçara, um marambaia. Caía no Arpoador e ia a nado até Copacabana e voltava, com o mar de ressaca e tudo. Eu era barco para qualquer mar".

A praia era o programa inevitável de todos os fins de tarde. Segundo Tom, a areia de Ipanema "era tão fina que cantava no pé — quando você corria na praia, a areia fazia cuim, cuim, cuim". Nela, Tom jogava vôlei, peteca, futebol e caçava tatuís, que levava para casa e entregava à cozinheira, para serem cozidos com arroz. Ele e seus amigos ajudavam os pescadores do Arpoador a puxar o arrastão. As redes vinham cheias de cavalas e, em troca, eles ganhavam os peixes menores. Um rapaz três anos mais velho, Isnaldo, que todos chamavam de KABINHA, ensinou-o a pescar, repassou-lhe os segredos das iscas e linhas e falou-lhe da psicologia dos peixes. Tom logo se revelou exímio, e não ficou peixe a salvo no Arpoador, na Lagoa e no canal do Jardim de Alah. Com pescadores como Kabinha, Tom aprendeu tudo sobre o vento, a chuva e as marés — ele e seus amigos apostavam contra o serviço de meteorologia e ganhavam.

Em 1938, sua mãe instalou na garagem um jardim de infância que, pouco depois, com o acréscimo de novas séries e uma ampliação do imóvel, se tornou o Colégio Brasileiro de Almeida. Quase todos os professores eram pessoas da família de Nilza. Segundo Helena, o jovem Tom tinha vergonha de "morar num colégio" (em 1944, com o crescimento do colégio, a família mudar-se-ia para a rua Redentor, 307).

Aos quinze anos, em 1942, Tom — bronzeado, atlético, aluno de capoeira na *academia* de SINHOZINHO — começou a pescar em outras águas. A princípio se postava na calçada do Cine Ipanema, na rua Visconde de Pirajá, para admirar as moças que faziam o footing. Depois aderiu ao grande passatempo de Ipanema durante a Segunda Guerra: ir de noite para o Arpoador com alguma das garotas mais liberais do bairro, durante os blecautes, para "vigiar os submarinos alemães que podiam estar rondando a costa". Nenhum periscópio jamais foi visto por aqueles rapazes e moças — não no mar, pelo menos —, mas a prática ganhou o nome de "corrida de submarino". Você já descobriu por quê.

Nessa época, Tom passou a alugar um caiaque, atravessar a Lagoa e subir o morro da Catacumba para outros fins que não apenas caçar passarinhos. O motivo era uma jovem negra, a primeira mulher com quem teve sexo de verdade. Algum tempo depois, Tom viveu uma aventura tipo *Le Diable au corps*, o romance de Raymond Radiguet sobre uma mulher mais velha que seduz um adolescente enquanto o noivo está na guerra. Uma americana nessas condições (não tão velha — apenas 23 anos) viu-o na praia, convidou-o a sua casa e, digamos, seduziu-o. Aos dezesseis anos, Tom começou a namorar Thereza Hermanny, bela moradora da rua Barão da Torre. O pai dela, seu Hermanny, um rígido alemão, era contra o namoro — afinal, Thereza tinha apenas treze anos. Mas de nada adiantou: os dois eram loucos um pelo outro.

Três anos antes, Tom se interessara pelo velho piano que sua mãe instalara na garagem da casa da Saddock de Sá para animar as aulas de ginástica. Tom começou a praticar sozinho, mas logo teria bons professores: Lucia Branco e o alemão Hans Joachim Koellreutter, depois lendário por formar muitos dos maiores músicos brasileiros. Mas a música não estava ainda entre os dois ou três principais interesses de Tom — estes eram as caçadas (que fazia com outro amigo, Tico Soledade, professor de educação física da Marinha e profundo conhecedor de bichos), as pescarias e talvez o desenho, com vistas a uma futura carreira de arquiteto. Havia também os exercícios com aparelhos e rudimentos de capoeira que aprendia com Sinhozinho e as brincadeiras de ginástica na praia. Estas acabariam sendo responsáveis por sua maior dedicação ao piano: ao tentar plantar uma bananeira no alto de uma pirâmide humana formada pelos companheiros de praia, Tom despencou lá de cima e a queda na areia provocou-lhe uma fratura de vértebra que, mesmo consolidada, doeria pelo resto da vida. Estava encerrada sua carreira de atleta. E começava a de músico. Já tinha dezoito anos.

A noite passou a atraí-lo tanto quanto o sol e o mar. Tom descobriu os bares de Ipanema, entre eles o Rhenania, já com o nome trocado para JANGADEIRO. Tom fumava desde os quinze anos e só então começava a beber chope. Descobriu também o salão de sinuca na praça General Osório, no qual chegou a jogar razoavelmente. Mas seu principal talento, viu-se logo, era para harmonizar conjuntos vocais ou de gaitas de boca com os amigos, na praça, de madrugada. Em 1945, alguns desses colegas eram NEWTON Mendonça, craque da peteca na praia e seu futuro parceiro; o futuro arquiteto Marcos Konder Neto e o futuro pintor Eduardo SUED.

Tom venceu a resistência da família Hermanny e, em 1949, depois de longo namoro, casou-se aos 22 anos com Thereza. Estava no primeiro ano da faculdade de arquitetura, estudava música e não tinha nenhuma perspectiva de emprego. Naquele tempo, um casamento como esse talvez só fosse possível num lugar já tão diferente como Ipanema: as duas famílias concordaram com que Tom abandonasse a arquitetura para completar seus estudos de música. O casal moraria com a família dele, na rua Redentor, até que Tom se sentisse apto a ganhar a vida com o piano. Só pediram que eles esperassem um pouco para ter filhos. Mas, um ano depois, nasceu o primeiro, Paulinho, e Tom teve de se pôr em campo profissionalmente.

Em 1950, com a ajuda do padrasto, Tom, Thereza e Paulinho mudaram-se para um minúsculo apartamento no Bairro Peixoto, em Copacabana, e depois para outro, na rua Francisco Otaviano. Tom começou a trabalhar como pianista na noite, fazendo o circuito dos bares e boates de Copacabana, Leme e Urca, tocando em vários deles na mesma madrugada: Monte Carlo, Tudo Azul, Tasca, Alcazar, Vogue, Acapulco, Farolito. Ao fim do expediente, raiava o dia no Faroeste, um botequim do Posto 6 em que os músicos iam reforçar-se com um pão-canoa e uma Caracu com ovo. Bebia mais do que comia e não dormia. Em poucos meses, emagreceu dez quilos. Caiu doente e sua família temeu que ele ficasse tuberculoso.

Nas boates, Tom tinha de tocar de tudo: sambas, foxes, valsas, boleros, canções francesas, até rumbas. Em 1953, o Clube da Chave, uma boate do Posto 6 criada pelo compositor de baiões Humberto Teixeira, contratou-o para fazer a música de fundo, o que lhe deu a oportunidade de tocar suas próprias coisas — e Tom já estava ensaiando algumas composições em parceria com Newton Mendonça, com Luiz Bonfá (que conheceu de pescarias no Arpoador) e com Alcides Fernandes. O humilde Alcides, compositor de Carnaval, morava na favela do Cantagalo e era marido de Silvia, faxineira da mãe de Thereza. Foi ele quem tornou possível a Tom livrar-se da madrugada — levou-o para a editora musical Euterpe, onde ele ganhou o emprego de passar

• ANTONIO CARLOS (Tom) Jobim

para a pauta as composições dos sambistas que não sabiam escrever música. Em 1954, Tom mudou-se para a gravadora Continental, onde pôde finalmente compor, arranjar e gravar. Vieram o samba "Teresa da praia", gravado em dupla por Dick Farney e Lucio Alves, e a *Sinfonia do Rio de Janeiro*, ambos em parceria com Billy Blanco, morador da rua Barão da Torre. Tom Jobim nascia ali.

Foi quando voltou para Ipanema. Só que, agora, para o endereço que ficaria famoso: rua Nascimento Silva, 107. Mais exatamente, o apartamento 201 — duas salas e dois quartos, num pequeno prédio de quatro andares, sem elevador, com ampla vista para o Corcovado. Ali, em 1957, nasceria sua filha Elizabeth. A mística daquele endereço seria insuperável. Foi nele que Tom, em 1956, compôs com VINICIUS de Moraes as canções da peça *Orfeu da Conceição*, entre as quais "Se todos fossem iguais a você", e, no ano seguinte, as que seriam gravadas em janeiro de 1958 por Elizeth Cardoso no histórico LP *Canção do amor demais* — uma delas, "Chega de saudade". Foi ali também que se deu seu reencontro em 1957 com João Gilberto (a quem já conhecia desde 1953 das andanças na noite), que resultou na BOSSA NOVA.

Tom morou na rua Nascimento Silva até 1962 e, depois, na Barão da Torre, também 107, até 1965. Donde se pode afirmar que, embora a vitrine da Bossa Nova fosse Copacabana (onde ficavam as boates), o coração musical do movimento estava em Ipanema. Foi em Ipanema que Tom compôs, com Newton Mendonça, "Foi a noite", "Caminhos cruzados", "Discussão", "Domingo azul do mar", "Meditação", "Desafinado" e "Samba de uma nota só"; com DOLORES Duran, "Se é por falta de adeus", "Estrada do sol" e "Por causa de você"; com Marino Pinto, "Aula de matemática"; com Vinicius, "Eu sei que vou te amar", "A felicidade", "Insensatez", "Água de beber", "O amor em paz", "Por toda a minha vida", "O grande amor", "O morro não tem vez", "Só danço samba", "Ela é carioca", "GAROTA de Ipanema" e muitas mais; com Aloysio de Oliveira, "Demais", "Dindi", "Inútil paisagem", "Só tinha de ser com você"; e, sozinho, letra e música de sua autoria, "As praias desertas", "Corcovado", "Este seu olhar", "Fotografia", "Só em teus braços", "Vivo sonhando", "Surf board", "Valsa de Porto das Caixas", "Samba do avião".

Será coincidência que a fase mais solar e marítima da obra de Tom tenha sido feita quando ele morava em Ipanema? O fato é que, ao se mudar em 1966 para a Gávea e, depois, para o Jardim Botânico, Tom começou sua marcha particular para o Oeste — reforçada pelas visitas cada vez mais frequentes ao sítio de sua família em Poço Fundo, serra de Petrópolis, no antigo caminho do ouro, rumo a Minas Gerais. A maresia deu lugar em sua vida ao cheiro de mato, e isso se refletiu em seus temas. Discos inteiros passaram a ter um novo sabor de sertão (*Matita Perê*, 1973), folclore (*Urubu*, 1975) e ecologia (*Passarim*,

1987). Era um novo Tom, mais próximo de Carlos DRUMMOND, Guimarães Rosa e Mario Palmério, escritores que ele passara a admirar.

Nos anos 70, Tom já era um militante da ecologia quando muitos de nós ainda estávamos cegos para a predação provocada pela "modernização" do país. E não se limitou à defesa da vida selvagem. Foi também um militante da ecologia urbana e denunciou sistematicamente o avanço da especulação imobiliária, antevendo ali o fim do delicado equilíbrio entre as cidades brasileiras e seus habitantes. Sua frase de que "só acreditaria em socialismo no dia em que todos pudessem morar em Ipanema" era figurada, naturalmente: Tom queria uma Ipanema para todos os brasileiros, não que estes fossem em massa morar ali, duplicando sua população de 40 mil pessoas, como aconteceu nos anos 70.

Tom percebeu isso em fins de 1965, quando recebeu um bom dinheiro de direitos autorais e pensou em comprar um apartamento num prédio baixo na Vieira Souto. Mas as velhas casas já estavam sendo derrubadas e se podia prever que Ipanema não seria mais a mesma. Foi então para uma casa entre as árvores, na rua Codajás, na Gávea. Como residente, deixava Ipanema para sempre. Quando se separou de Thereza e casou-se com Ana Beatriz Lontra, em 1978, foram morar na rua Peri e, finalmente, em 1984, na linda casa da rua Sara Villela, no alto do Jardim Botânico, sob o sovaco do Cristo. Mas teve de conciliar esse paraíso a que fazia jus com a dureza de Nova York, onde sua obra o obrigava a passar longas temporadas.

Embora pareça o contrário, nada foi fácil para Tom. Tudo lhe aconteceu mais tarde do que deveria. Ao abrir um piano pela primeira vez, já tinha treze anos, idade em que outros prodígios seriam veteranos de concertos. Quando viu sua primeira música gravada ("Incerteza", em parceria com Newton Mendonça, pelo cantor Mauricy Moura), já estava com 26. Só pôde comprar o primeiro carro aos 32 anos, em 1959. Foi também com essa idade que comprou o primeiro apartamento, o da Nascimento Silva, e entrou pela primeira vez num avião, para São Paulo. E, acredite ou não, precisou chegar aos 35 para cantar pela primeira vez em público — no show *O encontro*, na boate Bon Gourmet, com João Gilberto, Vinicius e Os Cariocas, em agosto de 1962.

Às vésperas dos 36 anos, nunca pusera os pés fora do Brasil, mas o concerto de Bossa Nova no Carnegie Hall, em novembro de 1962, o obrigaria a fazer também seu primeiro voo internacional (num DC-8 que saiu do Rio de manhã e o despejou à noite em Nova York quase na hora de entrar em cena). O LP que ele gravaria em Nova York, poucas semanas depois, *The Composer of "Desafinado" Plays*, era o primeiro que saía com seu nome. E já tinha 38 anos quando fez, também nos Estados Unidos, seu primeiro disco como cantor: *The Wonderful World of Antonio Carlos Jobim*.

Os Estados Unidos o adotaram e lhe deram tudo que, às vezes, seu próprio país lhe negou. Grandes discos, como *Francis Albert Sinatra & Antonio Carlos Jobim* (1967), *A Certain Mr. Jobim* (1967), *Wave* (1967), *Tide* (1970) e *Stone Flower* (1970), foram gravados em Los Angeles ou em Nova York, porque eram projetos americanos. Mas Tom queria ter gravado aqui *Matita Perê* (1973) e *Urubu* (1976), que eram seus projetos pessoais. Não conseguiu — as gravadoras brasileiras diziam que ele "não vendia". E então Tom foi fazê-los também nos Estados Unidos, pagando de seu bolso parte da produção.

Hoje, qualquer dupla sertaneja brasileira grava em estúdios americanos e ninguém vê nada de mais. Mas, quando Tom se via obrigado a fazer isso naquela época, era acusado de "americanizado". Os espíritos de porco reclamaram mais ainda em 1985, quando ele cedeu "Águas de março" para um comercial mundial da Coca-Cola, que ficaria seis meses no ar. Acusaram-no de ter *vendido* "Águas de março". Sua mágoa não o impediu de fazer piada: "Que eu saiba, o negócio da Coca-Cola não é comprar música, é vender refresco. Além disso, eu pensava que os brasileiros gostavam de Coca-Cola". Nem sempre ele foi a unanimidade em que se converteria ao morrer.

Essa unanimidade só chegaria em seus últimos anos, quando o Brasil, talvez cansado de tantos medíocres, viu em sua obra (e nele próprio, como pessoa) o espelho em que deveria contemplar-se. Foi quando todos começaram a querê-lo para shows e entrevistas, a disputá-lo para estrelar comerciais, a incluí-lo em trilhas de novelas e a cumulá-lo de homenagens (algumas marotas, meros pretextos para que se apresentasse de graça com a Banda Nova). Uma homenagem sincera foi a da Mangueira, ao escolhê-lo como tema do enredo *Se todos fossem iguais a você*, no Carnaval de 1992. A Mangueira não ganhou aquele Carnaval, mas produziu um grande momento da cultura brasileira: o encontro da gente do povo com o compositor mais requintado da história do país. Era o que Tom sempre quisera: que sua música, por mais elaborada, fosse entendida e apreciada por todos.

Tom não foi apenas o maior compositor. Foi também uma espécie de umbigo nacional, ligado a tudo de rico que a música popular brasileira gerou no século. Em sua obra há ecos de Chiquinha Gonzaga, Ernesto NAZARETH, Sinhô, Ary Barroso, Alcyr Pires Vermelho e Custódio Mesquita — outros que, antes dele, foram os grandes compositores brasileiros do piano. Mas Tom era também um homem do violão — como Dorival Caymmi, de quem foi tão próximo, com quem partilhou discos e shows, e fez com que os filhos de ambos crescessem juntos. Ary e Caymmi foram dois dos compositores que Tom mais gravou — como se ele próprio não tivesse uma obra com que se ocupar. Tom gravou Pixinguinha ("Carinhoso"), que admirava como músico, compositor e bebum, e nunca escondeu que o choro foi uma de suas profundas influências — confira quanto de choro está contido em "Chega de saudade", a música inaugural da Bossa Nova.

Tom era também ligado às deliciosas e fuleiras marchinhas de Carnaval, o que se nota pela ênfase que dava, em seus arranjos, ao mais carnavalesco dos sopros, o trombone — não foi só de farra que gravou, com Miúcha e Chico Buarque, "A turma do funil", de Mirabeau, sucesso do Carnaval de 1956. O Brasil era uma presença avassaladora em sua obra. Com maior ou menor perfume de Bossa Nova, compôs sambas, canções, choros, valsas, serestas, modinhas, toadas e baiões e, em muitos desses gêneros, estava revisitando o Brasil de 1900, de seus avós Brasileiro de Almeida. E poderia discutir Villa-Lobos com o próprio Villa-Lobos, como fazia com Radamés Gnattali e Leo Peracchi, mestres brasileiros da orquestração a quem ele tinha como heróis.

Tom era generoso. Além das cerca de 250 canções em todos os gêneros e dos 29 discos gravados em seu nome, saiu de seus cuidados para fazer "participações especiais" em pelo menos 37 discos alheios (segundo levantamento do pesquisador paulistano Sergio Ximenes). Não havia quem não quisesse tê-lo "participando" de pelo menos uma faixa em seus discos, e Tom, muitas vezes, deixou uma canção pela metade no piano para dedicar-se a quem o solicitava (acabava dando preciosos palpites no disco inteiro). Por cansaço ou mesmo preguiça de viajar (mais ainda do que já fazia), recusou inúmeros convites para musicar filmes americanos, produções de luxo que lhe renderiam muito dinheiro — mas fez, de graça, a música dos três filmes de Paulo Cesar SARACENI dedicados a LUCIO Cardoso, que ele tanto admirava (*Porto das Caixas, A casa assassinada* e *O viajante*).

Por fim, Tom foi também um grande comentarista social do Brasil. Deveríamos ter prestado mais atenção em tudo que ele disse em entrevistas e rodas de botequim. Talvez ainda haja tempo — e as frases a seguir são uma amostra.

Frases

★ *O Brasil não gosta do Brasil.* ★ *O Brasil é de cabeça para baixo.* ★ *O Brasil não é para principiantes.* ★ *De que adianta eu sentir saudade do Brasil se ninguém mais sente?* ★ *O Japão é um país paupérrimo, com vocação para a riqueza. Nós somos um país riquíssimo, com vocação para a pobreza.* ★ *Um americano pode viver vinte anos no Brasil e, quando volta para os Estados Unidos, ninguém o chama de brasileiro. Já ao nativo, ao aborígine, é proibido sair da taba.* ★ *No Brasil, sucesso é ofensa pessoal.* ★ [Sobre sua breve prisão em 1970, por recusar-se a participar

■ ANTONIO CARLOS (Tom) Jobim

de um festival da canção]: *Há quem se gabe de ser preso. Eu não. Para mim, os homens de bem devem andar soltos, como os ladrões.* ★ [Sobre a poluição]: *De que adianta você pagar milhões de impostos e morar numa cidade em que não se pode respirar?* ★ *Outro dia fui ao mato piar um inhambu, e o que saiu de trás da moita foi um Volkswagen.* ★ [Sobre a língua portuguesa]: *Nunca entendi por que tiraram as letras K, W e Y do alfabeto. Brasília foi construída por um presidente com K no nome e a avenida principal chama-se W-3.* ★ *O problema do avião é que, quando engniça, a oficina é lá embaixo.* ★ [Sobre o dinheiro]: *O quilo do camarão chegou a Cr$ 900,00. Preciso sobreviver.* ★ *Só trabalho por dinheiro. Tenho que pagar aluguel, sustentar 5 mil pobres e mandar dinheiro para o Partido Comunista Americano.* ★ [Sobre a música]: *Não tenho tempo para odiar o rock, que é mais velho do que a Bossa Nova.* ★ *Outro dia liguei na Rádio Nacional e só ouvi música brasileira. Parecia que eu estava em Nova York.* ★ *O brasileiro precisa merecer a Bossa Nova. Precisa ser feliz. Você precisa ter uma garota bonita e sair de barco com ela.* ★ [Sobre sua música]: *Ah, eu sou um mestiço de popular com erudito. Sou um eruditinho.* ★ [Sobre política]: *Quando me perguntaram: "O senhor é comunista?", respondi: "Não, sou violonista".* ★ [Sobre os apartamentos de pé-direito baixo]: *Pé-direito bom é aquele em que você entra montado a cavalo e dá vivas à República tirando da cabeça o chapéu de mexicano.* ★ [Sobre a imprensa]: *Estou cansado de dar entrevistas. Não sou mais homem ou compositor, sou entrevistado.* ★ [Sobre a inteligência]: *A inteligência é o mais pobre dos atributos humanos.* ★ [Sobre o sexo]: *Sabe o que é melhor do que ser bandalho ou galinha? É amar. O amor é que é a verdadeira sacanagem.* ★ *Quando eu era garotinho, magrinho e bonitinho, as mulheres saíam correndo de mim. Hoje elas chegam, batem na minha barriga e dizem: "Oi, Tom Jobim, aparece lá em casa pra tomar um uísque!".* ★ [Sobre o sexo na velhice]: *É preciso lutar pela adequada perfusão dos corpos cavernosos.* ★ *Troco qualquer sinfonia de Beethoven por uma boa ereção.* ★ *Meu sonho é descansar e comprar uma bengala e uns óculos novos, para ver as moças de uma distância oficial.* ★ *Os desejos me abandonaram, graças a Deus.* ★ [Sobre a saudade]: *Passei minha vida inteira sem tempo de ter saudade.* ★ [Sobre a morte]: *É mais confortável morrer em português. Como é que você vai dizer para o médico gringo, em inglês: "Tô com uma dor no peito que responde na cacunda"?* ★ *Se Ary Barroso e Villa-Lobos morreram, eu também posso morrer.* ★ [Sobre o Rio]: *A diferença entre Nova York e o Rio é que lá é bom, mas é uma merda. Aqui é uma merda, mas é tão bom.* ★ *Eu não moro no Rio. Eu namoro o Rio.* ★ [Indagado sobre por que voltou para o Rio quando podia continuar morando em Nova York]: *Voltei porque nunca saí daqui.* ★ [Sobre o Arpoador]: *Quando eu morrer, enterrem meu coração nas areias desta praia.*

ARDUINO Colasanti
1936-2014. Esportista e ator.

Certa noite de verão e lua cheia, o sentinela do ARPOADOR viu uma figura loura andando sobre as águas, vindo em sua direção. O soldado arrepiou-se dentro da farda, tentou gritar e não conseguiu. Saiu correndo, largando para trás o mosquetão. O Arpoador era área militar e fechada pelo Exército depois das seis horas da tarde. Não se esperava ver ninguém ali de madrugada, muito menos de pé no mar, a não ser que fosse uma assombração. Mas, por volta de 1956, poucas pessoas — e menos ainda recrutas recém-chegados da roça — tinham visto um surfista. A figura loura era Arduino Colasanti, que caíra n'água na avenida Francisco Behring, empurrara sua prancha até o pontão e descera de pé sobre ela na primeira onda.

Essa história pode ter ou não acontecido, mas fazia parte da lenda particular de Arduino. Sem fazer o menor esforço para isso, ele era o líder do Arpoador nos anos 50 e 60, o modelo a ser admirado e seguido: bonito, leitor de livros, sensível, amigo dos amigos, bem-educado — mandava flores para a mãe de suas namoradas. Era também um atleta natural, fisicamente privilegiado: craque em mergulho, pioneiro da caça submarina e primeiro no Rio a ficar de pé numa prancha. Os amigos tentavam imitar seu jeito de nadar como um cação, sem bater as pernas. Arduino era corajoso: mergulhava na praia do Diabo e ia até o Posto 6, enfrentando as caravelas e os sentinelas do Forte de Copacabana, que tinham ordem para atirar. Era também um desbravador: fora o primeiro a mergulhar da laje de Santo Antônio, o rochedo quase submerso a quinhentos metros da praia, em frente à rua Farme de Amoedo (desceu quinze metros). Ser convidado a pescar com ele era uma honra, algo como ser sagrado cavaleiro — significava que se passara a pertencer ao primeiro time da caça submarina. E, como parecia viver sempre meio respingado, era também o símbolo sexual de Ipanema.

Suas namoradas dispensavam apresentações: IRA Etz, Marilia Branco, DUDA Cavalcanti, Irene Estefânia, LEILA Diniz, Ana Miranda, Sonia Braga e grande elenco. Um recorde, ainda mais quando se sabia que ele passava boa parte do tempo debaixo d'água. Mas bastava vir à tona para provocar alvoroço: as meninas do Colégio São Paulo atiravam-se à janela para vê-lo atravessar a rua, vindo da areia, segurando um arpão ou uma prancha, ou quando passava de lambreta sem ninguém na garupa. Coroas milionárias ofereciam-lhe barcos e apartamentos e, por sua causa, mulheres casadas ignoravam os maridos. Namorá-lo, nem que fosse por uma hora e meia, parecia ser uma questão de honra para inúmeras beldades de Ipanema — não que ele oferecesse resistência. Para elas, ele podia ser o homem-objeto. Mas Arduino sabia que era mais do que isso. Na verdade, personificava o oposto do machão brasileiro: era cerimonioso e, em sua presença, não se falava mal de uma namorada ou ex. Seu grande amigo JOMICO Azulay o via como "um nobre renascentista".

Talvez porque ele tivesse nascido no porto de Livorno, na Itália, e só chegado ao Brasil aos doze anos, em 1948, com o pai, Manfredo Colasanti, e a irmã, MARINA. No futuro, Marina Colasanti tornar-se-ia uma das mulheres mais influentes de sua geração, como jornalista e escritora, e Manfredo teria uma tardia mas profícua carreira como ator. Foram morar numa casa que a cantora lírica Gabriella Besanzoni Lage, tia deles, mantinha desocupada no Rio — nada menos que o palácio do Parque Lage, no Jardim Botânico.

Cercado por aquela suntuosidade, Arduino cresceu no Arpoador, disputando provas internacionais de caça submarina e vendendo as lagostas e cavaquinhas que pescava. Quando o SURFE se estabeleceu nos anos 60, passou a viver de fabricar pranchas. Como Namor, o Príncipe Submarino dos quadrinhos, o mar sempre fora seu habitat — na Itália, em criança, morara cinco anos dentro de um barco.

Quando o mar despejou na praia a BOSSA NOVA, em 1959, Arduino fazia parte da turma de pescaria de Roberto Menescal em Cabo Frio, Búzios e Arraial do Cabo — turma formada por Gilberto Laport, Jomico Azulay, Chico Pereira, Ronaldo "Cientista" e, principalmente, do cantor Toninho Botelho, ex-membro do conjunto vocal Garotos da Lua, cuja casa em Iguaba Grande era o centro das operações. Por causa de Menescal, habituado a matar meros de trezentos quilos, os rapazes da Bossa Nova às vezes se juntavam a essas expedições como turistas (foi na volta de uma dessas pescarias que nasceu "O barquinho", de Menescal e RONALDO Bôscoli). João Gilberto, ele próprio um ex-Garoto da Lua, esteve numa dessas expedições e ficou tão empolgado que pediu a Arduino que o ensinasse a mergulhar, prometendo em troca ensiná-lo a tocar violão — para o bem do mar e da música popular, nada resultou desse arranjo. Foi também Arduino, amigo de Bob Zagury e da colônia francesa no Arpoador, quem levou Brigitte Bardot pela primeira vez a Búzios, em 1964 — não podia adivinhar que isso poria Búzios no mapa. E, acredite ou não, um dos que iam a Búzios com Arduino, Brigitte e Zagury — tomando sol, rolando na areia e, muito branco, emergindo como um lagostim — era Paulo FRANCIS.

Em 1966, aos trinta anos, quando já estava mais que na idade de vestir um terno e trabalhar em algo sério, o "escritório" de Arduino continuava a ser o Arpoador — um buraco numa pedra servia de gaveta de escrivaninha. Ir todo dia ao Centro da cidade para ganhar a vida era exatamente o que não estava em seus planos — sua ideia de felicidade não incluía dinheiro ou a luta no asfalto, em gabinetes fechados. Arduino era um hippie antes dos hippies e, se a Light lhe cortasse a luz, ficaria tranquilamente no escuro. Talvez por ser tão pouco prático, tinha de ser cuidado por Marina e por sua ex-namorada Ira, com quem formara, em meados dos anos 50, o casal-símbolo do Arpoador. Onde, como não poderia deixar de ser, o diretor Nelson Pereira dos Santos o descobriu, em 1966, e deu-lhe o papel de um garotão de praia em seu filme *El Justicero*. E então, sem nunca ter representado na vida, Arduino tornou-se ator.

Mais exatamente, o galã oficial do CINEMA NOVO. Pelos dez anos seguintes, estrelou quarenta filmes, entre os quais GAROTA *de Ipanema* (fazendo o namorado da própria) e vários de Nelson: *Fome de amor*, *Azyllo muito louco*, *Quem é Beta?* e *Como era gostoso o meu francês*. Neste último, Arduino inaugurou o nu frontal masculino no cinema brasileiro — embora boa parte da plateia feminina de Ipanema, que o conhecia ao vivo, não visse novidade em suas cenas de nu. Apesar dessa agitada ficha técnica, Arduino nunca se considerou um ator. Mesmo em sua época mais ativa no cinema, foi escafandrista da Petrobras e trabalhou na construção da ponte Rio-Niterói.

Em 1977, cansado de levar beiço dos produtores de cinema, largou tudo. Vendeu um apartamento, comprou um saveiro e foi morar nele em São Luís do Maranhão, usando-o para transportar passageiros. Mas não se deu bem por lá e, dois anos depois, voltou para o Rio — na verdade, para Jurujuba, em Niterói, onde se tornou instrutor de mergulho e consultor da Petrobras na construção de plataformas submarinas. E só deixou o mar para fazer pequenos papéis em filmes como *Sonho de valsa*, de Ana Carolina, e *Leila Diniz*, de Luiz Carlos "Bigode" Lacerda.

Nesses anos todos, o vento cortou-lhe o rosto como navalha, o mar salgou as feridas e o sol queimou tudo. E houve também outras devastações, algumas, infelizmente, químicas. O Arduino que morreu aos 78 anos, em 2014, já não lembrava o deus de terra e mar de Ipanema. Mas até os deuses são mortais.

ARMANDO Costa

1933-84. Teatrólogo e roteirista de cinema e TV.

Nos tempos do CPC (Centro Popular de Cultura), de 1961 a 1964, Armando Costa andava pelos corredores do prédio da UNE (União Nacional de Estudantes), na Praia do Flamengo, fingindo arrancar os cabelos: "É a maldição do comunista! Aqui ninguém come ninguém!". Será que não? Os rapazes do CPC eram bonitões e o lugar fervia de garotas querendo cantar no coro, donde todas as possibilidades estavam em aberto. Armando passava o dia e a noite no

CPC — só que muito ocupado em escrever pequenas peças, esquetes de humor, letras de música e panfletos, desenhar cenários e tentar pôr ordem no caos. Era pau para toda obra e sua marca, meio rara naquela turma, era o humor.

Era também o mais criativo do grupo de teatro, mas sua participação diluía-se no enxame de nomes que assinavam as criações coletivas do CPC. Na manhã de 1º de abril de 1964, a sede da UNE foi incendiada e o CPC acabou. Acabou só formalmente porque, meses depois, oito de seus integrantes reagruparam-se em torno do teatro de arena do shopping Siqueira Campos, em Copacabana. O grupo e o teatro adotaram o nome Opinião, a partir do primeiro espetáculo que levaram: o show *Opinião*, escrito por Armando, Oduvaldo Vianna Filho e Paulo Pontes e estrelado por Nara Leão, Zé Kéti e João do Vale. Ninguém esperava aquele grito do teatro contra a ditadura, e o show *Opinião* foi um acontecimento — um ano em cartaz. Mas, já então, Armando dizia que não nascera apenas para escrever piadas sobre o fato de "o presidente [CASTELLO Branco] não ter pescoço".

De 1964 a 1967, os espetáculos do Opinião atraíram multidões de estudantes ansiosos por manifestar seu ódio pelos militares. Mas, para um criador como Armando, eles eram frustrantes. Exceto *Liberdade, liberdade*, de MILLÔR Fernandes e Flavio Rangel, todos os demais (*O samba pede passagem, Se correr o bicho pega, se ficar o bicho come* e *A saída, onde está a saída?*), mesmo que formalmente assinados por apenas dois ou três, pareciam de autoria de um polvo, porque eram escritos a dezesseis mãos. Cada frase era submetida a votação, o diretor era "eleito", e até a decisão de montar ou não o espetáculo (depois que ele estava pronto) era submetida a uma assembleia. Muito democrático, mas as brigas eram tremendas e o dinheiro, curto para todos. Em 1967, Armando, Vianna e Paulo Pontes deixaram o Opinião e foram cuidar da vida.

Nessa época, as batalhas eram outras e, veterano dos bares de Ipanema, Armando pôde expandir seu talento para o humor ajudando a escrever filmes como *Copacabana me engana* (1968), *Vai trabalhar, vagabundo* (1973) — lembra-se da partida de bilhar entre NELSON Xavier e Paulo César PEREIO? — e *Bar Esperança, o último que fecha* (1983), em que recriou (com Silvia Bandeira no papel) um striptease feito por ele próprio nos anos 70, no Luna Bar, um dos principais redutos do Baixo Leblon. A comédia carioca de costumes era um novo filão e, em 1970, Armando escreveu e dirigiu (com Zelito Viana) *Minha namorada*. Mas aí veio o mais inesperado dos casamentos: o do CPC com a TV Globo — e ele se mudou para ela.

Sua longa experiência contra a Censura no Opinião e no cinema ensinou-o a dizer o que quisesse, no mais visado dos veículos, sem que a Censura percebesse. Daí a graça e o sucesso das séries de que participou como roteirista:

A Grande Família, Plantão de Polícia, Amizade Colorida e, mais que todos, *Malu Mulher*, do qual escreveu a maioria dos episódios e foi o responsável pela "politização" de Malu. Era tão bem escrito que a atriz que fazia Malu, Regina Duarte, até parecia uma mulher avançada. Infelizmente, as séries não costumam consagrar os autores — o público que assiste a elas não percebe que certos episódios são melhores pela presença deste ou daquele roteirista. Com isso, o destino de Armando, segundo o crítico de televisão Artur da Távola, foi o de ser "um dos principais dramaturgos — desconhecidos — do Brasil".

ARPOADOR
Ponta extrema da praia de Ipanema.

Sob um céu de soneto, numa manhã de julho entre 1910 e 1914, o escritor Gilberto Amado subiu à "pedra heroica que se prolonga nas águas, numa audácia de promontório". Como se fosse "o super-homem de si mesmo", tirou o chapéu, deixou que o vento lhe "desbastasse a cabeleira" e, com o mar às suas botas, julgou ouvir estrofes erguendo-se das ondas. Naquele momento, ele se sentiu "Henrique em Sagres, Napoleão em Santa Helena, Hugo em Guernesey" — sendo Henrique, claro, o infante d. Henrique; Napoleão, o próprio; e Hugo, o escritor Victor Hugo. "A luz criava as suas fantasmagorias gloriosas", extasiou-se Gilberto. "Uma nuvem banal subitamente se transfigurava num palácio criselefantino; e quando o sol, liberto das brumas, se estendeu nas águas, o céu ficou um mar dourado e verde e as nuvens foram pérolas, corais, anêmonas, madrepérolas, medusas. Vi no céu, como num espelho mágico, o fundo do mar e a aurora lunar submarina que se espraiou no firmamento, numa difusão de cores magníficas." Uau!

Não, o autor não estava sob o efeito de ácido. Quando publicou *A chave de Salomão* (1914), que começa com essa visão retumbante do Arpoador, Gilberto Amado tinha 27 anos e já escrevia assim, cheio de pompa. Mas não vamos tirar-lhe o mérito de ter sido o descobridor literário do Arpoador — três anos antes de JOÃO DO RIO descrever a "paisagem lunar" que lhe seria revelada por ISADORA Duncan.

Poucos anos depois, em 1930, a paisagem do Arpoador já não teria nada das madrepérolas de Gilberto Amado. Aos domingos, lá estavam os primeiros moradores de Ipanema, os pescadores egressos do Posto 6 de Copacabana e, principalmente, os ingleses e americanos da Light, fundadores do COUNTRY Club. "Visto de cima, o louro das areias do Arpoador confunde-se com o louro dos cabelos dos seus frequentadores" — dizia uma reportagem da época (com foto) em *Beira-mar*, um jornal editado pelo escritor THÉO-Filho. Ia-se à praia como a um chá, e o inglês era a língua predominante na areia.

Mas não por muito tempo. Famílias alemãs, francesas, dinamarquesas e de outras águas da Europa também estavam vindo dar às costas da bucólica Ipanema, e seus filhos começavam a misturar-se aos jovens nativos. O Arpoador era o cenário perfeito para essa mistura: mar para todo braço, a ponta de pedra, com suas infinitas possibilidades, e a praia, remota e escondidinha, com sua areia de talco. Já havia um predinho abrigando a estação de radiotelegrafia, um trampolim na pedra mais alta, um postinho de salvamento (na verdade, uma escada em que se empoleirava o salva-vidas — ou "banhista", como se dizia) e, para as emergências, uma corda que saía da praia e era puxada por uma canoa. Em dias de arrastão (de peixes, naturalmente), meninos sardentos e de sobrenomes complicados ajudavam a puxar as redes, e os pescadores enchiam caminhões. Um cento de sardinhas era ridiculamente barato, e as famílias se reuniam para assá-las ali mesmo, na praia do Diabo, sua prainha adjacente.

Por volta de 1935, o Arpoador era "família" apenas aos domingos, porque, durante a semana, já circulavam aqueles que seriam sua marca: os "diaristas", seus frequentadores diários — rapazes para quem a praia deserta era o lugar aonde ir depois da aula e ficar até o anoitecer, jogando pelada, caindo n'água ou cevando as primeiras e raras moças do pedaço. Alguns vinham de Copacabana e Botafogo, mas o grosso deles era de jovens que moravam nas ruas próximas, como a Joaquim Nabuco e a Rainha Elizabeth.

Nas décadas seguintes, aquele seria o Arpoador de lendas como CHICO Britto, George Grande, KABINHA, Tico Soledade, Paulo Azeredo, Luiz Carlos Vital ("Bisão"), Tatsuo Yamoto, Jorge Arthur Graça ("Siri-K"), Jorge Leôncio Martins, Celso Fontenelle, Helio Cox, Gustavo Henrique de Carvalho, Renato Wilman, Péricles Memória, Jorge Llerena, Raul de Vicenzi, Edmundo Macedo Soares, os irmãos Lulu e Paulo Sampaio e os também irmãos Jorge, Carlos e Guilherme Vasconcellos — todos futuros profissionais liberais e altos empresários. Havia diaristas mais velhos, como o futuro prefeito João Carlos Vital e o dono do Cassino da Urca, Joaquim Rolla, que jogava peteca com seu motorista (davam um mergulho, secavam-se, vestiam as roupas de trabalho e voltavam cheios de sal e iodo para o escritório).

E havia as mulheres, como Lia Fontenelle, a ginasta Yara Vaz, a atleta do Fluminense Ivete Mariz, a alemã MIRIAM Etz. A ousada Miriam, 22 anos em 1936 e recém-chegada da Europa, foi a primeira mulher a usar um duas-peças no Arpoador e talvez no Brasil. O pessoal de algumas embaixadas também aparecia para um mergulho na hora do almoço e, por causa destes, o Arpoador atraía ilustres estrangeiros de passagem pelo Rio. Um deles, o cantor francês Jean Sablon, que sussurrava sua *chanson* "Vous qui passez sans me voir" para os garotões de bronze. Os salva-vidas também eram homens fortes e corajosos, como "Índio", "Jacaré" e, mais que todos, Félix, negro, boa-pinta e disputado pelas europeias.

Havia desde então um clima de sensual liberalidade no Arpoador, nem sempre levada às vias de fato, mas de forma alguma inocente — principalmente no Samarangue, a pedra lisa do costão, à beira da enseadinha (o nome Samarangue foi dado pelo pescador Chico Britto, a partir de uma pedra com esse nome, muito parecida, que eles tinham visto num filme mexicano). Na Segunda Guerra e logo depois, outros esportes também passaram a ser praticados com paixão no Arpoador: ginástica, "jacaré" (de peito, com ou sem tábua), mergulho e caça submarina (os primeiros arpões foram trazidos pelo famoso comandante Edu, piloto da Panair e líder do Clube dos Cafajestes). Esse foi o Arpoador de Abel Gázio, João Cavalcanti, Luiz "Surrão", o piloto da Pan Am Jimmy Connell, PAULO Amaral, Mariozinho de Oliveira, Paulo Soledade, Luiz "Ciranda" Aguiar, ANTONIO CARLOS Jobim, Paulo Saboya, Paulo "Preguiça" Tati, Eduardo SUED e, aos treze anos em 1944, despontando como uma revelação em qualquer esporte, Bruno HERMANNY. E as lindas mulheres: TONIA Carrero, Laura Aguinaga, Ilka Costa, Gerusa Carvalho (depois criadora da primeira butique brasileira para grávidas, a Future Maman) e a quase infante Helena Jobim, irmã de Tom. Todos assustadoramente jovens, atléticos e bonitos. Bolas, até RUBEM Braga, que não era de esporte, mas de vez em quando aparecia, era jovem.

Tom Jobim descreveu esse Arpoador que ele descobriu na adolescência: "O mar, uma coisa linda, com água limpa, azul-transparente, os peixes passando. Havia dias em que não caíamos na água com medo dos peixes. Tinha cação nas sombras das pedras, deitado num canto. Às vezes, uma raia-jamanta, outras, um surubim. A gente jogava pedra para o peixe sair e poder tomar banho" — Tom só se esqueceu de citar os polvos, que os rapazes fisgavam com um gancho e amarravam num arame ao redor da cintura, formando com eles uma saia havaiana. Os peixes não ficavam impunes, porque os rapazes os pescavam para vender. Em poucos anos acabaram com os peixes rasos, donde a súbita atração pelo mergulho — para ir buscá-los no fundo. E a água do Arpoador era clara mesmo: a futura atriz ROSAMARIA Murtinho, muito menina, mas de esmalte nas unhas dos pés (uma ousadia), jura que se podiam distinguir as camadas de esmalte debaixo d'água.

No pós-Segunda Guerra, já havia uma aura de pecado envolvendo o Arpoador. Para a moral vigente, suas moças eram "fáceis": usavam maiôs sumários, iam descalças para a praia (o que era considerado grande insolência), consultavam-se regularmente com ginecologistas e, entre outras estripulias, saíam de carro e faziam corrida de submarino com os rapazes (ou seja, iam "patrulhar" a costa com eles dentro dos carros, durante os blecautes). As mães mais conservadoras proibiam suas filhas de ir à praia no Arpoador — a da jovem DANUZA Leão, por exemplo. Numa época em que, em outras cidades, as mulheres brasileiras ainda se escondiam em maiôs inteiros e só faltava usarem touca, o traje de praia no Arpoador já era o duas-peças (criado em 1932 pelo francês Jacques Heim). No duas-peças, a calcinha ficava quatro dedos acima do umbigo, mas o pouco de pele que ele expunha fazia com que só pudesse ser usado numa praia quase secreta, como o Arpoador.

Pois teria de ser também no Arpoador que as primeiras meninas brasileiras se atreveriam a usar biquíni — criado em 1946 por outro francês, Louis Réard, com o nome tirado do infeliz atol do Pacífico que serviu de cenário para experiências atômicas americanas. O biquíni era o duas-peças com o umbigo à mostra e já podia ser visto no Arpoador desde pelo menos 1951, revelando a beleza de Hirene Hosko, bailarina de Carlos Machado — MILLÔR Fernandes publicou a foto de Hirene (calcinha quatro dedos *abaixo* do umbigo) em sua revista *Voga*, que circulou só naquele ano. Em poucos verões, os biquínis estariam revelando também a beleza das meninas "de família" de Ipanema.

Até meados dos anos 50, esse paraíso continuava um dos segredos mais bem guardados do Rio. Passava despercebido até por seu vizinho Carlos DRUMMOND de Andrade, que, numa crônica da época para o *Correio da Manhã*, o descreveu assim: "Pediram-me que definisse o Arpoador. É aquele lugar dentro da Guanabara e fora do mundo, aonde não vamos quase nunca e onde desejaríamos (obscuramente) viver". Mas era Drummond quem devia estar fora do mundo porque, ao alcance de seus olhos, aquele Arpoador — o de 1955-63 — já era o grande laboratório de costumes da cidade.

Era o Arpoador de ARDUINO Colasanti, IRA (filha de Miriam) Etz, Cookie Bello, Pedro Paulo Couto, YLLEN Kerr, MARINA Colasanti, BEA Feitler, JOMICO Azulay, Angelo Vivacqua, Monica Silveira, Marilia Branco, Cecil Thiré, ELIZABETH Gasper, Roberto Menescal, Toninho Botelho (ex-colega de João Gilberto no conjunto vocal Os Garotos da Lua), Chico Pereira (fotógrafo das capas dos discos da Odeon), Ronaldo "Cientista", Gilberto Laport, Marisa Urban, PEDRO de Moraes, DUDA Cavalcanti, Kadu Magalhães, CAIO Mourão, Ana Maria Saraiva, os irmãos Luiz e Pedro Corrêa de Araújo, Meton de Alencar, Christina Gurjão, Paulo Scheuenstuhl, MARILIA Kranz, ZÓZIMO Bulbul (o primeiro rapaz negro a fazer parte das rodas da praia e, aliás, com muito sucesso), Arnold Preger, a futura autora de televisão Regina Braga (cujo aparelho nos dentes era uma sensação), Thomaz Barcinsky, Jaime Landim, Edu Joppert, Roberto "Bimba" Etz, Mauro "Cabide", as irmãs jazzistas Aná e Lu, Silvinha "Maconha", o futuro bilionário Jorge Paulo Lemann e muitos outros notáveis. Naquela época, quando o relógio marcava meio-dia no Arpoador, ainda era 1929 no resto do país.

Eles viviam crestados de sol, mergulhavam em busca de peixes perigosos e viam os pescadores mais antigos como heróis. Ao mesmo tempo, eram rapazes e moças que liam os autores franceses e americanos modernos e se davam com intelectuais como LUCIO Cardoso, Rubem Braga, PAULO Mendes Campos. Misturavam-se com o pessoal da BOSSA NOVA, emocionavam-se com Chet Baker cantando "My Funny Valentine", não perdiam os festivais de cinema do MAM, estudavam teatro no Tablado ou com Adolfo CELI e faziam gravura ou pintura e iam à casa de Djanira ou de Enrico BIANCO. E, claro, 99% deles faziam análise.

A maioria daqueles moços estava destinada a carreiras profissionais vitoriosas. As moças discutiam existencialismo, Guerra Fria e Nouvelle Vague. Planejavam estudar fora do Brasil, não viam o casamento como a única realização da vida e também tinham ambições profissionais — no que eram apoiadas por suas mães, muitas de origem europeia e que já haviam desbravado o Arpoador uma geração antes. Assim como os rapazes, as moças tinham cascão e nós na sola dos pés, indispensáveis para enfrentar descalças o asfalto e as pedras quentes (Ira Etz orgulhava-se de sua sola do pé, que lhe permitia apagar pontas de cigarro).

À noite, elas se transformavam: botavam meias de seda e ligas (combinação, jamais), calcinhas pequenas e estampadas e sutiãs com babadinhos. Eram vaidosas, sedutoras, quase todas *aviões* e cientes disso — *avião*, definindo uma mulher com um corpaço, era uma gíria do Arpoador. Algumas foram eleitas *aviãozaços*: Elizabeth Gasper, Cookie Bello, Marilia Branco. Outras eram só lindas de morrer: Ira, Monica Silveira, Duda Cavalcanti. Entre os homens, Arduino Colasanti reinava absoluto, mas vários outros eram símbolos sexuais — Tom Jobim, considerado o homem mais bonito de Ipanema, era hors-concours.

Ao cultuar simultaneamente a beleza, o conhecimento e a "autenticidade", essa geração chegou — sem programa nem teoria — à liberdade sexual sem culpa. E essa foi a grande revolução do Arpoador na segunda metade dos anos 50: rapazes e moças namoravam "firme", faziam sexo e ninguém se culpava ou era culpado. Os namoros acabavam e havia um rodízio natural, sem que sucessores e antecessores entrassem em conflito (houve exceções, mas aquela era a regra não escrita).

E as moças do Arpoador não tinham nada de "fáceis". Ao contrário, eram dificílimas, porque não se permitiam ser "cantadas" — o jogo de caras e bocas, uma das técnicas da sedução, não funcionava ali. Elas o identificavam com o charme antiquado, *passé*, dos rapazes de Copacabana (mesmo os do Posto 6, com quem se davam na praia e que eram considerados grossos e narcisistas). *Elas* escolhiam. E nenhum homem era escolhido por praticar façanhas bobas, como mergulhar da pedra mais alta ou saber brigar. Os rapazes mais valorizados eram os que fossem os mais bonitos e cultos, não uma coisa ou outra.

As drogas ainda não circulavam por ali. Não que eles as desconhecessem — todo mundo no Arpoador leu *As portas da percepção*, de Aldous Huxley, em inglês, antes mesmo que o livro saísse no Brasil, e as crônicas de Paulo Mendes Campos, em 1962, em que ele descreveu sua experiência com o que ainda se chamava de "ácido lisérgico", o LSD. Mas o culto à saúde e à razão parecia mais forte do que a curiosidade de experimentar substâncias que alterassem a consciência.

Uma das moças mais populares do bairro, Silvinha "Maconha" (*n.* 1934), tinha esse nome não por fumar maconha (pelo menos ninguém a via usar o produto), mas por parecer ainda mais "marginal" do que a média das moças do Arpoador. Era morena, usava óculos escuros à Marlon Brando em *O selvagem* e tinha uma cicatriz no queixo (caíra da garupa de uma moto). Era também bem liberal a respeito de com quem ia para o banco de trás dos jipes ou Chevrolets — um dos privilegiados, Jomico Azulay, sete anos mais novo do que ela, definiria sua noite com Silvinha como "o mundo antes e depois de Copérnico". Mas era também querida e respeitada: escrevia contos, recitava Jacques Prévert ("*Rappelle-toi Barbara/ Il pleuvait sans cesse sur Brest ce jour-là...*") e era assídua das jam sessions do Beco das Garrafas. As amigas a viam como "mais livre", só isso.

A moda de aplaudir o pôr do sol no verão não nasceu no PÍER em 1970, como se pensa, mas por volta de 1962, no Arpoador, quase sempre dentro dos jipes abertos (vários os possuíam, inclusive as moças). Para aquela geração, no entanto, o Arpoador era praia para o ano inteiro, inclusive no inverno. O esporte oficial continuava a ser a caça submarina, embora não por muito tempo — os meros, jamantas e cações que abundavam por ali tinham sido praticamente extintos pelos rapazes (do que, hoje, munidos de consciência ecológica, muitos se arrependem). Quase todos venceram competições internacionais e sua perícia com as armas era de tal ordem que, em 1964, no episódio da "guerra da lagosta" (quando os pesqueiros franceses se julgaram no direito de atuar em águas brasileiras e quase saiu tiro entre os dois países), o cronista CARLINHOS Oliveira propôs que, em vez de botar a Marinha contra os intrusos, o Brasil mandasse a equipe de caça submarina do Arpoador.

Mas, então, aconteceram as primeiras tragédias. Em 1963, "Bimbico" Azulay, irmão de Jomico, morreu aos dezoito anos mergulhando nas ilhas Tijucas. Outros morreriam nas Cagarras na mesma época. Arduino, líder natural da turma, começava a se passar para o SURFE e chegavam aqui as primeiras pranchas de poliuretano.

O Arpoador sempre acolhera várias turmas e, até então, não houvera o predomínio de uma sobre as outras. Mas, com a crescente hegemonia do surfe a partir de 1964 — e com a ocupação do Arpoador pelas grandes massas que os surfistas atraíam —, os habitués começaram a debandar. Alguns se casaram, foram trabalhar ou saíram do país. Outros migraram para praias longe dali, menos congestionadas. Em 1965, a cultura e a mitologia do Arpoador clássico estavam chegando ao fim — mesmo porque, sendo Ipanema um território pronto para recebê-las, suas bandeiras (como a do sexo sem culpa) foram rapidamente assimiladas pelo bairro e deixaram de ser seu privilégio.

Com o Arpoador entregue aos surfistas, alguns de seus veteranos caminharam algumas centenas de metros e se estabeleceram em frente à rua Rainha Elizabeth, onde já se concentrava a "geração leite Ninho" brasileira, como se chamou a primeira fornada de meninas brasileiras com mais de 1,70 metro, coxas fortes e redondas, ombros largos e bunda empinada — os *aviões* do CASTELINHO.

ASDRÚBAL Trouxe o Trombone
1974-85. Companhia teatral.

Em 1974, um grupo de rapazes e moças entre dezesseis e 26 anos queria fazer teatro. Não o teatrão, que fingia que se levava a sério, nem o underground então na moda, que fingia que não se levava. O que eles entendiam por teatro era uma atividade coletiva, gostosa e rentável, que lhes ocupasse o dia e lhes permitisse sair de casa e parar de estudar. E, principalmente, que os livrasse da ameaça de, no futuro, se verem de gravata ou tailleur num escritório da cidade. Com a vitalidade que caracteriza os jovens, eles conseguiram tudo isso — e o resultado foi o Asdrúbal Trouxe o Trombone. E por que conseguiram? Porque não sabiam que era impossível.

O Asdrúbal era Regina Casé (*n.* 1954), Luiz Fernando Guimarães (*n.* 1949), Evandro Mesquita (*n.* 1952), Patrícia Travassos (*n.* 1955), Perfeito Fortuna (*n.* 1950) e o diretor Hamilton Vaz Pereira (*n.* 1951). Em grupo ou individualmente, você logo ouviria falar deles, na televisão, na música popular e no próprio teatro, mas, quando criaram o Asdrúbal, era como se tivessem brotado da areia — a maioria não tinha experiência alguma. Outros (como Daniel Dantas, que foi um dos fundadores) entraram e saíram do grupo em seus onze anos de existência. Mas a alma do Asdrúbal estava naqueles seis.

Todos se conheciam do ARPOADOR, do PÍER ou das casas de uns ou de outros em Ipanema. A primeira peça em que testaram seus talentos foi um clássico de 1836, *O inspetor-geral*, do russo Nikolai Gógol. Mas o classicismo parou aí. Ensaiavam em suas próprias casas, com roupas surrupiadas dos pais e objetos emprestados por amigos e lojistas. Quando o projeto começou a crescer, passaram a ensaiar na praia, se não chovesse. Depois, com uma caixinha mantida por eles mesmos, alugaram uma sala num colégio. A cada ensaio, *O inspetor-geral* ia sendo tão modificado que, daí a pouco, nem o próprio Gógol o reconheceria — os diálogos e personagens eram adaptados às situações criadas pelo grupo, e Hamilton tentava dar coerência àquela efervescência anárquica. Seis meses depois, em outubro de 1974, quando o Asdrúbal estreou no Teatro Opinião, em Copacabana, no esdrúxulo horário da meia-noite, crítica e público levaram um susto.

Ali estava um punhado de garotos de grande talento, com uma linguagem nova para o teatro e falando com humor de coisas que iam direto ao útero de sua plateia, maciçamente jovem: falta de dinheiro, de sexo e de diálogo. Até o nome do grupo era um deboche. Numa época em que as companhias ainda se chamavam Arena, Oficina, Opinião (nomes que, em 1974, já cheiravam a naftalina), eles surgiram com essa história de Asdrúbal. De onde saíra isso? De uma brincadeira que Regina Casé fazia em criança com seu pai, o diretor de TV Geraldo CASÉ. Para saber se uma festa a que ele fora estava chata, ela perguntava: "Asdrúbal trouxe o trombone?".

O espetáculo seguinte, em 1975, também era tirado de um clássico, *Ubu*, de Alfred Jarry, um pré-teatro do absurdo ao qual o Asdrúbal acrescentou o seu próprio absurdo e deu um clima de circo. Já tinham então se profissionalizado, mas, como os patrões eram eles mesmos, nem sempre podiam receber seus salários — donde continuavam comendo na casa dos pais.

Ao procurar uma peça para o terceiro espetáculo, não acharam nada que se parecesse com eles. Então tiveram de escrevê-la: dali surgiu *Trate-me leão* (1977), que falava mais do que nunca ao jovem trancado no banheiro e cujos problemas eram os maiores do mundo. Foi a consagração final. Depois de longas temporadas no teatro Dulcina, o Asdrúbal levou *Trate-me leão* a dezenas de cidades. Em cada uma, rapazes e moças locais juntavam-se a eles e os seguiam em caravana, trabalhando como bilheteiros ou lanterninhas. O Asdrúbal foi absorvendo quem pudesse — e acabou absorvendo mais do que podia. Em janeiro de 1982, já contava com tanta gente que, de seus inúmeros grupos, nasceu no Arpoador o CIRCO Voador.

Pouco depois, de uma subdivisão, surgiu a BLITZ. O Asdrúbal levou vários outros espetáculos, mas, depois de onze anos, as coisas tinham mudado. A maioria dos fundadores já passara dos trinta e alguns estavam se dando bem individualmente em outros veículos. O Asdrúbal se desfez, mas seu espírito foi arejar a TV Globo, onde seus integrantes se impuseram em programas que ficaram anos no ar, como *TV Pirata, Programa Legal, Brasil Legal*, seriados e especiais. E, a provar que uma vez Asdrúbal, sempre Asdrúbal: até os comerciais que eles também passaram a fazer tinham um escracho asdrubalino.

ASTRUD Gilberto
n. 1940. Cantora.

Em 1964, quando era um fenômeno do hit parade americano e apresentada em toda parte como "The Girl from Ipanema", Astrud Gilberto podia passear sossegada por Ipanema sem ser reconhecida por ninguém, a não ser pelos amigos. Dois anos antes, ela e seu marido João Gilberto ainda moravam na rua Visconde de Pirajá, bem defronte do ZEPPELIN. Astrud até que se dava com as pessoas, mas não há registro de que João Gilberto um dia tenha atravessado a rua e entrado no botequim, nem que fosse para comprar chicletes. O astro do casal era ele, e Astrud, apenas mais uma menina de Ipanema que queria tocar violão e cantar.

Bem, aconteceu que, em Nova York na histórica gravação de "GAROTA de Ipanema" por João Gilberto com Stan Getz, em 1963, Astrud cantou a versão da letra em inglês. Um ano depois, o LP *Getz/Gilberto* estourou e o compacto contendo sua voz em "Garota de Ipanema" fez dela uma celebridade. O produtor Creed Taylor lançou-a solo com um repertório que combinava BOSSA NOVA com standards americanos e, para surpresa geral de seus patrícios, ela se tornou uma estrela nos Estados Unidos. Hoje, quando as gravadoras americanas lançam coletâneas de grandes sucessos dos anos 60, suas gravações de "Once I Loved" ("O amor em paz"), "The Gentle Rain" ou "Tristeza" não costumam faltar. Ela passou a fazer parte da nostalgia *deles*.

O Brasil foi cruel com Astrud e não assimilou seu sucesso. Mas Astrud, sabiamente, nunca olhou para trás. Fez sua vida e sua carreira nos Estados Unidos, separou-se de João Gilberto e só voltou ao Rio para ver a família. Para cantar, nunca mais — na única vez em que tentou, em 1966, foi vaiada.

BANDA de Ipanema
f. 1965. Organização lítero-etílico-carnavalesca.

Um dia, a Banda de Ipanema renderá livros sérios, que tratarão de seus fundamentos econômicos, origens históricas e consequências sociais. Quando isso acontecer, todos os seus fundadores já estarão felizmente mortos e não terão de ver sua grande brincadeira asfixiada pelo esmalte acadêmico. De qualquer maneira, aqui vão os fatos sobre a Banda, para que os ensaístas do futuro possam distorcê-los com a mais rigorosa imprecisão.

Em fevereiro de 1959, o artista plástico FERDY Carneiro fretou um lotação e levou quase vinte amigos, entre os quais o cineasta Paulo Cesar SARACENI, o poeta Claudio Mello e Souza e o advogado ALBINO Pinheiro (este, 150 chopes depois e sem saber que estava sendo sequestrado), para passar o Carnaval em sua cidade natal, Ubá (MG). A atração do Carnaval ubaense era o desfile da pândega Philarmonica Embocadura: um grupo de amigos e parentes de Ferdy, formando uma comissão de frente vestida de terno branco e chapéu de palhinha e equipada com instrumentos de sopro, que eles fingiam tocar. Era a mais animada charanga muda do mundo. A música para valer era fornecida por uma banda de verdade que vinha logo atrás, tocando antigas marchinhas e arrastando a cidade.

Seis anos depois, em 1965, Ferdy e Albino, sobreviventes da expedição a Ubá, reunidos com amigos no apartamento do professor de educação física Glaudir de Castro, na rua Jangadeiros, 42, resolveram fazer algo parecido em Ipanema — uma banda de Carnaval. Mas faltavam poucas semanas para o Carnaval e não havia tempo a perder. A ideia foi aprovada por aclamação. Na reunião seguinte, o cartunista JAGUAR levou mais gente e, para a história, os 31 fundadores da Banda ficaram assim:

Ferdy, Albino, Jaguar, Glaudir, os fotógrafos PAULO Goes, René Roof e Armando ROZÁRIO, o joalheiro CAIO Mourão, o poeta Ferreira GULLAR, o ator GUERREIRINHO (Josef Guerreiro), o corretor ZEQUINHA Estelita, os economistas Raul Hazan e RONIQUITO de Chevalier, os arquitetos Bernardo Figueiredo e Silo Costa Leite, os cartunistas ZIRALDO e Zelio, os artistas plásticos HUGO Bidet e

Henrique "Grosso" Montes, o publicitário DARWIN Brandão, o designer Edson Catinari (El Gringo), os advogados Mânlio Marat e Claudio Pinheiro, o conde belga Douglas Eyben, o massagista Edson Barroso (China) e mais Peter "Alemão", Ney, Martinho Campos, Cláudio Amaral, Sergio "Borboleta" e Paulinho "Pompom". Para tesoureiro da Banda, foi nomeado Vavá, garçom do JANGADEIRO. Essa é a lista oficial, elaborada anos depois por Albino, Ferdy e Jaguar a pedido do jornalista JOÃO LUIZ de Albuquerque. Mas Carlos LEONAM, em seu livro *Degraus de Ipanema*, apresenta uma ligeiramente diferente, em que saem alguns dos citados e entram Sergio Cherques e o empresário Steve Kranz. Qual delas está certa? Ambas e, talvez, todas as listas que se façam — desde 1965, onze entre dez veteranos de Ipanema se consideram fundadores da Banda.

A Banda precisava de um lema e este foi tirado da pregação de um desajustado que vendia Bíblias na Central do Brasil. Segundo ele, no dia do Juízo Final, o anjo do Apocalipse baixaria à Terra e, para não ser confundido com anjos de segunda classe, gritaria as duas palavras fatais: *"Yolhesman crisbeles!"*. Pintou-se uma faixa com esses dizeres, embora ninguém soubesse o que significavam. Os pesquisadores musicais LUCIO Rangel e Eneida foram escolhidos como padrinhos, para dar um mínimo de seriedade à coisa. Os músicos foram recrutados com o maestro Ávila, da Banda dos Fuzileiros Navais, que se encarregou também de produzir os instrumentos que seriam tocados de faz de conta. Sem carro de som, sem microfones, sem amplificação — a música ficaria a cargo apenas dos corações e pulmões, como nos velhos Carnavais. A saída da Banda foi marcada para o sábado anterior ao Carnaval — 13 de fevereiro de 1965 — e a concentração, na praça General Osório, em frente ao Jangadeiro.

Naquele desfile inaugural, a princípio eram apenas os fundadores, com seus filhos e mulheres, e os trinta músicos da Banda. Deram uma volta pela praça General Osório e pegaram a rua Prudente de Morais, convocando os moradores a aderir. Mas nem era preciso. Ao som da música, as janelas se abriram e homens, mulheres e crianças juntaram-se alegremente, além de vistosas babás empurrando carrinhos. Ao passar pelo VELOSO, na esquina com a rua MONTENEGRO, a Banda já contava com quinhentas pessoas ao som de "A jardineira". Ao chegar ao Bar 20, no fim de Ipanema, e horas depois, ao completar o percurso de volta à praça General Osório pela rua Visconde de Pirajá, já tinha o dobro do contingente. Chapéus correram e os músicos foram pagos. A Banda estava consagrada.

Nos anos imediatamente seguintes, a Banda tornou-se um acontecimento cultural. Nascida no primeiro Carnaval depois do golpe militar, ela congregou todo mundo que o novo regime via como potenciais inimigos: jornalistas, escritores, cineastas, atores, músicos, artistas plásticos, cartunistas, boêmios. Os estatutos da Banda (caso existissem) não previam que ela tivesse uma cor política, mas era evidente que, sendo de Ipanema, a Banda era um aglomerado da oposição — talvez o braço armado da ESQUERDA FESTIVA. Anos depois, quando a ditadura impôs a censura aos jornais, Hugo Bidet desfilou fantasiado de "Miss Imprensa", com uma rolha na boca. Mas, exceto pelo fato de que, em épocas diferentes, quase todos os seus membros mais notórios seriam presos, a pior ameaça aconteceu quando duas mulheres que ninguém conhecia suspeitaram que a faixa em que se lia "*Yolhesman crisbeles*" era uma ofensa em código aos militares. Identificaram-se como agentes do SNI, mostraram as carteirinhas e tomaram satisfações. No dia seguinte, Albino foi chamado a depor e teve de recorrer a seu latim de advogado para convencê-los de que a expressão não significava nada.

Comparativamente, a Banda sofreu uma patrulha até maior vindo da dita esquerda séria, para quem era heresia brincar Carnaval com tanta gente sendo presa e perseguida pela ditadura. Mas, para as cabeças pensantes da Banda, essa era apenas uma atitude da esquerda triste, que, além de não derrubar o regime, ainda queria privá-los do Carnaval. A Banda era um arco-íris político, que comportava do pintor Carlos VERGARA (tão disposto a beber o sangue da burguesia que era chamado de "Che Vergara") a membros remidos do suave Partidão, como Alex Vianny (fundador e principal animador da "Ala das escrotas"), João SALDANHA e o próprio Albino. Mas qual seria a cor política de HELIO Oiticica, GLAUBER Rocha, Hugo CARVANA, CARLINHOS Oliveira, MARCOS de Vasconcellos, MILLÔR Fernandes e ZÓZIMO Barrozo do Amaral? E a de Délia e Laura de Carvalho, as gêmeas que se juntaram à Banda logo na primeira vez e saíram todos os anos até 1983, quando se aposentaram, aos 83 anos?

A Banda contribuiu para a liberalização dos costumes. Com a praia ali ao lado, as mulheres saíam direto da areia para o asfalto, de biquíni mesmo, e eram mulheres como LEILA Diniz, DANUZA Leão, MARINA Colasanti, LYGIA MARINA e uma esquadrilha completa — *aviões* no auge da forma. Mas, para que não se diga que o clima era de esbórnia como nos bailes de clubes, a Banda tinha também seu lado família: o dos casais que pulavam juntos, com os filhos no pescoço, o chamado "segundo andar da Banda". Filhos esses que, no futuro, sairiam levando os próprios filhos no pescoço, configurando pelo menos três gerações de Banda.

Numa das primeiras saídas, Hugo Bidet, fantasiado de general e com o peito coberto de tampinhas de Coca-Cola à guisa de medalhas, tentou entrar no Jangadeiro para tomar um chope montado num burrico. O dono do botequim barrou-o fechando a porta e isso criou um mal-estar entre a Banda e seu bar favorito. No Carnaval de 1968, Caetano Veloso, Gilberto Gil e Helio Oiticica, vestidos de verde-amarelo, comandaram uma ala da Tropicália, ao som de "Yes, nós temos bananas". Já o de 1973 foi marcado por um fato triste: Pixinguinha estava batizando o filho de um amigo na igreja Nossa Senhora da Paz e pretendia dar uma espiada na Banda — já concentrada na praça General Osório e na maior animação. Mas sentiu-se mal, sentou-se num banco da igreja e apenas fechou os olhos para morrer. A Banda saiu normalmente e só ficou sabendo de sua morte em meio ao desfile. Todo o restante do percurso foi ao som de "Carinhoso", o qual se tornou, dali em diante, obrigatório em todos os desfiles.

O de 1974, o décimo da Banda, foi um dos maiores até então. Com 120 músicos (só de tubas, nove), ela pôs 15 mil pessoas na rua, equivalentes a cinco grandes escolas de samba. Tal gigantismo podia ser a glória, mas afastou muitos de seus integrantes originais — um deles, Jaguar, para quem essa multidão de desconhecidos provocava a descaracterização da Banda. Jaguar preferia que ela continuasse a ser uma ação entre amigos, como no começo. Albino, ao contrário, achava que essa inflação de gente a democratizava e a aproximava do verdadeiro espírito do Carnaval, em que todo mundo deveria ser anônimo e feliz. Além disso, a Banda não estava crescendo sozinha: começara a gerar filhotes em outros bairros do Rio e até em cidades distantes, fazendo ressuscitar o Carnaval de rua.

Mas houve também tempos de seca. Durante anos, com a mudança dos costumes e as muitas crises políticas e econômicas, a grande façanha da Banda foi não ter acabado. O número de participantes variou a cada ano, mas esteve sempre na casa dos milhares, e o responsável por isso foi Albino Pinheiro. Se, um dia, Albino tivesse marcado o desfile e não aparecesse ninguém, ele teria desfilado sozinho — e isso valeria por mais uma saída da Banda de Ipanema. Mas, claro, nunca aconteceu.

Com a morte de Albino, em 1999, seu irmão Claudio assumiu a liderança. Em 2004, sob o prefeito Cesar Maia, a Banda foi declarada Patrimônio Cultural Carioca. Com a volta triunfal do Carnaval de rua do Rio a partir dos anos 2000, ela passou a botar facilmente 50 mil pessoas na rua a cada saída. É muita gente, mas — o que talvez só aconteça na Banda de Ipanema — é como se cada um fosse íntimo dos que desfilam ao seu lado.

BAR LAGOA
f. 1934. Botequim na avenida Epitácio Pessoa, 1674.

É como os íntimos o chamam: Bar Lagoa, por extenso (e não apenas Lagoa). O endereço é o mesmo desde a fundação. A estrela do cardápio é o perene salsichão com salada de batata e mostarda-preta, e a qualidade do chope, servido em caldeiretas, nunca se alterou. A decoração preservou os móveis escuros, as paredes de mármore italiano e os candelabros originais. Até a dita ranzinzice de seus garçons é histórica — vem de um tempo em que garçons não se acoelhavam diante de fregueses mal-educados. Ranzinzas mas queridos: os veteranos Godoy, Alejandro e Alfredo serviram várias gerações de boêmios.

Mas o Bar Lagoa tem uma história atribulada. Ao nascer, chamava-se Bar Berlim e pertencia a um casal de alemães. A avenida Epitácio Pessoa só tinha uma pista, o que fazia com que as mesas, adornadas por flores, praticamente se debruçassem sobre a Lagoa. Um quarteto de cordas tocava valsas vienenses e sua clientela eram as velhas famílias alemãs de Ipanema — algumas ainda saudosas de Sissi, a imperatriz, e outras vendo com simpatia as ideias daquele menino Adolf. Mas a Segunda Guerra quebrou o bucolismo. Em 1942, Hitler, numa decisão que lhe seria fatal, mandou afundar navios na costa brasileira, e o Brasil entrou na luta.

Um grupo de jovens antinazistas, entre os quais João SALDANHA, Sergio Pôrto e SANDRO Moreyra, declarou guerra particular aos bares alemães de Ipanema. O Rhenania (futuro JANGADEIRO) e o ZEPPELIN foram quase destruídos e o Bar Berlim, apedrejado, como se fossem sangrentas filiais do Terceiro Reich. O casal fechou o bar e só o reabriu dois anos depois, em 1944, e olhe lá: convertido em casa de chá e com o nome de Shangri-lá. O proprietário morreu e, em 1948, um dos garçons, Daniel Grillo, casou-se com a viúva. E então, de nome e cardápio novos, o Bar Lagoa surgiu para a eternidade.

Por muitos anos, foi uma alternativa ao Jangadeiro e ao Zeppelin. Quando os dois fecharam, enlutando a sociedade ipanemense, ele passou a imperar absoluto. Sempre foi o botequim mais eclético do Rio em clientela, recebendo intelectuais, artistas, políticos, empresários, populares, cabeças coroadas e boêmios de todas as águas. É também o último legitimamente art déco da Zona Sul, tombado em 1993 pelo Patrimônio Cultural da Prefeitura. O curioso é que a grande façanha do Bar Lagoa não foi ter sobrevivido a uma guerra mundial e a inúmeras crises econômicas, mas à sanha dos especuladores, que tentaram durante décadas destombá-lo e transformá-lo num edifício. Até hoje, não conseguiram.

BARBADO
c. 1962-70. Cachorro boêmio.

De um jeito ou de outro, os bebuns de Ipanema sempre se viraram. Mas havia um que dependia dos outros para beber: Barbado, um vira-lata com uma barbicha que lhe valeu o nome. Ninguém era dono de Barbado, mas

Barbado dominava vários ipanemenses ilustres. Em meados dos anos 60, era famoso nos bares por não recusar serviço: aceitava todo o chope que lhe serviam num prato. Fazia ponto no JANGADEIRO, debaixo das cadeiras de HUGO Bidet e KABINHA, seus principais fornecedores, para quem ele era um antigo boêmio que morrera e reencarnara como cachorro. Para que Barbado não bebesse de estômago vazio, o dono do Jangadeiro servia-lhe antes um filé.

Com todos os porres que tomava, Barbado atravessava as ruas com superior indiferença e nunca foi atropelado. Muitas vezes pegava o ônibus "Camões" na praça General Osório, ia até a Central do Brasil e voltava (os motoristas o conheciam). Era também um cachorro responsável: foi mascote da BANDA de Ipanema em vários desfiles e atuou na peça *Ratos e homens*, de John Steinbeck, no Teatro de Bolso, substituindo um cachorro amestrado que, este sim, fora atropelado. Vivia solto, mas sabia a hora certa de chegar ao teatro, inclusive nas matinês, e era mais pontual que muitos no elenco. Em sua crítica na *Tribuna da Imprensa*, FAUSTO Wolff desancou a peça, a produção e os atores e só elogiou Barbado.

Barbado namorava uma cadelinha do Posto 6 e, às vezes, ficava alguns dias sumido. Por volta de 1970, desapareceu de verdade. Vavá, garçom do Jangadeiro, viu-o tempos depois num restaurante de caminhoneiros na estrada Rio-São Paulo. Chamou-o pelo nome e ele atendeu. Mas não quis voltar com Vavá. Subiu na boleia de um caminhão e foi embora. Como muitos *dropouts* de Ipanema naquela época, Barbado botou o pé na estrada e nunca mais voltou.

BEA Feitler
1938-82. Artista gráfica.

Ela foi dos poucos brasileiros que se pode garantir que fizeram sucesso *mesmo* em Nova York. De 1961, quando foi para lá com a intenção de vencer como artista gráfica, até 1982, quando um câncer raro a derrotou e ela voltou à sua Ipanema natal para morrer, Bea Feitler construiu uma carreira quase sem paralelo em seu ramo.

Bea foi a poderosa diretora de arte de revistas como *Harper's Bazaar* (1961-72), *Ms.* (1973-7) e *Self* (1979-82). E a *Rolling Stone*, entre 1977 e 1981, lhe deveu mais que uma decisiva consultoria gráfica — lembra-se da capa com John Lennon, nu, e Yoko Ono? Bia reduziu-a à foto de Annie Leibovitz e ao logotipo, eliminando as chamadas, e, com isso, deu-lhe um efeito dramático, realçado involuntariamente pelo fato de que John foi assassinado no próprio dia em que a revista foi impressa. Era como se a *Rolling Stone* estivesse fazendo um minuto de silêncio por John.

Nada mau, mas, antes, Bea já tinha feito o revolucionário design do livro *Cole*, de Brendan Gill, que em 1971 provocou um revival da figura de Cole Porter e gerou *The Gershwins* (1973) e *The Beatles* (1980), também visualmente programados por ela. Criou capas de LPS como *Black and Blue*, dos Rolling Stones (1976), e o definitivo *Bobby Short Loves Cole Porter* (1971). Desenhou campanhas publicitárias para Calvin Klein e figurinos para os balés de Alvin Ailey. E seu curso de artes gráficas foi o mais disputado da School of Visual Arts, de Nova York. Por tudo isso, ninguém se surpreendeu quando, nos anos 70, a revista *National Observer* a elegeu a melhor diretora de arte do mundo.

Foi um reconhecimento que lhe era devido havia muito. E a prova é que, em 1967, Bea já fora responsável, com o fotógrafo Richard Avedon, por um produto que todos os garotos da época sonhavam pôr na parede: os posters psicodélicos dos Beatles, feitos originalmente para a revista *Look*.

Avedon era só uma das figurinhas carimbadas que a chamavam de colega. Outras eram o artista plástico Andy Warhol, o multiartista Cecil Beaton, a editora e feminista Gloria Steinem, o escritor Truman Capote e os também fotógrafos Bill King e Helmut Newton, além de Annie Leibovitz. Para Bea, a carioca menos deslumbrada que já habitou Manhattan, eles eram apenas seus iguais. E nem podia ser diferente. Filha de judeus alemães que lhe repassaram o amor à ópera, ao balé e às artes plásticas, alta, atlética e elegante, seu jeito reservado mal escondia a menina que, nos anos 50, fazia parte da revolucionária turma do ARPOADOR com ARDUINO e MARINA Colasanti, IRA Etz, JOMICO Azulay e outros. Para Azulay, por sinal, Bea fez seu único trabalho para cinema: o poster do filme *Os doces bárbaros*, em 1977.

Em 1959, Bea fora para Nova York pela primeira vez, a fim de estudar desenho. Em 1960, voltou para o Rio e, com os também novatos JAGUAR e CAIO Mourão, integrou a incrível editoria de arte da revista SENHOR, chefiada por Carlos SCLIAR e GLAUCO Rodrigues. Um dos editores da revista era Paulo FRANCIS, que Bea namorou naquela época. Mas *Senhor* era inovadora demais para seu tempo e, numa onda de cortes para conter despesas, Bea foi sacrificada por ser a mais jovem. Com Jaguar e Glauco, abriu um escritório de criação gráfica, o Estúdio G, responsável pelas capas da EDITORA DO AUTOR — Bea fez pessoalmente as de *O homem nu*, de FERNANDO Sabino, e *Ai de ti, Copacabana*, de RUBEM Braga, e as da série de antologias poéticas da editora, com suas capas gráficas, inauditas para a época. E houve também os lindos cartazes para a Galeria Bonino, de Copacabana. Mas a maioria dos clientes estranhava a criatividade do Estúdio G e eles tiveram de fechar. Bea partiu então de vez para Nova York, levando seu portfólio brasileiro. Nunca mais voltou.

Voltou, sim. Vinha duas vezes por ano ao Rio, mas para ver os amigos, de quem nunca se afastou, e só saía da cidade para se esconder em Búzios ou Teresópolis — numa de suas vindas, em 1963, trouxe um LP, *With the Beatles*, de um grupo inglês que ninguém conhecia por aqui. Ela os vira no Star-Club, de Hamburgo, no ano anterior, e gostara — o que faz dela um dos primeiros a descobri-los.

Bea nunca abdicou de sua cidadania carioca. Seu apartamento em Nova York, de frente para o Central Park, tinha um nicho com um são Jorge iluminado e era decorado num estilo que ela chamava de "Mangueira-kitsch". É engraçado saber que, em 1971, ela recuperou a esquecida tipologia chamada Broadway, ao usá-la na capa e no miolo do livro *Cole*. Todos os designers de Nova York a copiaram, sem desconfiar de que o Broadway já tinha ressuscitado no Rio dois anos antes, no logotipo de o PASQUIM, de seu amigo Jaguar.

Em 1980, quando os médicos americanos diagnosticaram seu câncer, Bea não o escondeu dos amigos. Escondeu apenas a gravidade de seu estado, mantendo a alegria e a gargalhada. Muitos a acreditaram curada. Em 1982, ao saber que estava chegando a hora, voltou para o Rio sem avisar, isolou-se na casa dos pais e esperou serenamente pelo fim.

BETTY Faria
n. 1941. Atriz.

Aos quatro anos, ela pegava sua boneca preta pelo braço e "fugia" da casa dos pais, em Copacabana, dizendo que ia trabalhar no circo. Sua mãe a capturava no hall do elevador, mas a pequena Betty já mostrava que não viera ao mundo para dizer amém. Aos seis anos, decidiu que seria estrela da Broadway. Aos doze, deixou por menos: seria bailarina dos shows de Carlos Machado, o Rei da Noite carioca. E o que tem isso de mais? — perguntará você. Bem, nos anos 40 e 50, esses não eram sonhos que passassem pela cabecinha das meninas "de família". Muito menos de uma cujo pai era general do Exército, daqueles que batiam continência para o canhão da Vila Militar. Mas comandar quinhentos soldados chucros era fácil. Difícil era comandar Betty Faria.

Ela estudou balé clássico e moderno e, aos dezessete anos, de aparelho nos dentes e já com um par de pernas pronto para a glória, estreou em *Noite de Gala*, o programa de Geraldo CASÉ na TV Rio, levada pelo coreógrafo Juan Carlos Berardi. O general não gostou e por pouco a Vila Militar não desceu. No ano seguinte, Betty saiu de casa e foi morar em Ipanema. Era bom ser independente, mas, para comprar suas sapatilhas, ela tinha de posar para capas de LPs. Na mesma TV Rio, Betty tornou-se apresentadora da *Gincana Kibon*, ficando conhecida como a "garota Kibon". Dali pulou para os musicais de palco, como *Skindô* e *Tio Samba*, de Abraão Medina, que foram uma escola.

O trabalho com o sonhado Carlos Machado só viria em 1963, em *Chica da Silva*, na boate Fred's. Betty dançava e cantava, mas, para fazer jus à semelhança que muitos viam entre ela e a estrela americana Ann Miller, precisava aprender a representar. Em sua primeira peça de verdade, *As inocentes do Leblon*, em 1965, teve de enfrentar a crítica, que lamentou a inclusão de "vedetinhas do rebolado no teatro sério". *As inocentes do Leblon* estava longe de ser *Rei Lear*, e Betty prometeu a si mesma tapar a boca dos críticos. Sua primeira providência foi estudar com Eugenio Kusnet.

Em 1966, quando o Teatro Oficina trouxe *Os pequenos burgueses* para o Rio, o diretor José Celso Martinez Corrêa lhe deu um papel. No elenco estava CLAUDIO Marzo, o astro do momento nas novelas da jovem TV Globo. No primeiro beijo, os dois viram estrelas e foram morar juntos, na rua Gomes Carneiro. Em 1968, Betty ousou posar nua para *Fairplay*, a primeira revista masculina brasileira — quando isso ainda rendia mais opróbrio que dinheiro. Mas, com a garra que herdou do general, Betty provou ser atriz e silenciou a turba com seu trabalho em dezenas de novelas de televisão, entre as quais *Véu de Noiva* (1970), *Pecado Capital* (1976) e *Tieta* (1989); no cinema, com *A estrela sobe* (1974, inesquecível no papel de Leniza), *Bye bye Brasil* (1979), *Romance da empregada* (1988) e muitos outros; e, no teatro, com os nove personagens que interpretou em *Camaleoa* (1993), de Flávio de Souza.

Quando já estava mais do que estabelecida como atriz dramática, Betty teve a oportunidade de fazer uma bela volta ao passado. Em 1978, a Globo precisou de uma atriz que soubesse fazer de tudo — dançar, cantar e representar —, para comandar o musical mensal *Brasil Pandeiro*, carro-chefe de sua programação de especiais naquele ano. Pois havia uma capaz disso: Betty Faria. Ela gargarejou no camarim, enfiou suas grandes pernas nas meias cor de carne, calçou as sapatilhas, aplicou as plumas e, quando entrou no palco para o primeiro ensaio, os refletores do Teatro Fênix se iluminaram para a estrela. Nesse mesmo programa, Betty interpretava Maria Maravilha, uma paródia brasileira da Mulher-Maravilha — uma super-heroína para quem nada dava certo e cujas cenas de ação às vezes lhe exigiam altas piruetas.

O lado general de Betty não pode ser minimizado. Criada de certa forma na caserna, ela derrotou o tabu da virgindade, de trabalhar no que gostava, casar sem se casar, posar nua, criar filho sozinha, jamais esconder a idade e, já madura, namorar rapazes trinta anos mais jovens e continuar indo de biquíni à praia, indiferente a fotógrafos maldosos. E nunca bateu continência para ninguém.

Frase

★ *Sou uma sobrevivente do sexo, drogas e rock and roll.*

Enrico **BIANCO**
1918-2013. Artista plástico.

Nenhum artista plástico gosta de ficar fazendo a mesma coisa por muito tempo, mas a mania de Enrico Bianco de mudar de fase era uma obsessão. Em sua obra ele pintou jangadas, pescadores, crianças com carneirinhos, favelas, lavadeiras, cavalos, boiadeiros. E, a cada fase dessas, ele explodia: "Enchi de pintar bumba meu boi! Comecei a pintar mulheres e não quero mais parar! Vou encher essa cidade de mulheres nuas!". Ou então: "Enchi de pintar retratos! Chega! Tenho mais o que fazer do que ficar pintando a cara dos outros!". E assim por diante. Mas, em pouco tempo, voltava com entusiasmo quase infantil aos bumba meu bois e aos retratos — como se não fosse o maior retratista de sua geração. Contraditório? Sim. Certa vez, ele se definiu para MARINA Colasanti: "A única coisa digna no homem é a contradição. O homem que não se contradiz não tem caráter".

Bianco era calabrês de Roma. É possível isso? No caso dele, era — tudo era. Chegou ao Brasil em 1938 com a mala cheia de pincéis e, assim que desembarcou na praça Mauá, conheceu Portinari, de quem se tornou assistente — para alguns, um caso raro de discípulo com um domínio técnico maior que o do mestre. Sua devoção a Portinari era tanta que, mesmo com anos de intimidade, Bianco nunca o chamou de você, só de *maestro*. Os críticos mais influentes, que não compartilham dessa devoção, dedicaram-se durante cinquenta anos a bater em Portinari, e Bianco, por seu igual apego ao figurativo, levou as sobras. Não que isso alterasse sua biografia — apaixonado pela vida, continuou pintando o que via, expondo em salões e bienais e ganhando prêmios. Não alterou também sua cotação entre os colecionadores — sempre foi um dos brasileiros mais caros do mercado.

Durante anos, ninguém, exceto os padeiros, acordou mais cedo em Ipanema do que Bianco. Às quatro e meia, todas as manhãs, já estava de pé em sua casa de vila, na rua Prudente de Morais. Os fundos da casa davam para o mar e ele ficava à espera da luz ideal para trabalhar. Quando sentiu que os prédios altos da orla iriam emparedá-lo, mudou-se para São Conrado.

O que Bianco nunca alterou foi sua atitude de não comparecer às próprias exposições. Ele perguntava: "Para quê? O que o artista tem a ver com seu vernissage?".

BLITZ
1981-86. Banda de pop-rock.

Foi em julho de 1982. Houve um dia em que você escutou pelo rádio, pela primeira vez, "Você não soube me amar". E até gostou. Era um pop esperto, mais falado do que cantado, com um astral de botequim da garotada. A letra era engraçada: *"Sabe essas noites em que você sai caminhando/ Sozinho, de madrugada, com a mão no bolso.../ Na rua!"*. Era a Blitz, um novo conjunto do ácnico rock brasileiro.

Seis meses depois, "Você não soube me amar" já tinha vendido 250 mil discos em compacto e 100 mil do LP *As aventuras da Blitz*. Era tocada pelo menos cinco vezes por turno em todas as rádios do dial, fazendo com que ameaçadoras crianças de três anos, de dedo no nariz, passassem o dia repetindo o refrão "OK, você venceu". Em pouco tempo, a Blitz iria receber o Papai Noel no Maracanã, lotar longas temporadas no Canecão, correr várias vezes o país, virar especial da TV Globo, abafar no Rock in Rio, inspirar um álbum de figurinhas, tornar-se grife de roupa, estrelar comerciais de TV, tocar na praça da Apoteose com a Orquestra Sinfônica Brasileira, apresentar-se em Moscou. No meio disso, se alguém ousasse assobiar "Você não soube me amar" a seu lado e você fuzilasse o assobiador à queima-roupa, qualquer juiz o absolveria — ninguém aguentava mais ouvir.

A Blitz nasceu dentro do grupo de teatro ASDRÚBAL Trouxe o Trombone. Seu núcleo inicial era formado pelo ator e cantor do Asdrúbal Evandro Mesquita, nascido e criado no ARPOADOR, pelo guitarrista Ricardo Barreto (*n.* 1953) e pelo baterista LOBÃO, que deu o nome à banda. A estes foram incorporados o tecladista William Forghieri (*n.* 1957), o baixista Antônio Pedro Fortuna (*n.* 1950) e as vocalistas Márcia Bulcão (*n.* 1963) e Fernanda Abreu (*n.* 1961). A Blitz começara fazendo shows em barzinhos obscuros, mas seu lançamento se deu no CIRCO VOADOR, armado por Perfeito Fortuna (também do Asdrúbal) no Arpoador em janeiro de 1982. Pelo que se viu ali, seu sucesso nacional era inevitável. Era o "rock de praia, papo furado, samba de breque", como a definiu NELSON Motta. Ou "a Disneylândia do rock and roll", segundo Caetano Veloso. A Blitz era alegre, sacana, nada daquela coisa dark, torturada e torturante que outros grupos vinham buscando.

Lobão participou do primeiro disco e surpreendentemente caiu fora, prevendo que a Blitz tendia a tornar-se "a turma do Carequinha". Disse também que ela só chegaria ao terceiro LP. O grupo teve outros sucessos além de "Você não soube me amar", mas as profecias de Lobão se confirmaram. Por cansaço deles e do público, a Blitz se desfez (no terceiro LP) e seus membros partiram para carreiras individuais. Evandro foi ser ator em séries da Globo, como *Armação Ilimitada* e *Juba & Lula*, Fernanda Abreu explodiu com "Rio 40 graus" e se tornou a "mãe do pop dançante", e Lobão alternou entre as fileiras do rock, do samba e da provocação política, atacando por todos os lados.

O estouro da Blitz teve consequências terríveis. Convenceu as gravadoras brasileiras de que havia um mercado para o pop-rock infantojuvenil e, pelos anos seguintes, elas passaram a trabalhar apenas em função dele. Muitos gêneros musicais foram abandonados e, sob essa ditadura da adolescência, a música popular brasileira só não acabou porque, como Rasputin, ela é difícil de matar.

BOFETADA
1934-2012. Botequim na rua Farme de Amoedo, 87.

O nome original era Café e Bar Nova Lisboa, mas só seu fundador, o português Abílio de Almeida, o chamava assim. Para todo mundo, já era o Bofetada — não se sabe se pelos maus bofes do cruz-maltino, que vivia ameaçando dar bofetadas nos fregueses mais salientes, ou se pelo nome de um time de futebol dos rapazes da rua, que usavam o botequim como concentração. Em 1958, ele mudou de mãos e ganhou oficialmente seu verdadeiro nome. E, até o fim, chamou-se Bofetada.

Sua característica sempre foi ser um simpático pé-sujo de bairro, com ovo colorido, peixe frito e batida de limão, e como tal era frequentado pelos populares de Ipanema. As estrelas só o descobriram por volta de 1970, quando já não podiam contar com o JANGADEIRO (que começara sua itinerância), o ZEPPELIN (comprado e descaracterizado por Ricardo Amaral) e o VELOSO (transformado em GAROTA de Ipanema e invadido pelos turistas). Daí, o Bofetada foi adotado por LEILA Diniz e RUY Guerra, VINICIUS de Moraes (e, eventualmente, ANTONIO CARLOS Jobim), o joalheiro CAIO Mourão, Grande Otelo, Wilson Simonal, o maestro Erlon Chaves e outros.

Mas, em termos de Bofetada, nenhum cliente foi mais fiel do que o musicólogo LUCIO Rangel. Quando o botequim abria, às 6h30, para o café da manhã, Lucio já estava à porta, esperando para tomar a última — ou a primeira — daquele dia.

BONDE 13
1922-63. Antigo e querido veículo de passageiros.

Às 21h30 do dia 1º de março de 1963, uma sexta-feira, o bonde 13 ("Ipanema"), de número 1908, partiu do Tabuleiro da Baiana, no largo da Carioca, tendo no leme o motorneiro Argemiro Cardoso dos Santos, baiano, 58 anos e 26 de profissão, dos quais 25 na mesma linha — completados justo naquele dia. Mas não havia o que comemorar: aquela seria a última viagem do querido bonde 13. No dia seguinte, já começariam a circular no Rio os novos ônibus elétricos (os *trolleys*), implantados pelo então governador da Guanabara, Carlos Lacerda.

Como homenagem aos serviços prestados, o 13 deixou o largo da Carioca ao som de "Cidade maravilhosa", executada pela Banda da Polícia Militar, e rumou para Ipanema, via Túnel Novo. Argemiro chorou várias vezes no trajeto. Com o salário de motorneiro, ele criara e educara os dois filhos: o rapaz se tornara tenente da Cavalaria e a menina se casara com um engenheiro e fora morar nos Estados Unidos. Argemiro cuidara até dos filhos dos outros — não havendo ainda ônibus escolares, as mães confiavam as crianças aos motorneiros e estes as entregavam às professoras nas escolas.

Os bondes eram lentos e atravancavam o trânsito, mas a cidade lhes tinha amor. Neles se podia fumar, ouvir rádio de pilha, levar cachorro, viajar de calção e pular Carnaval no estribo. Era importante aprender a descer deles andando e, claro, de costas. Os meninos de Ipanema (como o futuro cineasta Ruy Solberg) punham cacos de vidro nos trilhos, para serem triturados pelas rodas, e com eles fabricavam o cerol para passar na linha das pipas. Numa noite de 1951, boêmios liderados por LUCIO Rangel, todos já na última água, sequestraram o 13 e o fizeram dar várias voltas no Bar 20 antes de despejá-los na boate Vogue, em Copacabana.

A última viagem do 13 já estava prevista — pouco antes fora desativado o 14, o "G. Ozório", que o povo chamava de "Gozório"). No ZEPPELIN, naquela noite de 1963, MILLÔR Fernandes e seu filho Ivan, o poeta PAULO Mendes Campos, a cantora Aracy de Almeida, os compositores Luiz Reis e Haroldo Barbosa, o caricaturista Otelo Caçador, Lucio Rangel e outros haviam criado a Sociedade dos Amigos do Bonde Ipanema, para homenageá-lo em sua última viagem pela rua Visconde de Pirajá. A concentração começara cedo no Zeppelin e, quando o 13 passou, por volta das 22h30, todos já estavam calibrados. A turma parou o bonde em frente ao bar, exortou o motorneiro e o condutor a descer e se juntar a eles e, em pouco tempo, o pileque era geral. Os últimos passageiros eram um casal de sóbrios velhinhos que insistiam em que o bonde seguisse — quando viram que isso não aconteceria tão cedo, aderiram ao grupo. Com o bonde parado fora do ponto, apareceu um fiscal para multá-lo, mas foi devidamente subornado e também se agregou ao porre. Horas depois, o bonde finalmente seguiu viagem, com Aracy de Almeida, de paletó e quepe, como motorneira. No sábado, quem fez sua fé no 908, final do número do bonde, saiu lucrando — deu 908, águia na cabeça.

Os *trolleys* que substituíram os bondes nunca foram estimados pela população de Ipanema. Eram silenciosos demais, sem o poético clangue-clangue noturno que o bonde fazia e com o qual todos já estavam acostumados. Quando seus chifres saíam dos cabos, atrapalhavam o trânsito do mesmo jeito. Mas o pior é que, neuroticamente assépticos, os *trolleys* proibiam tudo que o bonde permitia — o que era um inconveniente para um bairro de praia. Mas não houve jeito: os bondes foram retirados de circulação e estupidamente incendiados, exceto dez ou onze. Destes, só um ficou no Rio, no museu da Light, para contar a história. Os demais foram vendidos, com os trilhos e tudo, para os americanos — muitos foram trabalhar nas ruas de San Francisco.

O outro veículo adorado pela população de Ipanema era o ônibus 12, da linha Estrada de Ferro-Ipanema, chamado pelos locais de "Camões". Apelido inevitável, já que, como só tinha uma janela para o motorista, parecia caolho na frente. O "Camões" também foi insensivelmente aposentado na mesma época e sumiram com ele. E depois Carlos Lacerda se perguntaria por que sua carreira política saiu dos trilhos.

BOSSA NOVA

1958-68. Estilo de música popular criado em Ipanema.

As datas acima são mero formalismo, porque a Bossa Nova começou a ser germinada muito antes de 1958 e, ao contrário do que pareceu, principalmente na época, não morreu em 1968. É verdade que, nesse último ano, a marca já estava tão em desuso que alguns de seus criadores imploravam para não ser lembrados por ela — não queriam ser confundidos com um ritmo ultrapassado, defunto. Sim, isso aconteceu com a Bossa Nova. O que ninguém imaginava é que sua batida (de violão, piano ou bateria) e seu charme fossem indestrutíveis e que, mais de vinte anos depois, ela iria ressurgir nos contextos mais inesperados. O fato é que, tanto aqui como no exterior, nunca se lançaram tantos discos de Bossa Nova, antigos e novos, como nos anos 90 e 2000, e, desde então, ela se consolidou no mercado. Como diria vinicius de Moraes, a Bossa Nova "voltou mais uma vez para ficar por toda a vida".

■ BOSSA NOVA

Ainda hoje se diz, erroneamente, que a Bossa Nova é um produto de Copacabana. Afinal, não era lá que moravam Nara Leão (no famoso apartamento do Posto 4), RONALDO Bôscoli, CARLOS Lyra e Roberto Menescal? Sim, e era lá também que ficavam o Beco das Garrafas e as demais boates — não havia boates em Ipanema nos anos 50 e 60. Mas, se o critério for esse, há um argumento mais forte a favor de Ipanema.

Entre 1954 e 1960 — que foram os anos decisivos para a formação da Bossa Nova —, todos os seus principais criadores eram cidadãos de Ipanema, e com tudo que isso significava. Viam-se dia e noite, trocavam ideias, namoradas e harmonias e bebiam, pescavam, iam à praia e compunham juntos. Ipanema, com seus estreitos limites geográficos, era o único lugar que tornava possível essa efervescência. ANTONIO CARLOS Jobim morava na rua Nascimento Silva, 107. Ali foram compostas a *Sinfonia do Rio de Janeiro* (1954), em parceria com Billy Blanco, que morava na rua Barão da Torre; as canções da peça *Orfeu da Conceição* (1956), em parceria com Vinicius — cuja casa na esquina da avenida Vieira Souto com a rua Henrique Dumont vivia 24 horas por dia em função do musical; e todo o repertório do disco *Canção do amor demais* (1958), com Elizeth Cardoso, inclusive "Chega de saudade". Luiz Bonfá, que tocaria o violão em *Orfeu* e, dois anos depois, comporia "Manhã de Carnaval" para o filme baseado na peça, era um veterano morador da Montenegro e companheiro de pescarias de Tom e de sua mulher, Thereza. O próprio Ronaldo Bôscoli, letrista pioneiro (coautor de "Lobo bobo" e "O barquinho") e decisivo para a divulgação do movimento, morava na Barão da Torre com o compositor Chico Feitosa — em 1957, Ronaldo se mudaria para a rua Otaviano Hudson, em Copacabana, mas em 1961 já estava de volta a Ipanema, numa cobertura no prédio do Teatro Santa Rosa.

NEWTON Mendonça, parceiro de Tom em "Foi a noite" (1955), "Desafinado" (1958) e "Samba de uma nota só" (1959), morava na esquina das ruas Visconde de Pirajá e Maria Quitéria e era personagem do ARPOADOR e dos botequins. DOLORES Duran, parceira de Tom em "Estrada do sol" (1958) e amiga de todos eles, morava na rua Gomes Carneiro. Bem ao lado, na mesma Gomes Carneiro, quase na praia, ficava a sede do TATUÍS, um clube que reunia rapazes e moças ao redor de Tom, Newton Mendonça, Bôscoli e de Sylvinha Telles e seu marido, o violonista Candinho. Sem falar nas domingueiras dançantes no Clube Caiçaras, na Lagoa, que, por volta de 1957, eram animadas por Candinho, Luizinho Eça e pelo conjunto Butantã e Seus Cobrinhas, de Menescal — que incluía, quase de camisinha de pagão, o pianista Luiz Carlos Vinhas (*n.* 1940).

Em 1960, Carlos Lyra já se mudara para a rua Barão da Torre — quase na mesma época em que João Gilberto, recém-casado com ASTRUD, fora morar com ela na rua Visconde de Pirajá, perto do ZEPPELIN. O qual, aliás, dividia com O VELOSO, na rua MONTENEGRO, o título de botequim da Bossa Nova. Nas reportagens de *Manchete* e *O Cruzeiro* sobre a Bossa Nova, o cenário para as fotos era sempre o Arpoador. Foi ali também que João Gilberto se deixou fotografar pelo histórico fotógrafo e pescador ipanemense Chico Pereira para a contracapa do LP *Chega de saudade*. E o Arpoador era também o território de Menescal, por causa da caça submarina, e, pouco depois, de MARCOS Valle, por causa do SURFE. Em meio aos anos 60, até Nara, que condenava a "alienação" de Ipanema, já se mudara para a rua Barão da Torre, perto do Jardim de Alah. Do apartamento de Lula (Luiz Fernando) Freyre (*n*. 1938), na rua Joaquim Nabuco, sairia em 1961 o disco *Do the Bossa Nova*, o primeiro LP gravado por um jazzista americano (o flautista Herbie Mann) acompanhado por músicos brasileiros. Foi ainda no apartamento de Lula que jovens como Marcos Valle, Edu Lobo, Francis Hime e NELSON Motta aprenderam a conviver com os tons e os vinicius. Como se vê, a Bossa Nova ia a Copacabana para trabalhar. Mas, para morar, criar e se divertir, seu território era Ipanema.

A principal diferença, no entanto, estava no coração da matéria: Copacabana era um bairro associado à noite, às boates enfumaçadas, às mulheres adultas e fatais e ao clima de pecado e traição dos sambas-canção dos anos 50. Já a Bossa Nova era jovem, diurna, de frente para o mar, e esse espírito solar era o de Ipanema e do Arpoador. A mulher na Bossa Nova era a moça da praia, a garota, a namorada, não a amante proibida e vingativa, com uma navalha na liga. E as letras da Bossa Nova não tinham nada de enfumaçado. Eram uma saga oceânica — a nado, numa prancha ou num barquinho, seus compositores prestaram todas as homenagens possíveis ao mar e ao verão. Esse mar e esse verão eram os de Ipanema.

Não foi à toa que, entre 1954 e 1964, Tom (com vários parceiros) fez "Teresa da praia", "As praias desertas", "Domingo azul do mar", "Surf board", "Fotografia", "Inútil paisagem", "Wave", "GAROTA de Ipanema" e mil outras, todas associadas ao mar; Menescal e Bôscoli fizeram "Moça da praia", "O barquinho", "Ah, se eu pudesse", "Mar, amar", "Nós e o mar", "A morte de um deus de sal" e "Rio"; Marcos e Paulo Sergio Valle fizeram "Samba de verão", "A resposta", "Vamos pranchar"; etc. etc. Não houve compositor de Bossa Nova que não usasse o mar e adjacências como tema. E isso era muito natural — eles estavam apenas falando da vizinhança, de sua realidade próxima.

A Bossa Nova possibilitou também que, depois de Nara e Sylvinha, outras meninas de classe média, como Astrud Gilberto, Wanda Sá, Bimba, Luíza (professora do primeiro grau do Colégio Rio de Janeiro), Anna Margarida, Gracinha Leporace, JOYCE e muitas outras se aproximassem de seus ídolos.

Começaram a cantar, a tocar violão, a gravar discos e se profissionalizaram. Todas eram "garotas de Ipanema" avant la lettre. O jornalista IVAN Lessa dizia que, naquele tempo, havia mais meninas armadas de violão em Ipanema do que milicos de metralhadora no resto do Rio.

E então, num belo dia de 1962 — que, na verdade, levou pelo menos uma semana —, Tom e Vinicius fizeram "Garota de Ipanema". Com a qual se lavrou mundialmente em cartório a nacionalidade ipanemense da Bossa Nova.

BUTIQUES DE IPANEMA
Um reduto de rebeldes com (ou sem) calça.

Dos anos 60 aos 80, a moda no Brasil foi ditada por Ipanema. Mas nem sempre foi assim. Até 1961, a moda vinha da França e não havia uma só butique em Ipanema. Suas garotas, se quisessem ir a uma festa com um vestido novo, tinham as seguintes opções: a) comprá-lo na Casa Canadá, no Centro da cidade; b) ir às butiques de Copacabana; c) escolher um tecido num armarinho do bairro, como a Casa Alberto, a Miro ou a Madame Faria, copiar um modelo publicado numa revista e pedir à mãe ou a alguém para costurá-lo; d) não ir à festa.

Naquele ano, a ideia de que, um dia, Ipanema se tornaria o centro da moda no Brasil era tão impensável quanto a possibilidade de Jânio Quadros renunciar à Presidência para a qual fora esmagadoramente eleito meses antes. Pois, na tarde de 25 de agosto de 1961, não é que as duas coisas aconteceram? Com diferença de minutos, Jânio renunciou em Brasília e, no Rio, Mara MacDowell e Georgiana Vasconcellos inauguraram no Bar 20, ao lado do Cine Astória, a primeira butique de Ipanema: a **Mariazinha**. Os dois fatos tiveram consequências históricas. A renúncia de Jânio despachou o Brasil para um longo período de trevas. Já a inauguração da Mariazinha abriu caminho para as centenas de butiques que fariam de Ipanema um ponto de referência mundial da moda.

A Mariazinha fazia uma moda clássica, mas sua primeira vitrine reproduzia, imagine, uma fachada de demolição. No decorrer da década, inúmeras butiques abriram, brilharam e fecharam no espaço de um verão. Mas houve as que se firmaram e fizeram a fama do bairro. Por ordem de entrada em cena, elas foram a **Bibba** (1966-83), de José Luiz Itajahy; a **Aniki Bobó** (1968-80), de Celina Moreira da Rocha; a **Frágil** (1969-73), de Adriano de Aquino; a **Blu-Blu** (1972-87), de Marilia Valls; e a **Company** (1972), de Mauro Taubman. Seus proprietários não se limitaram a vestir (ou despir) corpos. Por meio das roupas que criaram, eles definiram atitudes, comportamentos e estilos de vida.

José Luiz Itajahy (*n*. 1935), por exemplo, parecia um profeta bíblico ou um beato de filme de cangaço de GLAUBER Rocha. Em 1966, com suas camisas coloridas, jeans desbotados, calçando tamancos e com a incipiente calvície emoldurada pelos cabelos e barba compridos, Itajahy se postava na esquina das ruas Visconde de Pirajá e Maria Quitéria e ficava gritando provocações engraçadas para as grã-finas que passavam por ali. Só não foi preso ou internado porque sua criação, a Bibba, naquela esquina, já se tornara a butique mais revolucionária do Brasil.

Em pouco tempo, quem não tivesse uma camiseta com a marca *Bibba--Ipanema* estampada na manga era melhor que nem saísse de casa. Itajahy se inspirara na Mic-Mac, a famosa butique de Saint-Tropez, e foi o primeiro no Brasil a fazer marketing em camisetas. Foi também o primeiro a perceber a força da imagem de Ipanema para vender moda. E, numa época em que repartições, universidades e até alguns restaurantes ainda proibiam a entrada de mulheres de calça comprida, a Bibba subverteu a separação entre os sexos lançando os terninhos femininos (sem camisa por baixo) e as camisetas unissex. Quando percebeu que podia fazer isso e ficar impune, Itajahy descobriu que o céu era o limite.

A Bibba era um enxame o dia inteiro, mas, às cinco da tarde, atraía uma multidão de moças que saíam de lá usando jeans tacheados, chapelões desabados, calças de bolinhas brancas, tamancos de cortiça e camisetinhas bem justas, sem sutiã, com lindos alto-relevos — então a ousadia das ousadias. Era Carnaby Street em Ipanema. Em 1968, Itajahy resolveu lançar os terninhos desbotados, mas seu fornecedor, a tecelagem Nova América, recusou-se a desbotar a popeline cujas cores se orgulhava de firmar. Itajahy não se alterou: confeccionou os terninhos, tingiu-os com corante Guarany e afogou-os numa banheira com água sanitária. Quando terminou a lambança, espremeu-os e pendurou-os para secar na cobertura de seu escritório. O vento e o sol fizeram o resto e ele cobriu as moças de Ipanema com terninhos desbotados.

Itajahy fazia de tudo na Bibba, inclusive eventos, como o histórico lançamento da Pepsi-Cola no Brasil, em fins de 1968. Teve desfile do ator ZÓZIMO Bulbul e da socialite Vera Duvivier, com direção de Flavio Rangel, chuva de papel higiênico caindo do teto e, nos alto-falantes, a todo o volume, "Caminhando", com Geraldo Vandré — tudo isso com o AI-5 recém-imposto e com os militares à cata de Vandré para beber-lhe o sangue. A estrela Joan Crawford, dona da Pepsi, especialmente no Brasil para a ocasião, revirava os grandes olhos pretos tomando gim (e não Pepsi) pelo gargalo e dizia que nunca tinha visto nada igual. Itajahy acabou sendo preso em 1969, mas por decorar sua vitrine de Páscoa com a figura de um anjo hermafrodita.

Celina Moreira da Rocha (*n*. 1948), a criadora da Aniki Bobó, era tão delirante quanto. De onde ela tirou esse nome para sua butique? De um jogo das crianças portuguesas, equivalente ao nosso uni-duni-tê, e também do filme *Aniki Bobó*, do diretor português Manuel de Oliveira, que, em 1942, antecipou o neorrealismo italiano. Mas a Aniki Bobó (que ficava na rua Francisco Otaviano, 67) não tinha nada de neorrealista — era ultrapsicodélica até para 1968, ano em que todo mundo tinha ou queria ter vinte anos. Celina *tinha* vinte anos e, com o artista plástico GILLES Jacquard, criou um design surpreendente para a butique.

Para começar, ela não possuía vitrine. A fachada era cromada, como a das boates, e o interior da loja só podia ser visto através das letras que escreviam Aniki Bobó, as quais usavam o lettering do filme *Yellow Submarine*, dos Beatles. Os móveis eram boleados, como os que seriam vistos cinco anos depois em outro filme, *Laranja mecânica*, de Stanley Kubrick. E as roupas eram unissex, como as calças de veludo amassado, que davam a impressão de molhadas. Celina mandava fazer dezenas de modelos iguais e só variava as cores: roxo, lilás, qualquer uma, desde que não estivesse no arco-íris. Em pouco tempo as grandes massas desfilavam por Ipanema uniformizadas de Aniki Bobó, e suas clientes iam da grã-fina SILVIA AMELIA às humildes balconistas das bonbonnières — embora estas tivessem de economizar durante meses para comprar uma daquelas calças.

Já a intenção do artista plástico Adriano de Aquino (*n*. 1946) ao criar a Frágil era mais ambiciosa. Por mais que 1968 tivesse sido um ano de derrotas políticas, ele e seus sócios Célia Resende e Carlos Veiga não desistiam de mudar o mundo. As teses de 1969 eram outras, como a revolução sexual e a "expansão da mente" pelas drogas, mas isso também podia ter um conteúdo político. Além disso, ninguém seria preso por usar um macacão borrado.

A moda (aliás, antimoda) da Frágil era um misto de desbunde com fundo de garagem. Suas atrações eram as calças tipo pijama, roupas de tecido de saco, batas indianas. A própria loja, na rua Farme de Amoedo, 72, quase Visconde de Pirajá, era meio drugstore: continha uma banca, a Free Press, que vendia revistas de rock e objetos underground, abrigava exposições e promovia eventos. Era uma das lojas que supriam o enxoval tropicalista de Gal Costa e um de seus modelos, com dezesseis anos, era GERALD Thomas. Quando veio o PÍER, em 1970, a Frágil começou a vestir os hippies de butique.

A Frágil durou quatro anos, que foi o tempo que Adriano e os sócios levaram para gastar o dinheiro gerado pelo lançamento da butique. Em 1973, como artista plástico, Adriano ganhou um prêmio do governo francês, fechou a Frágil e foi embora para Paris. Anos depois, olhando para trás, ele veria a Frágil como apenas uma etapa de sua obra como artista plástico — só que, em vez de quadros e objetos, Adriano produzia roupas e fazia de cada cliente uma instalação.

Marilia Valls (*n*. 1937), a criadora da Blu-Blu, fez mais do que vestir Ipanema: levou seus desfiles para a rua — aliás, para o estacionamento em frente à casinha branca e com coqueiro na calçada, na rua Montenegro, 111, onde ficava a butique. Mas, em muitas noites memoráveis, a multidão que assistia a eles parou o trânsito da Montenegro. Os desfiles eram happenings, com as modelos executando coreografias sensuais, criadas pelo dançarino Paulo César de Oliveira e por Biza Vianna, filha de Marilia. E quem eram essas modelos? As jovens Beth Lago, Monique Evans, Xuxa Lopes, Fátima Osório, Isis de Oliveira, Débora Bloch.

A Blu-Blu começou com as blusas (daí o nome), mas expandiu-se com os vestidos de rendas, aventais tingidos por artistas plásticos (um deles, ANGELO de Aquino) e tudo que se pudesse usar do umbigo para cima. Era também uma moda de vanguarda: Marilia não poupava ousadias em termos de corte, estamparia, aviamentos e cores. Sem piscar, abusava das lantejoulas e misturava vermelho com roxo e turquesa com laranja — sempre em busca de uma moda "alegre, carioca e original", passional e extrovertida, como ela. Para Marilia, valia tudo, menos copiar europeus.

A moda de Ipanema era feita à imagem de sua população: uma gente jovem, bonita, bronzeada, esportiva, aberta para o novo e com dinheiro para gastar. Mesmo quando originadas na Europa, as peças eram adaptadas ao jeito local: os biquínis desciam, as camisetas subiam e as calças Saint-Tropez eram tão abaixo do umbigo que só precisavam de meio fecho éclair — e, além disso, suas usuárias tinham possantes quadris em que equilibrá-las. Não admira que assentassem muito melhor nas meninas de Ipanema do que nas desmilinguidas francesas ou inglesas. É verdade que, cerca de 1969, podia-se também esbarrar com moças vestidas à Bonnie e Clyde: jaquetões riscados, chapéus de feltro, boinas e saias de lã, tudo isso em um calor de quarenta graus. Se não morreram, curaram-se.

Na virada dos anos 70, a magia da marca Ipanema atraiu muitas butiques que já tinham uma tradição em Copacabana e até no Leblon, como a **Richard's**, dos oriundos do ARPOADOR Ricardo "Charuto" e Eliana Ferreira. Em 1970, a **Smuggler**, de Paulo e Terezinha Bianco, filhos de Enrico BIANCO, foi a primeira butique da rua Prudente de Morais e marcou época com seus tamancos suecos.

O carisma de Ipanema fez com que diversas celebridades achassem uma ótima ideia abrir butiques no bairro. E por que não? Elas tinham nome, bom

■ BUTIQUES DE IPANEMA

gosto, contatos e tempo de sobra. Algumas se atiraram tanto ao trabalho que, às vezes, podiam ser vistas até atrás do balcão: LEILA Diniz e VERA Barreto Leite, com a **Boutique 12**, na praça General Osório (onde havia quem vendesse ácido por baixo dos panos); DANUZA Leão, com a **Voom-Voom**, em cima do ZEPPELIN de Ricardo Amaral; MARILIA Carneiro, com a **Le Truc**, na rua Barão da Torre; Zelinda Lee, com a **Obvious**, na rua Garcia d'Ávila; Inês Kowalcsuk, com a **Point Rouge**, também na Garcia d'Ávila, onde trabalhava a monumental TANIA Caldas; LYGIA MARINA, com a **Flash**, na Teixeira de Melo; Luiza Konder e Christina Gurjão, com a **Flash-Back**, na Prudente de Morais, perto do COUNTRY (a primeira a fazer um desfile em plena rua e a usar uma modelo negra); e muitas outras. Todas tiveram vida breve. As clientes ainda se lembram com saudade dessas butiques, mas suas proprietárias preferem recordar o dia em que, com enorme alívio, passaram o ponto. Sem jeito para negócios, divertiram-se por algum tempo, mas perderam dinheiro e tiveram mil aborrecimentos. Abrir uma butique na Ipanema dos anos 70 já precisava ser coisa para profissionais.

Foi o que Mauro Taubman (1953-94) percebeu de saída ao fundar a **Company**, em 1972, com todas as baterias voltadas para o "jovem". Ele entendeu que o mercado mudara e inundou-o de camisetas, bermudas, sapatos, bonés, bolsas, cintos e mochilas. Começou com uma loja na esquina da rua Garcia d'Ávila com Prudente de Morais, mas, em poucos anos, ele e seu sócio Luiz Machado já tinham outras vinte pelo país, com 2 mil funcionários diretos. Foi a primeira grife de Ipanema a conquistar expressão nacional e, apesar disso, continuar "Ipanema".

A receita estava no próprio Mauro. Ao se olhar no espelho, aos dezenove anos, ele enxergou sua geração — e se dispôs a atendê-la. Aquela seria a "década do eu", do individualismo, da competição, do culto à beleza. Desde o começo, ligou sua marca a esportes emergentes, como o SURFE, o skate e o voo livre, apoiando competições e patrocinando atletas como Pepê, que se tornaria campeão mundial de voo livre, e Ricardo "Bocão", um dos primeiros surfistas brasileiros a competir no exterior. A cada salto no espaço ou onda vencida, o nome Company aparecia.

Sua geração não se interessava por política, mas Mauro percebeu a força das novas causas e investiu nas camisetas com mensagens — contra a usina de Angra dos Reis, pela preservação dos golfinhos na baía de Guanabara e pela defesa geral da natureza. Ao transformar milhares de jovens em outdoors ambulantes, atraiu a simpatia e o patrocínio de órgãos e empresas. Uma de suas últimas campanhas foi a do alerta contra a aids. Por ironia, foram as decorrências da aids que o mataram — justamente quando sua marca movimentava milhões de dólares e ele parecia invencível.

A Company pode ter sido a última de sua estirpe em Ipanema, combinando a criatividade de pioneiros como José Luiz Itajahy e Marilia Valls com um marketing agressivo e moderno. E dificilmente haverá sucessores. Há muito que a moda deixou de ser uma atitude subversiva, uma expressão individual, e não há mais como uma garota se fazer notar, mesmo que saia à rua apenas de calcinha. E, muito menos, sem ela.

CACÁ (Carlos) Diegues
n. 1940. Cineasta e criador da expressão "patrulha ideológica".

Quando algum repórter pergunta a Cacá Diegues como este ou aquele filme se situa no "contexto de sua obra", a resposta vem no queixo: "Em primeiro lugar, quero dizer que acho esse conceito de 'obra' uma coisa pedante. 'Obra' é para quem já morreu. Eu apenas faço filmes". Ah, é um alívio poder contar com Cacá. Ele é um dos poucos cineastas profissionais do Brasil — em vez de ficar teorizando no azul, faz filmes. E também não perde tempo reclamando da situação. Vai à luta e, com muito ou pouco dinheiro, faz os filmes que as condições lhe permitem.

Se pudesse, só rodaria épicos, como *Ganga Zumba* (1963), *Os herdeiros* (1970), *Quando o Carnaval chegar* (1972), *Xica da Silva* (1976), *Bye bye Brasil* (1980), *Quilombo* (1984), *Tieta do agreste* (1996), *Orfeu* (1999) ou *O Grande Circo Místico* (2018). Mas épicos exigem uma economia estável e, se o país está em crise, Cacá faz filmes mais modestos, como *A grande cidade* (1966), *Joanna francesa* (1973), *Chuvas de verão* (1978), *Um trem para as estrelas* (1987), *Dias melhores virão* (1989). E, se é uma crise daquelas brabas, faz um filme modestíssimo, como *Veja esta canção* (1994). Pode-se gostar mais de uns ou de outros, mas Cacá sempre faz o filme que queria fazer. E o mercado corresponde: de *Xica da Silva* para cá, todos foram lançados em salas comerciais na Europa e nos Estados Unidos; a própria *Xica*, com seus 6 milhões de espectadores, é até hoje uma das maiores bilheterias do cinema brasileiro.

Cacá surgiu com o CINEMA NOVO e, como um dos ideólogos do movimento, defendeu a câmera na mão, a estética da fome e o experimentalismo — temas em permanente debate na praia e no botequim MAU CHEIRO. Mas seus filmes nunca foram assolados pelo "êxtase da derrota" (belo achado do crítico Inácio Araújo), que marcou seu amigo GLAUBER Rocha e contaminou muitos de seus colegas. De Glauber, Cacá herdou a grandiloquência, mas usou-a para mostrar a busca da vitória, "a felicidade como meta". Ele se recusa a lamber ferida, e os personagens negros de seus filmes, como os de *Ganga Zumba*, *A grande cidade*, *Xica*, *Quilombo*, *Tieta* e *Orfeu*, são bonitos e heroicos. Em 1978, quando setores da esquerda o criticaram pela exuberância e alegria de *Xica da Silva*, Cacá foi-lhes ao fígado, acusando-os de "patrulha ideológica" e comparando-os aos censores. Com isso cunhou uma expressão que, apenas por existir, foi decisiva para a distensão política naquela época.

Cacá é um polemista vocacional e, em 1994, meteu-se numa áspera briga pelos jornais com Paulo FRANCIS, quando este acusou os cineastas brasileiros de usar o dinheiro da Embrafilme para comprar apartamentos na avenida Vieira Souto. Cacá desafiou Francis a dar os nomes de quem fazia isso e chamou-o de "o jeca de TriBeCa", bairro de Nova York (que Francis não frequentava). Mas Francis não deu os nomes. Em 1999, Cacá enfrentou também os jovens críticos por causa de *Orfeu*, acusando-os de ignorância cinematográfica ("Nunca viram *Aurora* [1927], de Murnau") e de limitar suas críticas a estrelinhas ou bonequinhos, em vez de discutir os filmes em profundidade. Os críticos que tinham visto *Aurora* treplicaram; os outros ficaram quietos.

Frases

★ *O grande fracasso da esquerda foi ter passado anos vendendo ideologia, enquanto a direita vendia desejo.* ★ *Meu instrumento de trabalho é a liberdade.*

CAIO Mourão
1933-2005. Joalheiro.

As joias de Caio Mourão já adornaram os dedos, pulsos e pescoço de todas as mulheres de quem você ouviu falar. Houve casos de mulheres ostentando caiomourões de alto a baixo, mas nem sempre com joias presenteadas pelo mesmo homem. Um desses casos foi o da mulher que, no mesmo dia, ganhou um anel, uma pulseira e um colar de três homens: o marido, o amante e o estepe — todos tinham pedido uma joia a Caio, sem saber dos outros, e ele manobrou para que ela recebesse uma de cada um. Suas joias também já destruíram casamentos, mas não por sua culpa — certa vez, um homem encomendou-lhe um anel para a mulher e um colar para a amante e, ao entregar, trocou os cartões. É quase um enredo saído de *Madame de...* (1953), o filme de Max Ophüls, com Danielle Darrieux. Os outros casamentos que Caio ajudou a desfazer foram por sua própria conta.

Essa complicada odisseia de joias e casamentos, entre os quais os dele, começou em 1957, quando Caio trabalhava com o crítico de arte Sergio Milliet na Bienal de São Paulo. Como não o deixavam expor seus desenhos, ajudava

Milliet subindo escadas, batendo pregos, montando quadros e distribuindo catálogos. Uma turma de rapazes e moças do Rio foi à Bienal, entre os quais uma escultura viva: a rica e linda LILIANE Lacerda de Menezes, também aspirante às artes. Os dois se entenderam muito bem e, na volta, Liliane já o trouxe na bagagem. Caio foi morar com Liliane no apartamento dela em Laranjeiras, célebre pelas festas que sacudiam o quarteirão e reuniam todos os jovens talentos da cidade. Logo depois os dois se mudaram para a rua Canning, o que representou o fim do sossego em Ipanema. Caio quis dar um presente a Liliane e ocorreu-lhe fazer para ela uma joia — a primeira que produziu. O casamento acabou em dois anos e, com ele, Caio estreou sua movimentada biografia conjugal de seis ou sete capítulos.

Sua carreira com as joias foi ainda mais bem-sucedida. Começou como autodidata (HUGO Bidet chamava-o de funileiro) e, para sobreviver, vendia joias na praia, no JANGADEIRO e até na casa de ANIBAL Machado. Mas Caio foi estudar em Portugal, desenvolveu técnicas próprias (como fazer joias de prata maciça a partir de insetos de verdade), inventou a aliança quadrada (que teve sua voga), trabalhou com Pierre Cardin e tornou-se o joalheiro oficial de Ipanema.

Caio sempre viu sua relação com o metal como um ato sexual: "Você o domina ou é dominado por ele. Quando fica pronto e bonito, é um orgasmo. E ainda há a sensação de vê-lo no corpo de uma mulher". Sem falar que a joia é uma arma de sedução. Mas as joias de Caio já serviram também para fins não imorais, como as que ele leiloou para ajudar a financiar as primeiras saídas da BANDA de Ipanema, da qual foi um dos fundadores. E, ah, sim, ele participou várias vezes da Bienal de São Paulo — mas como joalheiro. Na verdade, o primeiro a fazer isso.

Antonio **CALMON**

n. 1945. Diretor e roteirista de cinema e televisão.

Aos quinze anos, o amazonense Antonio Calmon tomou uma canoa num igarapé, desceu o rio Amazonas e desembarcou em Ipanema. Era 1960, o que lhe deu tempo de pegar o verão no ARPOADOR, comer pastéis no MAU CHEIRO, fazer sociologia na PUC, andar com o pessoal do CINEMA NOVO e discutir marxismo no VELOSO. Em 1969, quando estava a um passo de ingressar na luta armada, foi salvo por GLAUBER Rocha, que o arrastou à Bahia para ser seu assistente em *O dragão da maldade contra o santo guerreiro*. Mas Calmon logo viu que, se quisesse fazer cinema, não podia ficar esperando o desempate da refrega entre santos e dragões, que só interessava a pessoas como ele. E ele próprio não sabia quem era.

Na dúvida, experimentou todas: foi psicotécnico da polícia, guia turístico no Corcovado, hippie de butique, frequentou o PÍER, fez sexo, drogas e rock and roll, alimentação natural, acupuntura por correspondência, meditação transcendental, mapa astral e, finalmente, análise com EDUARDO Mascarenhas. No meio do caminho, decidiu que não iria fazer filmes-cabeça, mas filmes comerciais mesmo, bem-acabados, sem se envergonhar de nenhum gênero — e, quem sabe, lotar cinemas.

Seu primeiro filme, *O capitão Bandeira contra o dr. Moura Brasil* (1971), que ele julgava comercialíssimo, ainda era um filme de autor — foi elogiado no festival de Cannes, mas por aqui ninguém o viu. Os produtores condenaram Calmon a cinco anos de geladeira e, depois disso, ele não errou mais. Fez policiais (*Paranoia, Revólver de brinquedo, Eu matei Lúcio Flávio, Terror e êxtase*), pornochanchadas (*Gente fina é outra coisa, O bom marido*) e filmes de praia (*Nos embalos de Ipanema, Menino do Rio, Garota dourada*). De 1975 a 1983, não parou: montava um filme e, ao mesmo tempo, dirigia outro, escrevia um terceiro e preparava o seguinte. Tinha revólver, podia viajar e era um pistoleiro — digo, cineasta — de aluguel. Com essa feroz capacidade de trabalho, que o cinema não conseguia absorver, Calmon só podia ir parar onde parou: na TV Globo.

Pudor do veículo, não tinha nenhum. Mas, ao se mudar para a televisão, levou mais do que sua capacidade de escrever, dirigir e coordenar: levou ideias novas em matéria de temas, fruto de sua vivência naquelas disciplinas tão diversas, da sociologia ao desbunde. Como roteirista, criou programas como *Armação Ilimitada* e *Malhação*, novelas como *Top Model, Vamp, Cara & Coroa, Corpo Dourado* e seriados como *Mulher*. Tornou-se o homem da Globo para assuntos da juventude e ajudou a revelar uma quantidade de atores jovens. Aliás, segundo o mortífero jornalista Telmo Martino, era o que Antonio Calmon mais tinha em comum com James Joyce: os dois preferiam o artista quando jovem.

CALYPSO
c. 1955-72. Botequim da rua Visconde de Pirajá, 495.

Durante anos, o Calypso foi um botequim sem a menor importância. Quase ninguém interessante o frequentava. Também pudera — ficava ao lado do ZEPPELIN, antigo reduto nazista tomado pela causa da democracia, e da casa de ANIBAL Machado, cheia de escritores e gente charmosa. Nos domingos à noite, os boêmios e intelectuais de Ipanema despediam-se de Anibal e esticavam no Zeppelin, sem um reles olhar de misericórdia para o outro botequim ao lado. E, nos demais dias da semana, também não viam motivo para prestigiá-lo — um dos poucos a fazer isso era o artista plástico HANS Etz. É possível que, já então, o Calypso servisse os mesmos pastéis e o camarão com chuchu que, muito depois, fariam sua fama, mas quem queria saber? Era considerado um botequim antipático e vivia tão vazio que alguns o chamavam de Colapso. Sua única vantagem era que, ali, ninguém seria flagrado se fosse casado e precisasse de um lugar seguro para levar uma namorada.

Mas, por volta de 1960, LUCIO Rangel brigou com o Zeppelin. De pirraça, mudou-se para o Calypso e começou a arrastar seus amigos. Os primeiros a segui-lo foram o poeta PAULO Mendes Campos e o artista plástico RAYMUNDO Nogueira. Essas adesões ilibaram o botequim de seus defeitos e exigiram um reforço no estoque de uísque. Lamartine Babo e Ary Barroso passaram a sair da Tijuca e do Leme, respectivamente, para se encontrar com Lucio no Calypso. E Antonio Maria dedicou-se a empanturrar-se com as empadinhas de camarão do estabelecimento.

Até então, o único momento de glória do Calypso fora durante a Copa do Mundo de 1958, mas apenas porque o Zeppelin não dispunha de rádio para os clientes. A Copa foi ouvida e festejada no Calypso. Já a Copa seguinte, a de 1962, no Chile, foi festejada pela mesma turma no Zeppelin, porque nenhuma briga dura para sempre entre os bebuns e seus botequins. Mas, àquela altura, a reputação do Calypso estava estabelecida e ele sobreviveu ao próprio Zeppelin. Em meados da década de 60, tinha a fidelidade de Ferreira GULLAR e sua mulher, Tereza Aragão, do casal Nininha e Sabino Barroso, do ator Hugo CARVANA e de outros próceres da ESQUERDA FESTIVA. Um de seus últimos e triunfais suspiros foi a festa pela eleição de Salvador Allende à Presidência do Chile, em 1970. Felizmente, não viveu para acompanhar a deposição e morte de Allende — fechou um ano antes.

CARLINHOS (Carlos) Niemeyer
1920-99. Aviador, produtor de cinema, esportista e boêmio.

Quando se diz que o carioca é alegre, pode-se estar cometendo uma injustiça — porque, se é assim, como classificar Carlinhos Niemeyer? Homem em permanente estado de Carnaval, ele incendiou festas, coquetéis, arquibancadas, boates, praias, ruas e bairros inteiros do Rio. O Clube dos Cafajestes, o Caju Amigo, o CASTELINHO, o Flamengo, o Canal 100, tudo isso foi Carlinhos

Niemeyer. E, na qualidade de verdadeiro inventor do sorriso de orelha a orelha, que lembrava o do Coringa, nunca se arrependeu de ser feliz.

Nascer na rua Silveira Martins, a poucos metros do Palácio do Catete e durante um Fla-Flu, apenas lhe facilitou as coisas — optou logo pelo Flamengo, e ser vizinho do centro do poder fez com que, desde cedo, aprendesse a não levar a autoridade a sério. O Carnaval de sua infância eram as inocentes batalhas de confete e Carlinhos decidiu que, um dia, iria torná-lo menos inocente. Quando veio a Segunda Guerra, ele serviu na FAB (Força Aérea Brasileira). Um estágio como piloto de caça nos Estados Unidos permitiu-lhe ir a Hollywood e dar uma febril namoradinha de algumas semanas com Carmen Miranda. De volta ao Rio, foi pilotar bombardeiros. Num voo de patrulha da costa, sabendo que havia um submarino alemão na área, viu um corpo estranho lá embaixo e preparou-se para soltar uma tonelada de bombas. Teria sido uma tristeza porque, de repente, o submarino esguichou — era uma baleia.

Com o fim da guerra, em 1945, Carlinhos entrou para a aviação civil, onde conheceu sua alma gêmea: Carlos Eduardo Oliveira, o comandante Edu, também ex-FAB. Juntos, eles criaram o Clube dos Cafajestes, uma instituição da boemia carioca. Os Cafajestes eram um grupo de rapazes entre 25 e trinta anos, alegres, mulherengos, bons de copo, criativos e corajosos. Quase todos tinham curso superior, trabalhavam e falavam línguas. Sua base de operações era Copacabana, mas suas estripulias cobriam a cidade. Andavam juntos o ano todo e, no Carnaval, abafavam — suas festas à fantasia eram as mais disputadas da cidade, com bebida, orquestras e mulheres no superlativo. Brigas também, na maioria provocadas por gente de fora — porque só quem não os conhecia ousava desafiá-los. Armados apenas com os punhos e um ou outro caco de garrafa, os Cafajestes enfrentavam até o choque da Polícia Especial.

Deixados em sossego, limitar-se-iam a rir, beber e inaugurar as mais deslumbrantes garotas da sociedade carioca, que eram loucas por eles. Inauguraram também a ideia de dar festas nas casas de Copacabana condenadas à demolição — no fim de cada festa, já não havia muito o que demolir. Em muitas daquelas mil e uma noites, os Cafajestes sentiram-se imortais. E, então, em 1950, Edu morreu num desastre com seu Constellation da Panair. Ele era o líder, o herói e, para Carlinhos, os Cafajestes acabaram ali. Em homenagem a Edu, Paulo Soledade e Fernando Lobo fizeram a marchinha "Zum-zum" ("*Zum, zum, zum/ zum, zum, zum/ Está faltando um...*"), campeã do Carnaval de 1951, e os Cafajestes deram uma festa para mil pessoas no antigo Cassino Atlântico, no Posto 6. Depois, muitos boêmios, por serem amigos de um ou de outro da turma, começaram a dizer-se membros do clube (como o milionário paulista Baby Pignatari, que comprou seu ingresso no grupo).

• CARLINHOS (Carlos) Niemeyer

O espírito dos Cafajestes continuou vivo nos bailes do Caju Amigo, regados a batida de caju, que Carlinhos passou a promover no Carnaval. Os primeiros foram na boate Vogue, no Leme, mas, em 1955, a Vogue pegou fogo e o Caju Amigo ficou itinerante. O traje oficial de Carlinhos para esses eventos era sua melindrosa rubro-negra ou a fantasia de "Dama de Preto", personagem da coluna de IBRAHIM Sued. O Caju Amigo cresceu tanto que as boates já não o comportavam. Em 1964, Carlinhos promoveu um réveillon que começou às dez da manhã do dia 31 de dezembro no CASTELINHO — na praia mesmo, fechada por eles — e avançou pela noite. Foi uma grande esbórnia, com a orquestra a todo o pano e gente fantasiada rolando no escuro pela areia. Foi também a primeira vez que se fechou Ipanema para um evento.

Mas, muito antes, em termos de praia, ele já fizera a transição de Copacabana para o ARPOADOR. Morador do Flamengo nos anos 40, Carlinhos estava sempre na praia em Ipanema com os muito jovens ANTONIO CARLOS Jobim e KABINHA e os não tão jovens Tico Soledade e CHICO BRITTO. Praticava capoeira na *academia* de SINHOZINHO, ao lado de PAULO Amaral e Luiz "Ciranda", e à noite, na deserta e escura avenida Vieira Souto, usava seu Studebaker como cama de casal. Em 1954, ele e sua turma botaram meio Arpoador para correr, em defesa de Martha Rocha, que estava sendo ofendida por moleques por sua recente derrota no concurso de Miss Universo.

Outra ideia de Carlinhos foi a volta do corso de automóveis no Carnaval. Ele e seus amigos alugavam fordecos e rabos de peixe conversíveis no subúrbio, enchiam-nos de grandes mulheres e desfilavam pela Zona Sul. O último corso, em 1969, saiu recolhendo gente por Ipanema e fez ponto final no Copacabana Palace, com a turba se atirando de roupa na piscina, inclusive os meninos do morro do Cantagalo, que haviam se juntado a eles. Mas, naquela época, o próprio Caju Amigo já estava ficando sem graça — os penetras eram tantos que havia quem se chegasse a Carlinhos e perguntasse quem era ele. "De amigo, só restou o caju", ele disse.

Até no futebol Carlinhos conseguiu distribuir alegria. Em 1959, abandonou a aviação e criou o cinejornal Canal 100. Pelos 28 anos seguintes, em qualquer cidade brasileira, não houve plateia que, ao ir ao cinema, não exclamasse "Ah!" — quase um orgasmo — ao ver surgirem na tela o símbolo do Canal 100 e seu empolgante prefixo, "Na cadência do samba", de Luiz Bandeira. Era o futebol brasileiro no seu apogeu e filmado como ninguém mais sabia fazer.

O Canal 100 não se limitava às burocráticas tomadas de cima da marquise e a gols mal filmados, como faziam os outros jornais. Era um festival de dribles em big close, sequências tomadas ao nível do gramado, goleiros desolados indo buscar a bola no fundo da rede, artilheiros dando socos no ar e geniais carantonhas de torcedores banguelas na geral — muitas vezes em câmera lenta e registrados por seis ou oito câmeras nos grandes jogos (quase sempre os do Flamengo ou da Seleção). O narrador era Cid Moreira. A criatividade do Canal 100 mudou a maneira de filmar futebol no mundo inteiro e antecipou em muitos anos as bossas de que hoje se orgulha a televisão. Com a diferença de que, no começo, o Canal 100 era filmado em celuloide, muito mais difícil de operar, não em videoteipe. As quase 2 mil partidas cobertas pelo Canal 100 constituem um acervo — muito bem guardado no depósito do cinejornal, em Ipanema — fundamental para o futebol brasileiro.

Não há expressão melhor para definir Carlinhos Niemeyer do que o primeiro verso daquele samba-prefixo: "Que bonito é...".

Frases

★ *Quem nasce no Rio já está com meio Carnaval andado.* ★ *Se Frank Sinatra veio ao Brasil, tudo é possível.* ★ *Fora do sério, quero é muito calção de banho.* ★ *[Sobre o Clube dos Cafajestes]: Éramos quadrados e machões, mas éramos felizes. Ríamos até de gol contra.*

CARLINHOS (José Carlos) Oliveira
1934-86. Cronista e romancista.

Quase todo mundo é duplo de si mesmo, geralmente seu oposto — alguns apenas disfarçam melhor do que outros. Mas Carlinhos Oliveira não disfarçava e convivia muito bem e muito mal com essa duplicidade. Era de uma comovente fragilidade física (1,59 metro e 53 quilos, no auge da forma), mas de um atrevimento verbal de quem tinha o triplo do tamanho. Era feio, desleixado e de pouco banho. Mas atraía meninas incríveis e perfumadas (média de idade, vinte anos, e 1,75 metro só de coxas) que, mesmo depois de dispensadas, continuavam a seu redor, convivendo com as sucessoras e se sentindo responsáveis por ele. Bebeu de uísque o equivalente ao mar de Ipanema e, em certa época, atirou-se a todas as drogas do mercado — mas escrevia a respeito, condenando-as, como se contemplasse a destruição de um corpo fora de seu espírito. ANTONIO CARLOS Jobim, seu irmão de copos públicos e papos íntimos, definiu-o: "É o rei da criação e se porta como um mendigo". Outro amigo, Cesar THEDIM, que o ajudou de todas as maneiras, foi mais fundo: "Era um bicho na toca, e a toca era ele próprio".

Mas o que de melhor e pior se disse de Carlinhos, com uma insistência que o irritava, é que era a grande promessa não realizada da literatura brasileira.

■ CARLINHOS (José Carlos) Oliveira

Não bastava que ele se identificasse com Lautréamont, Baudelaire, JOÃO DO RIO, Dylan Thomas, Jean Genet, cada qual com sua maldição particular — esperavam-se dele os romances que compusessem um painel da traumática vida urbana no Brasil na segunda metade do século. Carlinhos defendia-se dizendo que esse painel estava sendo penosamente composto nas crônicas diárias que publicava no Caderno B do *Jornal do Brasil* (o que ele fez de 1961 a 1983) e que, se reunidas em livros, valeriam por romances inteiros. Parte dessas crônicas saiu em coletâneas (*Os olhos dourados do ódio*, 1962; *A revolução das bonecas*, 1967; *O saltimbanco azul*, 1979), mas não cumpriu aquela função. O próprio Carlinhos devia saber disso porque finalmente se atirou à ficção. Mas seus quatro romances (*O pavão desiludido*, 1972; *Terror e êxtase*, 1978; *Um novo animal na floresta*, 1981; e *Domingo 22*, 1984) não tiveram leitores em quantidade para suas qualidades.

Essa relativa indiferença machucou Carlinhos, porque ele não viera ao mundo para ser ignorado. Em Vitória (ES), onde nasceu, seus artigos na imprensa local fizeram-no crescer tanto que ele teve de sair de lá aos dezoito anos, em 1952 — porque não cabia mais na cidade. Veio para o Rio e, em pouquíssimo tempo, já fazia parte do entourage que incluía os cardeais da cultura, como RUBEM Braga, FERNANDO Sabino, PAULO Mendes Campos, VINICIUS de Moraes, MARIO Pedrosa, ANIBAL Machado, Otto Lara Resende. E por que não? Ele se sentia um deles, mesmo que com um único par de meias e duas cuecas — carências que não escondia, tanto que esses foram seus presentes de aniversário de dezenove anos, dados por amigas do Bar Vermelhinho, no Centro da cidade. Segundo Jason Tércio em sua magnífica biografia de Carlinhos, *Órfão da tempestade* (1999), ele abria os embrulhos com exclamações infantis: "Minha meinha! Minha cuequinha!".

De certa forma, Carlinhos nunca deixou de ser o menino para quem o mundo existia para supri-lo de meias e cuecas, liberando-o de batalhar por elas. Isso se aplicou a tudo que fosse prático e material em sua vida: empregos, amigos, casas, mulheres, bebida — itens que teve em grande quantidade, sem esforço e, às vezes, até desafiando o afeto que lhe dispensavam. Como, por exemplo, numa noite dos anos 60 em que, de molecagem, atirou pela janela o anel de brilhantes de uma namorada rica e fez uma sôfrega alta burguesia engatinhar pela calçada da avenida Delfim Moreira, tentando em vão recuperá-lo. E houve quem propusesse que a avenida Bartolomeu Mitre, no Leblon, por ser o endereço do seu reduto — o restaurante Antonio's —, passasse a se chamar avenida Carlinhos Oliveira.

Em troca, o que Carlinhos deu ao mundo? Muito. Como cronista, foi um militante dos sentimentos, próprios e alheios. Chegou a ser uma leitura obrigatória da Zona Sul nos anos 60 e boa parte dos 70 — uma espécie de psicólogo amador da juventude, necrólogo das ilusões perdidas de Ipanema pós-1964 e cobaia política de sua geração. Depois de Nelson Rodrigues, foi o mais "jornalista" de seus colegas do primeiro time de cronistas, ainda que sem a transcendência e regularidade de Nelson. Mas, a exemplo deste, se devidamente situado entre datas, pode ser até hoje de leitura maravilhosa, como na antologia póstuma *O diário da patetocracia*, de 1995, com crônicas de 1968. Talvez melhor do que ninguém, Carlinhos refletiu nossa trêmula relatividade de julgamentos, nosso medo de formar opinião e demais mazelas (da direita e da esquerda) que assolaram a vida cultural brasileira durante a ditadura.

Como romancista, foi tão absurdamente confessional em *O pavão desiludido* que poucos se deram conta de que tudo que ele contava ali era real — o pai, soldado da PM capixaba, que se matou dias depois de estuprar a filha de nove anos, a qual morrera de hemorragia; a mãe, humilde lavadeira, que ele, Carlinhos, abandonou com os irmãos menores quando ela se casou de novo e teve um filho desse casamento. "Vomitei minha mãe", ele escreveu. Carlinhos guardou esses segredos nas entranhas durante décadas de vigília cotidiana nos bares do Rio, partindo do Gôndola, da Fiorentina e do Alcazar, em Copacabana, nos anos 50; passando, em seu auge profissional, pelo MAU CHEIRO, ZEPPELIN e VELOSO, em Ipanema, nos anos 60; e, a partir daí, desaguando no Degrau, no Luna e no Antonio's, no Leblon — Antonio's, cujas instalações ele usou como botequim, casa, redação, banco, rendez-vous, urinol e principalmente útero, mas do qual acabou expulso e proibido de frequentar.

Nos últimos anos de vida, ele também lutou para expulsar o Carlinhos Oliveira que habitava em José Carlos Oliveira — contra quem praticou crueldades muito piores do que as que se acusava de ter praticado contra os outros. Nessa luta final pelo que julgava ser sua redenção, migrou de vez da "esquerda" para a "direita"; perdeu sua longa batalha contra Deus, convertendo-se aos santos e anjos católicos; em busca da "pureza", trocou (efemeramente) Ipanema por Vila Isabel e (definitivamente) uísque por chá e o Rio por Vitória. Mas, então, já era tarde para vencer a tremenda devastação física — ao morrer, aos 51 anos, aparentava oitenta. Era um atormentado que fingia rir de si mesmo, e seu castigo era saber que José Carlos Oliveira nunca converteria em imortal literatura tudo a que Carlinhos Oliveira fazia jus.

Frases

★ *Cristão, católico apostólico romano, pagão, filho de Iemanjá. Sou o mais ecumênico dos ateus.* ★ *Abro o peito de um homem e coloco nele o coração de uma mulher.* ★ *As feministas são machistas porque deixam seus filhos com as avós. Mas estas também precisam se liberar, ir para o Oba-Oba e dançar com os turistas americanos.* ★ *A mulher está querendo ser independente com agressividade. Sabe o que ela vai conseguir? Preocupação, calvície, úlcera e automóvel.* ★ *A mulher não tem de ir para a rua. O homem é que tem de voltar para casa.* ★ *[Às vésperas do AI-5]: Sou um escritor instintivo: escrevo com o fígado e tenho excelente nariz. Estou sentindo cheiro de sangue.* ★ *Há na favela um minúsculo castelo, construído, peça por peça, por um mendigo engenhoso. Cacos de garrafas, relógios enguiçados, folhas de zinco, latas de goiabada, lascas de isopor, canos enferrujados — tudo é inserido na estrutura e a casa vai subindo. Assim também me construo eu.* ★ *De uma vez por todas, não sou cronista. Apenas abro a máquina de escrever e começo a respirar.* ★ *Eu sou Carlinhos Oliveira, a Grande-Promessa-Não-Cumprida. Rá-rá-rá-rá-rá!*

CARLOS (Caloca) Leão
1906-83. Artista plástico e arquiteto.

Um gênio contra a própria vontade. Era um arquiteto que detestava ser arquiteto: tinha ojeriza a projetos, plantas e construções. Apesar disso, em 1936, participou da equipe que executou o risco original de Le Corbusier para o edifício do Ministério da Educação, no Rio, um marco da arquitetura moderna no Brasil. Gostava mesmo era de desenhar e pintar. Mas, como desenhista, rasgou 90% do que produziu e, como pintor, nunca conservou um quadro de sua autoria — dava todos para os amigos. Era incorrigível.

Apesar disso, Carlos Leão (Caloca, como o chamavam em família e em Ipanema) passou a vida colecionando elogios de gente como Portinari ("Um dos melhores desenhistas do mundo"), RUBEM Braga ("Dá vontade de levar seus quadros para casa, porque parecem pessoas da família") e Carlos DRUMMOND de Andrade ("A melodia corporal expande-se/ Contrai-se, tudo é música/ No gesto ou no repouso/ O sono, esse escultor/ Modela raras formas e aparências/ Carlos Leão, que tudo vê e sente/ Recolhe-as no seu traço, com amor").

Outros pintores talvez alardeassem essas declarações como estandartes. Mas Carlos Leão dava-lhes tão pouca importância que, somente em 1966, já sexagenário, aceitou fazer sua primeira exposição — mas só porque SUZANA de Moraes, filha de VINICIUS e sua sobrinha, não sossegou enquanto não o convenceu. Até então, Caloca considerava-se principalmente um boêmio que desenhava nos bares. Desenhava, embolava e jogava fora, para desespero de seus admiradores Ismael Nery e Di Cavalcanti, que, lá no passado, já se atiravam debaixo das mesas tentando salvar os desenhos.

Mas, como boêmio, Caloca era impecável. Algumas de suas noitadas com Vinicius ficaram célebres, como a que terminou na Taberna da Glória. Ao deixarem o botequim às oito da manhã, mortos de sono, viram uma cama arrumada na vitrine de uma loja de móveis na rua do Catete. Não hesitaram — deitaram-se nela e dormiram. O dono da loja só se deu conta quando percebeu a multidão na frente da vitrine, que olhava para aquilo sem entender. Como, na época, nem se cogitava da ideia de uma loja expor manequins vivos, os dois foram apenas enxotados como loucos.

Mas a exposição de 1966 na Galeria Relevo mudou tudo. Descoberto aos sessenta anos pelas galerias, quando parecia destinado a morrer incógnito, Caloca não teve mais sossego. Dali em diante, até o fim, aos 77 anos, fez outras trinta exposições, inclusive em Madri, Roma e Paris. O tema de seus acrílicos e aquarelas era só um: o nu feminino. "Desenho é arabesco, e o arabesco mais bonito da natureza é um corpo de mulher", ele disse. Na juventude, desenhara cenas de sexo grupal ou entre mulheres, mas sua especialidade era o nu sentado ou em repouso — sempre sensual, nunca vulgar. Suas modelos eram jovens e, como dizia Rachel de Queiroz, "plenas e replenas, mulheres abundantes, ou, no melhor dos casos, falsas magras que se resolvem a desvendar as carnes fortes".

No fim da vida, Caloca deixou seu pequeno apartamento em Ipanema e mudou-se com sua mulher, Esther, para uma fazenda em Valença, onde se dedicou a pintar nus ("sobrinhas ou amigas das sobrinhas, todas moças de família"), criar vacas e cuidar do jardim. Até nisso era delicado. "Caloca conhece como poucos o segredo de papariar flores, hortaliças e legumes: seus ciclos, seus sestros, suas dolências", disse Vinicius. Plantava com mão de pintor e só colhia beleza em sua horta.

CARLOS (Carlinhos) Lyra

n. 1933. Compositor e cantor.

Entre 1958 e 1963, sempre que Carlinhos Lyra e um violão eram vistos abraçados, podia-se esperar um êxtase melódico. Você é capaz de cantarolar uma por uma: "Maria Ninguém" e "Influência do jazz" (só dele); "Lobo bobo", "Saudade fez um samba", "Se é tarde me perdoa" e "Canção que morre no ar" (com RONALDO Bôscoli); "Minha namorada", "Você e eu", "Coisa mais linda", "Samba do carioca", "Sabe você", "Pau de arara", "Marcha da Quarta-Feira de Cinzas", "Maria Moita" e "Primavera" (com VINICIUS de Moraes); "Samba da legalidade" (com Zé Kéti); "Canção do subdesenvolvido" (com Chico de Assis); "Feio não é bonito" (com Gianfrancesco Guarnieri); "Quem quiser

■ CARLOS (Carlinhos) Lyra

encontrar o amor" e "Aruanda" (com Geraldo Vandré). Era um chafariz de beleza que o próprio ANTONIO CARLOS Jobim admirava: "Carlinhos é o maior melodista da BOSSA NOVA".

É verdade que, ao dizer isso, Tom estava garantindo sua reserva de mercado harmônico, para ele mais importante. Tom era cioso de seu trono e, para isso, tinha de ficar de olho em Carlos Lyra. No começo, o parceiro de Lyra era Ronaldo Bôscoli e, embora produzissem coisas lindas, eram apenas "o Tom e Vinicius dos juvenis", na expressão de Ronaldo. Mas, em 1961, quando Carlinhos passou a compor também com Vinicius, a ameaça ficou real. Vinicius era o Boeing dos letristas e, com ele, Carlinhos poderia voar muito mais alto. Os dois partilhavam um interesse por musicais de teatro e, de saída, fizeram *Pobre menina rica*. Essa peça nunca foi encenada direito e, se algum dia o for, terá de sofrer adaptações — mas, entre suas quatorze canções, estão quase todas as da dupla Lyra-Vinicius citadas acima.

Começava ali não apenas uma parceria, mas uma amizade em que Carlinhos se tornou até autor intelectual e cúmplice de um dos casamentos mais atribulados de Vinicius. Foi dele, em 1963, a ideia de Vinicius fugir para Paris com sua nova namorada, Nelita, trinta anos mais nova. A casa de Carlinhos na rua Barão da Torre foi a base de operações.

A amizade entre eles era reforçada pela identificação de Carlinhos com os amigos de Vinicius fora da Bossa Nova (Cyro Monteiro, Nelson Cavaquinho, Heitor dos Prazeres) e por uma maior aproximação ideológica — os dois eram "de esquerda", ao passo que Tom não ligava para política. Com Carlinhos, Vinicius podia fazer coisas que, com Tom, seriam impensáveis, como uma canção para a União Nacional dos Estudantes: o "Hino da UNE", em 1962.

A parceria Lyra-Vinicius produziu pelo menos meia dúzia de obras-primas e poderia ter rendido muitas outras se o golpe de 1964 não tivesse acontecido — Lyra, militante do CPC (Centro Popular de Cultura, subitamente impopular), achou melhor sumir do país por uns tempos. Certificou-se de que estava imune à influência do jazz e foi excursionar por Estados Unidos, Canadá e Japão com jazzistas como os saxofonistas Stan Getz e Paul Winter. Quando voltou ao Brasil, quase dois anos depois, a música popular mudara: as complexas melodias e harmonias da Bossa Nova, com suas letras inteligentes, tinham sido substituídas na preferência popular por cabelos passados a ferro, guitarras furrecas e corações do tamanho de um trem — enfim, pelo iê-iê-iê. Era como se, na sua ausência, tivessem trocado de uma vez todo o público da música brasileira. Carlinhos fez as malas e se mandou de novo, dessa vez para o México, e só voltou de vez para o Brasil em meados dos anos 70. Mas, então, já tinham trocado o público de novo.

Carlinhos, um dos fundadores da Bossa Nova, sempre fora um de seus mais agudos críticos. Ninguém mais do que ele tentou desviá-la de seu leito ipanemense e expandir seus conteúdos e formas. Foi Carlinhos quem se atreveu a compor modinhas ("Primavera"), marchas-rancho ("Marcha da Quarta-Feira de Cinzas") e baiões ("Pau de arara"). Foi também o primeiro a se aproximar dos sambistas negros (compôs com Zé Kéti o "Samba da legalidade") e do pessoal do Teatro de Arena, para fazer da música uma ferramenta política. De certa forma, tudo que ele pregava se materializou — por algum tempo, a música brasileira passou a acomodar todos os ritmos (menos, ironicamente, a Bossa Nova) e teve uma importante voga de "protesto", cujo expoente foi Chico Buarque. Mas Carlinhos não se beneficiou dessa expansão — e nunca mais reencontrou seu público.

Não foi o único. Em termos internacionais, muitos de seus colegas e contemporâneos dos anos 60, como Henry Mancini, Michel Legrand e Burt Bacharach, também tiveram seu espaço inibido pela infantilização e brutalização da música popular. O que esses fabulosos compositores produziram a partir dos anos 70? A resposta é: provavelmente muita coisa boa, mas fina demais para um mercado tão grosseiro.

Com Carlinhos, a mesma coisa. De volta ao Rio, ele continuou compondo, em sua casa na rua Almirante Saddock de Sá, e lançou discos contendo maravilhas como "O negócio é amar" (música de 1983 para uma letra deixada por DOLORES Duran), "Y-Panema" (só dele) e saborosos sambas e chorinhos em parceria com Paulo César Pinheiro, Daltony Nóbrega e até MILLÔR Fernandes. Mas nada disso ficou conhecido. Os anos 80 e 90 tinham instituído a ditadura do feio, e feio não é bonito. Seu ex-parceiro Ronaldo Bôscoli, que nunca perdeu uma frase, definiu-o injustamente: "Carlinhos Lyra é o contrário do vinho. Quanto mais moço, melhor".

Mas não era assim. Em 2010, aos 77 anos, Lyra escreveu, em parceria com Aldir Blanc, vinte extraordinárias canções para o musical *Era no tempo do rei*, de Heloisa Seixas e Julia Romeu, que ficou três meses em cartaz no Teatro João Caetano, no Rio. Com seu sabor de música brasileira do século XIX, elas eram um milagre de composição da época e faziam a plateia vibrar. Mas talvez o musical fosse pioneiro demais — o disco que se fez da peça nunca teve a repercussão que merecia, e grandes canções, como o "Fado de dona Maria, a Louca", a valsa "Amor e ódio" e a toada "O rei das ruas", tiveram sua carreira limitada ao palco. Um vinho à altura do melhor cristal.

CARRETA
1967-82. Churrascaria na rua Visconde de Pirajá, 451.

Em seu tempo, a Churrascaria Carreta foi um grande ponto para se encontrar gente e ficar bebendo até tarde. E, é verdade, também servia carne — filés enormes, do tamanho dos comidos por John Wayne em *O homem que matou o facínora*. Alguns de seus clientes eram os generais da ditadura Costa e Silva, Médici e Geisel, todos enquanto presidentes. Por sorte, a Carreta era ampla e arejada e tinha as bênçãos de dois habitués mais importantes: ANTONIO CARLOS Jobim e VINICIUS de Moraes.

Tom e Vinicius sempre a frequentaram, mas, na longa temporada do show que fizeram com Toquinho e Miúcha no Canecão, em 1977, a Carreta era o lugar onde eles faziam concorrência a si mesmos. Os quatro passavam o dia lá, rindo, bebendo e cantando de graça para os amigos. À noite, iam para o Canecão, onde faziam o show a sério — rindo, bebendo e cantando. Terminado este, voltavam para a Carreta, para rir, beber e cantar o resto. Às vezes, dormiam por lá mesmo. Deve ter sido o apogeu alcoólico de Tom e Vinicius. De dia e de noite, eram amorosamente servidos por Antonio Antenor Soares, o garçom cearense que Vinicius apelidou de "Garrincha" (pela incrível semelhança com o ex-jogador) e que, depois, seria dono de churrascarias no Rio.

O proprietário da Carreta era o português Teixeirinha, xará do falecido cantor gaúcho, que aturava com bom humor as constantes piadas sobre um prato que deveria constar do cardápio: "Churrasquinho de mãe" — referência a um sucesso do cantor. Outros clientes de Teixeirinha eram o jurista PONTES de Miranda, que a frequentou quase todas as noites, inclusive na véspera de sua morte, e o empreiteiro Sérgio Dourado, o algoz de Ipanema. Dourado, literalmente, mordeu a mão que o alimentou: com seus abomináveis espigões, tornou o centímetro de Ipanema o mais caro do mundo — e Teixeirinha já não pôde pagar o aluguel do imóvel. Com lágrimas nos olhos, levou a Carreta para a Barra da Tijuca, onde ela conheceu um doloroso exílio, só encerrado com sua extinção.

A verdadeira Carreta teve uma antecessora ilustre, quase no mesmo endereço: a Churrascaria Pirajá, do violinista Fafá Lemos, no 447 da dita Visconde de Pirajá. Na maior noite da Pirajá, em 1963, ela foi fechada para o desagravo que os amigos ofereceram a MILLÔR Fernandes por sua saída de *O Cruzeiro* depois de 25 anos de casa. Algumas semanas antes, em doze páginas em cores na revista, Millôr publicara a sua "Verdadeira história do Paraíso", incluindo o famoso verso final: *"Essa pressa leviana/ Demonstra o incompetente:/ Por que fazer o mundo em sete dias/ Se tinha a eternidade pela frente?"*. A diretora-presidente de

O Cruzeiro, Amélia Whitaker, apanhada de surpresa — não sabia que aquilo iria sair —, subiu pelas paredes. Millôr foi demitido, mas deixou duas frases célebres: "O navio abandona os ratos" e, pelo uso de tinta marrom na impressão durante muito tempo, "a única revista do mundo impressa com cocô". E então seus amigos deram-lhe o jantar, ao qual compareceram cardeais da imprensa, como Herbert Moses, Justino Martins, Mauro Salles e Tito Leite, além de toda a Ipanema. O único momento de tensão foi quando, na mesa principal (a do desagravado), Paulo FRANCIS começou seu discurso dizendo: "Em nome de todos aqui presentes...". Uma voz rouca aparteou: "No meu, não". Era RUBEM Braga, que ainda não perdoara Francis por uma recente agressão verbal a TONIA Carrero e preferia desagravar Millôr por conta própria.

Em 1966, Fafá vendeu a Pirajá. Ela foi convertida em cantina e, ao passar a vender pizza, seus clientes, claro, a abandonaram. No ano seguinte, a Carreta nasceria na porta ao lado, retomando as tradições etílico-carnívoras de Ipanema.

Hugo CARVANA

1937-2014. Ator e diretor de cinema e televisão.

Um cidadão morreu de rir ao assistir a um filme de Hugo Carvana. Morreu no duro — riu tanto que infartou. Foi numa sessão de *Se segura, malandro!* no Cinema Palácio, na Cinelândia, em 1977. Anos depois, Carvana foi procurado por uma jovem. "Sou filha daquele homem que morreu vendo um filme seu no cinema", ela disse. Carvana ficou passado, sem fala. Mas a moça o tirou do desconforto: "Minha família é muito grata ao senhor, porque papai morreu feliz".

Um episódio como esse consagra qualquer diretor de comédias, embora, no caso de Carvana, tenha sido apenas uma morte entre milhões de espectadores: ele rodou *Vai trabalhar, vagabundo* (1973), *Se segura, malandro!* (1978), *Bar Esperança, o último que fecha* (1983), *Vai trabalhar, vagabundo 2 — A volta* (1991), *O homem nu* (1997) e todos, exceto *Vagabundo 2*, tiveram entre 600 mil e 1 milhão de espectadores cada um. É muita gente. Mas é justo: Carvana fez bons filmes e com apelo popular. Nem parecia cineasta brasileiro.

Mas ele era não só brasileiro como carioquíssimo e, como ator, fazia um tipo especial de carioca: o malandro das antigas, escolado na Zona Norte, um tipo que, há séculos, vive mais na lenda do que na vida real. O jornalista Luiz Carlos Cabral definiu bem: Carvana fazia filmes de breque, que lembravam o universo dos sambas idem de Moreira da Silva. Era um universo familiar a Carvana, nascido no Lins e criado na Tijuca, onde aprendeu os truques. Em criança,

• Hugo CARVANA

por exemplo, sem dinheiro para ir todo dia ao cinema, nunca se apertou — aproveitava a saída de uma sessão para entrar de graça, andando de costas.

Aos dezoito anos, trocou um sólido emprego de office boy numa multinacional de pasta de dente pela vida artística. Começou fazendo figuração em chanchadas, mas, como isso não dava para o cigarro, desdobrava-se em cabarés de subúrbio, teatro mambembe, revistas da praça Tiradentes, salas de dublagem, estações de rádio e agências de propaganda. Fazia de tudo, menos beijar na boca. Onde precisassem de uma voz e de uma cara de mau, podiam contar com ele — só mais tarde acrescentou o bigode ao seu currículo. Em 1959, o Teatro de Arena de São Paulo veio ao Rio montar *Revolução na América do Sul*, de Augusto Boal, e Carvana ganhou um papel. O ator de verdade começou ali e, nos anos seguintes, apareceu em *A mais-valia vai acabar, seu Edgar*, de Oduvaldo Viana Filho, *Boca de Ouro*, de Nelson Rodrigues, e *O pagador de promessas*, de Dias Gomes. Em 1962, começava o CINEMA NOVO, e Carvana estava na área, onipresente nas mesas do JANGADEIRO e do MAU CHEIRO. Das pontas em *Os cafajestes* e *Os fuzis*, seus papéis foram crescendo em *A grande cidade*, *Terra em transe*, *O dragão da maldade contra o santo guerreiro* e *Macunaíma*, todos nos anos 60. Em 1970, criou o personagem do malandro em *O capitão Bandeira contra o dr. Moura Brasil*, de Antonio CALMON, e, mal comparando, deve ter se sentido como Jacques Tati ao inventar Monsieur Hulot.

Seu malandro era um grande tipo, um resumo dos malandros de verdade que conhecera, enriquecido com pitadas dele próprio, tiradas de sua vasta quilometragem pelos botecos de Ipanema acompanhado de sua mulher, a jornalista Martha Alencar — talvez o único malandro *avec* que se conheceu. Em 1972, repetiu o malandro em *Quando o Carnaval chegar* e na inesquecível sequência em que dança com LEILA Diniz em *Amor, Carnaval e sonhos*. Em 1973, Carvana viu as possibilidades comerciais do personagem e fez dele o herói de seus filmes como diretor — com os quais, segundo Chico Buarque, criou o "verdadeiro humor carioca do buraco do metrô". O resto você sabe.

Ou não. Sujeito às crises do cinema brasileiro, onde só se pode ser cineasta aos solavancos, Carvana continuou como ator em filmes dos outros e tornou-se uma espécie de Wilson Grey do Cinema Novo, aparecendo em quase cem filmes. Em 1975, desafiou as patrulhas ao trabalhar numa novela da TV Globo, *Cuca Legal*, de Marcos Rey. Pela terrível mentalidade da época, não se admitia que um ator "de esquerda", como ele, "capitulasse" diante do grande satã global. Mas Carvana mandou os descontentes lamber sabão, rodou incontáveis novelas e triunfou no papel do repórter Waldomiro Pena, na minissérie *Plantão de Polícia*, em 1979-81. Era parado na rua por populares que o confundiam com o repórter.

Em 1983, Carvana, um dos expoentes da ESQUERDA FESTIVA de Ipanema nos anos 60, teve a chance de saborear a utopia no poder. Seu líder Leonel Brizola foi eleito governador do Rio e convidou-o a dirigir a então Funarj (Fundação de Artes do Rio de Janeiro). Carvana aceitou e cofiou os bigodes para retificar a vida artística do estado, que ia da temporada de ópera no Municipal a um circo sem lona em Barra do Piraí. Isso significava realizar milhares de sonhos e projetos — com prioridade para o circo sem lona, segundo os cânones do *socialismo moreno*. Carvana foi à luta, mas esbarrou na paralisia da máquina administrativa e na alergia de Brizola à cultura. Durou um ano no cargo. Sua decepção parece ter sido tão grande que, no plebiscito de 1993, para decidir se o Brasil restaurava a monarquia ou continuava uma república, Carvana votou na monarquia.

Frases

★ *Para ser perfeito, um botequim tem de ser um pouco fedorento. Aquela mosquinha voando por cima do tira-gosto é fundamental.* ★ *O antigo malandro te dava um abraço e te roubava a carteira. O malandro de hoje trabalha em banco, tem casa em Búzios e anda de BMW.*

Geraldo CASÉ
1928-2008. Diretor de televisão.

Em março de 1977, quando foi ao ar o primeiro programa do *Sítio do Picapau Amarelo*, pela TV Globo e TVE, Geraldo Casé já era uma das glórias da televisão brasileira. Sua importância como autor e diretor de comerciais estava mais do que estabelecida. Os comerciais eram ao vivo e foi ele, em meados dos anos 50, quem substituiu a garota-propaganda segurando burocraticamente um liquidificador por um esquete no qual atores representavam uma situação que levava ao liquidificador em questão. Ninguém podia errar e Casé tinha de contar com atores talentosos, desde que baratos — donde alguns deles eram JÔ Soares, Miriam Persia e Irma Alvarez, todos em começo de carreira. Quando precisava de uma criança, Casé não hesitava: usava sua filha Regina, então com cinco anos.

Na TV Rio, a partir de 1955, Casé dirigiu (com Haroldo Costa, Carlos THIRÉ e outros) o maior programa de sua época e, para muitos, de todos os tempos: *Noite de Gala*. Era um programa-ônibus, como o *Fantástico*, mas veja que elenco. Entre os apresentadores, Murilo Neri e as duas mulheres mais bonitas do Brasil, TONIA Carrero e Ilka Soares. O jornalista Helio Fernandes

■ Geraldo CASÉ

fazia comentários políticos — irritando o presidente JUSCELINO Kubitschek, que pressionou a direção da TV para que ele fosse demitido (não foi). Sergio Pôrto, de costas para a câmera, exibia suas "certinhas", como Carmen Veronica, Iris Bruzzi, Rose Rondelli, Zelia Hoffmann e Marcia de Windsor. Nos quadros de humor, Casé tinha Oscarito, Walter d'Avila, Chico Anysio. Podia-se querer mais?

Podia-se. A parte musical apresentava do bigodudo Bienvenido Granda a, acredite, João Gilberto. A orquestra era regida por ANTONIO CARLOS Jobim. Os quadros de dança reproduziam partes de um grande show em cartaz na cidade, geralmente de Carlos Machado — e isso queria dizer muitas coxas em cena, com a presença de Norma Bengell, ELIZABETH Gasper e, depois, BETTY Faria. O bar da piscina do Copacabana Palace foi reproduzido em estúdio para as entrevistas de Oscar Ornstein. E havia as reportagens de Flavio Cavalcanti — numa delas, com Tenorio Cavalcanti, temido deputado de Caxias, o repórter atirou-se de roupa na piscina, ao vivo, para escapar de "Lourdinha", como o entrevistado chamava sua metralhadora. O sucesso de *Noite de Gala* fez com que, em certa época, os cinemas do Rio cancelassem a sessão das 20 horas de segunda-feira, quando ele ia ao ar. Quem ia querer sair de casa?

Casé pode ter sido também o inventor do videoclipe, na TV Excelsior, em 1963. Não era como os clipes de hoje, que provocam epilepsia no telespectador, mas uma música ilustrada com imagens, ao ritmo compassado do coração e da vida real. Casé fazia isso em programetes de cinco minutos que entravam entre dois programas. Outra criação sua na Excelsior foi o "Boa noite", encerrando a programação (sim, as TVs saíam do ar, permitindo ao país dormir). Consistia em uma atriz, em casa, vestindo o pijama ou a camisola, indo para a cama e dando boa-noite — claro que com grande recato e classe (às vezes, podia ser até uma criança). A cada noite, era uma situação diferente — 365 noites por ano! E será preciso dizer também que, durante anos, ele dirigiu os *Concertos para a juventude*?

Mas o mais importante em sua incrível carreira ainda estava por acontecer: o *Sítio do Picapau Amarelo*. Casé queria reproduzir o universo de Monteiro Lobato, mantendo o delicado equilíbrio entre entretenimento e educação. Levou dois anos preparando a série, com a ajuda de psicólogos e pedagogos e todo o apoio da Globo. Um sítio cenográfico foi construído em Jacarepaguá. A concepção visual de Arlindo Rodrigues era brilhante. E os atores que formavam o núcleo do programa nunca foram esquecidos: Dirce Migliaccio (Emília), Rosana Garcia (Narizinho), Júlio César (Pedrinho), Zilka Salaberry (dona Benta), André Valli (Visconde de Sabugosa) e Jacyra Sampaio (tia Nastácia).

O *Sítio* de Geraldo Casé ficou no ar até 1986 e, naqueles quase dez anos, foi considerado pela Unesco o melhor programa infantil do mundo.

O cenário ultrarrealista e a estética de cores fortes do *Sítio do Picapau Amarelo* eram maravilhosos na televisão. Mas já não funcionaram tão bem ao ser aplicados pelo irmão de Casé, o arquiteto Paulo Casé, em seu trabalho de reurbanização de Ipanema dentro do projeto Rio-Cidade, em 1996. Com seus postes tortos, asfalto colorido, calçadas de tijolinhos frágeis e uma passarela ligando o nada a lugar nenhum (esta, finalmente derrubada em 2009 pelo prefeito Eduardo Paes), só ficou faltando um jabuti empoleirado no obelisco.

CASTELINHO
1960-67. Trecho da praia entre as ruas Rainha Elizabeth e Francisco Otaviano.

O castelinho mourisco, com torre e tudo, na esquina da avenida Vieira Souto com a rua Joaquim Nabuco, já existia desde 1904. Fora uma das dez primeiras casas de Ipanema, construída pelo cônsul sueco Johan Edward Jansson e depois vendida à família Catão. Mas levou quase sessenta anos para que, em sua homenagem, o trecho de praia entre as ruas Rainha Elizabeth e Francisco Otaviano passasse a ser chamado de Castelinho. E por que isso? Porque, com o mítico ARPOADOR ali ao lado, não era preciso explorar a vizinhança.

Mas, por volta de 1960, o MAU CHEIRO, um humílimo pé-sujo na esquina da Vieira Souto com a Rainha Elizabeth, passou por uma reforma em que ganhou um toldo, mesas na calçada e uma nova clientela que incluía gente de teatro, aspirantes a cineastas (os futuros diretores do CINEMA NOVO), o pessoal da BOSSA NOVA, jornalistas, escritores e boêmios sortidos. No rastro dessa fauna, sempre há mulheres bonitas, e elas não demoraram a aparecer. As areias defronte do Mau Cheiro logo ficaram povoadas de belas como YONITA, Dorinha e Solanginha, que formavam o TRIO TUMBA, Ana Luiza "Bruxinha" Rabelo, a estonteante ODETTE Lara e a grande novidade, DUDA Cavalcanti — esta, fazendo dupla militância, já que era um dos patrimônios do Arpoador. Mas, então, o próprio Arpoador, recém-descoberto pela multidão, começava a exportar seus excedentes para a região que, finalmente colonizada, ganhara um nome: Castelinho.

Pelos seis ou sete anos seguintes, a praia do Castelinho teve seu grande momento na orla. Os fotógrafos de revistas como *Fatos & Fotos*, dirigida por Alberto Dines, e *Manchete*, por Justino Martins, não saíam de lá. Com razão:

seus frequentadores eram rapazes e moças capazes de enfeitar aquelas páginas coloridas. Copacabana ainda não sabia, mas aquele era o fim de seu reinado. A partir de 1962, a praia por excelência do Rio seria Ipanema — e, nesta, o Castelinho.

Em 1963, já convictos de que ali se douravam as mulheres mais bonitas do mundo, um "júri" integrado por JOÃO LUIZ de Albuquerque, YLLEN Kerr, Adolfo CELI, José SANZ, Irencyr Beltrão e Jorge "Grande" elegeu Vera Lúcia Maia, filha da cantora Nora Ney e futura Miss Guanabara, a "Miss Universo do Castelinho". Saiu até no *Cruzeiro*. O Castelinho tornou-se o ponto da charmosa colônia francesa radicada no Rio: GILLES Jacquard (namorado de Duda), Bob Zagury (antes de seu casamento com Brigitte Bardot), Daniel Garrick (correspondente do jornal *Le Figaro*) e, provocando salivações em várias línguas, a atriz Annik Malvil. Outra turma, mais futebolística, era a de SANDRO Moreyra, CARLINHOS Niemeyer, João SALDANHA, Sergio Pôrto, Sergio Noronha. E havia também, em frente ao Mau Cheiro, a barraca do "Leão", um cidadão que trazia de casa uísque e caipirinha de vodca para servir de graça aos amigos — e como ele tinha amigos!

Naquele ano, o Mau Cheiro, embriagado pelo sucesso, sofreu nova reforma, mas esta para destruí-lo: foi desinfetado, redecorado, mudou de nome (para Bar Rio 1800) e trocou seu primitivo charme pelos shows noturnos para turistas. Naturalmente, foi abandonado pelos devotos. Mas, então, um ano depois, surgiu a seu lado o bar-restaurante Castelinho (avenida Vieira Souto, 100-102), criado pelo advogado Fortunato (pai de JOMICO) Azulay e pelo pianista e homem da noite Sacha Rubin. O Bar Castelinho era um casarão com vários ambientes e mesas sob guarda-sóis no terraço e na calçada. Em fins de semana ficava tão apinhado que, certa vez, apesar de já premiado por "A banda" — mas ainda não tão famoso —, nem Chico Buarque conseguiu lugar. O forte do Castelinho eram o chope, os sanduíches abertos e a deslumbrante clientela feminina que, durante o dia, fazia a ligação direta entre o mar e o bar. Era o apogeu do biquíni e da paquera. Naqueles domingos sem fim, centenas de carros estacionavam de qualquer jeito na avenida e quase bloqueavam a passagem para o Arpoador. Uma gaiata placa em que se lia *CUIDADO. BÊBADOS* foi afixada no poste em frente ao bar (confeccionada por Edgar Estrela, filho do próprio diretor de trânsito).

Na época, os boêmios Sergio Pettezzoni e Helio "Tubarão" Macedo Soares protagonizaram um memorável tiroteio dentro do Castelinho, com garçons derrubando bandejas e gente se atirando sob as mesas. As pessoas não sabiam que os tiros eram de festim, com balas do almoxarifado da TV Rio, cedidas por WALTER Clark, e o sangue era de ketchup, produzido por Marilene

Dabus, que, no futuro, seria a primeira repórter de futebol da imprensa brasileira. O "tiroteio" deu edição extraordinária do *Repórter Esso*.

Em 1966, Azulay e Sacha venderam o Castelinho para uma dupla de espanhóis, os quais nunca entenderam o espírito da coisa. O Castelinho se tornou o bar da jeunesse dorée, com o chope mais caro do Rio, e, inevitavelmente, foi invadido pelos turistas domésticos e estrangeiros. Uma sequência do filme GAROTA *de Ipanema* (1967) foi rodada em seu terraço, mas apenas porque o cenário era bonito. Naquele ano, os cariocas já estavam deixando para os turistas tanto o bar como a praia em frente.

Sustentado pelo pessoal de fora e ignorado pelos ipanemenses, o Bar Castelinho resistiu até 1980, quando foi despejado e, em seu lugar, começou a erguer-se um prédio de apartamentos com fama de mal-assombrado — sua construção foi interrompida no esqueleto, permaneceu quinze anos paralisada e ele só ficou pronto em 1998. A seu lado, o Barril 1800, sucessor do Bar Rio 1800, sobreviveu como um botequim simpático, mas sem o carisma de seu histórico antecessor, o Mau Cheiro. E, em 2014, tornou-se uma filial do paulistano Astor.

O Castelinho (a praia e o bar) teve o seu momento marcante em Ipanema, mas foi apenas isso — um momento. Desde 1965, o novo ponto já era a praia defronte à rua MONTENEGRO, tendo, à saída desta, seu indispensável botequim adjacente: o VELOSO.

Marechal **CASTELLO** Branco
1897-1967. Militar e político.

Na noite de 29 de março de 1964, as luzes da casa na rua Nascimento Silva, entre Maria Quitéria e Garcia d'Ávila, ficaram acesas até tarde da noite. Parecia haver muita gente lá dentro. Era estranho, porque seu morador, um militar baixinho e sem pescoço, não era de receber visitas. Desde que ficara viúvo, às vezes era visto na varandinha, mas sempre sozinho. Ali tinha coisa. Seu vizinho, o jornalista JANIO de Freitas, certificou-se disso ao voltar para casa naquela noite e encontrar desconhecidos (à paisana, mas de paletó-saco e cabelo à escovinha, também obviamente militares) confabulando na portaria de seu prédio. Dois dias depois, 31 de março, o nome do general Humberto de Alencar Castello Branco começou a aparecer no noticiário. "É ele!", os vizinhos exclamaram.

Durante os muitos anos em que Castello Branco morou na rua Nascimento Silva, antes de 1964, a única vez em que a vizinhança comentara alguma coisa a seu respeito foi quando um caminhão parou à sua porta e levou tudo que havia dentro: cama, cristaleira, vitrola, fogão, panelas, geladeira e até o pinguim de louça. Parecia uma mudança. Mas era um assalto. Castello estava servindo no Recife, como chefe do IV Exército, e os ladrões aproveitaram para fazer a limpa. Voltou ao Rio, refez sua casa e continuou apagado como sempre. Ninguém suspeitava de que, em sua identidade secreta, ele fosse o líder dos oficiais que conspiravam contra o governo João Goulart.

Na condição de primeiro presidente do regime militar — e já devidamente promovido a marechal para se impor sobre os outros generais ao seu redor —, Castello foi tudo, menos apagado. Tinha fama de democrata, mas, em seus três anos de governo (1964-67), cassou os direitos políticos de quase quinhentas pessoas, demitiu 10 mil funcionários públicos, promoveu 5 mil inquéritos (perseguindo 40 mil pessoas), baixou os primeiros quatro atos institucionais e enviou, para um Congresso mutilado e em fim de mandato, a marota Constituição que seria promulgada em 1967. Tinha também fama de intelectual, porque gostava de ir ao teatro e convidou Gilberto Freyre para ser seu ministro da Educação — Gilberto, apesar de simpático ao regime, recusou. Foi também em seu governo que, pela primeira vez, um romance brasileiro foi proibido como imoral: *O casamento*, de Nelson Rodrigues. O que diria disso José de Alencar, seu remoto antepassado cearense?

Castello deixou a Presidência em março de 1967 e voltou para a rua Nascimento Silva, só que para um apartamento de luxo. Mas não teve nem quatro meses para desfrutar sua pós-glória. Morreu em julho, num desastre de avião no Ceará, e Ipanema não achou que ele valesse uma missa.

CAZUZA
1958-90. Cantor e compositor.

Havia em Cazuza algo de vital e de mortal que lembrava alguns de seus antecessores em Ipanema, como HELIO Oiticica, RONIQUITO de Chevalier e ZEQUINHA Estellita — a mesma doação do corpo à coragem cega, à franqueza irresponsável, ao excesso suicida, ao que desse e viesse. Só que, frente à quantidade de cocaína, Mandrix e álcool que Cazuza consumiu desde a adolescência, os outros três podiam ser considerados abstêmios. E, por viver ainda mais depressa do que eles, Cazuza morreu muito mais cedo, aos 32 anos.

Só as mães são felizes, o dramático livro de Lucinha Araújo, sua mãe, mostra como essa atitude o marcou desde criança. Pegar o carro da família aos doze anos e sair dirigindo por Ipanema podia ser apenas uma rebeldia de adolescente — mas a adolescência de Cazuza estendeu-se até seus anos finais, quando, ao saber que tinha aids, lutou simultaneamente contra e a favor da doença. A favor? Sim. Pelas histórias de sua mãe, nunca houve um paciente tão rebelde a tratamentos. Ou tão superior à própria desgraça. Apegou-se à vida, mas com os combustíveis impróprios — continuou bebendo e consumindo os aditivos como se fosse imortal.

A escola de Cazuza foi o PÍER, mas, ao contrário de muitos ali, ele sabia que o mundo não tinha começado com John Lennon. Lia Nelson Rodrigues, citava Rimbaud nas entrevistas e era fã de Dalva de Oliveira, Cartola e João Gilberto. Desde as fraldas se habituara a conviver com os grandes nomes da BOSSA NOVA, que frequentavam a casa de seu pai, o produtor fonográfico João Araújo, na rua Prudente de Morais. João Araújo fora divulgador da Elenco, um selo especializado em Bossa Nova, e se tornara presidente da gravadora Som Livre. Apesar desse background musical, Cazuza começou a cantar por acaso. Aluno de Perfeito Fortuna no ASDRÚBAL Trouxe o Trombone, foi um dos que ajudaram a tornar possível o CIRCO VOADOR e apresentou-se ali com um grupo de garotos do Rio Comprido que estavam formando uma banda chamada Barão Vermelho. Nunca cantara na vida, mas foi escalado como vocalista. Ao abrir a boca, descobriu-se que cantava como Angela RO RO, com a mesma tintura blueseira na voz.

Os relatos sobre ele no Baixo Leblon falam de duas personalidades opostas: Cazuza era *wild* e incontrolável, mas capaz também de cativar e enternecer — homens e mulheres o amavam pelo que ele era, não pelo que representava. Amostras dessa sensibilidade aguda e dividida estão em letras como as de "Maior abandonado" e "Só as mães são felizes". O rock não era definitivamente sua meta e Cazuza sempre se aventurou por outros gêneros, como a música romântica ("Não amo ninguém"), a Bossa Nova ("Faz parte do meu show"), a balada ("Codinome Beija-Flor") e o protesto político ("Brasil"). Caetano Veloso elegeu-o "o melhor poeta de sua geração". Nunca saberemos os rumos que tomaria com a maturidade — se um dia chegasse a ela —, mas podia-se esperar dele um letrista à altura dos maiores.

Frases

★ *Mentiras sinceras me interessam.* ★ *As grandes verdades da vida são sempre ditas na cama.* ★ *Amar é abanar o rabo.* ★ *Eu vi a cara da morte e ela estava viva.* ★ *Brasil, mostra a tua cara.* ★ *Ideologia, eu quero uma pra viver.* ★ *Quem tem um sonho não dança.*

Robert **CELERIER**
n. 1935. Crítico de jazz.

O jornalista francês Robert Celerier era uma importante figura do panorama musical do Rio por volta de 1960. Não só porque saía à rua de cabelos compridos e botas, quando isso ainda não se usava, ou porque rodasse por Ipanema num calhambeque anos 30, que depois alugou ao cineasta Philippe de Broca para a filmagem de *O homem do Rio* (1964) — é o carro de Jean-Paul Belmondo no filme. E não seria também pelo sax alto que ele insistia em tocar (mal) nas canjas de domingo à tarde, no Beco das Garrafas ou no Hotel Plaza, em Copacabana, ao lado dos grandes músicos do instrumento, um deles Paulo Moura.

Celerier foi importante porque seus artigos sobre jazz no *Correio da Manhã*, entre 1961 e 1965, ousados, informativos e atualizados, ajudaram a educar toda uma geração. Para ele, por exemplo, trompetista era o falecido Clifford Brown, não Miles Davis — Miles era fraco nos agudos — e Chet Baker, muito menos. Foi também um ardente divulgador dos músicos do Beco das Garrafas, como o trombonista Raul de Souza, o baterista Edison Machado, o pianista Tenório Jr., e lutou (com sucesso) para que eles conseguissem gravar seus discos — e que discos! Na vida real, seu enorme apartamento na rua Almirante Saddock de Sá era um ponto de encontro entre rapazes e moças do ARPOADOR, em festas que viravam a noite, ao som de — imagine — Charlie Parker. O jazz era um estilo de vida para aquela geração, o passaporte para a rebeldia adulta e intelectualizada, a música dos existencialistas e dos beatniks. Uma das moças era a lendária Silvinha "Maconha". Celerier morava com a mãe, que só sobrevivia àquelas jornadas de 24 horas de bebop por dormir com tufos de algodão nos ouvidos.

De repente, em fins dos anos 60, Celerier sumiu do Rio e de Ipanema. Pensou-se até que tivesse morrido. Mas não — ganhara uma herança de sua família na França e fora estudar na Berklee College of Music, em Boston, a mais famosa escola de jazz do mundo. Para Celerier, devia ser um suplício não saber reproduzir em seu instrumento o que faziam os saxofonistas que ele admirava. Casou-se com uma americana, montou uma loja de bicicletas e ficou por lá. E, segundo dizem, nunca aprendeu a tocar direito.

Adolfo **CELI**
1922-86. Ator e diretor de teatro e cinema.

O vaidoso siciliano-carioca Adolfo Celi jamais admitiria isso, mas os pontos altos de sua vida foram, pela ordem, os beijos que deu em TONIA Carrero e os socos que levou de Sean Connery. Com Tonia, Celi foi casado de 1951 a 1960, quando ela era uma das duas ou três mulheres mais bonitas do mundo. Quanto a Connery, ele o enfrentou no filme *007 contra a chantagem atômica*, de 1965, no papel de Emilio Largo, o chefe da organização criminosa Spectre. James Bond ainda era uma sensação e aquele era o quarto filme da série. Isso abriu a Celi as portas para uma agitada carreira no cinema europeu e americano: com seu tipo imponente, perfil de estátua e falando várias línguas, Celi foi oficial nazista, potentado árabe, estivador grego e até papa em quase cem filmes. Só não conseguiu ser Kojak no seriado de TV — perdeu no olho mecânico para Telly Savalas.

Celi, nascido em Messina, na Itália, e educado em Roma, chegou ao Brasil em 1948 para trabalhar no TBC, em São Paulo. Até então, o panorama do teatro paulista era desolador: os atores eram amadores, não havia público e as peças ficavam poucos dias em cartaz. Mas o TBC surgiu e, de tanto montar Sófocles, O'Neill e Sartre, o panorama mudou. O TBC formou um público e formou também uma grande estrela, Cacilda Becker, com quem Celi se casou. Mas, em 1951, ele dirigiu um filme com Tonia Carrero na Vera Cruz — e, por Tonia, deixou Cacilda. Veio para o Rio e, três anos depois, com Tonia e Paulo Autran, formou a Companhia Tonia-Celi-Autran, que, até 1962, produziu as comédias mais elegantes da história do teatro brasileiro. Outra façanha de Celi nesse período foi corrigir a sopapos uma crítica ofensiva e injusta que o então crítico Paulo FRANCIS fez a Tonia em sua coluna de teatro no *Diário Carioca* — ataque de que Francis muito se arrependeu, mas pelo qual nunca foi perdoado.

Em 1960, quando Tonia menos esperava, Celi apaixonou-se por uma garota de dezoito anos, vinte anos mais nova do que ela: a espetacular Marilia Branco (1942-85). Tonia, sempre sábia e superior, deu a Celi todas as chances de mudar de ideia e voltar para o casamento, mas ele estava cego para tudo em volta. Ele tentou fazer de Marilia uma atriz, mas não conseguiu. Aliás, nem lucrou com a troca porque, sempre que ele se distraía, Marilia ia namorar alhures — e esse alhures parecia ficar em toda parte. Em 1962, Tonia fechou a companhia. Celi foi ser diretor do Theatro Municipal e, em 1963, trabalhou no filme francês *O homem do Rio*, com Jean-Paul Belmondo, rodado aqui. Foi o que o fez decidir-se a voltar para a Europa, levando Marilia com ele. O casamento só durou até ele apanhá-la com o galã Gabrielle Tinti, ex-marido de Norma Bengell. Fora isso, Celi deu-se muito bem: tornou-se um astro internacional, quase sempre no papel de vilão, e se casou com uma romena. Mas, sempre que vinha ao Rio, tentava arrastar a asa para Tonia, que o tratava com uma superioridade de que nem 007 seria capaz.

O único problema de Celi na Europa era que os produtores americanos de cinema sempre erravam o seu nome. Eles custavam a entender que Celi se pronunciava *tchéli*, e não *silly* (bobo).

Alfredo **CESCHIATTI**
1918-89. Artista plástico.

Você pode não saber, mas a obra do escultor Alfredo Ceschiatti faz parte da sua vida. Dependendo da cidade em que mora, você passa todos os dias por ela. Em Brasília, são dele "As banhistas", as duas mulheres enxugando os cabelos no espelho d'água do Palácio da Alvorada (para alguns, elas estão se descabelando de desespero pelas eternas besteiras praticadas pelos ocupantes do palácio). São dele também a imponente "Justiça", defronte do STF (Supremo Tribunal Federal), na praça dos Três Poderes; "As duas irmãs", no Itamaraty, inspiradas nas figuras de Liv Ullmann e Bibi Andersson no filme *Persona* (1966), de Bergman; e os anjos suspensos da catedral, tudo isso em Brasília. No Rio, a mais exuberante é "As três forças armadas": o marinheiro, o soldado e o aviador plantados no Monumento aos Pracinhas, no aterro do Flamengo — quando eles foram levantados, em fins dos anos 50, o carioca os chamava de "Jadir, Dequinha e Jordan", a sólida linha média do Flamengo naquele tempo.

Ceschiatti nasceu em Belo Horizonte, de pais italianos e uma avó grega. Seu pai era padeiro e ele próprio, em criança, modelou muitos pães, além de desenhar. Em 1937, aos dezenove anos, foi à Itália pela primeira vez, beneficiado pela ideia do ditador Mussolini de promover viagens de filhos de imigrantes ao país, para convertê-los ao fascismo. Mas, em Roma, Ceschiatti driblou a programação oficial, preferindo visitar os museus, e não justificou o dinheiro que o Fáscio gastou com ele. De volta ao Brasil, veio para o Rio. Quando cursava a Escola de Belas Artes, em 1943, foi descoberto por Oscar Niemeyer, que lhe encomendou uma escultura para a Pampulha, em Belo Horizonte. Ceschiatti fez "O abraço", mostrando duas mulheres abraçadas, lindas e cheias de curvas. Mas elas foram consideradas "imorais" pelos mineiros — passaram anos escondidas no almoxarifado da prefeitura local e só vieram à luz muito depois, num jardim na própria Pampulha.

Ceschiatti fazia parte da turma que frequentava o apartamento de LILIANE Lacerda de Menezes, em Laranjeiras, por volta de 1950. Foram Ceschiatti e Liliane que inventaram a palavra FOSSA no sentido de angústia ou depressão, a partir de um filme que tinham visto na Itália. Mas o principal cenário da fossa de Ceschiatti era Brasília, cidade da qual se tornou o escultor-símbolo. Em 1964, como professor de desenho da Universidade de Brasília, revoltou-se ao ver seus colegas sendo perseguidos por motivos políticos e demitiu-se em solidariedade a eles. Décadas depois, queixava-se da forma como Brasília tratava suas obras de arte (as dele e as dos outros): "Ninguém conserva nada", dizia. "Tudo vive abandonado. Aliás, Brasília é uma cidade abandonada. Compõe-se dos escalões superiores e de uma ralé que não recebe nenhuma atenção cultural."

CHICO BRITTO
1907-98. Engenheiro, pescador e veterano de Ipanema.

Em meados de 1998, Chico Britto estava no Clube dos Marimbás, no Posto 6, em Copacabana, quando se sentiu mal. Era muito velho, já passara dos noventa e viu que chegara a hora. Então fez a única coisa que lhe pareceu coerente: deu alguns passos na areia, rumo ao mar, e caiu morto ali mesmo. A onda veio e o lambeu carinhosamente. Morreu onde sempre viveu.

Se houve uma testemunha ocular da história de Ipanema, foi ele: o engenheiro Francisco Ângelo Saturnino de Britto, que várias praias conheceram apenas como Chico Britto. Ele nasceu em Paris — seu pai, também engenheiro, tinha ido trabalhar lá —, mas, aos cinco anos, em 1912, já morava na esquina das ruas Vinte de Novembro e Dezesseis de Agosto — muito antes que elas se chamassem Visconde de Pirajá e Jangadeiros. Sua memória guardava toda a história de Ipanema, como a construção das primeiras casas na praia (com os fundos voltados para o mar), a ocupação do bairro por famílias que fugiam das áreas insalubres do Centro e a chegada dos comerciantes pioneiros, quase todos franceses e alemães. E, antes mesmo de 1930, Chico Britto foi dos primeiros a frequentar diariamente o ARPOADOR, atividade que, mais tarde, nem seu cargo de engenheiro da prefeitura conseguiria atrapalhar. Quando se aposentou, passou a dar expediente dobrado, na areia do Arpoador e nas mesas do Marimbás. O velho e o mar nunca passaram um dia longe um do outro.

Chico Britto comia sardinha podre, barata-da-praia e rolinha viva. Sabia tudo de vento e de marés, conhecia o paradeiro de cada cardume e previa chuva com dias de antecedência. Um de seus melhores interlocutores no gênero era RUBEM Braga, a quem levou a pescar muitas vezes e de cujas crônicas foi personagem — uma delas, a obra-prima "Pescaria de barco", em *A traição das elegantes* (1967). Com Rubem, nos anos 60, Chico Britto foi também à ilha Rasa para presentear o encarregado do farol com uma geladeirinha e um aparelho de TV, a fim de permitir-lhe conservar o pescado e se distrair vendo besteiras. Não que Chico Britto e Rubem tivessem dinheiro para dar geladeiras e TVs de presente — quem as bancou foi Paulo Bittencourt, dono do *Correio da Manhã*.

Ele era um inesgotável contador de histórias, nem todas verdadeiras. As pessoas sabiam disso, mas, se preciso, pagariam ingresso para ouvi-lo. Em meio a uma conversa sobre pescaria, Chico Britto citava Platão, Aristóteles e tratava os notáveis da República Velha pelo primeiro nome: "o Delfim" [Moreira], "o Washington" [Luiz], como se tivesse sido íntimo deles. Uma de suas melhores histórias era a de como, "sem querer", deixara cair uma banana de dinamite acesa num barco com um grupo de americanos que levara para pescar. A dinamite estava sem a espoleta e não explodiria, mas os gringos não sabiam disso. Os americanos, apavorados, atiraram-se ao mar. Chico Britto, sozinho no barco e fingindo também estar com medo, jogou na água a banana acesa, com o pavio já quase no fim — só que bem no meio dos americanos. Houve grande espalhafato, mas, quando a dinamite fez pffft, eles perceberam que era brincadeira. Deram-lhe uns cascudos e ficou por isso mesmo.

No passado, chegara a ser um homem de posses, mas, nos últimos anos, vivia de uma aposentadoria, de alguns biscates e da viúva de um almirante. Ela queria casar-se com ele, mas Chico Britto tapeava-a sabendo que, se ela se casasse, eles perderiam a pensão do almirante. Um típico malandro de praia dos tempos idos. Quando HUGO Bidet queria dizer que algo em Ipanema era muito antigo, dizia que "era do tempo em que Chico Britto dava a mão ao José SANZ para atravessar a rua".

Os **CHOPNICS**
1967-70. Tira em quadrinhos de Jaguar e Ivan Lessa.

Os personagens eram celebridades em Ipanema, mas, se pusessem o pé fora do bairro, ninguém os reconheceria. Mesmo assim, a historinha em quadrinhos *Os Chopnics*, desenhada por JAGUAR, com roteiro de IVAN Lessa, foi publicada diariamente, durante três anos e ao mesmo tempo, nos dois jornais de maior circulação do país: *O Globo* e o *Jornal do Brasil* — com grande sucesso. A ideia fora de um publicitário, que a propusera a Jaguar para promover o lançamento da cerveja Skol. Jaguar topou, embora tanto ele como seus personagens tivessem provado e detestado a Skol.

O angustiado "B. D." era inspirado em HUGO Bidet. Ao gritar "Skol!" (o equivalente ao "Shazam!" do Capitão Marvel), "B. D." se transformava no "Capitão Ipanema". Seu inimigo era o "dr. Carlinhos Bolkan", o gênio do mal, que Jaguar baseou nele mesmo. O advogado Mânlio Marat era o radical "Robespierre". A mascote do herói era o rato "Otar" (rato ao contrário, mas soando como o nome dos animais dos quadrinhos americanos) — inspirado num ratinho de verdade chamado "Ivan Lessa", que Hugo Bidet levava para o JANGADEIRO no bolso da camisa e a quem servia pão embebido em genebra. "Otar" foi o embrião de "Sig", futuro símbolo do PASQUIM. E o personagem mais fascinante, que não aparecia nunca, era "Tania", a que vivia na FOSSA, esta representada por um buraco de onde saía um balão com suas frases.

Na vida real, Tania era a atriz Tania Scher (1947-2008) e, de certa forma, a única pessoa conhecida dos *Chopnics*. Filha de alemães, neta de russos, bisneta de italianos, ela estrelara sucessos teatrais da época, como *Simone de Beauvoir, pare de fumar, siga o exemplo de Gildinha Saraiva e comece a trabalhar*, de Antonio Bivar, e *Frank Sinatra 4815*, de João Bethencourt (as peças daquele tempo gostavam desses títulos). Em 1970, Tania ficaria nua em cena durante 45 minutos em *Miss, apesar de tudo, Brasil*, ópera-rock adaptada de uma peça infantil de MARIA CLARA Machado. Depois disso, fez cinema e TV, casou-se com um piloto de provas, herdou uma fortuna (que torraram viajando durante dois anos num caminhão-casa pela América do Sul), voltou para o Rio e retomou o trabalho. Em 1981, aos 34 anos, escolheu ter sua filha Isadora em casa mesmo, de cócoras, "como as índias". Tania não tinha motivo especial para viver na fossa. Ao contrário: era linda, ousada e decidida — mas a fossa era um estado de espírito mais ou menos comum às meninas de Ipanema.

O dinheiro que *Os Chopnics* renderam a Jaguar pagava pouco mais do que os chopes que ele tomava. Era uma tira publicitária, mas ele não sabia o que isso significava. Já a agência que cuidava da conta da Skol sabia muito bem. Como Jaguar recebia diretamente do patrocinador e a agência não levava comissão, a tira foi interrompida. Jaguar então pegou seus personagens e os levou para o *Pasquim*, onde eles podiam beber o que quisessem.

CINEMA NOVO
1959-69. Movimento renovador do cinema brasileiro.

"O filme é uma merda, mas o diretor é genial." A frase de JAGUAR referia-se, acredite, a *Deus e o diabo na terra do sol* (1964) e, claro, ao diretor GLAUBER Rocha. Jaguar até gostara mais ou menos do filme, mas a piada era boa demais para ser desperdiçada e, no fundo, ajudava a definir a maioria das produções do Cinema Novo. Eram filmes que, muitas vezes, precisavam de bula para ser entendidos. As bulas eram as entrevistas dos diretores ao Caderno B do *Jornal do Brasil* ou ao *Cahiers du Cinéma*, e nem sempre o que se via na tela era tão genial quanto o que eles diziam nelas. Mas talvez a plateia dos anos 60 fosse meio esnobe — habituada a uma dieta semanal de Bergman, Visconti, Antonioni, Truffaut, Godard, Resnais, Hitchcock, Kubrick, todos vivos e na ponta dos cascos, ela não era fácil de impressionar. E, com isso, fez vista grossa para o milagre que, bem ou mal, o Cinema Novo estava realizando: revelar o Brasil para os brasileiros.

Jovens como JOAQUIM PEDRO de Andrade, MARIO Carneiro, Paulo Cesar SARACENI, CACÁ Diegues, RUY Guerra, Arnaldo JABOR, Leon Hirszman, Walter Lima Jr., Gustavo Dahl, Marcos Faria, David Neves, Fernando Cony Campos, Mauricio Gomes Leite, os irmãos Escorel e, naturalmente, Glauber não eram apenas ratos de cinemateca ou ex-críticos que tiveram a vaidade de se tornar diretores. Eram rapazes com projetos estéticos, sociais e políticos e pareciam acreditar sinceramente que, com seus filmes, iriam "conscientizar" o povo. O Brasil que eles mostravam podia não ser tão real quanto pensavam, mas estava longe de ser o país infantilizado das chanchadas da Atlântida e muito menos aquele outro, à bolonhesa, dos dramalhões da Vera Cruz.

Todos eram politizados. Alguns, como Joaquim Pedro, Cacá e Mario Carneiro, eram filhos de intelectuais, e tinham um verniz cultural invejado até pelos jovens cineastas europeus que admiravam — e com quem logo passaram a falar de igual para igual. De alguma forma, todos eram de Ipanema, em cujos botequins, como o MAU CHEIRO e o ZEPPELIN, desenvolveram a teoria e a prática do Cinema Novo — o fato de o Mau Cheiro servir antológicos pastéis não os impediu de criar ali a "estética da fome". A fermentação cultural de Ipanema nos anos 50 e 60 emprestou-lhes uma visão multidisciplinar de tal ordem que, assim que se viram com uma câmera na mão, eles deram as costas ao mar e se embrenharam pelo Brasil.

O Cinema Novo subiu morros (*Cinco vezes favela, Assalto ao trem pagador*), foi ao subúrbio (*Boca de Ouro, A falecida*) e às pequenas cidades (*Arraial do Cabo, Porto das Caixas, Os cafajestes, O padre e a moça*), mas seu habitat favorito eram o sertão e o Nordeste: *Mandacaru vermelho, Barravento, A grande feira, Ganga Zumba, Vidas secas, Deus e o diabo na terra do sol, Os fuzis, Menino de engenho, A hora e a vez de Augusto Matraga, O dragão da maldade contra o santo guerreiro* e vários outros. Os negros, os pobres e os oprimidos eram os principais ingredientes de sua receita — que consistia também em filmar nos locais onde se passava a ação, por piores que fossem as condições, e usar os nativos da região como figurantes. A estranheza desse procedimento ajudou a afastar o público dos filmes, mas, a longo prazo, teve importantes consequências. Se hoje parece haver tanto "Brasil" nos noticiários, novelas e especiais da televisão é porque a generosidade do Cinema Novo nos ensinou a enxergá-lo.

De vez em quando, o Cinema Novo, carioca de origem e residência, admitia filmar perto de casa — *A grande cidade, A opinião pública, O Desafio, Terra em transe, A Vida Provisória, O Bravo Guerreiro, Capitu, Memória de Helena* — e, nas poucas vezes em que se aventurou pela comédia, fez bonito: *Todas as mulheres do mundo, Edu coração de ouro, Copacabana me engana*. Mas a verdade, como constatou com tristeza o crítico Sérgio Augusto, é que o Cinema Novo nunca teve um diretor que transmitisse o Zeitgeist, o espírito do Rio dos anos 60, ou um filme que fosse uma madeleine como as músicas da BOSSA NOVA. "O Cinema Novo nunca teve um Tom Jobim", resumiu Sérgio. Na única vez em que o Cinema Novo foi para a cama com a Bossa Nova, deu vexame: vide *GAROTA de Ipanema*, o filme de Leon Hirszman.

Em compensação, implícita ou explicitamente, o Cinema Novo alimentou-se do melhor da cultura brasileira, adaptando obras de Euclydes da Cunha, Portinari, Drummond, Villa-Lobos, Gilberto Freyre, JOSUÉ de Castro, José Lins do Rego, Guimarães Rosa, Graciliano Ramos, Nelson Rodrigues, Mario de Andrade e LUCIO Cardoso — para se ver como o Cinema Novo era chique. Mas alimentou-se também, mais do que devia, do francês Jean-Luc Godard e do italiano Roberto Rossellini, o que fez o público guardar uma distância ainda maior dos filmes. Estes empolgavam os críticos estrangeiros e colecionavam prêmios em festivais, mas mal se pagavam. Cada filme era um parto para ser rodado e muitos não teriam existido se não fosse o Banco Nacional, leia-se seu proprietário, o banqueiro José Luiz de Magalhães Lins, que lhes emprestava dinheiro a perder de vista.

Nos anos heroicos, os diretores do Cinema Novo trabalhavam juntos e torciam uns pelos outros. O Cinema Novo era uma bandeira, sob a qual as divergências estéticas, políticas ou pessoais ficavam escondidas — Glauber Rocha e Ruy Guerra, por exemplo, nunca se suportaram, mas concordavam em sair juntos em fotografias. A Censura era também o inimigo comum, que contribuía para uni-los. Mas, no decorrer da década, as divergências se acentuaram e as brigas começaram. Viu-se então que o Cinema Novo fora apenas um rótulo (criado pelo crítico Ely Azeredo), adequado a uma circunstância e já sem sentido por volta de 1969 — o último filme do movimento talvez tenha sido *Macunaíma*. Nos anos 70, com a criação da Embrafilme e com a grande quantidade de dinheiro em jogo, as trocas de insultos e até de tapas entre os diretores pareciam cenas das chanchadas de Watson Macedo. Passou a ser cada um por si e, aos tropeços e sucessos, eles foram cuidar da carreira individual — num Brasil que já nem era mais o proposto pelo Cinema Novo, mas pela TV Globo.

A morte de Glauber, Joaquim Pedro, Leon Hirszman, David Neves, Fernando Cony Campos, Luiz Sergio Person e outros do Cinema Novo, todos entre quarenta e cinquenta anos, pode ser atribuída, sem pieguice, à paixão. Descobriu-se que, para eles (e para a maioria de seus colegas de movimento), o cinema não era um projeto, um meio. Era uma paixão, um fim — e ela decretou o seu fim.

CIRCO VOADOR
Janeiro-março de 1982. Lona armada no Arpoador.

Em janeiro de 1982, o grupo teatral ASDRÚBAL Trouxe o Trombone inchara tanto que passara de 150 integrantes. A média de idade entre eles era de vinte anos e eles vinham de toda parte. Muitos tinham sido formados pelo Asdrúbal num curso de teatro que o grupo dera no Parque Lage; outros tinham se juntado ao Asdrúbal nas cidades que este visitava e vindo com ele para o Rio. Eram tantos que, se cada qual fosse esperar sua vez para se apresentar no Asdrúbal, morreria de velhice.

Acabaram dividindo-se em grupos — 36 no total! —, alguns com nomes improváveis, como Banduendes por Acaso Estrelados, Turma do Dérbis, Vivo Muito Bem Disposto etc. O jeito de acalmá-los era reuni-los num superevento, com cada grupo apresentando uma pequena peça. Mas, para isso, era preciso espaço.

Perfeito Fortuna, um dos líderes do Asdrúbal, foi aos poderes oficiais e conseguiu autorização para armar uma tenda de circo no ARPOADOR pelo resto daquele verão de 1982. Sob a lona azul e branca, cobrindo 440 metros quadrados de área, o Circo Voador, como foi chamado, acabou não se limitando às peças — passou a ser um acontecimento. O ingresso era uma camiseta e, das sete da manhã até a madrugada, as atividades incluíam aulas de circo, teatro e capoeira; espetáculos de teatro e música com os alunos e convidados; escolinhas para crianças, sob o slogan "Deixe o seu filho no Voador e mergulhe no Arpoador"; shows de gafieira com o saxofonista Paulo Moura; e, dia e noite, um entra e sai de celebridades, engrossado pelos habitués do SOL Ipanema. O Circo foi um fenômeno do verão e tinha até um jornalzinho semanal, editado pelo poeta Chacal.

No Circo Voador revelaram-se CAZUZA (aluno de Perfeito Fortuna em sua trupe teatral Paraquedas do Coração e que estreou ali como vocalista do Barão Vermelho), a BLITZ, Lulu Santos, o Kid Abelha e Bebel Gilberto (filha de João Gilberto e Miúcha). Se pudesse, o Circo teria continuado para sempre no

Arpoador, mas os poderes oficiais não permitiram. Houve tentativa de resistência e, no dia 31 de março, ele foi despejado. Então, Perfeito Fortuna pegou a lona e armou-a na Lapa, onde o Circo Voador viveu sua verdadeira história — pelo visto, para sempre.

CLAUDIO Marzo
1940-2015. Ator.

Em meados dos anos 60, Claudio Marzo era considerado o homem mais bonito do Brasil, o supremo tesão nacional. As mulheres se liquefaziam (no bom sentido) ao vê-lo nas novelas da Globo, como *Eu Compro Essa Mulher* e *O Sheik de Agadir* (ambas de 1966) e, principalmente, *A Rainha Louca* (1967), na qual, com o corpo pintado e quase nu, ele fazia o "índio Robledo". Mas Claudio sentia-se o antissabonetão, o antigalã, o anti-Robledo. Era um ator sério, leitor de Nietzsche e Jung, não gostava de ser reconhecido na rua, detestava o papel de índio e implorava à autora Gloria Magadan que o matasse no meio da novela. A cubana Magadan, famosa por seu temperamento de ferrinho de dentista, não o atendeu.

Na vida real, Claudio estava muito mais para Che Guevara, então sendo caçado na selva boliviana, do que para índio de novela. Recém-chegado de São Paulo, onde tinha feito teatro com o Oficina (*Os pequenos burgueses*, de Górki, e *Andorra*, de Max Frisch), ele fora morar em Ipanema com HUGO Bidet no folclórico nº 42 da rua Jangadeiros, quase porta com porta com Rony "Porrada", Glaudir de Castro e outros próceres da comunidade. E, como todos no teatro naquele tempo, tinha um projeto: derrubar a ditadura e mudar o mundo. Claudio era tão ativista que chegou a ser preso durante um comício-relâmpago estudantil, empoleirado numa banca de jornais na avenida Rio Branco — imagine o susto do policial ao ver que tinha prendido o índio Robledo. Mas, então, aconteceu o AI-5, e todos os sonhos políticos de sua geração foram engavetados.

Para Claudio Marzo, a alternativa era achar graça em ser o namorado da "namoradinha do Brasil" — Regina Duarte — em novelas como *Véu de Noiva* (1969), *Irmãos Coragem* (1970) e *Minha Doce Namorada* (1971). Mas, mesmo como um dos principais astros da Globo, Claudio nunca se curvou a certas regras do jogo. Foi um dos primeiros a desafiar as revistas de fofocas de TV, recusando-se a dar entrevistas para elas e processando-as quando inventavam romances entre ele e suas colegas. Não que essas revistas precisassem inventar — sua vida amorosa incluiu Miriam Mehler, BETTY Faria (com quem teve uma filha, a atriz Alexandra Marzo), Georgiana de Moraes (filha de VINICIUS e então com dezesseis anos), Denise Dumont, Xuxa Lopes, Thais de Andrade. Ele era sério, mas não era um monge.

Em 1987, durante as gravações da novela *Bambolê*, Claudio fez algo impensável: processou a Globo por uma questão trabalhista. Ganhou a questão, mas ela o deixou no frio durante sete anos, período em que, para completar, um acidente de automóvel na Barra da Tijuca lhe retalhou o rosto. Claudio recuperou-se e deu a grande volta por cima: foi naquele período que fez seu melhor trabalho em televisão — o Zé Leôncio de *Pantanal* (1990), na TV Manchete.

O teatro, ele nunca abandonou. Fez *Dois perdidos numa noite suja*, de Plínio Marcos; *O santo inquérito*, de Dias Gomes; *A serpente*, de Nelson Rodrigues; *Hedda Gabler*, de Ibsen; *Jango: uma tragedya*, de GLAUBER Rocha. E o cinema, muito menos: *Copacabana me engana*, *Os condenados*, *Se segura, malandro!*, *A lira do delírio*, *Parahyba mulher macho*, *Nunca fomos tão felizes*, *O homem nu*. A Globo o chamou de volta às novelas e, em 1998, Claudio Marzo fez o que ninguém esperava do índio Robledo: em *Era Uma Vez...*, interpretou, com muito prazer, um avô. Mas o que gostou mesmo de fazer foi a minissérie *Amazônia — De Galvez a Chico Mendes* (2007), prova de que a seriedade e o ibope podiam coabitar no mesmo horário, como ele sempre acreditou.

Um dia, uma biografia também séria faria justiça a Claudio Marzo.

COLÉGIOS DE IPANEMA
Ninhos de rebeldia.

Se os colégios de Ipanema conseguissem reunir em seus aniversários todas as futuras celebridades que eles ajudaram a formar, essas reuniões seriam um who's who da vida moderna brasileira. Mas só os bedéis, as freiras e os professores mais antigos saberiam o que sofreram com aqueles rapazes e moças quando os tiveram como alunos.

Dois deles, o **Colégio São Paulo** (avenida Vieira Souto, 22) e o **Notre Dame** (rua Barão da Torre, 308), eram de freiras — muitas das quais devem ter precisado munir-se de toda a sua fé para conservar a vocação. Do São Paulo, fundado em 1922, saíram a futura teatróloga MARIA CLARA Machado, a artista plástica ANNA LETYCIA, a atriz Patricia Travassos e tantas cantoras que o colégio devia ser invencível nos concursos de corais: Wanda Sá, Gracinha Leporace, JOYCE e, para desespero das freiras, Angela RO RO. Pelo Notre Dame, fundado em 1933, passaram futuras atrizes, como Cristiane Oliveira e Isabela Garcia, mas poucas alunas devem ter deixado lembranças mais vivas — em todos os sentidos — do que as futuras campeãs de vôlei JACQUELINE Silva e ISABEL.

Ro Ro, Isabel e Jacqueline foram também do **Colégio Rio de Janeiro** (f. 1934, na rua Nascimento Silva, 556), que, antes e depois delas, teve como alunos os maestros ANTONIO CARLOS Jobim e John Neschling; o pianista Nelson Freire; o compositor RONALDO Bôscoli; os cantores CAZUZA, LOBÃO, Jards Macalé, Evandro Mesquita, Edir (das Frenéticas), Dádi (da Cor do Som), Ruy Mauriti, Eliana Pittman e José Renato; os atores Othon Bastos, Adriano Reys, MARCIA Rodrigues, Christiane Torloni, Lucia Veríssimo, Malu Mader e, já sonhando com o ASDRÚBAL, Regina Casé e Hamilton Vaz Pereira; o artista plástico Carlos VERGARA; o homem de televisão WALTER Clark, o produtor de discos Armando Pittigliani (que produziu quase todos os discos de BOSSA NOVA na Philips); o economista RONIQUITO de Chevalier; o matemático Oswald de Souza; os escritores ARMANDO Costa e Virgilio Moretzsohn Moreira; os jornalistas DANIEL Más e Hildegard Angel; o guerrilheiro Stuart Angel; os apresentadores de televisão Jô Soares e Pedro Bial; o desenhista DANIEL Azulay; o campeão de hipismo Nelson Pessoa Filho; os craques Dida e Babá, do Flamengo dos anos 50; o surfista e voador Pepê; os nadadores Rômulo Arantes e Patricia Amorim; o modelo Pedrinho Aguinaga; a passista Gigi da Mangueira; e ponha gente nisso. Em 1979, o Colégio Rio de Janeiro se mudou para a Gávea, continuando ali sua brilhante trajetória. Todos esses colégios continuam em atividade.

Havia também o **Colégio Brasileiro de Almeida** (f. 1938, na rua Almirante Saddock de Sá, 276) — nome e endereço ilustres porque ali moravam Antonio Carlos Jobim e sua mãe, Nilza Brasileiro de Almeida, fundadora do colégio em sociedade com a professora Edília Coelho Barbosa. Os filhos de Tom, Paulo e Elizabeth Jobim, estudaram nele, assim como a musa DUDA Cavalcanti, o diretor de teatro GERALD Thomas, a jornalista Cora Rónai, o escritor Geraldinho Carneiro, o ator Eduardo Conde e o fotógrafo e príncipe João (dom Joãozinho) de Orléans e Bragança. Uma de suas professoras (tendo como aluna Elizabeth Jobim) foi LYGIA MARINA, futura inspiradora do samba-canção "Ligia". Era um colégio avançado — em 1963, quando ainda havia mães brasileiras que espancavam suas filhas por menstruar, o Brasileiro de Almeida promoveu uma série de palestras para suas alunas sobre o uso do absorvente Modess. Em 1982, o colégio, que havia muito já não pertencia à mãe de Tom, tornou-se a Faculdade da Cidade.

Havia ainda o braço feminino do **Colégio Mello e Souza** (na esquina das ruas Teixeira de Melo e Prudente de Morais), que só ia até a quarta série do ginásio e onde estudaram, nos anos 50, ROSAMARIA Murtinho, Nara Leão, ANA MARIA Machado, Rossella Terranova, Nana Caymmi e Vera Figueiredo — os marmanjos do ARPOADOR marcavam a hora de saída das alunas e iam para a esquina, oferecendo-se para levá-las a um sorvete no MORAES. Nos anos 60, o Mello e Souza de Ipanema passaria a chamar-se **Orlando Roças**. Entre as escolas primárias, o **Fontainha** (rua Visconde de Pirajá, 66) e o **Chapeuzinho Vermelho** (rua Prudente de Morais, 1365) também seriam características de Ipanema — pequenas e de vanguarda.

Os colégios de Ipanema ofereciam um ensino de alta qualidade e não formaram apenas gente ligada às artes, aos espetáculos e aos esportes. De seus bancos saíram futuros diplomatas, políticos, ministros de Estado, presidentes de estatais e muitos empresários. Todos homens sérios. Mas com balanço e certa ginga, sem os quais essa seriedade é impossível.

COUNTRY Club
f. 1916. Clube social na avenida Vieira Souto, 566.

O que o clube mais exclusivo (e de título mais caro) do Brasil pode ter a ver com Ipanema, além do endereço? Tudo. A começar pelo endereço: não foi bem o Country que se instalou em Ipanema, mas Ipanema é que se esticou em direção ao Country. Quando o clube foi fundado, em 1916, por 22 ingleses e três brasileiros, o bairro era um areal de coqueiros, um refúgio campestre à beira-mar, distante até de Copacabana. Por causa do Country, a Light levou a linha do bonde até o Bar 20, em 1922. E não sem motivo — dois dos diretores da Light, Frederick Huntress e Carl Sylvester, foram os primeiros presidentes do clube. No futuro, a Light seria chamada, com rancor, de "o polvo canadense". Pois que bom que o polvo tenha estendido seus tentáculos até Ipanema.

O Country, com sua maioria inicial de estrangeiros, foi decisivo para a colonização de Ipanema. O trecho da praia em frente ao clube era tido como impróprio para o banho de mar, obrigando os filhos dos associados a ir de carro até o ARPOADOR e fazendo com que, até 1930, o inglês fosse a língua dominante ali. Com o tempo, descobriu-se que não havia nada de errado com a praia do clube, e o trecho entre as ruas Aníbal de Mendonça e Henrique Dumont foi povoado pelas belas mulheres do Country. Nos anos 50 e 60, algumas estrelas da areia eram Tereza Souza Campos, Carmen Mayrink Veiga, DANUZA Leão, REGINA Rosenburgo e Isabel Barrozo do Amaral (que os garotos conheciam pelo nome e homenageavam com o apelido "Isaboa"). Os pobres (ou seja, os não sócios do Country) e os muito pobres (ou seja, os moleques da vizinha favela chamada Praia do Pinto) também iam à praia ali. Mas, sem que ninguém os obrigasse, mantinham uma distância respeitosa dos grã-finos, concentrando-se nas proximidades do Jardim de Alah e quase caindo no canal.

Se o Country sempre se espalhou por Ipanema, só uma fração de Ipanema penetrou até hoje no Country — seu limite de 850 sócios tem sido mantido desde a fundação, e nem nas piores crises o clube pensou em aumentá-lo. Donde, para ser sócio do Country, não basta ser rico, bem-nascido e bem-educado. É preciso que algum associado morra e que a família resolva vender o título. O dinheiro nem é uma condição fundamental — diversos milionários (principalmente aqueles que ficaram ricos depressa demais) já foram barrados em sua pretensão de pertencer a ele. Ser muito famoso também parece depor contra o ingresso em suas fileiras: o colunista IBRAHIM Sued, o homem de televisão WALTER Clark (então o executivo mais bem pago do mundo) e até o ex-presidente JUSCELINO Kubitschek foram alguns dos desaconselhados a submeter-se à votação do conselho — havia indícios de que ganhariam pelo menos três "bolas pretas" (na verdade, pequenos cilindros pretos), suficientes para derrotar quantas "bolas brancas" (leia-se cubos vermelhos) ganhassem.

Isso não quer dizer que o Country tenha sido, em todos esses anos, um nariz empinado sobre a democrática Ipanema. Milhares de não sócios já passaram por seu restaurante, bar, piscina e quadras de tênis, a convite de sócios. Não é tão esnobe quanto parece, embora se suponha que quem transponha seu portão, mesmo como visita, saiba que o nome do clube se pronuncia "Cãntri", não "Cáuntri". E nem é assim tão austero, porque, entre seus muros, as pessoas às vezes também se excedem nos uísques, se interessam pelos cônjuges alheios e, embora mais raro, cheguem a trocar sopapos, tal e qual na vida real. Era no Country, por exemplo, que os associados podiam privar com um homem que, tão ou mais grã-fino do que eles, era íntimo também de outros mundos: o cantor Mario Reis (1907-81).

Mario vinha de família rica, os Silveira da fábrica Bangu. Mas gostava de cantar, e isso o levou a aproximar-se do pioneiro sambista Sinhô em 1928 e, em seguida, a descobrir os jovens sambistas do Estácio, como Ismael Silva, Newton Bastos, Bide, Marçal e o violento — talvez um marginal — Brancura. Foi com eles que Mario aprendeu a bossa, ginga e malícia que constituiriam um "jeito brasileiro" de cantar — mais até do que o canto "falado" pelo qual ficou conhecido. Mario lançou também Ary Barroso, foi o primeiro grande intérprete de Noel Rosa, João de Barro e Lamartine Babo e influenciou o próprio Francisco Alves. Em 1936, depois de ter gravado cerca de 120 sambas e marchinhas (nada de valsas ou sambas-canção), abandonou a música popular, tão de repente quanto entrara nela.

Mario gostava era de cantar, e não dos compromissos que envolvem um profissional, como enfrentar auditórios, dar entrevistas ou ser fotografado. Era por isso que, no Country (que frequentou diariamente durante quarenta anos, sempre de branco e muito elegante), podia passar horas no bar tomando seu uísque Vat 69, contando histórias e cantando para os amigos — mas, se avistava alguém que não conhecia, dizia "Tem roupa na corda..." e se calava.

O esporte oficial do Country sempre foi o tênis, e suas quadras já abrigaram grandes jogadores: Bob Falkenburg (o inglês campeão de Wimbledon em 1948 e que, ao mudar-se para o Rio, criou a rede de lanchonetes Bob's), Ronald Barnes, o futuro quaquilionário Jorge Paulo Lemann, José Aguero e Sofia de Abreu, esta considerada a maior tenista brasileira anterior a Maria Ester Bueno. Mas a marca do Country é ser um reduto de civilização e urbanidade, numa época em que essas virtudes se desvalorizaram.

Ipanema tem ainda outra dívida para com o clube. Quando a fúria imobiliária passou sobre o bairro nos anos 70 e 80, os 12 mil metros quadrados de área verde do Country na quadra da praia continuaram incólumes. Eles eram — e continuam sendo — a prova de que, quando se é perfeito, não é preciso mudar.

Milton **DACOSTA** e Maria **LEONTINA**
(1915-88) (1917-84). Artistas plásticos.

Diego Rivera e Frida Kahlo? Jackson Pollack e Lee Krasner? Tudo bem, mas Ipanema tinha Milton Dacosta e Maria Leontina, o mais importante casal de pintores da história da arte brasileira. Trabalhavam em ateliês separados e seus estilos eram tão divergentes quanto água e fogo. Mas foram muito bem casados durante 35 anos e, em sua casinha branca, na esquina das ruas Maria Quitéria e Redentor, falavam a língua comum do rigor. Suas paredes tinham de tudo: Tarsilas, Pancettis, Bandeiras, Volpis — menos Dacosta e Leontina. "Ah, nós não temos quadros nossos em casa, não", ela disse certa vez. "Convivemos bem com eles, cada um em seu ateliê, mas, aqui, a gente ia querer ficar dando uns retoques." Leontina era ainda mais insatisfeita que Dacosta — se pudesse, sairia de pincel retocando seus quadros às escondidas, onde quer que estivessem. E olhe que os dois até hoje costumam ser eleitos entre os dez maiores pintores brasileiros de todos os tempos.

Dacosta passou da figura à geometria e depois à figura de novo, mas, mesmo em sua fase cubista, fazia uma geometria calorosa. Na sensualidade de seus quadros e gravuras, especialmente em suas Vênus curvilíneas e tentadoras, Carlos DRUMMOND de Andrade enxergou "túrgidas, promitentes colinas" e "bandolins de doces nádegas cantantes". Você sabe como era Drummond sempre de olho nessas coisas, mas, nesse caso, ele não estava exagerando. Para os críticos, Dacosta era o maior da geração logo posterior à de Portinari, embora não fosse de bom-tom dizer isso na sua frente. Ele não gostava de ser associado a seu antigo mestre, nem cronologicamente — dizia que Portinari não passava de um "acadêmico retardado". Dacosta falava pouco, mas, se provocado, era bom sair da frente — atacado por Di Cavalcanti em 1955, chamou-o de "gagá". Logo Di, o antigagá!

Leontina era expressionista, quase gótica, mas de uma leveza etérea, transparente. Sua mão tremia e já se disse que ela desenhava quase sem encostar na tela — suas figuras pareciam flutuar, como folhas de árvore ou de papel. Ela própria era etérea: nunca sabia ao certo o dia do mês e, certa vez, foi vista subindo distraída, até o topo, uma escada rolante que estava descendo. Era a intelectual do casal, e os jovens artistas a adoravam.

Quando Leontina morreu, Dacosta continuou morando na casa de Ipanema, mas ficou ainda mais introvertido. Seu último ano foi muito triste — uma trombose deixou-o com o tronco e os braços paralisados e incapaz de falar. Aos poucos, recobrou o movimento de um dos dedos, que usava para apontar letras num alfabeto de madeira e, com elas, formar palavras. Uma de suas últimas frases, formada dessa maneira, foi: "Estou feliz. Não tenho queixas. Às vezes choro".

DANIEL Azulay
1947-2020. Desenhista, ator, músico e animador infantil.

Daniel Azulay sempre desenhou, sempre se interessou por educação e sempre gostou de crianças. Com seu jeito de garotão do CASTELINHO, onde pedalava uma bicicleta equipada com um improvável chuveiro (sem água), era natural que juntasse essas aptidões na televisão. Ao imaginar uma série educativa que estivesse mais para um show do que para uma sala de aula, adaptou para a TV os personagens de sua tira de quadrinhos "A turma do Lambe-Lambe", que publicava no *Jornal do Brasil*, e criou um programa que foi adorado por toda uma geração.

A Turma do Lambe-Lambe ficou no ar de 1975 a 1985, nas redes Educativa e Bandeirantes, e inaugurou um padrão para esse gênero de programa, longe dos príncipes e fadinhas do antigo *Teatrinho Trol*. Seus personagens eram brasileiros e atuais, como a galinha Xicória, a vaca Gilda, o professor Pirajá. Falavam de ecologia, criticavam o consumismo, discutiam a própria televisão e, de passagem, ensinavam a soletrar e contar. Em pouco tempo, *Lambe-Lambe* desdobrou-se em discos, livros, revistas, álbuns de figurinhas, roupas e brinquedos. O visual de Daniel, dentuço, gravata-borboleta e grandes óculos, lembrava o de Jerry Lewis em *O professor aloprado*. Mas, em meados dos anos 80, as emissoras começaram a voltar-se para um apresentador com outro tipo de visual — como a sargentona loura, de uniforme militar e coxas de fora, para fazer babar os pais das crianças.

Como não estava em seus planos tornar-se um clone de Xuxa, Daniel deixou a televisão e passou os dez anos seguintes concentrado em outro projeto do coração: a Oficina de Desenho Daniel Azulay, para crianças de quatro a doze anos. A matriz em Ipanema foi um sucesso e ele abriu franquias pelo Rio e pelo país. Em 1996, a *Oficina de desenho* chegou à televisão, só que armada com as mais recentes conquistas da tecnologia. E com a mesma ideia da *Turma do Lambe-Lambe*: tratar a criança como um igual, estimular sua criatividade e convencê-la de que havia mais coisas na época do que se tornar um ronaldinho ou paquita.

Em 2020, Daniel foi a primeira pessoa deste livro a partir na epidemia da Covid-19.

DANIEL Más
1943-89. Jornalista e autor de novelas.

Quando o colunista social Daniel Más chegava de óculos escuros à redação do *Correio da Manhã*, em 1970, seus assistentes Telmo Martino e Maria Lucia Rangel já sabiam. Ele tinha levado uns socos na véspera por alguma nota publicada em sua coluna — uma página dupla diária, em que cabiam todas as maldades e futricas sobre *qualquer* pessoa.

Naquele ano, Daniel era um nome novo na imprensa. Poucos meses antes, herdara a coluna social do *Correio* de sua titular, a atriz Rosita Thomaz Lopes, que preferira voltar ao teatro. Só que, espanhol de origem (naturalizado brasileiro) e sem medo de baionetas, ele transformou aquele espaço em algo completamente diferente. Como não circulava em sociedade e ninguém o conhecia, não precisava ter cautela. Sua coluna tornou-se o espaço mais *bitchy*, venenoso e (a palavra ainda não existia) imperdível da imprensa carioca. Calotes, gafes, adultérios, flertes, indiscrições, tudo que os colunistas "sérios" como IBRAHIM Sued ou ZÓZIMO Barrozo do Amaral sabiam, mas se abstinham de publicar, saía na página de Daniel. Quando não tinha notícias, inventava-as. Não era uma coisa grosseira — mesmo porque a redação final da coluna era do vitriólico, sutil e sofisticado Telmo Martino. Mas quem a assinava era Daniel, e era com ele que os ofendidos ajustavam as contas nas boates, na praia ou na rua. Alguns dos que lhe imprimiram seus punhos foram o cineasta Gustavo Dahl e os socialites Paulo Fernando Marcondes Ferraz e Eric Waechter. Outro ofendido, o empresário José Colagrossi, não esperou para encontrá-lo na rua — leu o jornal e foi armado ao *Correio da Manhã*. Daniel teve de se esconder no banheiro.

Daniel acabou demitido por uma nota envolvendo WALTER Clark, então fazendo chover e acontecer na Globo. Mas aí ele próprio já era uma celebridade. Foi para a *Última Hora* e, em vez de trabalhar na redação, levou sua equipe (agora enriquecida por Claude Amaral Peixoto e SCARLET Moon de Chevalier) para um escritório no segundo andar do ZEPPELIN de Ricardo Amaral, onde a coluna passou a ser produzida. Mas a *Última Hora* estava em fase terminal e, quando fechou, em 1974, Daniel foi para São Paulo, para trabalhar nas novas revistas *Vogue* e *Status*.

Ao receber Daniel Más, a ainda engomada São Paulo não tinha ideia do que a esperava. Ele levou sua *bitchness*, seu irresistível deboche, seus contatos em Ipanema e fez das duas revistas o reduto das Tonias, Florindas, Odiles, Tanias e Yonitas. As poucas que Daniel não convenceu a ficar nuas para as câmeras de *Status* foram minuciosamente despidas nos perfis que ele escrevia sobre elas. Sua casa na rua Marieta, no Jardim Paulistano, tornou-se um dos endereços mais agitados da cidade, um covil de socialites, fotógrafos e celebridades. Mas as mudanças na direção daquelas revistas tolheram sua liberdade e, em 1982, ele voltou para o Rio, só que para a dramaturgia da Globo.

Daniel não era exatamente virgem nesse setor. Antes de se tornar colunista, fora assistente da autora cubana Gloria Magadan nas primeiras novelas da própria Globo. Sua experiência em São Paulo rendeu-lhe a polêmica minissérie *Avenida Paulista*, seguida por novelas como *Transas e Caretas* (1984), *Um Sonho a Mais* (1985) e *Bambolê* (1987). Com sua petulância e imaginação, Daniel poderia ter sido um revolucionário autor de novelas. Pena que a aids o tenha vencido em 1989.

DANUZA Leão

n. 1933. Jornalista, escritora, modelo e musa.

Uma mulher para todas as estações. Um gênero em si. Uma lenda. A independência em pessoa. A verdadeira musa de Ipanema. Uma mulher sempre à frente de seu tempo. Com essas ou outras palavras, tudo isso foi dito de Danuza Leão durante décadas, e com justiça. Ela é que nunca se reconheceu muito nessas definições. Danuza já foi de provocar alvoroço na praça e sabe muito bem o que fez, mas nunca achou que fosse nada de mais — porque, como Chiquita Bacana, só fez o que mandava seu coração. Mas também nunca proibiu seu coração de pensar. Sempre foi exuberantemente articulada, de uma implacável lucidez e portadora de uma bagagem de vida que poucas mulheres conseguiram reunir numa única encarnação. Certa vez, nos anos 50, quando lhe ofereceram um programa de televisão, alguém já advertiu: "É um perigo deixar a Danuza dizer o que pensa. Porque ela diz mesmo".

Infância, Danuza teve; adolescência, não. Nasceu em Itaguaçu (ES), mas aos dez anos já morava em Copacabana com sua família. Aos quatorze, quando ainda devia estar usando tranças e colecionando bonecas, seu melhor amigo era Di Cavalcanti. Antes de completar quinze, foi debutante da elegante revista *Sombra*. Trocou o colégio por aulas particulares, livros impróprios para menores e viagens a Paris, Roma, Veneza e Punta del Este. Sua turma era Di, RUBEM Braga, VINICIUS de Moraes. Começou a trabalhar como secretária, mas, aos dezoito anos, foi convidada por Assis Chateaubriand a um baile de arromba no castelo do barão de Coberville, nos arredores de Paris, para promover os tecidos brasileiros — Danuza desfilou na garupa do cavalo de Chateaubriand, vestida de Maria Bonita. Ao fim do baile, decidiu que seria modelo em Paris. Como jamais faria por menos, pediu emprego ao costureiro Jacques Fath, a cujos pés as manequins internacionais se atiravam. E ganhou.

Se não sabia andar como manequim, aprendeu. Passava dias inteiros de pé, de salto alto, enquanto Fath criava o vestido em seu corpo. A coleção de primavera era fotografada no inverno, a dez graus abaixo de zero, e ela sobreviveu. Seu cabelo quase louro foi pintado de verde, prata, cenoura, e cortado de todo jeito. Não havia tempo para almoçar ou jantar — no intervalo das passarelas, tinha de beliscar camembert e fazê-lo descer com Beaujolais. Com festas, desfiles e viagens todos os dias — em Sevilha, Madri, Veneza —, mal pôde posar para Richard Avedon. Seus amigos eram cabeças-tontas, porém coroadas (um príncipe contrabandista, a irmã do xá da Pérsia), e os grandes fotógrafos da agência Magnum, como Robert Capa. Não, ela não namorou Sydney Chaplin, filho de Carlitos, como saiu nos jornais daqui. Mas namorou Daniel Gélin, já famoso por seu papel em *La Ronde*, de Max Ophüls, e barra-pesada por ser dependente de heroína.

Dois anos e *many fêtes* depois, como diria F. Scott Fitzgerald, Danuza decidiu que era hora. Voltou para o Brasil. Mas, ao chegar, achou tudo muito chato e provinciano e, sem querer e sem saber, começou sua longa missão civilizatória. Tinha vinte anos e já era o protótipo de seu gênero. O que mais lhe restava fazer? Segundo Vinicius, "aprender pandeiro e se casar com um contorcionista".

Não aprendeu pandeiro, mas a segunda parte da sugestão de Vinicius não foi desperdiçada. Seu amigo Sergio Figueiredo levou-a a visitar na prisão o jornalista Samuel Wainer, proprietário da *Última Hora*, protegido do presidente Getulio Vargas e, à sua maneira, um contorcionista da imprensa e da vida. Quando Samuel saiu da grade, ela se casou com ele. Em 1954, com o suicídio de Getulio, Samuel viu-se na baixa, com quatorze processos nas costas e um adversário terrível, Carlos Lacerda, respirando em seu pescoço. *Última Hora*, quase quebrada, tinha de pagar os funcionários com enceradeiras e liquidificadores dos anunciantes. Mas, em 1956, com JUSCELINO Kubitschek eleito presidente, Samuel subiu de novo e Danuza tornou-se a primeira-dama da imprensa. Tornou-se também uma locomotiva social do Rio, comparecendo às estreias do Municipal com as estolas de visom que Samuel mandava trazer-lhe de Paris.

Ela lhe deu três filhos (que seriam a artista plástica Pinky, o jornalista Samuca e o produtor de cinema Bruno, todos Wainer). Com Samuel, durante os sete anos que passaram juntos, Danuza conheceu os intestinos do poder. Frequentou o Catete de Getulio, Juscelino e Jango; ia a Brasília visitar as obras; foi à China e esteve com Mao Tsé-tung. Todas as noites, servia canapés aos banqueiros, empresários, militares, políticos e pelegos que se reuniam para conspirar com Samuel em seu apartamento na Vieira Souto. Fazia isso com a mesma naturalidade com que jogava biriba no COUNTRY ou tomava sorvete no MORAES.

Em 1961, Danuza deixou tudo isso ao trocar Samuel Wainer por Antonio Maria, cronista, homem da noite, gordo, irresistível e compositor, entre uma e outra obra-prima, do samba-canção "Ninguém me ama". Foi uma *cause célèbre* da imprensa brasileira: Samuel era o patrão; Maria, colunista de seu jornal, o empregado. Danuza ficou três anos com Maria, em apartamentos separados, para não perder a guarda dos filhos. Maria escrevia, amava, comia, bebia, brigava e era ciumento e possessivo na exata proporção de seu corpanzil — maior que a vida. Donde se vê que eles *tinham* de se apaixonar. Mas Maria era também cardíaco e, nesse período, teve um infarto. Danuza emagreceu quinze quilos cuidando dele no hospital, de tanto levantar e abaixar sua cama, dar-lhe banho e comida na boca e botar para tocar na vitrola os discos que ele levara para o quarto. Dois anos depois, quando se separaram, ele teve novo infarto e, dali a meses, o infarto fatal. Mas, quando isso aconteceu, o ano já era 1964 e Danuza nem estava mais no Brasil. Com o golpe militar, Samuel tivera de deixar o país. Pois ela pegara os filhos e se juntara a ele no exílio em Paris.

Em 1966, quando Samuel se reequilibrou, Danuza voltou sozinha para Ipanema. Fez uma ponta em *Terra em transe*, de GLAUBER Rocha, desfilou suas espetaculares pernas em minissaias e namorou quem quis. Enquanto as feministas espumavam, queimavam sutiãs e viam no homem um inimigo, Danuza fez desse homem um aliado e o pôs em seu lugar: sobre ou sob um pedestal — dependendo do caso. E, dando uma cambalhota num velho privilégio masculino, estabeleceu para si própria um padrão que toda mulher inteligente deveria seguir: há homens para casar e homens para namorar. Não por acaso, quando se casou de novo, de 1971 a 1975, foi com outro jornalista: Renato Machado. "Jornalistas são divertidos", ela dizia. "Chegam tarde em casa, têm certas vantagens do poder, mas não se deslumbram e sabem de tudo antes dos outros."

Os anos 60 e 70 foram tempos de grandes transformações, mas Danuza, a exemplo de seu amigo RUBEM Braga, não viu nenhuma novidade neles, exceto, talvez, o Hollywood com filtro. Mulheres morando sozinhas, fumando em público, usando biquíni, dizendo palavrão, trabalhando fora, trocando de marido, tudo isso e mais o coquetel de sexo, drogas e rock and roll já faziam parte da cultura dos anos 50. Da sua cultura, pelo menos. Já o que os anos 80 lhe deram, além de muitas noites em claro (oito anos como *directrice* de boates como o Régine's e o Hippopotamus), foi o verdadeiro conhecimento da dor: o suicídio de seu pai, o advogado Jairo Leão, e a morte do filho Samuca, ambos em 1984, e, depois de longa doença, a morte da irmã Nara, em 1989. Em cada uma dessas desgraças, Danuza apenas se recolheu e não dividiu sua dor. Tempos depois, a mulher que voltou à tona era uma Danuza temperada a fogo.

No começo dos anos 90, ela não estava brincando quando disse que já tinha ido a todas as festas. Fora também a todos os golpes de Estado, exílios, comícios, passeatas, decisões de campeonato, desfiles de moda e chás de caridade e, em cada uma dessas ocasiões, se comportara como uma sereia em seu aquário natal. Já não era sem tempo que começasse a distribuir, em páginas impressas, a *sagesse* que só reservava aos amigos. Em 1991, sua constatação de que o Brasil não sabia mais o que era ética (e muito menos etiqueta, que é a pequena ética) levou-a a escrever *Na sala com Danuza* — um manual de procedimento, uma tentativa de reeducação, antes que chegássemos à total barbárie. O livro surpreendeu apenas aos que não conheciam seu humor estilo MILLÔR e vendeu, merecidamente, 200 mil exemplares. Daí nasceram os convites para crônicas em jornais e revistas e para assumir uma coluna diária no *Jornal do Brasil*, no lugar de ZÓZIMO Barrozo do Amaral, que fora para *O Globo*. Sua coluna era bem informada, com estilo próprio e uma preocupação visceral com o Rio. Danuza não precisava ser jornalista para chegar tarde em casa, ter intimidade com o poder e saber tudo antes dos outros. Ela sempre soube.

E, como sempre soube também se comportar, não contou tudo que podia no livro de memórias que publicou em 2005. Daí ele ter se chamado *Quase tudo*.

Frases

★ *Não consigo me dividir: ou sou de um homem, ou sou do mundo.* ★ *Sou uma pessoa de alma essencialmente suburbana. Choro até em concurso de miss.* ★ *Eu tenho uma alma de Amélia.* ★ *As mulheres que ficam bonitas o tempo todo não são mulheres bonitas.* ★ *Há certas coisas que não se fazem a uma mulher. Nesse ponto sou machista.* ★ *Meu homem não lava pratinho. Eu lavo o pratinho dele, com o maior prazer.* ★ *Só os medíocres podem ser felizes.* ★ *Sou uma marginal que enfeita as festas de quem tem imaginação para me convidar.* ★ *Quando entrar num banheiro, deixe-o impecável ao sair. Aja como se tivesse acabado de cometer um assassinato.* ★ *Nada mais perigoso do que um homem feio e inteligente.* ★ *Eu me garanto.*

DARWIN e GUGUTA Brandão
(1928-78) (n. 1937). Anfitriões de Ipanema.

O prédio da rua Redentor tinha quatro andares, mas, do apartamento de cobertura, via-se o mar, quatro quarteirões adiante. Isso até fins dos anos 60. A partir dali, o horizonte do casal Darwin e Guguta Brandão, titulares desse apartamento, foi aos poucos encolhendo, emparedado pelos monstros de concreto armado que cresciam ao redor. O apartamento em si, com as paredes forradas de Pancettis e Djaniras, é que nunca deixou de ser um dos maiores espetáculos de Ipanema.

Nele, a qualquer hora do dia, entravam e saíam RUBEM Braga, PAULO Mendes Campos, Otto Lara Resende, Ferreira GULLAR, Bibi Ferreira, MILLÔR Fernandes, Thiago de Mello, Wilma e ZIRALDO, Mary e Zuenir Ventura, todo o CINEMA NOVO e quem mais soubesse da hospitalidade de Darwin e Guguta. Fernando GABEIRA costumava servir de babá para os filhos do casal. E havia os indispensáveis — aqueles para quem, quando não apareciam nos sábados depois da praia, Darwin ligava para perguntar o que estava havendo: Helio Pellegrino, ANA MARIA Machado, Ceres e Flavio de Aquino, Steve e MARILIA Kranz.

O jornalista e publicitário Darwin era tão anfitrião que nem na rua deixava de exibir sua generosidade. Na vitória do Brasil sobre a Suécia, na final da Copa do Mundo de 1958, parou o bonde que passava em frente ao Bar CALYPSO e serviu uísque ao motorneiro, condutor e passageiros. Não era rico, apenas generoso. Era capaz de madrugar na feira para preparar um jantar para um aniversariante daquele dia e, horas depois, receber duzentos amigos do fulano, com grande comida. Comida com sotaque baiano, não fosse o capixaba Darwin autor do hoje raro livro *A cozinha baiana*, com prefácios de Antônio Houaiss, Edison Carneiro e Paulo Mendes Campos.

Pelo apartamento de Darwin e Guguta passaram também, em 1964, muitas pessoas a caminho do asilo em embaixadas, asilo esse que Darwin providenciava com seus contatos nos círculos mais inesperados. Em 1980, a maioria daquelas pessoas passou de volta, só que numa sucessão de festas celebrando a anistia e o retorno dos exilados. Mas, então, era Darwin que já não estava presente: morrera dois anos antes, em casa, lendo o jornal. Era diretor da agência de propaganda Norton e não sabia que era cardíaco. Seus amigos nunca o perdoaram por faltar àquelas festas — logo ele, o perfeito anfitrião. Mas sua mulher, Guguta, estava lá para garantir a legalidade dos eventos, ela própria insuperável na arte de reunir gente, descobrir seus pontos em comum e fazer com que cada pessoa se sentisse a mais importante da reunião.

Darwin e Guguta eram capazes de unir até os discordantes. Em suas reuniões no auge da ditadura, as diversas correntes da esquerda — liberais, moderadas e radicais, mas sempre festivas — engalfinhavam-se em discussões, e ninguém cortava relações com ninguém. Numa delas, em 1968, foi possível ouvir o revolucionário Fernando Gabeira propor com voz mansa a luta armada, sendo contestado aos berros por Milton Temer, que pregava a moderação — e quem os visse à distância, sem saber o que estavam dizendo, acharia que era o contrário. O engraçado é que, cerca de dez anos depois, os dois jornalistas trocariam de lado e cada um adotaria o pensamento do outro.

Guguta é que sempre foi coerente. Levou a vida dedicando-se a trabalhar pela conscientização e pela ação. Entre as muitas lutas de que participou, com cargo de direção, estava a histórica campanha pelas eleições diretas, em 1984-85. Sem ela, muitos daqueles palanques que pediam a volta do Brasil à democracia talvez não tivessem acontecido.

DOLORES Duran

1930-59. Cantora e compositora.

À noite, Dolores era Copacabana. Mais exatamente, o Little Club, no Beco das Garrafas, onde silenciava a boate com suas interpretações de "Fim de caso", "My Funny Valentine" ou "Les Feuilles mortes". Mas quando voltava, quase de manhã, para seu apartamento no Edifício Majestic, na rua Gomes Carneiro, levando os amigos, Dolores era Ipanema. Produzia um macarrão matinal para eles, discutia Albert Camus com os mais intelectuais, tomava um último uísque e só então ia dormir. Horas depois, era acordada pela cacatua do vizinho. Por sorte, o vizinho e a cacatua também acordavam tarde.

Aos sábados, Dolores servia uma feijoada aos amigos. Presenças certas no apartamento eram Mariza (a futura Gata Mansa), Agostinho dos Santos, sua melhor amiga Julie Joy, Billy Blanco, RONALDO Bôscoli, às vezes VINICIUS de Moraes — e, nos últimos tempos, seu namorado Nonato Pinheiro (*n.* 1938), estudante de direito e craque do futebol de praia em Ipanema pelo Clube Lagoa. Nonato a conhecera em 1957, aos dezenove anos, no Little Club, quando lhe pediu que cantasse "Castigo". Dolores respondeu: "O show já terminou. Mas eu posso cantar no seu ouvido". Ela era assim: bem-humorada, comunicativa e adorava um amorzinho — alguns de seus namorados anteriores tinham sido João Donato, Fernando Lobo e Billy Blanco. Mas Nonato, oito anos mais novo, foi sua última e maior paixão. Para ele, Dolores compôs "A noite do meu bem".

Os contemporâneos de Dolores só a viam como cantora, e com razão. De 1951 a 1959, ela queimou rapidamente as etapas: atriz de radioteatro, caloura de programas de auditório, crooner de boate e estrela da gravadora Copacabana. Sua carreira discográfica, com sucessivos 78s, 45s e LPs em menos de dez anos, era uma vitrine do repertório internacional da época, com Dolores cantando em inglês, francês, espanhol, italiano, alemão, esperanto e um ou outro dialeto exótico — como se exigia de quem fosse capaz de fazer isso. E Dolores era mais do que capaz. Aliás, se quisesse, teria sido uma excepcional cantora de jazz, como provou em sua gravação de "Fim de caso", uma de suas últimas, em 1959 — uma aula de improvisação jazzística sobre um tema por acaso dela própria, e em português.

A Dolores compositora começara timidamente em 1955, tendo como parceiro um colega tão retraído quanto ela — ANTONIO CARLOS Jobim. Com Tom, ela faria as já definitivas "Se é por falta de adeus", "Por causa de você" e "Estrada do sol", antes de deslanchar, sozinha ou a dois, com uma série de clássicos instantâneos, como "Solidão", "Castigo", "Ideias erradas", "Ternura antiga", as citadas "Fim de caso" e "A noite do meu bem" e várias outras. Quando queria, fazia música e letra e, se se tratasse de pôr letra numa canção já estruturada, como em "Por causa de você", sua natural musicalidade permitia-lhe criar uma obra-prima: *Ah, você está vendo só/ Do jeito que eu fiquei/ E que tudo ficou...*". Haverá palavras mais perfeitas para aquela frase melódica?

Billy Blanco classificava as músicas de Dolores como "de capa e espada, com mortos e feridos". Elas passaram a imagem de uma mulher triste e abandonada, o que ela não era — ao contrário. Era apenas romântica, como exigia a música da época. Mas Dolores tinha um problema cardíaco congênito e tomava Isordil. Tomava também uísque e soníferos em quantidade. Na manhã de 24 de outubro de 1959, um sábado, voltando sozinha do Little Club, não houve o macarrão dos amigos. Ao ir para a cama, disse à empregada: "Não me acorde, quero dormir até morrer". O destino fez-lhe a vontade. Tinha 29 anos.

DOMINGOS Oliveira
1936-2019. Diretor, autor e ator de teatro, cinema e TV.

Ele foi o homem que LEILA Diniz mais amou, dizem as amigas dela. Talvez sim, talvez não. O que ninguém contesta é que foi Domingos Oliveira quem a descobriu — ou que foi a Domingos que ela se revelou, aos dezesseis anos, na noite de Natal de 1961, quando apareceu numa festa que ele estava dando em seu apartamento em Copacabana. As festas de Domingos eram famosas (para JAGUAR, elas formaram o núcleo da Ipanema moderna) e não era incomum que, no dia seguinte, vinte pessoas acordassem no apartamento. Bem, a festa de Natal de 1961 acabou e Leila ficou para dormir. Só saiu cinco anos depois. Quando isso aconteceu, Domingos, inconformado, transformou sua história com Leila num filme, alterando-a apenas para que tivesse um final feliz. O filme foi *Todas as mulheres do mundo* (1966).

Mas a biografia de Domingos começara muito antes, como professor de física e como stand-in de Manuel Bandeira no curta-metragem de seu amigo JOAQUIM PEDRO de Andrade, *O poeta do Castelo* (1959). Stand-in é a pessoa que fica no lugar do astro, geralmente de pé, tomando sol ou chuva, enquanto o diretor ajeita a cena. O astro, por sua vez, fica sentado na sombra, abanando-se com a *Radiolândia*. Pois Domingos era o stand-in de Bandeira enquanto o inexperiente diretor levava horas tentando entender-se com a câmera. No curta seguinte de Joaquim Pedro, *Couro de gato* (1960), Domingos exerceu a decisiva função de arregimentar no morro do Cantagalo os gatos que apareciam no filme. Em seguida, ele próprio dirigiu seus curtas, ganhou know-how em televisão e, quando se aventurou num longa, já fez logo *Todas as mulheres do mundo*. Para muitos, um dos dez melhores filmes brasileiros de todos os tempos.

Foi um marco em sua época, com interpretações inesquecíveis de Leila, Paulo José e Ivan de Albuquerque e breves aparições de meia Ipanema: Marieta Severo, MARCIA Rodrigues, Joana Fomm, Isabel Ribeiro, Norma Marinho, Tania Scher, MARIA GLADYS, Eduardo Prado, o TRIO TUMBA, muitos mais, e um incrivelmente magro ALBINO Pinheiro. *Todas as mulheres do mundo* pode ser visto até hoje com muito prazer. Ou nostalgia — pelas imagens da avenida Vieira Souto ainda com os prédios de quatro andares, embora os esqueletos dos primeiros espigões já despontassem, ameaçadores, na paisagem.

Apesar de uma campanha de certa esquerda, que acusava o filme de "alienado", *Todas as mulheres do mundo* teve 1 milhão de espectadores, deu uma sova em *Terra em transe* na bilheteria e permitiu a Domingos rodar o também delicioso *Edu, coração de ouro* (1968), com os mesmos Leila e Paulo José em Ipanema. Mas, depois desse, por algum motivo, Domingos pareceu ter perdido o toque. Seus filmes seguintes renderam-lhe alguns elogios e muitas dívidas, que, um belo dia, se revelaram impagáveis. Ele então enfiou as promissórias numa mala, levou-a para o alto da avenida Niemeyer e atirou-a ao mar. E passou anos explicando aos credores por que não podia pagar.

A partir daí, passou a fazer na TV e no teatro as histórias que não podia contar no cinema. Escreveu programas das séries *Caso Especial*, *Ciranda Cirandinha* e *Aplauso*, na TV Globo e, em teatro, traduziu, adaptou e dirigiu Molière, Sade, Dostoiévski, Ibsen, Brecht e ele próprio — várias ao mesmo tempo e, muitas vezes, também representando. Tornou-se um dos grandes nomes do teatro no Rio, no que apenas retomou a vocação que já demonstrara em 1966, quando escreveu e dirigiu *Somos todos do jardim de infância*, que foi o primeiro trabalho de Leila.

A estrela de Domingos passou também para sua filha Maria Mariana (n. 1973), cujo diário de adolescente, adaptado e dirigido por ele, se tornou a peça *Confissões de adolescente* (cinco anos em cartaz na Casa de Cultura Laura Alvim a partir de 1992) e a lançou como atriz, inclusive na adaptação para TV. Em 1998, depois de um hiato de vinte anos, Domingos voltou ao cinema com *Amores* e não parou mais. Filmava como quem pensasse em voz alta ou escrevesse ao sabor da pena. O resultado foram filmes que encantaram seus privilegiados espectadores — alguns deles, *Separações*, de 2002, *Juventude*, de 2008, e o ainda mais pessoal *Barata Ribeiro, 716*, de 2016.

Mas o que Domingos foi mesmo foi um homem de teatro. Se um dia lhe faltasse um palco, ele montaria sua peça a céu aberto, no espaço de um lenço, com a Lua como holofote.

Frases

★ *O cinema é uma festa para a qual nós, brasileiros pobres, não fomos convidados.* ★ *O cinema é uma bonequinha de luxo.* ★ *Teatro é como fazer amor, só que com hora marcada.* ★ *As profissões que não podem ser exercidas artisticamente deveriam ser banidas.* ★ *O amor é a vocação humana, o eixo de tudo, o efeito colateral do sexo.* ★ *A mulher que usa silicone está a fim de ser vista, não de ser tocada.* ★ *A vida é um rato que passa na sala.*

Narciso **DOVAL**

1944-91. Jogador de futebol.

Quando se trata de futebol, brasileiros e argentinos, se pudessem, beber-se-iam mutuamente o sangue. Mas houve uma exceção: Doval, o craque argentino do San Lorenzo de Almagro que o Flamengo contratou em 1969 e se tornou um dos maiores ídolos da história do clube. Daquele ano até 1975, Doval marcou 95 gols pelo Flamengo, muitos decisivos, e deu o passe para centenas de outros — nenhum outro craque estrangeiro do Flamengo, nem mesmo o amado Petkovic, chegou perto dessa marca. Foi campeão carioca em 1972 e 1974 e também o primeiro companheiro de Zico no ataque rubro-negro. Os torcedores o adoravam porque ele vestia de Flamengo sua alma argentina. Era um jogador de grande raça e técnica.

Assim que chegou, Doval entregou-se ao Flamengo, ao Rio e a Ipanema. Morava na rua Visconde de Pirajá e, quando não estava treinando na Gávea ou jogando no Maracanã, vivia na praia, na rua MONTENEGRO, passando as garotas em revista. Também nesse capítulo era um matador: alto, louro e de olhos azuis, tipo surfista. Mas com fôlego de artilheiro.

Em 1976, Francisco Horta, presidente do Fluminense, promoveu um troca-troca de craques com o Flamengo e Doval foi parar no tricolor. A torcida rubro-negra sentiu-se roubada e com razão: Doval fora reforçar a *máquina* do Fluminense, que já contava com Rivelino, Paulo César Caju, Edinho e outros cobras. O Fluminense foi o campeão carioca daquele ano e Doval, o artilheiro do Fluminense, do campeonato e autor do gol da vitória na final contra o Vasco. Em fins de 1977, o Fluminense vendeu-o ao futebol argentino e, em 1982, Doval encerrou sua carreira nos Estados Unidos.

Voltou para o Rio — naturalizara-se cidadão brasileiro — e seu território passou a ser o calçadão de Ipanema, sempre em companhia dos compositores MARCOS e Paulo Sérgio Valle. As moças os chamavam de Trio Colírio. Em 1991, o Flamengo foi a Buenos Aires enfrentar o Estudiantes pela Supercopa. Doval, que estava na cidade, visitou seu ex-clube no hotel e falou de seu amor pelas cores vermelha e preta. O Flamengo venceu e Doval brindou à vitória com champanhe numa boate. Ao sair dela, teve um infarto e morreu. Foi, literalmente, Flamengo até morrer.

Carlos **DRUMMOND** de Andrade
1902-87. Poeta e cronista.

O mineiro Drummond, para quem sua cidade, Itabira, era "um retrato na parede", mudou-se para o Rio em 1934 e passou seus pelo menos últimos quarenta anos nas ruas Joaquim Nabuco e Conselheiro Lafayette. Estava na fronteira Copacabana-Ipanema — alguns metros para cá, outros para lá, mas sempre mais para Ipanema. Para zerar o assunto, MILLÔR Fernandes, ao fazer sua "demarcação das terras de Ipanema" na revista *Domingo* do *Jornal do*

Brasil, em 1990, incorporou de vez a rua Conselheiro Lafayette ao bairro, por causa de Drummond.

E por que não? Drummond escreveu crônicas sobre o ARPOADOR, poemas sobre a avenida Vieira Souto e passeava de jeans e tênis na praça General Osório, muito mais do que no Posto 6. Às vezes, ia ao JANGADEIRO, ali pelas sete da noite, quando a primeira leva de profissionais já se fora e a segunda ainda não chegara. Sentava-se à mesa sob o relógio e pedia um prato baratinho, quase sempre um risoto. Ninguém o perturbava, exceto HUGO Bidet, que, ao vê-lo, corria a seu apartamento no prédio da esquina e voltava com um livro para Drummond autografar. Segundo TARSO de Castro, Hugo fez isso muitas vezes, embora o diálogo entre eles se resumisse ao pedido do autógrafo, a Drummond dizer pois não e a Hugo dizer muito obrigado e despedir-se, orgulhoso. Mas ninguém superou a façanha de TONIA Carrero. Certa noite, na sequência de uma tarde de autógrafos de um livro de Drummond pela EDITORA DO AUTOR, ela o arrastou para o Antonio's, no Leblon. Foi a única vez que Drummond se deu a esse desfrute, e com razão — num lugar frequentado quase que exclusivamente por famosos, ninguém tirou os olhos dele.

Toda semana, Drummond comparecia ao SABADOYLE, a reunião dos sábados à tarde na casa do bibliófilo Plinio Doyle, na rua Barão de Jaguaripe. Era o primeiro a chegar e dos primeiros a ir embora — e não que não gostasse da companhia. É que o Sabadoyle, além de permitir-lhe privar por uma ou duas horas com amigos queridos, era também ideal para ele, um homem tão família, passar secretamente o resto da tarde com sua namorada de longa data, a bibliotecária Ligia Fernandes, que morava ali perto. Danadinho, não?

E docemente pornográfico, como ele nos aconselhava a ser.

DUDA Cavalcanti
n. 1944. Modelo e musa.

Em 1964, VINICIUS de Moraes adentrou o VELOSO *à côté* de uma garota deslumbrante e anunciou: "Senhoras e senhores. Apresento-lhes meu último poema — Duda Cavalcanti".

Se Vinicius pensava que estava apresentando Duda a Ipanema, enganava-se. Ao contrário: Vinicius estivera fora do Brasil e, quando a conheceu, ela já era um mito no ARPOADOR, no CASTELINHO e em cada coração selvagem de Ipanema. E por que Duda era um mito? Porque tinha vinte anos, era linda de morrer, queimada de sol e manequim da Rhodia; alta (1,76 metro, com noventa centímetros de cabelos pretos que lhe escorriam pelas costas), lábios grandes e carnudos e olhos tristes como duas jabuticabas em molduras amendoadas; sempre de camiseta justa (sem sutiã), calça Lee também justa e desbotada (quando ninguém usava) e um jeito ritmado de andar que escravizava os olhos dos homens. E, como se não bastasse, doce, moderna, avançada.

Duda fizera o ginásio no Colégio Brasileiro de Almeida, estudara três anos na Suíça e voltara para o Rio em 1962, aos dezoito anos. No primeiro dia em que saiu à rua e deixou-se ver no Arpoador (usando aquele biquíni de cinturão largo que, no fim do ano, Ursula Andress consagraria em *O satânico Dr. No*), foi "descoberta" e passou a fazer teatro amador com o diretor Martim Gonçalves. Mas o palco durou pouco, porque ela foi logo promovida a musa, num tempo em que estas brotavam espontaneamente das calçadas. Um convite para ser manequim da Rhodia a fez desistir do vestibular de letras na FNFi, a Faculdade Nacional de Filosofia. E, então, o mito Duda ameaçou tomar conta da própria Duda.

Di Cavalcanti a fez posar para dois retratos. Em 1965, fotógrafos franceses vieram fotografá-la para a revista *Elle*. Chico Buarque, recém-chegado ao Rio, dedicou-lhe uma serenata. O cronista CARLINHOS Oliveira, que a chamava de "uma catedral de carne", propôs a criação de um novo sistema filosófico, baseado em sua beleza: o dudaísmo. Em 1966, já queriam dar seu nome à rua Paul Redfern, para onde ela se mudara depois de morar na avenida Vieira Souto e numa casinha com varanda na rua Almirante Saddock de Sá. Naqueles dois anos, Duda foi onipresente nas capas de revistas, na praia, nos botequins e no coração de milhares. Só que já tinha namorado: o jovem artista plástico e decorador francês GILLES Jacquard, também recém-chegado ao Rio. Aliás, em seus tempos de lenda, Duda nunca teria um namorado brasileiro. Não fixo, pelo menos.

Em 1967, ela foi desfilar em Paris, conheceu o cineasta Jean-Daniel Pollet e ficou por lá. Os franceses também se apaixonaram por Duda — nas pistas e mesas do New Jimmy's, do Chez Castel e do La Coupole, ensaiou-se a implantação do *dudaïsme*. Duda e Pollet casaram-se em 1968 (ela de vestido preto) e foram morar em Saint-Germain-des-Prés. Sua casa era uma sucursal da Nouvelle Vague, frequentada por Jean-Luc Godard, François Truffaut, Louis Malle, Pierre Kast e outros, como eles se chamavam, *réalisateurs*. Com tudo isso, o destino natural de Duda parecia ser o cinema — em dois anos, atuou em quatro filmes e, em quase todos, não se sabe por quê, morria no fim, logo ela. Duda ia a Cannes promovê-los e, por sua causa, eles ganhavam especiais na televisão francesa. Mas nem sua beleza conseguiu salvá-los — todos fracassaram, e um deles nem foi exibido em Paris.

O casamento durou dois anos e lhe rendeu duas filhas. Duda separou-se de Pollet, aproximou-se dos jovens cineastas do underground francês e foi com um deles para o Paquistão, o que classificou como "uma viagem à Idade

Média". Passou um ano por lá, andando a pé ou a cavalo, aprendendo a tocar tabla e dando aulas de francês para viver. De repente, seu "retiro espiritual" no Oriente também perdeu a magia e ela foi trabalhar como modelo da agência Ford em Nova York. Em 1972, porém, a própria Duda já parecia cansada de ser um mito. Passou a viver entre Nova York, Paris e Rio e continuou a trabalhar como modelo. Mas recolheu-se a seus segredos e, como a estrela Vênus, desapareceu. Nunca mais se soube dela.

Eurico Gaspar **DUTRA**
1883-1974. Militar e político.

Como presidente da República (1946-51), o marechal Dutra abriu algumas estradas, fechou os cassinos, cassou o registro do Partido Comunista e queimou as reservas do Brasil no exterior importando toneladas de ioiôs americanos. Mas sua principal realização foi passar o governo ao sucessor eleito, Getulio Vargas — justamente o homem a quem ele servira salivando de lealdade e que ajudara a depor —, ir para sua casa na rua Redentor e largar a política. Viúvo, Dutra ficava de paletó de pijama na entrada da casa, dizendo galanteios às babás (as fabulosas babás de Ipanema, com seus uniformes engomados) que empurravam carrinhos de bebê pela calçada. Mas elas não deviam entendê-lo muito bem porque, ao falar, Dutra mastigava um chiclete imaginário e trocava os cês e esses por xis. Exemplo: "Voxê xabia que voxê é uma graxinha?".

Sua presença em Ipanema era de uma deliciosa incongruência — o bairro mais avançado do Brasil comportava até um dos presidentes mais opacos e retrógrados que o país já tivera. Quando ele morreu, em 1974, alguns puxa-sacos quiseram dar seu nome à rua Redentor. Mas os moradores não deixaram.

Frase [atribuída]:

★ [Respondendo ao presidente americano Harry Truman, que o saudou com "*How do you do, Dutra?*"]: *How tru you tru, Truman?*

DZI CROQUETES
1971-76. Grupo de dançarinos e cantores.

É difícil imaginar hoje o impacto que aquela turma provocou nas trevas de 1971, em plena era Médici. Na época, filmes com pelos pubianos expostos eram proibidos, um simples mamilo era considerado pornográfico (dois, então, nem se fala) e o Brasil parecia prestes a reverter à cegonha. Foi nessa atmosfera que os Dzi Croquetes surgiram na boate Monsieur PUJOL, num show com MIELE. Eram homens vestidos de mulher, quase nus, com canelas cabeludas à mostra e dispostos a fazer rir. Mas não eram travestis comuns, dos que abundam no Carnaval: eram atléticos, musculosos e de uma então incômoda ambiguidade sexual. A proposta era "unir a força do macho e a graça da fêmea".

Os Dzi Croquetes originais eram Lennie Dale, Wagner Ribeiro, Claudio Tovar, Claudio Gaya, Rogério de Poly e Ciro Barcelos. Depois juntaram-se Paulette, Fernando Pinto, Reginaldo de Poly, Carlinhos Machado, Roberto de Rodrigues e Bayard Tonelli. Uns pelos outros, eles interpretavam Carmen Miranda, Dalva de Oliveira, Billie Holiday, Mae West, Judy Garland, Marilyn Monroe, Marlene Dietrich, Liza Minnelli, Josephine Baker e outras deusas do mundo gay. Faziam tudo: produziam o texto, a coreografia, os arranjos, os cenários, os figurinos, a maquiagem (inspirada na de Itala Nandi em *O rei da vela*) e a iluminação. Era uma explosão de deboche, desbunde e criatividade. À sua maneira, foram os precursores da androginia dos Secos & Molhados, do besteirol do ASDRÚBAL Trouxe o Trombone e até da tanga de Fernando GABEIRA.

Em 1972, depois que eles já tinham feito centenas de apresentações no Rio e em São Paulo, a Censura acordou para os Dzi Croquetes e começou a proibir seus shows. Sem trabalho no Brasil, partiram para a Europa, começando por Portugal, em 1974, em plena Revolução dos Cravos. O timing não podia ser melhor — depois de 48 anos de ditadura, Lisboa estava se lambuzando de liberdade e eles foram um sucesso. Em Paris, no Teatro Charles de Rochefort, foram aplaudidos pelas próprias Liza Minnelli e Josephine Baker. Um ano e meio depois, os Dzi Croquetes voltaram ao Brasil, desfalcados de Lennie Dale, que ficara na Europa. Outros integrantes saíram em busca de carreiras individuais e o grupo se desintegrou. Nas décadas seguintes, extinguiu-se e voltou várias vezes, sem sucesso.

Desde então, uma maldição parece acompanhar os ex Dzi Croquetes. Lennie Dale morreu em consequência da aids; Fernando Pinto, num acidente de carro; Roberto de Rodrigues, de aneurisma; e três foram assassinados: Carlinhos Machado, Reginaldo de Poly e Wagner Ribeiro. A morte não usa glitter.

EDITORA DO AUTOR
1960-66. Empresa editorial criada por Fernando Sabino e Rubem Braga.

Em 1960, o que não faltava a FERNANDO Sabino e RUBEM Braga eram editoras — seus livros eram disputados por todas elas. Mas, intrigados com a estranha matemática que parecia reservar 10% dos direitos autorais para o escritor e 90% para o editor, acharam que, se eles fossem seus próprios editores, ficariam com a parte do leão. A ideia fazia sentido. Além disso, um editor pode não escrever os livros que edita, mas um escritor pode muito bem editar os livros que escreve. Os dele e os dos amigos.

E, então, Fernando e Rubem fundaram a Editora do Autor, cujo endereço comercial ficava na rua Araújo Porto Alegre, no Centro, mas cujo coração pulsava em seus apartamentos de Ipanema. Em tudo e por tudo, era uma editora de Ipanema, e seus autores eram a prata da casa. E que prata: PAULO Mendes Campos (*O cego de Ipanema*), VINICIUS de Moraes (*Para viver um grande amor*), Carlos DRUMMOND de Andrade (*A bolsa & a vida*), Otto Lara Resende (*O braço direito*), Stanislaw Ponte Preta (*Tia Zulmira e eu*), Manuel Bandeira (*Itinerário de Pasárgada*), Clarice Lispector (*Laços de família*), João Cabral de Melo Neto (*Terceira feira*), Dalton Trevisan (*Morte na praça*), Mario Filho (*Viagem em torno de Pelé*), Armando Nogueira (*Na grande área*) e muitos mais, além dos próprios Rubem (*Ai de ti, Copacabana*) e Fernando (*O homem nu*). Quem podia superar a Editora do Autor em matéria de catálogo?

Nada supera, no entanto, a história do primeiro livro da editora: *Furacão sobre Cuba*, escrito de certa forma para ela por... Jean-Paul Sartre. Aconteceu durante a viagem de Sartre e Simone de Beauvoir à ilha no começo de 1960, para conhecer a revolução cubana, que então mal completava um ano. Os dois esticariam em seguida ao Brasil. Através de Jorge Amado e outros amigos comuns, Fernando e Rubem convenceram Sartre a mandar também para eles os originais que ele combinara produzir, como correspondente, para o jornal *France Soir*. Ao chegarem aqui, esses originais eram traduzidos da noite para o dia e, reunidos e enriquecidos com dois longos artigos dos editores, tornaram-se um livro que saiu aqui mal Sartre e Simone botaram os pés no Rio. A revolução cubana ainda era vista de maneira romântica e, como não se sabia direito o que estava acontecendo por lá, *Furacão sobre Cuba* saiu amplamente favorável a Fidel Castro. Foi uma jogada de grande agilidade editorial por parte de Fernando e Rubem — nenhum dos dois comunista — e que, pelos dois meses e meio que Sartre e De Beauvoir passaram no Brasil, pôs a Editora do Autor o tempo todo nas páginas dos jornais.

Era uma editora como nenhuma outra. As próprias capas dos seus livros tinham uma cara típica — entre centenas de títulos numa livraria, podia-se reconhecer de longe um livro da Editora do Autor. O design era de GLAUCO Rodrigues, Renato Vianna ou BEA Feitler, e os desenhos, de JAGUAR, Carlos SCLIAR, Carlos THIRÉ, Alfredo CESCHIATTI, ZÉ Henrique BELLO e José Medeiros. Eram capas sóbrias, nada apelativas, que lembravam o espírito moderno da revista SENHOR, da qual Glauco, Bea, Jaguar, Scliar e Zé Bello eram oriundos.

A editora firmou sua reputação nos primeiros três anos. Mas, então, Fernando foi para Londres como adido cultural e Rubem para o Marrocos, como embaixador. A editora continuou a funcionar bem, mesmo teleguiada, mas já sem tanto gás. Em 1967, de volta ao Brasil, eles venderam a grife para seu terceiro sócio, o advogado Walter Acosta, mas conservaram o catálogo. Criaram a Editora Sabiá, que herdou o elenco da Editora do Autor e abriu-se para os latino-americanos, como Jorge Luis Borges, Mario Vargas Llosa, Pablo Neruda e um obscuro colombiano, Gabriel García Márquez, que escrevera *Cem anos de solidão*. Uma revelação brasileira da Sabiá foi um velho amigo deles, Pedro Nava, que estreou aos 69 anos com *Baú de ossos*, o primeiro volume de suas fabulosas memórias.

A Editora do Autor e a Sabiá, festivas como só elas, promoveram grandes noites (às vezes, tardes) de autógrafos, com mulheres como TONIA Carrero, LEILA Diniz ou ODETTE Lara servindo de *madrinhas* dos escritores. Foram eventos que se estenderam a diversas capitais, com Fernando, Rubem, Paulo, Otto, Vinicius, CARLINHOS Oliveira e Sergio Pôrto (Stanislaw Ponte Preta) às vezes viajando juntos, de táxi aéreo, para todo lado. Se um daqueles teco-tecos caísse, a crônica brasileira acabaria da noite para o dia.

Mas Fernando e Rubem já tinham se convencido de que, somando o custo da produção dos livros, a administração da editora, a comissão do livreiro e do distribuidor e toda a mão de obra necessária para se fazer um livro, seu lucro caía para os mesmos 10% que qualquer autor recebia sem outro trabalho que o de escrever um livro. Em 1970, venderam a Sabiá para a José Olympio, levaram seus próprios livros para a Record, de Alfredo Machado, e não quiseram mais saber de negócios.

Rubem Braga resumiu a experiência: "Foi boa. Sempre gostei de sabiás. E tenho vivido uma parte de minha vida em meio aos livros. Conheço livros. Sou capaz de distinguir um livro à primeira vista, no meio de outros objetos, sejam eles garrafas, tijolos ou cerejas maduras".

ELIZABETH Gasper
n. 1938. Atriz.

Quem conheceu a gloriosa Elizabeth Gasper no ARPOADOR ou entre as bailarinas de Carlos Machado, aos dezoito aninhos, em 1956, não poderia imaginar que seus primeiros dez anos de vida é que dariam um filme. Nascida na Alemanha, ela viu seu país meter-se numa guerra da qual saiu derrotado e arrasado. Os russos ocuparam a Saxônia, sua região, em 1945, fizeram milhares de prisioneiros, entre os quais o pai de Elizabeth, que pertencia à Gestapo, e mandaram a família inteira para a Sibéria. Durante anos, o que não faltou em sua infância foi neve. Em 1949, recambiadas para a recém-criada Alemanha Oriental, Elizabeth e sua mãe fugiram a pé pela fronteira com a Alemanha Ocidental, numa odisseia que reduz a saga da família Von Trapp, em *A noviça rebelde*, a um desenho animado. As duas, num grupo de quinze pessoas, cruzaram os bosques à noite, pintadas de preto, arrastando-se pelo chão para escapar aos tiros que vinham das casamatas. O percurso levou nove horas e, dos quinze fugitivos, apenas cinco chegaram vivos à fronteira. Algum tempo depois, o pai e os irmãos de Elizabeth se juntaram a elas.

Em 1953 vieram para o Brasil — primeiro, para Petrópolis. Elizabeth tinha quinze anos, aprendeu português de estalo e, aos dezoito, representando Petrópolis, venceu o concurso de Miss Cinelândia. Gostava de dançar e foi convidada a tornar-se bailarina de Carlos Machado, na boate Night and Day. Nunca entrara numa boate e sua mãe tinha dúvidas sobre se devia permitir aquilo, mas Machado convenceu-a de que suas bailarinas eram praticamente freiras. Elizabeth logo viu que não eram tanto assim, mas tentou comportar-se como se fosse. Para ela, era fácil: não se achava bonita e não gostava de seu corpo. Foi então que, morando em Ipanema, começou a ir à praia no Arpoador e, sem que ela entendesse a causa do alvoroço, seus frequentadores só faltavam decretar feriado quando ela chegava.

Mas Elizabeth logo arranjou um namorado, o jovem médico Carlos Madeira, e não sobrou para ninguém — para angústia dos que a viam passar esculpida em seu maiô ou biquíni. Madeira era amigo de ANTONIO CARLOS Jobim, Luiz Bonfá e outros que conciliavam violões e anzóis. Os casais iam pescar à noite na deserta Barra da Tijuca, caçando tatuís para usar como isca, e, muitas vezes, dormiam ali mesmo, na areia. Elizabeth e Madeira casaram-se em 1959, quando ela já havia trocado os shows de Carlos Machado pelo cinema, teatro e televisão, e foram para uma casa na rua Nascimento Silva, quase colada à de Tom. VINICIUS de Moraes também era amigo do casal e, anos depois, numa peixada na casa de Elizabeth, ela ouviu pela primeira vez a música e letra de um samba que eles tinham acabado de compor: "GAROTA de Ipanema".

Elizabeth começara no cinema com uma chanchada, *Colégio de brotos* (1956), em que os astros eram Oscarito e Inalda de Carvalho e ela, apenas um dos ditos brotos (mas que broto!). O filme foi o campeão de bilheteria da história da Atlântida — 250 mil espectadores só na primeira semana, no Rio. Mas ela nunca se deu a chance de uma grande carreira no cinema. Entre os filmes que recusou, estão *Os cafajestes* (sim, seria ela, e não sua amiga Norma Bengell, a correr nua à noite pela praia em Cabo Frio) e *Noite vazia* (sim, seria ela de novo, e não Norma ou ODETTE Lara que viveria aquelas cenas de amor). Em compensação, apareceu em *Terra em transe* — o que não queria dizer muito, porque, nos filmes de GLAUBER Rocha, o astro era ele.

Em outubro de 1968, Elizabeth substituiu Marilia Pêra na troupe nacional de *Roda viva*, de Chico Buarque. Ainda não se sabia, mas dois meses depois viria o AI-5. Em julho, o elenco original da peça já fora agredido em São Paulo por gente do CCC (Comando de Caça aos Comunistas); em agosto, houvera um atentado a bomba contra o Teatro Opinião, no Rio; e, na mesma época, o general Juvêncio Façanha, inominável chefe da Censura, chamara TONIA Carrero e Odette Lara de "vagabundas". *Roda viva* iria estrear em Porto Alegre sob clima pesado.

A temporada não passou da noite de estreia. Depois do espetáculo, parte da companhia foi seguida e encurralada no hotel. Os outros, entre os quais Elizabeth, conseguiram sair do teatro e, com a ajuda de um amigo gaúcho, esconderam-se numa casa nos arredores da cidade. Mas vinte homens do CCC os descobriram e levaram Elizabeth e o pianista Zelão para um descampado a quilômetros de Porto Alegre. Brandindo socos-ingleses e insultando-a, um deles ordenou-lhe: "Pode tirar a roupa e fazer a cena da trepada". Sabendo que não tinham visto a peça, Elizabeth, com o sangue-frio de quem já vivera uma guerra mundial, convenceu-os de que não havia tal cena e que, se houvesse, ela não a faria. Em vez disso, descreveu outra cena, que reproduzia a *Pietà* de Michelangelo — cantou para os brutamontes, inventou que estava grávida e enrolou-os tão bem que eles os libertaram. Elizabeth e Zelão voltaram a pé para Porto Alegre, de madrugada, pela estrada deserta, e só chegaram ao hotel às dez da manhã. Muitos atores nunca se recuperariam daquela experiência. Apesar do trauma, Elizabeth retomou sua carreira e, em 1969, fez *O balcão*, de Jean Genet.

Nesse ano, já separada de Madeira, foi gravar em São Paulo a novela *Beto Rockfeller*. Conheceu um paulista, casou-se com ele e não voltou para o Rio — mesmo porque o Arpoador dos anos dourados já pertencia a uma nova turma. Em São Paulo, Elizabeth continuou a fazer teatro e TV, e foi uma das primeiras mulheres a achar a solução para não se irritar no trânsito paulistano: pilotar uma Honda 500.

ELSIE Lessa
1912-2000. Jornalista e escritora.

Foi em 1932. Um jornalista capixaba em viagem de trabalho a São Paulo viu passar, no viaduto do Chá, uma morena de "olhos quase verdes, vestido claro e andar elástico". Era bonita, segura e tinha um ar de quem sabia muito bem aonde ia. Ele não sabia aonde ia e, como não sabia, resolveu segui-la, nem que fosse para contemplar mais um pouco, à distância, a beleza da garota. Mas, no largo São Francisco, ela entrou num prédio e sumiu. O jornalista nunca a esqueceu. Anos depois, ele a reencontrou no Rio e imagine seu espanto quando soube que ela era louca pelo cronista que ele se tornara. O rapaz era RUBEM Braga. A moça, Elsie Lessa. Os dois tinham vinte anos no viaduto do Chá.

Quem são os grandes cronistas brasileiros do século? Há os nomes que estalam automaticamente: Rubem, PAULO Mendes Campos, FERNANDO Sabino. Os anos 90 assistiram à revalorização de Nelson Rodrigues, ainda está por se fazer a de Antonio Maria, Carlos Heitor Cony e CARLINHOS Oliveira. Mas há ainda outra a ser providenciada com urgência: a de Elsie Lessa. De 1952 ao fim do século, exceto quando de férias, não houve dia, semana ou quinzena, dependendo da periodicidade, em que o leitor de *O Globo* não se deliciasse com sua coluna, por muitos anos intitulada "Globe-trotter" e depois rebatizada com o nome da cronista — na verdade, sinônimos.

Se, para ser grande, um cronista precisa de uma biografia agitada e já ter visto muita coisa — para não se espantar com nada —, você está falando com Elsie Lessa. Ela nasceu em São Paulo, filha de um pastor presbiteriano que a proibia de tudo: sair sozinha, brincar, fazer esporte, namorar, maquiar-se e dançar (mas não podia proibi-la de sonhar). Era magra, de pernas finas, e tinha de usar os vestidos feios e tristes que sua avó lhe fazia. Cinema, só de vez em quando, em companhia das tias, e não era qualquer filme — no máximo, algo como *Os perigos de Paulina*. Foi obrigada a aprender piano para tocar hinos no órgão da igreja e, às vezes, sentada ao órgão, julgava ver o fantasma de seu avô materno, que não conhecera: o gramático Júlio Ribeiro (1845-90), sucessivamente católico, protestante e ateu, que fizera furor no arraial em 1888 com seu romance *A carne*.

Aos dezesseis anos, Elsie queria ser bailarina e médica. Não uma ou outra, mas as duas coisas. Em vez disso, formou-se em contabilidade e, para ajudar os pais pobres, foi trabalhar como estenógrafa e datilógrafa. Com um salário ao fim do mês, viu-se subitamente independente. Passou a fazer ginástica num clube, tornou-se boa nadadora e ganhou logo as formas com que sonhava. Ganhou inclusive um namorado, também filho de pastor, só que afastado da religião: o futuro escritor Origenes Lessa (1903-86). Aos dezoito anos, casou-se com ele, devorou sua biblioteca, começou a maquiar-se, a frequentar saraus, teatros e cinemas, a sair para comprar roupas e a conhecer gente diferente. Integrou-se no meio literário de São Paulo, publicou contos em revistas e até foi editora de uma, *Lar Moderno*. Tinha vinte anos, não se esqueça. Foi quando se deu a passagem do viaduto do Chá, que o próprio Rubem Braga contou num amoroso perfil de Elsie que publicou em *Manchete*.

Durante os anos 30, Elsie traduziu peças de teatro (entre elas um clássico moderno, *Nossa cidade*, de Thornton Wilder), teve seu filho, IVAN Lessa, e viajou com Origenes pela América do Sul. Em 1942, foram para Nova York, onde Elsie fez cursos de enfermagem (dos quais saiu oficial da reserva do Exército da Cruz Vermelha), foi modelo fotográfico (com foto na revista *Harper's Bazaar*), deixou Orson Welles dançando sozinho na pista da boate Copacabana — porque ele não conseguia controlar a ereção — e produziu programas em português para a rádio NBC. Enfim, tornara-se Florence Nightingale, Suzy Parker e Elsie Lessa, tudo ao mesmo tempo. E ainda esnobou um teste que o locutor Luiz Jatobá, também por lá, lhe arranjara em Hollywood.

Em 1943, de volta ao Brasil, fixaram-se no Rio. Foram morar no Leme, depois em Ipanema. A nova turma de Elsie eram Rubem e sua mulher, Zora Seljan, Carlos THIRÉ e sua mulher, Mariinha (a futura TONIA Carrero), Tati e VINICIUS de Moraes, ANIBAL Machado, JOSUÉ de Castro, Carlos Lacerda, Di Cavalcanti, Portinari, Paulo Bittencourt, Roberto Marinho e, mais tarde, Paulo Mendes Campos, Fernando Sabino e GUERREIRINHO (Josef Guerreiro). Em 1946, Elsie começou como repórter no *Globo*, viajou pela Europa arrasada e separou-se de Origenes. Casou-se com outro escritor, Ivan Pedro de Martins, e, em 1952, ganhou seu espaço de cronista — para sempre.

Uma parte mínima das crônicas de Elsie está reunida em seus livros *Armazém da lua* (1956), *A dama da noite* (1963), *Ponte Rio-Londres* (1984), *Canta que a vida é um dia* (1998) e *Formoso Tejo meu* (1998). São livros delicados, deliciosos e difíceis de encontrar. Há neles pequenas obras-primas, como "Aconteceu um crepúsculo" e "Um jornal cinematográfico" (em *Armazém da lua*), "Amor em travesti" e "Cantor de chuveiro" (em *A dama da noite*), "Lili" (em *Ponte Rio-Londres*) e uma enxurrada de relatos sobre Londres (onde morou de 1977 a 1985), Cascais (de 1985 até sua morte), Florença, Oslo, La Paz e as muitas cidades que visitou. A mágica de suas crônicas de viagem é que, sempre tão em casa em qualquer lugar, é como se Elsie nunca saísse do Brasil. Em todas elas, seu olhar civilizado e compassivo nos remete a uma Ipanema, um Rio, um Brasil sem idade. Será preciso ser uma cidadã do mundo, como ela, para enxergar a província?

Rubem Braga dizia de Elsie que suas crônicas eram educativas, porque nos educavam os sentidos e os sentimentos. Mas devemos aos grandes cronistas brasileiros algo mais do que os muitos momentos de prazer que eles nos deram com suas crônicas. Devemos-lhes a moderna língua portuguesa do Brasil. Foram os cronistas que, com sua vocação literária infiltrada nos jornais, ensinaram esses jornais a escrever. Compare as crônicas de Rubem Braga, Paulo Mendes Campos ou Elsie Lessa com os textos que, nos anos 50, saíam em volta delas nos jornais. O contraste será chocante. De tanto abrigar a escrita clara e direta desses cronistas, os jornais foram se envergonhando do ranço acadêmico, da sensaboria verbal, dos narizes de cera e, no caso dos articulistas, da empáfia engomada e da seriedade oca. A contribuição dos cronistas ainda espera por um estudioso sério que a avalie.

Elsie Lessa nunca se achou assim tão importante. E disse muitas vezes que trocaria todas as crônicas que escreveu pela realização de seu sonho maior: ter sido uma das pastoras de Ataulpho Alves.

ESQUERDA FESTIVA

1963-80. Vasto grupo da esquerda lítero-musical.

Nos fins de semana, quem passasse pela praia de Ipanema, entre as ruas Farme de Amoedo e MONTENEGRO, e encontrasse o poeta Ferreira GULLAR, o cineasta Leon Hirszman, a produtora Tereza Aragão, os jornalistas Zuenir Ventura, Milton Temer e Norma Pereira Rego, o filósofo Leandro Konder, o cartunista ZIRALDO, o casal DARWIN e GUGUTA Brandão, a artista plástica MARILIA Kranz e o arquiteto Sabino Barroso à sombra da mesma barraca pensaria que eles, sabidamente de esquerda, estavam discutindo a implantação da ditadura do proletariado ou coisa assim. Mas, que nada. Estariam apenas contando a última piada sobre o ditador de plantão, combinando uma feijoada ou bolando um show a ser levado no Teatro Opinião ou no Casa Grande.

Nem que fosse em espírito, todos eram ligados ao antigo Partidão, a ponto de MILLÔR Fernandes (que não pertencia ao grupo) tê-los classificado de "PCI" — Partido Comunista de Ipanema. É claro que nunca houve oficialmente um PCI e, com aquela turma na praça, nem isso era necessário. Eles eram muito mais ativos e eficientes na área cultural do que o velho partido em termos de *agitprop*. O nome pelo qual ficaram conhecidos — Esquerda Festiva — fora criado em 1963, um ano antes do golpe militar, não por acaso durante uma festa e, ironicamente, por um lacerdista roxo, de quem todos eram amigos: o jornalista Carlos LEONAM.

A esquerda dita séria não gostava da Esquerda Festiva. A direita também não. Ambas usavam a expressão para ofender os membros da dita. Mas estes não se ofendiam e achavam ótimo pertencer a uma esquerda que não se julgava triste e que, mesmo quando as coisas estavam pretas, assumia seu amor a festas e rega-bofes. Essa esquerda alegre e solar seria impraticável em países como a Argentina ou o Chile, onde todos se levam a sério demais em política. Nesse sentido, a Festiva pode ter sido até uma contribuição original de Ipanema à esquerda mundial — mantinha acesa a chama revolucionária e, ao mesmo tempo, aplacava os ânimos dos mais exaltados, que queriam partir para soluções armadas. Se a Esquerda Festiva chegou a ter um braço armado, este foi a BANDA de Ipanema.

Além da Banda, as principais realizações da Festiva nos anos 60 e 70 foram os réveillons promovidos por ALBINO Pinheiro e JAGUAR no Clube Silvestre; as noites de samba no restaurante Zicartola; o show *Opinião*, com Nara Leão (depois com Maria Bethânia), Zé Kéti e João do Valle; a popularização de expressões como "válido" e "inserido no contexto"; a simpática mania de chamar as pessoas de "neguinho" e "meu nego"; a longa sobrevivência do querido bar JANGADEIRO; o jornal O PASQUIM; os ciclos de debates no Teatro Casa Grande, no Leblon, e as inesquecíveis festas pela volta dos exilados em 1979-80. A tanga de Fernando GABEIRA (este, no passado, um de seus mais vistosos expoentes) foi o clímax e, ao mesmo tempo, a morte da Esquerda Festiva.

A Festiva era divertida, conciliadora e, por isso, nunca seria derrotada — sobreviveria a cinquenta anos de regime militar, se este tivesse durado tanto. Mas foi justamente a abertura promovida no governo Figueiredo (1979-85) que a tornou sem sentido. O Brasil não precisava mais dela. A Festiva tinha tal consciência de seu papel no chamado espectro das esquerdas que o ponto de praia que ela frequentava era chamado, por eles próprios, de "cemitério dos elefantes".

A saga da Festiva talvez rendesse um grande livro, que poderia começar por um levantamento de todas as vezes em que, mesmo sem esse nome, ela se manifestou na história do Brasil. Para o historiador Evaldo Cabral de Mello, a Inconfidência Mineira, em 1789, por exemplo, já era uma espécie de Festiva. E, não por acaso, apenas um de seus membros, o alferes, se deu mal.

FAUSTO Wolff
1940-2008. Jornalista e escritor.

Há na Alemanha uma cidade chamada Wolfenbüttel, a duzentos quilômetros de Hamburgo. A família que deu o nome ao burgo morava num castelo que está lá até hoje, em cima de um morro. Mas há muito que o castelo foi tomado aos Wolfenbüttel e, se um de seus descendentes quiser retomá-lo, terá de pagar duzentos anos de impostos atrasados. Um desses descendentes, o brasileiro Faustin von Wolfenbüttel, pensou muitas vezes em ir lá para tomar tal providência. O que ele nunca pôde fazer porque, antes, precisaria acertar dois ou três meses de atraso no aluguel do seu apartamentinho no Rio e, depois, liquidar suas penduras no VELOSO. Fausto Wolff, é claro.

Podia-se gostar muito ou pouco de Fausto, mas sempre foi difícil ignorá-lo. Seu 1,92 metro de altura e outro tanto de envergadura ocupavam muito espaço, seu vozeirão contava com uma amplificação natural e, com o simples ato de coçar-se numa mesa de bar, ele podia deflagrar uma cavalgada de valquírias. E fazia tudo de acordo com sua escala. Seus primeiros romances eram de tamanho normal, mas tinham títulos quilométricos: *O acrobata pede desculpas e cai* (1967), *O campo de batalha sou eu* (1968), *Mate o cantor e chame o garçom* (1978). Depois encurtou os títulos, mas, aí, foram os livros que cresceram — e a apreciação por eles também. *À mão esquerda* (1996), que conta em seiscentas páginas a história de cinco séculos de sua família, foi considerado um épico teuto-brasileiro por Carlos Heitor Cony, Moacir Werneck de Castro, JANIO de Freitas, MILLÔR Fernandes e JAGUAR. O único que não gostou foi IVAN Lessa, que o arrasou na *Veja*.

Nesse período de quatrocentos anos, os Wolffenbuttel saltaram da opulência na Saxônia para a extrema pobreza num subúrbio de Porto Alegre (RS), onde Fausto nasceu. Em criança, foi engraxate, vendedor de orquídeas e office boy, mas, como já sabia ler desde os cinco anos, não lhe foi difícil, aos quatorze, passar de contínuo a repórter de polícia num jornal gaúcho. Dali subiu rapidinho os degraus da imprensa local e, aos dezoito anos, em 1958, desembarcou nas redações do Rio. Primeiro, como repórter em jornais e revistas; depois, como crítico de teatro e, para espanto geral, autor de uma coluna séria sobre televisão na imprensa brasileira — talvez a primeira.

Sua estampa de galã de filme alemão pós-guerra em Agfacolor tinha uma vantagem e uma desvantagem para Fausto. A vantagem era que, por causa dela, passaram pelo seu apartamento, no alto da rua Saint-Roman, as mulheres mais desejadas do Rio nos anos 60: jornalistas, grandes damas do teatro, moças do *society*. A desvantagem era que, por seu tamanho, vivia sendo desafiado por valentões em praias e botequins e fazia de tudo para não brigar. Não porque fosse covarde — em 1968, atirou-se ao mar em Ipanema e nadou mais de duzentos metros para salvar uma criança que se afogava. Não brigava porque achava que um homem não deve bater em outro homem — embora, em alguns casos, ele abrisse uma exceção.

Nessa época, em sua coluna de TV no *Jornal do Brasil*, Fausto já advertia os proprietários de jornais sobre o risco de, num futuro próximo, eles se tornarem empregados dos proprietários das TVs. E queria saber que direito tinha o dono das Casas da Banha de interferir na cultura brasileira. Por coisas como essas e por seus debochados comentários políticos no programa *Jornal de Vanguarda*, na TV Excelsior, Fausto soube que os militares o estavam vigiando e resolveu se mandar. Como já não se brincava com a ditadura, largou tudo e foi para Roma, onde tinha contatos com universidades. Dias depois, ficou sabendo do AI-5 e se preparou para uma longa temporada fora de casa.

Fixou-se em Copenhague, onde sobreviveu dirigindo teatro e mandando matérias para o PASQUIM. Seu passaporte ficou retido na embaixada brasileira, mas os dinamarqueses deram-lhe um salvo-conduto que lhe permitia circular pela Europa. O autoexílio exacerbou sua impaciência para com os rumos do Brasil e, em 1971, com um passaporte falso, ele veio dar uma discreta espiada por aqui. Chegou, procurou os amigos e, ao ver que muitos só queriam falar de astrologia, umbanda e cursilho, correu de novo para a Europa. Só voltou de vez em 1978, com a abertura política. Poderia ter ido para a grande imprensa, mas preferiu o *Pasquim*. Era o único veículo capaz de absorver seu potencial de violência verbal, aversão ao poder e gosto pela marginalidade.

Em 1985, Fausto comandou sessenta estagiários de reportagem que saíram à rua para entrevistar o povo do Rio: operários, policiais, professores, bancários, lambe-lambes, travestis, sorveteiros, traficantes etc. As entrevistas renderam 6 mil laudas, que ele condensou nas 714 páginas do livro *Rio de Janeiro: um retrato* (*a cidade contada por seus habitantes*) (1990). Um grande universo *off* Ipanema, de que ele também era íntimo — porque, segundo MILLÔR,

Fausto "conviveu com os de sua estirpe: escritores, cineastas, poetas e grã-finas. E com sua laia: bêbados, putas e brigões".

Aliás, seus livros refletem isso. De uma página para outra, passam de literatura a panfleto, de caprichados a displicentes, de líricos a brutais. O leitor é que fica sempre na ponta dos pés.

FEIRA Hippie
f. 1969. Feira de artesanato na praça General Osório.

Em outubro de 1969, de sua mesa no JANGADEIRO, um desolado HUGO Bidet imaginava como poderia desencalhar os cartões de Natal que escrevia e desenhava, para garantir o chope até o fim do ano. À sua frente, estava a praça General Osório, cheia de famílias passeando entre os estandes de uma feira de livros. O óbvio assomou-lhe à cabeça e Hugo viu na própria praça a salvação — uma galeria de arte a céu aberto, onde ele e seus amigos pintores e artesãos pudessem vender seus produtos.

No fim de semana seguinte, com o aval da prefeitura, Hugo e um grupo de colegas penduraram quadros nos estandes de livros, estenderam toalhas no chão e expuseram seus óleos, gravuras e objetos. O evento chamou-se *Arte na Praça* e, com ele, estavam os pintores Guima, HANS Etz, José Carlos Nogueira da Gama, Júlio Vieira, Max Triffler, Lisette Troulla, Jesuíno Ribeiro, o entalhador De Jacy e a tapeceira Lira. Para evitar que fossem confundidos, Hugo explicava aos clientes: "Não somos hippies nem camelôs. Somos artistas de Ipanema".

Mas os hippies (de Ipanema ou não) gostaram da ideia e, semanas depois, também se instalaram com seus artesanatos. E, como se tornaram maioria, o nome Feira Hippie institucionalizou-se. Enquanto durou a onda hippie em Ipanema, até cerca de 1973, a praça tornou-se o ponto do *flower power* brasileiro, com todos os foragidos de Woodstock se concentrando ali — alguns ainda trazendo nas barbas restos de macarrão comido com Janis Joplin na própria Feira, em 1970. Até aí, tudo bem — em termos. Não demorou, no entanto, para que o que sobrara da ideia original fosse ainda mais avacalhado: a Feira tornou-se um mafuá, com gente de fora vendendo todo tipo de bagulho industrializado sob o rótulo de "artesanato", destruindo a praça e invadindo a rua Visconde de Pirajá. Não era isso que Hugo Bidet antevira para a sua romântica feirinha de arte.

Mas, de alguma forma, a Feira equilibrou-se, livrou-se de alguns excessos e foi incluída na programação turística da cidade. Em suas três décadas de existência, revelou talentos como o artista plástico Armando Romanelli, o designer de bolsas Victor Hugo e os criadores de moda Mauro Taubman, Gaspar Saldanha e Marco Rica. Foi visitada por Calvin Klein e tem sustentado gerações de artesãos. A Feira impôs-se pela antiguidade. Pensando bem, é tão antiga que já serviu de cenário até para revivals hippies.

FERDY Carneiro
1929-2002. Designer, artista plástico, cenógrafo, museólogo e folião.

Se, ao passar de carro pela Lagoa, Gávea ou Botafogo, você se sentir agredido pelos luminosos, placas, painéis e outros estupores do mobiliário urbano, saiba que não foi por falta de aviso. Em 1968, ao diplomar-se pela Esdi (Escola Superior de Desenho Industrial), Ferdy Carneiro apresentou uma profética e ousada tese de graduação, "Comunicação visual na paisagem urbana", que alertava para a necessidade de manter a beleza natural do Rio a salvo dessas agressões. Por que a tese era ousada? Porque, nos anos 60, o "progresso" era uma prioridade avassaladora e ninguém queria saber se o ar ou o visual de uma cidade seriam poluídos por ele. Mas Ferdy queria saber — e se preocupava com o futuro que ameaçava empestear a alma e os olhos dos cidadãos. Não o ouvimos e deu no que deu.

Ferdy estudou desenho e pintura com os célebres Inimá de Paula e Yoshiya Takaoka, mas sua verdadeira escola chamou-se LUCIO Cardoso. Lucio era um multiartista — escritor, cineasta, pintor — e seu apartamento em Ipanema, ponto de encontro de gente de todas as idades e áreas da criação.

Ferdy foi levado a Lucio por seus amigos ZÉ Henrique BELLO e ALBINO Pinheiro. Alguns com quem conviveu ali, durante os anos 50, foram Clarice Lispector, o paisagista Roberto Burle Marx, o poeta Marcos Konder Reis, João SALDANHA, a dupla ANTONIO CARLOS Jobim e NEWTON Mendonça, o jovem Paulo Cesar SARACENI. Um ou outro com reputação firmada, mas a maioria em começo de carreira — aliás, o país, sob JUSCELINO Kubitschek, também parecia estar renascendo. Esgotada a bebida em casa de Lucio, essa turma transferia sua efervescência para O MAU CHEIRO, o botequim que eles frequentavam no CASTELINHO.

No Carnaval de 1959, Ferdy fretou um lotação e encheu-o de amigos, entre os quais Albino, para passar os três dias em Ubá (MG), onde ele nascera. Seis anos depois, daquela viagem sairia a ideia da BANDA de Ipanema, inspirada numa bandinha semelhante fundada pela família de Ferdy e que existia havia décadas em Ubá. Ele próprio criou a bandeira da Banda de Ipanema, em vermelho e amarelo ("as cores da aurora"), e forneceu o assustador dístico *"Yolhesman crisbeles"*, sem significado conhecido, que ouviu de um louco apocalíptico na Central do Brasil.

Como pintor, Ferdy já participara de várias edições do Salão Nacional de Arte Moderna. Mas a urgência das lutas políticas de 1961, ano particularmente agitado, levou-o a interessar-se por artes gráficas e ele foi fazer cartazes para o CPC (Centro Popular de Cultura, um braço da UNE). Em 1965, entrou para a primeira turma da Esdi (Escola Superior de Desenho Industrial), que então atraía não apenas jovens recém-saídos do colegial, mas também engenheiros, arquitetos, publicitários e artistas plásticos já formados e, como ele, interessados em novas linguagens. O próprio Ferdy depois seria professor da Esdi e ajudaria a formar várias turmas de designers e programadores visuais.

No começo dos anos 70, foi nomeado diretor do Museu do Primeiro Reinado, em São Cristóvão, e de saída acabou com essa denominação pomposa. Restabeleceu a verdade histórica, revertendo o pseudomuseu ao que ele realmente era: o Solar da Marquesa de Santos. Dom Pedro I o construíra em 1825 para sua amante, Domitila de Castro, a quem fez marquesa nas barbas de dona Leopoldina, sua mulher. Marquesa de marmelada, claro. Uma casa com passado tão ilustre merecia ser usada de acordo e Ferdy, assessorado por Albino, deu-lhe nova vida cultural, agitando-a com saraus de música popular.

Ferdy dirigiu outros museus, como o de História e Artes, em Niterói, e o da Imagem e do Som, mas ainda achou tempo para uma atividade que só exercia em sua identidade secreta: a de cenógrafo dos filmes de Paulo Cesar Saraceni. Cenografia no cinema brasileiro requer improvisação e conhecimento dos segredos da cidade, o que permitiu a Ferdy, em *Anchieta, José do Brasil* (1977), reconstituir no morro da Conceição a Tenerife de 1534, onde nasceu Anchieta, e transformar o Real Gabinete Português de Leitura na Coimbra em que o padre estudou. Outros filmes de Saraceni com cenografia de Ferdy foram *A casa assassinada* (1971), *Ao sul do meu corpo* (1982) e *O viajante* (1998).

Todo cenógrafo é meio figurinista, e Ferdy provou ter também esse talento, só que em causa própria. Numa festa pré-carnavalesca no clube social Banda Portugal, promovida por Albino e JAGUAR nos anos 60, Ferdy participou de um concurso de fantasias, atrevendo-se a enfrentar os campeões dos concursos do Theatro Municipal, como Clovis Bornay e Evandro Castro Lima. Mais incrível: contra aqueles profissionais do ramo, inscreveu-se não na categoria originalidade, mais fácil de executar, mas na categoria luxo. Diante dos concorrentes fantasiados de Príncipe Assírio ou Pavão Imperial, emplumados até o teto e cobertos de pedrarias, Ferdy apresentou-se fantasiado de "seu Miguel", o caçador de gazeteiros dos gibis de Bolinha e Luluzinha. Seu traje era um reles temo xadrez com chapéu-coco; a alegoria de mão era um papagaio de pano representando Panco, o papagaio do Bolinha. Os próprios Bornay e Evandro tiveram frouxos de riso quando Ferdy desfilou gloriosamente. Eles não sabiam que o júri tinha sido "conversado" — e Ferdy venceu.

FERNANDO Sabino
1923-2004. Escritor e baterista de jazz.

Fernando Sabino já era adorado como cronista quando publicou *O encontro marcado* (1956), o grande romance sobre as atribulações existenciais de sua geração em Minas Gerais. Desde então, nunca mais lhe deram sossego — populares o paravam na rua, sôfregos, perguntando quando sairia o romance seguinte. À medida que os anos se passavam e não havia nem sombra de um segundo romance, os críticos convenceram-se de que, tendo acertado na veia com *O encontro marcado*, Fernando temia ser comparado consigo mesmo se voltasse ao gênero — e por isso só se dedicava à crônica, um gênero "menor". O próprio Guimarães Rosa vivia lhe cobrando: "Fernando, faça pirâmides, não biscoitos" — sendo a pirâmide o romance e os biscoitos, as crônicas. Mas Fernando respondia que um escritor não podia ser julgado por ser biscoiteiro ou faraó: "Ninguém é obrigado a ser Tolstói na vida, como o próprio [biscoiteiro] Hemingway pensava". Fernando levou 23 anos, mas finalmente atendeu os críticos, em 1979, com *O grande mentecapto* — "sobre o doidivanas que continuava sendo". E, tendo pegado o gosto, rebateu quase em seguida, em 1982, com *O menino no espelho*, "sobre a criança que gostaria de voltar a ser". Só então pôde voltar a andar sossegado em Ipanema.

O sucesso de seus romances quase obscureceu o que pode ter sido a grande contribuição de Fernando Sabino desde fins dos anos 40, quando se tornou um cronista regular de jornais e revistas: ensinar os jornalistas a escrever com clareza, simplicidade e, se possível, charme. Foram os cronistas, como ele, RUBEM Braga, PAULO Mendes Campos e ELSIE Lessa, que começaram a raspar a crosta que ainda sufocava o texto de imprensa naquele tempo. Só que de Rubem, Paulo e Elsie nunca foi cobrado que produzissem romances. Em compensação, a Fernando se deve a permanência da produção jornalística desses e de outros cronistas, como CARLINHOS Oliveira e Sergio Pôrto, com as duas editoras que fundou com Rubem: a EDITORA DO AUTOR, em 1960, e a Sabiá, em 1967. Durante o breve tempo em que existiram, com suas edições sóbrias e caprichadas, elas ajudaram a fixar a crônica como um gênero à altura da melhor ficção brasileira — e, em alguns casos, melhor ainda do que essa ficção.

Muitas "crônicas" de Fernando são tecnicamente contos, tão ou mais bem realizados que os dos contistas oficiais — o mais popular deles é "O homem nu" (1960). Então, por que são chamados de crônicas? Porque crônica é tudo aquilo que o cronista chama de crônica, embora Fernando nunca se tenha dito cronista. Os outros é que dizem. Seus contos são confundidos com "crônicas" porque, nos últimos séculos, ele os publicou primeiro em jornais e revistas. O curioso é que, depois, ao saírem em livro, continuaram a soar como "crônicas", não como ficção. A explicação pode estar no fato de que, com seu enorme à vontade ao escrever, Fernando contava uma história como se ela tivesse acabado de lhe acontecer, sem nenhum verniz "literário". Esse à vontade, evidentemente, é um truque — porque só Fernando sabia o quanto lhe custava escrever simples.

Mas que as histórias contadas por Fernando Sabino lhe aconteceram, não tenha dúvida. Mesmo que ele tenha precisado inventá-las. Sua própria biografia parece história de Fernando Sabino, e o fato de ter nascido no Dia das Crianças — 12 de outubro — já devia ser indício de alguma molecagem. Fernando vem de uma longa linhagem de pioneiros em Minas Gerais, e há uma hipótese de que seu avô paterno tenha sido o introdutor do sorvete na cidade de Leopoldina, no começo do século. Mas os estudiosos ainda estão pesquisando o assunto. Quando Fernando nasceu, em 1923, o escotismo já era uma ciência avançada em Belo Horizonte e ele se converteu a ela aos nove anos. Uma das coisas que aprendeu foi fazer fogo com um único palito de fósforo. Antes disso, no jardim de infância, Fernando já aprendera a ler e conhecera Helio Pellegrino, duas coisas que lhe seriam úteis pelo resto da vida.

Aos dezesseis anos, depois de devorar tudo que lhe caía à mão (de balas de coco a livros de Giovanni Papini), Fernando escreveu seus primeiros contos, conquistou prêmios em concursos literários e, de passagem, tornou-se recordista em natação — segundo ele, seu tempo nos quatrocentos metros em nado de costas foi considerado tão insuperável que a prova foi suprimida das competições nacionais. No ano seguinte, 1940, Fernando conheceu Paulo Mendes Campos e Otto Lara Resende e, a partir daí, juntamente com Helio Pellegrino, os quatro ficaram inseparáveis, subindo e descendo ladeiras mineiras. Não apenas pela amizade, mas porque, quando um dos quatro estava ausente, os outros três aproveitavam para falar mal dele. Aos dezoito anos, Fernando já gostava de jazz, tocava bateria e se correspondia com Mario de Andrade. O jazz e a bateria, tudo bem, mas essa correspondência com Mario de Andrade não chegava a ser vantagem, porque Mario de Andrade só faltou se corresponder com recém-nascidos.

Aos 21 anos, tendo publicado um livro de contos e com uma novela no embornal, Fernando ficara amigo de todos os escritores cariocas, pelo menos os que tinham visitado Belo Horizonte. Naquele ano, 1944, veio finalmente para o Rio. Otto e Paulo o seguiram e Helio, sempre do contra, deixou-se ficar para trás — só chegaria nove anos depois. E o resto é história. Ou histórias, que Fernando sempre contou melhor do que ninguém.

A vida de Fernando Sabino teria sido muito diferente se, em vez de tornar-se escritor, ele tivesse aceitado o convite do pianista de uma boate carioca para formarem um trio de jazz, com Fernando na bateria, e partirem em excursão pela Europa. Quais seriam as consequências? Provavelmente não teríamos Kenny Clarke, Max Roach e Art Blakey, os bateristas inventores do bebop. Não teríamos sequer o bebop, porque Fernando nunca o aceitou. Era da escola jazzística do século XX, de Babe Dodds e Zutty Singleton, homens de New Orleans, chegando no máximo a Gene Krupa, embora discordasse do chiclete que ele mascava ao tocar. E, ao mesmo tempo, se a bateria prevalecesse, não teríamos o escritor de *O encontro marcado*, nem o autor de *Gente I* e *Gente II* (dois dos melhores livros de perfis já publicados no Brasil), nem o cronista que dá nós na semântica e se mete em hilariantes confusões com as palavras. Pensando bem, foi melhor que certo pudor o travasse e Fernando recusasse o convite do amigo músico. O mundo tem bateristas de mais e escritores de menos.

Ao chegar ao Rio, Fernando foi morar em Copacabana, mas seu batismo na cidade se deu na casa de ANIBAL Machado, na rua Visconde de Pirajá. Depois de uma escala em Nova York e de novo em Copacabana, aportou finalmente na rua Canning, em 1953, e nunca mais saiu. Ipanema serviu-lhe de cenário para histórias deliciosas, como, entre outras, "A paz na rua Canning", em *A mulher do vizinho*, sobre um barulhento clube de bridge que se instalou em sua vizinhança; "O mistério daquela noite", em *O gato sou eu*, sobre um rapaz cuja alma se separava do corpo; "Garotas de Ipanema", em *A volta por cima*, sobre um garotão que estala um beijo numa bundinha coberta por um fio dental. Ou a memória "Viagem em torno de uma praça", em *Gente I*, sendo a praça a General Osório — por onde Fernando circulou por meio século com os "cata-ventos alucinados" que Helio Pellegrino suspeitava enxergar dentro dele.

Os bons ventos de Fernando Sabino sopraram por Ipanema por todo esse tempo, com sua presença ao vivo, sempre acessível, e as dezenas de livros que lhe deram prestígio e conforto, todos com inúmeras edições. Seus admiradores se contavam em batalhões e, durante pelo menos os anos 50 e 60, ele conheceu ao mesmo tempo a popularidade, o respeito da multidão e a intimidade com os poderosos. Todos os escritores bem-sucedidos tinham isso, e ele era dos mais bem-sucedidos. Nas décadas seguintes, esse poder sofreu uma erosão provocada pela televisão e pela música popular, e os escritores tornaram-se entidades incorpóreas, quase abstratas. Fernando conviveu bem com essa transformação e até escreveu a respeito. Como, aliás, escrevia sobre tudo que lhe acontecia.

E sem revelar os tremendos conflitos, inclusive religiosos, que se passavam em seu íntimo. Mas, também por isso, era um escritor.

Frases

★ *Viver faz mal à saúde — envelhece, cria rugas, dá reumatismo, ataca os rins, o fígado e o coração.* ★ *Roncar é tomar ruidosamente sopa de sonho.* ★ *Há algo de profundamente religioso no ato sexual quando o chamamos de cópula.* ★ *Não se esqueça de que foi um anjo que inventou a espada.* ★ *Sempre que me sento para escrever, sou um principiante. Vou escrever alguma coisa que não sei o que seja, justamente para ficar sabendo.* ★ *Há mil maneiras de dizer uma coisa e só uma é perfeita. Para descobri-la, a gente pode levar a vida inteira.* ★ *Assim como existe a associação de ex-combatentes, deveria haver uma associação de ex-meninos.* ★ *Se conseguíssemos recuperar o menino que devíamos ter vivo dentro de nós, todos nos entenderíamos muito mais.* ★ *O mundo mudou tanto, e tão depressa, que tenho a impressão de que isso se deu numa quarta-feira de junho.* ★ *Sinto-me o último dos amadores. Alguém que, festa acabada, se deixou ficar no salão vazio, dançando no escuro com uma cadeira, ao som de uma orquestra imaginária, como se estivesse no mais animado dos bailes.* ★ *Eu tinha um encontro marcado comigo. Mas, graças a Deus, nenhum dos dois compareceu.*

FOSSA

Gíria criada em Ipanema nos anos 50.

Hoje parece natural que "estar na fossa" signifique uma forte angústia ou depressão. Até o *Aurélio* diz isso. Mas, quando os artistas plásticos LILIANE Lacerda de Menezes e Alfredo CESCHIATTI usaram a expressão pela primeira vez, no ZEPPELIN, no começo dos anos 50, ninguém sabia o que eles queriam dizer. Liliane e Ceschiatti tinham visto na Itália o filme *A cova da serpente* (*The Snake Pit*, de Anatole Litvak, 1948), em que Olivia de Havilland sofria de uma depressão tão forte que nem choques, remédios e divã conseguiam curar. A cova do título era o hospício onde a internaram — só que, na Itália, o filme se chamou *La fossa delle serpente*. Segundo PAULO Mendes Campos, que se dizia testemunha da história no Zeppelin e a contou no livro Os *bares morrem numa quarta-feira*, Liliane, assistida por Ceschiatti, referiu-se a um amigo deles como estando "na fossa" — e a expressão pegou.

Havendo uma palavra para definir um espírito, gente que até então era feliz e despreocupada começou a ficar "na fossa". A fossa tornou-se um dos estados de espírito de Ipanema nos anos 60 e assolava principalmente as deslumbrantes garotas do bairro — fossas profundas, que podiam durar semanas. Na fossa, a garota desaparecia das ruas, dos bares e da praia, trancava-se em casa e não atendia ao telefone. O motivo podia ser uma briga com o namorado, uma reprovação no colégio, um profundo dilema existencial — as meninas de Ipanema tinham profundos dilemas existenciais — ou mesmo motivo nenhum. O bairro sabia da evolução da fossa da moça e a acompanhava à distância. Quando a fossa passava, a garota um dia voltava à tona e era recebida triunfalmente nos velhos ambientes. A fossa, na verdade, era um charme e podia ser também um ótimo pretexto para ela encostar a cabeça no ombro de um homem de quem estivesse a fim.

Exemplos clássicos da fossa estão na tira em quadrinhos de JAGUAR e IVAN Lessa, Os CHOPNICS, em que "Tania" é uma personagem que nunca aparece, exceto por um balão com sua voz saindo de um buraco (a fossa). E, nos filmes *Todas as mulheres do mundo* (1966) e GAROTA *de Ipanema* (1967), as protagonistas, vividas respectivamente por LEILA Diniz e MARCIA Rodrigues, passam boa parte da história na fossa. A fossa batizou também um secular e lindo casarão da rua Lauro Müller, em Botafogo, que, nos anos 60, abrigou artistas, jornalistas e boêmios, todos jovens, românticos e sem dinheiro: o Solar da Fossa — oficialmente, Solar Santa Terezinha, ao lado da igreja idem. Alguns de seus moradores, mais ou menos na mesma época, eram Caetano Veloso, Gal Costa, Paulinho da Viola, Zé Kéti, BETTY Faria, CLAUDIO Marzo, Tania Scher, MARIA GLADYS, Abel Silva e este autor. Em termos de costumes e ideias de vanguarda, o Solar era um braço de Ipanema em Botafogo. Em 1974, foi vendido pelos padres, a quem o imóvel pertencia, e arrasado para a construção do Shopping Rio Sul. Isso, sim, foi motivo para fossa.

The FOX

1973-97. Restaurante na rua Jangadeiros, 14.

Na frente, a varanda, bem carioca, com uma hileia de samambaias, cadeiras austríacas de palhinha e clientes de terno ou de bermuda — calções de banho eram admitidos, desde que com camisa. Na sala interna, um ambiente vitoriano, com paredes de veludo vermelho e peroba, espelhos com gravuras de Mucha e JUAREZ Machado e o bar de madeira maciça. Os pratos fortes eram o picadinho e a carne-seca desfiada, mas o que até hoje desperta nostalgias papilares eram as cavaquinhas. Inaugurado quando Ipanema já começava a tornar-se a pós-Ipanema, o Fox foi um reduto de boa comida caseira, talvez o melhor *dry martini* da cidade e uma frequência que deixava os turistas atônitos.

De dia e de noite, ali se misturavam arquitetos, decoradores, gente da Bolsa, atores de teatro e televisão, políticos, as grandes mulheres e todo o pessoal do vizinho PASQUIM (o barman Ribamar dava ideias de charges para os cartunistas). Outros vizinhos que também iam quase todos os dias eram FERNANDO Sabino, RUBEM Braga, IBRAHIM Sued, o designer SERGIO Rodrigues. E, discretamente, depois de deixar a Presidência, os generais-ditadores Médici e Figueiredo. Seu proprietário, o advogado, boêmio e cozinheiro Sidney Regis (*n*. 1939), era um homem de esquerda, mas o Fox não tinha preconceitos.

Ninguém respeitava o horário de almoço, das 12 às 15 horas, tradicional em restaurantes — havia quem chegasse às 14 horas e ficasse até as 18, quando o Fox já estava se preparando para o jantar. No apogeu do "milagre" econômico da ditadura, muitos negócios foram fechados ali. Mas, às vezes, a coisa esquentava — foi no Fox que ODILE (ex-Rubirosa) Marinho, por motivo não sabido, subiu numa mesa e fez xixi num balde de gelo. E os designers americanos Milton Glaser e Quentin Fiore, em temporada no Rio, tiveram (por gula) uma indigestão de fruta-do-conde — mas voltaram no dia seguinte para repetir a sobremesa.

Até poucos anos antes do Fox, Sidney Regis conciliava a prática renitente da boemia com seu cargo de austero procurador do Ministério da Justiça. Quando o ministério se mudou para Brasília, em 1964, ele não gostou da ideia. Pediu uma licença quase sem vencimentos (e, depois, a demissão definitiva), ficou no Rio e deixou prevalecer seu lado noturno. Foi sócio de Paulo Soledade na boate Zum-zum, em Copacabana, e, na virada para a década de 70, começou a ocupar a praça General Osório. No lugar onde até então funcionara o Restaurante Gardênia, ele fez o Fox. Um outro restaurante ao lado transformou-se num anexo. Onde, no passado remoto, fora o botequim Arapuã, ele fez o Restaurante Romano. Onde tinham sido o Teatro de Bolso e o Poeira-Ipanema, fez a boate Privé. Onde era a galeria Bolsa de Arte, fez o Restaurante Varandão. Fora da praça, abriu o Don Peppone, na rua Maria Quitéria, no lugar da boate Number One, e o botequim Chopnik, na avenida Vieira Souto, em homenagem à tira em quadrinhos de JAGUAR e IVAN Lessa. A depender de Sidney, ninguém passaria fome em Ipanema.

As oportunidades iam surgindo e ele as ia aproveitando. Mas, com tantos pontos bem-sucedidos, Sidney se tornara, sem querer, um homem de negócios, dono da noite de Ipanema e, por extensão, do Rio. Isso o obrigava a viver correndo de um lugar para o outro. "Tive de abrir mão da boemia para poder oferecê-la aos outros", ele disse na época, com tristeza, a caminho do banco.

Bonito. Mas, aos poucos, Sidney concluiu que, melhor do que ganhar dinheiro, era poder comer e beber com os amigos. Foi se desfazendo de tudo, vendeu em 1987 seu último e mais querido espaço — o Fox — e voltou a ser um boêmio feliz.

Paulo **FRANCIS**
1930-97. Jornalista e escritor.

Paulo Francis entendia de tudo: política, diplomacia, economia, jornalismo, literatura, poesia, pintura, teatro, cinema, balé, ópera, marchinhas de Carnaval, cantoras de jazz, televisão, futebol, pôquer, gatos — *"What you have?"*, diria ele, citando Marlon Brando em *O selvagem*. Falava com a mesma autoridade sobre santo Agostinho, a Bíblia do rei James, a guerra de Canudos, o filme *Gunga Din*, Getulio Vargas, Heidegger, Dercy Gonçalves, botequins dos anos 50, as coxas de Rhonda Fleming, a ofensiva do Tet, o pensamento em bloco e o rei Zulu. Claro que, boiando nesse mar de tópicos tão variados, às vezes peixes mortos davam à praia, na forma de erros de informação ou de avaliação.

Sua gafe clássica foi quando escreveu no PASQUIM, em 1970, que o almirante Yamamoto, comandante das operações navais do Japão durante Pearl Harbor, assistira à recente estreia do filme *Tora! Tora! Tara!* em Nova York — o que seria uma façanha, porque Yamamoto, por mais bem conservado, estava morto desde 1943. Daí, o *Pasquim,* que não perdoava ninguém, passou a chamar de "yamamoto" qualquer erro que saísse na imprensa e Francis, rindo muito, sentou-se sobre seu yamamoto para falar dos yamamotos alheios.

Para seus fãs, no entanto (e ele tinha milhares, muito mais do que se imaginava), Francis não errava nunca. O que ele dizia pelo jornal ou pela TV era sempre informação nova para seu público. Francis formou esse público tratando-o como adulto, sem jamais paternalizá-lo. Era desaforado, desde o tempo em que, em 1957, liderou os críticos de teatro cariocas numa campanha para que não se deixassem subornar pelos proprietários dos teatros — o que era quase praxe — e escrevessem o que realmente pensavam das peças em cartaz. Anos depois, no *Pasquim,* conseguiu ser sério num jornal em que imperava o deboche e, mais tarde, fez o contrário: escreveu com deboche em jornais sérios como a *Folha*, o *Estadão* e *O Globo*. Estava pouco ligando se o que dizia era de interesse ou de compreensão geral — escrevia o que achava que devia escrever ou que precisasse ser dito. Quem não gostasse, comesse menos.

Muitos também não gostavam. Achavam-no arrogante, prepotente, preconceituoso. Ficariam surpresos se soubessem que, por trás da carranca e dos óculos (que, no vídeo, o tornavam parecido com o Dr. Caligari do cinema), havia um homem terno, carente, que o dinheiro não conseguiria comprar, mas que se venderia por um gesto de afeto ou amizade. Evidente que seus leitores ou telespectadores não eram obrigados a saber disso, donde Francis foi admirado ou detestado pelo valor de face. Como, aliás, ele gostaria que fosse — pela discussão no plano das ideias, sem ataques pessoais (embora, às vezes, ele também batesse abaixo da linha da cintura). E não adiantava a seus inimigos odiá-lo, porque Francis não os odiava de volta. A bem da verdade, só tinha inimigos de mão única.

Podia não parecer, mas ele era também capaz de grandes admirações. Alguns de seus heróis eram Shakespeare, Wagner, Bernard Shaw, Trótski, Scott Fitzgerald, T. S. Eliot, Isaac Deutscher, George Orwell, Cole Porter, Edmund Wilson, Fred Astaire, Errol Flynn, Maria Callas, Woody Allen, Ingmar Bergman. No Brasil, admirava Machado de Assis, Euclides da Cunha, Lima Barreto, MILLÔR Fernandes, RUBEM Braga (que nunca o perdoou por um ataque por escrito a TONIA Carrero), Antonio Maria (que, por sua vez, o perdoou por esse mesmo ataque), Flavio Rangel, Cacilda Becker, Fernanda Montenegro, Dalton Trevisan. Nos últimos tempos, Roberto Campos — e isso era algo que a esquerda não admitia: Francis fora "de esquerda" e ficara "de direita". Foi rifado por muitos que, no passado, viviam em seu apartamento em Ipanema (primeiro, na rua Alberto de Campos; depois, na Barão da Torre, no mesmo prédio de Rubem).

Sim, ele inverteu o fio de algumas de suas convicções. Nova York, onde morou de 1971 até morrer, abriu-lhe os olhos para a produção de riqueza num regime de livre-iniciativa, contra o modelo estatizante e ineficiente dos países socialistas. Daí que, para ele, Roberto Campos tenha passado de crápula a herói. Os velhos amigos é que nunca viram muita diferença nos supostos dois Francis. Mesmo quando "de esquerda", ele se dizia trotskista e tinha horror ao stalinismo. Fumava Marlboro de contrabando, preferia o Black Label ao Red Label e achava o musical *Guys and Dolls* o máximo da Broadway, não *A morte do caixeiro-viajante*, do socialista Arthur Miller. E era tão inofensivo que suas quatro prisões políticas, entre 1968 e 1971, só eram explicáveis pela burrice dos milicos. Numa dessas, quando os amigos lhe perguntaram se fora torturado, respondeu: "Fui. O carcereiro passava o dia com o rádio ligado tocando Wanderléa".

Intelectual não vai à praia, intelectual bebe. Francis foi o verdadeiro inventor da frase, dita no JANGADEIRO para JAGUAR, que a popularizou. Francis bebia muito e mal, até que, dez anos antes de morrer, decidiu parar e parou. Em vez de rapé, mais ao seu estilo, foi também um razoável usuário de cocaína nos anos 60. Mas não era de fazer proselitismo de seus hábitos pessoais e desprezava o desfrute a que as pessoas estavam se entregando na mídia a respeito de suas intimidades — aliás, foi o primeiro no Brasil a escrever a palavra "mídia", abrasileiramento de *media*, plural de *medium*, como pronunciado em inglês. O único Francis fake era o que se fazia passar por gourmet — os amigos riam quando ele devolvia pratos em restaurantes finos, sabendo que seu xodó era hambúrguer comido de pé num balcão.

Só viajava de primeira classe, hospedava-se em hotéis de luxo e, se pudesse pagar o dobro por abotoaduras que custavam a metade ali na esquina, preferia a primeira hipótese. Era a favor de que os jornalistas ganhassem bem. Cobrava caro para trabalhar e, quando em cargo de chefia, era generosíssimo com o dinheiro do patrão — nenhum de seus colaboradores jamais reclamou. Um exemplo foi a revista *Diners*, que ele editou em 1968: seus articulistas eram os mais bem pagos da imprensa brasileira. E era tão liberal como editor que beirava a imprudência. Numa revista como *Diners*, dirigida aos associados do cartão de crédito, permitia que seus jovens e brilhantes redatores, como Alfredo Grieco (*n.* 1944), Flávio Macedo Soares (1943-70) e outros, começassem matérias com frases como "A virgindade dá câncer" — o que era considerado uma afronta na época. Os associados ficavam tiriricas e proibiam que a revista fosse enviada para suas casas, sob ameaça de cancelarem o cartão. Mas Francis não censurava ninguém. *Diners* herdou muito de SENHOR, a histórica revista de que ele fora um dos editores oito anos antes.

Francis era construtivo. Como crítico de teatro do *Diário Carioca*, de 1957 a 1959, ajudou a firmar a reputação de Jorge Andrade, Flavio Rangel, Gianfrancesco Guarnieri e outros que estavam renovando o palco brasileiro. No *Correio da Manhã*, que acumulava com a direção de *Diners* em 1968, editou um caderno dominical que falava de Marcuse, New Left, William Blake, Wilhelm Reich, Walter Benjamin, Tropicalismo, Godard, Lupicinio Rodrigues, Umberto Eco — o que hoje pode parecer a agenda da época, mas boa parte desses nomes só saía ali. E, nos milhares de "Diários da Corte" que mandou de Nova York, a partir de 1976, aproximou-nos do que havia de contemporâneo na cultura, com um olho feroz e crítico sobre essa mesma cultura.

Uma mágoa que levou para sempre foi sua falta de reconhecimento como ficcionista. Escreveu dois romances, *Cabeça de papel* (1977) e *Cabeça de negro* (1979), que foram recebidos com obsequioso silêncio pelos críticos e até pela maioria de seus amigos. Muitos não queriam lhe dizer que talvez ele não desse para o negócio. Seus personagens, principalmente em *Cabeça de papel*, falavam o tempo todo e faziam muito pouco ou nada. E, quando falavam, todos falavam como Paulo Francis, o que dificultava saber quem tinha a palavra. O que era pena, porque esses personagens pertenciam a uma casta pouco explorada na literatura brasileira: os ricos, os donos do poder ou, pelo menos, os que sabiam tudo sobre o poder. Lidos hoje, tantos anos depois, é possível desfrutar esses dois livros com outros olhos, desde que não se exija deles uma mecânica de romance comum. Que, por sinal, não se pode exigir também de — sem comparações! — Proust, Joyce ou Faulkner.

Se você quiser saber quem Francis gostaria de ter sido na vida real, assista ao filme *A malvada* (1950), de Joseph L. Mankiewicz, com Bette Davis, e observe o crítico de teatro Addison DeWitt, interpretado por George Sanders. O *wit*, a pose e a postura são reconhecíveis. Mas qual jornalista não gostaria de ser Addison DeWitt?

Quando Francis era bom, era ótimo. Mas, quando era mau, era melhor ainda. Seus arranca-rabos com certas figuras, entre as quais Caetano Veloso, eram divertidíssimos, não importava que partido se tomasse. Já sua briga com a Petrobras, que lhe custou um infame processo de 100 milhões de dólares, não foi nada divertida — porque o então presidente da Petrobras tinha a intenção de destruí-lo. O que conseguiu porque, em última análise, foi aquele processo que lhe provocou o infarto fatal, aos 67 anos, em Nova York. Muitos anos depois, soubemos melhor como eram as entranhas da Petrobras.

Tudo aquilo apenas confirmou o que seu amigo Otto Lara Resende, anos antes, escrevera para defini-lo: "Um jeito provocador, que espanca a própria fratura da sensibilidade". Francis não se conformava com que o Brasil fosse como é — e o que nele parecia ira era, na verdade, amor.

Frases

★ *Sempre achei dois na cama demais. Meu reino por uma catapulta.* ★ *Não posso acreditar que quem goste de rock seja animal vertebrado.* ★ *Já vi a Côte d'Azur, Nápoles, Honk Kong. Nada se compara à avenida Atlântica vista do 25º andar do Hotel Othon.* ★ *Guimarães Rosa é uma rosa é uma rosa é uma rosa. Aprendo mais sobre Minas Gerais lendo Saul Bellow.* ★ *Nossa arte é música popular, a inglesa é ficção, a russa é poesia. A americana é faturar em todas.* ★ *Deus é um artista acadêmico. Nós o transformamos num grafiteiro, jogando lixo nas praias, arrasando montanhas e enchendo o mar de merda.* ★ *Amigos profundos, só os temos na nossa geração. Não envelhecemos com quem crescemos juntos.* ★ *O Brasil é um palco não iluminado.*

Peço um Cutty Sark duplo nas pedras. Nosso circo a seco é um pesadelo de Bergman. ★ *A inanidade da nossa opinião pública mostra que o Brasil continua presa potencial de ditaduras.* ★ *Com tanta gente de esquerda como hoje, não há o menor perigo de a esquerda chegar ao poder.* ★ *O capitalismo é incorrigível, e o socialismo é intolerável.* ★ *Os marxistas nunca entenderam de dinheiro, a começar por Marx, que vivia caftinando Engels e pondo no prego o dote da mulher.* ★ *Sou o que se chama um "radical órfão". Não acredito em socialismo nem em capitalismo. Procuro ser um bom jornalista, cumprir meu dever, ganhar a vida. É um triste destino para quem achava que podia fazer tanto pelo seu país.* ★ *Aspiro ao oblívio em conforto, ao primeiro círculo do inferno, à irresponsabilidade* voulue *e inviolável.* ★ *Mamãe, eu quero. Paz, conforto, fuga, silêncio.* ★ *Apoiar o governo — qualquer governo — não é compatível com quem toma banho todo dia.* ★ *Não há nada remotamente comparável a Fred Astaire.*

FREI LEOVIGILDO Balestieri
1910-79. Padre-pop e empresário.

Em 1965, ele instalou aparelhos de ar refrigerado na igreja da praça Nossa Senhora da Paz, da qual era pároco — a primeira igreja no Brasil (e talvez no mundo) a adotar essa modernidade. Houve grita na paróquia, mas frei Leovigildo Balestieri tinha bons argumentos: "Em Ipanema, a fé concorre com a praia, com as butiques e com os cinemas. É muito feio ver gente rezando e se abanando com o leque durante a missa. Além disso, quem gosta de calor é o demônio no inferno".

A paróquia assimilou o ar refrigerado, mas o choque foi maior quando, em agosto de 1966, frei Leovigildo promoveu a "missa do iê-iê-iê", ao som do conjunto The Brazilian Bitles. Aquilo podia não estar muito de acordo com a liturgia, mas ele conseguiu o que queria: concorrer com a praia. Foi, literalmente, uma missa de arromba — uma massa de jovens tomou a igreja e ainda ficou gente do lado de fora. O evento rendeu crônicas de Nelson Rodrigues, em que ele descrevia a "missa cômica", com beatas rebolando como patas no tanque e os coroinhas equilibrando bolas no nariz como focas amestradas.

Mas nenhuma crítica abalava o já então chamado "padre de Ipanema". Frei Leovigildo era assim desde que chegara ao bairro, em 1939, quando a igreja ficara pronta. Ao lado dela, em pouco tempo ele levantou a Casa Nossa Senhora da Paz, onde implantou serviços assistenciais como clínica geral e odontológica, pediatria, raios X, hospedagem para moças e rapazes e até ginecologia. Mas, paradoxalmente, não gostava de esmolas — achava que toda obra social deveria "ser autossuficiente, ter espírito empresarial". Para manter a sua, montou uma pequena indústria de azulejos no subúrbio e ganhou o controle do guarda-volumes na Central do Brasil. Caridade e lucro pareciam ser a fórmula ideal. Em 1952, frei Leovigildo inaugurou o Cine Pax e, anos depois, abriria um rinque de patinação (o Gelorama), um boliche e um teatro de arena, tudo ao lado da igreja e controlado por ela. Como ele costumava dizer, não via diferença entre o dinheiro dos fiéis e o dos infiéis.

Mas, então, frei Leovigildo pareceu tomar gosto pela coisa. Nos anos 60, todo paramentado, ele já falava em "captação de recursos", quando essa expressão só era ouvida de empresários. Mas ele se dava bem com os empresários. Em abril de 1964, juntamente com um deles, Glycon de Paiva, além do general Golbery do Couto e Silva, foi o idealizador da Marcha da Vitória, uma passeata em comemoração do vitorioso golpe militar, que desfilou pelas ruas do Rio. Sua atividade política não se limitava a convicções supostamente humanitárias ou sociais — visava também à manutenção dos negócios.

Em 1970, um grupo empresarial de que ele fazia parte expandiu de tal forma suas atividades que frei Leovigildo se viu envolvido em operações de hotelaria, turismo e exportação e tinha participação até nos shows do laiquíssimo Canecão. Em 1973, adquiriu o controle da Corretora Libra, uma *trading company*, para atuar nas faixas de serviço do comércio exterior. Nessa época, no auge da especulação imobiliária em Ipanema, as reportagens de jornais o mostravam, não cercado de beatas ou distribuindo santinhos, mas em reuniões de diretoria, ao lado de homens engravatados e tendo ao fundo maquetes de edifícios monumentais — um dos quais seria um hotel no terreno da igreja na praça Nossa Senhora da Paz. A ideia do hotel evoluiu para a construção de um shopping, o qual, entre as butiques e lanchonetes, abrigaria a capela. Por sorte, uma violenta campanha do PASQUIM sustou a ideia e a igreja sobreviveu — hoje mais solene do que nunca, ao lado do espigão que se ergueu sobre as cinzas do querido Cine Pax, cuja demolição ele ordenou e não foi possível impedir.

Frei Leovigildo era franciscano, mas sua ordem religiosa nunca conheceu um frade tão pouco devoto de são Francisco de Assis. Voto de pobreza e sandálias da humildade nem passavam por sua cabeça. Frei Leovigildo talvez não vendesse sua alma ao diabo — mas aceitaria reunir-se com ele para discutir o negócio.

Fernando **GABEIRA**
n. 1941. Jornalista, guerrilheiro, escritor e político.

Quando Fernando Gabeira voltou do exílio, em fins de 1979, sua chegada ao Brasil foi mais espetacular que a de qualquer outro beneficiado pela anistia. Gabeira desembarcou no Galeão nos ombros da BANDA de Ipanema, excepcionalmente convocada em setembro para recebê-lo. No mesmo avião vinha a delegação do Flamengo de Zico, depois de uma triunfal excursão à Europa. Pois nem a Charanga Rubro-negra superou a euforia pela volta de Gabeira. No final, a Banda e a Charanga se misturaram, e Gabeira só faltou ser contratado ali mesmo pelo Flamengo.

Com ou sem abertura política, os órgãos de segurança também foram ao Galeão naquele dia, planejando bater um papo com o perigoso terrorista antes de liberá-lo para seus familiares. Afinal, em 1969, Gabeira participara do sequestro do embaixador americano Charles Burke Elbrick e só fora capturado um ano depois, em São Paulo, numa ação armada que envolvera tiros e mortes. O sequestro seguinte, o do embaixador alemão Von Holleben, em 1970, fora feito para obrigar os militares a trocar o diplomata por quarenta presos políticos, entre os quais Gabeira. Um homem com tal currículo tinha, de fato, de ser vigiado desde a chegada — suponha que, ao chegar, ele resolvesse sequestrar uma das Frenéticas, um popular grupo de cantoras da época? Sem conhecerem Gabeira, os tiras abotoaram um barbudo que descera do avião. O barbudo negou enfaticamente ser Gabeira, mas os homens o levaram assim mesmo, pedalando o ar. Enquanto isso, o autêntico e único Gabeira, com suas roupas coloridas, passou todo frajola pela Polícia Federal e caiu nos braços da massa.

A rentrée de Gabeira em Ipanema, dias depois, foi ainda mais sensacional: ele compareceu à praia defronte ao Hotel SOL Ipanema vestindo um calção — uma tanga — que chocava pelas dimensões (pouco mais que um cache-sexe), pelas cores (lilás e verde) e pelo material (crochê). Na verdade, tratava-se da calcinha do biquíni de sua prima Leda Nagle, que ele pedira emprestada. Por causa de Gabeira, o que deveria ter sido o "verão da abertura" em Ipanema tornou-se, para desgosto da esquerda oficial, o "verão da tanga". E não era só a tanga. Gabeira parecia irreconhecível mesmo em roupas civis: camisetas decotadas e calças bufantes de várias cores, confeccionadas para ele por Luiz de Freitas, da grife Mr. Wonderful, segundo os últimos figurinos trazidos da Suécia. E mais chocante ainda era o seu novo figurino ideológico.

Gabeira não voltara ao Brasil para pregar a luta armada ou de classes nem pensava em filiar-se ao novo partido da moda, o PT. Suas bandeiras eram agora as feministas, os jovens, os negros, os homossexuais, as drogas, a ecologia. Até aí, tudo bem — talvez. Mas, se seus amigos do extinto ZEPPELIN pensavam receber o ex-guerrilheiro para retomar o chope interrompido em 1968, não sabiam o que os esperava. Gabeira começou a dizer pelos jornais que Lênin era um chato, que Marx fora superado e que a revolução estava nas pistas de dança — as então popularíssimas discotecas —, não nos palanques. Para completar o choque, Gabeira anunciou o "crepúsculo do macho" e declarou-se bissexual — embora ninguém jamais o visse de braço dado com um fuzileiro, muito ao contrário.

Não que seu discurso fosse uma novidade. A dura crítica ao ranço político já estava na pregação odara de Caetano Veloso em 1976 e no ataque às "patrulhas ideológicas" por CACÁ Diegues em 1978. Mas, vinda de Gabeira, parecia mais surpreendente, porque, em 1968, ele fora o jornalista que, da janela da redação do *Jornal do Brasil*, onde trabalhava, se cansara de assistir às passeatas na avenida Rio Branco e, aos 27 anos, descera à rua para lutar. Descera mesmo: um belo dia sumira do jornal para cair na clandestinidade. Por algum tempo, foi a clandestinidade mais folclórica de Ipanema. Mas, quando Elbrick foi sequestrado e se encontrou uma mensagem num supermercado do Leblon, a poucos metros da casa de Gabeira, viu-se que não era folclore — ele estava falando sério. Com Gabeira, a ESQUERDA FESTIVA partira efetivamente para a ação. Não ia dar certo, mas ainda não se sabia disso.

Dez anos depois, ao trocar os jeans da guerrilha por macaquinhos estilo jardineira, o novo Gabeira perdeu a aura de herói entre os mais velhos. Mas tornou-se uma figura da mídia, o que lhe garantiu uma nova plateia de jovens. Trabalhando a jato, a Codecri, editora do PASQUIM, lançou o livro que Gabeira trouxera pronto da Europa, O *que é isso, companheiro?*, em que narrava sua formação política, o sequestro de Elbrick e o que aconteceu depois. Nada no livro levava a crer que ele tivesse feito mais do que alugar a casa em Santa Teresa onde o embaixador foi escondido, despachar as mensagens para a imprensa e ir comprar pizza para a turma. Mas, talvez por ser o primeiro livro sobre o episódio, os leitores valorizaram sua participação e, num átimo, foi como se Gabeira tivesse sido o mentor intelectual do sequestro. Não foi assim, mas de fato Gabeira resistiu à prisão, escondeu-se em matagais e levou tiros que lhe perfuraram estômago, fígado e rim.

O que é isso, companheiro? foi um estrondoso sucesso e, em rápida sucessão, ele soltou O *crepúsculo do macho, Entradas e bandeiras* e vários outros livros de reflexão sobre a nova realidade política e comportamental, todos surpreendentes e best-sellers. Em certo momento, a coisa mais difícil de encontrar era uma primeira, segunda ou terceira edição de seus livros. Vendiam tanto e tão rápido que, dizia-se, já saíam direto na quarta edição. Durante um ou dois anos, as novas bandeiras de Gabeira continuaram a causar espanto. Até que, como tudo no Brasil, deixaram de espantar.

Ele então criou o Partido Verde, pelo qual se candidatou simbolicamente à Presidência da República em 1989 — teve 0,18% dos votos, dados pelos melhores 0,18% do eleitorado. Nos anos 90, chegou à Câmara Federal pedalando sua bicicleta sonorizada pelo calçadão de Ipanema. Entrou e saiu do PT, anteviu o escândalo do Mensalão e lutou pela preservação do meio ambiente, sendo decisivo para criar uma consciência nacional a respeito. Hoje, se o verde ainda não foi de todo posto abaixo por aqui, deve-se muito a Gabeira. Muitos anos depois, de volta à vida civil, ele comandou uma notável série de programas na TV Globo, revelando um Brasil profundo que nem a esquerda nem a direita jamais conheceram, e se tornou um comentarista político de leitura indispensável.

Frases

★ *Meu sonho acabou, concluí que sonhei um sonho errado.* ★ *A esquerda quer que as pessoas esperem setenta anos para ter um orgasmo quando a revolução triunfar.* ★ *Na praia, mesmo que não queiram, as pessoas têm um corpo. Ninguém pode fingir que é puro espírito quando está seminu.* ★ *Pessoalmente, nada tenho a confessar sobre sexo, além do fato de que o pratico quando tenho vontade, quase sempre com outra pessoa.* ★ *Eu não tenho vergonha de ser bonito.* ★ *A pior droga que existe é a ignorância.*

Paulo **GARCEZ**

n. 1931. Fotógrafo e wit.

Em 1970, a agência DPZ convenceu a Souza Cruz a criar o Charm, um cigarro "para mulheres", e bolou a campanha de lançamento associando o produto às pessoas mais charmosas do país, famosas ou não. As fotos eram produzidas por David ZINGG. Um dos anúncios, que invadiu todos os outdoors e contracapas de revistas, mostrava um time de mulheres com Charm entre os dedos: LEILA Diniz, DANUZA Leão, TANIA Caldas, Ilka Soares, Elke Maravilha, muitas outras, e até uma que nunca fumara na vida: a cantora de partido-alto Clementina de Jesus. Havia também anúncios individuais, estrelados por homens de grande charme — um deles, o publicitário José Zaragoza, aliás idealizador da campanha; outro, o fotógrafo Paulo Garcez.

Poucas vezes a propaganda brasileira acertara tão em cheio. Garcez sempre foi um *charmeur*, um sujeito encantador, e, como tal, perfeitamente inconsciente disso. De óculos, bigodes e, sem fazer nenhum esforço, alinhadíssimo, posou para as câmeras de seu amigo Zingg com um ar maroto de quem estava quase rindo da situação. Não é todo dia que um fotógrafo fotografa outro, mas, ao escolher Garcez como modelo, Zingg sabia o que estava fazendo. Para ele, Paulo Garcez, o fotógrafo da realeza carioca, era o "príncipe de Gales de Ipanema" — comparado ao qual o próprio Zingg, nascido na esnobe Montclair, Nova Jersey, EUA, se sentia um áspero personagem de John Steinbeck. O charme é um encanto variável, intangível e impossível de definir. Mas quem conhece Paulo Garcez sabe que ele o tem.

Se existem cariocas de quatrocentos anos, Garcez é um deles. Vem de uma longa linhagem de advogados e desembargadores, teve um avô senador do Império e seu pai lhe antevia um grande futuro na diplomacia. O jovem Paulo frequentava o Palácio do Itamaraty, na rua Larga, mas só de visita, e a única coisa que o barão do Rio Branco lhe inspirou foram os bigodes que adotou. Aos vinte anos, Garcez enrabichou-se por uma garota que foi embora para a Holanda. Então vendeu seu carro MG esporte e, com o dinheiro, tomou um cargueiro e foi atrás dela pela Europa. Nada resultou daquilo, mas ele ficou por lá e passou o ano de 1952 estacionado em Paris. Grande ano: Albert Camus acabara de publicar *L'Homme revolté*, Max Ophüls filmara *La Ronde*, haveria o desfile da fábrica de tecidos Bangu no castelo de Corbeville e em Paris não se falava de outra coisa.

De volta ao Rio, Garcez foi trabalhar com Jean Manzon, ex-fotógrafo de *O Cruzeiro* e já dedicado a produzir filmes institucionais. Garcez queria ser montador de cinema, mas, com Manzon, acabou fotógrafo. Em janeiro de 1956, JUSCELINO Kubitschek, recém-eleito presidente, pegou um avião para ir conversar com onze chefes de Estado estrangeiros, entre os quais o americano Eisenhower e o papa Pio XII, e levou Manzon com ele. Garcez foi junto e, oculto pelos bigodes e pela Rolleiflex, ouviu tudo que JK e seus colegas conversavam. Foi um curso intensivo e exclusivo de como as nações se falam quando pensam que não há ninguém escutando.

De novo no Brasil, Garcez firmou-se como o portraitista quintessencial do Rio. Não há personalidade do bas-fond ou da haute gomme, como se dizia,

■ "GAROTA de Ipanema"

que ele não tenha retratado. Seu trabalho valorizou muitas páginas do *Jornal do Brasil*, do *Globo* e de revistas de São Paulo, e aconteceu também de Garcez trabalhar apenas para si mesmo, sem publicação em vista — sua coleção de retratos de pintores brasileiros, por exemplo, é inédita e inestimável, porque vários deles já morreram. Mas o trabalho pelo qual ficou mais conhecido foi o dos primeiros anos do PASQUIM, como responsável pela seção "Dica de mulher" — todas as deusas de Ipanema dos anos 60 e 70 posaram para ele, nem sempre muito vestidas. O que levou o cartunista Paulo Caruso a homenageá-lo com uma caricatura e uma dedicatória: "A Paulo Garcez, que fez a cabeça e a palma da mão da minha geração".

Garcez pode ser ótimo na frente e atrás das câmeras e ainda tem a distinção de ser, como dizia YLLEN Kerr, o único homem capaz de dirigir um Jaguar com as pernas cruzadas. Mas, para quem já teve o privilégio de ouvi-lo numa roda, seu maior talento é verbal. É um *wit*, na melhor tradição de Oscar Wilde, Noël Coward e Dorothy Parker. E, embora poucos saibam, sempre foi um de nossos grandes analistas sociais, capaz de falar horas sobre o país, o governo e o povo brasileiro em comparação aos americanos, franceses, alemães, paraguaios, neste ou em qualquer século. Suas aproximações históricas, literárias ou cinematográficas são de levar seus ouvintes a pensar e, ao mesmo tempo, ter convulsões de riso. É um fenômeno falando e deveria estar sendo pago para dar palestras e conferências em universidades.

Mesmo porque, como fotógrafo, Garcez nunca superou uma velha frustração. Certo dia, na pérgola do Copacabana Palace, não conseguiu registrar os fartos chumaços ruivos das axilas da italiana Silvana Mangano, estrela do filme *Arroz amargo*. Ela se recusou a levantar os braços.

Frases

★ *Todo homem é corno de Rhett Butler.* ★ *Quando a mulher tira a roupa no quarto, já está 1 a 0 para ela.*

"GAROTA de Ipanema"
Samba de Tom Jobim e Vinicius de Moraes [1962].

De uma vez por todas, ANTONIO CARLOS Jobim e VINICIUS de Moraes *não* compuseram "Garota de Ipanema" numa mesa do Bar VELOSO, atual Garota de Ipanema. Sim, foi dali, com olhos compridos, que um dia eles viram passar a jovem Heloisa Eneida, depois HELÔ Pinheiro, a "caminho do mar". Mas só isso. A música propriamente dita foi composta por Tom em seu apartamento na rua Barão da Torre, 107, no verão de 1962. E a letra, por Vinicius, semanas depois, na casa de sua nova mulher, Lucia Proença, em Petrópolis, e no apartamento dela, no Parque Guinle. Tom e Vinicius eram homens sérios — iam ao bar para beber, não para trabalhar.

Vinicius chegou a fazer uma primeira versão da letra, que não o satisfez, e que dizia: *"Vinha cansado de tudo/ De tantos caminhos/ Tão sem poesia/ Tão sem passarinhos/ Com medo da vida/ Com medo do amor/ Quando na tarde vazia/ Tão linda no espaço/ Eu vi a menina/ Que vinha num passo/ Cheia de balanço/ Caminho do mar"*. O título original era "Menina que passa". Na segunda tentativa, saiu a letra definitiva e ele mudou o título para "Garota de Ipanema". Na mesma época, Vinicius fez a letra para "Minha namorada", de CARLOS Lyra, com quem já estava também compondo, e, de volta ao Rio, confundiu-se ao fazer as entregas: deu a Carlinhos a letra de "Garota de Ipanema" para a melodia de "Minha namorada". Carlinhos tentou cantá-la, viu que não se encaixava e só então perceberam o engano.

"Garota de Ipanema" foi ouvida pela primeira vez em agosto daquele ano, no show *O encontro*, com Tom, Vinicius, João Gilberto e Os Cariocas, na boate Bon Gourmet, em Copacabana. O show ficou seis semanas em cartaz e, a cada noite, a plateia ansiava pelo momento em que João Gilberto cantasse: *"Tom, e se você fizesse agora uma canção/ Que possa nos dizer/ Cantar o que é o amor?"*. Tom respondia: *"Olha, Joãozinho, eu não saberia/ Sem Vinicius pra fazer a poesia..."*. Vinicius, num tom abaixo, emendava: *"Para essa canção/ Se realizar/ Quem dera o João para cantar..."*. E João Gilberto, com cara séria, como se acreditasse no que dizia: *"Ah, mas quem sou eu?/ Eu sou mais vocês.../ Melhor se nós cantássemos os três"*. E então todos atacavam de *"Olha que coisa mais linda/ Mais cheia de graça..."*. Aquela era a introdução original do samba, só cantada durante a temporada do show e jamais gravada por eles.

Até o fim do ano, "Garota de Ipanema" seria conhecida apenas dos que a tinham ouvido no show, porque suas primeiras gravações — de Pery Ribeiro, na Odeon, e do Tamba Trio, na Philips, feitas ao mesmo tempo — só aconteceriam em janeiro de 1963. Mas, mesmo ainda inédita em disco, "Garota de Ipanema" já seria alvo de carinhosas paródias como a de RUBEM Braga, que, referindo-se a si mesmo, propôs: *"Olha que coisa mais triste/ Coisa mais sem graça/ É esse velhote/ Que vem e que passa/ No passo cansado/ Caminho do bar"*.

E, então, no dia 18 de março de 1963, produzida por Creed Taylor para o LP *Getz/Gilberto*, "Garota de Ipanema" foi gravada em Nova York com Stan Getz ao sax tenor, João e ASTRUD Gilberto nos vocais, Tom ao piano, Tião Neto ao contrabaixo e Milton Banana à bateria. Disso resultaram cinco minutos e

▪ "GAROTA de Ipanema"

quinze segundos de indescritível beleza. Que, por incrível que pareça, quase não aconteceram.

O letrista Norman Gimbell fora encarregado de fazer uma letra em inglês para a canção. Explicaram-lhe o que a letra de Vinicius dizia, e Gimbell decidiu que não queria saber daquela história de Ipanema, muito menos no título. Alegou que ninguém fora do Brasil sabia o que era Ipanema e, além disso, a pasta de dente mais famosa dos Estados Unidos chamava-se Ipana — o público iria achar que era um jingle de dentifrício. Mas Tom lutou pela permanência de Ipanema e Norman Gimbell teve de submeter-se. Mesmo vitorioso na causa, Tom ficou irritado com ele e, a partir daí, passou a chamá-lo de Norman Bengell.

O LP *Getz/Gilberto* foi gravado com todo o carinho no fabuloso estúdio de Phil Ramone, mas, terminado o serviço, descrente de suas possibilidades comerciais, Creed Taylor deixou-o engavetado pelo resto de 1963. Os Estados Unidos já estavam saturados de BOSSA NOVA (ou do que pensavam ser Bossa Nova, tocada por centenas de conjuntecos americanos oportunistas). No começo de 1964, Taylor tirou finalmente a fita da geladeira, ouviu-a com cuidado e resolveu lançá-la. Armou primeiro o LP, com "Garota de Ipanema", completa, abrindo o disco. Mas, para fazer com que a gravação coubesse num compacto simples — um disco avulso, de sete polegadas —, Taylor tomou uma medida drástica. Cortou o vocal de João Gilberto (com o que economizou um minuto e vinte segundos) e conservou o de Astrud, deixando a música com três minutos e 55 segundos, ideal para tocar no rádio — se um dia a tocassem.

Se um dia a tocassem? Lançado pouco depois, o LP chegou logo ao segundo lugar na hit parade da revista *Billboard* e ficou 96 semanas na lista. E o compacto de "The Girl from Ipanema" chegou ao quinto lugar. No fim do ano, Astrud tornara-se um estouro internacional e o disco recebeu sete indicações para o Grammy. Ganhou quatro: LP do ano (para João e Getz); single do ano ("The Girl from Ipanema", para Astrud e Getz, derrotando "I Want to Hold Your Hand", dos Beatles); melhor solista de jazz com pequeno conjunto (Getz); e melhor som (Phil Ramone). Astrud e Tom, indicados como "revelações do ano", perderam para os Beatles; João, indicado como "melhor vocal masculino", perdeu para Louis Armstrong com "Hello, Dolly!"; e Gene Lees, indicado para "melhor texto de contracapa", perdeu para alguém que a história esqueceu. Mas foi uma consagração.

Enquanto tudo isso acontecia e "Garota de Ipanema", com João e Astrud, tocava dia e noite no planeta, Helô Pinheiro, em Ipanema, continuava sem saber que era a garota a que se referia a música. Só viria a saber mais de um ano depois, em fins de 1965. Mas a letra de "Garota de Ipanema" não se referia só a ela. Era também uma homenagem à já longa tradição feminina de Ipanema — a todas as garotas que, desde os anos 30, haviam lutado por sua independência nas praias, nos bares, nas ruas, e conquistado o direito de trabalhar, pensar, namorar e fazer as besteiras que quisessem. O resto do mundo foi seduzido pelo balanço da canção e associou Ipanema a um paraíso tropical — no que estava coberto de razão.

Até a penúltima contagem, "Garota de Ipanema" tinha perto de quatrocentas gravações, das quais metade no exterior. Entre essas, as de Frank Sinatra, Peggy Lee, Ella Fitzgerald, Nat "King" Cole, Sarah Vaughan, Vic Damone, Louis Armstrong, Nancy Wilson, Anita O'Day, Al Jarreau, Caterina Valente, Mel Tormé, Oscar Peterson, Erroll Garner, Earl Hines, Stéphane Grappelli, Percy Faith, Enoch Light, Billy Vaughn, os Swingle Singers, Herb Alpert, Ray Anthony, The Ray Charles Singers, John Williams & Boston Pops, Plácido Domingo, Andrea Bocelli, Diana Krall, Amy Winehouse, os Meninos Cantores de Viena etc. Só não foi gravado pela madre Teresa de Calcutá. Em 1989, o Carnegie Hall foi palco de um concerto pelos seus 25 anos — a única canção, até então, a merecer esse tipo de homenagem na história daquela sala. Em sua longa carreira, transformou-se em "La Fille d'Ipanema", "La Ragazza de Ipanema", "La Chica de Ipanema" e, em cada língua, foi gravada pelas maiores vozes locais — já houve uma "The Girl from Al Qaeda". Sua controladora americana, a Broadcast Music Incorporated (BMI), calcula que tenha sido executada mais de 3 milhões de vezes — só nos Estados Unidos.

"Garota de Ipanema" toca em salas de concerto, clubes de jazz, boates, gafieiras, estádios, estações de FM, programas de TV, podcasts, YouTubes, antessalas de dentistas e elevadores em toda parte. Tom Jobim nunca se incomodou com essa história de elevador. "Todos nós viemos parar no elevador", ele dizia. "Eu, o Villa-Lobos, o Bach, todo mundo." E, desde então, ao ouvir falar em Ipanema, até Norman Gimbell — ou, mais exatamente, sua conta bancária — ficou sabendo do que se tratava.

GAROTA de Ipanema
Botequim na rua Montenegro (atual Vinicius de Moraes), 49-A. Ver **VELOSO**.

GAROTA de Ipanema
Filme de 1966, dirigido por Leon Hirszman.

O cenário do filme era lindo — Ipanema, claro —, mas os atores ficavam na frente dele o tempo todo, sem nada para fazer ou dizer. Em 1966, um filme que se chamasse *Garota de Ipanema* parecia uma ideia tão natural que o espantoso era que não se tivesse pensado nisso antes. Pois finalmente pensaram. E fizeram tudo errado.

Foi o primeiro filme colorido do CINEMA NOVO e tinha tudo para dar certo: o mito de Ipanema, então no auge; a canção "GAROTA de Ipanema", na boca de todo mundo; atores bonitos (MARCIA Rodrigues, ARDUINO Colasanti, Adriano Reys); ótimos coadjuvantes (Rosita Thomaz Lopes, Joel Barcellos, Marisa Urban), e a genial ideia de usar pessoas famosas do bairro como figurantes: João SALDANHA, FERNANDO Sabino, RUBEM Braga, Arnaldo JABOR, David ZINGG, CAIO Mourão, ZÓZIMO Bulbul, Carlos LEONAM, ANA MARIA Magalhães, ZIRALDO, o cineasta Ruy Solberg, o próprio VINICIUS e quem mais passasse pela calçada do VELOSO. A parte musical (o filme se propunha a ser um musical) também não podia falhar. Afinal, Vinicius era seu coprodutor, donde a canção-título e todo o catálogo de Tom e Vinicius estavam à disposição. Havia ainda Chico Buarque, Baden Powell, Nara Leão, Luiz Eça, Dori Caymmi e o veterano Braguinha (João de Barro), todos em carne e osso no filme, e, como arranjador, Eumir Deodato (havia também um tristíssimo Ronnie Von em cena). A fotografia, a cargo de Ricardo Aranovitch, seria deslumbrante porque pegaria Ipanema na estação das chuvas e no auge do verão — e Ipanema em 1966 ainda não fora de todo estuprada pelo empreiteiro Sérgio Dourado. Para seus produtores, o público finalmente veria que o Cinema Novo não se limitava ao cangaço e à favela.

Pois, com tudo isso, Leon Hirszman, diretor e roteirista (com Eduardo Coutinho), conseguiu fazer um filme que o público, a crítica, os produtores, os atores, os figurantes e até os lanterninhas do cinema detestaram. Ninguém gostou, nem Leon. A história era idiota, os diálogos ridículos, os personagens inexistentes, os números musicais encaixados à força e, incrivelmente, a própria "Garota de Ipanema" não era cantada nem uma vez — só ouvida em instrumental! Mas o pior é que as situações e o clima do filme nada tinham a ver com Ipanema. Parecia mais, com todo o respeito, a "Garota da Tijuca". E não há nisso nem piada nem ofensa: foi uma ideia que Hirszman chegou a considerar — fazer da heroína uma menina da conservadora Tijuca que fosse morar em Ipanema. No fundo, foi o que ele fez.

Algumas situações dão uma ideia do equívoco. No começo do filme, um cineasta americano (David Zingg) vê na praia a garota (Marcia Rodrigues) e quer filmá-la para um inocente documentário sobre o Rio, mas o ciumento namorado dela (Arduino Colasanti) não deixa. Em outra cena, os pais da garota (João Saldanha e Rosita Thomaz Lopes) a recriminam por ter voltado tarde para casa, embora a noite de véspera tivesse sido a do réveillon. E, mais improvável ainda, a garota dispensa o homem de seus sonhos (Adriano Reys) ao descobrir que ele é casado. Foi com esses preconceitos de novela da TV Tupi que se fez o filme. Na Ipanema real de 1967 — e no ARPOADOR de ainda antes —, coisas muito mais cabeludas nem eram consideradas.

Em 1964, Hirszman já cometera a proeza de desidratar todo o humor de Nelson Rodrigues ao filmar sua peça *A falecida*. Pois bastou que ele falasse de seus planos sobre *Garota de Ipanema* para que os céticos desconfiassem que não daria certo — Leon dizia que iria "desmistificar" a garota e que, embora fosse um filme para o "grande público", não seria "alienado". Fracassou nas três propostas. O crítico Moniz Vianna rotulou-o de "a única comédia já feita até hoje sobre a depressão". Ao fazer piada, Moniz estava sendo até generoso, porque os únicos lances de comédia do filme eram involuntários — como numa impagável sequência em que, numa reunião cheia de gente no apartamento da família, a garota desfila sua gostosura dentro de um biquíni novo, e tanto o personagem do pai (Saldanha) como os dos tios (Fernando Sabino e Rubem Braga) lambem Marcia Rodrigues com os olhos como velhos tarados. Aliás, todos aqueles figurantes ilustres foram sábios em encerrar ali sua carreira cinematográfica.

Garota de Ipanema, o filme, está fora de circulação — negativos e cópias dados como perdidos — desde o lançamento, o que, com todos os seus defeitos, é uma pena. Graças a Ricardo Aranovitch, o filme tem imagens lindas do Arpoador e do CASTELINHO (a praia e o bar) e de algumas ruas. Os figurantes, por mais canastrões, são uma delícia de ver — estão jovens e em grande forma. A casa da garota, na avenida Vieira Souto, era o apartamento da cineasta e arquiteta Vera Figueiredo, também responsável pelos biquínis (para a época, mínimos) usados por Marcia. A sequência da briga ao redor da piscina foi rodada na casa de Maria Clara Mariani e Sergio Lacerda, no Jardim Botânico. A continuação da sequência, com o flerte entre Marcia e Adriano Reys, foi feita na cobertura de DARWIN e GUGUTA Brandão, na rua Redentor.

Infelizmente, tudo muito rápido ou em planos fechados, mostrando-se pouco ou nada os ambientes. Não se imaginava que, décadas depois, *Garota de Ipanema* poderia ser visto como um inestimável e comovente documentário. Rodaram-se milhares de metros de filme, mas tudo que sobrou foi cortado, jogado no chão e varrido na sala de montagem; nunca mais será recuperado.

GERALD Thomas
n. 1954. Diretor e autor de teatro.

A avó era alemã, o pai também alemão e a mãe, inglesa, mas, como o mundo é pequeno, Gerald nasceu em Ipanema, na rua Prudente de Morais, e, por isso, é brasileiro, alemão e britânico. Os pais tinham muito dinheiro e prédios inteiros no Rio e em São Paulo, que, no futuro, Gerald torraria em nome da arte. Infância na ponte aérea Rio-Londres. Aos sete anos estabeleceu-se aqui, estudando o trivial no Colégio Brasileiro de Almeida e pintura com Ivan Serpa, que rasgava seus desenhos e o mandava fazer de novo. Largou o colégio, continuou com Serpa e, aos quatorze, conheceu HELIO Oiticica, que gostou dele, levou-o para sua casa no Jardim Botânico e depois para Nova York. Era 1968, ano da utopia, propício a marginais, heróis ou tropicalistas. Em Nova York viu Andy Warhol na rua, mas, tímido, não falou com ele, limitando-se, em tenra idade, a ir com Helio aos inferninhos sadomasoquistas de Manhattan. De volta ao Rio, aos dezesseis anos, cabelo *black power* e óculos, foi modelo de antimoda da butique Frágil e posou para foto de Mariza Alvarez de Lima, mas não seguiu a carreira porque chamava mais a atenção do que as roupas. Em São Paulo, assistiu a *O balcão*, de Jean Genet, dirigido pelo argentino Victor Garcia, e descobriu que seu negócio era o teatro. Mas continuou pintando, veio o PÍER, casou-se com a atriz Dudu Continentino e descobriu que poligamia só tem graça com casamento. Foi para Londres e, em 1976, entrou para a Anistia Internacional, cuidando do Brasil — prisões, torturas, desaparecimentos. Em Londres encontrou Daniella, filha de ZIRALDO, e casou-se com ela também, que se tornou Daniella Thomas. Dudu discordou desse bicasamento e voltou para o Brasil. Londres não estava preparada para Gerald, que também se decepcionou quando descobriu que a Inglaterra era uma ilha. Em 1979, ele e Daniella foram para Nova York. O primeiro endereço foi um loft no Brooklyn, num prédio que, antes deles, fora um matadouro de perus. À noite, ele julgava ouvir o glu-glu dos ectoplasmas dos 12 milhões de perus abatidos no recinto. Apesar disso, pintou, expôs no museu Guggenheim, foi cartunista fixo da página de editoriais do *New York Times* e participou de um livro de luxo sobre Nova York em que os colegas eram Picasso, Mondrian e Hopper. Como tinha muitas horas vagas, Gerald entrou para um teatro experimental off-Broadway, o La Mamma, montou e desmontou Beckett à vontade e ficou célebre no Village. Em 1985, Gerald e Daniella acharam que estava na hora de tirar o teatro brasileiro de 1800 e vieram encenar suas coisas aqui: peças e óperas, as mesmas que eles levavam também em Nova York, Paris, Londres, Stuttgart, Munique, Viena, Cracóvia e Hong Kong. Engraçado é que, enquanto aqui ninguém entendia nada, naquelas cidades elas eram perfeitamente compreensíveis, mesmo em português. Nos quatorze anos seguintes, você leu sobre ou ouviu falar de quase todas: *Quatro vezes Beckett, Quartett, Carmen com filtro, Eletra com Creta, O navio-fantasma, Trilogia Kafka, Matogrosso, M.O.R.T.E., Trilogia da B.E.S.T.A., Tristão e Isolda, Don Juan, The Crash and the Flash Days, Unglauber, Nowhere Man.* Em muitas delas, os cenários eram sensacionais, apesar de encobertos pela fumaça. Dissipada a fumaça, via-se que estavam no palco Rubens Corrêa, Italo Rossi, Sergio Britto, TONIA Carrero, Ney Latorraca, Fernanda Montenegro. Com poucos dias de Brasil, Gerald descobriu Bete Coelho, que se transformou em sua estrela, e ele se casou com ela também. Mas, aí, foi Daniella que discordou e caiu fora, embora continuasse Thomas e sua genial colaboradora. Depois houve Giulia Gam, Beth Goulart, Fernanda Torres, várias outras. Gerald casou-se também com elas ou as namorou, não se sabe direito — porque, com esse ocupado currículo, cansou de dizer que era bissexual, embora não costumasse ser visto com homens (pelo menos, nenhum deles era homem). Gerald Thomas tem obsessões de Primeiro Mundo e, se gasta seu latim e alemão no Brasil, é porque enxerga em nossa bagunça uma fonte criadora que nós próprios não vemos.

Frases

★ *O homem descende do macaco. A mulher não.* ★ *A base de um casamento feliz é o entendimento humorístico.* ★ *Não fico nervoso com as pessoas, tenho vontade de matá-las.* ★ *A liberdade é um dos piores inimigos da arte. Quando tudo é possível, não há um padrão contra o qual a arte deva se colocar.* ★ *A internet não se tornou uma nova Renascença, como eu pensava. É uma grande "Páginas amarelas", em que bilhões de anônimos tentam se promover.*

Rubens **GERCHMAN**

1942-2008. Artista plástico.

Nara Leão viu uma serigrafia numa exposição do jovem Rubens Gerchman, na galeria de JEAN Boghici, e parou para ver o título: *A bela Lindoneia, a Gioconda do subúrbio*. Tinha a ver com uma moça da Zona Norte, que lia fotonovelas, sonhava com amores impossíveis e morrera aos dezoito anos. Deu no jornal. O ano era 1967 e Nara telefonou para Caetano Veloso, para descrever-lhe o quadro. Caetano não foi vê-lo, mas entendeu tudo e, com Gilberto Gil, compôs "Lindoneia", a que morava "no avesso do espelho" e "linda, feia, desaparecia". Nara a cantaria no disco *Tropicália* (1968).

■ Rubens GERCHMAN

Como Lindoneia, Gerchman também lia fotonovelas, mas, pelo menos, era pago para isso — trabalhava na editoria de arte de *Sétimo Céu*, uma revista do gênero, da editora Bloch. Mas, se não lhe pagassem, leria do mesmo jeito. Já era um artista estabelecido e continuava trabalhando em revistas porque tinha paixão por tudo que pudesse ser impresso. Seu pai, o gráfico russo Mira, estava na Alemanha em 1936 quando as coisas apertaram. Viera para o Rio e, como muitos imigrantes europeus, para Ipanema, onde Gerchman nasceu. Na infância, Gerchman dedicou-se a roubar chicletes no bar VELOSO, ao lado de sua casa, e a aprender desenho e artes gráficas com seu pai.

Com os anos, Gerchman incorporou todas as técnicas — pintura, colagem, happening, gravura, escultura, relevos, neon e cinema —, mas seu universo temático se manteve constante: os objetos e dejetos da realidade industrial e urbana. Dos principais artistas revelados na exposição *Opinião 65*, no MAM (ele, Antonio Dias, ROBERTO Magalhães, Carlos VERGARA), foi o único a manter-se fiel a um "realismo carioca", que críticos apressados confundiram com a pop art. Mas Gerchman nunca admirou a pop art: achava-a deslumbrada, consumista e oca. O que ele fez foi trazer para as artes plásticas o cotidiano do submundo, cujo habitat impresso são os jornais e revistas cafonas, e o transformou num folhetim pictórico com alta dose de crítica e comentário social. Seu material eram fotonovelas, correio sentimental, horóscopos, concursos de miss, torcedores de futebol, transas nos bancos traseiros à beira-mar, motéis, bares e o interior dos treme-tremes. Quanto a estes, morou defronte do mais famoso deles na Zona Sul: o da rua Barata Ribeiro, 200, e cada janela já lhe parecia um quadro, com moldura e tudo.

Em fins de 1968, um prêmio de viagem levou-o a Nova York. Soube do AI-5 ainda no navio e preferiu estacionar por lá. Ficou cinco anos (houve época em que dividiu um ateliê com GLAUBER Rocha, HELIO Oiticica e Lygia Clark) e, ao voltar, em 1973, trouxe temáticas ainda mais duras. Suas misses tornaram-se strippers; os procurados pela polícia eram, na verdade, os "desaparecidos" pelo regime militar; baleiros de vidro entulhados de bonecos representavam as moradias desumanas. Em 1975, Gerchman fez uma série sobre a mulher mais comentada do país: Lou, Maria de Lourdes de Oliveira, a estudante de psicologia que matara três namorados com a cumplicidade do amante. A Lou da vida real povoou a fantasia de muitos homens, com seus lábios carnudos de cabocla brasileira, e as "Lous" de Gerchman resumiam o mito, paixão e tragédia da moça. Ele a acoplou à *Mona Lisa* de Da Vinci, à *Negra* de Tarsila e fez dela até uma Lolita chupando o dedo.

Naquele ano, Gerchman foi dirigir o Instituto de Belas Artes, no Parque Lage, e espanou a poeira: trouxe novos professores, criou as Oficinas do Cotidiano, injetou entusiasmo e os alunos, que até então não chegavam a cem, tornaram-se quinhentos (muitos nomes da futura Geração 80 passaram por ali). Gerchman acreditava no intercâmbio de disciplinas e promoveu no Parque Lage shows de Caetano Veloso, Moraes Moreira e do grupo de poesia Nuvem Cigana. Em 1979, ele e quarenta professores foram demitidos por "anarquismo".

Gerchman firmou seu mercado no exterior e explorou uma variedade de assuntos: o erotismo, o mundo da criança, o futebol. Mudava o tema, mas, em cada quadro, ouvia-se invariavelmente o rumor da grande cidade, com sua dose de violência e kitsch. Sua integração com os dejetos urbanos ficou tão estreita que, certa vez, Gerchman deu por falta de um de seus painéis. Foi encontrá-lo anos depois, em outro ponto da cidade — servindo de porta de galinheiro. Achou o máximo.

GERMANA de Lamare
1937-2020. Jornalista, atriz e psiquiatra.

Numa cena de *Os cafajestes*, o filme de RUY Guerra que, em 1962, sepultou as chanchadas da Atlântida e implantou de vez o CINEMA NOVO, Jece Valadão enfiava um baseado no decote de uma atriz. A cena era atrevida para os padrões vigentes. E mais ainda porque a atriz era Germana de Lamare. Não só porque fosse filha do pediatra Rinaldo de Lamare, autor do livro *A vida do bebê*, um clássico do gênero. Mas porque ela era sobrinha de Luiz Severiano Ribeiro Jr., o magnata dos cinemas do Rio e dono da Atlântida — justamente a principal produtora das chanchadas.

Quando adolescente, Germana vivia pedindo a seu tio Luiz que a deixasse fazer uma ponta numa delas, de preferência numa sequência bem singela, em que Adelaide Chiozzo e Eliana cantassem algo como "Beijinho doce" ou "Pedalando". Mas tio Luiz não queria ver suas sobrinhas em chanchadas, nem as da própria família, e nunca permitiu. Pois, em vez disso, poucos anos depois, lá estava Germana, recebendo mutucas no decote. E logo no filme que, juntamente com a ascensão da televisão, naquele mesmo ano, apressaria a morte da querida Atlântida.

Nenhum revanchismo nisso. Como muitas meninas bem-nascidas daquele tempo, Germana fazia algum teatro, frequentava o MAU CHEIRO e se dava com o pessoal que estava criando o Cinema Novo. Era também namorada do crítico FAUSTO Wolff e uma das moças mais independentes de sua geração. Mas a ponta em *Os cafajestes*, feita meio de farra, seria sua única participação no cinema. Sua verdadeira paixão era o jornalismo. Mais exatamente, o *Correio da Manhã*, do qual era repórter — uma das poucas mulheres então no ramo — e de cujo Segundo Caderno seria, no futuro, editora.

Germana trabalhou durante quatorze anos no *Correio* e, quando este fechou, em 1974, ficou sem saber o que fazer. Ir para outro jornal, nunca — para quem vivera uma das grandes fases do *Correio,* ao lado de Otto Maria Carpeaux, Carlos Heitor Cony, JANIO de Freitas, Antonio Callado, Moniz Vianna, Hermano Alves, Antonio Houaiss, Newton Rodrigues e Paulo FRANCIS, nem o *New York Times* teria graça. Germana deu, então, mais um corajoso trambolhão em sua vida: aos 37 anos, voltou a estudar. Prestou o vestibular de medicina e passou os oito anos seguintes em salas de aula, hospitais e enfermarias, dos quais emergiu como uma disputada psiquiatra — e finalmente curada da síndrome de Adelaide Chiozzo.

Todos amavam Germana. Só mesmo a brutalidade da Covid-19 para derrubá-la.

GILLES Jacquard
n. 1944. Artista plástico, arquiteto e decorador.

De 1963 a 1967, Gilles Jacquard foi odiado, desprezado e, principalmente, invejado em Ipanema. Nessa época, populares exaltados deram-lhe uma surra em frente ao BAR LAGOA, e por motivo justo: ele era o namorado da desejadíssima DUDA Cavalcanti, a suprema musa do bairro. Por que ele e não eu?, perguntavam-se seus agressores mais sensíveis.

Gilles era um palmo mais baixo do que Duda, o que os tornava o casal mais comentado do ARPOADOR e do CASTELINHO. Mas o fato de ser o único a ter a mulher que todos queriam fazia dele o homem mais alto da Zona Sul. Não que Duda fosse um segredo para os olhos. Gilles morava numa casa de vila na rua Nascimento Silva, num clima de total despojamento, e os dois nem sempre se preocupavam em se vestir para receber os amigos. Certo dia, o arquiteto e designer SERGIO Rodrigues, ex-patrão de Gilles na loja de móveis Oca, foi visitá-los. Duda e Gilles, respectivamente de calcinha e cueca, circulavam pela sala como se Ipanema fosse o Quartier Latin. Em 1964, aquilo era muito perturbador.

Em 1967, Duda mudou-se para Paris e deixou Gilles e Ipanema para trás. Ele lamentou muito, porque achava que os dois eram feitos um para o outro — não apenas na altura, mas também pelo fato de que tinham nascido nos mesmos dia, mês e hora, descontando-se as quatro horas de diferença entre o Rio e Paris. Enfim, Duda se foi e Gilles, que era francês, cofiou seus bigodes de Astérix e declarou-se "namorado do Rio". Firmou-se como pintor, escultor, decorador, designer de móveis, figura folclórica de Ipanema e nunca mais foi embora daqui.

O folclore, aliás, começara desde sua chegada ao Rio, em 1962. Seu primeiro endereço carioca foi o Palácio do Catete. Sua mãe viera ensinar francês às filhas do ex-presidente JUSCELINO e, por algum motivo, isso lhes permitiu morar na casa da guarda do palácio — embora este, convertido em Museu da República, já não fosse mais a sede do governo e as moças morassem em Ipanema. Gilles tinha dezoito anos e, ao sair à rua, chamava a atenção por seus cabelos compridos, sandálias e roupas, tudo muito heterodoxo para os arredores do velho largo do Machado. Volta e meia, a polícia o levava a explicar-se na delegacia do Catete. E, por melhor que fosse o francês do delegado, Gilles às vezes achava difícil convencê-lo de que, talvez por ser descendente do escultor Auguste Rodin, ele era assim mesmo, meio excêntrico. Aos sete anos, por exemplo, fugira da escola para ganhar a vida desenhando nas calçadas de Paris.

Gilles foi morar numa garagem na esquina das ruas MONTENEGRO e Saddock de Sá, aplicou-se na pintura e participou de duas Bienais. Antes e depois de Duda, pôs-se na ponta dos pés para beijar muitas mulheres altas. Em fins dos anos 60, começou a trocar a pintura pela "ambientação" de boates (Le Bateau, Zum-Zum, Hippopotamus), butiques (Aniki Bobó), restaurantes, hotéis, supermercados. Deu-se tão bem que se tornou também arquiteto autodidata e ficou doze anos sem tocar nos pincéis. Mas, em 1985, Gilles foi atacado por um surto criativo e voltou a pintar. Desde então, nunca mais economizou tinta.

GLAUBER Rocha
1939-81. Cineasta.

Se o futuro julgar Glauber Rocha por seus filmes, ele provavelmente não irá para o céu. Dar-se-á melhor se for julgado em função de seu melhor personagem, que era ele próprio — uma pororoca humana, um encontro das águas entre a Bahia e a Bíblia, o cinema e a política, a razão e o delírio. Dia sim, dia não, Glauber destruía diques que ele mesmo construía, ameaçando afogar a todos e morrendo junto, e tudo isso em voz alta, com decibéis de pregador evangélico e trilha sonora de Wagner e Villa-Lobos. Eu sei, essas imagens, que parecem conclamar trovões, dão apenas uma pálida ideia do homem. Ele próprio, em seus momentos de recolhimento, dizia-se um vulcão, um Stromboli da cultura.

Quando Glauber trocou de vez a Bahia pelo Rio, em 1962, aos 23 anos, já era uma celebridade no meio cultural da Bahia — e do Rio. Sua presença agregou os jovens cariocas que estavam fazendo o CINEMA NOVO e que, apesar de mais cultos, mais ricos e mais viajados do que ele, aceitavam sofregamente sua liderança — era o mais talentoso de todos, e eles sabiam disso. Glauber inspirou-os também com seu temperamento guerreiro e contraditório. Primeiro, liderou-os nas sangrentas batalhas contra os inimigos comuns; depois, estimulou o engalfinhamento de uns contra os outros; e, por fim, bem ao seu estilo, fez com que quase todos se unissem contra ele. Mas só ele fez *Deus e o diabo na terra do sol*.

Glauber foi um personagem de Ipanema, tanto quanto de Havana, Roma e Paris, onde viveu parte dos anos 70, ou de qualquer cidade em que passasse mais de 24 horas. Seu lar era onde pendurasse seu chapéu, que, aliás, não usava. Em Ipanema, morou no ARPOADOR, na praça General Osório, na rua Barão da Torre e onde quer que morasse sua namorada ou um amigo que lhe cedesse o apartamento por uns tempos. Sua opinião sobre os "intelectuais de Ipanema" não era das melhores, mas, nesse ponto, foi ingrato — onde mais, no Rio, ele conviveria com quem falava sua língua? E onde mais, nos anos 60, poderia receber pelado os casais amigos e até os desconhecidos?

Para que não houvesse dúvida, Glauber, assim que chegou ao Rio, arrebatou logo a mulher — mulher mesmo, não uma garota como DUDA Cavalcanti — mais cobiçada do território: REGINA Rosenburgo. Naquele ano de 1962, ele escreveu o roteiro de *Deus e o diabo* no apartamento de Regina no Leme e manteve com ela um romance que, mesmo depois de oficialmente terminado, ainda teria vários revivals. Glauber sempre gostou de papa-fina — antes de Regina, já sacudira Salvador ao conquistar a bela Helena Ignez, musa do society baiano e que ele transformou em atriz. Mas, com sua formação protestante, Glauber era um homem-família, de poucas mulheres. As mais constantes foram Rosa Maria Penna, sua companheira de 1963 a 1971, e a colombiana Paula Gaetán, de 1975 até o fim.

Vulcões cospem pedras e Glauber cuspia filmes e ideias. Como arrolhar um vulcão? Em 1965, estava entre os "Oito do Glória" (ele, JOAQUIM PEDRO de Andrade, MARIO Carneiro, Carlos Heitor Cony, Antonio Callado, Flavio Rangel, Marcio Moreira Alves e o embaixador Jaime de Azevedo Rodrigues), como foram chamados os intelectuais presos em frente ao Hotel Glória ao abrirem faixas de protesto contra o presidente CASTELLO Branco, quando ele chegou para a abertura de uma solenidade cheia de estrangeiros. Foi uma prisão fecunda: nos quase trinta dias de cela, Cony começou a escrever seu grande romance *Pessach: a travessia*, e Callado, *Quarup*. Glauber, por sua vez, tomou aulas de desenho com Mario Carneiro e, em papel de embrulho, rabiscou o roteiro de *Terra em transe*. E esse seria o filme que, depois de pronto, dividiria pela primeira vez a esquerda a seu respeito.

Alguns setores não gostaram de ver o poeta-jornalista vivido por Jardel Filho parecer vacilante e individualista, às vésperas da luta armada na fictícia Eldorado. Embora a luta armada fosse só uma hipótese no Brasil de 1967, não era *correto* mostrar personagens vacilantes e individualistas. Mas Glauber ainda tinha muito crédito interno e cada vez mais prestígio externo. Nos anos seguintes, na Europa, ficaria íntimo dos cineastas que, até pouco antes, ele e seus colegas só conheciam pela tela do cinema: Buñuel, Renoir, Visconti, Rossellini, Godard. Com Godard, em 1969, chegou a jogar uma pelada num terreno baldio de Roma, num intervalo de filmagem de *Vento do leste* (em que Godard o convidou a fazer uma ponta como ator). Mas nada disso deslumbrava Glauber, porque ele já se via na liderança dos futuros "cinemas novos" do Terceiro Mundo, insubmissos a qualquer dominação estética ou ideológica.

Essa insubmissão começava a fazer com que, no Brasil dos anos 70, o prudente Partido Comunista o olhasse de esguelha. E, em Cuba, os brasileiros egressos da luta armada, mais atirados, também descobriram que não podiam contar com ele. É verdade que todas as propostas que lhe faziam eram de meio impraticáveis. Numa delas, Fernando GABEIRA sugeriu a Glauber "matar-se como cineasta para renascer como revolucionário" — para isso, bastaria retornar ao Brasil, assaltar um banco e morrer metralhado, produzindo um mártir para a guerrilha. Glauber, sabiamente, recusou. Mas o que deixou as esquerdas perplexas foi quando, na sucessão do trono presidencial, de Garrastazu Médici por Ernesto Geisel, em 1974, Glauber declarou a Zuenir Ventura na *Visão* que Geisel iria "fazer do Brasil um país forte, justo e livre"; que os militares eram "os legítimos representantes do povo"; e que, depois de ler o livro *Geopolítica do Brasil*, achava seu autor, o general Golbery do Couto e Silva, "um gênio, o mais alto da raça, ao lado do professor Darcy Ribeiro".

A princípio, ninguém entendeu. Refeitos do susto, os botequins começaram a murmurar que Glauber enlouquecera ou que devia estar *viajando* mal. Mas Glauber confirmou tudo que disse e o PASQUIM, que até então o tinha como herói, acusou-o de ter se vendido à ditadura. Glauber comprou a briga com todo mundo, mas, na época, os tiroteios verbais faziam tanta fumaça que mal se enxergava o quadro. Muito depois, ficaria mais fácil entender sua guinada: ele acreditava mesmo nas promessas de Geisel, de isolar a linha dura, acabar com as torturas e promover a abertura política — o que, aos trancos, Geisel acabou fazendo. Mas o importante para Glauber era que, oriundo da ala nacionalista do Exército, Geisel iria estatizar o país de alto a baixo — o que sempre foi um ideal das esquerdas.

O irônico é que Glauber não tivera essas ideias sozinho. Quem o doutrinara para elas fora o próprio Darcy Ribeiro, que se convencera de que Geisel era uma grande opção e dissera isso a Glauber num encontro que tiveram no Peru. Mas, ao contrário de Darcy, que foi mineiro o bastante para não se deixar chamuscar pela história, Glauber expôs-se e foi condenado à fogueira. Em 1974, a lembrança dos mortos e torturados pelo regime ainda estava em chagas na esquerda brasileira e seria querer demais que sua nova e inesperada posição fosse entendida, mesmo que ele a tivesse explicado com clareza. Para todo mundo, ali estava apenas a traição. A partir daí, ainda que os fatos parecessem dar-lhe razão, Glauber tornou-se uma espécie de pária no meio cultural.

Nos últimos anos, ele foi um homem de difícil convivência. A morte de sua irmã Anecy, em 1977, num elevador que despencou no poço, em Botafogo, o abalara fundo. Os filmes que fizera na Europa eram incompreensíveis e ninguém queria dar-lhe dinheiro para fazer outros. Os amigos, exceto CACÁ Diegues e poucos mais, afastaram-se ou romperam violentamente com ele. Mas, então, Glauber morreu e, de repente, estabeleceu-se uma enorme paz em Eldorado. Os mesmos desafetos, que já nem lhe dirigiam a palavra, foram vistos chorando no velório no Parque Lage, no mesmo lugar onde, quinze anos antes, ele filmara tantas cenas do seu execrado *Terra em transe*.

Frases

★ *Do ponto de vista cultural, a Bahia é uma das regiões mais desenvolvidas do mundo. Quem mora aqui e não sabe disso é uma besta e vai ficar eternamente babando vatapá na gravata.* ★ *No Brasil está a maior concentração de malucos do Novo Mundo.* ★ *O Brasil é a feijoada, é onde se mistura tudo.* ★ *Getulio foi o único suicida feliz da história.* ★ *É melhor um susto de beleza do que uma calma aparência.* ★ *É preciso acabar com esse liberalismo feminista e estabelecer o machismo revolucionário.* ★ *O Cinema Novo não morreu, o Cinema Novo sou eu.* ★ *Os senhores, que me chamaram de gênio, agora me chamam de burro. Devolvo a genialidade e a burrice.* ★ *Estão confundindo minha loucura com minha lucidez.* ★ *Sou famosíssimo e paupérrimo.*

GLAUCO Rodrigues
1929-2004. Artista plástico.

Certo dia, em 1966, Glauco Rodrigues abriu sua janela no Rio e, ao olhar ao longe e para baixo, descobriu um território cheio de contradições coloridas e ainda pouco exploradas em pintura: o Brasil. Era o óbvio ululante e Glauco, como autêntico profeta, acabara de enxergá-lo.

Foi correndo para o cavalete, o mesmo que ele deixara de lado nos três anos que passara em Roma ouvindo o mesmo discurso — o de que a pintura morrera e que só valia produzir objetos de acrílico e plástico que pudessem ser fabricados em série. Glauco voltara para o Rio intoxicado por tais ideias e decidido a trabalhar nessa linha, a única que lhe parecia realmente "de vanguarda".

O irônico é que, antes disso, ele já era um artista de vanguarda. Em 1958, fizera parte da editoria de arte da revolucionária revista SENHOR, sob a chefia de Carlos SCLIAR. Em 1960, Scliar saíra e ele ficara no lugar. Sob ou sem Scliar, Glauco produzira algumas das melhores capas e páginas duplas da imprensa brasileira — material que faria o orgulho de qualquer revista internacional. Mas, em sua temporada europeia, de 1962 a 1965, eles o tinham convencido de que o importante era o acrílico. E só agora Glauco via a verdade: que acrílico que nada, o Brasil estava ali era para ser pintado.

Começou pelas praias, que foi por onde os portugueses chegaram. Ipanema inspirou-lhe a exposição *Cenas de praias* (1969), em que banhistas jogavam frescobol com ovos, e abriu-lhe os olhos para o caldeirão cultural que vinha desde Cabral. Adquiriu uma fixação por são Sebastião, e o primeiro que pintou já lhe apareceu vestido de calção de banho. Seus são Sebastiões reapareceriam depois em todo tipo de situação (uma delas, com o rosto do ator Stepan Nercessian). Glauco passou também a misturar técnicas, combinando pintura primitiva com hiper-realismo, colagens de Pedro Américo com sinais de trânsito e frases em tupi com citações do Eclesiastes. Era a verdadeira antropofagia, a dos caetés, mas com um humor com que nem Oswald de Andrade tinha sonhado.

Nas novas telas de Glauco, brasileiros de sunga e cocar dividiam espaço na areia, Rugendas pintava escolas de samba, a BANDA de Ipanema intrometia-se em quadros históricos, e o Sagrado Coração de Jesus confundia-se com o Sagrado Coração de Ogum. Em sua visão, o Brasil assumia-se como o país do Carnaval e do yes, nós temos tucanos, araras e cajus. O que Glauco descobriu era um Brasil da Casa Turuna (a tradicional loja de fantasias do Rio) — mas quem podia garantir que aquele não fosse o verdadeiro Brasil? Em 1980, o Itamaraty escolheu-o para fazer um quadro a ser presenteado ao papa João Paulo II, em visita ao país. O Itamaraty devia saber o que estava fazendo — porque Glauco se apropriou do solene *A primeira missa no Brasil*, de Victor Meirelles, e enxertou entre os índios gente de pele e roupa de todas as cores. Deve ter ficado lindo em alguma parede do Vaticano — se é que João Paulo ousou pendurá-lo.

O sincretismo cultural de Glauco passou a misturar os tempos históricos numa grande feijoada de tintas e, como se trata do Brasil, talvez seja assim que deva ser. Em seus quadros, são Sebastião morreu mil vezes e ressuscitou outras tantas. Até parece que era brasileiro.

GUERREIRINHO (Josef Guerreiro)
1928-82. Ator e cenógrafo.

Em 1977, o fabuloso Josef Guerreiro embarcou para São Paulo com o elenco de *Sítio do Picapau Amarelo*, no qual teria um importante papel. Iam gravar algumas cenas para os primeiros programas da série, que ainda não entrara no ar. Terminado o trabalho, o pessoal voltou para o Rio com o diretor Geraldo CASÉ, mas Guerreirinho, como o chamavam em Ipanema, resolvera ficar uns dias em São Paulo para rever amigos — voltaria depois, de trem. Então, reviu os amigos, divertiu-se à larga e, no dia da volta, temendo perder o trem, chegou cedo à estação da Luz. Enquanto esperava a hora, foi tomar alguma coisa. Mas o que ele tomou foi um lindo porre, que o fez dormir num banco da estação. Naturalmente, foi depenado: levaram-lhe dinheiro, documentos, mala, casaco, sapatos e meias, enquanto ele roncava e assobiava.

Guerreirinho despertou dali a horas, cutucado por um guarda. Bêbado de sono e goró, disse ao homem que não o cutucasse porque ele era Monteiro Lobato. O guarda não achou graça e levou-o para a delegacia. Nesta, Guerreirinho, ainda grogue e sem poder provar sua identidade, sustentou a afirmação. O delegado, com grande sensibilidade, viu nele apenas um vadio e louco que se julgava Monteiro Lobato. Então, fez o que achou que tinha de fazer: mandou-o para um hospital psiquiátrico nos arredores de São Paulo.

Numa cena cruelmente brasileira, Guerreirinho foi internado entre getulios, napoleões e outros monteiro-lobatos. Alguns dias depois, no Rio, os amigos deram por sua falta. Estavam habituados a seus sumiços, mas aquele parecia longo demais. Começaram a ligar para São Paulo, mas, também ali, ninguém sabia de seu paradeiro. Esgotadas as buscas aos hospitais e necrotérios, a Globo começou a pôr anúncios no ar — um deles mostrando-o caracterizado como Lobato (ou como o maquinista Zé Bento, o personagem que ele iria fazer no *Sítio* e que era, na verdade, Lobato como narrador da história). Dois longos meses depois, alguém no hospício viu o anúncio e ligou o nome à figura. Era o mesmo Lobato. E só então Guerreirinho foi libertado.

Voltou para o Rio, muito abalado. Não teve forças para retomar seu papel na série e precisou ser substituído por Nelson Camargo. E, dali em diante, nunca mais foi o mesmo. A rigor, muito antes disso, já não vinha seguindo o brilhante script que lhe estava reservado na vida: ser o grande ator de sua geração. Maior até, talvez, do que seu rival Sergio Cardoso, de origem paraense como ele.

Guerreirinho era baixo, menos de 1,60 metro, mas crescia no palco e dominava a cena. Quando mais jovem, nos anos 50, era magro e tinha uma beleza de elfo. Mulheres e homens caíam por ele e Guerreirinho examinava cada caso, embora preferisse as mulheres. Encantava também por sua inteligência, pelas respostas rápidas e engraçadas e por sua intensa humanidade. Muitas vezes, bebia demais, dormia nas reuniões e seu sono era velado pelas mulheres, que o adoravam. Guerreirinho namorou várias delas, como a gloriosa LILIANE Lacerda de Menezes, de cujo *salon* em Laranjeiras era uma das estrelas. Ou como uma menina baiana com fumaças intelectuais, filha de um fazendeiro de Salvador, que viera ao Rio para "estudar Max Weber". Na verdade, viera por causa dele, em cujo apartamento se instalou. Naquele tempo, isso era risco de vida para um homem — ele podia ser fuzilado pelo pai ou pelos irmãos da moça.

Mas o caso mais importante de Guerreirinho foi com o diretor Ziembinski, que o descobrira em 1948 no Teatro do Estudante e lhe dera o papel do cego em *Anjo negro*, de Nelson Rodrigues. Em 1950, Ziembinski montou especialmente para ele a comédia *Adolescência*, de Paul Vandenberghe, no Teatro de Bolso, e, aos 22 anos, Guerreirinho estava consagrado. Ele *era* a peça. Os críticos se deslumbraram, mas seus colegas do teatro ficaram verdes de ciúme por seu affaire com o maior diretor do teatro brasileiro e por ser seu protegido. Dois anos depois, ficaram mais verdes ainda quando Ziembinski, convidado a trabalhar no TBC (Teatro Brasileiro de Comédia), em São Paulo, levou a peça e o ator com ele. Foi outro sucesso — tão grande, aliás, que Guerreirinho nunca conseguiria superá-lo. E nem poderia passar o resto da vida interpretando *Adolescência*, a não ser que fosse Peter Pan.

No começo dos anos 50, o TBC era um escrete de talentos e egos. Tinha Cacilda Becker, Sergio Cardoso, TONIA Carrero, Renato Consorte, Mauricio Barroso. Com eles, Guerreirinho fez *Mortos sem sepultura*, de Sartre, *Anjo de pedra*, de Tennessee Williams, e filmes na coirmã do TBC, a Vera Cruz, como *Apassionata*, *Esquina do pecado* e *Na senda do crime*. Mas, em 1954, fracassou no que teria sido seu grande papel no teatro: o de Marchbanks em *Cândida*, de Bernard Shaw, com Tonia no papel-título. Guerreirinho se apaixonara por uma moça rica do interior de São Paulo, viajava para vê-la e passava dias sumido do TBC. Os pais dela se opunham e a escondiam, Guerreirinho ficava desesperado, voltava para São Paulo e não conseguia ensaiar nem trabalhar direito.

Mas, mesmo antes disso, nunca soubera o que era rotina. Não tinha hora para comer, dormir ou beber. Parecia usar um fuso horário próprio. Até então, isso não o atrapalhara. Mas o efeito progressivo do álcool se fez sentir e Guerreirinho passou a dormir em qualquer lugar — sentado, de pé e até no meio de uma frase. Em pouco tempo, engordou a ponto de ficar desfigurado. Sua carreira de galã estava encerrada.

Em 1958, ainda no TBC, só que no Rio, Ziembinski abriu-lhe uma nova possibilidade: tornar-se cenógrafo. Zimba sabia que Guerreirinho desenhava e pintava bem e entregou-lhe a cenografia de *Pega fogo*, de Jules Renard, com Cacilda. Guerreirinho fez um grande trabalho, mas não quis continuar como cenógrafo. Preferia ser ator, embora, a partir daí, só lhe restasse o cinema e, mesmo assim, em papéis menores — fez o barbeiro de *Porto das Caixas* (1962), o sindicalista de *O Bravo Guerreiro* (1968), o padre de *A casa assassinada* (1971), o fazendeiro de *São Bernardo* (1972) e um dos bebuns de *Vai trabalhar, vagabundo* (1973). A televisão, para onde todos os seus amigos estavam correndo, nunca o interessou. Quando se dispôs a um trabalho no qual poderia destacar-se, no *Sítio do Picapau Amarelo*, houve o episódio do hospício.

Em seus últimos vinte anos, Guerreirinho foi mais uma figura folclórica de Ipanema do que um ator profissional. A bebida não o deixava violento. Deixava-o ainda mais humano e, como era inevitável, sujeito a meter-se em situações cômicas. Certa madrugada, ele próprio se assustou com o que bebera no JANGADEIRO e resolveu ir para casa. Mas, depois de alguns passos, desmaiou na praça General Osório e dormiu ali mesmo, no gramado. Horas depois, duas velhinhas, que passavam a caminho da igreja, viram-no estendido. Deram-no como morto, acenderam velas a seu redor e rezaram por ele. Já com o sol quente, Guerreirinho acordou na praça, cercado de curiosos e de tocos de velas. Houve gente que saiu correndo.

A partir daí, os amigos passaram a levá-lo inconsciente toda noite para casa, na rua Joaquim Nabuco, e a deixá-lo no elevador. Guerreirinho morava com a mãe e, um dia, de manhã, ela deu por falta dele na cama. Foi procurá-lo e descobriu-o dormindo dentro do elevador. O elevador subia e descia, com Guerreirinho dentro. Os vizinhos, que o adoravam, entravam e saíam na ponta dos pés, para não acordá-lo.

Quando um infarto o matou, aos 54 anos, Paulo FRANCIS, um de seus grandes amigos, falou dele e da geração de ambos: "Era nosso anjo caído, nossa imagem em inocência sensorial".

Antonio **GUERREIRO**
1947-2019. Fotógrafo.

O colunista MANECO Muller dizia com toda a razão: era Antonio Guerreiro, e não David Hemmings, quem devia ter interpretado o fotógrafo de *Blow-up*, o filme de Antonioni. Nem Guerreiro nem Hemmings eram atores, mas Guerreiro era muito mais bonito e, que diabo, era fotógrafo de verdade. Ou estava começando a ser. Quando *Blow-up* foi rodado, em 1966, Guerreiro tinha apenas dezenove anos e acabara de trocar a faculdade de economia, onde fora aluno de Mario Henrique Simonsen, por um estágio no *Jornal do Brasil*. Mas não ficou muito tempo lá — fotógrafos de jornal têm de sair à rua e fotografar gente feia, e Guerreiro desde cedo fizera a opção pela beleza. Descoberto por DANIEL Más, colunista do *Correio da Manhã*, montou seu estúdio no segundo andar do ZEPPELIN e, a partir de 1969, tornou-se não apenas um requisitado fotógrafo de moda. Tornou-se Antonio Guerreiro.

Guerreiro fotografou as mulheres mais bonitas do país. Não como elas eram, por mais deslumbrantes que fossem, mas como elas *gostariam* de ser — é possível imaginar isso? Em suas lentes, os 160 centímetros de Sonia Braga tornavam-se o metro e oitenta que ela interiormente tinha. E, antes e depois de Sonia, ele transfigurou YONITA Salles Pinto, BETTY Faria, Zezé Motta, Bruna Lombardi, TANIA Caldas, a cineasta Ana Carolina, Silvia Falkenburg, Noelza Guimarães, Marcia Mendes, Denise Dumont, Gal Costa, Sandra Brea e você pode citar quem lhe vier à cabeça. Não apenas as fotografou, mas também se casou com várias e namorou quase todas. Não eram namoros ou casamentos normais, mas ménages à trois: ele, a moça e a câmera. Guerreiro chamava a isso de "paixãografia".

Quem o conheceu entende o que ele queria dizer. Guerreiro era português, por acaso nascido em Madri, e passou a infância no Marrocos. Nos anos 50, seu pai, um industrial de doces e pirulitos, veio fazer a América e fixou-se em Juiz de Fora (MG). Deu-se muito bem — lembra-se de um pirulito de chocolate em forma de guarda-chuva? Aos quatorze anos, Guerreiro fugiu com sua babá para o Rio — por que alguém, nessa idade, fugiria com a babá? E que babá era essa, digna de se fugir com? Seja como for, nunca mais faltou uma mulher em sua vida.

As mulheres de Guerreiro se materializaram em capas de discos, posters, catálogos, portfólios e páginas de revistas como *Manchete*, *Vogue* e *Playboy*, e isso era apenas uma amostra do que ficou em seu arquivo de 300 mil negativos e cromos. Era o maior repositório existente da beleza brasileira e só Guerreiro sabia o que lhe custou. Certa vez, ele iluminou com quatrocentas velas uma igreja baiana de 1502 para fotografar uma mulher. Tente manter quatrocentas velas acesas — quando se acendem as últimas, as primeiras já se derreteram. Mas as duas, a mulher e a igreja, nunca fotografaram tão bem.

Mas o século XXI não lhe foi favorável. As muitas e grandes noites de festas em coberturas, os cabelos armados das estrelas esvoaçando aos ventiladores enquanto as câmeras trabalhavam, tudo isso começou a desaparecer à medida que os anos avançavam. Guerrreiro passou de presença indispensável nas festas à ausência nem sequer percebida. E então as festas também acabaram. A Guerreiro só restou brindar sozinho, de manhã à noite, até que, um dia, os cliques deixaram de se fazer ouvir.

Ferreira **GULLAR**
1930-2016. Poeta, jornalista e crítico.

Em 1954, o maranhense Ferreira Gullar publicou um poema que levara três anos para escrever. Na verdade, era um livro inteiro — um poema longo, com diversos ritmos e dicções. Nesse livro, o poeta partia do soneto, passava para o verso livre, a poesia em prosa, a poesia espacial e, depois de dar um show de técnica e assombrar o leitor com uma saraivada de pedras de toque, terminava por literalmente explodir a linguagem. Na seção final, "Roçeiral", os versos ruíam em grunhidos asfixiados e incompreensíveis: "Urr veroens or tufuns lerr desveslez varzens". Incompreensíveis, mas lógicos. Era uma ideia que já vinha se esboçando no decorrer do livro, quando ele falara da "inutilidade do canto", definira o galo como um "mero complemento de auroras" e o homem como "um ser grave, que não canta senão para morrer".

O livro chamava-se *A luta corporal* e criou um problema para Gullar. De estalo, tornou-o o maior poeta de sua geração — mas o que fazer depois? Voltar para a linguagem linear e bem-comportada? Impossível. Só lhe restava ir para a frente. Mas que frente, se ele explodira a linguagem? E ele não queria tornar-se um "acadêmico da explosão". A saída foi o concretismo, movimento que Gullar ajudou a fundar em 1956 e com o qual logo rompeu, por achar ridículo ter de aprender matemática para fazer poesia.

Em troca, Gullar propôs o neoconcretismo e, também neste, foi às últimas consequências, com o *Poema enterrado*. Enterrado? Como assim? Gullar aproveitou que o fotógrafo José Oiticica Filho, pai de seu amigo HELIO, estava construindo um pequeno subsolo em sua casa no Jardim Botânico e resolveu fazer desse subsolo o "território" do poema. O, digamos, leitor desceria uma escada e, ao atravessar uma porta, *penetraria* no poema. Ali encontraria uma série de cubos, uns dentro dos outros, para ser desmontados. No último cubo ler-se-ia a palavra "Rejuvenesça". Seria o único "poema com endereço" da poesia brasileira e o primeiro a ser lido com o corpo. Mas a inauguração do poema foi um fiasco: uma chuva na véspera inundou o subsolo e os cubos boiaram sobre palmos d'água, como caixas de sapatos. O neoconcretismo poético afundou ali. Tudo isso pode parecer hoje meio extravagante, à luz da imagem que o futuro Ferreira Gullar iria projetar, mas fazia sentido para o ainda recente autor do "Roçzeiral" — era Gullar enterrando a linguagem, depois de explodi-la.

O Gullar que ficaria famoso começou com os eventos políticos no Brasil de 1961 (renúncia de Jânio Quadros, ameaça de golpe, posse de João Goulart), que despertaram nele a necessidade de recompor os cacos da linguagem. Foi quando Gullar se aproximou do Partido Comunista, engajou-se no CPC e passou a fazer poesia de cordel, como se fosse um cantador de feira nordestina: *João Boa-Morte, cabra marcado para morrer* e *Quem matou Aparecida*. Era sua descrença final na poesia — reduzi-la ao que acreditava ser um instrumento de conscientização política.

Nenhum operário ou camponês se deixou conscientizar por sua poesia-panfleto, mas, por mais que tentasse agachar-se como poeta, Gullar nunca o conseguiu. Mesmo seus textos mais óbvios podiam conter maravilhas como "O poema, senhores, não fede nem cheira" ou o famoso "A crase não foi feita para humilhar ninguém". O próprio *Poema sujo* (1976), escrito no exílio, continha passagens que faziam dele um fabuloso contraponto de *A luta corporal*.

Fora da poesia, Gullar foi durante anos um eficiente soldado do Partido, fazendo amigos e influenciando pessoas para a causa, além de exercer uma inflexível vigilância crítica sobre a produção cultural durante a ditadura. Mas o exílio, a idade e o anunciado fim das ideologias mudaram suas opiniões. Em fins dos anos 80, Gullar já admitia que a principal função do artista era produzir arte, e essa atitude, sim, foi levada às últimas consequências. A arte existia porque a vida não era suficiente — ele não se cansou de repetir, ecoando uma antiga frase de Alvaro Moreyra. Nem mesmo uma vida tão rica como a sua. E, naturalmente, a esquerda não o perdoou por ele ter se tornado crítico de suas posições.

Nos trinta anos em que morou no Bar 20, em Ipanema, de 1954 a 1984 (descontado o exílio no Chile e na Argentina, de 1971 a 1977), Gullar foi um personagem do bairro. Com sua mulher, Tereza Aragão (1933-93), e grande elenco, foi também uma presença inescapável do "cemitério dos elefantes", a praia defronte da rua Farme de Amoedo, onde se concentrava a ESQUERDA FESTIVA. Praia que, um dia, o inspirou a escrever: "*O vento que empurra a tarde/ Arrasta a fera ferida/ Rasga-lhe o corpo de nuvens/ Dessangra-a sobre a avenida/ Vieira Souto e o Arpoador/ Numa ampla hemorragia./ Suja de sangue a montanha/ Tinge as águas da baía./ E nesse esquartejamento/ A que outros chamam verão/ Fevereiro, inda em agonia/ Resiste mordendo o chão*".

Gullar teve o privilégio de protagonizar seu próprio reconhecimento como artista. Com a morte de João Cabral de Melo Neto, em 1999, a intelectualidade o sagrou o grande poeta do país e o agraciou com todos os prêmios possíveis, inclusive o Camões. Gullar, humilde, não recusou nenhum e ainda aceitou eleger-se para a Academia Brasileira de Letras. Era como se as palavras de "Urr veroens or tufuns lerr desveslez varzens" se recompusessem numa sequência lógica e, de repente, tudo, magicamente, fizesse sentido.

Frases

★ [Quando lhe perguntavam se era "o poeta Ferreira Gullar"]: "*Às vezes*". ★ *Não sou poeta 24 horas por dia.* ★ *A poesia nasce do espanto.* ★ *Só o que não se sabe é poesia.* ★ *É melhor ser feliz do que ter razão.* ★ *Não basta ter razão para estar certo.* ★ *Que a arte nos aponte uma resposta, mesmo que ela não saiba.* ★ *Uma parte de mim é multidão; outra parte, estranheza e solidão.*

HANS e MIRIAM Etz
1913-86 e 1914-2010. Artistas plásticos e agentes civilizadores.

A carioca — de Ipanema — IRA Etz tinha a quem puxar. Seu avô materno, o alemão Arthur Kaufmann, foi pintor e professor da Academia de Belas Artes de Düsseldorf durante a gloriosa República de Weimar (1919-33). Sua avó, Lisbeth, também professora, era especializada em crianças excepcionais. Arthur e Lisbeth tinham um vasto círculo de amigos em sua cidade. Alguns deles eram Albert Einstein, Sigmund Freud — sim, os próprios —, escritores como Arnold Zweig e os irmãos Heinrich e Thomas Mann, os compositores Kurt Weill e Arnold Schönberg, os diretores de teatro Max Reinhardt e Erwin Piscator, o também pintor Otto Dix, o cineasta Fritz Lang — desnecessário falar da importância de cada um. Eles frequentavam sua casa, comiam de seu pão preto, batiam canecos e todos, individualmente, posaram para Arthur. Um dia, Arthur reuniu esses retratos num quadro único, que resumia a inteligência alemã de seu tempo. Bem, esse era o avô materno de Ira. O avô paterno, Wilhelm Etz, igualmente de Düsseldorf, era engenheiro e trabalhou na construção de uma ponte sobre o Reno, a de Remagen, que, no futuro, decidiria o destino de uma guerra mundial — a Segunda.

Arthur tinha uma filha, Miriam. Wilhelm tinha um filho, Hans. Os garotos cresceram juntos e, aos quinze anos de Hans e um pouco menos de Miriam, começaram a namorar. Em 1933, com a tomada do poder por Hitler e a ascensão do nazismo, as famílias de Hans e Miriam resolveram ir embora da Alemanha. Foram para a Holanda. Hans só pôde juntar-se a eles algum tempo depois, fugindo ao alistamento obrigatório na Juventude Hitlerista e atravessando a fronteira holandesa de bicicleta, levando apenas a roupa do corpo e, na mochila, alguns desenhos. Em 1936, parte das duas famílias zarpou para Nova York — em que só puderam entrar e se estabelecer porque foram avalizados por dois americanos que, através de amigos comuns de um quarteto de cordas de Budapeste, conheciam Arthur de nome. Os dois americanos se chamavam George e Ira Gershwin, empenhados, naquela época, na composição de uma ópera chamada *Porgy and Bess*. Mas Hans e Miriam fizeram diferente. Foram primeiro para Londres, onde moraram num bairro de estudantes, e Miriam engravidou. E, então, quando ela já estava de quatro meses, tomaram o navio e vieram para o Brasil, leia-se o Rio. O ano, 1936.

Hans e Miriam vieram morar numa casinha de fundos na rua Joaquim Nabuco, em Ipanema. Era um bairro acessível a imigrantes pobres ou remediados — ruas já demarcadas, mas algumas ainda sem calçamento, nenhum prédio alto, comércio incipiente e muitos estrangeiros, todos duros como eles. Mas, a cinquenta passos de casa, havia o areal — o ARPOADOR — e, além deste, o oceano Atlântico e as ilhas. Na praia, todos eram iguais. E ali, sem querer, sendo apenas como eram, Hans e Miriam começaram seu trabalho de civilizar Ipanema.

Miriam foi a primeira mulher no Brasil a ir à praia usando um maiô de duas peças — a parte de cima e a parte de baixo separadas, com o umbigo ainda coberto, mas deixando à mostra uma considerável centimetragem de pele. Era um maiô de crochê, que ela própria confeccionara e trouxera na viagem. O duas-peças era uma invenção recente mesmo na Europa, onde não tinha por que provocar alteração — da Alemanha para cima, eram comuns as famílias frequentarem campos e praias de nudismo. No Rio, talvez só o Arpoador pudesse comportar tal novidade. Era quase deserto, exceto pelos europeus que moravam na vizinhança e por alguns jovens, sendo o inglês praticamente a língua oficial da praia. O que não impediu que, no começo, a presença de Miriam em trajes tão reduzidos levasse alguns homens a se esconderem atrás das pedras e se masturbarem. Como eles não se deixavam ver, ela fingia não perceber.

O outro pioneirismo de Miriam foi que, ao ir à praia no Rio no próprio dia de sua chegada, ela pode ter sido a primeira grávida — sua filha, IRA, nasceria dali a cinco meses — a se expor em traje de banho no Brasil, 36 anos antes de LEILA Diniz. E explicaria também a relação de Ira com o Arpoador — porque ela já o frequentava antes mesmo de nascer.

A relação de naturalidade com o corpo por parte do casal deitou sementes por Ipanema, dentro e fora de casa. No verão, Miriam saía à rua usando vestidos com as costas de fora, também costurados por ela. A ousadia logo ganhou as primeiras seguidoras locais, e não demorou a se espalhar. Seu hábito de pintar as unhas dos pés também fez imediata escola. E o fato de tanto Miriam quanto Hans não ocultarem de Ira sua nudez ao tomar banho causava espanto quando Ira contava isso para as amiguinhas — até que deixou de causar.

Ao contrário de outros alemães da colônia, Hans e Miriam dedicaram-se a aprender o português e a falá-lo em casa. Ira, por sua vez, nunca se esforçou para aprender alemão — "língua de macaco", dizia — e eles nunca a repreenderam por isso. Com seu talento para o desenho, Hans tornou-se publicitário e foi trabalhar na J. Walter Thompson, uma das primeiras agências americanas a se instalar no Brasil, no Centro da cidade. Um de seus colegas de prancheta era Carlos THIRÉ, futuro marido de TONIA Carrero. Hans abriu depois sua própria agência, o Estúdio Etz, com a qual produziu anúncios para a Cervejaria Antarctica, tendo Miriam como modelo, às vezes usando um duas-peças, e para o Leite Vigor, com a pequena Ira, lourinha e de cabelos cacheados, babando-se ao tomar leite no anúncio. Ira e seu irmão Roberto não foram batizados — anticlerical assumido, Hans punha-se a coçar ostensivamente o saco quando se via na presença de um padre.

O Estúdio Etz também ficava no Centro, nas proximidades do moderno prédio da ABI (Associação Brasileira de Imprensa), cujo bar adjacente, o Vermelhinho, era o favorito dos jornalistas, artistas plásticos e intelectuais. Hans ficou íntimo de RUBEM Braga, PAULO Mendes Campos, LUCIO Rangel, e, em 1948, um crítico de arte, MARIO Pedrosa, apresentou-o ao americano Alexander Calder, o inventor dos móbiles, então expondo no Rio. Os Etz deram uma festa para Calder em Ipanema, com a presença de Heitor dos Prazeres e outros sambistas, e o samba rolou pela noite até que os vizinhos chamaram a polícia — em vão, porque os policiais, amigos de Heitor, se juntaram à festa. Por causa dessa noite, Calder deixou-se ficar no Rio mais um mês e inspirou-se nela para criar o seu conjunto de esculturas "Samba rattle", representando instrumentos do samba. Outro estrangeiro com quem se davam era o cantor francês JEAN Sablon, colega de Miriam no jogo de peteca no Arpoador.

Por falarem português e serem conhecidos por todo mundo, Hans e Miriam, ao contrário de outros alemães residentes no Rio, não tiveram problemas durante a Segunda Guerra. Mas, por causa dela, não podiam escrever em alemão para seus parentes na Europa nem ter conta em bancos. Os dois já tinham conseguido juntar algumas economias e, como não podiam depositá-las, resolveram investi-las. Amigos ingleses lhes falaram da beleza e da paz de Conselheiro Paulino, cidade perto de Nova Friburgo (RJ). Foram visitá-la, encantaram-se e compraram um terreno, planejando construir uma casa e, um dia, morar lá.

Hans e Miriam viveram toda a vida airosa e criativa do Rio dos anos 40 e 50, no mar, nos bares e nas galerias de arte. Hans usava cabelo comprido — os amigos perguntavam se ele queria ser Buffalo Bill. E cansou-se de trocar um desenho devido a um cliente por uma hora a mais de sol na praia, a fim de fixar o bronzeado, ou por uma rodada de chope no CALYPSO, bar da rua Visconde de Pirajá. Miriam, por sua vez, praticava a dupla militância, conciliando sua criatividade como artesã com o rigor do mundo profissional — tornou-se alta executiva da Avon. Até que, nos anos 50, os dois decidiriam reinaugurar suas vidas. Aposentaram-se e foram de vez para Conselheiro Paulino, onde Hans se descobriu lavrador e passou a dedicar-se freneticamente à terra. E Miriam, nos intervalos de expedições a Friburgo ao volante de seu jipe (foi talvez a primeira mulher a dirigir um carro na região), entregou-se ao artesanato, produzindo bonecas, bruxas, bichos e surpreendentes colagens com teias de aranhas e folhas. Seus materiais eram "águas e verdes", como escreveu MARINA Colasanti. Muitos de seus trabalhos foram expostos em individuais e coletivas, inclusive em Düsseldorf.

Hans partiu mais cedo, aos 73 anos, mas Miriam chegou aos 96, lúcida, produtiva e opiniática. Bem ao estilo de sua legítima sucessora, ela própria uma lenda de Ipanema — sua filha, Ira.

HELIO Beltrão
1916-97. Economista e político.

Todo governo que entra toca flauta com os ministérios — fecha uns e abre outros. Sempre abre mais do que fecha. O governo Figueiredo (1979-85), por exemplo, inventou vários e desnecessários. Um deles, porém, foi da maior utilidade: o Ministério Extraordinário da Desburocratização. Mas só porque Figueiredo escalou a pessoa certa para a pasta: o economista Helio Beltrão.

Assim que tomou posse, Beltrão começou a rasgar papel. Não os de sua casa na rua Prudente de Morais, que já eram poucos, mas em Brasília, onde eles nascem e se reproduzem como amebas. Beltrão acabou com a indústria de reconhecimento de firmas, que fazia a fortuna dos cartórios, e com a brutalidade do atestado de residência, que obrigava o brasileiro a sair à rua com contas de luz no bolso para provar que não era um vadio. Simplificou também o funcionamento da máquina administrativa e fez tudo para que a vida do cidadão deixasse de ser regulada por carimbos. Foi bom, mas só enquanto durou. Assim que Beltrão deixou o ministério, este foi extinto e, no governo Sarney, a papelada voltou. Sarney sempre adorou produzir papelada em verso e prosa.

Beltrão era um político com alma de administrador e um administrador com temperamento de artista — cantava, tocava violão e, enquanto levava despachantes à falência, compunha sambas em parceria com Billy Blanco, seu velho companheiro de serestas em Ipanema. Um deles foi o "Samba da desburocratização", que os Trapalhões cantaram na TV Globo. Isso é que era ministro.

MARCAS REGISTRADAS
A pedra, a areia e as moças que enxergavam longe — marcas de Ipanema desde os tempos do maiô inteiro

MAPA-MÚNDI, c. 1952
O mundo ao redor constava de Copacabana, Leblon, Gávea e Jardim Botânico. Mas os limites de Ipanema se estendiam a Cabo Frio, Roma, Paris, Cannes

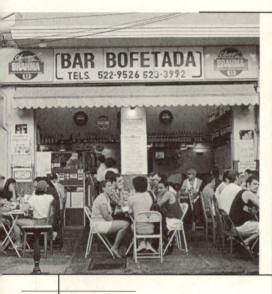

EXTENSÕES DO MAR

Os botequins de Ipanema sempre foram a extensão da praia. E o chope, uma extensão do mar. Acima, o Bofetada. À direita, os amados garçons do Jangadeiro, que cuidaram de várias gerações de ipanemenses desamparados

VIZINHO ILUSTRE

Para Rubem Braga, o bar Veloso, futuro Garota de Ipanema, era apenas o botequim ali da esquina. Para o Veloso, ter Rubem Braga como vizinho e cliente era a garantia de que, em suas mesas, até a conversa jogada fora podia ser definitiva

ÚLTIMA CEIA NO ZEPPELIN

Em 1968, da esq. para a dir.: Ferdy, Claudio Romeiro (Judas, de pé), Mânlio Marat, Armando Rozário, Omar, Claudius, Paulo Goes (Cristo), Oskar (proprietário), Albino, Guerreirinho, Negão, Caveirinha (garçom), Vergara e Luiz Accioly. O Zeppelin e o Brasil estavam fechando

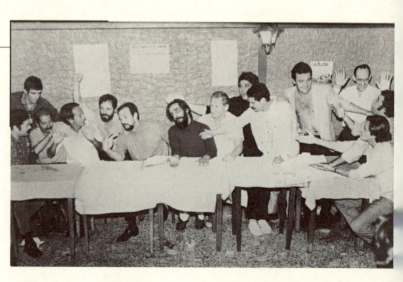

MUSA & ANTIMUSA

Danuza Leão nunca se viu como a musa, lenda, diva, supermulher e outros qualificativos que sempre lhe atribuíram. Ser Danuza Leão já lhe deu trabalho suficiente

ANTES E DEPOIS

A alemã Miriam Etz (à esq., posando para um anúncio) foi à praia no dia de sua chegada ao Rio, em 1937. E já com um duas-peças, que era o pré-biquíni. Perdão pelo clichê, mas o Arpoador nunca mais foi o mesmo

GLOBE-TROTTER

Elsie Lessa correu o mundo e escreveu crônicas eternas sobre ele no *Globo*. Mas todas remetiam a uma Ipanema que ela levava consigo para onde quer que fosse

VESTIDA DE SI MESMA

Em Paris, poucas vestiram Schiaparelli e Chanel tão bem quanto Vera Barreto Leite. Mas sua pele nunca saiu da praça General Osório

A ETERNA GAROTA

Tonia Carrero foi a primeira garota de Ipanema da história e, sob qualquer critério, a maior. Ela se deixou formar pelos homens que admirava e se espantava ao vê-los subjugados aos seus pés

BERÇO DA BOSSA

Gerada em surdina em Ipanema, a Bossa Nova trabalhava em Copacabana. Mas, a partir do Carnegie Hall, em 1962, seu novo endereço foi o mundo

SAMBAS DA LEGALIDADE

Carlos Lyra era, para Tom Jobim, o maior melodista da Bossa Nova. Fora da pauta musical, ele lutou para dar a ela uma dicção política

VOU TE CONTAR

Não basta ouvir tudo que Tom Jobim nos legou musicalmente. Devíamos ter prestado atenção também a tudo que ele falou sobre o Brasil, nas entrevistas e nas rodas de botequim. Talvez ainda haja tempo

MOÇA DO CORPO DOURADO

Helô Pinheiro inspirou Tom e Vinicius em "Garota de Ipanema" e parecia perfeita para vivê-la no cinema. Mas o papel coube a Marcia Rodrigues, linda no cartaz do filme e na capa do LP criados por Glauco Rodrigues. A Helô restou ser a "Garota" 24 horas por dia e para sempre

CORPO E ALMA

Odette Lara não se limitava a incendiar a tela em seus filmes. Era também cantora, brincava de ser jornalista e contou em livros sua impressionante trajetória — a de um corpo em busca de um espírito

NO COMANDO
Sem ditar regras e mesmo sem ser um residente permanente, poucos influíram sobre Ipanema quanto Vinicius de Moraes. Sua atitude de se desengravatar — na arte, na vida, no amor — marcou duas gerações

É PRECISO CANTAR
Três discos inaugurais de Vinicius: o LP com Odette Lara lançou o selo Elenco; o de *Orfeu da Conceição* (com capa de Raymundo Nogueira) estreou a parceria com Tom; e *Os Afro-sambas* com Baden Powell deram sangue novo à Bossa Nova

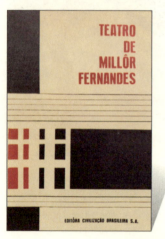

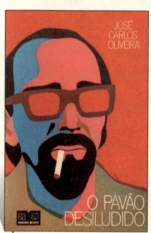

AUTORES DE IPANEMA

Desde o pioneiro Théo-Filho com o romance *Praia de Ipanema*, de 1924, a uma tradição de cronistas, ficcionistas, poetas e artistas gráficos — entre os quais Eugenio Hirsch, autor da revolucionária capa de *Lolita* no Brasil

FOLIÃO NO VELÓRIO

O *Pasquim* surgiu em 1969, pouco depois do AI-5. Mas os militares custaram a perceber que seu deboche era mais corrosivo do que sérias análises políticas

BRUTAL E SEDUTOR

Tarso de Castro era a força irresistível à frente do *Pasquim* — e de todas as grandes mulheres de seu tempo

TERNURA POR TRÁS DOS ÓCULOS

Paulo Francis lembrava a lendária Mae West. Quando ele era bom, era ótimo. Mas, quando era mau, era melhor ainda

ESTEIOS DA NACIONALIDADE
Acima, uma tarde na Montenegro, por Ziraldo. Abaixo, Ivan Lessa e Jaguar, lançadores de tendências

O *PASQUIM*, PRESO E SOLTO
Já fora das grades, a partir de baixo: Fortuna, Sérgio Cabral (pai), Francis, José Grossi, Ziraldo, Maciel, Flavio Rangel e Jaguar

MARE NOSTRUM
Para Millôr, cada centímetro do
bairro era seu território. Ninguém menos
Sistema, ninguém mais Ipanema

ESTADO-MAIOR

O Cinema Novo no Zeppelin. No sentido horário, a partir de baixo: Nelson Pereira dos Santos, Ruy Guerra, Joaquim Pedro, Walter Lima Jr., Zelito Viana, Luiz Carlos Barreto, Glauber Rocha e Leon Hirszman

POR TRÁS DA BELEZA
Se Regina Rosenburgo se apaixonasse por um homem pobre, ele descobriria potencialidades em si que nunca suspeitara

DO JORNAL À PSIQUIATRIA
Germana de Lamare era admirada pela capacidade de não se deixar abater. Ia à luta e dava a volta por cima

NASCIDAS PRINCESAS
Maria Lucia Dahl (esq.) e sua irmã Marília Carneiro trocaram uma juventude dourada pela bravura em seus ofícios

TODAS AS MULHERES DO MUNDO

E alguns rapazes. 1 – Joana Fomm; 2 – Hildegarde Angel; 3 – Mario Carneiro; 4 – Irma Alvarez; 5 – Flavio Migliaccio; 6 – Regina Rosenburgo; 7– Ivan de Albuquerque; 8 – Isabel Ribeiro; 9 – Yonita Salles Pinto; 10 – Marieta Severo; 11 – Paulo José; 12 – Domingos Oliveira; 13 – Ana Cristina Angel; 14 – Norma Marinho; 15 – Vera Vianna; 16 – Leila Diniz; 17 – Maria Gladys

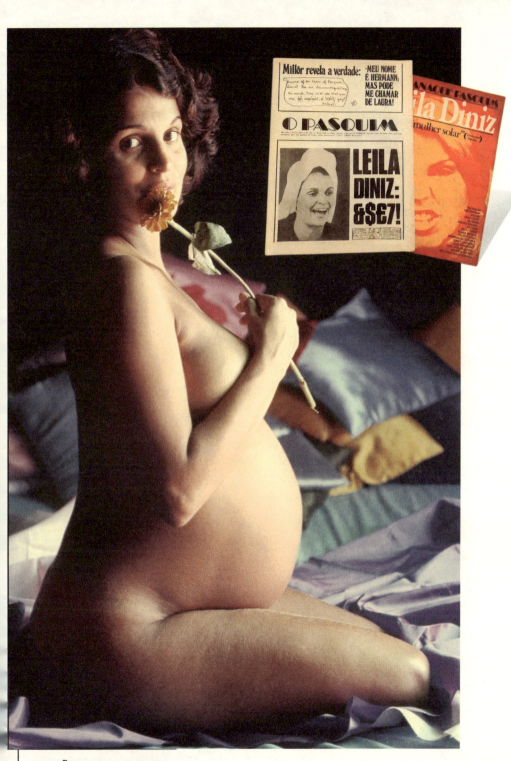

ELA NÃO PODIA MORRER

Leila Diniz na véspera do dia mais importante de sua vida — mais até que o de sua entrevista ao *Pasquim*

21

ARTE E VIDA

Com Helio Oiticica era difícil saber a fronteira entre uma e outra, e muito antes que isso se tornasse clichê. Abaixo, uma das primeiras imagens do mundo que Alair Gomes descobriu de sua janela em Ipanema

BRAÇO ARMADO DA FESTIVA

Numa das primeiras saídas da Banda de Ipanema: Cidinha Campos, Jaguar, Ferdy Carneiro, Albino Pinheiro (com a faixa), Nelson Cavaquinho e, de óculos, atrás dele, Hugo Bidet. O "mendigo" é Paulo Goes

NA LINHA DE FRENTE

Em 1968, ano das contestações, Eva Todor, Tonia Carrero, Eva Wilma, Leila Diniz, Odette Lara e Norma Bengell puxam a ala do teatro contra a ditadura, na Passeata dos 100 Mil. Ao lado de Norma, o crítico de arte e trotskista Mario Pedrosa, ele próprio recordista de todos os protestos

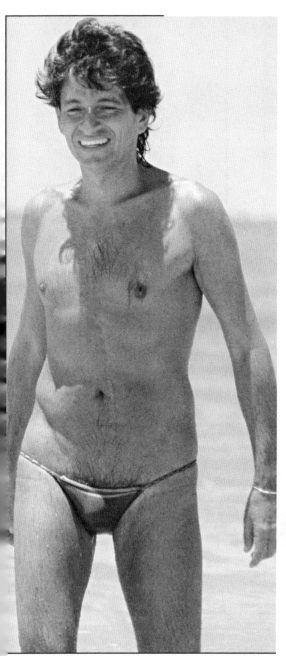

NA MIRA DA MORTE
Zuzu Angel desafiou a ditadura ao investigar a tortura e morte de seu filho Stuart. Pagou com a vida por isso

ABERTURA PARA VALER
Em 1979, quando Fernando Gabeira voltou do exílio e foi de tanga à praia, esquerda e direita se convenceram de que a abertura política era para valer

AREIAS ESCALDANTES
Scarlet Moon de Chevalier, com esse nome épico, não se contentou em viver os idos do Píer. Também narrou-os como ninguém

25

C'EST SI BON!

Jean Sablon, *chansonnier* francês, descobriu o Arpoador numa de suas vindas ao Rio e apaixonou-se pelo exclusivo esporte praticado pelos nativos: a peteca

A FORÇA DO MACHO

E a graça da fêmea. Esse era o programa de Lennie Dale para os Dzi Croquetes. O próprio Lennie era a prova dessa possibilidade

BIRINAITE BLUES

Angela Ro Ro, ao contrário de Rubem Braga, nunca achou que as mulheres devessem miar. Nem precisava. Com sua grande musicalidade, ela cantou os blues, sambas-canção e baladas das arrasadas, afogadas em álcool e paixão

A PALAVRA ERA...

"Ninguém ousava ser patife perto dele", diziam — porque Roniquito de Chevalier logo mandava uma frase que ia à jugular do patife. Era incrivelmente sem censura e dotado de uma verdade suicida

MAIOR ABANDONADO

Cazuza bebê, na areia de Ipanema? Parece sem sentido diante do homem que iria escrever, cantar e viver aquilo tudo, não? Mas quem o conheceu sabe que só houve um Cazuza do começo ao fim

O SOL POR TESTEMUNHA

Pedro Paulo Couto, Arduino Colasanti e Jomico Azulay, grandes amigos, tinham muitas coisas em comum: o mar, barcos, peixes. E o amor, em algum momento de suas vidas, por Ira Etz

IRA DO ARPOADOR

Ira Etz foi à praia no Arpoador antes de nascer e, durante décadas, aqueles quarteirões foram o seu playground, escritório e lar. Um dia, terão de dar seu nome a eles

FAZENDO CABEÇAS

Marina Colasanti alertou mais mulheres brasileiras para os seus direitos, inclusive o direito ao orgasmo, do que qualquer outra. Elas lhe devem muito

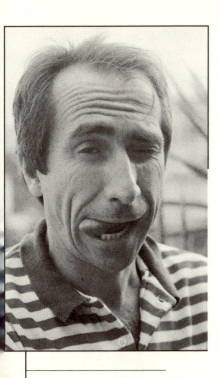

COLUNISMO TIPO BLITZ
Daniel Más foi um Roniquito do colunismo: escrevia o que achava que devia escrever, mesmo que lhe custasse um olho roxo ou dentes a menos

A LÍGIA DO TOM
Lygia Marina é assim: onde estiver, as luzes vêm a ela

EM AÇÃO, DE SOL A SOL
Era raro capturá-lo assim, sentado. O multimídia Yllen Kerr vivia em movimento e foi — pode crer — quem botou Ipanema, o Rio e o Brasil para correr

ROUXINOL EM JAVANÊS

É o significado de Bulbul, sobrenome que Zózimo — aliás, Jorge da Silva — adotou para si próprio, muito mais condizente com sua personalidade de ator vibrante e militante

HERÓIS DE TARDES VÃS

Juntos ou separados, Miele (esq.) e Ronaldo Bôscoli geraram dezenas de shows, eternizaram o Beco das Garrafas e alimentaram um folclore que ofuscou a importância de seu trabalho

DA SIMETRIA AO ABSURDO

E de novo à simetria. Com seus esquetes no *Fantástico*, Juarez Machado levou a inteligência para a TV

PHYSIQUE DU RÔLE
Jô Soares já fez de tudo na vida, exceto, talvez, interpretar Stan Laurel. Mas, com certeza, não foi por falta de convite

SEM CHAMPAGNE
Zózimo Barrozo do Amaral trocou o smoking pela informalidade e redefiniu o conceito que se fazia de um colunista social

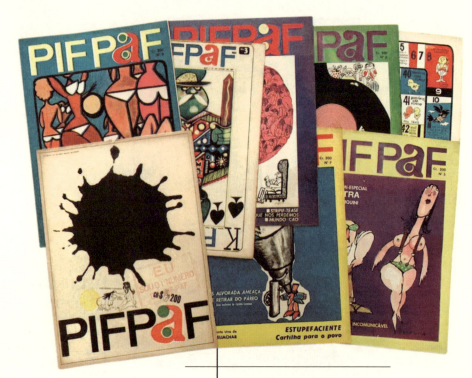

IMPRENSA TECHNICOLOR

Pif-Paf, de Millôr Fernandes, e *Senhor*, de Nahum Sirotsky, duas grandes revistas dos anos 60 — em tudo e por tudo, Ipanema

HELIO Oiticica
1937-80. Artista plástico.

No dia 16 de março de 1980, Helio Oiticica sofreu um AVC em seu apartamento no Leblon. Estava sozinho em casa. Caído no chão, imobilizado e mudo, ouviu o telefone e a campainha de sua porta tocarem muitas vezes. Viu também os bilhetes sendo passados por baixo de sua porta. Eram os amigos que o procuravam. Mas não podia levantar-se para atender. Ficou assim quatro dias, sem beber água nem comer. Entre os que notaram seu sumiço estava sua colega Lygia Pape. Quando se convenceu de que ninguém sabia de Helio, Lygia entrou no apartamento por uma janela e o encontrou. Helio foi levado para o hospital, mas, uma semana depois, teve um infarto e morreu. Tinha 43 anos.

Por mais chocante, a morte de Helio Oiticica foi um happening, parecido com tantos que ele protagonizou em vida, só que definitivo. Como outros artistas formados nos anos 50, ele não acreditava na "arte". Desprezava os quadros e esculturas feitos para se contemplar com a mão no queixo. Para ele, a função do artista moderno era produzir a "antiarte" e, num gesto extremo, fazer da própria vida sua obra — ou antiobra. Era uma obsessão da vanguarda da época e muitos de seus contemporâneos se propuseram a isso. Vários, no meio do caminho, deram meia trava e voltaram para uma "vanguarda" que rendesse dinheiro. Só Helio foi autêntico até o fim.

Hoje pode parecer banal, mas os objetos que ele mandava para exposições causavam furor. Alguns deles eram cabines penetráveis (como o labirinto *Tropicália*, cheio de plantas, que apresentou no Museu de Arte Moderna do Rio em 1967) e os "parangolés", que eram capas ou bandeiras coloridas, feitas para vestir ou carregar. Os primeiros "parangolés" seriam vestidos por passistas da Mangueira na exposição *Opinião 65*, também no MAM, em 1965. A polícia, desabituada à presença do "povo" entre os grã-finos que prestigiavam esses eventos, proibiu a entrada dos passistas no museu e, sem querer, promoveu um happening. Helio armou um banzé em protesto contra o preconceito, recebeu as adesões de Rubens GERCHMAN, Carlos VERGARA e Antonio Dias, e a exibição aconteceu ali mesmo, nos jardins externos do MAM. Deu tal repercussão que Helio foi convidado a mostrar os "parangolés" no programa de TV *Buzina do Chacrinha*, e o animador (talvez de propósito, porque Chacrinha era um gozador) anunciou-o: "E agora, com vocês, o costureeeeeeiro Helio Oiticica!".

Para Helio, arte era "qualquer coisa que o artista chamasse de arte". Por exemplo, suas "apropriações": via na rua objetos como um carrinho de mão cheio de entulho ou uma lata de fogo (daquelas para sinalizar buracos na estrada), "apropriava-se" deles e os expunha como "obras". A ideia era formidável, mas os proprietários desses objetos deviam ir à loucura quando davam por sua falta — fosse alguém lhes dizer que suas ferramentas tinham virado arte. Helio pregava também a participação do espectador na obra. Para ele, assim como qualquer coisa poderia ser arte, qualquer pessoa poderia ser artista — e, se não se aceitava isso, era porque, para ele, havia uma ditadura do sistema (os historiadores, os críticos, os marchands). Em 1970, a contracultura reduziria essas atitudes a clichês, mas Helio já as pregava desde 1960. E é bom notar que sua antiarte não lhe rendia dinheiro, porque seus objetos não tinham como ser vendidos. Helio dizia-se um marginal, e com razão, porque vivia à margem do mercado.

Mas não era de forma alguma um primitivo. Ao contrário, era altamente intelectualizado, com forte influência de seu avô, o linguista e histórico anarquista José Oiticica (1882-1957), e de seu pai, o cientista, fotógrafo e também anarquista José Oiticica Filho (1906-64). Helio já lia filósofos modernos, como Maurice Merleau-Ponty, Ernst Cassirer e Suzanne K. Langer, antes que as ideias deles sobre linguagem se tornassem moeda corrente em certos meios. Com seus mentores, os críticos MARIO Pedrosa e Ferreira GULLAR, sustentava discussões que, para os menos versados em concretismo, deviam parecer sânscrito arcaico.

Mas, na vida real, Helio levou o anti-intelectualismo ao extremo. Se as ruas eram o "verdadeiro museu ou galeria", como dizia, ele não se limitava a Ipanema. Circulava nas bocas, subia morros, era passista da Mangueira e ia de madrugada a lugares brabos, como a Central do Brasil ou o viaduto dos Marinheiros. Ao contrário de outros vanguardistas, que só conheciam marginais de butique, Helio se dava com marginais de verdade — chegou a esconder em sua casa o bandido "Cara de Cavalo", matador do detetive Le Cocq. Quando "Cara de Cavalo" foi morto, em 1964, aos 22 anos, Helio homenageou-o com uma caixa preta contendo o retrato dele furado de balas e a frase "Seja marginal, seja herói". Helio retomou a frase na bandeira do Brasil que decorava o show de Caetano Veloso, Gilberto Gil e Os Mutantes na boate Sucata, em fins de 1968. Essa bandeira foi usada como pretexto para a prisão de Caetano e Gil logo depois do AI-5 e motivou o exílio deles em Londres. Caetano sempre creditou a Helio a principal inspiração do tropicalismo.

Na verdade, foi só em 1968 que Helio rompeu de vez suas amarras com o "mundo burguês". Até então, dava expediente das nove às cinco como dedicado telegrafista na Radiobrás, no Centro da cidade. Largou o emprego, deixou crescer o cabelo, incluiu o LSD em sua dieta e criou a série *Cosmococa*, de desenhos feitos com cocaína. Foi para Londres e depois para Nova York, onde ficou sete anos. Ao voltar, em 1977, encontrou uma Ipanema diferente, em que a vanguarda, já então bem paga, se tornara o sistema. Sua loucura não era mais a exceção — até os mais rematados idiotas estavam expondo *instalações* e sendo premiados. Helio não gostou, embora isso apenas comprovasse sua tese de que qualquer um podia ser "artista".

Tudo bem, mas, no Brasil, ele foi o protótipo. E, com o gosto que sua turma tinha por trocadilhos, seu ideário passou a constituir o que eles chamaram de "evang'Helio".

Frases

★ *O que faço é música.* ★ *Aspiro ao grande labirinto.* ★ *Seja marginal, seja herói.* ★ *Se eu soubesse o que estou fazendo, não faria.*

HELÔ Pinheiro

n. 1945. Apresentadora de televisão e musa.

Sim, ela foi a garota em quem ANTONIO CARLOS Jobim e VINICIUS de Moraes se inspiraram para compor "GAROTA de Ipanema". Mas seria Heloisa Eneida Menezes Paes Pinto uma verdadeira "garota de Ipanema"? E que idade ela teria — quatorze, quinze, dezesseis anos? — quando passava "num doce balanço/ caminho do mar"? (Ninguém parece chegar a uma conclusão.) E você sabia que Tom Jobim pode ter visto nela mais do que uma inspiração? Pois aí vão os dados definitivos.

Helô tinha dezessete anos quando foi vista por Tom e Vinicius no botequim VELOSO, em 1962. Não era só uma normalista adolescente, como já se disse, mas moça feita, professora primária. E não estava a "caminho do mar" quando eles a viram, porque não precisava passar pelo bar para ir à praia — morava na rua Montenegro, 22, quase esquina com a Vieira Souto. Sim, Helô ia sempre ao Veloso, mas para comprar cigarros para sua mãe. E Tom e Vinicius não eram os únicos de olho em seus cabelos pretos, olhos azuis, corpo perfeito e doce balanço. Não foram sequer os primeiros a cantar sua beleza. O primeiro foi o sempre alerta RONALDO Bôscoli, letrista da BOSSA NOVA e repórter. Ronaldo, que já a notara fazia tempo, abordou-a na praia, entrevistou-a e estampou-a na capa do número 53 de *Fatos & Fotos*, de 3 de fevereiro do mesmo 1962. As fotos eram de Helio Santos e a chamada dizia "Helô — Garota de hoje". A reportagem atraiu a atenção sobre Helô e, com o aval amuado de sua mãe, dona Eneida, ela posou de biquíni para anúncios de bronzeador. Tudo isso antes de tornar-se a "garota de Ipanema".

■ HELÔ Pinheiro

Helô inspirou a canção, composta no primeiro semestre de 1962, mas levou dois anos e meio para descobrir que era a garota a quem Tom e Vinicius se referiam. O segredo foi bem guardado pelos poucos que o sabiam. E por que ninguém podia saber que ela era a garota? Porque, em 1962, não era *normal* que homens casados, respeitáveis e comparativamente idosos (Tom, 35 anos; Vinicius, quase cinquenta) fizessem uma música inspirada numa menina "de família" (mesmo omitindo seu nome), sem lhe pedir permissão. O segredo talvez continuasse guardado para sempre e nem tivesse importância se não fosse o estouro mundial da música em 1964, na gravação de ASTRUD Gilberto.

Helô já ouvira a história por YLLEN Kerr e não acreditara. Mas teve de acreditar quando, em setembro de 1965, Vinicius contou tudo para *Manchete*, dando seu nome e descrevendo-a como "o paradigma do broto carioca, a moça dourada, misto de flor e sereia, cheia de luz e de graça". E, ele próprio cheio de dedos, dizia Vinicius: "Para ela fizemos, com todo o respeito e mudo encantamento, o samba que a colocou nas manchetes do mundo inteiro e fez de nossa querida Ipanema uma palavra mágica". A partir dali, Heloisa Eneida tornou-se, para todos os efeitos, o símbolo de Ipanema.

Mas, em 1962, quando eles se extasiaram ao vê-la passar, seria Helô exatamente uma "garota de Ipanema"? Não. Ela nascera no Grajaú, Zona Norte do Rio. Seu pai era militar, oficial da Cavalaria; a mãe, funcionária pública. Um dia, os dois se separaram. Helô tinha dez anos. Ao se desquitar, dona Eneida se mudara com Helô para a Zona Sul — primeiro para o Leblon e, depois, para Ipanema. Mas dona Eneida nunca se libertara de seus preconceitos de mulher tradicional. O estigma de "desquitada", para ela gravíssimo, fazia com que ficasse de olho na filha. Com isso, Helô foi criada "para casar" — leia-se casar virgem, ter filhos e ser feliz para sempre. Quando soube que era a garota de que falava a letra, Helô já estava namorando firme o jovem Fernando Pinheiro, herdeiro de uma siderúrgica e craque de vôlei do Flamengo e da praia.

Algumas das contemporâneas de Helô no CASTELINHO em 1964 (e que ela conhecia de vista e de fama, mas de quem nem sonhava se aproximar) eram LEILA Diniz e YONITA Salles Pinto, mais novas do que ela. Helô sabia que eram moças "pra-frente", ou seja, trabalhavam, eram independentes e tinham vida sexual. Helô, por sua vez, se sustentava como professorinha numa escola no subúrbio de Padre Miguel. Não queria ser "quadrada", mas sua criação a impedia de qualquer ousadia. Não compunha o perfil de uma "garota de Ipanema", nem daquele tempo nem de outros tempos, como as garotas do ARPOADOR — e sabia disso.

A revelação de que ela era a musa inspiradora de Tom e Vinicius podia ter virado sua vida de pernas para o ar, mas Helô ficou firme. Deu entrevistas e posou na praia para jornais e revistas, mas, por causa do noivo, recusou as propostas para fazer filmes ou programas de televisão. Até então, detestava aquela história de "garota de Ipanema".

O inesperado aconteceu meses depois, em fins de 1965. Tom Jobim, que até então se mantivera a uma distância regulamentar, convidou-a para conversar num banco da avenida Vieira Souto. Num fim de tarde, com o sol morrendo por trás do morro Dois Irmãos, ele se declarou apaixonado e disse que queria casar-se com ela. Helô não o conhecia tão bem para saber que Tom — habituado ao assédio, mas não a assediar — podia estar sendo sincero. A própria menção a casamento era típica: Tom era casado e não entendia a vida fora do casamento. Mas Helô enxergou apenas a aliança no dedo do homem que a tornara famosa. Explicou que já era noiva e não havia possibilidades. Ele lhe deu um longo beijo na boca e os dois se despediram ali mesmo, com Helô voltando de pernas bambas para casa. Em maio de 1966, reencontraram-se, e logo onde: no casamento dela com Fernando, que teve Tom (de fraque) e sua mulher, Thereza, como padrinhos.

Helô casou-se virgem e num dia de maio, o mês das noivas, como sua mãe queria. Meses depois, ao se anunciar a filmagem de GAROTA *de Ipanema*, ela parecia a escolha óbvia para interpretar a si própria. Mas não chegou nem a entrar no páreo. O papel coube a uma jovem atriz, MARCIA Rodrigues. Helô passou os doze anos seguintes como dona de casa, criando filhos. Em 1978, os negócios de seu marido foram mal, eles se mudaram para São Paulo e ela teve de começar a trabalhar. Sua cabeça também mudara. Já loura, tornou-se apresentadora de TV, teve um caso com o patrão e, afinal, fez vários filmes e novelas. Os tempos agora eram outros e, em 1987, satisfazendo uma antiga curiosidade nacional, Helô mostrou em *Playboy* tudo com que ninguém sequer ousava sonhar em 1962.

Helô Pinheiro tornou-se um nome obrigatório em qualquer reportagem sobre Ipanema ou Bossa Nova, mas sua vida não foi um doce balanço. Talvez fosse diferente se ela tivesse se revelado em outros tempos — a simples marca "garota de Ipanema" seria bastante para transformá-la numa espécie de Xuxa. Ou se ela tivesse atendido ao convite — já então apenas carinhoso — que, um dia, Tom lhe passou num bilhete: "Oh, minha eterna Heloisa/ Sou teu constante Abelardo/ Tu és a musa perfeita/ E eu teu constante bardo/ Venha depressa, Heloisinha/ Quem te chama é o Tom Jobim/ Te espero na mesma esquina/ Já comprei o amendoim".

HELSINGOR
1970-72. Restaurante na rua Garcia d'Ávila, 83.

O charme, a inteligência e o bom gosto de Reynaldo Curi (1937-87), seu proprietário, eram o grande chamariz do Helsingor, maior até do que seus pratos dinamarqueses — pequenos sanduíches abertos, para os quais Reynaldo escolhia pessoalmente cada cavalinha, ova de peixe ou lâmina de haddock e as cercava de guarnições nunca vistas. Ingredientes comuns, como sardinha, rosbife e peito de boi, transfiguravam-se quando acoplados a saladinhas de agrião, aipo e bacon frito, aos molhos rémoulades (mostarda e picles) e aos *dressings* de raiz-forte. E ele não respeitava as receitas consagradas — seu steak tartare, fora do cardápio e só servido aos mais íntimos, levava uma heterodoxa guarnição de camarão seco e salada, fazendo da gema crua um escandaloso sol sobre o bolo de carne crua. Esse era o Helsingor.

Foi um dos lugares mais requintados e menos ostentatórios do Rio. Os clientes do Helsingor tentavam elevar-se à altura do lugar — famosos e anônimos, ricos e remediados, partilhavam suas mesas e ninguém ali podia ser grosso ou mal-educado. Reynaldo só não tinha paciência para com os novos-ricos, exibidos e deslumbrados. Ele os farejava à distância, geralmente vindos de fora do Rio.

O Helsingor era o segundo lar de gente de todas as áreas da criação: escritores, artistas plásticos, atores e diretores de teatro, cinema e TV, jornalistas e *wits* de diversas extrações. Ali nasceram muitas ideias para novelas e minisséries da Globo, livros, filmes, exposições, festivais. Alguns dos clientes constantes eram José Lewgoy (todas as noites), IVAN Lessa, MARILIA Kranz, Beatriz Segall, SERGIO Rodrigues, Flavio Marinho, Edwin Luisi (que acabara de matar Salomão Ayala na novela), Walter Salles Jr., ZIRALDO, Norma Pereira Rêgo, Zezé Motta, Joice Leal, Maria Lucia Rangel, Lena Chaves, Elba e JOÃO LUIZ de Albuquerque, Adriana Prieto, Neyla Tavares, Djenane Machado — as três últimas, uma de cada vez, claro, namoradas de Reynaldo. O jornalista Sérgio Augusto sabia de cor o menu (desenhado por Miguel Paiva) e a composição dos sanduíches. Nas tardes pós-praia de domingo, o clima no Helsingor era de festa ao redor do smörgasbord, a refeição dinamarquesa que parecia inventada de encomenda para o verão do Rio.

A atmosfera era hedonista, sensual, quase pagã. Nas mesas do Helsingor, casais se fizeram ou se desfizeram ao som das fitas cassete montadas por Reynaldo cujo repertório incluía Bobby Short, Mabel Mercer, Noël Coward, Libby Holman e Caetano Veloso. Seus garçons deviam ser os detentores dos maiores segredos do Rio, em termos de quem estava saindo ou entrando com quem, mas nem uma só inconfidência jamais escapou de seus lábios. E ninguém conhecia mais segredos, naturalmente, do que o próprio Reynaldo — porque muitos clientes faziam dele o seu confidente, psicanalista e confessor particular. Era de origem árabe e indígena e, por estranho que pareça, sua fisionomia lembrava a da cantora Lena Horne. Antes de tornar-se restaurateur, Reynaldo fora o representante brasileiro da editora americana McGraw-Hill. Estudara canto, sabia ler música e, em seu apartamento ao lado do BAR LAGOA, tinha uma das discotecas mais requintadas do Rio.

Em 1973, o Helsingor atravessou o Jardim de Alah, mudou-se para a esquina dos generais San Martin e Artigas, no Leblon, e carregou a freguesia sem perder um só de seus membros. Era como se estivesse levando Ipanema com ele. Pelos quatorze anos seguintes, tornou-se um marco também de seu novo bairro, até que a morte do proprietário o fechou para sempre — porque o verdadeiro charme do Helsingor era Reynaldo. O Rio nunca mais teve um lugar como aquele.

Bruno HERMANNY
1932-92. Atleta.

No ARPOADOR de 1950, dizia-se que o jovem Bruno Hermanny seria grande em qualquer esporte a que se dedicasse, fosse em terra, mar ou ar. E não estavam exagerando. Ele era formidável em jacaré (o embrião do SURFE), natação, mergulho, pesca com fisga (pequenos arpões rústicos), judô, equitação. Ninguém o batia em torneio de cuspe — era capaz de acertar o olho do adversário a qualquer distância. Foi campeão de pentatlo (duzentos metros, 1500 metros rasos, salto em distância, disco e dardo) nas Olimpíadas do Exército e cansou-se de ganhar medalhas.

Mas só quando trocou as águas do Arpoador por outras mais profundas é que Hermanny se consagrou: foi bicampeão mundial e heptacampeão sul-americano de caça submarina, além de vencer todos os títulos estaduais e nacionais que disputou. Sua maior façanha aconteceu em 1960, em Palermo, na Itália, ao se tornar o primeiro não italiano a ganhar um título mundial de caça submarina no Mediterrâneo. O bi, conquistado por ele no Brasil em 1963, atraiu uma geração de brasileiros para esse esporte. Depois, Hermanny lutou pela formação de profissionais da engenharia submarina, para que o Brasil deixasse de importar essa especializadíssima mão de obra.

Os Hermanny em conjunto já tinham sido uma feliz importação. A família, de origem alemã, chegara a Ipanema na década de 30, e Bruno não foi o único atleta perfeito que ela produziu: seu irmão, RUDOLF, também se tornou um grande esportista. A irmã de ambos, Thereza, foi a primeira mulher de ANTONIO CARLOS Jobim e decisiva para o sucesso do marido.

O garoto Bruno foi criado no Arpoador, no tempo em que este fervia de peixes como frade, pampo, olho-de-boi, xaréu e garoupa. Os meninos que queriam ir atrás deles eram muitos, mas só tinham uma máscara. Por isso, precisavam revezar-se e Bruno, o menor do grupo, com treze anos, era o último a poder mergulhar.

Mas acabou sendo o maior.

Frase

★ *Todo homem gosta de caçar. Mesmo que sejam moscas em seu quarto, numa tarde chata de verão.*

Rudolf **HERMANNY**

n. 1931. Atleta.

Responda rápido: dos dois, quem era o maior atleta? ANTONIO CARLOS Jobim ou Rudolf Hermanny, futuro campeão pan-americano de judô? Por incrível que pareça, no começo era Tom. Quando os dois eram adolescentes em Ipanema, Tom fazia capoeira e ginástica em aparelhos na academia do lendário SINHOZINHO, enquanto Rudolf vivia trancado em casa, de óculos, lendo Julio Verne e Karl May. Mas Tom namorava Thereza, irmã de Rudolf, e convenceu-o a se exercitar um pouco com o mestre da capoeira carioca.

Em pouco tempo, Tom preferiu concentrar-se no piano e Rudolf tornou-se o maior discípulo de Sinhozinho. Aos dezessete anos, em 1948, mandou para o pronto-socorro o campeão baiano de capoeira, Fernando Perez, com dois minutos de luta. Os capoeiristas baianos, alunos de mestre Bimba, eram até então invencíveis e se achavam os únicos capoeiras do Brasil. Não entendiam como um carioca tão fino e educado podia estar demolindo seu campeão com coices de mula, tesouras, rasteiras e rabos de arraia tão mortíferos.

Mas a verdadeira especialidade de Rudolf foi o judô. Conquistou individualmente todos os títulos nacionais e, em 1960, integrou a equipe brasileira campeã do Campeonato Pan-Americano no México. Em 1966, Rudolf levou sua longa experiência em educação física para o futebol e foi o preparador da seleção brasileira que disputou a Copa do Mundo em Londres. Naquela Copa, ele parecia o homem ideal para fazer o Brasil enfrentar o "futebol-força" prometido pelos europeus. Mas o time brasileiro era velho e confuso e não passou da primeira fase. Rudolf então voltou para sua Academia Hermanny, que fundara em 1958, na rua Visconde de Pirajá, e dedicou-se a fazer o que sempre fez: formar legiões de novos atletas.

Na verdade, o que ele formou foi uma legião de campeões.

Eugenio **HIRSCH**
1923-2001. Artista gráfico.

Lolita, o romance de Vladimir Nabokov, causou furor mundial ao ser publicado em 1955 pela Olympia Press, de Paris. Imagine então o que não provocou por aqui, quando saiu, em 1959, pela Editora Civilização Brasileira. Embora devêssemos estar habituados a essas coisas (afinal, já tínhamos Nelson Rodrigues), muitos se revoltaram com a história do romântico pedófilo enredado pela ninfeta — palavra da qual Nabokov, por sinal, foi o inventor. Mas a edição brasileira do livro foi também importante por outro motivo: começava ali a modernização das capas de livros no Brasil. O autor da capa de *Lolita* era o vienense Eugenio Hirsch, que chegara ao Rio poucos anos antes e já se tornara uma lenda em Ipanema.

Hirsch entendia de lolitas. Em jovem, fora expulso do colégio em Viena por passar as aulas imaginando suas colegas nuas e desenhando-as. Não por isso, mas por causa de Hitler, sua família fugiu da Europa em 1938 e foi para Buenos Aires. Monteiro Lobato descobriu-o lá em 1946 e quis trazê-lo para o Brasil, para desenhar o *Sítio do Picapau Amarelo*. Mas Lobato morreu dois anos depois e Hirsch acabou vindo para o Rio por conta própria, em 1955.

Até sua chegada à Civilização Brasileira, em 1959, as capas de livros no Brasil tinham belos desenhos de Di Cavalcanti, Portinari, Djanira, Santa Rosa e outros craques. Mas não havia muita integração entre o conceito do livro, o desenho e o lettering. Ou seja, não havia design. Foi Hirsch quem começou a fazer isso, assim como também introduziu o abstracionismo ao deformar ou apenas sugerir as figuras com seu desenho forte e escandaloso. Nas cores, tinha uma insólita preferência por uma que ninguém até então usara: o roxo — um roxo quase papal. Sua tipologia era variadíssima e, pela primeira vez, a lombada dos livros também passou a ser criativa. Durante a década de 60, as capas de Hirsch deram um rosto moderno à Civilização Brasileira e influenciaram uma geração inteira de artistas gráficos, capistas ou não.

A capa de *Lolita* — toda branca, com o título no alto e uma lolitinha seminua no lugar do i — era até comportada em comparação ao que Hirsch faria depois (o próprio Nabokov a elogiou). Outra capa clássica e do mesmo período foi a de *O amante de Lady Chatterley*, de D. H. Lawrence: uma mulher nua, com uma senhora bunda, no meio de uma floresta.

Bundas eram uma fixação de Hirsch e, pelo menos uma vez, o encrencaram. Foi quando ele desenhou uma mulher nua e de costas na capa de uma edição de *O Ateneu*, de Raul Pompeia, também para a Civilização Brasileira. A história não falava de bundas, mas Hirsch estampou-lhe um proeminente glúteo. A congregação de catedráticos do Colégio Pedro II viu naquilo um ultraje a um clássico da literatura e protestou com o editor Enio Silveira. Enio, que só vira a capa depois de impressa, não podia dizer a verdade — que seu capista era um gênio, mas se orgulhava de não ler os livros cuja capa desenhava.

Às vezes, Hirsch exagerava na criatividade, entortando o título, invertendo-o, provocando torcicolos no leitor e estilhaçando o nome do autor. Ensaístas da maior seriedade, como Alvaro Lins e JOSÉ HONORIO Rodrigues, ficavam loucos ao ver seus nomes transformados em sopa de letrinhas. Mas, àquela altura, Hirsch já abrira caminho para que as editoras aceitassem o trabalho de artistas como BEA Feitler e Michel Burton, que também eram inovadores. Os grandes capistas do futuro, como Hélio de Almeida, Moema Cavalcanti, Ettore Bottini, Victor Burton, João Baptista da Costa Aguiar e outros, lhe deveram muito.

A alucinada criatividade de Hirsch apenas refletia seu jeito de viver. Não que, com seu sotaque espanhol e ar alucinado, ele fosse excêntrico para os padrões "normais". Os próprios excêntricos de Ipanema o achavam excêntrico. Em seu apartamento na avenida Niemeyer, no começo dos anos 60, a cama era um tatame e as luzes, psicodélicas. Nada disso era comum. Quem o visitasse deparava com seus hóspedes (fixos, rotativos e de vários sexos) usando roupas coloridas e dançando coreografias exóticas na sala. Durante anos, manteve na garagem um Cadillac amarelo, embora ele e sua mulher (uma das sete com quem se casou no Brasil) não soubessem dirigir e não tivessem motorista. Hirsch dizia que seu sonho era comprar uma fazenda para criar um hipopótamo.

Em 1964, MILLÔR Fernandes lançou sua revista *Pif Paf*, com Hirsch como diretor de arte. Durou apenas oito números, mas era um espetáculo gráfico: continha borrões, carimbos, colagens e inúmeros pequenos achados que, muito depois, seriam aproveitados pelo PASQUIM. O gênio de Hirsch chegou aos olhos de Hugh Hefner, que, a partir daquele ano, passou a usá-lo como ilustrador na *Playboy* americana — até o dia em que, na própria Playboy Mansion, em Chicago, Hirsch não gostou de um palpite de Hefner sobre seu desenho e mandou-o *to fuck himself*. Foi demitido. Mas não se importou porque, de 1965 a 1969, estava morando em Madri, criando para a Editora Codex a grandiosa coleção El

Mundo de los Museos, em 36 volumes. A coleção saiu também na França, Itália e Holanda, e Hirsch estava com sua carreira assegurada na Europa.

Mas, como seria de esperar, não quis continuar por lá. Tinha saudade de Millôr, YLLEN Kerr, ALBINO Pinheiro, MARINA Colasanti, ANTONIO CARLOS Jobim, ZIRALDO, Geraldo CASÉ, Haroldo Costa e outros amigos do Rio e de Ipanema. Voltou em 1970, fez capas para diversas editoras e produziu uma quantidade de livros de luxo sobre ecologia. Aposentou-se, mas nunca descansou. Foi três vezes jurado do desfile das escolas de samba e, em todas, deu notas baixas aos concorrentes para que a Mangueira vencesse. O impressionante é que tenha sido jurado por três Carnavais consecutivos antes de descobrirem seu macete.

Certa vez, ao ver pela televisão um comercial do Banco Itaú em que o telespectador era convidado a "entrar e sentir-se em casa", Hirsch aceitou a sugestão. Foi a uma agência do banco, recostou-se de comprido num sofá do saguão, tirou os sapatos e abriu um jornal. Uma funcionária veio atendê-lo e ele disse que não precisava de nada, nem sequer era cliente. Estava apenas se sentindo em casa.

Frase

★ *Uma capa é feita para agredir, não para agradar.*

HUGO Bidet
1934-77. Artista plástico, ator e mito.

Hugo Bidet era hipocondríaco e vivia com a bolsa cheia de remédios, mas não precisava ter sido tão radical. Um dia, sentou-se à mesa de seu minúsculo apartamento (de nº 305) na rua Jangadeiros, 42, e escreveu um bilhete: "Estou louco, irremediavelmente louco. Não tenho motivos para fazer o que fiz e nenhuma das pessoas que me cercam tem algo a ver com isso". Assinou e datou: 11 de abril de 1977. Foi até a cama, tirou um revólver de sob o travesseiro e deu um tiro no céu da boca.

Incrivelmente, não morreu.

Arrependeu-se no ato, mas então, sem brincadeira, decidiu que precisava manter o sangue-frio. Saiu ao corredor e bateu à porta de seu amigo, o crítico Alex Vianny, que morava no mesmo andar. Alex, ao vê-lo, ficou desesperado. Telefonou para a ambulância e, enquanto ela não chegava, foi Hugo quem se dedicou a acalmar Alex, conversando com ele. O sangue escorria, mas Hugo fazia piada. A ambulância demorava e Alex desceu à rua para chamar um táxi.

▪ HUGO Bidet

Subiu de novo e deu com Hugo saindo do banheiro, de rosto lavado, como se nada tivesse acontecido. Hugo entrou andando no táxi e, ao chegar ao Hospital Miguel Couto, reconheceu pessoas e brincou com elas. Não morreu na hora, nem naquele dia. Só foi morrer nove dias depois, quando já se achava que sobreviveria.

Se Ipanema não existisse, Hugo Bidet a teria inventado. E vice-versa. Ele era uma das encarnações possíveis do bairro: o homem de calção ou bermuda, afeito à praia, ao bar e aos amigos, e com diversas vocações, nenhuma delas para ganhar dinheiro.

Durante muitos anos chamou-se Hugo Leão de Castro e levou uma vida dupla, talvez múltipla. No horário comercial, era escrevente juramentado do 9º Ofício do Registro Geral de Imóveis do Rio. Nos outros minutos do dia, pintava, desenhava, atuava nos filmes ou peças que lhe oferecessem, colecionava gibis antigos do Capitão Marvel e escrevia crônicas para jornais nanicos e esquetes de humor para a TV Globo ou para si mesmo. Alguns duvidavam de que tivesse tempo para ser um tal homem da Renascença, já que podia ser visto a qualquer hora no VELOSO ou no JANGADEIRO — em certa época dos anos 60, levando um rato-branco (chamado "Ivan Lessa") no bolso da camisa. Se lhe perguntavam sua profissão, Hugo, modestamente, dizia-se apenas um "menino prendado" e acrescentava (com pesar): "Não sou músico".

Até que, cansado das convenções e da hipocrisia, largou o cartório e foi viver de ser apenas Hugo — a essa altura, Bidet. O nome originou-se de uma feijoada que ele serviu para cinquenta amigos em seu apartamento. Na falta de panelas para dar conta do material, as carnes foram deixadas de molho no bidê. O Bidet, grafado à francesa, incorporou-se a sua identidade, e até seus talões de cheques passaram a vir em nome de Hugo Bidet.

A barba, os óculos grossos, a voz rouca, o sempiterno chope na mão e a enorme disponibilidade faziam-no parecer um marginal de luxo. Mas Hugo trazia toda espécie de documentos numa bolsa-capanga de que não se separava (foi dos primeiros homens do Rio a usar bolsa), os quais iam do registro de autônomo a carteiras do Sindicato dos Atores Profissionais e da Associação Internacional de Artistas Plásticos. Eles eram a prova de sua presença nas artes. Seu verdadeiro talento, no entanto, estava nas promoções de rua. Foi um dos fundadores da BANDA de Ipanema e, durante anos, um de seus baluartes. Corso de automóveis no Carnaval? Futebol à fantasia na praia? Em qualquer evento ao ar livre, sabia-se que se podia contar com ele. E, no verão de 1969 (ainda que para resolver um problema imediato de caixa), foi dele a ideia de criar uma feira de arte na praça General Osório — que, depois, não por sua culpa, degenerou e se transformou na FEIRA Hippie.

Saía barato ser Hugo Bidet, embora, às vezes, nem ele pudesse dar-se a esse luxo. Em 1966, foi ameaçado de despejo por atraso no aluguel, mas, querido por todos os homens, mulheres e crianças de Ipanema, metade do bairro cotizou-se para ele zerar a conta. Era um ipanemense militante, o que implicava uma intransigente defesa do bairro contra qualquer ameaça de sua copacabanização: "Ah, Copacabana, velha marafona, te xingamos de medo, puro medo. Tememos teus turistas, teu dinheiro, tua opulência cafona", ele escreveu no *Jornal de Ipanema* em 1970. Do PASQUIM, surgido em 1969, Hugo foi colaborador bissexto, escrevendo num estilo parecido com o de seu amigo e ídolo IVAN Lessa. A admiração era mútua, porque foi inspirado em Hugo que Ivan e JAGUAR criaram o personagem B. D. em sua tira Os CHOPNICS, lançada no *Jornal do Brasil* e no *Globo* e depois levada para o *Pasquim*.

Hugo apareceu em vários filmes, como *Pra quem fica, tchau!* (1971) e *Vítimas do prazer* (1977). Também escreveu gags para programas de humor, como *Faça Humor, Não Faça Guerra*, de seu velho amigo JÔ Soares. Mas Hugo não seguia o próprio conselho: além de humor, fazia uma permanente guerra contra si mesmo, regada por um dilúvio de chope e municiada por sua surda suspeita de que talvez tivesse mais vocações do que talento.

Se tivesse sobrevivido ao tiro que lhe atingiu o cérebro, Hugo teria ficado cego, mudo e paralítico — e não acharia a menor graça nisso.

IBRAHIM Sued
1924-95. Jornalista.

Quando Ibrahim Sued se casou e se mudou de Copacabana para Ipanema, em 1958, já era um sintoma de que a ideia de *bonne adresse* no Rio estava em trânsito. Seu novo endereço era um dos mais charmosos do bairro: a esquina da rua Joaquim Nabuco com a avenida Vieira Souto, no CASTELINHO. Do outro lado da rua, o castelinho propriamente dito, construído em 1904, um dia seria derrubado para dar espaço a um prédio de luxo. A antiga Ipanema, boêmia, intelectual, montmartriana, começava a morrer e outra, rica, exibicionista, interesseira, iria nascer em seu lugar. Poucos além de Ibrahim estavam percebendo isso.

Ibrahim não foi um cidadão típico de Ipanema. Nos 37 anos em que morou ali, poucas vezes atravessou a rua para dar um mergulho. Raramente foi visto nos botequins tradicionais e nem sequer frequentava o COUNTRY — este, por motivo de força maior, porque foi *desestimulado* a candidatar-se a sócio. Por obrigação profissional ou não, sua Ipanema era a das coberturas da Vieira Souto, de restaurantes como The FOX e de boates como o PUJOL e o NUMBER ONE e, mais tarde, as de Ricardo Amaral.

Mas, se apenas morava em Ipanema, Ibrahim ocupava-a com o peso de sua influência — foi ele, por exemplo, o primeiro entrevistado do PASQUIM. Metade dos personagens de sua coluna era de Ipanema e adotava imediatamente as palavras e os bordões que ele criava no *Globo* e na TV Globo. Nesse sentido, e por mais que o tachassem de analfabeto, Ibrahim foi um inventa-línguas, um Guimarães Rosa do colunismo. Foi o primeiro a usar a fórmula, logo copiada por todo mundo, "Não convidem para o mesmo jantar...", para indicar que duas pessoas haviam brigado. Mais importante, sem Ibrahim a língua portuguesa não teria expressões hoje correntes como "rebu", "caixa-alta", "de leve" — as três já no *Aurélio*, sem crédito para ele — e sua obra-prima, "linda de morrer". Se Ibrahim tivesse se candidatado à Academia Brasileira de Letras, o preconceito certamente o derrotaria. Mas que ele merecia fazer parte dela, merecia.

Frases

★ *Bomba! Bomba! Bomba!* ★ *Em sociedade tudo se sabe.* ★ *Cavalo não desce escada.* ★ *Gigi, eu chego lá!* ★ *Não deixo ninguém me usar. Só quando eu quero.* ★ *Ademã, que eu vou em frente.*

IRA Etz
n. 1937. Modelo, artista plástica e mito do Arpoador.

Em 1959, com a BOSSA NOVA pegando fogo, *Manchete* ia publicar uma reportagem de capa sobre João Gilberto. As fotos seriam feitas no ARPOADOR, território natural do gênero. Mas Justino Martins, diretor da revista, sabia que uma foto do cantor, pálido e avesso ao sol, dificilmente faria com que as grandes massas se digladiassem para comprá-la. A solução era exilar João Gilberto em um canto da capa e colori-la com uma garota que tivesse a ver com a história — que fizesse parte da turma e simbolizasse a atmosfera de beleza e juventude que caracterizava a Bossa Nova. A escolhida foi Ira Etz — Iracema no registro —, 22 anos, carioca de Ipanema e muito mais bonita que qualquer estrelete francesa ou americana do período.

Além disso, Ira *era* do Arpoador. Para os iniciados, isso já dizia tudo, porque os rapazes e moças do Arpoador estavam protagonizando, naqueles anos 50, uma minirrevolução de atitudes, uma nova moral, um jeito moderno de ser. E Ira era seu símbolo — ou não seria filha de HANS e MIRIAM Etz, dois artistas plásticos alemães que deixaram seu país quando Hitler tomou o poder e vieram colonizar Ipanema. Miriam não apenas foi a primeira mulher a usar um maiô duas-peças numa praia brasileira — o Arpoador, em 1936, assim que ela chegou ao Rio —, como, ao fazer isso, estava grávida de quatro meses. De Ira. O que também fez de Miriam a primeira mulher no Brasil a ir à praia grávida e com a barriga a descoberto, muito antes de LEILA Diniz, e de Ira uma veterana do Arpoador antes mesmo de seu nascimento.

Dos quinze aos dezessete anos, Ira foi namorada de ARDUINO Colasanti, o rapaz que partia todos os corações da praia. Os dois ficaram de mãos dadas pela primeira vez durante a sessão do filme *Scaramouche* (1952), no Metro-Copacabana, e, espetacularmente louros, bonitos e parecidos, formaram pelos dois anos seguintes o casal mais invejado da areia. Não era da conta de ninguém — nem isso era algo que se discutisse sequer com as amigas —, mas Ira e Arduino tinham uma agitada vida sexual e, apesar de tão jovens (ela, dezesseis; ele, dezessete), perfeitamente segura. Pena que o ciúme entre eles fosse tão abrasador quanto a paixão (não tinham como não ser cobiçados por todo mundo em volta) e a história terminou. Os dois sofreram muito. Mas, como um dia viriam a descobrir, o que terminara entre eles fora apenas a história de amor — porque eles seriam amigos e aliados pelo resto da vida.

Sem Arduino, Ira era parte de uma turma de meninas — as outras, Anna Maria Saraiva, BEA Feitler, Tarucha, Cookie Bello e a irmã de Arduino, MARINA (Colasanti, claro) — que liam os mesmos livros, faziam gravura ou desenho, estudavam teatro, gostavam de jazz, pegavam jacaré no mar e disputavam braçada por braçada com os rapazes. Nos fins de semana, iam com eles para as expedições de caça submarina em Cabo Frio ou para acampar na Pedra da Gávea — numa época em que rapazes e moças passando noites juntos, longe da vista dos adultos, era algo impensável para a maioria das famílias. Mas as famílias dessas moças não faziam parte da maioria. Os jovens "normais", por exemplo, tinham de esperar que seus pais viajassem para que pudessem dar uma festa em seu apartamento para os amigos. Ira não precisava disso. Assim que sabia que, naquele fim de semana, haveria uma festa no apartamento, sua mãe ia para o Clube de Bridge, na rua Canning, e passava a noite toda com as copas e as espadas na mão, deixando o território livre para os garotos.

Ira chamava-se Iracema porque seus pais queriam que ela tivesse o nome mais brasileiro possível — Lotte, Bertha ou Gertrud, nem pensar. Outras opções que eles consideraram foram Moema, Guaracy e Jurema, e que bom que tenham escolhido Iracema, porque, com um corte rápido e esperto, ela se tornou Ira. Mas nem tudo se abrasileirou. Bem germânicos, Hans e Miriam pregavam a liberdade com responsabilidade e sempre enfatizaram a importância de estudar, trabalhar e ser independente. Ira seguia tudo isso e suas colegas de escola, no Colégio Mello e Souza, não queriam ficar para trás: ROSAMARIA Murtinho, ANA MARIA Machado, Nana Caymmi, Nara Leão.

Aos dezoito anos, em 1955, ao terminar seu namoro com Arduino, Ira foi passar um ano em Nova York. Morou no Greenwich Village (no auge da Beat Generation, em que se podia tropeçar em Jack Kerouac, recém-saído da explosão de *On the Road*, bêbado, na Bleecker Street), trabalhou na IBM (em computadores do tamanho de armários e que funcionavam à base de cartões perfurados) e começou a estudar psicologia. Na volta ao Rio, continuou o curso, que pagava dando aulas de inglês — um de seus alunos foi RUBEM Braga, amigo de sua mãe, mas no qual, segundo ele próprio, não passou de "Ze buk iz on zi têibou".

Além de psicologia, Ira estudava francês, teatro e esgrima. Lia Aldous Huxley, Hemingway, John Steinbeck, James Baldwin e Truman Capote assim que os livros saíam lá, e Erico Verissimo ou Guimarães Rosa, assim que eles saíam aqui (o nome de seu gato, Tatarana, era uma homenagem ao codinome de Riobaldo, personagem de *Grande sertão: veredas*). Ira ia às reuniões na casa de LUCIO Cardoso e de LILIANE Lacerda de Menezes, frequentava os ateliês de artistas como Djanira, Aluisio Carvão e Antonio Bandeira e teve seu retrato pintado por Enrico BIANCO. Era amiga de VINICIUS de Moraes, que vinha da geração de seus pais, e de YLLEN Kerr, MILLÔR Fernandes, ANTONIO CARLOS Jobim (que tentou paquerá-la) e RONALDO Bôscoli (em quem passou um histórico pito no Beco das Garrafas por ele ter traído sua noiva Nara Leão com Maysa). Ira se dava com gente de todas as idades e gostava de ouvir as conversas dos pescadores no JANGADEIRO. Mas, para namorar, preferia os de sua idade — ou menos. Um deles foi PEDRO (Pedrinho) de Moraes, filho de Vinicius, grande fotógrafo e cinco anos mais novo do que ela; depois, JOMICO Azulay, também quatro anos mais novo. Se, hoje, isso ainda não é muito usual, imagine então. O pai de Jomico, Fortunato Azulay, futuro dono do bar Castelinho, tinha particular aversão por aquele namoro. Para afastar Jomico da "corruptora de menores", exilou-o em Nova York e conseguiu o que queria — depois de toneladas de cartas entre Rio e Nova York e muito sofrimento, o caso entre Jomico e Ira efetivamente acabou.

Em março de 1959, Ira estrelou o nº 1 da revista SENHOR, numa reportagem de quatro páginas, com fotos de Salomão Scliar. O título da matéria, "A Ira do Senhor", inventado pelo brilhante Luiz Lôbo, era uma tripla brincadeira com seu nome, o nome da revista e uma citação bíblica. Para pagar os cursos que frequentava, os cigarros e o cabeleireiro, Ira fazia comerciais na TV Rio — os biquínis azuis e amarelos com que aparecia ela própria tinha de costurar — e foi modelo da Socila. E teve, em 1962, uma breve carreira de atriz, no papel da ingênua (logo ela!) Maribel, no filme *Pluft, o fantasminha*, baseado na peça de MARIA CLARA Machado (a música era de Tom Jobim, que também, digamos, "interpretou" um dos piratas). Ira sonhava com o cinema (todas as moças da sua geração sonhavam), e *Pluft* poderia ter sido um trampolim, mas o filme, de produção arrastada e complicada, foi um fracasso.

A aparente insolência de Ira diante da vida duplicava seu poder de sedução, e toda a Ipanema era mais ou menos apaixonada por ela. Era altamente articulada, misturava citações e piadas em várias línguas, falava a gíria da época e, às vezes, com a maior naturalidade, encaixava um nome feio. Foi a primeira mulher de quem alguns de seus contemporâneos ouviram dizer "merda" numa roda, e não como expletivo — sim, houve uma primeira vez em que essa palavrinha foi usada casualmente por uma moça fina. Mas Ira podia ser também corajosa: um ladrão tomou-lhe a bolsa na praça General

■ ISABEL

Osório; ela o enfrentou, tomou a bolsa de volta e deu-lhe uma corrida por Ipanema, até que ele fugiu para o morro.

Aos 25 anos, formou-se em psicologia, mas não gostou do trabalho. Naquele mesmo ano, casou-se com seu colega do Arpoador Pedro Paulo Couto, outro bonitão do pedaço. Era como se o inevitável apenas tivesse de acontecer. Pedro Paulo, recém-separado de Cookie, amiga de ambos, e Ira, quando se deram conta, estavam juntos. Pedro Paulo, não por acaso, também era íntimo de Arduino e Jomico, ex-namorados de Ira, e mergulhavam e pescavam juntos. Não houve pedido de casamento, nem noivado, nem casamento na igreja, nem véu e grinalda, nem mesmo lua de mel. A aliança, criada por CAIO Mourão, foi feita com o bloco de ouro de uma obturação que caiu da boca de Pedro Paulo e só deu para um anel. Mas era uma aliança indestrutível — porque, ao contrário de quase todos os seus amigos, eles nunca se separaram.

Com o casamento, Ira tirou sua lenda de circulação. Mas não parou. Criada em meio ao cheiro da tinta e da terebintina usada por seus pais, começou a pintar inclusive estamparias para a confecção de Pedro Paulo. Passou grande parte do casamento em alto-mar, a bordo dos barcos que eles compravam. Viajou muito, conheceu o mundo e conheceu também o lado triste da vida — perdeu um de seus dois filhos tragado, ironicamente, pelo mar. E, em 2020, a morte de Pedro Paulo foi como se, de repente, tivessem esvaziado o oceano Atlântico.

Onde quer que esteja, Ira nunca se sente longe do Arpoador. E até o livro de memórias que escreveu, em parceria com Luiz Felipe Carneiro, intitulou-se, muito a propósito, *Ira do Arpoador*. No rastro que ela deixou na areia e no qual até hoje se veem suas pegadas, vieram outras meninas, tão ou mais insolentes — uma delas, LEILA Diniz.

Frase

★ [Discordando do liberalismo de seus pais]: *Bolas, se todas as crianças ficavam de castigo, por que eu também não podia ficar?*

ISABEL

n. 1960. Jogadora de vôlei.

Havia vôlei feminino no Brasil antes de Isabel? Claro que sim. Mas, dizem os peritos, nunca tinha havido ninguém como essa cortadora. Ao lado da levantadora JACQUELINE Silva, ela foi decisiva para que o vôlei brasileiro deixasse de ser o esporte favorito apenas da família das jogadoras. Em vinte anos de quadra, metade deles no Flamengo, quase todos na seleção, foi Isabel quem primeiro atraiu a torcida, a televisão e os patrocinadores. Muito por sua causa, o vôlei chegou a ser uma paixão nacional e abriu em gomos até o coração de Armando Nogueira, longamente fiel ao futebol.

Quem a conheceu em Ipanema, onde ela nasceu e foi criada, sabia que Isabel um dia aprontaria algo do gênero. É só examinar seus antecedentes. Estudante do Colégio Notre Dame, seu uniforme era a sainha escocesa, a boina de feltro e a gravatinha de tergal. Ao cruzar com uma das madres no corredor, tinha de dizer "Viva o Cristo Rei!" e, às sextas-feiras, fazer uma lista dos pecados da semana. Pois a lista de pecados semanais de Isabel ocupava vários tomos: ela ia de tênis sujo para a escola, falava alto, organizava motins. Claro, foi expulsa. Mas, até que isso acontecesse, foi lá que aprendeu a jogar vôlei — o único esporte que as freiras consideravam "feminino".

Aos doze anos, em 1972, Isabel já estava a caminho de seu 1,80 metro. O treinador do colégio era Enio Figueiredo, que, naquele mesmo ano, a levou para o Flamengo e, em 1976, para a seleção brasileira. O vôlei a fez sair da casa dos pais aos quatorze anos e passar a viver com a velocidade de um tie-break. Aos dezessete, casou-se com um jogador de basquete do Flamengo. Aos dezoito, foi mãe. Aos 22, foi mãe de novo, agora com o cineasta Paulo Rufino, e também aos 26 e 28, com o também cineasta Ruy Solberg. E nunca deixou que sua tremenda disposição para procriar interferisse em sua vida profissional — numa dessas, Isabel jogou até o sexto mês de gravidez. Acabava de ter um filho e, quinze dias depois, já estava de volta aos treinamentos. Chegou até a levar uma filha, ainda bebê, para a disputa de uma Copa do Mundo. Ninguém como ela conseguiu conciliar paixões tão díspares como a maternidade e o vôlei.

Em seus dezesseis anos de seleção, Isabel disputou mundiais, mundialitos, sul-americanos, pan-americanos e Olimpíadas. Sempre como titular — exceto por um período em que ela e Jacqueline foram postas na reserva por Enio Figueiredo (não se conformaram e o treinador as cortou por indisciplina). Mas ninguém segurava aquela dupla: em 1984, proibidas de jogar no exterior pela CBV (Confederação Brasileira de Vôlei), Isabel e Jacqueline protestaram abrindo uma lanchonete em Ipanema. A imprensa deu manchetes: "Estrelas do vôlei abrem botequim para sobreviver". A proibição caiu e Isabel foi jogar no Toshiba, do Japão, e no Modena, da Itália. Deu-se bem por lá, mas preferiu voltar — os dois países ficavam muito longe do Posto 9.

Sua bravura não se limitava às quadras. Certa vez, nos anos 80, viu um PM maltratando um velho mendigo na rua Barão da Torre. Saltou do carro com sua barriga de sete meses e defendeu o velho. O PM engrossou, outras mulheres juntaram-se à briga e apareceu um choque da PM com metralhadoras. Mas o velho não foi preso. Antigamente, chamava-se a isso ter cabelinho nas ventas — e quem já viu Isabel cortando as ruas de Ipanema em sua lambreta sabe que ela tem.

Ao deixar as quadras, Isabel partiu para o vôlei de praia e foi campeã do mundo em 1994, em Miami. E, se algum dia inventarem um campeonato mundial de mães, será dura a briga pelo segundo lugar.

Frase

★ *Não sou do tipo água de bidê, devagar e sem força.*

ISADORA Duncan
1877-1927. Dançarina americana.

Ela foi a primeira mulher a ficar nua em Ipanema — depois das tupinambás, claro. A americana Isadora Duncan chegou ao Rio em agosto de 1915, na sequência de uma turnê mundial de dança. Aos 38 anos, não era mais uma celebridade. Era uma lenda. No começo do século, para não morrer de tédio com as coreografias mecânicas da dança clássica, Isadora inventara a dança moderna, com passos que sugeriam "a liberdade dos pássaros, os saltos dos animais, o movimento das marés". De passagem, seus vestidos de véus transparentes tinham acabado também com a ditadura do espartilho. Era uma modernista radical, na dança e no comportamento. Escolhia como amantes os homens que queria, tinha filhos com eles, dispensava-os de casar e, aonde fosse, arrastava séquitos de todos os sexos.

No Rio, seu cicerone foi — quem mais? — JOÃO DO RIO. Ele a recebeu em seu casarão na avenida Gomes Freire, na Lapa; serviu-lhe porções industriais de sorvete de manga com champanhe; apresentou-a a intelectuais como Gilberto Amado; desfilou com ela pela rua do Ouvidor (onde ouviam gritos de "Viva Isadora Duncan! Viva João do Rio!"); e passearam de carro até a Cascatinha, onde ela tomou banho quase nua. Mas, como ele contaria em sua famosa crônica "A praia maravilhosa", no jornal *O Paiz*, em 1917, foi Isadora quem lhe apresentou o ARPOADOR.

Era normal que, em 1915, João do Rio, um cidadão do Centro da cidade, nunca tivesse ido para os lados de Ipanema. A orla oficial terminava na Igrejinha, futuro Posto 6 de Copacabana, e, a partir dali, era tudo *terra incognita* — praticamente não havia passagem para o Arpoador. Mas, em todos os países que visitava, Isadora procurava areias desertas e bravias onde pudesse exercitar seu corpo nu, em números de dança que criava ali mesmo, sob a música das ondas. Não se sabe quem a fez descobrir o Arpoador — João do Rio menciona um aristocrata arruinado que servia de chofer a Isadora, mas não o identifica. Certa noite, ela o levou àquela "paisagem lunar" e, mais uma vez, tirou os véus e dançou nua à beira-mar.

O passeio teria enormes consequências. Um ano e meio depois, em 1917, usando Isadora como pretexto, João do Rio faria pelo jornal a apologia de Ipanema e das obras do empreiteiro Raul Kennedy de Lemos, o que estimulou decisivamente a ocupação do bairro. Bairro este que nunca se lembrou de dar um nome de rua à primeira celebridade internacional que o descobriu.

IVAN Lessa
1935-2012. Jornalista e — contra a vontade — escritor.

Havia um Ivan Lessa da lenda e um Ivan Lessa da vida real. O da lenda foi um dos maiores escritores do Brasil. O da vida real nunca escreveu e jurava que nunca escreveria um livro. O Ivan da lenda foi a maior influência sobre o humor praticado no Brasil dos anos 80 para cá. O da vida real se irritava quando o chamavam de humorista e que não insistissem, senão, bom. O da lenda era um anárquico, um cético, um crítico feroz do país que ele chamava de "Bananão". O da vida real era um brasileiro que se mudou para Londres em 1978 e só voltou de visita uma vez, porque o Brasil que ele amava apaixonadamente — o Rio dos anos 40 e 50 — estava intacto em sua memória, e ele não queria conspurcá-lo. Pois bastou aquela visita para que essa memória se conspurcasse. O engraçado é que, em seu caso, a lenda e a realidade eram igualmente verdadeiras.

E sempre foi assim. Ivan nasceu em São Paulo, mas saiu de lá aos oito anos, com péssima impressão de um sujeito maneiroso e de óculos, chamado Mario de Andrade, amigo de seu pai, que se sentava à sua mesa na lanchonete e ficava olhando de maneira suspeita para o seu frapê de coco. Seus pais, os escritores Origenes e ELSIE Lessa, mudaram-se para Nova York em 1943 e Ivan foi junto — pena que um pouco tarde para pegar o show de Sinatra no Teatro Paramount, embora tivesse um par de meias soquete para a ocasião. De volta ao Brasil, aos nove anos, só que para o Rio, teve uma adolescência em Copacabana que não trocaria pela de ninguém — explorar praias sem fim, roubar botão de baquelite na loja da esquina, tocar muita punheta, fazer sacanagem com as filhas dos vizinhos na escada de serviço, ver Tom & Jerry no Metro e jogar pelada na rua Xavier da Silveira (a bola às vezes caía dentro de um esgoto).

Mas, sendo filho de quem era e, como se não bastasse, filho único, o lado intelectual de Ivan teria de prevalecer. Seu quarto era uma prova disso: pilhas de revistas, cinzeiros transbordantes, um violão sem cordas, uma foto de Ava Gardner de biquíni, um são Sebastião todo flechado e, reinando no caos, os livros. Livros lidos e amontoados ou jogados por todo canto, até debaixo da cama, perdidos entre cuecas e calções de banho. Quando Elsie ralhava por sua falta de consideração para com os livros, ele se defendia dentro das calças curtas: "Livro é para ler, não é para enfeitar estante!". Ou: "Mania de ordem é complexo de culpa!". Ela se vingaria contando as peripécias de Ivan, sem identificá-lo (exceto por "o meu menino" ou "o meu rapaz"), nas crônicas eternas que escrevia para *O Globo*. A ciranda no quarto não parava: era um entra e sai de amigos e amigas para ouvir discos, jogar botão, discutir *Brucutu*, ler teatro moderno americano e rir alto, em meio a um grande fumacê (de cigarros mesmo — aos doze anos, fumava quatro maços por dia). Certa noite, para frisson dos amigos, até a estrela TONIA Carrero, amiga da família, juntou-se ao grupo.

Parte de sua mesada ia para uma assinatura da revista americana *DownBeat*, que o correio não entregava — o que lhe deu as primeiras noções de que o Brasil era uma zona: um país onde revistas de jazz, assinadas com sacrifício (uma assinatura equivalia a vários LPs importados deixados de comprar nas Lojas Murray), sumiam no correio e ninguém tomava providências. O único jeito de pôr ordem no mundo era mantendo seus próprios discos organizados no armário — LPs de Sinatra, Dick Haymes, Herb Jeffries, Al Hibbler, Billy Eckstine, Billy Daniels, Johnny Hartman, Joe Mooney, Bobby Troup e, pouco depois, Bobby Short, que ele descobriu antes de todo mundo no Brasil. Os discos em ordem eram um indício de que talvez a tendência do universo à entropia pudesse ser derrotada.

Às vésperas de uma prova de matemática no Colégio Franco-Brasileiro, ficava até alta madrugada lendo Graham Greene, Fernando Pessoa, Carlos DRUMMOND de Andrade ou tirando letras de música. As provas ele entregava correndo, para não perder a praia no ARPOADOR, onde havia brotos a fim de namoro sem compromisso — morava agora ali perto, na rua Rainha Elizabeth, esquina com Xavier Leal. Terminou o clássico e não se interessou por nenhuma faculdade, porque tinha mais com que ocupar a cabeça: decorar marcas de refrigerante, linhas de bonde, jingles de rádio, o cheiro de cada rua, nomes dos edifícios de Ipanema ou Copacabana, as escalações dos times do Botafogo e do Rosita Sofia, gírias de malandros sórdidos da praça Mauá, macetes para ganhar na porrinha, fichas técnicas de filmes da RKO e tudo o mais que a Luzia achou na horta. Um de seus esportes era seguir cachorros pela cidade.

Aos quatorze anos, em 1949, Ivan começou o que poderia ter sido uma fulgurante carreira como ator no cinema nacional, mas reduziu-se a dois filmes: *Caminhos do Sul*, um épico gaúcho, e, em 1951, *Maior que o ódio*, em que vivia o personagem de Anselmo Duarte quando menino (o de Jorge Doria em criança era Agnaldo Rayol). Dois anos depois, fez algum teatro com o Studio 53, um grupo amador sediado no Teatro de Bolso, de cujo bilheteiro ficou amigo — um rapaz chamado Paulo FRANCIS. Por aquela época, chegou também a fazer a voz do baixo em quartetos vocais harmonizados por ANTONIO CARLOS Jobim nas madrugadas da praça General Osório. Mas todo mundo estava de porre demais para prestar atenção nele como cantor. Pior para o mundo, que não sabe o que perdeu (no futuro, suas imitações de Eckstine, Lucio Alves e Silvio Caldas deixariam até os próprios sem fala).

Sua crônica incapacidade de acertar na loteria e uma perene necessidade de dinheiro para comprar discos e livros importados levaram-no a trabalhar em agências de propaganda, várias ao mesmo tempo. Deu-se bem como redator de besteiras, para as quais se achava exageradamente bem pago. Em 1959, Paulo Francis convidou-o para trabalhar na revista SENHOR, ganhando seis vezes menos do que nas agências, e ele aceitou. Escreveu artigos sobre Billie Holiday (que acabara de morrer) e João Gilberto (que acabara de aparecer), criou um jeito diferente de redigir notinhas, posou para matérias de moda da revista e emprestou seu apartamento de cobertura no Leme para que se fizessem as fotos das moças seminuas que saíam no caderno em cores. Tempos depois, o diretor da revista, Nahum Sirotsky, chamou-o, disse que ele era formidável e o demitiu por incompetência. Ivan achou justo e continuou amigo de Nahum.

Voltou para a propaganda e passou os anos 60 dedicando-se excessivamente a certo esporte nasal, motivo pelo qual guardou apenas uma vaga lembrança do que aconteceu neles. Fez crítica de teatro em jornais, mas os empregos só duravam até o editor do segundo caderno decidir que, depois de seis meses criticando as peças, já estava na hora de Ivan começar a assistir a elas. Tornou-se uma espécie de irmão caçula do cronista Antonio Maria (1921-64), cujas colunas de jornal e programas de TV ajudava a escrever. Mas Maria morreu e Ivan ficou tão desorientado que aceitou escrever piadas até para o *Moacyr Franco Show*. Recuperou-se aos poucos, traduziu o best-seller *A sangue-frio*, de Truman Capote, para a Editora Civilização Brasileira, e criou a tira de quadrinhos Os CHOPNICS com JAGUAR — até que, em 1968, sentindo-se totalmente displaced no Brasil, foi embora para Londres.

Foi preciso surgir o PASQUIM, em 1969, para que o Ivan Lessa que já existia desde tenra infância viesse à luz em letra de fôrma. Nenhum outro veículo comportaria sua feroz independência, sua incorreção política e sua disposição para distribuir os mais hilariantes pontapés verbais em quem se metesse a besta. Começou a mandar matérias de Londres e, numa delas, sob o título "Brasil, ame-o ou deixe-o", Ivan acrescentou o subtítulo fatal: "O último a sair apague a luz do aeroporto" — sim, foi ele o criador deste famoso antislogan. Um cenógrafo carioca, Paulo Bandeira, gostou e mandou fabricar adesivos para carros com a frase de Ivan. Mas estávamos em 1970, ano ruim no Brasil para essas brincadeiras — os adesivos renderam a Paulo três meses de cadeia e treze anos de exílio. Por algum motivo, Ivan cometeu a imprudência de voltar em 1972 e passou aqui os seis anos seguintes, dentro da redação do *Pasquim*, abusando de seu virulento talento para espernear contra tudo de que discordava. O que era apenas tudo.

Nessa fase, semana após semana, produziu no jornal as antológicas frases da seção *Gip! Gip! Nheco! Nheco!*, com ilustrações de Redi, Henfil, Claudius e Miran. Era também o responsável pelas fotonovelas do jornal — escrevia roteiro e diálogos e, às vezes, dirigia e estrelava, tendo até Fernanda Montenegro no elenco. Sob o pseudônimo de Edélsio Tavares, respondia às cartas dos leitores, insultando-os, chamando-os de burros e mandando-os entubar uma brachola (os leitores deviam adorar, porque respondiam no mesmo tom). Com Sérgio Augusto, fazia os balões de "Hélio e Jacy", as duas aranhinhas que comentavam os fatos da semana. E ainda participava das entrevistas, escrevia dicas e produzia matérias.

Assunto nunca lhe faltou porque, durante aqueles seis anos, o Brasil se comportou muito mal. Os ditadores de plantão eram os generais Médici e Geisel, e Ipanema estava sendo posta abaixo pelos bulldozers do empreiteiro Sérgio Dourado. O país passava por uma brutalização sem precedentes, a memória começava a ser apagada e o brasileiro se esquecera até de como se dizia bom-dia. A violência dos textos de Ivan era um antídoto contra essa estupidificação. Ele era "a inconsciência crítica daqueles tempos", como Zuenir Ventura o definiu. O próprio Ivan foi mais sucinto: "Levantou a cabeça, leva pedra". Não por acaso, foi processado por escrever a palavra "porrada" no *Pasquim* — e, absolvido, passou a assinar-se, por algum tempo, Ivan "Porrada" Lessa. Sua impaciência para com o conformismo, a burrice, a mentira ou a canalhice, que enxergava aos magotes na ditadura, não melhorou nem um pouco com o começo da abertura democrática. Perto dele, Murphy (o da lei de que, se alguma coisa tende a dar errado, dará) era o dr. Pangloss, de Voltaire.

Para Ivan, a pobreza cultural do país era de tal ordem que, quando ele queria comprar pocket books americanos, tinha de ir à livraria do Galeão. Foi quando descobriu que, se precisava ser estrangeiro no Brasil para não sufocar, era melhor ser estrangeiro no original. Em 1978, pegou mulher e filha e tomou o avião de novo para Londres — para sempre. Lá, tinha tudo de que precisava: grandes livrarias e lojas de discos, gente dizendo bom-dia, chuva, frio e estação de trem. Foi trabalhar no serviço brasileiro da BBC e desligou-se da vida do Brasil — nas poucas vezes em que resolveu espiar o que se passava por aqui (pelos jornais, revistas ou TV), concluiu que o país continuava se comportando muito mal. Em matéria de presidente da República, por exemplo, não acertávamos uma.

Ivan era difícil de contentar e tinha motivo para isso. Afinal, no Brasil de sua infância, adolescência e vida, digamos, adulta, conviveu com gente importante — os chamava de você e assim era por eles chamado. Conheceu o JANGADEIRO quando este ainda era o Rhenania, levou garotas incautas para o abate no Hotel Leblon e frequentou a casa de LILIANE Lacerda de Menezes. Brigou a socos com CAIO Mourão, circulou pela cidade com GUERREIRINHO, Carlos THIRÉ e José Lewgoy e presenciou eventos históricos. Estava na mesa do Alcazar, por exemplo, quando o violonista Candinho apresentou sua namorada, Sylvinha [Telles], ao cômico Colé, em 1955; ela gravou "Amendoim torradinho" e ali nascia uma estrela. O que mais podia empolgá-lo?

Seu livro, *Garotos da fuzarca* (1986), publicado quase à revelia, era uma compilação (por Diogo Mainardi) de textos escritos para o *Pasquim* e para a também defunta revista *Status*. Escreveu-os como artigos de imprensa, sabendo que, no dia seguinte, estariam forrando a gaiola do papagaio. Mas eles não eram reles artigos. Eram contos, dos melhores que a literatura brasileira poderia produzir. E todos os outros livros que saíram em seu nome, sempre com seu material de imprensa e de uma hilariante agressividade, foram organizados pelos amigos. Imagine se, um dia, Ivan Lessa se sentasse para escrever "literatura".

Ou se, à maneira de Hemingway, escrevesse de pé mesmo.

Frases

★ *De quinze em quinze anos, o Brasil se esquece do que aconteceu nos últimos quinze anos.* ★ *Nunca conte com o ovo no cu de galinha brasileira.* ★ *O Brasil é um país com péssimas legendas em português.* ★ *Baiano não nasce. Estreia.* ★ *Três em cada cinco índios são cada vez mais um só. Os outros dois também.* ★ *A maior parte das crianças brasileiras quer ser gente quando crescer.* ★ *Quatro em cinco mulheres não têm saco para aguentar esse tal de feminismo. A outra tem.* ★ *As feministas são donas dos próprios corpos. Já os dos seus filhos pertencem às creches.* ★ *Se eu fosse mulher, ficava o dia inteiro na frente do espelho brincando com meus peitinhos.* ★ *Errar é humano, mas morar em São Paulo só pode ser coisa de brasileiro.* ★ *Brasileiro não estaciona carro. É retirado das ferragens.* ★ *A terra de ninguém é sempre dispu-*

tada por duas ou mais facções. ★ *Todo sujeito que assobia é capaz de ser um assassino em série. O sujeito assobiou. Alguma ele está tramando, está fazendo ou acabou de fazer.* ★ *Bossa nova é uma nota de pé de página em duas histórias da música popular: a americana e a brasileira.* ★ *Nunca estive na rua depois das cinco horas da tarde que não tivesse acabado em besteira.* ★ *Se o latim é unia língua morta, por que falam tanto em cunnilingus?* ★ *Este fim de milênio está levando séculos para acabar.* ★ *Se Mario de Andrade estivesse vivo, já estaria morto há muito tempo.* ★ [Quando telefonava para alguém e perguntavam quem queria falar]: *É o Ivan, coitado.*

Arnaldo **JABOR**
n. 1940. Cineasta e articulista.

Nelson Rodrigues começou a simpatizar com Arnaldo Jabor em 1968, ao saber que, em plena Passeata dos 100 Mil, no Rio, ele fora visto na Avenida gritando "Abaixo a fome! Abaixo a fome!", ao mesmo tempo que lambia um enorme sorvete. Foi o detalhe do sorvete que encantou Nelson. Era como se Jabor estivesse propondo o sorvete como a solução para a fome no Brasil e aproveitasse a passeata para dar um dramático exemplo. Nelson não estava de todo errado, porque o futuro diretor de *Toda nudez será castigada* (1973) e *O casamento* (1975) sempre teve essa vocação para teatralizar seus pontos de vista.

Podia ter a ver com a educação jesuíta de Jabor. Ele estudou no Colégio Santo Inácio e fez direito na PUC. Os jesuítas, como se sabe, nasceram como um exército religioso destinado a converter hereges e sempre imprimiram esse espírito catequista em quem estuda em suas escolas. Não por acaso, Jabor foi um dos jovens missionários do *Metropolitano*, o jornal da UME (União Metropolitana dos Estudantes) que seria uma das sementes do CPC (Centro Popular de Cultura) — este, sim, um exército de catequistas políticos do "povo", do qual ele também participou. Isso foi no começo dos anos 60. Naquela época, Jabor queria fazer teatro, talvez por este ser uma forma mais direta de converter os autóctones. Daí escreveu peças que ficaram na gaveta e foi crítico de teatro do *Diário Carioca* (sucedendo a Paulo FRANCIS). Mas, então, seu colega de PUC e *Metropolitano*, CACÁ Diegues, desviou-o para o cinema.

Jabor começou por um curta-metragem, o belíssimo *O circo* (1965), que foi também o primeiro curta-metragem em cores do CINEMA NOVO. Já seu primeiro longa, *A opinião pública* (1967), foi uma das raras incursões brasileiras no "cinema-verdade", gênero pouco afeito à bilheteria. Depois veio *Pindorama* (1970), grande fracasso — até que, com os dois filmes baseados em Nelson Rodrigues (*Toda nudez será castigada* e *O casamento*), ele deu a volta por cima, artística e comercialmente. Os filmes seguintes, *Tudo bem* (1978), *Eu te amo* (1981) e *Eu sei que vou te amar* (1986), consolidaram a sua reputação. Apesar do sucesso, Jabor nunca se conformou com o miserê crônico do cinema nacional e com a necessidade de esmolar para produzir um filme. Deu as costas ao cinema, foi dirigir filmes de publicidade e, em 1991, conquistou seu espaço como cronista em jornais e, depois, na televisão. Só voltou ao cinema uma vez, em 2010, com *A suprema felicidade*, o seu *Amarcord* particular, que fez com que as pessoas gostassem ainda mais do filme de Fellini. Deu-se melhor com os livros reunindo suas colunas para a imprensa, como *Amor é prosa, sexo é poesia* (2004), *Pornopolítica* (2006) e outros, todos best-sellers.

Jabor há muito se convenceu de que o "povo" não quer ser convertido à lucidez. Mas, como é de seu temperamento, nunca se livrou do estilo espadachim. O Jabor que, em 1994, ficou famoso ao aparecer no *Jornal Nacional* e no *Manhattan Connection* como um Errol Flynn enfático e articulado, é o mesmo que, quase de calças curtas nos antigos MAU CHEIRO e ZEPPELIN, já se encantava com o som e a fúria do próprio verbo. Diante da câmera de TV, Jabor não se envergonha de misturar Marx, Freud e Chacrinha para exercer sua histórica impaciência para com o que considera a burrice da esquerda, da direita e do centro.

Frase

★ *Já que, em quatro séculos, ninguém o educou, o povo finalmente está se expressando, sem dirigismo nem utopias, no pleno exercício de sua sagrada ignorância.*

JACQUELINE Silva
n. 1962. Jogadora de vôlei.

Faça de conta que não sabe quem é essa famosa ex-craque do vôlei e tente adivinhar. Ao fazer a primeira comunhão no Colégio Notre Dame, em Ipanema, ela se espantou quando, de tanto mentir no confessionário, a hóstia não ferveu em sua boca como um Alka-Seltzer. Só ia à missa para namorar. Jogava bolinhas de papel na cabeça das freiras e fofocava pelos corredores que esta ou aquela tinha morrinha. Suas notas eram as piores da classe. Um dia, furou os pneus do carro da madre superiora, foi expulsa do colégio e ainda teve de jurar (em falso, naturalmente) que nunca mais faria aquilo. Etc. etc. E tudo isso aos onze anos! Quem era? ISABEL? Não. Jacqueline Silva. As duas maiores jogadoras da primeira geração do vôlei brasileiro tinham isto em comum, além do talento — não deixavam barato.

Como Isabel, Jacqueline nasceu em Ipanema, pintou o sete no Colégio Notre Dame e começou cedo no vôlei. Aos nove anos, estava jogando no Flamengo; aos quatorze, na seleção brasileira. Mas, ao contrário da cortadora, que se dedicou a casar e a ter filhos, a levantadora Jackie levou a sério sua carreira de boêmia: foi hippie, maluquete e fez um aborto aos dezoito anos — "Como ia ter um filho com aquela idade? Eu nem sabia quem era o pai!". Foi até aprovada no vestibular de história da Universidade Santa Úrsula, mas não voltou para o segundo dia de aula. Ou jogava ou estudava. Preferiu jogar, claro, mas levou seu não conformismo também para o vôlei.

Em nove anos de seleção, com participações brilhantes na quadra, Jackie teve pelo menos cinco brigas memoráveis com os dirigentes — uma delas, em 1981, ao lado de Isabel, por não aceitar a reserva; outra, em 1985, por virar o agasalho de treino pelo avesso para não fazer propaganda de graça (a única a fazer isso, porque nenhuma colega a apoiou). Ficou várias vezes desempregada, rifou sua lambreta para sobreviver (fez da rifa uma denúncia), publicou um livrinho (*Vida de vôlei*) em que comparava a vida das jogadoras à dos cachorros e deu uma bombástica entrevista ("Amor não tem sexo") à revista *Placar*, de 5/7/1985, em que falava de homossexualidade.

Em 1986, embora fosse uma das melhores levantadoras de quadra do mundo, Jacqueline adotou o vôlei de praia e partiu para um autoexílio de sete anos nas areias da Califórnia. Lá, ganhou 43 títulos e foi para o topo do ranking americano da especialidade. Voltou para o Rio em 1993, introduziu o esporte a sério por aqui e, três anos depois, fazendo dupla com Sandra, ganhou a medalha de ouro para o Brasil na Olimpíada de Atlanta.

Na chegada da delegação, Jacqueline desfilou sob papel picado no caminhão do Corpo de Bombeiros, com o ouro no pescoço e duas garrafas de champanhe debaixo do braço. Os anos de lutas e glórias a temperaram e também a tornaram mais calma e tolerante — tanto que o COB (Comitê Olímpico Brasileiro) passou a considerá-la uma "atleta-modelo".

Se for um modelo de independência, está certo.

Frases

★ *Eu sou assim mesmo: do avesso.* ★ *Sou levantadora, dentro e fora da quadra.*
★ *Errado não é transar com homem ou mulher. É transar sem amor.*

JAGUAR

n. 1932. Cartunista e jornalista.

O infante e adolescente Jaguar foi expulso de sete colégios. De um deles, marista, quando o flagraram desenhando um gibi pornográfico tendo os padres como protagonistas. Não que Jaguar gostasse muito de desenhar.

JAGUAR

Lia Rimbaud em francês e queria ser poeta. Descobriu o endereço de Carlos DRUMMOND de Andrade e mandou-lhe um poema de dez páginas, "para sua apreciação". Para sua surpresa o poeta respondeu-lhe favoravelmente: "Tem resquícios de poesia". Ao ver que os grandes poetas também eram irresponsáveis, Jaguar preferiu voltar para o desenho.

Para se garantir, prestou concurso para o Banco do Brasil. Tirou vários zeros, inclusive em datilografia, mas foi aprovado na média. Em 1957, Jaguar foi mostrar seus desenhos ao jornalista Helio Fernandes. Este não perdoou: "Nunca vi nada tão ruim. Você é funcionário do Banco do Brasil? Então volta pra lá. Eu entendo de desenho, porque sou irmão do MILLÔR Fernandes, que é o maior humorista brasileiro de todos os tempos. Você é a maior negação vocacional que já vi". O próprio Millôr, anos depois, teria outra opinião: "Para mim, Jaguar é um gênio. Os outros defeitos eu desculpo".

Jaguar começou na página de humor de *Manchete*, na qual, em 1958, foi descoberto por Carlos SCLIAR e levado para a revolucionária revista SENHOR. Nesta, conheceu Paulo FRANCIS e IVAN Lessa. Os dois foram importantes para sua formação, assim como Millôr, com quem Jaguar colaborou na revista *Pif Paf*, em 1964, e Sergio Pôrto, seu colega no Banco do Brasil e na *Última Hora* — todos eles, mestres do ceticismo e da ironia. O golpe militar de 1964 politizou a jato uma geração inteira de cartunistas brasileiros, mas Jaguar, que foi um dos primeiros a tentar derrubar o regime pelo riso (no livro *Hay gobierno?*, com Fortuna e Claudius, daquele mesmo ano), sempre deu a seus cartuns políticos a perenidade dos cartuns clássicos, na linha do francês André François.

Em 1969, começou a aventura do PASQUIM, o semanário nanico fundado por TARSO de Castro, Sérgio Cabral e ele. O título foi uma criação do próprio Jaguar, prevendo que os adversários do jornal tentariam diminuí-lo chamando-o de "um pasquim". Jaguar foi também o único que esteve com o *Pasquim* do berço à agonia, sem faltar uma semana, exceto pelos dois meses em que esteve preso com outros oito membros da equipe, em fins de 1970. Sobreviveu a anos de negociações semanais com os censores, a inúmeras apreensões do jornal e a uma bomba que foi atirada no jardim da redação, na rua Saint-Roman, e que ele chutou para o lado sem saber do que se tratava. Jaguar sobreviveu também às dívidas do jornal, que, quando se revelaram impagáveis, o obrigaram a vendê-lo, em 1988. Livre do *Pasquim*, passou-se para os jornais populares, como *O Dia*, *A Notícia* e *O Povo*. Em 1999, lançou com ZIRALDO a revista *Bundas*, de existência curta e, francamente, sem sentido.

Em sessenta e tal anos de trabalho, Jaguar pode ter produzido mais de 30 mil cartuns. Mas a única maneira de reuni-los é contratando uma equipe de arqueólogos para varejar as inúmeras publicações (na maioria, já extintas) em que ele colaborou. Jaguar nunca foi de guardar seus desenhos publicados. Os originais, então, nem pensar — porque ele podia desenhá-los em qualquer pedaço de papel, que depois dobrava, enfiava no bolso e entregava amassado na redação. As revistas internacionais de artes gráficas nunca se importaram com isso — todas já o publicaram.

Muitos de seus personagens marcaram época: Sig, o rato-símbolo do *Pasquim*; Gastão, o vomitador; Bóris, o homem-tronco; e a turma dos CHOPNICS, em parceria com Ivan Lessa. Mesmo quando seu humor beirou a escatologia e o grand-guignol, Jaguar nunca foi ofensivo, e por uma simples razão: sempre foi engraçado. Mas o melhor de Jaguar está fora dos personagens fixos. Seu olho para extrair o lugar-incomum dos lugares-comuns e sua capacidade de ridicularizar uma frase ou expressão com um desenho sempre foram extraordinários. Exemplo: o cartum que mostra Cristo na cruz, dizendo para Maria Madalena, "Hoje não dá, Madalena, estou pregado". É capaz de fazer rir até com cartum de ilha deserta e de marido-que-chega-em-casa-de-repente, que são alguns dos temas mais explorados pelos cartunistas em todos os tempos.

Fora da prancheta, Jaguar teria direito a toda uma biografia paralela, como um dos responsáveis pelo mito de Ipanema. A ideia de uma "turma de Ipanema" começou a se formar nos bailes pré-carnavalescos promovidos por sua então mulher, OLGA Savary, em fins dos anos 50 — quando Jaguar ainda detestava festas e Carnaval —, e evoluiu para os réveillons promovidos por ele (já convertido à esbórnia) e por ALBINO Pinheiro nas gafieiras da cidade. Em 1965, surgiu a BANDA de Ipanema, da qual ele foi um dos criadores. Logo depois, o *Pasquim* passaria a impressão de que era escrito à beira da piscina por intelectuais tomando uísque e cercados de mulheres. Na visão de Jaguar, isso teria levado à invasão do bairro pelas imobiliárias e ao fim de seu delicioso provincianismo e delicadeza — e ele se culpa por isso. Mas Jaguar pode ficar sossegado. Ipanema seria invadida de qualquer maneira, pelo crescimento da cidade, pela especulação imobiliária, pela brutalização de Copacabana e pelo "milagre" econômico dos anos 70.

A famosa frase que lhe é atribuída, "Intelectual não vai à praia, intelectual bebe", foi dita por Paulo Francis. Jaguar usou-a numa tira dos *Chopnics*, mas nunca escondeu seu autor. E sempre a seguiu à risca. Com sua impressionante capacidade de trabalho e a disciplina que herdou de quase vinte anos como bancário, ele calcula o quanto já bebeu de chope: "O equivalente à Lagoa Rodrigo de Freitas". Sua nascente favorita eram as serpentinas do JANGADEIRO, enquanto este existiu. Mas Jaguar, da escola Albino, é ph.D. em botequins cariocas: conhecedor de qualquer birosca de subúrbio onde um dia se tirou grande chope ou em que inenarráveis peixinhos fritos saltaram da frigideira.

Escreveu até um livro a respeito: *Confesso que bebi — Memórias de um amnésico alcoólico* (2001), trocadilho perfeito, até na pronúncia, com o livro de memórias do poeta chileno Pablo Neruda, *Confesso que vivi*.

A biografia de Jaguar está dispersa na trajetória de seus ex-companheiros do *Pasquim* e nas de HUGO Bidet, FERDY Carneiro, PAULO Goes, LEILA Diniz, RONIQUITO de Chevalier, ZEQUINHA Estelita, MARCOS de Vasconcellos, FAUSTO Wolff, Lan e os muitos outros com quem ele dividiu mesas de bar ou de redação. E que, em tantos anos de corpo a corpo ao redor de garrafas — interrompido em 2012, quando seu fígado pediu demissão e ele teve de parar de beber —, raramente o ouviram levantar a voz um decibel acima da suavidade.

JANGADEIRO
1935-95. Botequim-símbolo de Ipanema, com vários endereços.

De muitas maneiras, o Jangadeiro foi uma síntese da história de Ipanema. Sua saga contém um pouco de tudo: os imigrantes alemães que o fundaram; os estrangeiros que o frequentavam, misturando-se aos aborígines; os jovens que o depredaram na Segunda Guerra; sua *nacionalização* e ocupação por uma boemia folclórica, que atravessou décadas; a fabulosa promiscuidade entre famosos e anônimos em suas mesas; sua dupla circunstância de bar-família e bar de bebuns; a condição de território da BANDA de Ipanema; as mudanças de endereço, provocadas pela fúria imobiliária que se abateu sobre o bairro; e seu triste fechamento. O Jangadeiro nunca deveria ter acabado — mas, da mesma forma, HUGO Bidet nunca deveria ter morrido.

Quando foi inaugurado, em 1935, chamava-se Bar Rhenania e ficava na rua Visconde de Pirajá, 80, ao lado do Cinema Ipanema, bem defronte do Chafariz das Saracuras, na praça General Osório. Seu fundador foi um alemão chamado Müller, que o vendeu em 1938 ao austríaco Victor Fleischer, formado em hotelaria em Viena. O gordo e bonachão Fleischer não tinha a menor simpatia pelo nazismo — ao contrário, a Áustria estava sendo anexada pela Alemanha e, se você viu *A noviça rebelde*, sabe o que isso significou. Mas, em 1942, submarinos alemães vieram torpedear navios em nossas costas, nitidamente nos chamando para a briga, e os jovens nacionalistas ipanemenses não vacilaram. Como a guerra de verdade ficava meio longe, era preciso combater o *inimigo* local — e os restaurantes de Ipanema pareciam estar todos em solertes mãos germânicas.

O Rhenania foi um dos alvos. Tijolos roubados a uma obra na praça foram arremessados contra os espelhos, a horda invadiu, expulsou o proprietário, virou mesas e não deixou um copo ou açucareiro sem quebrar. Entre os patrióticos baderneiros estavam nomes depois famosos, como João SALDANHA, futuro homem do futebol e da imprensa, e Fernando Pedreira, também jornalista e, um dia, embaixador do Brasil na Unesco. Victor Fleischer ficou arrasado, pelo prejuízo e pela injustiça, mas seus amigos brasileiros o ajudaram a reconstruir o bar. Um gerente da Brahma sugeriu-lhe trocar o nome para Jangadeiro, pela proximidade com a rua que quase lhe fazia esquina, a Jangadeiros. A rua era no plural, mas o Jangadeiro marcou logo ali, de saída, sua qualidade singular. Com esse novo nome, o Jangadeiro foi ardentemente adotado por Ipanema.

Era um restaurante simples, com cadeiras de palhinha e piso de ladrilho, admitindo gente sem camisa que voltava da praia. Seus adornos mais sofisticados eram o neon em que se lia *Bar Jangadeiro* na parede dos fundos e a vitrola tocando valsas de Strauss, como *Wiener Blut* ou *Der Zigeunerbaron*. Suas atrações eram o chucrute, o feijão garni ou o bife com fritas, sempre no capricho, e o *Schnitt*, o chope curto, tirado no copo longo a um palmo da torneira e com a espuma cortada ao chegar à borda. Sem falar na simpatia — os garçons tomavam nota dos recados de quem não tinha telefone e o proprietário fiava liberalmente. Às altas horas, quando o Jangadeiro fechava, os inconformados iam jogar porrinha na praça ou sinuca no mercado Merpuga, ali ao lado.

Modesto como era, a lista de seus habitués pelos quase trinta anos seguintes equivaleu a um who's who das artes, da política e da boemia. O jovem Carlos Lacerda, antes de ser vereador, deputado ou governador, o frequentava. TONIA Carrero, também muito jovem, mas já dona das "melhores pernas da história do Jangadeiro", não saía de lá com seu marido, Carlos THIRÉ, então mais famoso do que ela. LUCIO Cardoso tomava vinho branco e escrevia em suas mesas. Carlos DRUMMOND de Andrade, às vezes, jantava ali, e o próprio João Saldanha, já mais comedido, voltou com frequência ao local do crime. IVAN Lessa tomou nele seus primeiros chopes. E fala-se na passagem pelo Jangadeiro de Getulio Vargas como presidente eleito, em 1950, embora isso possa ser folclore — a não ser que lhe tenham servido chimarrão. Misture essa malta aos bebuns, pescadores e outros comerciantes do bairro, e você terá a composição social do Jangadeiro. A essa altura, Victor Fleischer já passara o bastão à filha Christina e ao genro, o romeno Alejandro Francu, que dava aulas de alemão a Lacerda.

Até ser desativado, em 1963 (e logo por Lacerda, como governador), o BONDE passava em frente ao Jangadeiro. Com uma meia trava do motorneiro, os clientes saltavam do estribo diretamente para suas mesas. Os mais queri-

JANGADEIRO

dos tinham sua caneca de chope personalizada, guardada atrás do balcão. Os garçons os viam chegar e as canecas de louça já chegavam cheias às mesas, mal seus titulares se tinham sentado. Às vezes, o entusiasmo tornava o local impróprio para altas perquirições filosóficas. No Carnaval, quando o boêmio Ruy Carvalho começava a tocar seu bumbo, os pandeiros e tamborins acorriam e era preciso gritar para ser ouvido. Estouravam brigas esporádicas, estoicamente recebidas pela gerência como fazendo parte do negócio. Nada que impedisse o Jangadeiro de ser um bar aonde os pais dos anos 60 levavam os filhos, assim como tinham sido levados por seus pais nos anos 40.

Uma nova geração de boêmios que começou a se formar na década de 50 — FERDY Carneiro, ALBINO Pinheiro, JAGUAR, Hugo Bidet — seria o núcleo, em 1965, da Banda de Ipanema, tendo o Jangadeiro como sede, tesouraria e concentração informais. Na primeira vez, a Banda saiu literalmente do Jangadeiro, mas, em poucos anos, as relações entre as duas instituições azedaram. Para alguns, foi porque Hugo Bidet tentou entrar no bar montado num burrico e seguido por vinte músicos. Francu arriou as portas e bateu boca com Jaguar, que, magoado, jurou nunca mais pisar no botequim. Mas claro que, um dia, voltou. Para o pessoal da Banda, do PASQUIM e da ESQUERDA FESTIVA, não havia como escapar do Jangadeiro. Era o lar de boêmios clássicos, como ZEQUINHA Estelita, o artista plástico Henrique "Grosso" Montes, e até de um cachorro, o impecável vira-lata BARBADO.

Em 1971, a cobiça arredou o Jangadeiro de onde estava havia 36 anos e o levou para a rua Teixeira de Melo, 20, fora da praça e, agora, na quadra da praia. Os veteranos se ressentiram e resistiram ao novo endereço, até se dar conta de que, na verdade, só este mudara. O clima era igual e até os queridos garçons eram os mesmos: Vavá (tesoureiro da Banda), Gonçalo, Cabeça, Ratinho e os outros. Nessa encarnação, o Jangadeiro sobreviveu até 1985, quando foi despejado de novo para que se construísse um trambolho no lugar. O bar estava agora nas mãos da terceira geração, os filhos de Christina e Francu. O Jangadeiro foi então para o número 53 da mesma Teixeira de Melo, com o que voltou à praça. Mas, dessa vez, não era a mesma coisa. Tinha até música ao vivo, e os veteranos o abandonaram para sempre. Em 1993, teve o nome mudado, foi transformado em cantina, fracassou e voltou a chamar-se Jangadeiro. Não adiantou: fechou para sempre em 1995.

Mas o neon original — verde, lindo e histórico —, arrancado de sua parede em 1971, não se perdeu. Mudou-se para uma parede do apartamento de JOÃO LUIZ de Albuquerque, na rua Bulhões de Carvalho.

JANIO de Freitas
n. 1932. Jornalista.

Os que só conheceram Janio de Freitas de 1983 para cá, como colunista político da *Folha de S.Paulo*, não imaginam que, antes de tornar-se jornalista, em 1953, ele se formou em aviação civil, pilotou um DC-3, estudou jiu-jítsu e participou de um conjunto vocal, Os Modernistas, liderado por, ora veja, João Donato. Mas a imprensa tirou-lhe das mãos o violão, limitando-o a solos de assobio nas mesas do ZEPPELIN ou do CALYPSO nos anos 50 e 60. A música popular pode ter perdido um talento, mas os leitores de jornais tiveram muito a ganhar.

A imprensa brasileira lhe deve a extraordinária reforma do *Jornal do Brasil*, em 1959. Com ela, Janio não apenas revitalizou radicalmente um velho órgão, mas estabeleceu um padrão que, cedo ou tarde, todos os jornais brasileiros tiveram de seguir. Não foi somente uma reforma gráfica, como se ensinou durante anos nas escolas de "comunicação". Foi uma profunda reforma editorial, que só poderia ter sido feita por um jornalista. Por desinformação ou má-fé, a paternidade dessa reforma é atribuída a outros.

Um de seus supostos autores, Odylo Costa, filho (era assim que ele se assinava), já não era o editor-chefe e estava fora do *Jornal do Brasil* seis meses antes de ela começar. Fora demitido pela condessa Pereira Carneiro por ter publicado na primeira página, no dia 6 de agosto de 1958, uma foto em que o presidente JUSCELINO Kubitschek parecia estar pedindo uma esmola ao secretário de Estado americano John Foster Dulles, em visita ao Rio. O título da foto ("Tenha paciência, mister...") era maldoso. Odylo não era bem um jornalista, mas um político, ligado à UDN e inimigo de JK, que atuava na imprensa. Seu udenismo o levara a cometer aquele ato falho. Juscelino ficou furioso e insinuou que o *Jornal do Brasil* perderia o canal de TV que lhe fora prometido. Para que a demissão de Odylo não parecesse uma consequência disso, permitiram-lhe ficar até dezembro. Em 1º de janeiro de 1959, Odylo já estava na *Tribuna da Imprensa*, de Carlos Lacerda. Participou tanto da reforma do *Jornal do Brasil* quanto Adalgisa Colombo, a miss Brasil em exercício.

Naquele ano, o *Jornal do Brasil* aparentava cada minuto de seus 67 anos. Perdera todo o antigo peso político e jornalístico e tornara-se um jornal de anúncios classificados — 80% de sua primeira página era ocupada por pequenos anúncios tipo "Precisa-se de cozinheira" ou "Vendo Ford 1938". Essa primeira página se reduzia a uma única foto e duas ou três manchetes encabeçando textos opacos, maçudos e espremidos entre fios, que continuavam nas páginas internas. Um de seus principais colunistas, Benjamim Costallat, vinha de 1921. Não se podia dizer que o jornal primava pela renovação.

▪ JANIO de Freitas

A única seção arejada do jornal era a de esporte, em que seu editor e diagramador, Janio de Freitas, 25 anos, estava fazendo algumas inovações gráficas por conta própria. M. F. do Nascimento Britto, vice-presidente da empresa, gostava delas e ouviu dizer que ele tinha um projeto para reformular todo o jornal. Janio trabalhava desde os quatorze anos como desenhista e já passara, como repórter e diagramador, pelo *Diário Carioca, Manchete* e *O Cruzeiro*. Depois de várias conversas, Britto e Janio chegaram a um acordo na última sexta-feira de maio. Naquele dia, Janio tornou-se editor-chefe. Foi para sua casa na rua Nascimento Silva e não precisou passar o fim de semana montando a tradicional "boneca" — o simulacro desenhado que serviria de base para a nova cara do jornal. Sabia muito bem o que iria fazer na segunda-feira. Na terça, 2 de junho de 1959, o *Jornal do Brasil* já saiu diferente. Diferente de tudo que se vira até então.

Janio não executou uma simples cirurgia gráfica, embora isso tenha sido importante. A primeira página foi valorizada de alto a baixo. No lugar dos classificados, entraram matérias e fotos, obedecendo a um traçado geométrico. Os títulos foram parangonados — alinhados — e os fios entre as colunas, retirados (o que não era bem novidade, porque Danton Jobim e Pompeu de Souza já haviam feito algo parecido no *Diário Carioca* em 1951). Os anúncios foram reduzidos a um L formado por uma coluna no lado esquerdo e uma barra, o que dava uma bossa e mantinha a tradição do jornal — a força dos classificados. O diagramador Amílcar de Castro (que, demitido por Odylo no ano anterior, fora chamado por Janio para trabalhar na primeira página) queria apenas a barra — o que não fazia sentido, porque ela ficaria invisível na banca, abaixo da dobra do jornal. O L prevaleceu. Com essas pequenas providências, o *Jornal do Brasil* tornou antigo, da noite para o dia, o visual de todos os jornais brasileiros.

Mas a verdadeira reforma foi jornalística — de temática e de conteúdo. Tornou-se um jornal de notícias, com um texto tão enxuto e direto quanto sua nova cara gráfica. Com carta branca para trabalhar, Janio impôs a notícia pela notícia e eliminou o resto. As fotos não podiam ser apenas atraentes — tinham também de conter informação. Para isso, os fotógrafos passaram a usar câmeras 35 milímetros, mais portáteis e de foco mais fácil do que as velhas Rolleiflex. Aos poucos, Janio estendeu o modelo da primeira página às páginas internas, executadas pelo diagramador Waldir Figueiredo, e pôs uma manchete em cada uma. E, com sua equipe de brilhantes copidesques — José Ramos Tinhorão, Décio Vieira Ottoni, Nilson Lage e Raymundo Ferreira de Brito —, mudou o estilo de escrever do jornal, tornando-o direto e sem delongas.

Os títulos ficaram criativos. Os textos, objetivos e elegantes. As notícias podiam agora ser lidas no presente, porque os telegramas com data da véspera passaram a ser reescritos pelo dia do jornal (contrariando o que, acredite ou não, ainda era uma praxe universal da imprensa). Tudo no *Jornal do Brasil* parecia "moderno", e os leitores sentiram a diferença. Em poucos meses, o novo *Jornal do Brasil* dobrou a tiragem, bateu o *Correio da Manhã* e se tornou o jornal mais influente do país.

Nos dois anos em que Janio dirigiu o *JB* — assim se passou a chamá-lo —, houve edições antológicas, uma delas a da inauguração de Brasília, em 1º de janeiro de 1960. Janio planejou também uma subdivisão do jornal por cadernos, dos quais só pôde implantar alguns, como o Caderno B, lançado em 15 de setembro de 1960. Mas, então, os problemas já haviam começado. Num país em que a praxe era uma imprensa dependente de favores oficiais, um jornal independente e com a súbita importância do *Jornal do Brasil* era incômodo. As pressões vinham de todos os lados. Em maio de 1961, quando elas ficaram intoleráveis e ele se sentiu sem respaldo, Janio preferiu sair. Mas a reforma foi respeitada e seguida por seus sucessores — a tal ponto que vários deles se atribuíram sua autoria.

Dois anos depois, de março a novembro de 1963, Janio repetiu a façanha, só que no *Correio da Manhã*. O jornal da avenida Gomes Freire sentira o crescimento do *JB* e tentava copiar suas inovações. Janio aceitou o convite de Paulo Bittencourt para dirigi-lo e, para provar que uma reforma não se resume a tirar fios, encheu o *Correio* de fios duplos. Em 45 dias bateu o *JB* em circulação. Com seu salário fixo e a participação que exigira nas vendas, nas assinaturas e na publicidade, Janio tornou-se não o executivo, mas o profissional mais bem pago do Brasil — poderia comprar, se quisesse, nove Volkswagens (o carro da moda) *por mês*. Mas a morte de Paulo Bittencourt, em Paris, no fim daquele ano, representaria para ele a perda da carta branca e, mais uma vez, ele preferiu sair.

Janio estava fora da imprensa havia anos quando a *Folha* o convidou, em fins dos anos 70, a fazer uma coluna política. Com fontes que confiavam mais nele do que na própria mãe, Janio especializou-se em dar informações que o poder desmentia e os fatos confirmavam. Em 1983, escreveu que o presidente Figueiredo iria a Cleveland para fazer uma cirurgia no coração. A notícia era uma bomba — porque a abertura política vivia uma hora crucial e Figueiredo, sempre de sunga nas fotos, parecia vender saúde. O poder desmentiu a informação e os jornais acreditaram nesse desmentido. Pelas três semanas seguintes, Janio viu-se sozinho em sua afirmação. E, então, Figueiredo entrou na faca em Cleveland.

Em 1987, com Sarney na Presidência, Janio publicou, escondido nos classificados da *Folha*, o resultado da concorrência da Ferrovia Norte-Sul — que só seria "decidida" dali a um mês. Quando saiu o resultado, Janio reproduziu o anúncio em sua coluna, provando a fraude e melando a concorrência. Foi uma vitória para a imprensa e uma vergonha para o país. Desde então, já fez isso em trinta outras concorrências fraudulentas (de estradas, metrôs, pontes, esgotos, remédios) e impediu que cerca de 10 bilhões de dólares do dinheiro público fossem parar nos bolsos de quem não devia. Com tudo isso, era natural que, no fundo, ele nunca fosse muito popular na área do governo — qualquer governo.

JEAN Boghici
1928-2015. Artista plástico e marchand.

Aos dezenove anos, em sua aldeia natal na Moldávia, província da Bessarábia, na Romênia, Jean Boghici olhava pela janela em busca de uma paisagem para desenhar e só via aquele vizinho enorme, frio e ameaçador: a URSS. Enquanto isso, pelas ondas curtas de um rádio construído em casa, chegavam os sons de um longínquo país que ele imaginava cheio de sol, coqueiros e música: o Brasil — o aparelho pegava a Rádio Nacional.

Naquele ano, 1947, o jovem Jean tomou providências. Sem nenhum documento decente, cruzou as ruínas da Europa do pós-guerra, morou com um desconhecido escritor negro americano chamado James Baldwin num hotel de quinta em Paris e embarcou como clandestino no porão de um navio rumo ao Brasil. Semanas depois, desembarcou na praça Mauá, com uma criança em cada braço e um passaporte na boca (todos emprestados), e passou tranquilamente pela imigração. Devolveu as crianças aos pais, desceu a rampa e, em sua primeira noite, dormiu na praia de Copacabana, em frente ao Cinema Rian. E assim começou sua aventura brasileira.

Nos primeiros anos, Jean fez biscates sem muita ligação com as artes plásticas. Mas, no Carnaval de 1956, sofreu um acidente com sua moto Java de 250 cilindradas no ARPOADOR. Passou um mês de cama e deixou crescer a barba, com a qual ficou parecido com Van Gogh, só que com orelhas. Ao sair à rua, conheceu um produtor de *O Céu é o Limite*, o famoso programa de perguntas da TV Tupi. Este, ao saber que Jean entendia de pintura, convidou-o a responder sobre o gênio holandês no programa. A participação de Jean durou cinco meses e foi um sucesso. Era como se fosse o próprio Van Gogh respondendo sobre sua vida.

Acabou eliminado nas rodadas finais, mas, até lá, ganhou um dinheirão que lhe permitiu viajar pelo Nordeste, pesquisando e comprando na chamada bacia das almas obras de artistas populares. De volta ao Rio, em 1960, fundou a Galeria Relevo — que, com a PETITE GALERIE, de Franco Terranova, iria profissionalizar o mercado brasileiro de arte e liquidar a preferência da elite pelos acadêmicos.

Durante os nove anos de vida da Relevo, Jean valorizou as fases antigas de Volpi e Di Cavalcanti (de quem montou a primeira grande retrospectiva), lutou por artistas novos como Antonio Dias, Rubens GERCHMAN e ROBERTO Magalhães e, muito por causa deles, organizou no MAM as mostras *Opinião 65* e *Opinião 66*, decisivas para a vitória da Nova Figuração. Em 1969, o clima político no país pareceu a Jean tão asfixiante quanto o da Cortina de Ferro e ele preferiu voltar a lugares e épocas mais amenos, indo estudar arte egípcia e pré-histórica no Louvre, em Paris.

Voltou para o Rio em 1974, trazendo consigo uma vasta coleção da obra do modernista pernambucano Vicente do Rêgo Monteiro (1899-1970) que estava espalhada pela Europa, onde o pintor vivera boa parte da vida. Só então o Brasil conheceu melhor um de seus grandes artistas. Os amigos achavam graça do pesar com que Jean vendia seus Rêgo Monteiros para os colecionadores. Mas ele sempre foi assim: o perfeito antimarchand, que adorava comprar e detestava vender.

JEAN Sablon
1906-94. Cantor francês e craque da peteca no Arpoador.

Em 1936, à sua maneira suave, sem se impor, Jean Sablon explodiu o tabu, ainda vigente nos teatros franceses, de *"Pas de micro dans la scène!"* — "Proibido microfone no palco!". O microfone, inventado pelos americanos havia mais de dez anos, continuava a não ser aceito no music hall de Paris. Achava-se que os cantores só deviam depender da acústica do teatro e do próprio gogó, e que, se precisassem de microfone, é porque "não tinham voz". Pois, em certa noite daquele ano, no Teatro Mogador, Jean provou que o microfone não fora inventado para dar voz a quem não tinha, mas para realçar a de quem sabia usá-la — ou eles pensavam que Bing Crosby não tinha voz? E ele não era o Bing Crosby francês?

Para provar, mostrou o que o microfone lhe permitia fazer com "Vous qui passez sans me voir", a canção que Paul Misraki, Johnny Hess e Charles Trenet tinham acabado de compor para ele — só o microfone faria justiça à doçura daquelas palavras e sutilezas melódicas. Ali, aliás, Sablon consumou seu casamento com a canção que o acompanharia para sempre. Aonde quer que chegasse — e nenhum cantor viajou mais pelo mundo —, "Vous qui passez sans me voir" já chegara primeiro.

E, se fosse para cantar só com os pulmões, sua carreira começara muito antes, em 1925, nas companhias parisienses de opereta, tendo como colegas nomes que também logo se tornariam ilustres, como Jean Gabin, Charles Boyer e aquela que seria a primeira a ficar famosa, Renée Falconetti, estrela, em 1928, do filme *A paixão de Joana d'Arc*, de Carl Dreyer. Naquele mesmo 1928, Sablon também já tinha conquistado um nome suficiente para integrar a companhia Bouffes Parisiens — convidada, veja só, por Octavio Guinle para vir ao Rio inaugurar o teatro do Cassino do Copacabana Palace. Ele veio e, para Sablon, aquela não foi apenas a primeira das suas milhares de viagens internacionais. Foi a viagem que marcaria sua vida — porque ela o faria apaixonar-se pelo Brasil, pelo Rio e... pelo Arpoador.

Uma paixão que começou assim que o navio *Andes* divisou a baía de Guanabara. Ali, ao nascer do sol, com o espetáculo das pedras gigantes saindo sucessivamente umas de detrás das outras, como as cortinas de um palco, Sablon convenceu-se de que ele nunca mais seria o mesmo, como confessou cinquenta anos depois, em suas memórias, *De France où bien d'ailleurs...*, de 1979.

Ao desembarcar no Rio, Sablon encantou-se de saída com a música da fala brasileira, principalmente a das palavras terminadas em *inho* ou *inha* — sozinho, bonitinho, tardinha —, cujo som agudo lhe sugeria "aves levantando voo". Encantou-se também com a gentileza do carioca, sempre pronto a ajudar. Quando decidiu, por exemplo, trocar o hotel em que fora hospedado por um lugar mais em conta, alguém lhe sugeriu um apartamento na rua Benjamin Constant, na Glória. Sablon mudou-se para lá e adorou — e continuou a adorar, mesmo quando descobriu, dias depois, que o prédio era de alto a baixo um bordel.

Um amigo que fez assim que chegou ao Rio foi o poeta Felippe d'Oliveira, autor de *Lanterna verde*, quinze anos mais velho e que ele descreveu como "belo, refinado, muito culto, falando um francês admirável e alguém a se tentar imitar e nem sonhar em conseguir". Felippe foi dos primeiros a estimular Sablon a deixar de ser um coadjuvante nas companhias de teatro e atirar-se a uma carreira solo, de *showman*, como se dizia. Ele o apresentou às canções de Eduardo Souto e Freire Junior e aos sambas de Sinhô, que Sablon não chegou a cantar, mas que o alertaram para a beleza da música brasileira. Outra característica de Felippe era seu porte atlético, de antigo campeão de remo e de outras modalidades esportivas. Donde há grandes probabilidades de ter sido ele a apresentar Jean a um recanto carioca então quase secreto, só conhecido de quem morava ali: o Arpoador, que ele nunca mais deixou de frequentar e onde foi introduzido em um esporte que o encantou e que ele levou para as praias europeias — a peteca.

Em 1931, em Paris, o jazz ficou devendo a Sablon a aceitação do guitarrista cigano-belga Django Reinhardt, que ele adotou como seu acompanhante nas apresentações e nos discos. Os estúdios franceses de gravação já conheciam Django, mas recusavam-lhe trabalho por ele não saber ler música e ter os dedos anelar e mindinho da mão esquerda sem mobilidade, vitimados por um incêndio. Como os discos eram gravados direto na cera e isso custava caro, um erro do músico podia inutilizar uma chapa. Mas Jean via em Django a genialidade em seu instrumento e convenceu os diretores da Columbia a aceitá-lo. Foi Sablon também quem contribuiu para a histórica ligação de Django com o violinista Stéphane Grappelli, ao contratá-los para emular a dupla de guitarra e violino dos americanos Eddie Lang e Joe Venuti.

Ele foi o primeiro também a trocar o smoking, usado por todos os cantores, por um conjunto de calça e camisa pretas, fechada nos punhos e nos colarinhos, o que, no palco, fazia com que a luz se concentrasse no seu rosto — que muitos comparavam ao de Ronald Colman, então o principal ator inglês do cinema e inspirador da canção "Mad about the Boy", de Noël Coward. A roupa preta tornou-se sua marca e, durante anos, ninguém se atreveu a usá-la no palco — até que, em fins dos anos 40, o jovem Yves Montand a adotou e apropriou-se dela. Mas, então, Jean já se mudara para os ternos clássicos e bem cortados.

E quem, em 1933, senão Sablon recusaria um convite para trabalhar em Hollywood — e na mamute Metro-Goldwyn-Mayer, ainda por cima — em nome de sua identidade sexual? Jean era gay e foi descoberto em Paris por Ramon Novarro, astro de *Ben-Hur* (1925) e de outras superproduções da MGM. Ramon ofereceu-se para indicá-lo a Louis B. Mayer, chefão do estúdio, e tinha certeza de que ele seria aceito. Só havia uma condição: a exemplo de Ramon, ele teria de simular uma vida hétero, "saindo" com atrizes e estimulando rumores sobre casar-se com elas. Jean recusou-se a participar dessa farsa e fez bem — nunca escondeu sua vida pessoal e, mesmo numa época de grande intolerância, isso não o prejudicou.

Em 1937, no entanto, ele cedeu ao apelo dos nightclubs de Nova York e mudou-se para lá. Mesmo com sotaque, foi o primeiro a apresentar ao público americano a canção "These Foolish Things", dos ingleses Jack Strachey, Harry Link e Holt Marvell, que ele trouxera de Londres. Em fins de 1938, o empresário Lee Shubert contratou-o para estrelar uma revista musical, *Streets of Paris*, a estrear em maio do ano seguinte, e prometeu-lhe a chance de cantar quatro músicas em francês — algo inédito na Broadway. Mas, então, o inesperado fez uma surpresa: Shubert veio ao Rio no Carnaval, empolgou-se com Carmen Miranda no Cassino da Urca, levou-a para Nova York e deu-lhe a chance de cantar quatro músicas — em português! — no espetáculo. Sablon foi reduzido a uma, o que, compreensivelmente, o abateu. Mas, como cavalheiro que era, não deixou que isso o impedisse de ficar grande amigo de Carmen. Cumpriu o contrato com Shubert (oito semanas, nem uma noite a mais) e, assim que se viu livre, aceitou um convite para, ironicamente, uma temporada no Rio. E exatamente no Cassino do Copacabana Palace — dez anos depois de ter inaugurado o seu palco.

O resto é história. Jean, que vinha para três meses de trabalho, ficou no Rio quase dois anos. A Segunda Guerra foi declarada poucos dias depois de sua chegada e, com a França envolvida no combate, ele foi à embaixada francesa no Rio para tentar alistar-se e voltar para seu país. Mas o embaixador convenceu-o de que, onde quer que estivesse, ele seria mais valioso ao microfone do que numa trincheira. Jean então deixou-se ficar aqui. O jornalista Roberto Marinho, de *O Globo*, deu uma festa em sua casa na Urca para apresentá-lo a seus amigos, com o que, num instante, todo o Rio ficou sendo a sua casa. Sablon fez o circuito dos cassinos — cantou no Copacabana, no Atlântico, na Urca, cruzou a baía muitas vezes para cantar no Icaraí, apresentou-se em São Paulo e ia com frequência a Nova York e Buenos Aires, mas sempre tendo o Rio como eixo.

Preocupado com sua mãe, que ficara em Paris, conseguiu trazê-la para o Rio e foi morar com ela num bangalô que alugou no Posto 6 de Copacabana — não por acaso, vizinho do Arpoador e de seus amigos brasileiros da peteca, entre os quais MIRIAM Etz, os vendedores de mate e os rapazes da areia. E inaugurou na praia a moda do calção curtinho, cavado nas virilhas, quase uma sunga — um atrevimento em relação aos calções normais, que iam até a metade das coxas.

A guerra terminou, mas, pelos mais de cinquenta anos seguintes, Jean Sablon nunca se afastou do Brasil. Entre um continente e outro em que se apresentava — e Jean fez repetidas temporadas em todos eles —, o Rio continuou sendo sua base, mesmo depois de, num impulso irresistível, ter comprado uma fazenda de café a sessenta quilômetros de São Paulo e para a qual, por algum tempo, levou sua mãe, sua irmã e seus sobrinhos.

Com todas as mudanças de gosto musical, sua carreira nunca teve um hiato. Foi por Jean Sablon que o mundo conheceu "Les Feuilles mortes", de Joseph Kosma e Jacques Prévert, "J'attendrai", de Louis Poterat, "C'est si bon", de André Hornez e Henri Betti, a fabulosa "Insensiblement", de Paul Misraki, e até um samba-canção de seu amigo Dorival Caymmi, "Por quê?".

Outro de seus melhores amigos — e por questão de semanas não se encontraram no Rio em 1982 — era o *saloon-singer* americano Bobby Short, que sempre o homenageava cantando, em francês, "Vous qui passez sans me voir".

Naquele ano, Sablon achou que era hora de se despedir do palco e programou as derradeiras temporadas nas três cidades que marcaram sua carreira. Começou por Nova York. Em 1983, foi a vez de Paris. E, em 1984, no dia de seu 78º aniversário, cantou pela última vez em público — no Copacabana Palace, onde tudo começara.

JÔ Soares
n. 1938. Ator, apresentador de TV, escritor e showman.

No exato instante em que Jô Soares nascia no Rio, Benny Goodman comandou *"One, Two, Three!"* e sua orquestra atacou de "Don't Be that Way". Era a primeira vez que se tocava jazz no palco do Carnegie Hall, em Nova York. Mas como Jô pode saber que foi ao mesmo tempo? Porque sempre foi maluco por jazz e, quando descobriu que o dia, o mês e o ano (16 de janeiro de 1938) coincidiam, fez as contas. Verificou a hora do início do concerto, descontou o fuso horário e viu que ela batia com a hora registrada em sua certidão. Uma hora e meia depois, no ápice do show, com o baterista Gene Krupa castigando os couros em "Sing, Sing, Sing", Jô estava mamando pela primeira vez. São essas coincidências que fazem a história.

Dos treze aos dezoito anos, estudou na Suíça. Quando voltou ao Rio, em 1956, estava indeciso sobre onde aplicar seu talento para representar, dançar, tocar bongô, trompete, vibrafone e contrabaixo, falar línguas e escrever números de humor — se na carreira diplomática ou no palco. O ator e teatrólogo SILVEIRA Sampaio, ao vê-lo fazendo imitações em português, francês e alemão na pérgula do Copacabana Palace, acabou com a dúvida levando-o para trabalhar com ele em seu talk show na televisão. Foi melhor assim. O histrionismo de Jô, que ele passou a exercitar em toda espécie de veículos, não ficaria bem entre as casacas do Itamaraty. E posso quase apostar que, se houve um ator que o influenciou quando criança, não foi Laurence Olivier ou Alec Guinness — mas Smiley Burnette, o cômico e multimúsico dos filmes de Roy Rogers e Gene Autry.

Fez cinema (começou roubando cenas de Oscarito e Norma Bengell em *O homem do Sputnik* [1959], no papel de um espião americano), teatro (dezenas de peças como ator ou diretor), pintura (ganhou prêmios em salões sérios e expôs na Bienal), gravou discos (um deles nos Estados Unidos, tocando bongô com a orquestra de Steve Allen) e apresentou programas de jazz em rádio.

Seus shows individuais — *Todos amam um homem gordo* (1974), *Viva o gordo, abaixo o regime* (1978), *O gordo ao vivo* (1988), *Um gordo em concerto* (1994) — ficaram anos em cartaz, correndo o país. Seu currículo na televisão (desde 1965, quando fazia o mordomo Gordon em *A Família Trapo*, na TV Record) pode encher tomos: em programas na Globo, nos anos 70 e 80, como *Faça Humor, Não Faça Guerra, Satiricom* e *O Planeta dos Homens,* criou mais de duzentos tipos, entre os quais Norminha, Gardelón e o Capitão Gay. E, antes do sucesso de seus romances *O Xangô de Baker Street* (1995) e *O homem que matou Getúlio Vargas* (1998), já publicara vários livros de humor. E, em 2017, começou a lançar suas memórias. É uma sorte para os jóqueis nacionais que, mesmo com aquele peso, ele nunca tenha pensado em disputar o Grande Prêmio Brasil. Como Jô conseguia fazer tudo isso? Bem, ele é ambidestro — pode ser uma explicação.

Em 1988, Jô tomou uma atitude de que poucos seriam capazes. Trocou o sucesso garantido de seus humorísticos em horário nobre da Globo por um programa de entrevistas em horário ingrato no SBT — que não o deixavam fazer na Globo. O começo foi difícil, mas, nos onze anos em que *Jô Soares Onze e Meia* ficou no ar na emissora paulista, ele sustentou uma média de dez pontos no Ibope (6 milhões de telespectadores) durante cerca de 2500 programas (inúmeros memoráveis), nos quais entrevistou 7500 pessoas em quatro ou cinco línguas e jogou 5 mil beijos para o auditório. (Sem querer interromper, mas já interrompendo: quem fez essas contas? O repórter Nirlando Beirão, num perfil de Jô na falecida revista *República*.)

O Jô que apostou sua carreira, trocando o gigante pelo pigmeu do Ibope, era o mesmo que, em seu passado em Ipanema, tinha como constantes interlocutores RONIQUITO de Chevalier e IVAN Lessa, varou de moto muitas vezes a rua Visconde de Pirajá, escreveu e estrelou fotonovelas para os primeiros números do PASQUIM e frequentou até o PÍER. Em 2000, a Globo teve uma grande ideia: chamou-o de volta — para fazer um programa de entrevistas. O mundo dá voltas, não? E Jô sustentou mais esse programa pelos dezessete anos seguintes, entrevistando outros milhares de pessoas e jogando o que, a essa altura, já devia ser 1 milhão de beijos para a plateia. Beijos do gordo.

JOÃO DO RIO
1881-1921. Jornalista e escritor.

João do Rio, cidadão de Ipanema? Ué. Mas as ruas a que ele se referia como tendo uma "alma encantadora" não eram as do Centro da cidade, onde tudo se passava no Rio dos anos 10 e 20? E não foi ele tipicamente um carioca da praça Tiradentes, da avenida Rio Branco, do largo da Carioca? Sim. Mas João do Rio foi também o primeiro escritor a encantar-se explicitamente por Ipanema, a primeira celebridade a se mudar para o então areal e seu primeiro garoto-propaganda. E foi também o responsável pela primeira explosão de uma bomba em Ipanema. Não perca os próximos parágrafos.

Ele atribuiu à dançarina americana ISADORA Duncan sua descoberta do ARPOADOR. Foi ela quem, em visita ao Rio em 1915, o levou de carro, certa noite, àquela praia "no fim do mundo", onde dançou nua como se estivesse "na superfície da Lua". Quase dois anos depois, em 1917, João do Rio voltou a Ipanema, só que durante o dia. O resultado foi uma crônica entusiasmada que publicou em *O Paiz*, em que chamava Ipanema de "a praia maravilhosa" — e tinha boas razões para isso.

Nesse artigo, João do Rio descreve sua sensação ao revisitar Ipanema num dia de verão e contemplar as obras de urbanização do bairro pelo empreiteiro Raul Kennedy de Lemos. "Eu não via mais a paisagem lunar de um ano atrás", escreveu, referindo-se ao passeio com Isadora. "Via uma cidade monumental, surgindo ao sol da tarde." Descontado o monumentalismo, tudo o mais era real em Ipanema. João do Rio falou dos lucros de quem estava comprando terrenos ali, da chegada dos bondes que ligariam Ipanema à Gávea, das ruas recém-calçadas que se alinhavam, das casas luxuosas que brotavam da areia, do comércio se instalando. A crônica soava como um acintoso comercial de Kennedy de Lemos.

R. Magalhães Jr., em *A vida vertiginosa de João do Rio*, insinua que essa crônica foi uma encomenda. Faz sentido. Mas o entusiasmo de João do Rio por Ipanema devia ser sincero porque, pouco depois, ele se mudou do casarão onde morava na avenida Gomes Freire, na Lapa, para uma casa em estilo cottage inglês na avenida Vieira Souto, 476, entre as futuras ruas Montenegro e Joana Angélica. Não apenas isso como comprou outra, atrás da sua, na rua Prudente de Morais, 391, onde instalou sua mãe, dona Florência, mulher de grande personalidade. Kennedy de Lemos pode ter lhe facilitado a compra em troca do artigo e da notícia de que o famoso João do Rio seria um morador de Ipanema. Isso, claro, se ele as tiver comprado — porque, para João Carlos Rodrigues, em seu essencial *João do Rio, uma biografia*, não é improvável que Kennedy de Lemos lhe tenha dado as casas como pagamento pela crônica. O que, a ser verdade, caracterizaria a primeira troca de favores entre a imprensa e um empreiteiro de Ipanema.

João do Rio pode ter sido pioneiro de outra atividade clássica em Ipanema: a caminhada. Gordo e de saúde frágil, dedicou-se a andar todos os dias de manhã, ida e volta, de sua casa até o Arpoador — talvez o primeiro ipanemense a fazer disso uma rotina. Só depois é que ia para a cidade, onde almoçava no Restaurante Brahma, no largo da Carioca, perto da redação de seu jornal, *A Pátria*. Foi também o primeiro a usar Ipanema como cenário de ficção, em seu conto "Os cães", que, muito a propósito, trata da luta entre dois cachorros, um branco, outro preto, por uma cadelinha amarela no cio.

Arteiro como ele só, João do Rio fez também de Ipanema o cenário de um plano para aumentar as vendas de seu jornal: fabricou um atentado a bomba contra sua própria casa — para jogar a culpa nos celerados radicais nacionalistas que o haviam agredido dias antes no Brahma, acusando-o de trair o Brasil por Portugal numa pendenga envolvendo a colônia de pescadores portugueses no país. A bomba foi efetivamente jogada — só que, sem querer, na casa do vizinho. As duas casas da Vieira Souto eram iguais, e o desastrado terrorista que ele contratara enganou-se de número.

No dia 23 de junho de 1921, João do Rio saiu para sua caminhada até o Arpoador. Na volta, cambaleou, suou frio e teve de parar duas vezes para descansar. Conseguiu chegar em casa, tomou banho, vestiu-se e foi para a cidade. Passou o dia no jornal e até falou de morte com seu amigo Mauricio de Lacerda. Tarde da noite, fechado o jornal, tomou um táxi de volta para Ipanema. Na rua Pedro Américo, no Catete, teve um derrame e morreu.

Muito depois, em fins dos anos 60, a casa que fora de sua mãe, na rua Prudente de Morais — abandonada, em ruínas e prestes a ser demolida —, foi cenário de festas da juventude de Ipanema. Festas em que rolavam sexo, drogas e rock and roll e às quais João do Rio, que resistia a tudo, menos às tentações, se vivo, teria se juntado alegremente.

Frase

★ [Ao descobrir o Arpoador]: *Com o galope espumacento das ondas em frente, a convulsão de titãs petrificados dos montes ao fundo e a atmosfera de névoa — pela primeira vez vimos uma daquelas paisagens de Shelley, em que a natureza parece findar-se no inebriamento espiritual de sua própria luxúria.*

JOÃO LUIZ de Albuquerque
n. 1939. Jornalista.

Lena Horne, a cantora americana, veio se apresentar no Rio e disse ao jovem repórter da *Radiolândia* que "adorava João Gilberto". O repórter foi safo: saiu dali, bateu à porta do apartamento de João Gilberto, enfiou-o num smoking, levou-o ao show de Lena na boate Fred's e, depois, ao camarim da estrela, que não acreditou ao vê-lo. Sim, em 1959 ainda se podia contar com João Gilberto para essas eventualidades. Mas só João Luiz de Albuquerque, vinte anos, teria essa ideia. Dias depois, quando Lena disse a João Luiz que gostaria de jogar oferendas no mar para "Dje-man-djá", ele produziu tudo: a praia de Copacabana deserta à noite, roupas brancas, flores e, inspirado na gravação de "Babalu" por Billy Eckstine, cantou pontos de macumba que, em criança, ouvia de sua babá. Lena adorou — e só a *Radiolândia* publicou esse material.

Para João Luiz, era fácil entrosar-se com os cantores e astros estrangeiros que apareciam por aqui. Era dos poucos jornalistas da praça a falar inglês muito bem, era amigo dos artistas e cantores e tinha o punch e os macetes dos repórteres americanos que admirava, um deles Jimmy Breslin. Às vezes, entrosava-se tanto com a estrela que surgiam rumores de um romance seu com ela. Foi o caso de outra americana, Julie London, criadora da canção "Cry me a River", de Arthur Hamilton, e a cantora mais desejada daquele tempo. Esse foi um namoro que João Luiz, cavalheirescamente, sempre desmentiu, embora não pudesse impedir que, todas as noites, em seu show na boate Meia-Noite, Julie London cantasse "Laura" e a dedicasse ao rapaz com *bedroom eyes*, apontando para ele na plateia — naquele momento, o marido de Julie, o compositor Bobby Troup (autor de "Route 66"), costumava estar meio inconsciente no camarim, processando as várias garrafas de uísque que tomara durante o dia.

Em janeiro de 1964, morando nos Estados Unidos, João Luiz entrevistou e fotografou os Beatles em Washington para *Manchete*. Era um grande furo, mas Justino Martins, diretor da revista, não publicou o material — nunca ouvira falar daqueles rapazes e achava que ninguém mais ouvira. Quatro anos depois, no réveillon de 1968, João Luiz entrevistou Mick Jagger e sua namorada, Marianne Faithfull, no Copacabana Palace, e Jagger fez o repórter prometer que, à noite, os levaria a uma praia para jogarem flores, também para "Dje-man-djá". Dessa vez, João Luiz achou que era demais e, por fidelidade aos Beatles, deixou Jagger e Marianne esperando na porta do Copa. E foi passar o réveillon com os amigos.

Nas grandes coberturas da imprensa, como nos festivais da canção dos anos 60 ou na vinda de Frank Sinatra ao Rio, em 1980, os outros repórteres ficavam de olho em João Luiz. Quando o viam sair correndo com seu fotógrafo, uma chusma de colegas metia-se nos carros e o seguia em disparada, porque ele podia ter descoberto alguma coisa importante. Ao perceber isso, João Luiz passou a fazer de propósito: saía correndo e era seguido. Minutos depois, fingia surpresa quando os colegas o encontravam no Restaurante Fiorentina, no Leme, tomando tranquilamente um chope.

Certa vez, uma brincadeira de João Luiz mobilizou um bar inteiro, o Antonio's, e entrou para a história. Num dia 25 de janeiro, aniversário de seu amigo ANTONIO CARLOS Jobim, o telefone tocou no Antonio's. O garçom que atendeu ao telefonema acabara de chegar do Ceará, mas conseguiu entender que era o secretário de Frank Sinatra, "ligando de Nova York à procura de Mr. Jobim — Mr. Sinatra quer cantar-lhe 'Happy birthday' ao telefone". Mas Tom não estava e o bar se alvoroçou. Clientes grudaram-se ao telefone e puderam ouvir Sinatra, ao fundo, esbravejando com o secretário porque Jobim não vinha atender. Meia hora depois, João Luiz e o empresário Jackson Flores chegaram ao Antonio's. Só se falava no telefonema de Sinatra. A vontade de rir era enorme e eles tiveram de segurar-se — porque a ligação partira da casa de João Luiz, com Jackson fazendo o "secretário" e João Luiz imitando Sinatra. O suposto telefonema entrou para a lenda e já foi contado (a sério) em livros e reportagens. Tom e o Antonio's morreram sem saber a verdade.

Em 1979, para a revista *IstoÉ*, João Luiz conseguiu o que toda a imprensa tentava: penetrar na controladíssima festa de gala da posse do general João Baptista Figueiredo na Presidência da República, no Itamaraty, em Brasília. Nenhum jornalista parecia ter convite. Detalhe: João Luiz também não tinha, mas entrou com um envelope autêntico e com a etiqueta com seu nome impressa na mesma máquina IBM da qual tinham saído os envelopes oficiais. Sua única chance era de que, conforme o protocolo, os envelopes não fossem abertos na apresentação — ou descobririam que, dentro do seu, só havia papéis em branco para fazer volume. E como ele conseguiu a etiqueta? Com um amigo do Itamaraty, do tempo em que este funcionava no Rio e que, poucas horas antes da cerimônia, ele tinha encontrado por acaso em Brasília.

Já na festa, em meio às fardas e casacas, João Luiz encontrou um general que morara em seu prédio, na rua Bulhões de Carvalho, e era amigo de sua família. Por ele, ficou sabendo que: 1) A primeira-dama, dona Dulce Figueiredo, montara um salão de beleza no Palácio da Alvorada apenas para servi-la; 2) Um ferocíssimo ministro militar de Figueiredo estava fazendo psicanálise porque dera para bater na mulher, a quem culpava pelo fato de o filho ter se revelado homossexual; o analista recomendara-lhe nadar mil metros por dia para descarregar a violência; pois esse era o homem a quem seriam confiadas as armas da nação. Algumas dessas informações não puderam sair na *IstoÉ*, por impossibilidade de confirmação, mas não admira que tenha sido a melhor cobertura do evento.

A onipresença de João Luiz nos lugares onde menos se esperava vinha de longe. Em 1943, em plena Segunda Guerra, ele tinha de ir todas as noites ao ARPOADOR, nas horas de blecaute, para verificar se os globos da rua estavam com o lado preto virado para o mar e se as luzes dos prédios estavam apagadas. Bem, na verdade, o encarregado disso era seu pai, e João Luiz, com quatro anos, apenas o acompanhava. Mas, de 1946 a 1951, ele correu sério risco sem saber, ao ser cliente assíduo de um alemão que alugava pedalinhos na Lagoa Rodrigo de Freitas. Um dia, o alemão sumiu. Em 1965, João Luiz viu nos jornais a foto de um nazista, criminoso de guerra, que os comandos israelenses tinham acabado de justiçar no Uruguai. O homem se chamava Herbert Cukurs e era o notório "Carniceiro de Riga", responsável pela morte de 30 mil judeus do Báltico, muitos dos quais ele fuzilara a frio, do alto de seu cavalo. Pois aquele era o alemão do pedalinho — brrr!!! Não sendo judeu, João Luiz talvez não tivesse nada a temer, mas seu fanático americanismo poderia ter levado o carniceiro a afogá-lo na Lagoa. Como, em garoto, ele só lia gibis americanos, bastava que Cukurs o ouvisse referir-se a Huguinho, Zezinho e Luisinho, sobrinhos do Pato Donald, pelos nomes em inglês com que João Luiz se referia a eles — Hughie, Dewie e Louie.

Por um breve tempo, João Luiz tornou-se um videomaker dedicado a "corrigir" aqueles que, em sua opinião, tinham sido os dois maiores equívocos da história. O primeiro era o final do filme *Casablanca*, em que Humphrey Bogart deixa Ingrid Bergman ir embora no avião com o marido, Paul Henreid. Desde que viu o filme em criança, no Cine Pirajá, João Luiz nunca se conformou com esse desfecho. Em 1985, usando cópias em vídeo, reeditou-o. Na sua versão, o avião vai embora do mesmo jeito, só que sem Ingrid, que volta para Bogart no próprio aeroporto. A perfeição da continuidade, inclusive da trilha sonora, fez com que, desde então, o *Casablanca* adulterado por João Luiz passasse a ser mencionado em livros americanos sobre o filme. E, usando falas de Bogart em outros trechos, João Luiz aproveitou para fazê-lo efetivamente dizer *"Play it again, Sam"* — frase que, ao contrário do que se pensa, ele não dizia em *Casablanca*.

Mas sua maior façanha como videomaker revisionista foi o vídeo que produziu em 1994, alterando o resultado do jogo Uruguai 2x1 Brasil, no jogo final da Copa do Mundo de 1950. João Luiz, que tinha onze anos naquele dia 16 de julho, foi ao Maracanã com seu pai, sofreu terrivelmente com a derrota brasileira e jurou que se vingaria de Obdúlio Varela, capitão do time adversário. Em seu filme, que usa cenas reais do jogo, o segundo gol uruguaio não acontece: no chute de Gighia, a bola, em vez de entrar, bate na trave e volta para o ataque do Brasil, com Zizinho fazendo o gol da vitória. Seu filme mostra então o carnaval da vitória nas ruas do Rio e o luto do povo uruguaio — com imagens e sons da época, só que de outros contextos. É uma obra-prima de edição, feita sem computador, e exibida pela antiga TV Educativa.

Só falta a João Luiz usar a tecnologia para corrigir outro equívoco, desta vez em sua biografia. Em 1996, ele se meteu num sururu num jogo de seu Fluminense contra o Atlético Paranaense, nas Laranjeiras, em que brigaram os 22 jogadores, comissões técnicas e torcedores. João Luiz, aos 57 anos, foi um dos que invadiram o campo para tascar os adversários. As imagens que o mostram dando um chute num enorme jogador paranaense e acertando comicamente o vento ficaram dois dias no ar, na TV Globo. Se um dia fizer uma reedição daquela briga histórica, João Luiz continuará chutando o adversário — só que lhe acertando a canela.

JOAQUIM PEDRO de Andrade
1932-88. Cineasta.

Filho de intelectual, morador de Ipanema, formação no exterior, boa-pinta, sério e de esquerda — Joaquim Pedro era o diretor modelo do CINEMA NOVO. Cronologicamente, só Paulo Cesar SARACENI e MARIO Carneiro o anteciparam e, mesmo assim, por minutos.

O pai de Joaquim Pedro, RODRIGO M.F. (Mello Franco) de Andrade, foi o criador do importante SPHAN (Serviço do Patrimônio Histórico e Artístico Nacional). Joaquim Pedro era formado em física, mas nunca quis nada com moléculas. Criado junto aos amigos de seu pai, como Carlos DRUMMOND de Andrade, VINICIUS de Moraes, Sergio Buarque de Hollanda e Lucio Costa, sua alma estava no cinema e na literatura.

Seus dois primeiros filmes já eram uma síntese disso: os curtas-metragens *O mestre de Apipucos*, sobre Gilberto Freyre, e *O poeta do Castelo*, sobre Manuel Bandeira, ambos de 1959. Para ele, Bandeira não era apenas o poeta, mas seu padrinho de crisma. O terceiro filme, o lírico *Couro de gato*, também era um curta e foi filmado no morro do Cantagalo, de onde se podia ver toda a Ipanema de 1961 — o filme foi incorporado a quatro daguerreótipos produzidos pelo CPC (Centro Popular de Cultura) para formar o longa *Cinco vezes favela*. O primeiro filme de Joaquim Pedro para valer, *Garrincha, alegria do povo* (1963), era um documentário estilo "cinema-verdade". Tinha qualidades, mas sua visão do jogador era romântica e irreal até para a época — porque, naquele ano, Garrincha já não era nem a alegria de si mesmo.

Todos os filmes seguintes de Joaquim Pedro seriam adaptações da literatura e, por um motivo ou outro, marcantes. *O padre e a moça* (1965), baseado num poema de Drummond e filmado na cidade do Serro (MG), era um lindo exercício de estilo sobre um padre (Paulo José) que foge com uma garota (Helena Ignez). Com esse filme, ele conseguiu irritar, ao mesmo tempo, a Igreja católica (por motivos óbvios) e o Partido Comunista (leia-se Oduvaldo Vianna Filho), ao mostrar garimpeiros conformados e inertes em vez de rilhando os dentes para a revolução. Além disso, segundo Vianna, o filme era "intelectualizado demais, não comunicava". Numa reunião em casa de Nara Leão, o teatrólogo chegou a dizer que Joaquim Pedro devia ser "proibido de fazer cinema". Foi uma briga feia, com Vianna sendo obrigado a "fazer autocrítica" e aconselhado por Mario Carneiro a "desentranhar o fascismo de dentro de seu comunismo". No mesmo ano, Joaquim Pedro estava entre os oito intelectuais que foram presos ao vaiar o presidente CASTELLO Branco na porta do Hotel Glória.

Se O padre e a moça "não comunicava", o filme que o sucedeu, Macunaíma (1969), baseado no romance de Mario de Andrade, comunicava até demais: foi visto por 2 milhões de espectadores, ganhou todos os prêmios e deixou o cineasta alemão Werner Herzog literalmente de quatro. Mas quase não escapou à mutilação da Censura — numa situação típica da época, sua avaliação foi feita por senhoras patuscas, amigas da mulher do general encarregado de censurá-lo. Muitas cobriam os olhos à visão de Grande Otelo nu. Por influência de seu pai, Joaquim Pedro conseguiu que os cortes se limitassem a três. *Macunaíma* extrapolava Mario de Andrade e tinha de tudo: tropicalismo, circo, chanchada, pop art, pastelão, faroeste e até Cinema Novo. O final do filme, com o herói sendo devorado pela iara, foi sugerido a Joaquim Pedro pelo crítico Ronald Monteiro numa mesa do ZEPPELIN.

Em 1972, nos piores anos do governo Médici e sob a comemoração dos 150 anos da Independência, Joaquim Pedro rodou *Os inconfidentes*, baseado nos *Autos da devassa*, nos poemas de Tomás Antônio Gonzaga, Cláudio Manuel da Costa e Alvarenga Peixoto e no livro *Romanceiro da Inconfidência*, de Cecília Meirelles. Joaquim Pedro usou o Brasil de 1789 para mostrar o Brasil pós-1964, pondo Tiradentes e seus colegas para falar de prisões e torturas. A Censura não podia fazer nada, porque aquilo era a história do Brasil. Mas Joaquim Pedro não se furtou a certos toques de humor: o delator Joaquim Silvério dos Reis era interpretado por Wilson Grey, vilão das antigas chanchadas, e a canção do exílio era "Aquarela do Brasil", de Ary Barroso, com ANTONIO CARLOS Jobim.

Em 1974, veio *Guerra conjugal*, extraído dos contos de Dalton Trevisan e temperado com elementos de pornochanchada. E, em 1982, *O homem do pau-brasil*, uma espécie de biografia psicanalítica de Oswald de Andrade que partia de uma ideia estranha: Oswald era interpretado por Flavio Galvão e por Itala Nandi, representando os lados "masculino" e "feminino" do personagem — não se sabia que Oswald de Andrade tinha um "lado feminino". Em 1988, Joaquim Pedro preparava-se para rodar seu filme mais ambicioso,

Casa-grande & senzala, do livro de Gilberto Freyre, quando um câncer o colheu e matou em poucos meses. Estava trabalhando havia anos no projeto.

Joaquim Pedro era cineasta 24 horas por dia e, entre um filme e outro, dirigia esquetes, documentários e comerciais. Mas, em tudo que fazia, havia uma preocupação de entender o Brasil. Daí ser irônico que um comercial que ele dirigiu anonimamente em 1976 tenha ficado célebre por dar, sem querer, uma nova e deprimente visão do homem brasileiro: o dos cigarros Vila Rica. Sim, era aquele em que o ex-craque Gerson aparecia dizendo que gostava de "levar vantagem". Joaquim Pedro e Gerson não foram culpados pelo fiasco do cigarro, mas ali nasceu, para se entender o Brasil moderno, a "Lei de Gerson".

Frases

★ *Só sei fazer cinema no Brasil, só sei falar do Brasil, só me interessa o Brasil.*
★ *Faço filmes sobre a patifaria e a safadeza. Uma das minhas fontes de inspiração é o Velho Testamento.*

JOMICO (Jom Tob) Azulay
n. 1941. Cineasta.

Em 1959, ainda nos tempos do ARPOADOR clássico, Jomico Azulay era um dos mais jovens da turma, mas já estava à altura dos veteranos como ARDUINO Colasanti. Fazia caça submarina (da qual seria vice-campeão brasileiro), convivia com os ratos de praia como se fosse um deles e namorava as moças para as quais Ipanema olhava com admiração, desejo e medo. Na grande festa de inauguração da EDITORA DO AUTOR, no Clube dos Marimbás, teve o prazer de ver a deslumbrante IRA Etz ser ardentemente disputada por um dos cronistas cujos livros estavam sendo lançados pelo novo selo — e sair de mãos dadas com ele, Jomico. À noite, ele podia sentar-se à mesa do VELOSO com ANTONIO CARLOS Jobim, falar de literatura com CARLINHOS Oliveira ou discutir cinema no apartamento de LUCIO Cardoso, cercado de sabichões com o dobro de sua idade (e, numa dessas, ser apresentado a Clarice Lispector). Não eram experiências pelas quais um garoto de dezoito anos passasse impunemente.

Elas lhe ensinaram que a vida não era a sufocante redoma familiar a que os adolescentes pareciam condenados e que existia uma realidade poética e lúdica, em contraposição à mentalidade mesquinha e dinheirista dos mais velhos. Até as angústias existenciais de Jomico pareciam ter respostas imediatas, da própria boca dos cronistas com quem convivia (FERNANDO Sabino, PAULO Mendes Campos, RUBEM Braga) e dos letristas da BOSSA NOVA, que falavam de coisas de seu dia a dia. E havia as moças do Arpoador, que estavam descobrindo o mundo junto com ele — seu romance com Ira, que durou por todo o ano de 1960, foi, em si mesmo, uma educação. Aquele era um grande Brasil, um grande Rio e uma grande Ipanema, ideais para se entrar na vida adulta.

Em 1965, Jomico ingressou no Itamaraty. Durante os primeiros anos serviu no Rio, convivendo no palácio da rua Marechal Floriano com homens que aprendeu a respeitar, como Lauro Escorel, Maury Gurgel Valente (ex-marido de Clarice Lispector) e Guimarães Rosa. Em 1971, foi designado para Los Angeles como cônsul-adjunto. Ali, certa noite, na casa de Regina e Oscar Castro Neves, Jomico organizou uma projeção clandestina do documentário *Brazil: a Report on Torture*, do americano Haskell Wexler — um filme terrível, em que os exilados brasileiros no Chile relatavam as torturas que haviam sofrido no Brasil. Ao fim da projeção, as cerca de trinta pessoas presentes (incluindo mães brasileiras) estavam arrasadas, incapazes de compreender o monstruoso país em que o Brasil se transformara. Mas, então, um dos presentes foi ao piano e tocou "Aquarela do Brasil". Ninguém menos que Tom Jobim. Era como se Tom quisesse dizer que deveríamos nos agarrar aos valores permanentes do país porque, um dia, o verdadeiro Brasil voltaria à tona.

Por tudo que acontecia na época e que os diplomatas brasileiros eram obrigados a esconder ou negar, Jomico começou a desgostar da *carrière*. Onde estavam o prazer, a autenticidade e a poesia que lhe tinham sido ensinados no Arpoador? A ideia de fazer cinema foi ficando forte e Jomico começou lá mesmo, na Califórnia, em 1973, rodando *Elis & Tom*, a pedido do produtor Roberto de Oliveira — mais de uma hora de filme registrando a gravação do disco de Elis Regina com Tom Jobim num estúdio de Los Angeles. De volta ao Brasil no ano seguinte, fez o que um veterano do Arpoador faria — largou o Itamaraty e jogou-se profissionalmente no cinema.

Seu primeiro longa como diretor, *Os Doces Bárbaros* (1977), era um apanhado da turnê nacional do conjunto formado naquele ano por Caetano Veloso, Gilberto Gil, Gal Costa e Maria Bethânia (o poster do filme era de BEA Feitler, sua velha amiga do Arpoador e o único que ela fez para cinema). O filme seguinte, *Corações a mil* (1981), também acompanhava uma turnê de Gilberto Gil, mas era uma comédia documental, com Regina Casé e Joel Barcellos no elenco (foi o primeiro filme brasileiro em dolby stereo). Ambos foram difíceis de fazer, mas nada que se comparasse à odisseia que Jomico viveu ao filmar a vida do teatrólogo Antonio José, o Judeu (1705-39).

Antonio José era uma espécie de Molière luso-brasileiro — genial, debochado e sem a menor admiração pelos poderosos de seu tempo. Nascera no Rio, mas seus pais brasileiros o levaram para Lisboa quando ele era criança e foi lá que suas peças o tornaram famoso. A Inquisição, que o detestava, mandou-o para a fogueira aos 34 anos. Desde então, inventou-se a história de que uma estranha mandinga atingia os que investigavam sua vida. Começou quando alguns autores que escreveram sobre ele morreram logo em seguida — mera coincidência, naturalmente, e que não atingiu Alberto Dines, cujo *Vínculos do fogo*, sua biografia de Antonio José, foi publicada em 1992. Mas, por vários motivos, os filmes que se tinha tentado fazer a seu respeito não puderam ser nem começados. Em 1987, Jomico conseguiu começar o seu, intitulado *O judeu*. E, por razões que não tiveram necessariamente a ver com o sobrenatural, levou oito anos para terminá-lo.

Em meio às filmagens, todas em Portugal, o dinheiro da produção acabou. A Embrafilme foi extinta pelo governo Collor. A atriz Dina Sfat (que fazia a mãe do personagem) morreu. E o português Felipe Pinheiro (que fazia Antonio José) também morreu. Por sorte, 80% das cenas já tinham sido filmadas. Mas ainda faltava muito para o filme ficar pronto e o orçamento inicial, de 1 milhão de dólares, duplicou. Jomico arrastou *O judeu* por gabinetes daqui e d'além-mar, até que, em 1995, finalmente conseguiu terminá-lo. O filme ganhou o Festival de Cinema de Brasília daquele ano, colecionou prêmios internacionais, teve ótimas críticas no *New York Times* e no *Village Voice* — e, para variar, enfrentou a má vontade dos distribuidores e teve um lançamento quase secreto no Brasil. Não é revoltante?

Na novela *Dancin' Days* (1978), o personagem de Antonio Fagundes era um diplomata que deixava a carreira para fazer cinema. Para muitos telespectadores, isso podia parecer difícil de acreditar. Mas, como vimos, aconteceu. E Gilberto Braga, o autor da novela, sabia de quem estava falando — fora colega de Jomico no preparatório para o Itamaraty.

JOSÉ HONORIO Rodrigues
1913-87. Historiador.

Bacharel em direito, José Honorio Rodrigues foi um clássico historiador de Ipanema — aprendeu história sozinho, em livros e documentos, sem método. Mas, ao fazer isso, descobriu que tudo que lia sobre o passado parecia iluminar o presente. O período da Regência (1831-40), por exemplo, levou-o a entender melhor o rodízio de presidentes imperiais do regime militar (1964-85) — uma regência de generais, com cada sucessor funcionando como um príncipe herdeiro. Podia ser um não método, mas José Honorio passou a adotá-lo em seus livros. "A história deve servir aos vivos, não aos mortos", dizia.

Ele era também um constante revisionista. Uma de suas teses era a de que "a Independência não foi um desquite amigável, mas uma guerra, traída por dom Pedro quando ele gritou 'Fico' — e, com ele, ficou toda a viciada estrutura portuguesa". Para concordar ou discordar, basta consultar seus livros, como *Teoria da história do Brasil* (1949), *Independência, revolução e contrarrevolução* (1975), *História combatente* (1983) e muitos outros.

José Honorio era vizinho do escritor AFRANIO Coutinho na rua Paul Redfern. Todas as manhãs, ao nascer do sol, fazia exercícios na praia e dava um mergulho com sua mulher, a também historiadora Leda Boechat Rodrigues, com quem foi casado durante 46 anos. Um ano depois da morte de José Honorio, ela doou os 27 mil volumes da biblioteca de seu marido ao Instituto de Estudos Avançados da USP, em São Paulo. Os intelectuais cariocas protestaram contra o fato de o Rio ficar sem o acervo. Mas nem tudo se perdeu — os livros não foram retirados na íntegra e parte deles continuou em sua casa. Um dos casos foi o da edição original de *Casa-grande & senzala*, de Gilberto Freyre, em dois volumes. O volume 1 foi para São Paulo, mas quem quisesse admirar o volume 2 teria de vir à cobertura de Ipanema, onde José Honorio morou durante muitos anos.

JOSUÉ de Castro
1908-73. Médico, escritor e sociólogo.

O pernambucano Josué de Castro foi o criador da palavra mais importante das ciências sociais: "subdesenvolvimento". Esse era um assunto do qual ele entendia bem. Josué se formara em alimentação e nutrição, mas suas especialidades acabaram sendo a fome e a desnutrição. Foi o primeiro cientista brasileiro a escrever com autoridade sobre a miséria do país — uma espécie de Betinho de seu tempo, só que com menos emocionalismo e mais base científica, mais alcance internacional. Seu livro *Geografia da fome*, publicado em 1946, era um levantamento abrangente das mazelas sociais do Brasil, foi lido por gente séria de Washington a Moscou e traduzido para quase trinta línguas.

Josué foi criado nos mangues do Recife, onde, segundo ele, "tudo foi, é ou será caranguejo" — o bicho se alimenta de lama, alimenta os ribeirinhos e os dejetos destes voltam ao mangue para virar caranguejo de novo. Josué saiu de uma infância de fome para tornar-se médico no Rio. Mas nunca foi um médico ortodoxo: "Não estou aqui para emagrecer madames", ele dizia. Nos anos 40, impressionava seus amigos em Ipanema, como RUBEM Braga, VINIcius de Moraes e ELSIE Lessa, ao falar em desarmamento, ecologia, poluição — ideias que, na época, só alguns conseguiam entender. Em 1951, deixou seu apartamento na rua Gomes Carneiro para eleger-se, pela primeira vez, presidente da FAO (Fundo das Nações Unidas para Alimentação e Agricultura), em Nova York. "O eleito não fui eu, mas a miséria", explicou.

Josué lutou na ONU para que a economia de guerra fosse transformada numa economia de paz e foi indicado duas vezes para o prêmio Nobel. Foi também delegado do Brasil em toda espécie de congressos, universidades e associações científicas. Em 1964, era novamente presidente da FAO quando, apesar de ser reconhecidamente anticomunista, teve seus direitos políticos cassados pelos burros militares. Seus livros foram proibidos e nunca mais lhe permitiram voltar ao Brasil. Morreu no exílio em Paris, respeitado pela comunidade internacional, mas desgostoso por ver sua obra — e a perene realidade que ela denunciava — esquecida em seu país.

Somente em 1996, com a reedição de seus livros, o Brasil começou a reabilitar Josué de Castro.

Frases

★ *Fome e guerra não obedecem a qualquer lei natural. São criações do homem.* ★ *O subdesenvolvimento de alguns países é um produto do desenvolvimento de outros.* ★ *Metade da humanidade não come. A outra não dorme, com medo da que não come.* ★ *Os ingredientes da paz são pão e amor.*

JOYCE Moreno

n. 1948. Cantora e compositora.

Grande ano para a garota Joyce, 1962. Tinha quatorze anos, olhos verdes, usava tranças, morava com a mãe e com o irmão no Posto 6 de Copacabana e cursava o ginásio no Colégio São Paulo, ali pertinho, em Ipanema. Foi quando, de tanto observar seu irmão Newton tocar violão, aprendeu algumas posições e começou a tirar do instrumento sons que faziam sentido. Newton, treze anos mais velho, tinha um conjunto de bailes formado, entre outros, pelo acordeonista Eumir Deodato, pelo contrabaixista Sergio Barrozo e pelo baterista João Palma, todos jovens, bonitos, talentosos e anônimos. Mas Newton se formara em direito, não podia ser músico em tempo integral. Assim, quando ele saía para o trabalho e passava o dia fora, Joyce se apoderava do violão. De tanto ficar horas abraçada àquele corpo de madeira e cordas, apaixonou-se por ele. E foi correspondida.

Na casa de Joyce, ouvia-se de Noel Rosa, Geraldo Pereira, Elizeth Cardoso, Lucio Alves, Tito Madi, DOLORES Duran e João Gilberto a Bing Crosby, Frank Sinatra, Julie London com o guitarrista Barney Kessell, no disco *Julie Is Her Name*, e June Christy em *Something Cool*. Ouvia-se também — e como! — Johnny Alf. Naquele ano, ela foi à loja e comprou um LP de Alf, *Rapaz de bem*. Colocou-o no prato e escutou "O que é amar", "Fim de semana em Eldorado", "Ilusão à toa" e a própria "Rapaz de bem". Sua vida nunca mais foi a mesma. Era inevitável que, exposta a tanta música de alta qualidade, Joyce também quisesse produzi-la.

Em 1967, sua canção "Me disseram", que ela inscrevera despretensiosamente no Festival Internacional da Canção da TV Globo — concorrendo com outras 2500 candidatas —, ficou entre as finalistas. Ter estrela é isso. "Me disseram" começava com os versos *"Já me disseram que meu homem não me ama/ Me contaram que tem fama de fazer mulher chorar"*. Para Joyce, nada mais natural do que escrever aquilo — a velha canção francesa "Mon homme", de 1920, popularizada depois por Edith Piaf, e sua versão inglesa, "My Man", por Billie Holiday, eram seu café da manhã musical. Piaf e Holiday tinham toda uma vida a mais do que ela, mas o fato de Joyce ter só dezenove aninhos, ser aluna da PUC e estagiar como repórter no *Jornal do Brasil* só enfatizava a originalidade de "Me disseram" — porque quem falava ali não era a quase ainda adolescente, mas a autora. Mas houve quem não entendesse assim. O cronista Stanislaw Ponte Preta, tão atento às cocoroquices alheias, chamou a canção de "música de bordel", "vulgar e imoral".

Ao se concentrar no que lhe pareceu um insulto aos bons costumes, Ponte Preta — ou Sergio Pôrto, em sua identidade secreta — deixou de ver o mais importante: era uma das poucas canções brasileiras escritas na "primeira pessoa do singular feminino" e, mais importante, por uma mulher. A letra continuava: *"E me informaram que ele é da boemia/ Chega em casa todo dia bem depois do sol raiar/ Só eu sei/ Que ele gosta de carinho/ Que não quer ficar sozinho/ Que tem medo de se dar/ Só eu sei/ Que no fundo ele é criança/ E é em mim que ele descansa/ Quando para pra pensar// Já me disseram que ele é louco e vagabundo/ Que pertence a todo mundo/ Que não vai mudar pra mim/ E me avisaram que quem nasce desse jeito/ Com canção dentro do peito/ É boêmio até o fim// Só eu sei/ Que ele é isso e mais um pouco/ Pode ser que seja louco/ Mas é louco só no amor// Só eu sei/ Quando o amor vira cansaço/ Ele vem pra o meu abraço/ E eu vou pr'onde ele for"*.

Escrever no "feminino" fora só uma contingência. Não era ainda uma proposta nem se inspirara em Dolores Duran, Maysa e Dora Lopes. Joyce era fã delas como cantoras, mas incomodava-se com o fato de que, como compositoras, suas letras eram "tristes, depressivas, pessimistas". Nesse sentido,

Joyce ecoava a estética da BOSSA NOVA, que viera ensolarar a música brasileira, tirando-a do ambiente opressivo das boates e rejuvenescendo a mulher de que falavam as letras.

Um dos responsáveis por essa juvenilização fora seu novo amigo VINICIUS de Moraes — sim, ela já podia chamá-lo assim. Como todo mundo, Joyce era louca por Vinicius, mas não concordava com sua visão da mulher no samba-canção "Minha namorada", dele e de CARLOS Lyra. Para Joyce, esta era uma ode à "mulher-bibelô", aquela que tinha de *"ser somente minha/ exatamente essa coisinha"* — como se alguém pudesse ser propriedade de alguém. Em seu livro *Fotografei você na minha Rolleiflex*, de 1997, ela contaria como perdeu a virgindade aos dezessete anos, sem nenhum trauma, mas logo mandou seu namorado passear, porque ele cometeu o erro de dizer: "Agora você é só minha".

A canção "Feminina", o maior sucesso da carreira de Joyce e praticamente sua assinatura, foi feita em 1977, nos Estados Unidos, mas o Brasil só iria conhecê-la três anos depois e, mesmo assim, na esteira de outro sucesso, a berceuse "Clareana", dela com Mauricio Maestro. E, na virada para os anos 80, as coisas começaram a acontecer. Os principais intérpretes — Nana Caymmi, Milton Nascimento, Maria Bethânia, Ney Matogrosso, o Quarteto em Cy — a descobriram como compositora. Elis Regina batizou um disco com o título de sua canção, *Essa mulher*. Por causa de "Clareana", Joyce foi adotada pelo público infantil. Finalmente, o LP *Feminina*, puxado por "Clareana", chamou a atenção para a canção-título, e "Feminina" entrou na trilha sonora de *Malu Mulher*, a série da Globo. Para Joyce, era a prova de que se podia compor como mulher e ter quem a escutasse, desmoralizando a tese das gravadoras de que "cantoras não vendiam" — segundo a qual, sendo as mulheres o maior mercado do disco, elas prefeririam comprar os dos cantores. Mais de trinta álbuns depois, ela já não pode ter a menor dúvida da vitória.

Sua carreira internacional, começada timidamente no Festival da Juventude, em Moscou, e no Yamaha Festival, no Japão, em 1985, acelerou-se em 1992 e, desde então, raro foi o ano em que Joyce não se apresentou em Paris, Nova York, Tóquio, Londres ou Colônia, para públicos de até 5 mil pessoas. Suas canções tocam no rádio nessas cidades e gente que não entende uma palavra de português canta suas letras no original. Talvez porque sua música "balance como o jazz, seduza como a Bossa Nova e sacuda como o samba", como a definiu um crítico inglês.

Artistas passam a vida tentando dominar seus instrumentos. Joyce há muito dominou o seu e, ao contrário do que se pensa, este não é apenas sua voz ou seu violão. O instrumento de Joyce é a mulher que ela é. Um instrumento de cordas, cada qual esticada na tensão exata: a sensibilidade, a coragem, a coerência, o humor e o indispensável talento. A coerência é a corda do centro — Joyce não apenas nasceu mulher como optou por ser mulher. Tudo que já cantou, compôs e viveu tem sido marcado por essa condição. Como cantora, violonista, compositora, letrista, escritora e ser humano, seu material é o universo feminino — o qual interessa muito aos melhores homens.

Filha ou neta da Bossa Nova, Joyce parece ter vivido todas as épocas de ouro da música brasileira. Sua música ecoa os salões da Belle Époque, as biroscas dos morros, os cabarés da Lapa, as gafieiras da praça Tiradentes, as areias de Copacabana e Ipanema, os festivais do Maracanãzinho e, literalmente, muita estrada, inclusive a que leva ao futuro. É uma mulher caminhando por um mundo de homens, com um violão nas costas e os cinco sentidos postos na beleza.

Frases

★ *Vinicius de Moraes sempre foi o mais casado, ou casável, dos seres.* ★ *Como seria se, em vez de se fazer uma parada de sucessos, se fizesse uma parada de fracassos?* ★ *[Falando de suas idas à Europa e ao Japão, várias vezes por ano, para se apresentar]: É como ir todo dia para o escritório. Só que o meu escritório fica do outro lado do Atlântico.* ★ *A gafieira moderna são 2 mil pessoas de dezoito a vinte anos, com cabelo verde, piercing e tatuagem, num lugar parecido com o Circo Voador, dançando ao som de Tamba Trio, Marcos Valle, João Donato e conhecendo todas as músicas. Só que essa gafieira fica em Londres.*

JUAREZ Machado
n. 1941. Artista plástico.

O bisavô, o avô e o pai de Juarcz Machado, ele próprio e seu filho nasceram todos no mesmo dia do mês de março, na mesma cidade, Joinville (sc), e com exatamente 25 anos de intervalo. É normal isso? A não ser que Juarez tenha inventado essa história. Mas, se ela é verdadeira, pode ter sido para fugir a essa terrível simetria que Juarez se tornou, durante anos, um especialista no absurdo — ou em nonsense, a palavra que, graças a ele, foi moda em Ipanema em fins dos anos 60.

Naquela época, tudo que saía de sua prancheta era meio Eugène Ionesco, meio Salvador Dalí e meio Juarez Machado — assim mesmo, com três metades iguais, ou não seria nonsense. Era um humor mudo, mas não menos engraçado, embora, por isso mesmo, só provocasse gargalhadas silenciosas. E Juarez publicava em toda espécie de veículos, exceto, talvez, bulas de remédios — desenhava para jornais, revistas, livros, capas de discos, espelhos, vitrines de lojas, paredes de butiques e lanchonetes, calendários, papéis de carta, anúncios, selos, rótulos, embalagens, estamparias, vestidos e camisetas (no caso, às vezes, com a modelo dentro). Seus desenhos viraram joias de CAIO Mourão. E, como ainda lhe sobrasse tempo, fazia pintura, gravura, escultura e cenografia de teatro e de TV. Com essa produção alucinante, Juarez tinha de ser um nome na praça, mas só conheceu a verdadeira popularidade quando levou seus bonecos e a si próprio, também mudo, para o *Fantástico*. Tudo isso aconteceu em seus primeiros dez anos de Rio, de 1965 a 1975.

Ele foi talvez o primeiro artista plástico brasileiro a ver a televisão com, literalmente, bons olhos e a se valer de seus recursos. As crianças (que eram, então, a maior parte de seu público) ficavam fascinadas quando o viam desenhar uma porta e passar por ela. Ao emprestar o corpo a seu próprio desenho, transformou-se em mímico — fez show com MIELE na boate Sucata e quase se tornou o Marcel Marceau de Ipanema. Mas, em 1978, antes que isso acontecesse e ficasse aprisionado para sempre no rosto pintado de branco, Juarez deu uma cambalhota em sua carreira e parou com tudo — com o nonsense, a televisão, a mímica. Trancou-se em seu ateliê e voltou silenciosamente às telas. Depois, começou uma longa peregrinação por museus europeus e americanos, para absorver uma cultura da qual o sucesso, paradoxalmente, o afastara. Quando sentiu que estava pronto, voltou para o Rio, pegou os pincéis e mudou-se, primeiro, para Londres; depois, para Nova York e, em 1982, finalmente para Paris.

Mas, aí, não fez por menos. Instalou-se em Montmartre, onde a luz entrando por suas janelas era a mesma que, no passado, banhara as telas de ex-vizinhos: Modigliani, Van Gogh, Toulouse-Lautrec, Picasso — todos moraram no *quartier*. Juarez assegurou um mercado europeu, mas nunca desativou completamente o ateliê de Ipanema. "Só serei um homem realizado quando conseguir desenhar a saudade", ele disse certa vez.

Frase

★ *Paris me deixa de pincel duro.*

JUSCELINO Kubitschek
1902-76. Político.

Juscelino não morou tanto tempo em Ipanema quanto seus dois colegas de Presidência da República, os marechais DUTRA e CASTELLO Branco, seculares cidadãos do bairro. O fato de, em 1931, JK ter se casado com dona Sarah na igreja de Nossa Senhora da Paz, ainda em obras, pode ter sido coincidência. E, quando um dia foi visto no VELOSO, sentado com ANTONIO CARLOS Jobim, devia ser pelo amigo, não pelo chope. Mas o baita apartamento onde foi morar em 1961, na avenida Vieira Souto, 206, entre as ruas Teixeira de Melo e Farme de Amoedo, depois de deixar a Presidência, entraria para a história das perseguições políticas no Brasil.

Assim que cassaram seus direitos políticos e ele partiu para o exílio, em 1965, os militares começaram uma campanha para destruí-lo, acusando-o de enriquecimento ilícito em sua gestão (1956-61). Uma das provas era o prédio da Vieira Souto, que teria sido mandado construir por ele. E, de fato, os indícios pareciam comprometedores: dona Sarah visitava regularmente as obras e o nome da empresa construtora, Ciamar, podia ser um anagrama de Márcia, filha do casal. O edifício seria o resultado de dinheiro desviado por JK na construção de uma ponte entre o Brasil e o Paraguai. Os militares abriram um processo por peculato e, ciente dos riscos, JK voltou do exílio para responder a ele. Mas, então, juntou-se a Carlos Lacerda na "frente ampla" contra o regime e, depois de vários interrogatórios humilhantes, foi preso na noite do AI-5, em 13 de dezembro de 1968.

Juscelino foi levado para o 3º Regimento de Infantaria, em São Gonçalo, onde era interrogado durante horas por um oficial de baixa patente (o que contrariava a lei, sendo ele ex-presidente) e sentado num banco sem encosto. Tinha 66 anos e era um homem doente, mas levou dias para que seu médico, o dr. Aloysio Salles, fosse autorizado a visitá-lo. Salles avisou ao comandante do quartel que JK estava com problemas de coronárias, diabetes, hipertensão, gota e infecção urinária. Só então os militares permitiram que ele passasse à prisão domiciliar, vigiado por guardas embalados para impedi-lo de asilar-se num consulado. A presença diária da tropa em frente ao prédio da Vieira Souto provocou um protesto no vizinho Bar Rio 1800, ex-MAU CHEIRO. E só mais de um mês depois JK pôde viajar para tratar-se com especialistas em Nova York.

O processo por peculato continuou correndo, mas, por mais suspeitas as evidências, o apartamento e o prédio nunca "tinham sido" de JK. Pertenciam a Sebastião Pais de Almeida, seu amigo e, por acaso, um dos empreiteiros mais beneficiados na construção de Brasília. Com o prédio ainda em obras, Pais de

Almeida "reservara" um apartamento para que JK morasse pelo tempo que quisesse, e a presença de dona Sarah nas obras era para "adaptar o imóvel às suas conveniências". Não é de hoje, como se vê, que os presidentes e suas esposas tendem a receber gentilezas de amigos.

Nos dez anos em que morou no apartamento, Juscelino caminhava tranquilamente por Ipanema, recebia amigos como RONIQUITO de Chevalier e jantou pelo menos uma vez no JANGADEIRO. Claro que, às vezes, dava uma escapada ao edifício Golden Gate, na avenida Atlântica, em Copacabana, para visitar a bela Maria Lucia Pedroso, mulher de um compreensivo aliado político e com quem manteve um flamejante namoro por vinte anos.

K

KABINHA
1923-2004. Atleta e pescador.

Alguém, um dia, o terá chamado por seu verdadeiro nome, Isnaldo Chrockatt de Sá? Não. Mas, como Kabinha, que era sua verdadeira identidade, ninguém podia ser uma figura mais característica de Ipanema: herói do ARPOADOR, pescador emérito, craque do vôlei e do futebol de praia, boêmio, bom de papo e o favorito dos cronistas, músicos e bebuns — Baden Powell, VINICIUS de Moraes e HUGO Bidet eram apenas alguns dos amigos mais chegados. Nenhum deles, no entanto, nem de longe, tão íntimo quanto ANTONIO CARLOS Jobim.

Como pescador, era como se Kabinha estivesse no Arpoador antes até do Big Bang, que foi, diz-se, quando começou o mundo. Mesmo chegando às cinco ou seis da manhã, os maiores madrugadores já o encontravam lá, preparando suas linhas e iscas. PAULO Mendes Campos via nele uma figura bíblica, um "multiplicador de peixes" — os que não vendia para os restaurantes, Kabinha distribuía entre os amigos, e foi o provedor de muitos jantares no apartamento de DARWIN e GUGUTA Brandão. Os mais jovens do Arpoador o tratavam como uma autoridade dos mares, um almirante de sunga, a quem os exércitos do mar se submetiam. À noite, reencontravam-no em festas, com seu porte de comodoro inglês, 1,80 metro, pele moreno-cinza combinando com o cabelo grisalho, sempre com flores ou bombons para a dona da casa e, quem sabe, umas ovas para o dono.

Kabinha era também um atleta nato e foi campeão de vôlei pelo Flamengo nos anos 40. Mas sua especialidade era a areia. No vôlei de praia, que jogava no Posto 6, era considerado o inventor mundial da "largadinha" ("deixadinha", como a chamavam então), o tapinha rente à rede, que desconcerta o adversário porque este está esperando uma cortada violenta. Era craque também do futebol de praia e, como atacante, deu muitas vitórias a seu time em Ipanema, o Atlântico.

Mas nada disso o envaidecia. Seu grande orgulho na vida era ser o amigo mais antigo de Tom Jobim e um dos mais sólidos. Conheceram-se adolescen-

255

tes na praia, e Kabinha, três anos mais velho, foi quem ensinou Tom a pescar. FERDY Carneiro definiu-o como o "professor de nuvem e de peixe" de Tom. Por não se desgrudarem, era normal que Kabinha fosse um dos presentes à mesa do VELOSO, em 1966, quando Tom recebeu o telefonema de Frank Sinatra convidando-o a gravar juntos. Tom foi para Los Angeles fazer o disco, mas começou a demorar mais do que o previsto. Incomodado com a ausência do amigo, Kabinha publicou no *Jornal de Ipanema* uma nota: "*Procura-se Antonio Carlos Brasileiro de Almeida Jobim, carioca, estatura mediana, cabelos castanhos, olhos idem, quarenta anos, quatrocentas músicas, casado, pai. Está sendo procurado pelo crime de sedução de todo um povo. Seduziu violentamente uma cidade inteira. Não contente, estendeu sua influência comovedora a outras cidades do mundo. Compositor, pianista, arranjador, violonista, poeta, regente, pescador em terríveis praias longínquas, mantém-se foragido*".

A amizade com Tom nunca sofreu um abalo ou alteração, nem mesmo com as longas ausências de Tom ou a dos tempos em que Kabinha e sua mulher, Ophelia, moraram em Paraty ou Angra. Viviam se vendo e se telefonando. Mas Tom morreu em 1994 e o céu se fechou. A partir daí, Kabinha não foi mais o mesmo. Na verdade, teve um derrame uma semana depois, provocado, talvez, pela saudade do amigo. O derrame, ele superou. A saudade, não. E, dez anos depois, foi também pescar com Tom.

KALMA Murtinho
n. 1920-2013. Figurinista.

Kalma Murtinho tinha de ser a grande figurinista do teatro brasileiro. Ela foi produto de uma das melhores escolas que o Rio já teve: a casa de ANIBAL Machado, na rua Visconde de Pirajá, onde literatura, teatro, música popular, política e filosofia eram discutidos com a profundidade de um papo furado. Amiga de adolescência da filha de Anibal, MARIA CLARA, Kalma ajudou-a a fundar, em 1951, o Teatro Tablado, do qual nunca deixou de fazer parte. Kalma começou como atriz, mas logo se tornou também figurinista e, finalmente, só figurinista. E que bom que tenha se especializado — porque, ao fazer isso, praticamente criou a função no Brasil.

A primeira peça para a qual desenhou os figurinos foi *A escola de viúvas*, de Jean Cocteau, no Tablado, em 1952. Teve de aprender tudo sozinha — não existiam cursos sobre figurino teatral, e as próprias companhias não davam muita importância à coisa. Até então, o normal era que o produtor indicasse o tipo de roupa que queria e os atores se virassem, com ou sem a ajuda do cenógrafo. Ou que os próprios atores escolhessem os modelos, copiando-os de revistas estrangeiras, e os mandassem fazer. Ou que tirassem as roupas de seus armários e o diretor aprovasse ou não. Quando a peça era "de época", elas eram alugadas em lojas de fantasias, como a querida Casa Turuna, no Saara. Kalma nunca achou que isso fosse certo. As roupas deveriam ser adequadas ao ator, mas, principalmente, ao personagem, e, para isso, deveria haver uma inteligência por trás. E esta só poderia ser a do figurinista.

Kalma descobriu que deveria ler a peça até impregnar-se dos personagens. Depois, conversar com o diretor, para saber como ele planejava o espetáculo. Em seguida, observar o elenco e assistir aos ensaios, para ver como cada ator se comportava dentro de seu tipo físico. E, finalmente, ouvir do cenógrafo quais eram suas ideias para o palco ou que cores usaria. Só então Kalma começava seu trabalho de desenhar os figurinos, escolher os tecidos e enfeites, ir pessoalmente à compra do material (em termos de cores, textura e mesmo preços), ensinar o corte aos alfaiates e costureiras (para isso, valia-se de sua experiência como costureira e chapeleira) e acompanhar cada etapa da confecção. Outra coisa: as roupas deveriam ser entregues aos atores bem antes do ensaio geral, para que eles logo as sentissem como se fossem sua pele.

Nada disso existia no Brasil de forma tão profissional antes de Kalma. Sim, havia Thomaz Santa Rosa, grande artista plástico e cenógrafo, que desenhou a montagem original de *Vestido de noiva*, de Nelson Rodrigues, no Theatro Municipal em 1943, e que, eventualmente, orientava figurinos. Outro desbravador foi NAPOLEÃO Moniz Freire, colega de Kalma no Tablado e também cenógrafo e ator, mas ela o antecipou em anos. Mesmo assim, Kalma levou tempo para conseguir profissionalizar-se de verdade — seu primeiro trabalho remunerado foi *Nossa vida com papai*, de Howard Lindsay e Russel Crouse, no Teatro Ginástico, em 1957. Hoje, graças a ela e aos colegas, o figurinista pode ganhar até uma porcentagem da bilheteria.

Kalma levou seu bom gosto para o veículo menos compatível com ele, a televisão, e, entre 1976 e 78, fez os figurinos de novelas como *Saramandaia*, *Espelho Mágico*, *Duas Vidas* e *O Astro*. Mas seu coração pertencia mesmo era ao teatro, e o número de peças que ela vestiu bateu fácil na casa das centenas. Houve um ano, 1982, em que as principais peças em cartaz no Rio — *As lágrimas amargas de Petra von Kant*, *Hedda Gabler*, *Ensina-me a viver*, *Pó de guaraná* e *A eterna luta entre o homem e a mulher* — tinham figurinos assinados por ela. E em São Paulo também: *O jardim das cerejeiras*, *Village*, *O rei morre* e *Amadeus*. Todas ao mesmo tempo e, entre uma e outra, ainda cuidou de uma remontagem de *O rapto das cebolinhas*, de Maria Clara, em seu eterno Tablado. Kalma ganhou todos os prêmios possíveis e seu ímpeto foi sempre tão grande que ela transferiu boa parte dele para sua filha Rita Murtinho, a figurinista por excelência do cinema brasileiro. E o que sobrou deu para continuar vestindo mais peças do que aquelas a que você assistiu.

LAURA Alvim
1902-84. Patronnesse das artes.

Ela foi a primeira garota de Ipanema, e que disso não reste dúvida: era bonita, criativa, independente e rebelde — seu apelido de estudante no Colégio Sacré Coeur era "Petite Voltaire". O casarão na avenida Vieira Souto, 176, onde morou de 1910 até morrer, é hoje um centro cultural com seu nome, doado por ela a Ipanema e ao Rio. Foi a realização de um sonho — o único que lhe permitiram concretizar.

A jovem Laura queria ser uma pianista ou atriz dos grandes palcos. Mas, na também jovem Ipanema dos anos 20, essas não eram atividades a que uma moça de família se dedicasse profissionalmente. E menos ainda sendo de uma família tão séria. Seu pai, o médico Alvaro ALVIM, dedicava a vida à radiologia, expondo-se bravamente às radiações que acabariam por matá-lo. E seu avô materno, o caricaturista, abolicionista e republicano Angelo Agostini, fora uma lenda da imprensa do Segundo Reinado, pela criatividade, intransigência e severidade. Não que aquela fosse uma casa avessa às artes. Ao contrário, o próprio Alvaro promovia saraus às vezes animados pelo pianista Ernesto NAZARETH, seu vizinho em Ipanema. Mas, com o agravamento da doença do cientista, já não havia clima para festas. Alvim morreu em 1928 e Laura, só então, fez o que lhe restava — transformou sua vida num espetáculo.

Seu teatro seria a casa inteira, que ela adaptou para comportar suas fantasias artísticas. Em cada dependência criou um pequeno palco. O banheiro de granito e mármore ganhou um espelho de camarim. Era ali que ela se preparava, com vestidos pretos de seda, maquiagem à Theda Bara e unhas longas e vermelhas, para recitar em francês para os amigos. Laura construiu arcadas góticas, nichos românticos e escadas que não levavam a lugar algum. Decorou os aposentos com anjos de bronze (um deles, de quatrocentos anos) e obras de arte de todos os estilos. Suas festas podiam durar três dias, às vezes se estendendo pela praia, com cantos, danças e récitas ao luar. Foi assim durante décadas, e é provável que ela ouvisse aplausos de verdade quando brincava de representar, sozinha, para uma plateia imaginária. Sim, fazia tudo sozinha e para si mesma.

Décadas depois, nos anos 50, já mais velha e realista, Laura decidiu transformar a casa numa instituição cultural, em homenagem a seu pai e seu avô, e doá-la ao Rio. Desde o começo, imaginou construir nos fundos um teatro de verdade, com trezentos lugares; no segundo andar, uma galeria de arte; e, espalhados pela casa, espaços para conferências, cursos e apresentações de balé e música de câmara. Sua alma, no entanto, era mesmo de artista — sem nenhuma experiência prática com dinheiro.

As obras só começaram em 1969 e, para financiá-las, Laura vendeu terrenos de sua família no Leblon. Para que o dinheiro não ficasse parado, instruíram-na a aplicá-lo na Bolsa. Eram os tempos do boom, garantido por Delfim Netto, no começo dos anos 70. Pois a Bolsa quebrou e Laura perdeu quase tudo. As empreiteiras, que já estavam derrubando Ipanema, começaram a assediá-la com propostas de até 10 milhões de dólares pelo terreno de mil metros quadrados — o metro quadrado da Vieira Souto era o mais caro do mundo. Se aceitasse vender, Laura pegaria esse dinheiro e poderia passar seus últimos anos na Europa, entre nobres e castelos. Mas ficou firme em seu projeto para a casa e, mesmo com todas as dificuldades, nunca aceitou as propostas. Vendeu, isto sim, seus tapetes persas, quadros e pratarias, para continuar a obra.

Tinha, já então, setenta anos (dizia-se com sessenta) e sua figura era extraordinária: pequenina, sempre com um vestido preto, longo e decotado, coberto por um xale que lhe ia até os pés. O chapéu largo escondia a peruca preta e curta, mas não lhe ensombrecia os olhos, também pretos e penetrantes. A pele muito branca contrastava com as sobrancelhas finas e arqueadas, feitas a lápis, com as maçãs do rosto coloridas e com a boca pequena e vermelha, em forma de coração — uma maquiagem teatral e dramática que, segundo sua amiga TONIA Carrero, lhe dava um ar de "deusa do cinema antigo". E havia suas mãos, que nunca envelheceram e mais de um artista quis esculpir. De fato, Laura tinha um quê de Norma Desmond, a personagem de Gloria Swanson no filme de Billy Wilder *Crepúsculo dos deuses*. Inclusive nas lendas que a cercavam. Uma dessas, provavelmente exagerada, atribuía-lhe quarenta pedidos de casamento — de homens que cruzaram o Atlântico por sua causa e que ela recusou. Nunca se casou, o que não quer dizer que tenha levado vida de freira. Falava-se de sua paixão por um misterioso francês chamado Jacques.

Durante anos, Laura tocou sozinha a obra da casa, mas a falta de dinheiro ameaçava torná-la interminável. Quando sua idade começou a refletir-se na saúde abalada, a situação piorou. Sua governanta cearense abriu a casa aos parentes e agregados que chegavam do Norte. Operários que trabalhavam na obra, motoristas de táxi, pipoqueiros da região e até prostitutas que faziam ponto na calçada em frente se instalaram no casarão. Em certo momento, eram oitenta pessoas morando ali. Laura, isolada num subsolo e alimentando-se quase que exclusivamente de frutas, já não tinha controle. No fim, a histórica casa de Alvaro Alvim tornara-se um misto de canteiro de obras e pardieiro. Os amigos a estimularam a entregá-la ao Estado, para que este a terminasse.

A doação foi feita em 1983 e Laura morreu cinco meses depois. O vice-governador Darcy Ribeiro, um dos testamenteiros, concluiu-a e deu à casa o nome de Casa de Cultura Laura Alvim, claro. Laura não viu a inauguração, que só aconteceu em 1986, mas teve atendido seu desejo. Sua "casa de beleza e poesia" tornou-se uma realidade.

LÉA Maria
n. 1937. Jornalista.

Em 1956, ainda com dezoito aninhos e fresca do colégio de freiras, Léa Maria Aarão Reis era uma das raras mulheres na redação do *Globo*. E talvez a única a não trabalhar no caderno feminino. Ao contrário, seu setor era a reportagem de polícia, o que significava dar plantões em delegacias, lidar com rudes investigadores e conferir desovas de cadáveres. Para completar, já era um pedaço de mulher e sua simples presença causava tumulto entre aqueles homens brutos e feios. Só por volta de 1960 é que Léa se passou para o *Globo Feminino*, e já então como editora.

Neste, ela fez uma pequena revolução. Diminuiu o espaço das receitas de bolo e das aulas de chuleio e começou a tratar a leitora como uma mulher adulta e inteligente, que merecia saber de tudo. Não se limitava a encomendar artigos de gente séria, como psicólogos ou especialistas em saúde e alimentação. Falava também de artistas plásticos que ninguém conhecia, como Carlos VERGARA e Rubens GERCHMAN, e dos jovens cineastas que iriam criar o CINEMA NOVO (todos eles, seus amigos do MAU CHEIRO). Não que as leitoras do caderno não tivessem notícias sobre eles em outras partes do jornal. Mas Léa queria que elas também se sentissem com direito àquelas informações. Sua equipe era jovem e de primeira: Nina Chavs, repórter; Martha Alencar, diagramadora; e a baiana e futura atriz Isabela, uma das modelos. Pela primeira vez na imprensa brasileira, um jornal produzia suas próprias fotos de moda. Foi também o primeiro caderno feminino a fugir do avental sujo de ovo e influenciaria os principais cadernos do gênero que surgiriam depois.

Mas houve um dia em que ela mesma precisou libertar-se daquele universo. Em 1964, já no *Jornal do Brasil*, Léa passou pelas editorias de internacional e economia, fez crítica de cinema e assinou por cinco anos a coluna social, antecedendo o longo mandato de zózimo Barrozo do Amaral. Nessa época, o cenário básico das notícias já era Ipanema — assim como era Ipanema que dava o tom geral do Caderno B, do qual também seria subeditora.

Léa viveu intensamente seu tempo, leia-se sexo, política e aditivos. Namorou todos os homens que quis, teve dois primos-irmãos (os estudantes Samuel e Daniel Aarão Reis) trocados por embaixadores sequestrados e ela própria, ex-namorada de Fernando Gabeira e simpatizante de um dos grupos de luta armada, quase se meteu na história. Quando o principal candidato a sequestro era o diplomata americano John MOWINCKEL, Léa, por seus contatos com os grã-finos, foi instruída a informar-se sobre os hábitos dele. Mas, então, tiveram o bom senso de desistir de Mowinckel — os americanos seriam capazes de se divertir com esse sequestro — e ela saiu da trama.

Nos anos 70, ao ver os triângulos vermelhos de Sérgio Dourado em todas as encruzilhadas de Ipanema, Léa abandonou a cidade e mudou-se para o sul da Bahia, muito antes que os novos-ricos descobrissem também essa região. Em 1985, quando sentiu que o estrago da invasão a seu paraíso baiano era inevitável, voltou para o Rio. Léa foi mãe tardia, aos 38 anos, o que a levou a interessar-se pelos jovens e a escrever programas para eles na TV Globo. Mas, a provar sua versatilidade, voltou-se depois para o destino pessoal e profissional de uma faixa mais do que esquecida: as pessoas entre cinquenta e sessenta anos, sobre as quais, em 1998, escreveu *Além da idade do lobo* — apenas o primeiro de uma série de importantes livros sobre as pessoas da terceira idade e o futuro que as espera.

LEILA Diniz
1945-72. Atriz e musa.

Quem estava grávida era Leila Diniz, mas quem quase teve um filho foi o resto do país ao vê-la numa foto, de biquíni, na praia, com uma barriga de seis meses. É verdade que, em 1936, a alemã MIRIAM Etz já brindara o Arpoador com o espetáculo de seus quatro meses de gravidez dentro de um maiô duas-peças, ousado para a época. Mas Miriam só pôde ser admirada pela turma da praia. A foto de Leila, ao contrário, saiu em cores e em página dupla em todas as revistas, para centenas de milhares. Era agosto de 1971, e, pelo menos no Brasil, as grandes massas nunca tinham visto aquilo.

A moda de praia então vigente para grávidas era o velho maiô inteiro ou uma batinha costurada à parte de cima do biquíni — que transformava os mais belos corpos do mundo em versões femininas de Tweedledee e Tweedledum, os gêmeos gordinhos de *Alice através do espelho*. E, então, Leila exibiu sua gloriosa barriga. Hoje pode soar absurdo, mas choveram protestos, indignação e repulsa contra seu gesto. Falou-se em deboche contra a maternidade, em afronta à Virgem Maria, e só faltaram insinuar que o pai da criança era a Besta, o Cão, o Sem-Nome. Mas o grande problema não era a gravidez nem o biquíni. Era Leila Diniz.

Ela era a mulher "livre", que falava palavrão, escolhia os homens que queria, ia para a cama com eles e depois os mandava passear. Mas, ao contrário do que passaria à lenda, não era a única, nem foi a primeira a fazer isso em Ipanema — Leila foi o resultado final de uma longa linhagem de moças que, nos anos 40 e 50, lutaram por sua independência, adiantaram-se em relação à moral vigente e quebraram tabus. Já havia muito de Leila em LILIANE Lacerda de Menezes, TONIA Carrero, DANUZA Leão, VERA Barreto Leite, IRA Etz, MARILIA Kranz — sem contar que, durante aquele período, o ARPOADOR foi um ninho de Leilas em embrião. E, mesmo entre suas contemporâneas nos anos 60, Leila não estava sozinha: havia BETTY Faria, TANIA Caldas, YONITA Salles Pinto e ANA MARIA Magalhães, apenas entre as que depois ficariam famosas. Todas eram meninas "de família", com desprezo por conceitos como virgindade, casamento burguês, monogamia e maridinho-provedor-do-lar — em resumo, fritar bolinhos. Elas estudavam, trabalhavam, moravam sozinhas, namoravam quem quisessem e não davam satisfações. Nada que fizessem era chocante em Ipanema.

Mas o Brasil não era Ipanema. Nem mesmo o Rio era Ipanema. E vários fatores contribuíram para que Leila, e não as outras, se tornasse uma *cause célèbre.*

Os que a conheciam desde garota, como FERDY Carneiro e o futuro cineasta Luiz Carlos ("Bigode") Lacerda, garantiram que ela nunca fora diferente. Ferdy a viu pela primeira vez aos quatorze anos, em 1959, no Faroeste, um botequim do Posto 6 a que os boêmios terminais de Ipanema recorriam de madrugada quando as outras bicas fechavam. "Bigode" conheceu-a na mesma época — na primeira noite foi com Leila ao JANGADEIRO e espantou-se ao ver que ela se dava até com ANTONIO CARLOS Jobim. Para Leila, era natural estar ali, de maria-chiquinha, entre homens muito mais velhos, assim como lhe pareceria natural sair de casa e deixar de ser virgem aos quinze anos, começar a fazer análise aos dezesseis (pagava as sessões com seu salário de professorinha de jardim de infância) e, com essa idade, ir morar com DOMINGOS Oliveira.

A perda da virgindade foi com um homem casado, cujo nome Leila nunca revelou. A análise era de grupo, com o dr. Wilson Chebabi, no Instituto de Psiquiatria, quando ainda se achava que só os malucos faziam aquilo. E, embora sua coabitação de quatro anos com Domingos fosse um "casamento", Leila não gostava de chamá-lo assim — apenas pegara seus trecos e fora morar com ele em seu apartamento, em Copacabana. Como a BOSSA NOVA, aquilo era muito natural.

Em 1966, quando seu relacionamento com Leila já tinha acabado, Domingos escreveu e dirigiu para ela o filme *Todas as mulheres do mundo*, que contava uma parte da história deles, interpretada por Leila e Paulo José. Foi um enorme sucesso e chamou a atenção do público para aquela atriz jovem, bonita e talentosa, que as donas de casa já conheciam de um papel menor na novela *O Sheik de Agadir*. Nos três anos que se seguiram, Leila ficou famosa: trabalhou em sete filmes e em outras tantas novelas das TVs Globo e Excelsior, circulou com sua moto por Ipanema, teve todos os namorados do mundo e nada disso levantou um sobrolho da sociedade. E, então, em novembro de 1969, veio sua entrevista para o nº 22 do jovem e explosivo O PASQUIM — e, esta sim, levantou muito mais que sobrolhos. Levantou o país.

A Leila Diniz do mito e da lenda foi uma consequência dessa entrevista. A prova é que o *Pasquim*, fundado em junho daquele ano e circulando semanalmente, levou 22 semanas — quase seis meses — para entrevistá-la. Antes dela, na categoria mulher, DANUZA Leão e Maria Bethânia tiveram preferência: Danuza, por ser uma entrevistada natural, e Bethânia, por estar em grande evidência. Embora fosse velha amiga de JAGUAR, Paulo GARCEZ e outros do jornal, Leila não era uma escolha óbvia nem estava particularmente na onda. A ideia de entrevistá-la nem sequer partiu de alguém do *Pasquim*, mas do ator Paulo César PEREIO, ao comentar com TARSO de Castro, na praia, que o jornal precisava entrevistar mais mulheres. E sugeriu Leila, por acaso espalhando sua beleza a alguns metros dali, na areia da MONTENEGRO. Ou seja: se Leila era conhecida e já dizia e fazia tudo que depois provocaria tanto escândalo, por que não estourou mais cedo?

Porque suas entrevistas anteriores, como de praxe na imprensa dos anos 60, eram copidescadas. Nos jornais brasileiros de então, raramente alguém falava como no dia a dia — nas páginas de esporte, por exemplo, até os beques do Bonsucesso usavam próclises, ênclises e mesóclises. Leila deu muitas entrevistas antes do *Pasquim*, e em nenhuma delas consta uma palavra suspeita. É provável que ela não as tivesse dito, para não fazer a repórter corar, mas, mesmo que dissesse, suas respostas seriam maquiadas na redação, para combinar com as perguntas provincianas e ingênuas. Como as de *Fatos & Fotos*, em 15/2/1968: "É verdade que você não gosta de ter compromissos afetivos sérios?"; "Você se considera uma autêntica mulher avançada?"; "Você se considera sinceramente uma mulher normal?".

Foi preciso surgir o *Pasquim*, com suas entrevistas que saíam direto do gravador para a rotativa, cruas e sem retoques, para que Leila falasse como na vida real. Mas mesmo o *Pasquim* tinha de se cuidar. Não podia botar na rua uma entrevista com os 72 palavrões que haviam saído como rosas da boca de Leila. Então, Tarso teve a ideia de substituí-los por asteriscos e fazer daquilo uma piada. A face do jornal foi salva, mas o resultado ficou ainda mais escabroso — porque cada asterisco acendeu um palavrão na cabeça do leitor. Quem não sabia o que significava "pra c******" ou "tomar no (*)"? E, além dos palavrões, havia o relato sereno e bem-humorado de sua movimentada vida sexual: sim, ela era uma mulher que "dava". Mas só para quem ela queria. Não podia haver nada mais simples, honesto e limpo.

Foi o que pensaram os leitores sofisticados, como os do *Pasquim*. Mas o Brasil de 1969 estava longe de ser, como se tornaria depois, o país mais permissivo do mundo. O próprio mundo ainda não ficara tão permissivo — poucos anos antes, o comediante Lenny Bruce (1925-66) estava sendo preso todas as noites por dizer palavrões em seu show para adultos num clube fechado de Nova York! A reação nas altas esferas à entrevista de Leila foi de apoplexia, e ficou pior ainda quando todos os jornais e revistas do país também lhe propuseram entrevistas. Em contrapartida, por sua causa, os militares cogitaram de estender a censura à imprensa. E seu contrato com a Globo não foi renovado — "Não tem papel de puta na próxima novela", disse-lhe um diretor.

O escândalo vendeu muitos jornais e revistas. Para Leila, rendeu desemprego e amolações. Com o caixa a zero, aceitou ser jurada do programa de Flavio Cavalcanti na TV Tupi e ainda precisou dar satisfações a seus amigos de esquerda, que odiavam o apresentador como "reacionário" — não sabiam que, para contratar Leila, Flavio tivera de peitar os militares, que queriam simplesmente bani-la da televisão.

A convite de Flavio, Leila fez ainda pior: desfilou de biquíni em carro aberto pela avenida Rio Branco, com cachê destinado a uma obra de caridade. Um *avião* de biquíni na areia é uma coisa, no asfalto outra, e Leila parou o Centro da cidade. Tudo isso irritou mais ainda os militares. A Polícia Federal foi prendê-la no estúdio da Tupi, mas Flavio sumiu com ela, numa fuga de cinema, e escondeu-a em sua casa, em Petrópolis. Durante semanas, um camburão montou guarda à porta do prédio de Leila, na rua Aníbal de Mendonça, esperando por ela. Leila só pôde voltar para o Rio depois de concordar em comparecer à polícia para "explicar-se". Já então, tudo que dizia ou fazia ganhava uma tremenda dimensão.

Era agora um mito — mas será que se enxergava nele? Não. Quanto mais ficou nacionalmente conhecida, mais ela se tornou uma figura de Ipanema, onde idosos e crianças a tratavam como "Leila", não como "Leila Diniz". Podia ser vista todos os dias no antigo VELOSO, tomando chope com HUGO Bidet, ou na praia (passou um verão inteiro com um único biquíni largo e desbotado). Levava vida modesta, quase sem dinheiro. A televisão pagava pouco e o cinema nem pagava — aceitava fazer filmes que sabia sem a menor chance na bilheteria, apenas porque os diretores eram seus amigos. Não gostava de teatro, mas fez o show *Tem banana na banda*, no Cine-Theatro Poeira de Ipanema, porque adorava dançar e, mais uma vez, estaria cercada de amigos.

À saída de uma récita do *Banana na banda*, um *coronel* da província, com sotaque caipira, procurou-a no camarim com uma proposta em dinheiro para levá-la para a cama. Foi delicadamente recusado e engrossou: "Mas você dá pra todo mundo!". Ao que Leila respondeu: "Sim, eu dou para todo mundo. Mas só para quem eu quero". Milionários de outros estados escreviam-lhe aos cuidados do Poeira de Ipanema com propostas parecidas e não entendiam quando Leila os ignorava. Seu desembaraço para recusar cantadas deixava qualquer um desconcertado. Como entender que os critérios de Leila para ir para a cama com um homem não envolviam dinheiro, poder e nem mesmo o cansado charme de caras e bocas? Ela própria era a antivamp por excelência. Às vezes, isolada durante semanas numa filmagem em Angra ou Paraty, Leila podia ignorar os homens mais atraentes do elenco e interessar-se por um maquinista que ninguém enxergara antes — ou, no caso da filmagem de *Azyllo muito louco* (1969), em Paraty, por um padeirinho local. Não havia possibilidade de alguém "cantar" Leila Diniz. Quando ela ia com alguém, é porque já tinha decidido isso, antes de o sujeito criar coragem para abordá-la. RONALDO Bôscoli foi um que tentou seduzi-la, como fazia com todas as mulheres. Mas Leila o esmagou, rindo: "Não precisa gastar o seu charme, Ronaldo. Você já está na minha lista". O irresistível lobo nunca ouvira isso de uma mulher.

O sexo para Leila era um esporte, mais ou menos como para os homens. Mas os homens que se aproximaram dela saíram reeducados. Sem querer, Leila os fez provar o sabor da atitude masculina — a do sexo sem compromisso —, e, quando eles se apaixonavam por ela, isso lhes sabia amargo. Leila namorou homens casados, mas não se sabe de um casamento que ela tenha destruído (provavelmente até reforçou esses casamentos, por não permitir que nenhum marido falasse mal da mulher). Com sua naturalidade para começar ou romper namoros, era normal que seus ex-namorados continuassem seus amigos — e, mais incrível para a época, amigos entre si. Ela fez de todos uma grande família.

A Leila póstera tornou-se unanimidade, mas a Leila real não tinha toda essa aceitação. As feministas de 1970, por exemplo, não gostavam dela — Rose Marie Muraro dizia que Leila "fazia o jogo dos homens" e que "ser mulher" era algo mais do que "sair dando por aí". Nesse sentido, as feministas da época não diferiam muito dos militares, dos censores, dos diretores de TV e das senhoras gordas e patuscas, para quem Leila era apenas uma puta. Mas, se nunca souberam o que fazer com Leila enquanto viva, as feministas apossaram-se de sua imagem quando ela morreu e já não tinha como se defender — transformaram-na numa bandeira do movimento, uma militante da "emancipação" feminina, quase uma azeda ativista. É irresistível imaginar o que, em vida, Leila teria sugerido se uma delas lhe falasse em bandeira.

Leila fez uma revolução, mas a da espontaneidade. O próprio episódio da gravidez de biquíni foi exemplar. Leila ia à praia o ano inteiro, com ou sem sol, e, no verão, até à noite — seu mais antigo amigo, o oceano Atlântico, estava lá e só ele importava. A gravidez não alterou essa rotina. Sua única precaução foi certificar-se com o médico de que nadar não faria mal ao bebê. Enquanto a barriga era imperceptível, nada de mais aconteceu. Quando começou a ficar notável, formavam-se rodas no PÍER para admirá-la, e era normal que os fotógrafos acorressem. Mas, então, as revistas de televisão começaram a pedir-lhe que posasse todo dia e, para Leila, a brincadeira acabou ali — mudou de praia, passou a ir a São Conrado, quase deserta em 1971. Queria apenas cair n'água, não vender sua gravidez.

Ser mãe era um sonho antigo, talvez para compensar-se do trauma de ter sido abandonada aos sete meses por sua mãe e criada pela segunda mulher de seu pai. Quando decidiu que era a hora, teve sua filha de caso pensado e com o homem que escolheu (o cineasta RUY Guerra). E não pensou duas vezes ao levar Janaína, ainda em sua barriga, para a praia com ela. Por uma cruel (e incrível) coincidência, Leila, séria candidata a mãe do milênio, também só viveria sete meses com Janaína. Na única vez em que se separou dela, para comparecer a um festival de cinema na Austrália, o avião que a trazia de volta explodiu sobre Nova Delhi, na Índia. Leila tinha 27 anos.

Uma ou duas gerações depois, pode-se dizer que, sem nunca ter *lutado* a não ser em causa própria, ela venceu. Leila acreditava na liberdade no sentido mais amplo: todo mundo tinha o direito de viver como quisesse. Isso incluía não apenas a liberdade de chamar um homem para a cama, ter sete namorados por semana, escolher o pai de sua filha sem precisar casar com ele e ir à praia grávida e de biquíni — como também a liberdade de casar virgem, ser mulher de um homem só e fazer tudo segundo os velhos figurinos, se fosse isso o que a moça preferisse. Era no que ela acreditava e foi o que aconteceu. Hoje nada mais é proibido, mas também nada é obrigatório.

    Leila deixou-se julgar por um país inteiro para que ninguém mais julgasse ninguém.

Frases

    ★ *Sou Leila Diniz, qual é o problema?* ★ *Eu seria a maior mulher do mundo se me dedicasse aos homens.* ★ *Todos os cafajestes que conheci na minha vida são uns anjos de pessoas.* ★ *Na minha caminha dorme algumas noites, mais nada. Nada de estabilidade.* ★ *Quando eu quero, eu vou com o cara. Não tem esse negócio de ninguém querer, não, porque eu mando logo tomar no (*).* ★ *Já amei gente, já corneei gente, eles entenderam e não teve problema nenhum. Somos todos uma grande família.* ★ *Sempre andei sozinha. Me dou bem comigo mesma.* ★ *Cafuné eu aceito até de macaco.* ★ *Tenho muita pena de homem não poder ficar grávido.* ★ *Para mim, tanto faz representar Shakespeare ou Gloria Magadan, desde que eu me divirta e ganhe dinheiro.* ★ [Sobre o palavrão]: *Sem ele não há diálogo, p****!*

Carlos **LEONAM**

n. 1939. Jornalista.

    Alô, Aurélio, alô, Houaiss: urge dar a Carlos Leonam o crédito de inventor da expressão ESQUERDA FESTIVA. A data: verão de 1963, pouco antes do Carnaval. Local: o Bar Bem, um botequim de São Conrado. Eram os atribulados anos Jango e os jornais se ocupavam da divisão entre as esquerdas brasileiras, proposta por Santiago Dantas, ministro da Fazenda, uma "positiva" e outra, "negativa". Naquela festa pré-carnavalesca no Bar Bem, Leonam observou a coloração política da fauna — maciçamente de esquerda, mas com uma contagiante animação, não muito compatível com a gravidade da situação nacional. Então descobriu a existência de uma terceira via: a esquerda "festiva". A expressão foi assimilada e gostosamente adotada pela própria, ali mesmo, no Bar Bem. Já nasceu consagrada. E por um bom motivo, que seus militantes enxergaram de saída: a "festiva" era a única esquerda impossível de ser derrotada. Não importava a situação, seus únicos compromissos seriam com seus ideais e sua alegria.

    O outro acréscimo de Leonam à língua foi a palavra "colunável", lançada por ele e Fernando Zerlottini, em 1974, na coluna "Carlos Swann" no *Globo*, para definir o elenco mais ou menos fixo das colunas sociais. Leonam devia saber: durante boa parte dos anos 70, foi colunista do *Jornal do Brasil* e do *Globo*, quase sempre em parceria com MARINA Colasanti ou Zerlottini. No *JB*, sua coluna "Carioca quase sempre", que saía às quintas-feiras no Caderno B, em 1967 e 1968, feita com Marina e YLLEN Kerr e ilustrações de Lan, já antecipava o espírito ipanemense do PASQUIM.

De 1959 para cá — sem prejuízo de suas coberturas jornalísticas, como a da sucessão do papa João XXIII, em Roma, em 1963, e do cerco ao Palácio Guanabara, em 31 de março de 1964, com ele lá dentro —, Leonam foi um atento observador das coisas de Ipanema. Ubíquo nos bares, boates, praias e casas do bairro, não houve evento importante ocorrido entre o ARPOADOR e o Jardim de Alah, principalmente até os anos 80, que ele não tenha presenciado. Ou até provocado, como a criação da torcida Jovem Flu, em 1969, ao lado de Hugo CARVANA, Chico Buarque, RONALDO Bôscoli, MIELE, Elis Regina, NELSON Motta, JOÃO LUIZ de Albuquerque e outros. A Jovem Flu devia ser pé-quente, porque o Fluminense foi o campeão carioca daquele ano e brasileiro do ano seguinte. Leonam foi também amigo de todas as deusas de Ipanema — e, aliás, o problema era exatamente este: LEILA Diniz, DUDA Cavalcanti, YONITA Salles Pinto e as outras por quem ele se apaixonava insistiam em continuar apenas suas amigas.

Não que tudo que ele fez tenha sido unanimemente aplaudido. Em dezembro de 1980, com o apoio do escritor Rubem Fonseca, presidente da Fundação Rio, e do prefeito Julio Coutinho, Leonam foi o responsável pela mudança a jato do nome da rua MONTENEGRO para rua VINICIUS de Moraes, em homenagem ao poeta morto naquela semana. Foi tão rápido que os descendentes de Manuel Pinto Montenegro, genro do barão de Ipanema original e que dava o nome à rua desde 1922, nem tiveram tempo de reclamar. Mas houve quem não gostasse. ANTONIO CARLOS Jobim, por exemplo. "Hoje, os carros passam por cima do Vinicius e os cachorros fazem xixi nele", disse Tom ao letrista americano Gene Lees. A partir daí, sempre que morre uma celebridade de Ipanema, o bairro treme — se deixarem, Leonam rebatizará Ipanema inteira com o nome de seus mortos queridos. Não deixem.

Nos últimos tempos, Leonam acrescentou um hífen a sua biografia, tornando-se Carlos-Leonam. A pronúncia continuou a mesma.

LEOPOLDO Serran
1942-2008. Roteirista de cinema e televisão.

Certo dia, o garoto Leopoldo, cinco anos, estava no carro de seu pai, que rodava pela avenida Vieira Souto em meio a tremenda neblina. Era de noite e

LEOPOLDO Serran

não se enxergava um palmo à frente. De repente, um baque feio e um relincho. O pai de Leopoldo acabara de atropelar um cavalo branco que se desgarrara de uma manada e cruzava a rua em direção à praia. Cavalos em Ipanema? Sim, mas faça as contas: estávamos em 1947 e a Vieira Souto era um rendilhado de casinhas em estilo alemão, apenas interrompido por alguns prédios de três ou quatro andares. Ipanema ainda era privilégio dos humanos e dos cavalos, não dos carros.

Leopoldo acompanhou de perto as transformações, porque sua adolescência e maturidade coincidiram com as de Ipanema. Ele já estava no pedaço em 1960 quando Ipanema era o ponto de encontro de escritores, atores, cineastas, músicos. Entre chopes nos botequins, Leopoldo tinha sua cabeça feita por gente como LUCIO Cardoso, VINICIUS de Moraes, RONIQUITO de Chevalier e, em futuro breve, GLAUBER Rocha.

Naquelas mesas ele assistiu ao parto de canções da BOSSA NOVA e dos primeiros filmes do CINEMA NOVO. E, numa turma (CACÁ Diegues, Arnaldo JABOR e David Neves, seus colegas de direito na PUC) em que todos se tornariam cineastas, Leopoldo fez uma opção exótica, quase suicida: preferiu ser roteirista.

A cena do cavalo poderia constar de um filme escrito por ele. Quando Leopoldo começou, com *Ganga Zumba*, em 1962, a convite de Cacá, não se sabia muito bem para que servia um roteirista — porque, no Cinema Novo, os diretores, tentando ser *autores* completos de seus filmes, insistiam em garatujar os roteiros. Aos poucos, Leopoldo mostrou que essa era uma função especializada — um filme só poderia melhorar se contasse com uma cabeça independente para estruturar a trama, criar cenas, aprofundar os personagens e limar os diálogos. A prova está em A *grande cidade* (1966), *Copacabana me engana* (1968), A *estrela sobe* (1974), *Dona Flor e seus dois maridos* (1976), *Se segura, malandro!* (1978), *Bye bye Brasil* (1980), *Eu te amo* (1981), *Gabriela* (1983), *Faca de dois gumes* (1989), *O quatrilho* (1995), *O que é isso, companheiro?* (1997) e muitos outros filmes em que o roteiro passou por suas mãos — além de seriados da Globo, como *Plantão de Polícia* (1979), e minisséries como *Engraçadinha* (1995). Créditos como esses (e os de outros pioneiros, como ARMANDO Costa, Eduardo Coutinho, Doc Comparato e Aguinaldo Silva) tornaram possível a profissionalização do roteirista de cinema no Brasil.

Pensando bem, a cena do cavalo dificilmente poderia aparecer num filme contemporâneo que se passasse em Ipanema. O cavalo, tudo bem, mas a neblina soaria implausível.

LILIANE Lacerda de Menezes
1927-82. Artista plástica e inventora da expressão fossa.

Ela era inteligente, rica, linda e tinha um jeito de menear o cabelo louro que lhe valeu o apelido de "Água no ouvido". Mas não era garota de praia. Era um ser da noite, quase sempre de preto, com a pele muito branca — uma deusa dark, décadas antes que essa expressão existisse. Parecia também devorar o interlocutor com seus olhos azuis. O esplendor de sua figura silenciava os bares e restaurantes, nos quais, ao entrar, alta e altiva, já era antecipada por sua lenda. Dizia-se que tivera um caso com Orson Welles quando ele estava filmando no Rio, em 1942. A ser verdade, Liliane teria então quinze anos. Mas essa idade não seria obstáculo, porque ela começara cedo os trabalhos — casada pela primeira vez e separada antes dos dezoito, podia exercer uma intensa liberdade sexual sem ter de pedir licença a ninguém.

E havia seus outros talentos. Liliane fazia pintura e escultura, os artistas a respeitavam. Fez também teatro amador com o grupo Studio 53, que funcionava às segundas-feiras no Teatro de Bolso e era frequentado pelos já debochados IVAN Lessa (que teve seus olhos azuis definidos por um ator como "violetas embebidas em champanhe"), Paulo FRANCIS e Telmo Martino. E era ávida leitora em três ou quatro línguas: sua cabeceira comportava uma montanha de livros e ela parecia capaz de discutir qualquer coisa com qualquer pessoa. Mas o maior talento de Liliane, nos anos 50 e 60, era arregimentar pessoas, hipnotizá-las, cativá-las com seu carisma.

Seu apartamento no edifício Águas Férreas, perto do Colégio Sion, em Laranjeiras, era um permanente festival — em noites que viravam dias e prolongavam-se pelas noites seguintes — de amigos como LUCIO Cardoso, os artistas plásticos Alfredo CESCHIATTI, Athos Bulcão e Aluísio Carvão, o ator GUERREIRINHO (Josef Guerreiro), o crítico de teatro João Augusto, o futuro fotógrafo ALAIR Gomes, o poeta Marcos Konder Reis. E alguns muito jovens, como ANNA LETYCIA, Paulo Cesar SARACENI, ROSAMARIA Murtinho, ALBINO Pinheiro, ZEQUINHA Estelita, Ronaldo Mello Pinto, CAIO Mourão, quase todos aspirantes às artes. Jovens ou não, muitos se apaixonavam por ela ou ela por eles, e os namoros se sucediam dentro do grupo sem que este se desfizesse. Com Ronaldo Mello Pinto e Caio Mourão, por exemplo, Liliane se casou e teve um filho com cada um. Seu apartamento era também uma espécie de meca da roda intelectual gay — ainda não se usava a palavra — do Rio.

Eram dias e noites de riso, jazz, dança, poesia, artes plásticas, ideias, projetos, discussões e brigas. Regando tudo, vinho, gim e rum em catadupas e, nesse capítulo, ninguém parecia ser páreo para ela. O consumo de cada maratona chez Liliane não se media em garrafas, mas em caixas. Os vizinhos enlouqueciam, porque as festas davam a volta ao relógio. Certa noite, um senhor de pijama bateu à porta para reclamar do volume da vitrola e do alarido. Foi enxotado sob a alegação de que, para protestar, não podia estar de pijama, mas, no mínimo, de terno e gravata. O homem pareceu gostar do que viu, porque foi ao seu apartamento, trocou-se, voltou de terno e gravata — e se juntou à festa. Mas poucos tinham esse fair play.

Às vezes, tarde da noite, ela tomava seu carro, um Jaguar com motorista, e disparava rumo ao JANGADEIRO ou ao ZEPPELIN, seguida pelos outros em caravana. Em 1957, Liliane mudou-se para Ipanema e o cenário das festas transferiu-se para a rua Canning, com os mesmos personagens e inúmeras adesões. RONIQUITO de Chevalier não saía de lá. MILLÔR Fernandes, Carlos SCLIAR e JEAN Boghici também aparecem. E havia a turma de garotos do ARPOADOR: IRA Etz, JOMICO Azulay, MARINA Colasanti. Certa noite, em 1958, um rapaz apareceu para tocar violão e cantar BOSSA NOVA. Caio Mourão, então casado com ela, resmungou: "Liliane, não aguento mais esses imitadores do João Gilberto". O rapaz protestou: "Mas eu sou ele…" — e era mesmo João Gilberto.

O sucessor de Caio nos braços de Liliane, a partir de 1960, foi o futuro editor Leo Christiano, então com dezenove anos — Liliane tinha 33. Havia no seu entourage um clima da sequência final de *A doce vida*, de Fellini — ao nascer do sol, iam todos tomar champanhe na areia e não seria surpresa se, como no filme, um peixe gigante desse morto à praia. Pelos quatro anos seguintes, o apartamento de Liliane foi um dos endereços obrigatórios da doce vida de Ipanema.

Liliane vinha de duas famílias ricas, uma pernambucana e a outra, baiana, os Pessoa de Queiroz e os Lacerda de Menezes. Um de seus avós construiu o elevador Lacerda, em Salvador (faliu por causa disso e se matou). O pai de Liliane veio para o Rio, juntou dinheiro, comprou o passivo da decadente fábrica de tecidos Confiança, em Vila Isabel (citada por Noel Rosa em seu samba "Três apitos"), e levantou-a em tempo recorde. Com a fortuna que ela lhe rendeu, comprou quase metade do Cosme Velho e dez quilômetros de praia no deserto Recreio dos Bandeirantes e, com o troco, fundou um banco. Liliane cresceu debaixo dessa opulência. Mas, então, seu pai morreu, sua mãe vendeu mal os terrenos, perdeu o banco e, por volta de 1960, Liliane viu-se queimando o resto do patrimônio ou tomando dinheiro emprestado do próprio banco que havia pouco lhe pertencia. Mas rica ou comparativamente pobre, não fazia diferença: nunca mudou seu estilo de vida. Às vezes, na barafunda das festas, objetos sumiam no apartamento (como um relógio Patek Philippe), e ela não se dava conta.

Os dicionários brasileiros lhe devem uma expressão: FOSSA, estar na fossa, no sentido de cair em depressão. A própria Liliane, com toda a sua alegria, era sujeita a ciclos de depressão, causa e consequência dos ciclos de bebida pesada — nestes, seu primeiro gim-tônica já vinha junto com o café da manhã. Durante muito tempo, tudo isso foi queimado nas noites de loucura. Mas, em 1965, com apenas 38 anos, Liliane sofreu o golpe cruel e injusto: um derrame que a deixou hemiplégica e muda.

De um dia para o outro, a esfuziante Liliane viu-se aprisionada a uma cadeira de rodas, com os olhos azuis muito abertos, como se não entendesse o que lhe acontecera — mas, na verdade, entendendo tudo e incapaz de expressar sua dor diante do destino. Seus amigos, que nunca se refizeram do choque, afastaram-se, porque sabiam que Liliane não gostaria de ser vista daquele jeito (assim como ela se afastara de LUCIO Cardoso, quando ele também tivera um derrame, três anos antes). Liliane ficou aos cuidados de seus irmãos e de enfermeiras, de quem dependia para as coisas mais simples. Os que verdadeiramente a amavam preferiam que tivesse morrido. Mas Liliane não morrera e iria arrastar sua desgraça pelos dezessete anos seguintes.

Quase como Ayesha, a deusa de H. Rider Haggard no romance *Ela*, que envelheceu 2 mil anos em poucos segundos ao passar pelo fogo sagrado, o derrame destruiu a beleza de Liliane. Atingiu-a com incrível rapidez e, segundo Leo Christiano, reduziu-a de seu 1,75 metro a uma trouxinha inerte, que não podia ter mais de 1,50 metro. Na década de 70, diagnosticaram-lhe um câncer no seio, removido por cirurgia numa clínica da Gávea. Em certa época, Liliane chegou a recuperar parte da fala, mas logo a perdeu de vez. Seus últimos anos foram passados numa instituição para idosos em São Cristóvão. Em 1982, o câncer voltou, alastrou-se e matou-a, aos 55 anos.

O destino fora pavoroso para com a mulher em quem LUCIO Cardoso se inspirara para criar a assombrosa Nina de *Crônica da casa assassinada*, de 1959. Em 1977, Liliane ainda estava viva quando Paulo Francis usou o apartamento de Laranjeiras como um dos cenários de seu romance *Cabeça de papel*, mas ela nunca soube disso. Assim como não saberia que Norma Pereira Rêgo faria do apartamento de Ipanema e dela própria, Liliane, cenário e personagem de outro romance, *Ipanema, dom divino* (1983). Ou que Paulo Cesar Saraceni a classificaria, em seu livro *Por dentro do Cinema Novo — Minha viagem* (1993), de "uma mulher fundamental para se conhecer a história do Rio nos anos 50".

Mas a vida de Liliane deveria render um livro só para ela — a história de uma mulher que reinou sobre uma grande época e viu essa época terminar só para ela.

LOBÃO
n. 1957. Roqueiro e ativista.

Ele é o François Villon, o Ambrose Bierce, o Lenny Bruce da música brasileira. Se esses nomes não fazem sentido para outros roqueiros da praça, para ele fazem. Lobão sabe quem foram — artistas que, nos séculos xv, xix e xx, respectivamente, tiveram problemas por falar demais ou fazer o que não deviam. Como Lobão, os três nunca perderam uma chance de lutar por sua verdade, por mais destrambelhada que esta parecesse. E, como eles, Lobão tem dois currículos: um artístico e outro, na polícia. Este último, pelo volume, tende a competir com sua presença na música produzida no Brasil nos anos 80 e 90.

Até o último censo, Lobão já fora preso oito vezes por porte de maconha ou cocaína e, em uma delas, sob a (falsa) acusação de ter jogado beijos para um PM no Carnaval. Houve época em que ele andava com um par de algemas no bolso para, caso o prendessem, usar as suas. Aos juízes a que foi levado, Lobão nunca negou sua condição de usuário de drogas desde os quatorze anos, quando ainda morava na rua Barão de Jaguaripe, onde nasceu e foi criado. Sua defesa era que, em se tratando de drogas, não aceitava a "tutela do Estado". Pode-se discutir isso, mas deve-se admirar a honestidade de Lobão — ao contrário de vários de seus colegas apanhados nessa situação, ele nunca desmentiu um flagrante ou se fez passar por vítima. Na pior prisão, Lobão ficou três meses na Polinter, misturado aos chefes do Comando Vermelho. Mas impôs a moral na cela — eles respeitaram o seu 1,88 metro, adotaram-no como mascote e até o ensinaram a tocar tamborim.

Definitivamente, Lobão não foi um exemplo para os jovens no quesito drogas. Mas ele nunca quis ser exemplo para ninguém. Seus parâmetros eram só dele. Entrou e saiu da droga diversas vezes e, numa ocasião em que pregou contra elas, foi chamado de "careta" por Rita Lee. Lobão respondeu que, em compensação, nunca tinha feito comercial para bancos (Rita Lee estrelou um comercial do Banco Excel Econômico). "Artista que pensa não faz jingle", ele disse ao repórter Daniel Stycer. "Artista que vende suas ideias não pode vender as ideias dos outros." As ideias de Lobão deviam fazer pensar: "Me assusta a evidência étnica nesses grupos de pagode, como Raça Negra, Negritude Júnior. Se eu criasse um grupo com o nome de Raça Ariana, ia preso como antissemita. Essa tolerância com a raça negra não será uma indulgência mórbida? É racismo, é excludente".

Como Dostoiévski e Machado de Assis, Lobão é epiléptico — a bateria, seu instrumento desde os cinco anos, foi uma terapia contra a disritmia. Quando adolescente, interessou-se por violão clássico e estudou Villa-Lobos e Guerra Peixe. Seus pais, de origem holandesa, davam-lhe os livros que ele pedia, e Lobão (aliás, João Luiz Woerdenbag) leu *Guerra e paz*, de Tolstói, aos quatorze anos. Nunca teve a atitude anticultural que analfabetizou várias gerações de roqueiros — deve embatucar certos repórteres ao citar Stendhal e Mallarmé em entrevistas. Lobão nasceu profissionalmente no rock, mas nunca se sentiu aprisionado no gênero: "Rock, para mim, é só uma atitude de vida. Minha escola de bumbo, por exemplo, foi Fred Astaire".

Seu primeiro LP, *Cena de cinema*, de 1982, contendo "O homem baile", foi o melhor disco de rock brasileiro dos anos 80 na opinião do especialista Arthur Dapieve. Em 1982, Lobão ajudou a fundar a BLITZ, gravou com ela "Você não soube me amar" e se demitiu da banda (ou a demitiu). A partir daí, todos os seus discos — do divertido *Ronaldo foi pra guerra* (1984), contendo "Me chama", até *Noite* (1998), dedicado a Ariano Suassuna e Bruno Tolentino — foram anômalos diante da produção corriqueira do rock nacional. Em *O rock errou* (1986), ele ensaiou uma aproximação com o mainstream da música brasileira, gravando "A voz da razão" com Elza Soares. No Carnaval de 1988, desfilou tocando tamborim na bateria da Mangueira e, ousadamente, apresentou-se com ela no Rock in Rio em 1991. Suas tentativas de fusão rock--samba foram um risco comercial: seu disco *Nostalgia da modernidade* (1995) vendeu apenas 20 mil exemplares e ele o considerou o seu melhor, contra os 300 mil do convencional *Vida bandida* (1987), que considerou o pior. Entre os que cativou com suas propostas estão Paulinho da Viola, João Gilberto (que gravou seu "Me chama", em 1988) e Nelson Gonçalves, que, pouco antes de morrer, lhe disse: "Eu sou você anteontem". Lobão pode ser um pouco de cada um deles amanhã.

Nos anos 2000, Lobão fez cinema, apresentou programas de televisão, lançou livros de memória e de doutrinação, gravou um disco em que tocava todos os instrumentos, ganhou um Grammy e mudou-se para São Paulo. Tornou-se ativista político, à esquerda, à direita e ao centro, aderindo ou desaderindo a políticos em quem acreditava. O nome deles fica fora deste livro por razões higiênicas.

Frases

★ *O rock é repetitivo, monótono e fascista.* ★ *A pior forma de solidão é um show para 50 mil pessoas.* ★ *Bossa Nova é como tocar punheta com pau mole.* ★ *Já que eu existo, por que Deus não pode existir?* ★ *É melhor viver dez anos a mil do que mil anos a dez.* ★ *A maconha não transforma ninguém em artista nem em estripador.* ★ *O Brasil é um país de gatunos.* ★ *A ofensa é o único argumento do imbecil.* ★ *O idiota é o combustível do filho da puta.*

LUCIO Cardoso
1912-68. Romancista, poeta, dramaturgo, artista plástico e roteirista de cinema.

Em 1957, Lucio Cardoso, tentando libertar-se de seu emprego como redator de polícia no jornal *A Noite*, bateu às portas de uma agência de publicidade. Para conseguir esse emprego, teria de submeter-se a um teste escrito, em forma de questionário. Submeteu-se e foi reprovado. O profissional que o avaliou não sabia quem era Lucio Cardoso. Ou talvez soubesse muito bem, razão pela qual achou que ele não serviria. E, nesse caso, teria razão. Não seria preciso ler *Crônica da casa assassinada*, o romance que Lucio estava acabando de escrever naquele ano, para saber que ele não se sentiria à vontade entre anúncios de sapólio, sabão de coco ou palha de aço. Bastaria ler qualquer coisa que ele já tivesse publicado.

No dia em que acordar para a obra de Lucio Cardoso, a literatura brasileira levará um susto. Haverá gente se perguntando como pudemos ter sido tão cegos, surdos e insensíveis para com um artista de seu porte. Dependendo da época, Lucio foi posto à margem por não ser realista, não ser de "esquerda", não ser de "vanguarda" e não ser o que fosse a exigência do período. Era um autor de livros sombrios, com pouca ação e muita reflexão. O cenário costumava ser a fronteira interiorana de Minas Gerais com o estado do Rio. Mas seu verdadeiro território eram os quartos escuros da alma. E seu tempo não se media por relógios.

Os próprios títulos de seus romances, novelas e peças revelavam isso: *A luz no subsolo* (1936), *Mãos vazias* (1938), *O desconhecido* (1940), *Dias perdidos* (1943), *O escravo* (1945), *Crônica da casa assassinada* (1959) — todos remetiam à ideia de porão, vazio, ausência, perda, grilhões, morte. Não eram livros de apelo popular e as editoras não tinham pressa em publicá-los. *Crônica da casa assassinada* ficou dois anos na gaveta de uma delas.

"Não sou um escritor, sou uma atmosfera", dizia Lucio. Como escrever uma atmosfera e, sobretudo, como lê-la? Quando *Casa assassinada* estava finalmente para sair, Lucio anotou em seu diário que já estava preparado para o silêncio com que esse livro, assim como os outros, seria recebido. Livros estranhos costumam provocar reações extremadas. Mas os de Lucio provocavam indiferença — com o que não se conformavam seus poucos e fanáticos admiradores.

Alguns desses admiradores eram Carlos DRUMMOND de Andrade, Octavio de Faria, Sergio Buarque de Hollanda, Maria Alice Barroso, Agrippino

Grieco, Wilson Martins, tudo gente séria. Clarice Lispector, que o comparava a um "corcel de fogo", respeitava-o tanto que lhe dava seus originais para ler e opinar. Para CARLINHOS Oliveira, a obra de Lucio, assim como seu nome, era "feita de cardos e luz: Lucio Cardoso". Walmir Ayala chamava-o de "príncipe das trevas". José Lins do Rêgo dizia que sua prosa "sem ossatura" era composta de "uma carne incendiada de pecado". Fogo, cardos, trevas com lampejos de luz. Não é o material de que se constroem os best-sellers.

"Escrevo porque não tenho olhos verdes", disse Lucio certa vez. Bem, VINICIUS de Moraes tinha olhos verdes e escrevia do mesmo jeito. E Lucio, se os tivesse, também não se contentaria com eles. Escrevia porque não podia deixar de fazer isso. Era escrevendo que prestava contas a Deus, o personagem invisível e onipresente em sua ficção. Lucio era um homem dividido, com um tremendo sentimento de culpa por sua homossexualidade e uma invencível nostalgia da pureza. Mas, ao mesmo tempo que sofria por não sufocar sua "inquietação de felino" (pela qual, sóbrio, dizia sentir repugnância), sabia que ninguém desprovido de paixão faria literatura. E ele precisava da literatura para merecer o que entendia como o perdão final — precisava expiar-se em seus personagens, "essas tristes almas obscuras que invento, que não escolhi, mas que me foram dadas na sua solidão e no seu espanto".

Um amigo padre definiu-o como "um místico amputado", e ele não protestou. Numa época tão grosseira como a nossa, esses dilemas podem parecer sem sentido, o que explicaria o fato de Lucio ter sido quase evaporado da literatura. Mas, em 1960, já era assim e ele pressentia o próprio anacronismo — o que não o impedia de continuar trabalhando penosamente em seu último romance, O *viajante*, que não conseguiu completar. Não escrevia para os outros, mas para si mesmo.

Sua vida interior parecia não ter nada a ver com sua vida exterior. Os artigos que o descrevem como um homem tímido e introspectivo — e que "só não se matava porque olhava para trás e via o vulto de [seu mentor] Octavio de Faria escondido atrás da árvore" — devem ter sido escritos por pessoas que o conheceram apenas por sua literatura e nunca o viram em ação. Basta perguntar aos que privaram com ele em Ipanema. O personagem que eles revelam não parece caber nos livros que escrevia. Ele era "o irreal cavalgando o real", como dizia outro amigo, o ator Fregolente.

Era também o maior festeiro de Ipanema. Seu apartamento na rua Joana Angélica, perto da Lagoa, era uma casa aberta. De dia ou de noite, lá podiam ser encontrados, em fins dos anos 50, ANTONIO CARLOS Jobim e seu parceiro NEWTON Mendonça, LILIANE Lacerda de Menezes, João SALDANHA, o paisagista Burle Marx, CAIO Mourão, o poeta Marcos Konder Reis, o futuro fotógrafo ALAIR Gomes, RONIQUITO de Chevalier, Clarice Lispector, FERDY Carneiro, o artista plástico ZÉ Henrique BELLO, Paulo Cesar SARACENI, os muito jovens ARDUINO e MARINA Colasanti, IRA Etz e JOMICO Azulay, gente de todas as gerações e áreas da criação. Até 1962, seu apartamento foi uma das grandes universidades livres de Ipanema, e todos que passaram por lá saíram enriquecidos.

Em seu livro *Por dentro do Cinema Novo*, Saraceni diz que, quando Lucio se entusiasmava, transfigurava-se. Falava sem parar, movimentava-se como se dançasse, mas com a coreografia de um cineasta — enquadrava as pessoas com uma câmera invisível, buscando ângulos diferentes, como nos filmes que sonhou escrever e dirigir (chegou a começar um, *A mulher de longe*, em 1949, que não conseguiu terminar). Como a justificar seu nome, transformava-se num Lúcifer no cio e abusava de seu poder de seduzir. Clarice, enrodilhada a seus pés, pediu-o "em casamento". Não era a única mulher a adorá-lo.

Lucio morava sozinho e, para certificar-se de que não teria vizinhos chatos no prédio de três andares, pagava aos moleques da praça Nossa Senhora da Paz para atazanar a vida dos outros moradores, esperando que se mudassem. Mas suas festas não se limitavam a seu apartamento — promovia-as até em churrascarias, como a Pirajá. E, naturalmente, era um usuário assíduo dos bares. Frequentara o MAU CHEIRO muito antes que ele ficasse na moda e mantinha uma ligação umbilical e diária com o JANGADEIRO, onde tinha mesa cativa. Escrevia e desenhava nos botequins, usando qualquer papel, e conseguia concentrar-se como se não houvesse ninguém ali. Seu roteiro para *Porto das Caixas* (1962), o primeiro longa-metragem de Saraceni, foi todo escrito no Mau Cheiro, num caderno comprado na Casa Mattos.

Sua bebida de eleição era o vinho branco e ele o tomava em grandes quantidades. Lucio era alcoólatra e, como tal, sujeito às variações típicas dessa condição — da euforia à depressão aguda ou à agressividade. É provável que, em meados dos anos 50, já estivesse dependente do álcool — conforme ele mesmo escreveu em seu diário, ao falar do "café da manhã" de William Faulkner num hotel em São Paulo em 1954 (um copo de gim com um dedo de tônica) e ao confessar que o seu era igual. Mas, pelo menos até 1962, isso não pareceu turvar sua lucidez criadora — seus diários de 1949 àquele ano, reunidos no livro *Diário completo* (1970), são extraordinários e sua maior criação depois de *Crônica da casa assassinada*. Aos que esperavam dele revelações "íntimas" sobre sua vida sexual, Lucio nesse diário ofereceu algo muito mais íntimo — sua alma pelo avesso.

Em janeiro de 1959, aos 46 anos, Lucio projetou no diário que viveria mais vinte anos — se "tivesse sorte e escapasse ao câncer, ao infarto, à cirrose, à angina, ao diabetes e a outros males menores". Previu todos, menos o que o fulminou: o derrame cerebral, em dezembro de 1962. Todo o seu lado direito ficou paralisado. Não podia mais escrever nem sequer ditar seus romances, porque perdeu a fala articulada e só conseguia grunhir. Não era agradável vê-lo — lúcido e inerte, os olhos firmes, mas impotentes, e o cérebro parecendo o mar tal como ele o descrevera certa vez: "Uma grande coisa aflita e aprisionada, lançando-se sem descanso contra esses carcereiros imóveis, que são os rochedos".

Lucio não fez os filmes que planejou. Suas peças foram fiascos de público. Seus livros eram recebidos com frieza. Tudo isso, de repente, se tornara passado. Mas sua necessidade de expressão não tinha limites. O desenho, que até então era um hobby, tornou-se uma obsessão e ele passou a pintar sem parar — com a mão esquerda e, mesmo assim, no começo, com os dedos que sujava na tinta, até adquirir o controle dos pincéis. Pintava cidades, praias, serras — Valença, Mangaratiba, o bairro da Lapa — com firmeza e urgência. Incrivelmente, nos seis anos que lhe restavam viver fez quatro exposições individuais, duas no Rio, as outras em São Paulo e Belo Horizonte. Em todo esse período, uma pessoa nunca saiu de seu lado: sua irmã, Maria Helena Cardoso, autora do também belíssimo romance *Por onde andou meu coração* (1967). Desde que foi vedado a Lucio expressar-se por seu principal instrumento — a palavra —, ela falou por ele, rezou com ele e enxugou-lhe a baba e as lágrimas. Até que um segundo derrame, em 1968, o levou.

Para Paulo Cesar Saraceni, "Ipanema devia chamar-se Lucio Cardoso".

Frases

★ *A tragédia é o estado natural do homem.* ★ *Todas as paixões me pervertem, todas as paixões me convertem.* ★ *Estranho dom, Deus me deu todos os sexos.* ★ *Sou da raça dos que se alimentam de venenos.* ★ *A política é um modo de organizar e dirigir os homens. Mas, a mim, eles só interessam livres e desorganizados.* ★ *Tenho o Rio de Janeiro nas minhas veias como uma doença.* ★ *O que mais me agrada nas litografias é o silêncio. Silêncio do preto, silêncio do branco. Silêncio do preto e do branco, unindo-se para compor essa pausa imensa — o cinza.* ★ [Sobre o dinheiro]: *Vivo de ganhar aquilo de que eu morro.* ★ [Sobre *O diário de Anne Frank*]: *Um modelo de como deve ser a existência de um escritor — como um prisioneiro.* ★ [Sua definição de escrever]: *Um modo de agonizar de olhos abertos.*

LUCIO Rangel
1914-79. Jornalista e pesquisador de música popular.

Em 1956, no Bar Villarino, no Centro da cidade, ele sacramentou a parceria ANTONIO CARLOS Jobim e VINICIUS de Moraes, de que saíram o musical *Orfeu da Conceição*, o LP *Canção do amor demais*, a canção "Chega de saudade" e, daí, toda a BOSSA NOVA. Só por isso o mundo já deveria ser grato a Lucio Rangel. E olhe que, assim que a Bossa Nova surgiu, ele, um homem do passado, teve horror a ela. Mas sua ligação com a nova música estava escrita nas estrelas: Lucio era neto de Nascimento Silva, engenheiro de obras da prefeitura por volta de 1900 e que, no futuro, daria o nome à rua de Ipanema onde Tom Jobim iria morar e compor os primeiros clássicos do gênero.

Lucio era, orgulhosamente, um devoto da velha guarda. Seus heróis eram Louis Armstrong e Pixinguinha, para ele os dois maiores músicos do século. Com Pixinguinha, Lucio tomou uísque diariamente, durante anos, nos botequins da cidade. Com outro herói, o lendário Paulo da Portela (1901-49), Lucio partilhou coisa melhor — diversas mulatas na cama do sambista, no bairro de Oswaldo Cruz. Outros de seus íntimos eram Ismael Silva ("Você está se referindo, sem dúvida, ao *grande* Ismael Silva", ele corrigia), Mario Reis, Nelson Cavaquinho e, claro, Cartola. Foi Lucio quem manteve acesa a lembrança de Cartola durante os muitos anos em que o sambista andou sumido até ser "descoberto" lavando carros em Ipanema por Sergio Pôrto (não por acaso, sobrinho de Lucio).

Seu hábito de guardar recortes e documentos permitiu-lhe estabelecer as primeiras discografias de cantores brasileiros. Sua coluna sobre música popular no suplemento literário de *O Jornal*, dirigido nos anos 40 por Vinicius e, depois, por Carlos Lacerda, foi pioneira no Brasil. Em 1954, sem dinheiro para pagar nem a si próprio, Lucio criou a *Revista de Música Popular*, da qual tirou quatorze números — os colaboradores eram Manuel Bandeira, Almirante, Ary Barroso, RUBEM Braga, Guerra Peixe, Sergio Pôrto. Em 1962, atendendo a pedidos, finalmente lançou um livro: *Sambistas & chorões*, pela Francisco Alves. E, muito antes de morrer, doou sua coleção de 16 mil discos de 78 rpm ao Museu da Imagem e do Som. Seu arquivo está guardado com sua filha, a jornalista Maria Lucia Rangel, no sítio desta no Rocio, em Petrópolis.

Os que conheciam Lucio das rodas de samba e boemia sabiam que ele era também uma autoridade em literatura francesa do século XVIII e membro da Société des Amis de Marcel Proust, de Paris — cidade a que, até então, nunca tinha ido. Era tão ligado à França que, quando tomou um avião para Paris, em 1952, os amigos temeram que ficasse por lá. Mas, doze dias depois,

Lucio apareceu no Bar Amarelinho, na Cinelândia, com a mala na mão, vindo diretamente do aeroporto. Tinham lhe batido a carteira em Paris e ele preferiu voltar para o Rio, onde, pelo menos, já conhecia os punguistas.

Desde os anos 30, Lucio era uma espécie de líder nas grandes ondas migratórias dos boêmios cariocas — quando ele se mudava de bar, os outros tendiam a acompanhá-lo. Começou pela Lapa, quando esta ainda era a Lapa, até 1940 (é grande personagem de *Noturno da Lapa*, o livro de Luis Martins sobre o bairro). Nos anos seguintes, fez o circuito dos botequins do Centro: Amarelinho, Vermelhinho, Pardelas e Villarino. Sua turma se compunha de Portinari, Rubem Braga, Thomaz Santa Rosa, Graciliano Ramos (com quem morou quando jovem numa pensão do Catete), Mario de Andrade (nos três anos em que o modernista, sempre deprimido, morou no Rio), Ary Barroso, Haroldo Barbosa, Antonio Maria, Fernando Lobo. E, mais tarde, Elizeth Cardoso, PAULO Mendes Campos, TONIA Carrero, DOLORES Duran, o produtor fonográfico Irineu Garcia (dono da gravadora Festa, que lançou *Canção do amor demais*), o embaixador Roberto Assumpção e muitos outros. Mas, em fins dos anos 50, seu território já era definitivamente Ipanema. Tornou-se um clássico do JANGADEIRO e do ZEPPELIN. Um dia, brigou com o Zeppelin e tentou arrastar as massas para o vizinho CALYPSO. Nem todos o seguiram, mas, por sua causa, o Calypso passou a existir.

A partir do quinto uísque (ou do segundo, já perto do fim da vida), punha-se a tocar na mesa um trombone imaginário, com o qual fazia "improvisações" — tiradas nota por nota dos discos de Kid Ory, Jack Teagarden e outros trombonistas que adorava. "Lucio Rangel é uma das pessoas mais musicais que conheço", disse seu amigo Tom Jobim. Mas Lucio não era de fazer média. Ficou famosa sua frase para João Gilberto: "Olhe aqui, João. Você é um grande cantor. O que lhe estraga é esse negócio de Bossa Nova".

Ao se converter a Ipanema, Lucio tornou-se protagonista de um folclore sobre sua capacidade de beber. Numa das histórias, ele e um amigo se dão conta de que estão bebendo há dias, sem comer. O amigo diz que deveriam pedir algo para beliscar. Lucio concorda: "Você tem razão. Mas primeiro vamos beber alguma coisa, porque eu não como de estômago vazio". De outra feita, ao pedir um uísque num bar que ainda não frequentava, o BOFETADA, ouviu do garçom um preço absurdo pela dose. Depositou o copo no balcão e disse que ia lá fora, mas voltaria. De fato, voltou meia hora depois — vestido de smoking. E explicou: "Só pago isso por um uísque se estiver de smoking".

Quando o Brasil ganhou sua primeira Copa do Mundo, em 1958, a publicidade se aproveitou e até os liquidificadores e enceradeiras passaram a ser anunciados como "campeões do mundo". No Jangadeiro, ao ver um amigo tentando matar uma mosca que sobrevoava a mesa, Lucio reagiu: "Não faça isso! Ela também é campeã do mundo!". E foi ainda no Jangadeiro que, certa tarde, Lucio e Lulu Silva Araújo (filho do Vinho Reconstituinte) acharam que já era hora e resolveram ir embora. Os dois moravam no Leblon e não havia táxis. Então contrataram um burro sem rabo (carrinho de mão para pequenas mudanças, geralmente puxado por portugueses), instalaram-se nele e foram transportados pela rua Visconde de Pirajá, em direção ao Jardim de Alah, jogando beijos para as janelas e calçadas. E, sendo ele Lucio Rangel, as janelas e calçadas lhe jogaram beijos de volta.

LUIZA Barreto Leite
1909-96. Atriz, educadora e jornalista.

"Terrível", "inflamada", "decidida". Era assim que muitas pessoas definiam Luiza Barreto Leite, prima de JOÃO DO RIO. E já era assim desde o Rio Grande do Sul, onde nascera. Luiza queria ser engenheira. Mas os gaúchos de 1930 não confiavam em cálculos feitos por mulheres e por isso barravam o ingresso delas na faculdade de engenharia. Luiza tornou-se então a primeira mulher formada em direito por lá. E, como não se interessasse por advocacia, largou o diploma em Porto Alegre, veio para o Rio em 1934 e atirou-se ao teatro. Nunca mais respirou outro ambiente.

Não que houvesse muito que respirar. O teatro brasileiro vivia um comovedor atraso para quem, como ela, já passara um tempinho em Paris. A primeira missão a que se impôs foi ajudar na formação de grupos amadores. Um desses, que ela fundou em 1938 com Thomaz Santa Rosa e Celso Kelly, viria a ser Os Comediantes. Cinco anos depois, com o polonês Ziembinski na direção, eles encenariam a peça que iria mudar tudo: *Vestido de noiva*, de Nelson Rodrigues.

Nelson dizia de Luiza que ela era "incapaz de tomar um copo d'água sem paixão". Os dois discordavam em tudo e viviam brigando, o que não a impediu de atuar na montagem original de quatro peças dele: *Vestido de noiva*, *Doroteia*, *A falecida* e *Bonitinha, mas ordinária*. Curiosamente, Nelson foi o autor que ela mais representou numa carreira que, como atriz, seria quase bissexta — fez também *O escravo*, de LUCIO Cardoso, *Chuva*, de Somerset Maugham, *A verdade de cada um*, de Pirandello, *Um inimigo do povo*, de Ibsen, e poucas mais. Casada com o crítico de cinema José SANZ, Luiza trabalhou também em vários filmes nacionais, mas nunca foi ver nenhum deles: "Só me pagavam para fazê-los, não para assistir a eles".

Era uma mulher tão séria que conseguiu ficar imune ao incrível folclore que cercava seu marido em Ipanema. Sua paixão estava nos bastidores do teatro e, nestes, ela foi um dínamo. Como professora do Conservatório Nacional de Teatro, formou diretores e atores: Beatriz Segall, Fernando Torres, NELSON Dantas, Glauce Rocha, Leo Jusi, Glaucio Gill, Antonio Bivar e muitos mais. Luiza fez crítica teatral, escreveu livros sobre o papel do teatro na educação, militou em sindicatos, criou cooperativas e foi a grande força por trás do Seminário de Dramaturgia do Rio, que, durante seis meses, em 1967, mobilizou uma multidão de jovens atores e autores cariocas. Com tudo isso, um de seus grandes orgulhos era ser mãe: "Numa época em que ninguém mais amamentava os filhos, amamentei os meus. Eu fazia teatro de amadores, trabalhava em quatro ou cinco revistas e jornais e, de três em três horas, ia para casa amamentar meus filhos". Dois dos filhos de Luiza, os cineastas Sergio e Luiz Alberto Sanz, também tiveram belas carreiras.

LYGIA MARINA
n. 1948. Professora, administradora e musa.

Num fim de tarde chuvoso em maio de 1968, ANTONIO CARLOS Jobim estava no VELOSO, submetendo-se à sua dieta de chope com tremoços, ao lado do fotógrafo PAULO Goes. Mas ficou com um tremoço a caminho da boca quando a bela Lygia Marina, ex-aluna do Sion, vinte anos e 1,75 metro, e sua colega Cecília entraram no estabelecimento. Naquele momento, as esferas devem ter se movido no espaço. Tom conhecia Cecília, Paulo conhecia Lygia Marina, e o alinhamento entre os astros parecia levar a uma inevitável comunhão. Em poucos minutos, os rapazes já tinham se mudado para a mesa das moças e Tom estava dizendo a Lygia Marina que ela tinha "mãos de pianista". Mas, se o romântico Jobim alimentava alguma ilusão amorosa, esta se desfez quando ele descobriu que ela era professora (de português) de sua filha Elizabeth, de onze aninhos, no pré-admissão do Colégio Brasileiro de Almeida, não por acaso fundado e dirigido pela própria mãe dele, dona Nilza. Os planetas — Marte e Vênus — se viram, de repente, próximos demais para uma perfeita conjunção. Naturalmente, nem tudo se perdeu: aquela foi a melhor reunião de pais e mestres na história de Ipanema.

E não terminaria ali. Horas depois, Tom convidou Lygia Marina e Cecília a acompanhá-lo ao apartamento de Clarice Lispector, na rua Gustavo Sampaio, no Leme, para uma entrevista que ele daria à escritora, então colaboradora de *Manchete*. Já não era comum, então, o entrevistado ir à casa da entrevistadora, ainda mais sendo ele Tom Jobim. Mas ela era Clarice Lispector, e Tom sempre foi reverente diante da literatura — reverência esta que Clarice pode não ter percebido, ao abrir sua porta e ver o sorridente Tom enlaçando pelos ombros duas garotas. Lygia Marina e Cecília perceberam a expressão nada amistosa da dona da casa e sentiram o que era estar perto do coração selvagem — título do livro de estreia de Clarice. Ela não lhes dirigiu um simples olhar ou palavra durante a noite.

No fim da conversa, Clarice disse a Tom que entrevistara VINICIUS de Moraes dias antes e que este, ali mesmo, lhe escrevera um poema — e que tal se ele, Tom, também lhe escrevesse um? Tom hesitou. Tentou argumentar que, sem um piano ou violão, as palavras não lhe saíam com facilidade. Mas Clarice insistiu e Tom, usando uma lauda da *Manchete* como papel, rabiscou alguma coisa e recitou-a para ela: "Teus olhos verdes são maiores que o mar/ Se um dia fosse tão forte quanto você/ Eu te desprezaria e viveria no espaço/ Ou talvez então eu te amasse/ Ai que saudade me dá/ Da vida que eu nunca tive". Clarice, que tinha olhos verde-escuros, gostou dos versos, tanto que os anotou enquanto Tom os dizia e os publicou na entrevista. Só não viu quando Tom repassou a lauda para Lygia Marina, cujos olhos verde-claros — ela também os tinha — haviam inspirado o poema. O qual, enquadrado e emoldurado, foi enfeitar a parede do quarto de Lygia no casarão de Botafogo em que morava com os pais, com fachada do Segundo Reinado e abacateiro no quintal.

Tom e Lygia Marina não se viram pelos anos seguintes. Ele passou mais tempo em seu sítio Poço Fundo, em São José do Vale do Rio Preto, e em Nova York do que no Rio, compondo perenidades como "Águas de março", "Chovendo na roseira" e "Matita Perê", e consolidando sua carreira internacional. Ela, por sua vez, casou-se com o diretor de cinema e TV Fernando Amaral, pai de seu filho Luís Octavio, separou-se, tornou-se professora de literatura — embora suas minissaias perturbassem a classe — e se mudou de Botafogo para a rua Visconde de Pirajá, em Ipanema.

Em 1972, de volta ao Rio, Tom lembrou-se de Lygia Marina. Conseguiu seu número e telefonou. Uma voz masculina atendeu. Tom se apresentou, perguntou por ela e ficou sabendo que a voz era a de seu velho amigo FERNANDO Sabino. Tom achou que ligara para Fernando por engano. Pediu-lhe que confirmasse o número e perguntou por Lygia. O número era aquele mesmo, mas pertencia a ele, respondeu Fernando — e passou-lhe um número imaginário dizendo ser o de Lygia. Para completar o trote, ligou para o tal número e informou a seu proprietário que não se assustasse, mas Tom Jobim lhe telefonaria.

Tom logo saberia que Lygia e Fernando Sabino estavam juntos, e o caso inspirou o samba-canção "Lígia", gravado meses depois por João Gilberto em seu disco *The Best of Two Worlds*, com Stan Getz e Miúcha. Parte da letra, que pode ter sido sugerida ou esboçada (sem crédito) por Chico Buarque, dizia: "*E quando eu lhe telefonei/ Desliguei, foi engano/ O seu nome eu não sei/ Esqueci no piano/ As bobagens de amor/ Que eu iria dizer/ Lígia/ Lígia*". Durante anos, aquele ménage à trois musical nunca foi admitido por eles. Fernando e Lygia fingiam ignorá-lo e, quando indagado, Tom sorria e negava que tivesse alguma relação. Alegava até que sua Lígia, ao contrário da original, tinha "olhos morenos" e não gostava de sol. Mas, em 1994, quando Lygia e Fernando já tinham se separado, Tom, numa mesa da Cobal, confirmou para Dico Wanderley e Tessy Callado que a Lígia da canção era ela.

O casamento de vinte anos entre Lygia e Fernando Sabino — juntos, mas sempre morando separados — rendeu grandes passagens, contadas com vaidade e paixão pelo próprio Fernando. Uma das primeiras foi bem no começo, quando, ao entrar no restaurante Antonio's, no Leblon, eles foram abordados por RONIQUITO de Chevalier. Este, sempre calibrado e provocador, pediu: "Lygia, me dá um beijo!". Fernando, dono do pedaço, respondeu rindo: "Não enche, Roniquito". Roniquito murchou as orelhas e se afastou, mas logo voltou e disse, para todo o Antonio's ouvir: "Lygia Marina e Fernando Sabino! A bela e a fera!".

A vida de Lygia e Fernando Sabino foi uma ciranda lírico-musical, com muitas viagens a Nova York, memoráveis shows de jazz tradicional — Fernando era fiel ao estilo dos anos 20 e 30 —, os livros de crônicas que ele publicou (tendo Lygia como personagem em inúmeras delas) e o convívio com escritores, inclusive seus colegas mineiros PAULO Mendes Campos, Otto Lara Resende e Helio Pellegrino. Lygia, por sua vez, não ficou parada. Atuou no Centro Cultural do Mobral, a convite de Ana Luiza Conde, quando pôs seu entusiasmo a serviço do mapeamento cultural do país, e na Casa de Cultura Laura Alvim, convocada por Stella Marinho, onde ajudou a criar o Salão Carioca de Humor e acolheu artistas consagrados e alternativos. Sem falar nas coletâneas didáticas de autores brasileiros que organizou.

Mas, um dia, em 1993, o amor entre Fernando Sabino e Lygia Marina acabou — os amores têm, às vezes, esse hábito —, e Fernando não reagiu como o cronista leve e iluminado que sempre fora, mas como um personagem de ópera. Aproveitou uma reedição de sua obra pela Editora Aguilar e raspou a existência de Lygia. Uma por uma, reescreveu as crônicas em que a citara e apagou todas as amorosas referências que fizera a seu respeito. Algumas delas, "Lygia Marina acabou de chegar. Quando ela chega, tudo se ilumina";

"Quando ela não está comigo, tenho a sensação de estar perdendo tempo. Vivemos juntos há quase quinze anos. Espero que fiquemos juntos para sempre" e "a grande experiência amorosa da minha vida" — para citar só as de *O tabuleiro de damas*, de 1988. Tudo foi cortado.

Fernando podia fazer isso porque seus livros, para todos os efeitos, lhe pertenciam. A Record os editava e distribuía, mas por encomenda de Fernando. Por isso, ele podia retirá-los de catálogo, refazê-los e mandar reimprimi--los à sua feição — nenhum outro grande escritor brasileiro tinha esse privilégio. Mas essa atitude em relação a Lygia não caiu bem entre seus amigos, e os últimos anos de Fernando não foram muito felizes. Ele desapareceu até do calçadão de Ipanema, pelo qual desfilara de mãos dadas com ela, em incontáveis domingos.

Lygia Marina, por sua vez, aprumou-se e olhou para o futuro. Dirigiu durante anos a Casa França-Brasil e foi uma frequente convidada do programa *Manhattan Connection*, da GloboNews, gravado em Nova York. Cidade, aliás, que continuou a visitar, em busca de seus museus, livrarias e — por que não? — shows de jazz tradicional, que ela também aprendera a amar.

Luiz Carlos **MACIEL**
1938-2017. Guru da contracultura, diretor de teatro e roteirista de TV.

A marca "guru da contracultura" devia pesar-lhe como uma corcunda, mas Luiz Carlos Maciel carregou-a para sempre. Em sua página dupla semanal intitulada "Underground" no PASQUIM, em 1970 e 1971, ele foi o primeiro no Brasil a dar as últimas sobre os grandes pensadores do período, como Herbert Marcuse, Norman O. Brown, Wilhelm Reich, Timothy Leary, Carlos Castañeda, Jimi Hendrix, Janis Joplin (não ria) e outros que faziam a cabeça e os cabelos daquela geração. Uns pelo pensamento, outros pela ação, eles garantiam que o "sistema" estava morto, que a intuição dava de dez na razão e que sexo, drogas e rock and roll eram fundamentais para expandir a mente e soltar o corpo (ou vice-versa — alguns confundiam tudo). Diziam também que não se podia confiar em ninguém com mais de trinta anos ou que usasse ternos da Ducal.

O gaúcho Maciel foi um dos que se converteram a essa nova fé — porque não nasceu pensando assim. Ao chegar ao Rio, em março de 1964, às vésperas do golpe militar, e dividindo um apartamento com GLAUBER Rocha em Ipanema, ele queria mudar o mundo, mas sua visão ainda era política — os heróis de sua geração eram os marxistas Lukács e Althusser. A esquerda oficial já recendia a remédio de barata e Maciel começou a sentir no ar o aroma de uma esquerda jovem, mais anárquica, nada quadrada. Foi ele quem sugeriu a José Celso Martinez Corrêa montar *O rei da vela*, de Oswald de Andrade. A revolução com que sonhava seria mais ou menos como a que estava ali, no palco, ou no filme *Terra em transe*, de Glauber — muito tropicalismo, muita antropofagia, tupi or not tupi e outros mandamentos que ainda não tinham se transformado em clichês. Em seus sonhos, os milicos cairiam de podres e a imaginação tomaria o poder.

Infelizmente, em 1967-68, a direita tinha outros planos e massacrou um a um os sonhos da nova esquerda: Guevara foi morto na Bolívia, os Estados Unidos continuaram despejando napalm sobre o Vietnã, o Maio de 1968 na

França deu em nada, a URSS encaçapou a Primavera de Praga e o AI-5 acabou de arrolhar o Brasil. A Censura tornou o teatro impraticável — em dois meses, proibiu duas peças que ele dirigia: *Barrela*, de Plínio Marcos, e *As relações naturais*, de Qorpo Santo.

Maciel continuou disposto a mudar o mundo, mas começou a refazer seus conceitos. De repente, a política passou a não lhe dizer mais nada — Lukács, Althusser e o próprio Marx eram homens para quem a vida só existia das sobrancelhas para cima.

Enquanto isso, lá fora, o mundo estava tomando providências. O ano era 1969 e o desbunde, as comunidades hippies, o LSD, o Poder Jovem, o flower power, a macrobiótica, o taoismo, o Living Theatre, Woodstock e a promessa de uma nova consciência, uma nova cultura — tudo explodia de uma só vez. Nessa nova era que parecia estar às portas — a era de Aquarius —, todos teriam direito a ficar na sua, queimar fumo, comer faufilhas com breufas, chamar-se uns aos outros de "bicho", contemplar o pôr do sol e passar o dia ouvindo o disco do Steppenwolf. Muito som, muita cor, muita luz, muito corpo, sacumé? Alguns espíritos de porco já se perguntavam quem iria lavar os pratos, mas isso não importava naquela época — a revolução da juventude seria individual, nirvânica e mística. Apesar de já estar na suspeita idade de trinta anos, Maciel comprou essa certeza. Veio o *Pasquim*, e TARSO de Castro deu-lhe um espaço para, pioneiramente, falar desse universo.

A resposta dos leitores foi surpreendente. Maciel começou a receber cartas de gente do país inteiro, que, desencantada politicamente, roída por dúvidas metafísicas e insatisfeita com a vida sexual, queria largar tudo, cair fora, ir para o mato, juntar-se em "tribos" e viver de paz e amor. Alguns lhe pediam conselhos diretos: "Minha namorada não quer fazer sexo grupal. Devo terminar com ela?". Ou: "Quero desbundar, mas meus pais não deixam. O que hei de fazer?". Maciel era tratado como guru e isso o incomodava, porque não se sentia responsável por ninguém. Em 1971, saiu do *Pasquim*, ajudou a produzir as primeiras revistas brasileiras *underground*, como *Flor do Mal*, *Presença* e *Rolling Stone*, e, finalmente, desbundou também — em termos. Já era, então, a época do PÍER, a praia oficial da contracultura.

Oficial até demais. Em pouco tempo, o "sistema" provou-se mais uma vez invencível: assimilou a rebeldia jovem, etiquetou-a e passou a vendê-la em butiques. Num instante, até corretores de seguros estavam usando rabo de cavalo, e a perfumada Ipanema parecia abrigar mais hippies que San Francisco — todos de araque. As multinacionais da indústria fonográfica silenciaram toda a música que contivesse melodia-harmonia-ritmo e fizeram do rock o novo establishment. Tudo que era clandestino tornou-se permitido ou obrigatório, exceto a droga — mas os traficantes, que são a face oculta do "sistema", começavam a disseminá-la na classe média mais conservadora. Em 1973, até o LSD já vinha falsificado. O sonho acabara de vez. Maciel, que nunca rompera de todo suas relações com o mundo careta, devolveu as batas ao armário e foi para a TV Globo, onde passou comportadamente os vinte anos seguintes como analista de roteiros, cuidando até de novelas. Mas continuou a ser identificado com o sonho da contracultura, sobre o qual escreveu vários livros.

Talvez tivesse sido mesmo um sonho, do qual nunca se deveria ter acordado. Do uso "responsável e adulto" de maconha e ácido, que a contracultura pregava, o que veio à tona depois dela foi a cocaína até entre garotos em idade de catar meleca. A liberdade reduziu-se a uma calça velha, azul e desbotada — desde que fosse Calvin Klein. E, de repente — para desgosto de Maciel, que nunca deixou de adorar Frank Sinatra —, três sujeitos no palco podiam produzir três toneladas de som sem saber uma nota de música. O individualismo transformou-se em egoísmo, hippies históricos converteram-se em yuppies, ninguém mais falou em mudar o mundo e cada um ficou rigorosamente na sua. A própria reedição de Woodstock, trinta anos depois, terminou em incêndio e violência. E a prometida era de Aquarius não chegou e, se chegou, ninguém viu.

Maciel não se deu bem nesse novo mundo. A indústria cultural o ignorou, as solicitações escassearam e, para ele, literalmente, ficou difícil respirar. Não era, de fato, uma sociedade ideal para quem se sujeitava à fila do caixa num supermercado para comprar — como nos tempos do sonho — apenas uma flor.

Frases

★ *Conselhos a mim mesmo. Escuta o canto do ser. Ele tem mil vozes. Olha a dança do ser. Ela tem mais de mil passos.* ★ [Prevendo a manchete de sua morte]: *"Morre Luiz Carlos Maciel, o guru da contracultura".*

MANECO (Jacinto de Thormes) Müller
1923-2005. Colunista social.

Em 1945, aos 22 anos, ele criou no *Diário Carioca* a primeira coluna social moderna do jornalismo brasileiro. As colunas já existiam desde o começo do século, mas limitavam-se ao registro social (chás, jantares, casamentos, dicas de etiqueta, um ou outro féretro) e só faltava serem escritas em francês. Até que, sob o pseudônimo de Jacinto de Thormes (personagem do velho Eça em

■ MANECO (Jacinto de Thormes) Müller

A cidade e as serras), Manuel Bernardez Müller — para a vida civil, Maneco — chegou para mudar tudo. Sem desprezar as champanhotas e futilidades, injetou vida real em sua especialidade.

É verdade que as circunstâncias ajudaram. Os cassinos foram fechados por decreto em 1946 e, em seu lugar, surgiam as boates, casas noturnas elegantes e intimistas, como a Vogue, a Monte Carlo e a Meia-Noite, onde grã-finos, empresários, políticos e suas mulheres se misturavam com boêmios comuns. Nelas conspirava-se contra o governo, empresas mudavam de mãos, casos de amor nasciam e morriam. Um colunista que se prezava tinha de tratar desses assuntos. Donde Maneco passou a dar notas sobre tudo que se fazia e se discutia nelas, de política e negócios a romances ilícitos e até futebol.

Sua coluna não era deslumbrada — porque ele não era. Nem precisava ser porque, de berço, Maneco também era grã-fino. Seus avós foram políticos influentes do Brasil e do Uruguai. Sua mãe, "Negra" (era seu apelido) Bernardez, era um mito dos salões brasileiros e europeus — os homens viviam querendo matar-se por ela. Mas o mais importante é que, cercado por muito dinheiro, Maneco aprendeu a viver com pouco. Quanto ele tinha quatro meses, sua mãe se separou de seu pai e foi para a Itália com um marquês. Maneco ficou no Rio, aos cuidados de uma governanta inglesa, razão pela qual sempre falou português com um leve sotaque britânico. Quando "Negra" voltou (sem o marquês), ele foi finalmente apresentado à vida em sociedade e por pouco não se tornou enteado do príncipe de Gales — sim, falou-se de um romance entre Eduardo VIII e sua mãe, durante a visita ao Rio, em 1931, do herdeiro do trono inglês.

Como já sabia o que era o poder e também nunca precisou de dinheiro — os ricos o tinham por ele —, a única coisa que a coluna lhe deu foi prestígio. Foi Maneco quem inventou a lista anual dos "dez mais elegantes", com o que provocou uma reviravolta desse conceito. A lista dos homens, por exemplo, podia incluir tanto o banqueiro Walther Moreira Salles quanto o sambista Ataulpho Alves; e a das mulheres podia ignorar madames cuja ideia de elegância era usar uma única vez vestidos feitos em Paris. Maneco criou também o Baile das Debutantes, e uma das jovens lançadas por ele, nos anos 50, foi REGINA Rosenburgo. Mas, embora seus territórios fossem o COUNTRY (que frequentava desde criança, apesar de nunca ter sido sócio), o Sacha's e o Copacabana Palace, Maneco achava um tédio o glitter dos salões. Ao descrever uma festa, dizia o essencial e, ao anunciar que iria descrever as roupas, as joias e o bufê, dizia gaiatamente: "Depois eu conto" — e não contava.

Mas a importância de Maneco foi contribuir para arejar os costumes. Sua coluna era tão lida que, naqueles tempos pré-divórcio, bastava chamar de "senhor e senhora" um casal não casado para que essa união ficasse oficial.

Isso podia não fazer diferença nas altas-rodas, mas influenciava os leitores de classe média, que tinham os ricos como modelos. Maneco era a favor de que os costumes se arejassem, não que se escancarassem. Mas as transformações foram tantas, e não apenas em termos de sexo, que ele previu que, um dia, a elegância seria uma palavra morta nos dicionários. Enquanto isso não acontecia, Maneco — aliás, seu alter ego — foi letra de um samba de Miguel Gustavo, cantado por Jorge Veiga: *"Enquanto a plebe rude/ Na cidade dorme/ Eu ando com o Jacinto/ Que é também de Thormes..."* ("Café Society", de 1955).

Em 1962, quando se começou a servir picadinho com farofa e ovo nos jantares formais, Maneco sentiu que esse dia chegara. Nessa época, já tendo se passado para a *Última Hora*, tomou uma atitude drástica, mas coerente. Abandonou os grandes salões e levou Jacinto de Thormes para o último reduto que considerava chique: os gramados de futebol, onde reinavam príncipes — não por acaso, botafoguenses como ele — como Garrincha, Didi e Nilton Santos. Foi ser cronista esportivo, função que desempenhou informalmente por anos antes de se aposentar.

Durante sua carreira, era fácil identificar Jacinto de Thormes nos eventos. Estava sempre britanicamente, de cachimbo em punho — acessório com que aparecia em todas as fotos e do qual era o mais famoso usuário no Rio. Às vezes, também pigarreava em inglês.

MARCIA Rodrigues
n. 1949. Atriz e decoradora.

De repente ela irrompia linda na tela, como que anunciando o verão, entre os créditos desenhados por GLAUCO Rodrigues, na abertura do filme *GAROTA de Ipanema*. Você se preparava para ver uma obra-prima e só depois descobria que aquela abertura era a melhor coisa do filme. Marcia Rodrigues tinha dezessete aninhos quando foi escolhida entre quase cem candidatas para viver no cinema a garota criada por ANTONIO CARLOS Jobim e VINICIUS de Moraes. Mas não foi descoberta na praia, como se pode pensar. Um ano antes, em 1965, ela estudava no Colégio Rio de Janeiro, era alta, magra, usava aparelho nos dentes e se julgava feia. Sua insegurança era comovente. Então, largou o clássico para estudar teatro com NELSON Xavier e, em 1966, subitamente linda, ganhou pontas em filmes como *Todas as mulheres do mundo* e *El justicero*. Conquistou quase sem querer o papel em *Garota de Ipanema*, fez o que pôde com aquelas falas bobas que lhe deram para dizer e arrebatou o Prêmio Air France de revelação de 1967.

Nasceu uma estrela? Não — porque ela não quis. Meses depois, em Paris, o cineasta português Novaes Teixeira apresentou-a a Luis Buñuel, que procurava uma atriz desconhecida para ser a Virgem Maria em seu novo filme, *A via láctea*. O diretor de *Belle de jour* estava no auge e as atrizes da Europa unhavam-se entre si para filmar com ele. Buñuel, muito surdo, mas enxergando bem, recebeu Marcia em seu escritório, em cima do cinema Ermitage, nos Champs Élysées, e gostou do que viu. No segundo encontro pediu-lhe que deixasse suas fotos e tirasse documentos que lhe permitissem trabalhar na Europa. Marcia prometeu providenciar e mandar tudo de Londres, para onde estava indo a passeio. Nas semanas seguintes, um irritado produtor de Buñuel telefonou-lhe insistentemente em Londres. Mas Marcia não tirara documento algum — sua insegurança voltara. Morria de medo de trabalhar com um gênio e dizia para si mesma que só o fato de ter sido cogitada já era uma vitória. Finalmente, ligou de volta para o produtor, mas então foi ele que não a atendeu. Voltou para o Rio e nunca mais soube de Buñuel. E, também por medo, dois anos depois fez questão de não assistir a *A via láctea*, com Edith Scob no papel que teria sido seu.

Marcia casou-se, teve filhos (foi uma fulgurante "Dica de mulher" do PASQUIM em 1971, dias depois de um parto, em foto de Paulo GARCEZ) e fez vários filmes, de maior ou menor expressão. De repente, uma tragédia sacudiu o país: o assassinato de sua irmã Claudia Lessin Rodrigues, 21 anos, pelos playboys Michel Frank e George Khour, em 1977. A brutalidade do crime, o dinheiro corrompendo a investigação e a impunidade dos assassinos (Frank fugiu para a Suíça, e Khour, em pouco tempo, já estava livre) abateram Marcia e ela custou a retomar sua carreira. Não era esse o futuro que, dez anos antes, o verão de Ipanema lhe prometera.

Mas ela foi em frente, em busca de outros verões. Quando o cinema deixou de lhe dizer coisas, trocou-o pelo design de interiores e nunca mais olhou para trás.

MARCO AURELIO Mattos
1920-91. Escritor e advogado.

Ele foi um dos segredos mais bem guardados de Ipanema. Nunca ficou famoso, mas foi uma das maiores admirações de pessoas como MILLÔR Fernandes, JANIO de Freitas, Otto Lara Resende, PAULO Mendes Campos e FERNANDO Sabino (que o transformou num dos personagens ocultos de seu romance *O encontro marcado*). Todos o consideravam o homem mais instruído que conheciam. E, no gênero, também o mais simples: quem o visse contando anedotas no ZEPPELIN (morava quase em frente) nem desconfiaria que ele lia e falava inglês, francês, espanhol, alemão, russo, grego e latim. Ou que conhecia história, filosofia, psicanálise — foi o tradutor brasileiro da biografia de Freud por Ernst Jones — e, por ser advogado, direito.

A erudição lhe assentava naturalmente, como se Marco Aurelio já tivesse nascido com ela. Na verdade, nascera entre livros, em Minas Gerais, e seu pai, Mario Matos, foi um dos primeiros biógrafos de Machado de Assis. O próprio Marco Aurélio ajudou a estabelecer o texto definitivo da obra de Machado e lutou para que, em 1958, ela se tornasse de domínio público. Longe dos livros, Marco Aurelio era procurador da Caixa Econômica (por concurso, como fazia questão de dizer) e um dos fundadores do antigo Partido Socialista Brasileiro. Mas tinha tudo para ser também um stand-up comedian — imitava Chaplin, Hitler, Getulio. E se, ao ouvir certas anedotas, você já se perguntou quem teria sido o criador delas, Otto Lara Resende e Janio de Freitas julgavam ter a resposta: Marco Aurelio Mattos. Uma delas, muito explorada depois por cartunistas como Millôr e JAGUAR, seria a do sujeito encontrado no deserto, sangrando, com um facão espetado no peito. Perguntam-lhe: "Não está doendo?". E o homem responde: "Só quando eu rio".

Seu livro de contos, *As magnólias do paraíso*, publicado em 1982 pela Codecri, era cerebral, estranhíssimo, com um toque borgiano (de Jorge Luis Borges), contendo pelo menos três contos, "Mais alto que a terra", "Um gato e sua cor" e "O galo", que deveriam figurar em qualquer antologia brasileira séria do gênero.

Frase

★ *É preciso tentar aprender de tudo, da ema ao beija-flor.*

MARCOS Valle
n. 1943. Compositor e cantor.

Em 1965, entre uma onda e outra no ARPOADOR, Marcos e seu irmão Paulo Sergio Valle (*n.* 1940) fizeram "Samba de verão", que se tornou o tema daquela geração de surfistas. Gravado em 1966 pelo organista Walter Wanderley, foi quebrar nas praias da Califórnia e, com o título de "Summer Samba", chegou ao primeiro lugar na parada da revista *Billboard* — empurrando os Beatles para os outros nove lugares das dez mais. Sim, era assim que as coisas se davam. Em pouco tempo, "Summer Samba" teve mais de cem gravações nos Estados Unidos, o que poderia ter feito dos dois irmãos os garotos mais

■ MARCOS Valle

ricos da sua geração em Ipanema. Mas, como o pessoal da BOSSA NOVA não era dos mais rigorosos no controle de seus direitos autorais, o grosso do dinheiro de "Summer Samba" nunca chegou aos bolsos do calção de Marcos Valle.

Não tinha importância. Os sambas e os verões não acabariam ali, e ele ainda faria muitas outras músicas — esse era o espírito da época. Naqueles meados dos anos 60, Marcos produziu um punhado de canções que se tornariam clássicos da Bossa Nova: "Preciso aprender a ser só", "Terra de ninguém", "Deus brasileiro", "Gente", "Os grilos", "Passa por mim", "Batucada surgiu", "Sonho de lugar" e "O amor é chama" (todas com Paulo Sergio), "Dorme profundo" e "Seu encanto" (com Paulo Sergio e Pingarilho), "Razão de viver" (com Eumir Deodato e também Paulo Sergio), "Vem" (com Lula Freyre), "Bloco do Eu Sozinho' (com RUY Guerra) — uma atrás da outra e quase todas com o mar como tema. Marcos se dividia entre o piano e a praia, onde sua turma de SURFE incluía os míticos Valcir "22", "Macaco", "Mudinho", "Perseguição" e Fernanda e Irencyr Beltrão. Foi para eles que Marcos fez "Vamos pranchar", a primeira música brasileira sobre o esporte.

Não que o mar estivesse para peixe. Os militares recém-chegados ao poder, em 1964, tinham provocado um racha político na Bossa Nova. Num dos corners, os artistas "participantes", empenhados em fazer "música social"; no outro, os que, como Marcos, queriam fazer apenas música e, por isso, eram chamados de "alienados". Era um conflito entre, respectivamente, a terra e a areia, embora as duas turmas dividissem a mesma barraca na praia em Ipanema. Sobre isso, Marcos e Paulo Sergio fizeram "A resposta", com seus imortais versos: *"Falar do morro/ Morando de frente pro mar/ Não vai fazer ninguém melhorar"*. Mas até eles se renderam ao apelo "participante" e compuseram "Viola enluarada", cujo refrão — *"A mão que toca um violão/ Se for preciso faz a guerra"* — era cantado em 1970, baixinho, ao pé do fogo no meio do mato, pelo pessoal da guerrilha rural.

Mas a música popular é, quase sempre, uma atitude. Ao mesmo tempo que fornecia violas para a guerrilha, Marcos estava sendo também um dos primeiros a usar instrumentação eletrônica (como em "Próton, elétron, nêutron"), a fazer jingles de propaganda (lembra-se de "Mustang cor de sangue"?) e a compor trilhas de programas da TV Globo, como *Vila Sésamo*, e de novelas (*Pigmalião 70, Véu de Noiva, Selva de Pedra, O Cafona, Os Ossos do Barão*) — no tempo em que elas eram encomendadas a um compositor e não se reduziam a uma compilação de sucessos das paradas. E foi também de Marcos, com Paulo Sergio e NELSON Motta, uma canção de que a Globo precisava para certo fim de ano e que acabou ficando para todos os fins de ano: *"Hoje é um novo dia/ De um novo tempo que começou..."* ("Novo tempo").

A consequência natural desse profissionalismo e versatilidade era ir para os Estados Unidos, onde Marcos passou os anos 70. Não em Nova York, como seria natural, mas na Califórnia, por não conseguir ficar longe da praia. Mas a Califórnia não era Nova York e aqueles não foram anos propícios à música popular de alta qualidade. Alguém por aqui terá ficado sabendo que Marcos trabalhou com Eumir Deodato e com o grupo Chicago, então duas potências no mercado americano? Ou que Sarah Vaughan o chamou para gravar com ela "Something", de George Harrison? De volta ao Rio em 1981, Marcos continuou produzindo ("Freio aerodinâmico", "Estrelar", "Abandono", "Mushi mushi", "Bahia Blue"), mas a distância mais curta entre dois pontos sempre foi a memória do mercado brasileiro.

Marcos teve de esperar até os anos 90 para ser redescoberto no Brasil — quando chegaram por aqui os ecos de seu sucesso em Tóquio, Londres, Copenhague, Amsterdam, onde sua *fusion* de Bossa Nova, jazz, soul, *house music*, baião, coco e frevo passou a ser, desde então, uma referência para a melhor música contemporânea. Até hoje.

MARCOS de Vasconcellos
1933-89. Arquiteto, cronista, contista e compositor.

No começo dos anos 60, o arquiteto Marcos de Vasconcellos teve seu projeto para a reforma de um teatro recusado pelo então governador do Rio, Carlos Lacerda. Lacerda teria alegado: "Ele não. É louco". Ao saber disso, Otto Lara Resende aconselhou Marcos: "Você passou a ser o único louco oficial do estado. Exija uma pensão".

Lacerda podia não estar errado. Marcos de Vasconcellos não era "normal". Em 1968, indignado com o que julgava a cumplicidade de seus colegas na destruição do Rio pelos sergiosdourados, ele tomou a única atitude que lhe pareceu decente: dar o exemplo. Parou de aceitar projetos de prédios de apartamentos e começou uma feroz campanha contra os governantes e construtoras. Como carioca, Marcos, já ferido pelos aterros e viadutos que haviam violentado outras partes da cidade, preocupava-se agora com a paliçada de concreto que ameaçava encobrir uma das paisagens mais bonitas do mundo — Ipanema.

Mas, em vez de se unirem a ele pelo bem da cidade, alguns arquitetos passaram a chamá-lo de "camicase" e "irresponsável". Houve até quem o ameaçasse fisicamente. Para defender-se, Marcos só dispunha de uma arma: a palavra, que passou a usar com poder de fogo e enxofre em artigos e entrevistas na imprensa. Foi quando se sentiu mais arquiteto do que nunca. Custou, mas sua campanha rendeu frutos. Hoje, a maioria dos arquitetos cariocas concordaria com ele. Pena que Marcos não tenha vivido para ver isso.

Mas, enquanto a ameaça pairava, ele não quis sequer presenciar a copacabanização de Ipanema. Quando começou a derrubada do bairro, de cujas praias e bares fora um dos personagens mais militantes, construiu sua casa no Horto Florestal, aos pés do Cristo, onde foi morar, e transferiu sua verve para o Leblon — mais exatamente, para as mesas do restaurante Antonio's, na rua Bartolomeu Mitre. Atitude essa seguida por uma legião de ipanemenses, na talvez maior fuga de cérebros já sofrida por um bairro carioca na história, nem que fosse para o bairro ao lado. Foi Marcos, aliás, quem descobriu que o Leblon era uma ilha. Aos que não acreditavam, ele explicava: "É ilha, sim. Ao sul, o oceano Atlântico; a leste, o canal do Jardim de Alah; a oeste, o canal da rua Visconde de Albuquerque; e, ao norte, canalizado, o rio da Rainha".

Com isso, além da "Vênus platinada" (o prédio da Globo no Jardim Botânico), os pósteros terão pouco a admirar do arquiteto Marcos, discípulo de Sergio Bernardes — porque, em sua profissão, ele foi mais notável pelo que se recusou a destruir. Mas o Marcos que foi também letrista de música popular, infelizmente bissexto, ficará para sempre com suas letras em parceria com o também bissexto Carlos Alberto Pingarilho, em 1965. Vide "Samba de rei" e "Samba do dom natural", gravados por Leny Andrade e Pery Ribeiro, e, principalmente, o "Samba da pergunta": *"Ela agora/ Mora só no pensamento/ Ou então no firmamento/ Em tudo que no céu viaja/ Pode ser um astronauta/ Ou ainda um passarinho/ Ou virou um pé de vento/ Pipa de papel de seda/ Ou quem sabe um balãozinho/ Ou estar num asteroide/ Pode ser a estrela-d'alva/ Que daqui se olha/ Pode estar morando em Marte/ Nunca mais se soube dela/ Desapareceu".* "Samba da pergunta" foi lançado por ninguém menos que João Gilberto, em seu disco *João Gilberto en México* — o que deve significar alguma coisa, já que o cantor nunca gravou uma canção de Baden Powell, MARCOS Valle, Edu Lobo, Francis Hime ou Dori Caymmi.

Marcos de Vasconcellos será lembrado também pelos contos, alguns hilariantes, que publicou na revista SENHOR, reunidos no livro *30 contos redondos* (1963), e pelo folclore que recolheu nas areias, mesas e calçadas da Zona Sul, agrupado nos livros *Tragédias ligeiras* (1981), *300 histórias do Brasil* (1983) e *Brazil — A marca da zorra* (1984). Nesses últimos, ele ameaçou tornar-se uma espécie de Luiz da Câmara Cascudo urbano, ao fixar os mitos, lendas e fábulas de uma fauna muito mais colorida do que os botos, iaras e sacis-pererês de Cascudo — os boêmios, intelectuais e doidos do Rio dos anos 50 a 70.

Frases

★ *São Paulo não pode parar. São Sebastião pode.* ★ *O direito à paisagem é um direito à vida.* ★ *A paisagem faz parte de você, de seu terreno, de sua casa.* ★ *A arquitetura não é só para desenhar plantas e fachadas, mas para salvar a vida do próximo.* ★ *Punheta satisfaz. Mas não convence.*

MARIA CLARA Machado
1921-2001. Teatróloga, atriz e educadora.

Maria Clara Machado nunca se casou nem teve filhos, mas sua prole é uma multidão. São os atores, cenógrafos, figurinistas, coreógrafos, técnicos, maquinistas, costureiras etc. etc. que se formaram no Tablado, a companhia de teatro que ela fundou em 1951 e para a qual escreveu os grandes clássicos brasileiros do teatro infantil: *O rapto das cebolinhas* (1953), *A bruxinha que era boa* (1958), *O cavalinho azul* (1960), *Maroquinhas Fru-Fru* (1961), *A menina e o vento* (1963), *O dragão verde* (1984) e muitos mais. E, claro, *Pluft, o fantasminha* (1955), uma espécie de *Hamlet* do gênero. Mas, por mais que Maria Clara tenha ajudado a revelar uma constelação de nomes do teatro, cinema e TV durante sessenta anos, sua maior construção foi — de longe — a própria Maria Clara.

Sim, ela teve de construir-se. Filha do escritor ANIBAL Machado e, aparentemente, tão à vontade entre os artistas e intelectuais que frequentavam as domingueiras em sua casa na rua Visconde de Pirajá, Maria Clara precisou lutar contra os fantasmas que a perseguiam desde a infância. Sua mãe morreu (de parto) quando ela tinha nove anos e essa morte não lhe foi comunicada, nem às suas irmãs. A mãe apenas nunca voltou do hospital, suas fotos desapareceram da casa e não se falou mais dela — como se tivesse feito pluft. Em pouco tempo, seu pai casou-se com a cunhada, apenas oito anos mais velha do que Maria Clara. Em seguida, embora fosse ateu, Anibal entregou a filha às freiras do Colégio São Paulo, o que ajudou a complicar-lhe ainda mais a cabecinha. Maria Clara deixou o colégio ao descobrir que as freiras não eram infalíveis — ao contrário do que elas diziam, os rapazes com quem dançava escondido não tinham pés de cabra.

Anibal podia ser vanguardista em arte e política, mas em tudo o mais era um conservador. Sexo era assunto tabu em família, exceto se falado em francês pelos adultos, e Maria Clara custou a descobrir a diferença entre os meninos e as meninas. Para escapar àquele clima amoroso, mas opressivo, do pai e das freiras, não lhe bastava apostar corrida de bicicleta com as amigas pela rua Visconde de Pirajá, ziguezagueando entre os trilhos dos bondes. Refugiou-se no bandeirantismo, no qual chegou a comandante. Nos "fogos de conselho" das bandeirantes, em que era estimulada a representar, descobriu o palco. Em 1949 conquistou uma bolsa da Unesco e foi estudar teatro, balé e mímica em Paris com o pessoal de Jean-Louis Barrault. Ficou dois anos e, ao voltar para o Rio, rompeu a casca, contrariando Anibal, que queria vê-la professora — tornou-se atriz profissional. Mas, ao criar o Tablado, com Martim Gonçalves e o próprio Anibal, conseguiu o meio-termo ideal — foi ser professora de teatro. Tinha trinta anos.

Como autora, as peças de Maria Clara têm atravessado décadas e gerações em remontagens sucessivas. Não envelhecem, porque tratam de assuntos eternos para crianças e adultos: a busca da mãe, o medo de crescer (em vários sentidos), a descoberta do outro. "Mamãe, gente existe?", pergunta Pluft, o fantasminha. Em *A menina e o vento*, o vento que faz levar as ansiedades e os medos pode ter sido a psicanálise que ela começou a fazer aos 42 anos e nunca abandonou. Nada disso foi programado, nem Maria Clara jamais quis passar "mensagens" pedagógicas ou psicológicas nas peças. Ao criar sua inesquecível galeria de personagens, queria falar apenas de si mesma e do mundo que enxergava com seus assustados olhos azuis. Mas, ao dar dimensão dramática a seus dramas e alegrias íntimos, fixou a dramaturgia infantil brasileira.

Sua carreira como educadora também foi impressionante e única. A experiência em Paris ensinou-lhe que não precisava de instalações majestosas para fazer teatro. Um pequeno espaço cedido pela Cúria Metropolitana, no Jardim Botânico, era suficiente para o Tablado. Ali, inúmeros jovens subiram pela primeira vez a um palco, médicos aprenderam iluminação, donas de casa a criar figurinos, engenheiros a construir cenários e, juntos, todos aprenderam com ela a representar. Do regime estritamente amador do Tablado, saíram Rubens Corrêa, Ivan de Albuquerque, NAPOLEÃO Moniz Freire, Roberto de Cleto, Jacqueline Laurence, Maria Pompeu, Claudio Corrêa e Castro, Wolf Maia, Louise Cardoso, Sura Berditchevsky, Maria do Rosário Nascimento e Silva, Bia Nunes, Miguel Falabella, Hamilton Vaz Pereira, Fernanda Torres, Felipe Camargo, Malu Mader, Claudia Abreu, Alexandre Frota, Mauricio Mattar. O Brasil deve a Maria Clara mais vocações reveladas do que a qualquer outro nome do teatro.

E não apenas vocações de atores. Em muitas peças do Tablado, os cenários eram de ANNA LETYCIA, os figurinos de KALMA Murtinho, a música de CARLOS Lyra, a coreografia de Débora Colker, todos em começo de carreira. E que pena que nem sempre Maria Clara pudesse fazer tudo. Em 1961, por exemplo, concordou com uma adaptação de *Pluft, o fantasminha* para o cinema. O diretor, o francês Romain Lesage, radicado no Rio, tinha dinheiro, cores, uma grande história e uma chusma de talentos para fazer uma obra-prima — entre eles, um elenco com Dirce Migliaccio, Kalma Murtinho, NELSON Dantas, Sergio Ricardo, o palhaço Arrelia e, no papel de Maribel, a estreante IRA Etz. Como se não bastasse, havia os amigos de Maria Clara, que também apareceram no filme, mas quase irreconhecíveis em suas fantasias de pirata: ANTONIO CARLOS Jobim (que também fez a música), VINICIUS de Moraes, PAULO Mendes Campos, Dorival Caymmi, Sergio Pôrto, LUCIO Rangel, Haroldo Costa, RAYMUNDO Nogueira e Otelo Caçador — acredite se quiser. Pois não é que, com tudo isso, o francês conseguiu fracassar? O filme não era bom e quase ninguém o viu.

Maria Clara é que nunca fracassou. Suas personagens femininas também não: Maribel, Maria Minhoca, Maroquinhas Fru-Fru e as outras, todas eram meninas que, como ela, queriam ser salvas — e conseguiam. Para as plateias que já passaram e passam pelo Tablado (e que desafiam qualquer cálculo numérico), suas peças continuaram a ensinar coragem e independência — qualidades que a própria Maria Clara, do alto de seus 150 centímetros de altura, precisou conquistar primeiro para si, para só então escrevê-las.

MARIA GLADYS
n. 1939. Atriz.

Ela sempre foi a *marginal* favorita do teatro, do cinema e da televisão — suas personagens se chamavam Lindalva, Lucimar ou Lucineide, costumavam ser empregadas, bandidas ou prostitutas, e nunca beijaram o galã. Naturalmente, a atriz era paga de acordo — ou seja, mal. Mas Maria Gladys queria ser apenas coerente. Na Ipanema da era clássica, no começo dos anos 60, ela era uma espécie de pré-LEILA Diniz, debochada, inconformista, pronta para tudo. Mas uma Leila Diniz que tivesse acabado de chegar do Cachambi, na Zona Norte — de onde Gladys efetivamente saiu. Aos quinze anos, por exemplo, quando se destacava pela animação nos bailes de sábado no Méier, ela já era mãe. Solteira, evidentemente. Para aproveitar melhor sua vocação, foi ser dançarina no programa de Carlos Imperial na TV Tupi, *Clube do Rock*, em 1959, onde conheceu os jovens Roberto Carlos, Tim Maia e outros expoentes do futuro iê-iê-iê. Na mitologia sobre esse período da intelligentsia brasileira, há uma história, contada pelo falecido Imperial, de que Gladys teria sido a responsável pelo fim da virgindade de um deles. Mas não queira saber qual — ele costuma chamar a polícia quando julga que estão bisbilhotando sua vida pessoal.

Do programa de Imperial, Gladys pulou para o cinema e apareceu em algumas das derradeiras chanchadas do cinema brasileiro. Seu primeiro filme de verdade foi *Canalha em crise* (1963), mas, logo depois, foi vista em *Os fuzis* e ouvida em *Deus e o diabo na terra do sol* — dublou a atriz Sonia dos Humildes e fez parte do coro que cantava "*O sertão vai virar mar/ e o mar virar sertão*" (os outros do coro eram Helena Ignez, Anecy Rocha e Otoniel Serra). O sertão não virou mar, como se sabe. O mar, sim, é que virou sertão, mas, antes que isso acontecesse, Gladys tornou-se personagem do CASTELINHO, ao lado de suas amigas YONITA, Dorinha e Solanginha, que formavam o TRIO TUMBA. Gladys apareceu em alguns dos filmes mais Zona Sul da época, como *Todas as mulheres do mundo* (1966), *Edu, coração de ouro* (1968) e *Copacabana me engana* (1968), mas nunca se sentiu uma atriz do CINEMA NOVO. Com sua típica cabeça de quem não estava para conversa fiada, gostava muito mais dos jovens do chamado cinema udigrúdi, como Julio Bressane, com quem fez *O anjo nasceu* (1969), e Rogério Sganzerla, para quem trabalhou em *Sem essa aranha* (1970) — no qual descia o morro do Vidigal vestida de verde-amarelo e gritando: "Eu tô cum fome!".

Em 1971, ano do desbunde em Ipanema, Gladys juntou-se ao grande êxodo e foi com a cara e a coragem para Londres. Não só porque Caetano Veloso, Bressane e Sganzerla já estivessem lá, mas porque, romanticamente, queria sentir-se perto de Mick Jagger. Não tinha a menor ideia de onde ele morava, mas, em seus primeiros dias de Londres, entrou de penetra numa festa de halloween e em quem tropeçou? Em Mick Jagger, fantasiado de bailarina! Mas Jagger desapareceu ao ser atacado por ela e, com isso, Gladys perdeu sua única chance de ter um filho com ele.

Em compensação, teve uma filha com um garçom inglês e, três anos depois, voltou para o Rio. Com esforço, Gladys venceu seus preconceitos contra a televisão e rodou sua primeira novela, já no papel de uma doméstica — se era para trabalhar na Globo, que fosse como *marginal*. E, desde então, continuou firme em sua decisão. Sempre fez domésticas. Nunca aceitou interpretar grã-finas ou princesas.

MARIA LUCIA Dahl
n. 1941. Atriz e escritora.

Pai empresário, casarão em Botafogo, educada no Sion, festas no COUNTRY, cruzeiros pelo mundo, férias em Paris e Roma, curso de filosofia na PUC, butique de brincadeirinha em Copacabana, namoros no ARPOADOR e fugas com o namorado para ilhas desertas. No toca-discos, LPs de Elvis Presley e Doris Day. Além disso, loura, ar etéreo de princesa de desenho de Walt Disney e lindamente alienada. Pois Maria Lucia, *née* Pinto, foi tudo isso até os dezoito anos. Não admira que não fosse feliz.

Mas aquele tempo não deixaria ninguém impune. Em 1960, em Roma, ela conheceu Gustavo Dahl, um rapaz de São Paulo que estudava cinema na Itália. Maria Lucia deslumbrou-se — ele era o intelectual mais fascinante que ela já tinha visto. Casaram-se no Rio e Maria Lucia, agora Dahl, ingressou num universo de diretores de cinema, teatrólogos e atores, todos bonitos, talentosos e com planos ambiciosos para o mundo. Com seus filmes e peças, eles pretendiam reformular a estética do passado, conscientizar o povo brasileiro e derrubar a recém-instalada ditadura militar assim que esta passasse por suas mesas no ZEPPELIN e no MAU CHEIRO.

Maria Lucia tornou-se atriz sem deixar de ser princesa, como a chamavam seus muitos admiradores no CINEMA NOVO e no Grupo Opinião, hipnotizados pela aura dourada que ela desprendia. Os papéis abundavam. Somente naqueles anos, fez no cinema *Menino de engenho* (1965), *A grande cidade* (1966), *Cara a cara* (1967), *O Bravo Guerreiro* (1968) e *Macunaíma* (1969). No teatro, *Se correr o bicho pega, se ficar o bicho come* (1967), *Dura lex sed lex, no cabelo só Gumex* (1968) e *Direita, volver* (1969), todas do Opinião.

Fez mais: por iniciativa do marido, estrelou um dos primeiros casamentos abertos de Ipanema, em que ela e Gustavo podiam ter os amores que quisessem, desde que não os escondessem um do outro e ninguém se apaixonasse por fora. Algo assim como Gérard Philipe e Jeanne Moreau em *As ligações amorosas*, de Roger Vadim, baseado no romance de Choderlos de Laclos. Era uma proposta ousada que, enquanto durou, quase produziu um milagre: as pazes entre o Cinema Novo, de que seu marido fazia parte, e o Grupo Opinião, de Oduvaldo Vianna Filho, com quem ela mantinha um incendiário affaire. O candente Vianna era inimigo do Cinema Novo, cujos filmes tachava de incompreensíveis pelo "povo". O casamento aberto fracassou — não por causa de Vianna, mas por um motivo bem menos moderno do que as querelas ideológicas: o velho e burguês ciúme.

E terminou numa bofetada aplicada por Gustavo em Maria Lucia diante de um elenco de milhões, no histórico réveillon de 1968 na casa de Heloisa e Luiz Buarque de Hollanda no Jardim Botânico (que, apesar da localização, foi um legítimo réveillon de Ipanema). O pivô, segundo Zuenir Ventura em seu livro *1968: O ano que não terminou*, foi um egípcio recém-chegado ao Rio, chamado Soli Levi, cuja beleza estava fazendo estragos na praia em frente à rua MONTENEGRO e com quem Maria Lucia fora proibida por Gustavo de dançar.

Antes da meia-noite, ao vê-la de mãos dadas com o egípcio, o bravo guerreiro desprendeu-se da mulher com quem estava aos beijos na cozinha, partiu para Maria Lucia e acertou-lhe um bofetão. Foi o fim de um casamento de vanguarda — assim como, naquele mesmo réveillon, acabariam outros dezesseis casamentos, abertos ou não. Que trailer para 1968!

Apenas um ano e meio depois, Maria Lucia deixou toda a sua vida para trás e embarcou às pressas para Paris, para escapar do Dops, a polícia política da ditadura. O motivo era seu namoro com Marcos Medeiros, um líder estudantil do segundo escalão, com um corte de cabelo inspirado no do cantor Ronnie Von e que, aos olhos da polícia, era carbonário o bastante para comprometer todo mundo com quem estivesse ligado. Em 1968, Maria Lucia lhe dera uma carona em seu carro conversível e o levara para casa. Em pouco tempo, a casa de Maria Lucia se tornara um "aparelho" — um ninho de revolucionários —, frequentado por pessoas que ela não conhecia e que escondiam metralhadoras debaixo de sua cama.

Maria Lucia não foi a única garota de Ipanema a envolver-se romanticamente na luta política. Depois do AI-5, em dezembro de 1968, a ideia de derrubar a ditadura através do cinema e do teatro perdera o sentido. Os guerrilheiros pareciam muito mais fascinantes que os cineastas. Quando se deu conta, Maria Lucia viu-se classificando isto ou aquilo como "desvio pequeno-burguês" — ela que, até então, praticava alegremente todos aqueles desvios. Daí, em 1969, foi viver a aventura da Europa, como muitos que, visados ou não, preferiram o autoexílio a continuar num Brasil que os militares estavam tornando irrespirável. Morando com Marcos em Paris, depois Roma e, de repente, mãe de uma filha, Maria Lucia passou os cinco anos seguintes tentando conciliar uma difícil carreira de atriz fora de sua língua com as muitas viagens lisérgicas em que embarcou. O ácido venceu. E então ela percebeu que sua geração já fizera tudo a que tinha direito.

Em 1974, voltou. Mas, ao desembarcar, encontrou outra Ipanema, outro Rio e, na verdade, outro Brasil, muito mais egoísta e mercenário. A readaptação foi dura. Custou-lhe papéis humilhantes na TV e no cinema, até que ela começou a reencontrar-se. Primeiro, em filmes como *Gente fina é outra coisa* (1977) e *Eu te amo* (1981). Depois, em seu tocante e, às vezes, cômico romance autobiográfico, *Quem não ouve o seu papai, um dia... balança e cai* (1983), que contava a história de uma princesa a quem a vida deu muitos sapos para beijar.

Os sapos não se tornaram príncipes, mas a princesa renasceu como mulher.

MARILIA Carneiro
n. 1939. Figurinista e cenógrafa.

Marilia Carneiro mal sabia enfiar uma linha na agulha, nunca aprendeu a chulear e tinha dificuldade até para manobrar um fecho éclair. Mas, com seu olho infalível, tornou-se, sem querer, uma espécie de ditadora da moda popular no Brasil. As roupas com que, desde 1973, vestiu dezenas de elencos da TV Globo passaram a ser adotadas pela população, mesmo por quem nunca assistia a novelas. E, como KALMA Murtinho já tinha feito no teatro, Marília ajudou a profissionalizar no Brasil uma função essencial na dramaturgia de televisão: a do figurinista.

Tal como sua irmã MARIA LUCIA Dahl, Marilia trocara uma juventude dourada, entre o COUNTRY, o ARPOADOR e Paris, pelas agitações culturais do Brasil dos anos 60. Casada desde 1962 com o cineasta MARIO Carneiro, sua turma era a do CINEMA NOVO. Começara como assistente de produção nos filmes em que Mario fazia a fotografia. Foi até atriz em um deles — interpretou Sancha em *Capitu* (1968) —, mas não queria seguir esse caminho. O que ela gostava era de desenho e de roupa, embora ainda não soubesse como juntar as duas coisas. Na dúvida, Marilia tomou uma das atitudes mais célebres de 1968: rompeu um casamento que ela mesma considerava feliz para descobrir "qual era a dela". Até então, vivera sob a proteção do pai ou do marido. Algumas de suas amigas, solidamente manteúdas, não entendiam como ela podia querer o contrário — sentir-se "desprotegida".

Marilia tornou-se hippie, embarcou em todas e, como sói, abriu uma butique em Ipanema, a Le Truc, especializada em loucuras. A loja foi um sucesso, mas, com sua falta de jeito para negócios, Marilia perdeu dinheiro durante dois anos. Fechou a Le Truc e foi trabalhar com a socialite Zelinda Lee na butique desta, a Obvious. De onde saiu, a convite de sua colega de trincheira no Cinema Novo, Dina Sfat, para ser figurinista da Globo — e, quando se deu conta, estava influindo na roupa de milhões de brasileiros.

A primeira novela em que trabalhou, *Os Ossos do Barão* (1973), era a segunda novela em cores da TV brasileira e ninguém sabia direito como aqueles vermelhos ou amarelos funcionavam no vídeo — o elenco corria o risco de se parecer com um bando de foragidos do Circo Dudu. Marilia teve de aprender tudo sozinha. E com um detalhe: estava fazendo os figurinos para sua primeira novela sem jamais ter assistido a uma, nem em preto e branco — as jovens de sua geração em Ipanema tinham passado os anos 60 fazendo arte, sexo ou revolução e não perdiam tempo vendo TV.

Mas Marilia venceu, porque sabia bem a diferença entre figurinistas e estilistas. Givenchy e Saint-Laurent eram estilistas. Figurinistas eram Edith Head na Paramount ou Irene Sharaff na MGM — é o profissional que veste os personagens de acordo com o roteiro, com o tipo físico dos atores e com sua intuição. O que Marilia não imaginava era que as roupas usadas nas novelas pudessem ganhar vida própria. Em 1978, quando decidiu que Sonia Braga usaria meias de lurex listradas e maquiagem glitter na novela *Dancin' Days*, nem lhe passou pela cabeça que milhões de moçoilas iriam vestir-se daquele jeito nas discotecas. Ou que o lencinho no pescoço usado por Vera Fischer em *Brilhante* (1981) se tornaria mania nacional. Ou que os piramidais laçarotes da sucateira Regina Duarte em *Rainha da sucata* (1990) seriam vistos na cabeça até de frequentadoras de restaurantes finos.

Marilia aprendeu a visualizar o personagem, desenhá-lo como achava que ele devia se vestir e só então saía pelos armarinhos, butiques e brechós em busca das roupas. Conforme o personagem, Marilia podia fazer isso em Ipanema, Madureira ou, como no caso de *Gabriela* (1975), em Ilhéus (BA). Mas a todas sempre deu um toque pessoal, na forma de um retoque ou adereço. Sua jurisdição incluía também os penteados, que, às vezes, contrariavam frontalmente o que se estava usando nas ruas. Foi assim, por exemplo, com o cabelo de Bete Mendes em *O Rebu*, em 1974, curtíssimo e grudado na cabeça com gomalina. Numa época em que as mulheres ainda usavam aquelas jubas de anúncio de xampu, o sucesso de *O Rebu* fez com que os cabeleireiros subitamente tivessem de mandar afiar as tesouras. E, de repente, faltou gomalina na praça.

MARILIA Kranz
1937- 2017. Artista plástica.

Não é à toa que os quadros de Marilia Kranz passam uma espontânea sensualidade — ela foi uma das primeiras mulheres do Rio a dizer que tinham "comido" um homem. Isso numa época, fins dos anos 50, em que muitas moças tremiam ante a singela perspectiva de "dar". E aquele foi somente o primeiro. Depois dele, quem Marilia comeu? Segundo ela própria (sem nomes, porque eles são tímidos), um político nacional, um monsenhor do Vaticano, o filho adolescente de um amigo, psicanalistas, artistas plásticos, músicos e diversas outras categorias profissionais e amadoras. Seu currículo é tão rico que seria mais fácil citar quem, por distração, Marilia não comeu.

Marilia (Weinberg, de nascimento) sempre foi uma força da natureza em Ipanema. E, muito antes dela, suas avós, mãe e tias. Todas já trabalhavam, ganhavam mais que os maridos, falavam várias línguas e viviam entre livros. Sua tia Lucia andava de short pela rua Visconde de Pirajá nos anos 30, fumava em público e estava pouco ligando para o que dissessem, porque era advogada e dona do próprio nariz. A mãe de Marilia já tinha lido Freud quando ela nasceu. Marilia e sua irmã Liliana foram criadas sob a perspectiva do que iriam fazer quando se formassem — não quando se casassem. A bonitíssima Liliana, mais velha que Marilia, foi das primeiras moças de Ipanema a ter um namorado negro (ZÓZIMO Bulbul) e também das primeiras analistas de sistemas da praça.

Marilia nasceu e foi criada em Ipanema. Seus irmãos eram o sol, os tatuís e o vento sudoeste. Começou a pintar aos treze anos, cursou a Belas-Artes e, quando se casou, aos vinte anos (com o empresário americano radicado no Rio Steve Kranz), já tinha uma biografia de pioneirismos — foi precursora do umbigo explícito no ARPOADOR e também antecipou LEILA Diniz em muitos anos ao ir grávida, só que de duas-peças, à praia. Mas, de repente, Marilia enquadrou-se: teve três filhas, largou os pincéis e adotou a vida de grã-fina — sua especialidade passou a ser servir grandes jantares seguidos de cineminha particular. Sua vida transformou-se em Color by De Luxe e, se se distraísse, ela seria feliz para sempre. Por sorte, foi salva pela serpente que vivia em desassossego em seu íntimo — podia sentir até as contorções da cobra — e retomou a pintura.

Em 1970, trocou o casamento pela liberdade e seu novo apartamento de solteira tornou-se o refúgio de velhos amigos, como MILLÔR Fernandes, CARLINHOS Oliveira, o pintor GLAUCO Rodrigues, o fotógrafo Paulo GARCEZ e quem mais aparecesse. E não se contentou em montar um bom ateliê. Instalou-o logo num cortiço — cortiço, mesmo — em Botafogo. Corajosa, quase irresponsável, deixou que seus amigos de uma organização clandestina da luta armada, a VPR (Vanguarda Popular Revolucionária), o transformassem em "aparelho" nos anos brabos da ditadura, acolhendo até gente ferida. Seu fusca cor de ferrugem foi usado no sequestro do embaixador suíço Giovanni Enrico Bucher, em 1970, e, por causa disso, Marilia foi presa e levada para a Base Aérea do Galeão, de onde quase ninguém saía vivo. Quando a soltaram, um dos interrogadores começou a segui-la — entrava em seu ateliê, sentava-se e ficava olhando para ela. Tanta crueldade a assustou, mas não a derrotou.

Marilia nunca abriu mão de sua revolução particular, que incluía a conquista do direito de ser independente e de lutar pelo que considerava certo. E isso ia desde esbravejar contra o cocô dos esgotos que vinham dar à praia ou a derrubada de uma árvore (foi uma das fundadoras do Partido Verde) até contribuir para a queda de um presidente da República — Fernando Collor. Em 1992, quando Collor conclamou o povo a usar verde-amarelo para apoiá-lo, ela pensou no antídoto letal: conclamar o povo a sair às ruas vestindo preto. Marilia e Eliana (mulher do cartunista Chico) Caruso ligaram para seus amigos das artes plásticas, pedindo que retransmitissem a mensagem para o pessoal das outras áreas. O resultado foi o Domingo Negro, com mais de 100 mil pessoas vestidas de luto e marchando contra Collor em Ipanema — o bufão seria impichado pouco depois. O poeta Geraldo Carneiro, amigo de Marilia, comparou-a a "um happening em si mesmo, um carnaval portátil".

Mas Marilia tinha ainda outra face, secreta. Durante vinte anos, uma certa "Mme K." foi invejada semanalmente pelas leitoras do *Jornal do Brasil* — era uma das acompanhantes fixas de Apicius, o crítico de gastronomia do jornal, pelos restaurantes do Rio. Somente em 1996, quando Apicius — pseudônimo do inesquecível poeta e jornalista Roberto Marinho de Azevedo (1940-2003) — deixou a coluna, é que se revelou que "Mme K." era o codinome de Marilia Kranz.

Claro que, como pintora e uma das mais originais de sua geração, Marilia dispensava codinomes. Fazia uma espécie de surrealismo abstrato, inundado pela luz do Rio, e tinha como marca seu uso da natureza. Era nesta que Marilia descobria as sexualidades mais insuspeitas — em suas telas, uma folha ou flor mais carnuda podia ser um falo. Mas, dependendo de quem via, podia ser também uma vulva.

Marilia, que lutou pela solução de tantos problemas sociais, morreu das consequências de um que nunca deveria ter existido — a chicungunha.

MARINA Colasanti
n. 1937. Jornalista, escritora e artista plástica.

Em 1977, na então nova revista *Nova*, Marina Colasanti começou a assinar crônicas, entrevistas e reportagens sobre a condição da mulher. Suas matérias provocaram tal dilúvio de cartas à redação que Fatima Ali, diretora da revista, criou uma coluna mensal para Marina responder a elas. O risco de que aquilo se transformasse num consultório sentimental, tipo correio dos corações solitários, era grande, mas Marina não deixou que acontecesse. Em vez disso, usou o espaço para educá-las a se interessarem por seus direitos como mulheres.

Não se limitou a falar de sexo, embora este fosse uma parte importante da receita. Marina tornou-as atentas para o fato de que, nos veículos mais insuspeitos (comerciais, anúncios, letras de música), escondiam-se preconceitos contra a mulher e martelou a ideia de que elas deveriam lutar por sua independência — profissional, financeira, emocional. De todas as formas, Marina estimulou-as a ter uma relação adulta com seus pares (ou ímpares) daquele outro mundo: o masculino.

Não se conhecem números precisos, mas, na condição de principal nome de uma revista mensal de 300 mil exemplares durante dezesseis anos (até 1992), pode-se garantir que Marina revirou a cabeça de milhões de mulheres. Não se tratava de arrancá-las em massa do fogão e plantá-las em escritórios. Mas as que preferissem ficar no fogão deveriam exigir, pelo menos, grandes e regulares orgasmos — e, se não os tivessem, tomassem providências. Com o misto de autoridade e doçura que usava ao escrever, Marina conquistou uma tremenda ascendência sobre seu público. Um livro em que reuniu artigos da revista, *A nova mulher* (1980), vendeu mais de 100 mil exemplares.

Ela era a mulher certa para falar a esse público, porque, apesar de toda a literatura que já lera, não aprendera a vida apenas nos livros. Marina fez parte da revolucionária geração de garotas do ARPOADOR que, em fins dos anos 50, varavam Ipanema na garupa das lambretas, pegavam jacaré com os rapazes (um deles, seu irmão ARDUINO) e desconfiavam do casamento tradicional. Queriam trabalhar fora, morar sozinhas, seguir carreiras modernas e não deixavam que a culpa imposta pelos padrões sociais interferisse em sua vida amorosa. Ao mesmo tempo, circulavam com gente mais velha e com quem tinham muito a aprender — alguns de seus amigos eram MILLÔR Fernandes, RUBEM Braga, ANTONIO CARLOS Jobim, LUCIO Cardoso, YLLEN Kerr, Paulo FRANCIS, Enrico BIANCO, Otto Lara Resende. À sua maneira, elas já eram feministas — sem ideologia, sem rancor e sem sabê-lo. E, em sua luta pela liberação, liberaram também os rapazes de seu grupo.

É possível que a ascendência europeia da maioria daquelas moças tivesse contribuído. Para a italiana Marina, sua história familiar foi decisiva. Seu avô era historiador e crítico de arte em Paris. Um de seus tios, cenógrafo e figurinista de teatro, levava-a quando pequena a passear em museus, antiquários e igrejas de Roma. E seu pai, Manfredo (1902-83), era absolutamente aventuresco: em 1919, participara da expedição comandada pelo poeta Gabrielle d'Annunzio para a reconquista de Fiume, cidade da Dalmácia que, legitimamente, pertencia à Itália; em 1936, Manfredo, fã de Mussolini, tomou parte na ocupação da Etiópia — em cuja cidade, Asmara, dois anos depois, nasceria Marina; e ainda voltaria a combater pela Itália na Segunda Guerra, na campanha da África. Com a derrota de seu país, Manfredo preferiu deixar a Itália. A tia de Marina, a cantora lírica Gabriella Besanzone Lage, viúva do armador brasileiro Henrique Lage (dono dos itas que iam e vinham do Norte), ofereceu-lhe sua casa, que deixara vazia no Rio. Manfredo pegou sua mulher, Elisa, e os filhos Arduino e Marina e veio para o Brasil. O ano, 1949. Marina tinha onze anos.

A casa que Gabriella lhes oferecera para morar ficava no Parque Lage, no Jardim Botânico. Marina passou a adolescência naquele palácio em estilo romano, construído nos anos 20, com mármores, ladrilhos e azulejos trazidos da Itália, cercado por 93,5 mil metros quadrados de verde, grutas, recantos e palmeiras-imperiais. Sua mãe morreu cedo e era comum Marina ficar sozinha na assustadora imensidão daquela casa (às vezes, Arduino a protegia). Por outro lado, era Marina quem tinha de manter a cabeça no lugar para administrar o pai e o irmão, ambos desligados da realidade prática.

O Arpoador já era a praia de Marina desde que chegaram ao Brasil — seu pai a levava lá, às seis da manhã, todos os dias. Mais tarde, com Arduino, ela ingressaria numa turma que, em seus melhores momentos, na virada para os anos 60, contava com IRA Etz, BEA Feitler, Cookie Bello, Margot Mendel, Mariella Tamovska, JOMICO Azulay, Angelo Vivacqua, Thomaz Barcinsky, Arnold Preger, Ingeborg Pfeiffer, Gert Friedrich e outros — uma jovem vanguarda carioca, ousada, informada e cosmopolita, todos de origem europeia.

Marina começou estudando pintura e gravura na Escola Nacional de Belas-Artes, e tudo indicava que seria artista plástica. Mas o contato com os jornalistas e escritores de Ipanema levou-a para a imprensa. Primeiro, na revista SENHOR; depois, em 1962, no *Jornal do Brasil*, onde ficou onze anos e foi responsável por várias colunas importantes; em 1964, ajudou Millôr (a quem namorava) a pôr na rua os oito números de seu tabloide *Pif Paf* e, finalmente, na *Nova*, onde converteu sua rebeldia num pensamento próximo do movimento feminista. Em 1968, Marina estreou em livro com *Eu sozinha*, de crônicas sobre a solidão. Depois, passou a experimentar os diversos gêneros: ensaio, poesia, ficção adulta e infantojuvenil e até contos de fadas. Dois de seus livros são sempre citados entre os melhores já escritos para crianças no Brasil: *Uma ideia toda azul* (1979) e *Doze reis e a moça do labirinto de vento* (1982). Mas seu maior sucesso, *E por falar em amor* (1984, com 120 mil exemplares vendidos), era um longo ensaio sobre a condição da mulher.

Em todos eles, sente-se a busca não de uma "escrita feminina", mas de um pensamento original da mulher — e que não exclui um homem em seu universo. Marina casou-se em 1970 com o poeta Affonso Romano de Sant'Anna e, além de pintar (voltou aos pincéis nos anos 80), nunca deixou de bordar, tricotar, costurar as próprias roupas e cozinhar. Isso nunca a tornou *menor*. E, em emergências, já até fritou bolinhos.

Frase

★ *Eu sei que a gente se acostuma. Mas não devia.*

MARIO Carneiro
1930-2007. Cineasta, fotógrafo e artista plástico.

Assim como o homem com o peixe às costas se tornou a marca do óleo de fígado de bacalhau, o homem com a câmera na mão (mais exatamente, no ombro) tornou-se a marca do CINEMA NOVO. E seu inspirador foi o fotógrafo Mario Carneiro. No talvez primeiro filme do movimento, o curta *Arraial do Cabo* (1959), foi Mario quem tirou a Cameflex do tripé e seguiu com ela os personagens pelas dunas. Sacudia um pouco, mas a ideia era mesmo essa. A partir daí, as ideias podem nem sempre ter saído da cabeça dos cinema-novistas, mas a câmera na mão incorporou-se à gramática dos cinemas novos mundiais.

A maior contribuição de Mario, no entanto, pode não ter sido a câmera, mas a composição e a iluminação. Foi com ele que o cinema brasileiro aprendeu a filmar em interiores com pouca luz. Sem dinheiro para refletores-mamutes, como os do extinto estúdio Vera Cruz, Mario só podia contar com a iluminação natural. Era tudo de improviso, mas, desde o começo, ele sabia o que estava fazendo. Com sua formação de artista plástico, dizia que o cinema era "um mural em movimento, à maneira de Rembrandt".

Fotógrafos de cinema citando Rembrandt? Sim — mas só no caso de Mario Carneiro. Ele nasceu em Paris, onde seu pai, o diplomata Paulo Carneiro (1901-82), servia na embaixada brasileira. Sua família queria vê-lo arquiteto. Para satisfazê-la, Mario formou-se em arquitetura no Rio e fez um estágio com Oscar Niemeyer. Mas não tinha o menor prazer nisso, porque só pensava em pintura e cinema. De volta a Paris nos anos 50 (seu pai era agora embaixador na Unesco), Mario passava horas no Louvre, copiando os quadros dos mestres, e ia todas as noites à Cinemateca Francesa ver os clássicos. Sem saber, deve ter se sentado muitas vezes ao lado de Jean-Luc Godard e François Truffaut, que não saíam de lá. Aos 24 anos, de volta ao Rio, ganhou uma câmera Paillard 16 milímetros e começou a filmar tudo a seu redor. Deixou a pintura em segundo plano e nunca mais quis saber de arquitetura. Quando conheceu Paulo Cesar SARACENI, este o convidou a ser o fotógrafo e montador de *Arraial do Cabo*. Mario nunca tinha sequer visto uma câmera 35 milímetros, mas aceitou — e, desde então, sua carreira foi quase a história do Cinema Novo.

Mario fez a fotografia (e, às vezes, também a cenografia e montagem) de alguns dos títulos mais importantes do movimento: *Couro de gato* (1962), *Porto das Caixas* (1962), *Garrincha, alegria do povo* (1963), *O padre e a moça* (1966), *Todas as mulheres do mundo* (1966), *Capitu* (1968), *A casa assassinada* (1971). Não raro, sua fotografia era melhor do que o filme. Um exemplo é o curta *Di* (1976), de GLAUBER Rocha, em que, com a câmera, Mario produziu uma impressionante máscara mortuária de Di Cavalcanti no caixão (infelizmente, a família do pintor interditou o filme e ele nunca foi exibido direito). Na prática, Mario sentia-se tão coautor desses filmes que nunca teve pressa de tornar-se também diretor. Tanto que, dos fundadores do Cinema Novo, foi o último a estrear nessa função, o que só aconteceu em 1976, quando fez *Gordos e magros*.

Alberto Cavalcanti (1897-1982), o cineasta brasileiro que passou quase toda a sua carreira na Europa, ficou impressionado ao conhecer Mario Carneiro. Habituado aos fotógrafos do cinema europeu — uns grossos, que falavam de boca cheia, usavam sapato de sola de pneu e, por isso, tinham de chamar o diretor de *monsieur* —, Cavalcanti nunca vira um com a sua cultura (e não apenas pictórica).

Gordos e magros acabou sendo o único filme de Mario Carneiro. Mas, ao longo de seu trabalho no cinema, Mario nunca deixou de pintar. Durante muito tempo, sua produção ficou escondida em sua casa de vila na rua Nascimento Silva, onde alguém certa vez o descreveu como "o último gentil-homem de Ipanema". E, assim como tardiamente se tornou diretor, só nos anos 90 Mario promoveu a primeira exposição de seus magníficos óleos, nanquins e aquarelas. Nunca alguém com tanto para dar teve tão pouca vontade de aparecer.

Frase

★ *Toda a tecnologia se reduz a um lápis.*

MARIO Pedrosa
1900-81. Crítico de artes plásticas e militante político.

Um dia ainda farão um filme sobre a vida do indomável, insubmisso e heroico Mario Pedrosa. E, se o fizerem direito, a plateia sairá convencida de que foi o melhor filme de ação a que já assistiu. A trama começaria com o garoto nascendo junto com o século no engenho Jurassau (PE), filho de um usineiro e senador, e teria apenas de seguir os eventos como eles se deram na vida real. Aos treze anos, o jovem Mario parecia ter uma promissora carreira de vadiagem pela frente. Seu pai, temendo isso, mandou-o a um colégio de padres na Suíça para estudar. Ficou lá três anos, sendo chamado de "selvagem" pelos padres e ouvindo ao longe (não muito longe) os bombardeios da Primeira Guerra. Voltou para o Brasil em 1916 e, no Rio, intoxicou-se de marxismo e modernismo — talvez o único a combinar os dois ismos. Formou-se em direito em 1923, mas ignorou o diploma e foi ser jornalista. E só então tudo começou.

Em 1926, Mario entrou para o Partido Comunista, que o despachou para a Escola Leninista de Moscou. Só que, a caminho da URSS, Mario descobriu-se tuberculoso e, para não morrer no inverno russo, ficou em Berlim, onde privou com os pintores expressionistas, cursou economia e envolveu-se nas primeiras batalhas de rua entre comunistas e fascistas. Em Paris, tornou-se íntimo do surrealista André Breton e convenceu-se de que uma revolução só seria decente se aliasse arte e política. De volta ao Rio, em 1929, Mario encontrou o partido dividido entre os trotskistas e os stalinistas. Ficou com os trotskistas, mas os stalinistas venceram e ele foi expulso dos seus quadros. Ao tentar reorganizar o grupo trotskista, foi preso pela primeira vez, distribuindo panfletos na praça Mauá. Fugiu para São Paulo, curou-se da tuberculose em Campos do Jordão e foi preso de novo, agora na Revolução de 1932. Dois anos depois, ao participar de um grupo que tentava impedir uma passeata dos integralistas, estes o balearam no pé num confronto na praça da Sé. Em 1935, o fracasso da Intentona comunista, com a qual nada tivera a ver, obrigou-o a cair na clandestinidade. Em 1937, veio o Estado Novo e, com a polícia de Filinto Müller nos calcanhares, Mario voltou para a Europa, agora como exilado.

Em Paris, aproximou-se de Trótski e o ajudou a fundar a IV Internacional Socialista. Mas Stálin estava matando à distância os trotskistas e Mario viu vários de seus companheiros saírem de manhã e serem encontrados mortos, à tarde, boiando no Sena. Partiu então para Washington, onde ficou amigo do artista Alexander Calder. De lá, acompanhou o assassinato de Trótski, no México, em 1940, e a Segunda Guerra. Com o fim desta em 1945 e a redemocratização no Brasil, voltou para o Rio, onde enfim pôde levar uma vida tranquila pelos dezenove anos seguintes.

Tranquila? Em 1946, Mario ajudou a fundar o Partido Socialista Brasileiro e tornou-se professor de história do Colégio Pedro II e de história da arte na Faculdade de Arquitetura. De passagem, tornou-se também, no *Correio da Manhã*, o mais atrevido crítico de artes plásticas da imprensa brasileira. Em sua coluna, ousou combater Portinari, que se transformara no pintor oficial do país, e, em troca, promoveu Volpi. A inteligência e a honestidade de Mario deram legitimidade à crítica de arte, uma atividade então confundida com picaretagem — os críticos deixavam-se subornar pelos marchands. Foi ainda como crítico que ele aplicou o conceito da revolução permanente na arte, semeando ideias que iriam brotar anos depois, na obra de artistas como Ivan Serpa, os neoconcretistas e HELIO Oiticica.

Antes disso, em 1953, Mario dirigiu a II Bienal de São Paulo, considerada a maior até hoje. Uma Bienal que não tinha Portinari — mas tinha salas especiais para Picasso (incluindo *Guernica*), Paul Klee, Mondrian, Munch, Henry

Moore e Calder. Com seu prestígio, Mario pôs o Brasil no circuito internacional, promovendo incontáveis simpósios com artistas americanos e europeus, que vinham ao Rio só para falar com ele. E fez de sua casa, na rua Visconde de Pirajá, entre as ruas MONTENEGRO e Farme de Amoedo, um viveiro de ideias e discussões. Casa, aliás, tão impregnada de trotskismo e surrealismo que pode ter impedido que boa parte dos artistas brasileiros, inclinados ao Partido Comunista, aderisse ao nefando realismo socialista, que era a linha oficial do partido nas artes.

Ali se reuniam artistas de vanguarda, como Lygia Clark, Lygia Pape, Aluisio Carvão, Serpa, Oiticica, e intelectuais, cientistas e jornalistas: Antonio Candido, Helio Pellegrino, Barreto Leite Filho (correspondente dos Associados na Segunda Guerra), Lidia Besouchet, JANIO de Freitas, Newton Carlos, José SANZ. Os jovens Ferreira GULLAR, Oliveira Bastos, CARLINHOS Oliveira e Reynaldo Jardim, recém-chegados da província, não saíam de lá. Foi uma das casas de Ipanema — outras foram as de ANIBAL Machado e LUCIO Cardoso — em que a cultura circulou em amplo espectro.

Em 1964, com o golpe militar, as atribulações voltaram. Em 1966, Mario aceitou candidatar-se a deputado federal pelo MDB, mas sua campanha era tão radical quanto ele — num comício na Central do Brasil, apontou para o Ministério da Guerra ali ao lado e, pelo alto-falante, conclamou o povo a ir tomá-lo (o povo não achou que fosse uma ideia muito boa). Em 1970, com o país sob censura, Mario participou de uma rede para passar notícias sobre a tortura para o exterior. Naturalmente, foi acusado de "difamar o Brasil" e, já sob ordem de prisão, asilou-se no consulado do Chile.

Nos três meses que passou ali, sob ameaças de que não o deixariam partir para seu segundo exílio, artistas como Picasso, Calder, Miró e Max Bill publicaram no *New York Times* um abaixo-assinado exigindo do governo brasileiro garantias de sua vida. Finalmente, Mario pôde embarcar e, no Chile, criou um "museu da solidariedade" para Salvador Allende, com obras emprestadas por aqueles artistas. Mas, em 1973, com a queda de Allende, Mario, um dos brasileiros mais visados pela nova ordem, teve de fugir para Paris. Era o exílio dentro do exílio. Os quadros foram tomados por Pinochet para "o povo do Chile", o que significa que foram enfeitar repartições militares e casas particulares. Mas Mario era duro na queda — em Paris criou outro museu para o Chile, este "da resistência", com novas contribuições daqueles artistas.

Em 1977, com a idade do século — 77 anos —, pôde enfim retornar ao Brasil. A essa altura, já era outra geração que ia ouvi-lo em sua cadeira de balanço. Os vanguardistas tinham se tornado o "sistema" e Mario rompeu com eles. Seu interesse voltou-se para o Museu do Inconsciente, da dra. Nise da Silveira, e para a arte plumária indígena. Mario aproveitou o incêndio do Museu de Arte Moderna do Rio, em 1978, para liderar uma campanha que o transformasse num "museu das origens", reunindo a produção de artistas populares, índios e esquizofrênicos. Mas sua ideia não vingou — como ele temia, a "vanguarda" passara a render muito dinheiro e até banqueiros estavam investindo nela. Mario, aliás, pode ter sido o criador mundial da expressão "pós-moderno", que ele usou em meados dos anos 60 para definir o que viria depois da pop art — uma arte em que "valeria tudo, mas alheia ao homem".

Já doente, seu aniversário de oitenta anos foi comemorado com uma exposição na galeria de JEAN Boghici, em Ipanema, com as paredes cobertas por obras de artistas de quem Mario fora o grande divulgador no Brasil: Picasso, Léger, Calder. Na verdade, a história da arte no século xx era a história da vida de Mario Pedrosa — ou de uma parte de sua vida. Um câncer finalmente o derrotou em 1981. Mas não sem que, antes, levado por Helio Pellegrino, ele tivesse se tornado o filiado nº 1 do Partido dos Trabalhadores. Uma honra para este, que deveria ter escolhido melhor seus futuros filiados.

Frases

★ *A arte é o exercício experimental da liberdade.* ★ *Ser revolucionário é a profissão natural do intelectual.* ★ *No Brasil, nada tem consequências. Nada se aprende da experiência.*

Eduardo **MASCARENHAS**
1942-97. Psicanalista e político.

O psicanalista das "elites eróticas" de Ipanema, como ele próprio se intitulava, nos anos 70 e 80. Ou o "Gessy-Lever da psicanálise", como rosnavam seus desafetos, por ele ser o favorito de nove entre dez estrelas da TV Globo e do CINEMA NOVO: Francisco Cuoco, Mario Gomes, Daniel Filho, Gilberto Braga, GLAUBER Rocha, CACÁ Diegues, Arnaldo JABOR, Renata Sorrah, Denise Bandeira, SCARLET Moon, Sonia Braga, todos passaram por seu divã em Botafogo e na rua Visconde de Pirajá. Para não falar de uma cliente muito especial: a estrela Christiane Torloni.

Os intrigantes diziam que, para Mascarenhas, namorar as clientes fazia parte do tratamento. Suspeita que pareceu confirmar-se quando ele se casou com Christiane Torloni (mas, então, ela já não era sua cliente). Mascarenhas era alto, bonito, brilhante e, com Freud sempre na ponta da língua, não via nada de mais em que as clientes transferissem para ele o polo de suas paixões.

Não era para isso que serviam os analistas? Mas, tanto quanto o teórico Freud, outra de suas influências pode ter sido o também vienense Arthur Schnitzler (1862-1931), psiquiatra e dramaturgo cujo atletismo sexual, dizia Peter Gay, Freud invejava. O último filme de Stanley Kubrick, *De olhos bem fechados*, foi baseado num conto de Schnitzler.

O charme de Mascarenhas não abalava apenas as mulheres. Os homens também se impressionavam com sua palavra fácil, em que as ideias vinham recheadas de citações de letras de Chico Buarque, títulos de filmes nacionais e gírias da praia. Era fácil reconhecer os clientes de Mascarenhas numa roda: todos acabavam falando como ele. Alguns, como Jabor, nunca deixaram de falar.

Mascarenhas atraiu a ira de muitos colegas ao desafiar uma norma quase secular da psicanálise: a de que, para ser a famosa "tela em branco", o analista não podia misturar-se com os clientes. Mas como ele não iria se misturar se circulava nos mesmos ambientes que eles? No apogeu da praia em frente ao Hotel SOL Ipanema, entre 1978 e 1982, Mascarenhas podia ser visto todos os dias na areia, na hora do almoço, de sunga quase simbólica e jogando frescobol, às vezes com clientes. À noite, frequentava as discotecas da moda, dançando com as mulheres que, horas antes, estavam em seu divã, contando-lhe os problemas. Analisar-se com Mascarenhas era um risco até para os casamentos mais estabelecidos, porque, entre confortar os aflitos e afligir os confortados, ele não hesitava em adotar esta última linha. "Há um tipo de analisando que não vai à luta e que se esquiva da vida", ele dizia. "É como diz o vendedor de mate na praia: menina bonita não paga, mas também não bebe."

Se isso já bastava para indignar os colegas, o que eles não diriam se soubessem que o consultório do psicanalista vivido por Claudio Marzo no filme *A dama do lotação* (1978) era exatamente o dele, Mascarenhas, que o cedeu para a filmagem? Ou que, além de jogar frescobol com clientes, ele foi avalista de alguns deles? (Deve ter sido o único analista-avalista da história.)

"Uma análise trata de coisas mais importantes do que saber se o analista se encontrou na praia com o analisando ou se deixou de se encontrar", ele dizia. "Mas há psicanalistas que se preocupam com essa questiúncula e, se se preocupam, é porque são caretas ou não são psicanalistas. Talvez tenham medo de que seus pacientes os conheçam mais verdadeiramente. Porque, se os conhecessem, talvez não fizessem análise com eles."

Mascarenhas começou a ficar nacionalmente conhecido em 1980, quando ele e Helio Pellegrino foram expulsos da SPRJ (Sociedade Psicanalítica do Rio de Janeiro) por suas declarações sobre o despreparo dos psicanalistas ("Noventa por cento deles nunca leram Freud", denunciou Mascarenhas), os preços praticados pela categoria (que impossibilitava o acesso dos mais pobres à psicanálise) e, numa denúncia grave, o envolvimento de um deles, Amílcar Lobo, com a tortura durante a ditadura militar. Somente anos depois, eles foram reintegrados judicialmente à SPRJ. A popularidade de Mascarenhas levou-o à televisão, onde manteve um programa, *Interiores*, na TVE, e à política, elegendo-se deputado federal pelo PDT e, depois, pelo PSDB.

Mascarenhas precisava de uma tribuna e soube conquistá-la. Até que um câncer fora de hora abateu-o em pleno voo e silenciou uma das vozes mais originais da vida brasileira.

Frases

★ *Sou um analista carioca, não vienense. Tenho que fazer uma psicanálise brasileira com ginga, sem aquele clima prussiano, soturno, jesuítico e dessexualizado.* ★ *Como freudiano, não entendo uma relação psicanalítica que não seja uma história erótica, uma história de amor.* ★ *Danço, logo existo. Não dançar é uma doença mental, que indica uma sexualidade mal resolvida.* ★ *Toda relação sexual se compõe de quatro pessoas, mesmo que só haja duas na cama. É uma orgia composta de um homem, uma mulher, uma bicha e um sapatão.* ★ *Como eu posso saber o que é a vida se eu não for à vida? Neguinho tem que entrar na zona do agrião, enfrentar fantásticos beques do Vasco, levar muita bordoada e chutar para fora, mas, de tempos em tempos, fará um gol.* ★ *Todo ser humano quer ser um irresistível deus erótico, e é esse desejo que funda a razão de ser de todos nós.* ★ *Quero desnudar minha alma. Não quero uma alma vestida de ceroulas.* ★ *No peito dos psicanalistas também bate um coração.*

MAU CHEIRO

Anos 50-1963. Botequim na avenida Vieira Souto, 110.

Como foi possível a um botequim tão humilde, apinhado de trocadores e motoristas de ônibus e com um nome tão sem glamour, ter se tornado um dos pontos importantes da cultura brasileira na virada para os anos 60? Bem, o Mau Cheiro era um botequim de Ipanema e, assim sendo, era também um QG informal de escritores, músicos, cineastas, poetas, jornalistas — nenhum deles ainda famoso e quase todos boêmios radicais. Ao seu redor, adejava uma fauna de candidatos àquelas categorias C de moças avançadas e com aspirações a musas. Com suas paredes de azulejos e mesas da Brahma, o Mau Cheiro era a vitória do despojamento e da "autenticidade" de Ipanema sobre a pompa (e os preços) dos botequins turísticos de Copacabana.

Era uma casa velha, na esquina da avenida Vieira Souto com a rua Rainha Elizabeth, e, apesar do toldo e das mesas na calçada, começou mesmo como o mais simples dos botequins. Sua clientela original eram os motoristas e trocadores do Gosório (o ônibus G. Osório), que faziam ponto final por ali e usavam o vizinho terreno baldio como mijódromo — daí, para algumas correntes, ele ser chamado de Mau Cheiro. Para fins legais, chamava-se Bar Recreio de Ipanema, embora nem os fiscais da prefeitura o tratassem por esse nome. Outros o conheciam também por Morte Lenta, embora isso fosse uma injustiça. Pedia-se, por exemplo, bife com fritas ao garçom Adolfo e ele rebatia: "Hoje não está bom!", e trazia o que quisesse — significando que ninguém morreria daquele bife. E os pastéis que saíam da cozinha nem sempre chegavam à vitrine do balcão. Eram sequestrados no caminho por apreciadores vorazes, como FERDY Carneiro ou a jovem SCARLET Moon. Tanto que seu Joaquim, o proprietário luso, proibiu sua mulher de produzi-los: "Eles comem tudo!".

Por volta de 1960, o Mau Cheiro já estava relativamente na moda, por ser, por incrível que pareça, o único botequim em Ipanema de frente para o mar — todos os outros, que não eram poucos, ficavam nas ruas internas. Mas, então, seus pioneiros, que o frequentavam desde meados dos anos 50, como LUCIO Cardoso, ALBINO Pinheiro, JAGUAR, Ferdy, MARCOS de Vasconcellos, o artista plástico ZÉ Henrique BELLO e, ocasionalmente, ANTONIO CARLOS Jobim, já começavam a abandoná-lo. Sucederam-nos os rapazes e moças do futuro CINEMA NOVO e os jornalistas ligados a estes, como José SANZ e CARLINHOS Oliveira. A "estética da fome" do cinema brasileiro nasceu ali, embora ninguém passasse fome com os pratos robustos do Mau Cheiro.

Em 1962, o pessoal do Cinema Novo já tinha muito que fazer, inclusive filmes, e estava deixando de comparecer. Mas, por causa deles, o Mau Cheiro passara a atrair uma turma ainda mais jovem, epidermicamente beatnik, que o repórter Esdras Passaes descreveu em *Fatos & Fotos* como "niilistas, marxistas platônicos, anarquistas de circunstância e desajustados comuns". Esses rapazes usavam barbicha e algumas moças fumavam cachimbo, como achavam que a musa existencialista Juliette Gréco ainda fazia no Deux Magots, em Paris. O Mau Cheiro se tornara um sucesso comercial, mas tudo ali agora não passava de pose.

Em março de 1963, sob nova direção, foi drasticamente desinfetado e reformado, passando a chamar-se Balaio, com o que perdeu metade do charme. Em 1965, sofreu outra reforma, ainda mais radical, transformando-se em casa de shows e restaurante, com o nome de Bar Rio 1800. Em mais alguns anos, os shows acabaram e o nome foi simplificado: tornou-se Barril 1800, um simpático botequim para turistas. Do imortal Mau Cheiro, só conservou o endereço e, anos depois, passado radicalmente a limpo, tornou-se o Astor, orgulho de sua seleta freguesia.

Luiz Carlos **MIELE**
1938-2015. Humorista, showman e animador cultural.

A barba sempre foi sua assinatura. Na única vez em que a raspou (nos anos 70, para um comercial da gilete Chic-2), e enquanto ela não crescia de volta, até os bancos de cujos gerentes era íntimo pararam de descontar seus cheques. Ficara famoso pelo programa *Sandra & Miele*, que dividia com Sandra Bréa na TV Globo, mas, sem a barba, era como se um farsante, ridiculamente escanhoado, tivesse se apossado de seus smokings e piadas.

O paulistano Miele chegou ao Rio em 1958 e logo fez da cidade sua casa — literalmente. Sem dinheiro para luxos, dormia entre as pedras do Aterro do Flamengo, cercado por simpáticas baratas-cascudas. No ano seguinte, foi trabalhar como contrarregra na TV Continental e as coisas melhoraram. Mudou-se para a cafua do estúdio, onde ficavam guardados os produtos usados nos comerciais, que eram então transmitidos ao vivo: colchões de molas, lençóis, sabonete, escova de dentes, fogão, panelas, café — tudo à sua disposição. Só tinha uma calça, mas era uma calça de fraque, também oriunda do guarda-roupa da TV. Naquele ano, Miele conheceu RONALDO Bôscoli no Beco das Garrafas, em Copacabana, e nasceu uma amizade tipo eu-não-existo-sem-você. Ronaldo convidou-o a ir morar com ele em seu quarto e sala na rua Otaviano Hudson, perto do Beco, onde já se espremiam outros três ou quatro amigos de Ronaldo; um deles, João Gilberto. Só cabiam todos ali porque havia um revezamento natural — quando os demais saíam para trabalhar, João Gilberto chegava para dormir.

Com Ronaldo, Miele integrou-se à Ipanema dos botequins, das praias e das casas chiques que disputavam o pessoal da BOSSA NOVA. Ronaldo já era o letrista de "Lobo bobo", "O barquinho" e outros sucessos do gênero, mas continuava trabalhando como repórter na revista *Manchete*. Com Miele, sua vida mudou: eles começaram a produzir "shows de bolso" nas minúsculas boates do Beco das Garrafas e ajudaram a revelar os talentos de Sergio Mendes, Claudette Soares, Taiguara, Wilson Simonal, Pery Ribeiro, Leny Andrade e, não por último, uma baixinha recém-chegada do Sul — Elis Regina.

O slogan da nova dupla Miele-Bôscoli era "Deem-nos um elevador e nós lhes daremos um show". Muito bonito, mas o regime do Beco era uma pobreza de luxo — eles eram pagos em uísque e, mesmo assim, racionado. Em 1965, os dois partiram para a produção de superespetáculos: shows da Rhodia para o empresário Livio Rangan; de Sarah Vaughan no Tuca, em São Paulo; de Elis Regina, no Teatro da Praia, todos com longa temporada; e uma interminável série de especiais de Roberto Carlos na TV Globo e no Canecão.

A marca "Um show de Miele-Bôscoli" ficou tão popular que Miele recebia cartas para Luiz Carlos Miele-Bôscoli. Miele casou-se com Anita e ela também se tornou Anita Miele-Bôscoli. Em 35 anos de amizade, Miele e Bôscoli dividiram uísques, namoradas, muitas gargalhadas e, nos anos 60, uma cobertura na rua Visconde de Pirajá. Sem ser compositor, letrista ou cantor, mas altamente musical, Miele foi, desde sempre, uma figura essencial da Bossa Nova. Era o organizador (o único a pôr alguma ordem na cabeça de Ronaldo), diretor dos shows, mestre de cerimônias e humorista do movimento — suas histórias sobre VINICIUS de Moraes, Maysa, Milton Banana e outros dariam para encher volumes. Miele pode ter sido também o inventor do banquinho na Bossa Nova. Num programa na TV Continental, Roberto Menescal não tinha onde se sentar para tocar seu violão e Miele, o contrarregra, foi à coxia e trouxe um banquinho. O banquinho e o violão tornaram-se símbolos da Bossa Nova. Quem nunca se conformou foi Menescal, que se queixava do desconforto: "Poxa, Miele, por que naquele dia você não trouxe uma cadeira?".

Miele entrou pela primeira vez numa boate aos dezesseis anos, em São Paulo. Desde então, ficou mais fácil para ele lembrar-se das noites em que *não saiu* de casa à noite. Com ou sem Bôscoli, dirigiu inúmeras casas noturnas, entre as quais o PUJOL, uma das primeiras boates de Ipanema, mas houve muitas ocasiões em que ele não sabia de onde viria seu próximo uísque. Nos tempos de pindaíba no Rio, teve de se virar para frequentar a noite sem dinheiro. Um dos truques era sentar-se às mesas dos amigos e "aceitar" um uísque (só um) em cada uma. Ou, quando boate era sinônimo de briga, esperar uma briga começar, pegar a namorada e sair sem pagar, fingindo indignação: "Minha senhora está grávida! Deixem eu sair, seus cafajestes, vocês vão matar a criança!".

Entre os muitos talentos que, por ter mais o que fazer, Miele preferiu não desenvolver, estava seu talento para o futebol. Os que o viram jogar peladas afirmam que Miele poderia ter sido um grande meio-campo — mesmo já veterano, sua visão de jogo e precisão nos lançamentos eram incríveis. Pena que sofresse de asma, o que, de cinco em cinco minutos, o obrigava a parar para aplicar a bombinha de Dispné-Nhal e voltar a respirar. Mas nem isso o impediu de, para seu próprio espanto, já ter dividido o gramado com Pelé, o palco com o mímico Marcel Marceau e o microfone com cantores diante dos quais nenhuma pessoa sensata abriria a boca: Elis Regina, Cauby Peixoto e Leny Andrade. Ah, sim, e também com Sarah Vaughan.

Quando Ronaldo morreu, em 1994. Miele enxugou as lágrimas e foi em frente. Tornou-se uma espécie de MC oficial da Bossa Nova, gravou discos como cantor e continuou a desfilar seu humor pela noite — até ser surpreendido pelo coração, em 2015, e ter de encerrar o show.

Frases

★ *Eu não faço quase tudo, eu faço tudo quase. Quase canto, quase danço, quase sapateio.* ★ *Meu grande tesão sempre foi Audrey Hepburn, que não tinha bunda nem peito.* ★ *Eu gostaria de viver todos os dias à tarde no Rio e à noite em São Paulo.* ★ [Proposta para seu próprio epitáfio]: *Aqui jaz, absolutamente contra a vontade, Luiz Carlos Miele.*

MILLÔR Fernandes

1923-2012. Jornalista, escritor, cartunista, artista plástico, teatrólogo, tradutor, poeta, atleta e, sem prejuízo das outras funções, pensador. Em suma, humorista.

Se tentarmos medir a quilometragem histórica das caminhadas de Millôr Fernandes pelas areias de Ipanema — de seu apartamento na esquina da rua Aníbal de Mendonça ao ARPOADOR, todos os dias, às sete da manhã, ida e volta, de 1954 ao século XXI —, nenhuma calculadora terá visor para esse número. No decorrer dessa eternidade, Millôr observou a crescente fúria das ressacas, aprendeu a ler o vento nas entrelinhas e acompanhou a lenta mudança na composição da areia (de fininha, consistência de talco e povoada de tatuís, para a atual, áspera e ressentida, de tanto ser transformada em paliteiro ou pisoteada por massas de infiéis) e da água (de um azul *see through*, rica em peixes, para uma frequente bandeira vermelha, às vezes consistindo em lixo e coliformes fecais). Nesses anos todos, Millôr presenciou também a lenta ocupação de sua praia por hordas com variáveis graus de respeito por ela (variando sempre para menor) e a derrubada de cada casa da orla e sua substituição por um godzila arquitetônico.

Pelo lado positivo, Millôr acompanhou ainda, com grau maior de atenção, as sucessivas levas de moças (depois brotos, depois gatas) que, a cada verão, ocuparam mais metros quadrados de areia na proporção em que seus corpos exibiam mais centímetros redondos de pele. Apesar do estonteante apelo visual da paisagem — o Corcovado, o Dois Irmãos, a Pedra da Gávea, as Cagarras e a aquarela feminina —, Millôr aproveitou essas caminhadas para pensar, o que só uns poucos conseguem fazer ao mesmo tempo. E, como sempre gostou de caminhar a passo acelerado (às vezes correndo, quando pessoas vistas nessa situação ainda eram suspeitas de estar fugindo do rapa), teve de habituar-se a pensar rápido. Com isso, construiu, no espaço de apenas uma vida, o maior corpo de reflexões da língua portuguesa, espalhado por centenas de publicações e resumido no livro *Millôr definitivo — A bíblia do caos*, com 5142 frases.

Millôr, nascido no Méier, disse uma vez que, depois que começou a trabalhar, levou vinte anos para chegar a Ipanema — "Hoje qualquer vagabundo chega em vinte minutos". Não havia ainda os túneis do oportunismo e as pistas de enriquecimento rápido. Vinha-se pelo Centro, de trem, bonde e lotação, e a travessia levava anos, com escalas. De 1938 a 1942, morou na Lapa, onde, apesar da fama do bairro, nunca viu um malandro, uma briga ou uma navalhada. Em 1943, foi dividir com Freddy Chateaubriand, diretor de *O Cruzeiro*, um apartamento de seis quartos na avenida Atlântica — e, ali, sim, cansou-se de ver malandros. Em Copacabana, Millôr deixou sua marca na areia: em 1946, foi um dos coautores do frescobol, esporte legitimamente carioca, inventado na praia em frente à rua Bolívar e que, felizmente, até hoje não foi promovido a esporte olímpico (porque no frescobol o importante é jogar, não competir ou vencer).

Millôr viu o Arpoador pela primeira vez num domingo de 1942, levado por Freddy, através de uma picada no meio do mato. A praia no fim da picada tinha, no máximo, cinquenta gatos-pingados, mas percebia-se que as gatas-pingadas estavam um pouco mais despidas do que em Copacabana e que alguns rapazes usavam uma máscara, tipo herói de fita em série, que lhes permitia ver o fundo do mar e continuar respirando. Certo dia, quando um delegado tentou reabilitar uma velha lei de 1916 (já era velha em 1916) e proibir que se saísse da praia sem camisa, Millôr liderou uma rebelião — cooptou amigos e amigas e foram todos à praia de smoking e vestido longo, alugados na Casa Rollas. A história rendeu oito páginas em *O Cruzeiro* e a proibição caiu.

Millôr só chegou efetivamente a Ipanema como morador em 1954, aos 31 anos. Mas aí foi para sempre. Já era então, duplamente, um grande nome — como humorista, com o pseudônimo de Emmanuel Vão Gôgo, responsável pela página dupla "Pif-Paf" e outras dez seções não assinadas em *O Cruzeiro*, e como homem de teatro, autor de *Uma mulher em três atos*, tradutor de *A megera domada* e até cenógrafo, em sua identidade de Millôr Fernandes mesmo. Em 1956, ele unificaria os continentes, promovendo um Anschluss — uma ocupação — de Vão Gôgo por Millôr Fernandes. Vão Gôgo, aliás, não era uma corruptela de Van Gogh, mas uma junção de vão, tolo, com gogo, doença de galinha. Emmanuel, sim, era uma referência a Immanuel Kant, filósofo alemão do século XVIII e que Millôr chamava de você.

Em 1954, ainda se construíam casas na Vieira Souto, e o metro quadrado era mais barato do que na avenida Atlântica. Millôr comprou ali um apartamento, num prédio de quatro andares (um dos primeiros da praia), defronte do antigo Posto 9, atual Posto 10. Num prédio dessa altura, mais o térreo com os pilotis e mesmo que se morasse no último andar, ainda se podia ler o preço do picolé na carrocinha da Kibon na calçada, admirar o jogo de quadris do broto que atravessava a rua ou chamar o amolador de facas que passava tocando "Cidade maravilhosa". Ainda era uma altura à altura do ser humano — mais alto do que isso ficava difícil continuar amando sua semelhante. Millôr, que tinha assistido ao emparedamento de Copacabana nos anos 40, lutou para que tal não acontecesse em Ipanema. A degradação de Ipanema se deu nos anos 60 e 70 e só não chegou a ser total graças a ele e outros. Foi por isso que, no plano da criação, Millôr logo deixou de acreditar na ideia de "obra", que os artistas e intelectuais vaidosos acalentam. Eles podem construir uma vasta obra, destinada a confortar ou afligir o ser humano. Surge então um sergiodourado e constrói uma obra de dezoito andares, que não conforta ninguém e aflige muito mais.

Mas, quisesse ou não, Millôr construiu uma "obra" monumental, composta de texto e desenho, cuja superfície os estudiosos ainda nem começaram a roçar. Como os scholars nunca se apresentaram para desconstruí-la em sua língua, o estruturalês, Millôr teve de contentar-se com os (literalmente) milhões de leitores que conquistou em *O Cruzeiro* (1938-63), *Veja* (1968-82 e 2004-9), PASQUIM (1969-75), *IstoÉ* (1983-93) e *Jornal do Brasil* (1985-93), sem contar os voos por inúmeros veículos avulsos e, por fim, em *O Dia* e *O Estado de S. Paulo*. Teria sido ainda mais, se não fosse a relativa má vontade dos governos, da polícia e da Igreja para com ele — fechando revistas de sua criação (*Voga*, no quinto número, em 1951, e *Pif Paf*, no oitavo, em 1964), abortando publicações em que ele colaborava e, no governo que todos acreditam democrático de JUSCELINO Kubitschek, proibindo seu programa *Treze Lições de um Ignorante*, na TV Rio. E, neste último caso, apenas porque Millôr noticiou (sem rir) que a primeira-dama, dona Sarah Kubitschek, estava voltando ao Brasil de sua temporada de seis meses de descanso na Europa para receber a medalha do Mérito do Trabalho.

Não há formato ou estilo em texto de imprensa que Millôr não tenha praticado: editorial, panfleto, sátira, paródia, fábula, conto, aforismo, diálogo, trocadilho, verso livre, haicai, *"composissões"* infantis — um pesquisador morreria de velhice tentando fazer o levantamento completo. Millôr nunca fez isso para exibir seu virtuosismo técnico: cada formato ou estilo era apenas o mais adequado ao que ele quisesse dizer, para tornar mais clara e enfática sua incansável crítica dos costumes — nestes incluídos comportamento, cultura, política, ciência, religião e o que mais você imaginar. Do buraco de rua à morte das ideologias, pense em qualquer tópico moderno e você encontrará um palpite de Millôr — quase sempre de bela incorreção política e, como se diz mesmo?, na contramão da unanimidade (às vezes, você se irritava com o que Millôr escrevia e só muito depois descobria que ele tinha razão).

É possível provar que, se batidos num liquidificador, o Ambrose Bierce de *O dicionário do diabo*, o vienense Karl Kraus e o romeno E. M. Cioran, famosos internacionalmente por suas frases, não chegariam a meio copo de Millôr. Se houver um primeiro time do moralismo *wit*, composto, entre outros, de Bernard Shaw, Mark Twain, Oscar Wilde e H. L. Mencken, ele estará, sem dúvida, entre os onze. (Quem o mandou nascer em português?) No Brasil, só Nelson Rodrigues (com quem ele tinha mais pontos de contato do que gostava de admitir) lhe seria páreo. E Millôr ainda jogava frescobol melhor do que todos eles.

Havia também um Millôr Fernandes poeta, xará do prosador, que usava seus mesmos sapatos, namorava as mesmas mulheres e até dormia na mesma cama. Mas esse era ainda mais secreto — trabalhava escondido até de si próprio. O Brasil não tem uma tradição de *light verse* (versos ligeiros), como os americanos e ingleses, que produziram Ogden Nash, Dorothy Parker e Philip Larkin — donde não sabemos o que fazer de um poeta que não parece "poeta". Pelo menos, nós, os eruditos, não sabemos. Mas o povo sabe: o famoso "Poesia matemática" ("*Às folhas tantas/ Do livro matemático/ Um Quociente apaixonou-se/ Um dia/ Doidamente/ Por uma Incógnita. / Olhou-a com seu olhar inumerável/ E viu-a, do ápice à base,/ Uma figura ímpar:/ Olhos romboides, boca trapezoide/ Corpo octogonal, seios esferoides...*") já foi visto colado até em mictório de botequim e muita gente o conhece sem saber que foi Millôr quem o escreveu, em 1950. Pensando bem, é melhor deixarem em paz a "poesia" de Millôr. São capazes de descobrir que, antes de Décio Pignatari e dos irmãos Campos, ele já tinha inventado o concretismo. Só que estes o inventaram a sério.

Se o prosador e o poeta eram difíceis de classificar, o desenhista e o pintor, então, eram inclassificáveis. Mas, nesse caso, Millôr não estava sozinho: Saul Steinberg, para ele o maior artista plástico do século, morreu em 1999, aos 85 anos, sem também ter sido considerado "artista plástico" pelos círculos oficiais. E, antes dele, William Hogarth, Thomas Rowlandson, Honoré Daumier e André François. Todos cometeram um erro imperdoável: trabalhavam com ideias — e, embora fossem ideias que só poderiam ser expressas de forma visual, parece que era justamente isso que os tornava inelegíveis para o panteão. Com Millôr, a mesma coisa: ao trabalhar com tinta, Ecoline, guache, bico de pena, crayon, lápis de cera ou um humilde Faber nº 2, nunca conseguiu zerar o cérebro.

É a única explicação para que nunca o enquadrassem entre os "artistas plásticos" nacionais, embora ele tenha feito uma exposição individual no Museu de Arte Moderna do Rio, em 1957, e Pietro Maria Bardi, no prefácio a um lindíssimo livro de seus desenhos (pela Editora Raízes, em 1981), tenha dito que sua obra "vale, pelo menos, tanto quanto as telas dos pintores que dom Pedro II despachava para Paris" — seja lá o que Bardi quis dizer com isso. A obra de Millôr não tem valor no mercado de "arte". Mas os entendidos devem suspeitar, com um sopro de apreensão, que, se quisesse, ele poderia ter pintado em qualquer estilo e disputar nas galerias com os artistas estabelecidos. Afinal, começou a desenhar antes de escrever e aprendeu copiando gente muito mais difícil, como o Alex Raymond de *Flash Gordon*, o Burne Hogarth de *Tarzan* e o Milton Caniff de *Terry e os piratas*.

Da mesma forma que não pertenceu à literatura, nem à poesia, nem às artes plásticas, Millôr também não pertenceu ao teatro brasileiro. Entre traduções e adaptações, seu nome esteve associado a mais de cem espetáculos e ele sempre foi um dos mais requisitados do país para esse tipo de trabalho. Mas, como autor, o pano sobe e desce nos palcos nacionais como se Millôr não fosse o autor de uma peça como *Flávia, cabeça, tronco e membros* (1963), quase sem paralelo no Brasil, de uma profética violência física e moral. Quando *Flávia* foi escrita, as "Flávias" (meninas desafiadoras e prontas para o que desse e viesse) eram tão poucas que a de Millôr devia parecer inverossímil. Alguns anos depois, cada família passou a ter a sua, o que, longe de datar a peça, a tornou ainda mais terrível e atual. Mas, exceto por *Flávia*, Millôr só fez teatro por encomenda. Mas depende de quem faz a encomenda, não? Em 1977, sua grande amiga Fernanda Montenegro lhe encomendou uma peça. Ele lhe escreveu *É...* Resultado: quatro anos em cartaz.

Para que não se diga que Millôr não pecava pela humildade, ele declarou muitas vezes que trocaria tudo que já fizera por sua vocação "verdadeiramente visceral" e que nunca pôde realizar amplamente: a de atleta. Nadou, pegou jacaré, tentou caça submarina (prejudicado por nunca ter aprendido a nadar direito) e foi vice-campeão mundial de pesca de atum na Nova Escócia em 1953 (sem precisar pegar um só atum — um único concorrente pescou alguma coisa e os de todos os outros países foram declarados vice-campeões). Também remou, praticou boxe, jogou tênis e frescobol, além de fazer muito sexo e sair correndo (no sentido de que foi um dos primeiros a correr na praia), sendo considerado um craque em algumas dessas modalidades. KALMA Murtinho, MARINA Colasanti, Dulce Bressane, Renata Deschamps, Tereza Graupner e Cora Rónai, sucessivamente, foram algumas com quem ele correu e durante anos com cada uma.

Millôr disse certa vez que resolvera limitar sua jurisdição a sua cidade, seu bairro e seu quarteirão — o qual vinha a ser a pracinha defronte à rua Gomes Carneiro, onde em 1962 armou seu estúdio. *O Globo* chamou-o de "o ombudsman da tribo de Ipanema", a reserva de lucidez a quem os ipanemenses desamparados se habituaram a recorrer quando em perigo. E com razão porque, para ele, não havia diferença entre a derrubada de uma humilde amendoeira e a construção de um espigão na rua Prudente de Morais que desequilibrava o espaço aéreo de Ipanema. Ambas, para ele, eram agressões à vida.

Em 1990, Millôr propôs, pela revista *Domingo*, do *Jornal do Brasil*, a "demarcação das terras de Ipanema". Em sua condição de "índio urbano", como ele próprio se definiu, só queria ser equiparado aos indígenas de verdade: "Os índios têm, cada um, dez hectares para si. Só que eles estão se acuturando. Eu não posso comprar uma palhoça lá na terra deles, mas, de repente, o Juruna pode comprar um apartamento do lado do meu e fazer cocô no corredor". Infelizmente, como Millôr constataria, o Brasil se tornaria cada vez mais inóspito para os índios, e não exatamente comprando suas palhoças.

Em 2011, um AVC privou Millôr de suas grandes capacidades: a de pensar e agir. Aprisionado em si mesmo e inconsciente, era como se aquela fosse a única maneira de contê-lo. Sua morte, no ano seguinte, foi como uma fratura exposta para a inteligência no Brasil.

Frases

★ *O ser humano é inviável. Mas eu não sou.* ★ *Dizem que a vida é curta. Mas eu digo que a vida é perto, na minha vizinhança.* ★ *A vida seria melhor se não fosse diária.* ★ *Viver é desenhar sem borracha.* ★ *O acaso é uma besteira de Deus.* ★ *Morrer é uma coisa que se deve deixar sempre pra depois.* ★ *O ego é a única coisa que vaza por cima.* ★ *Os homens não fervem à mesma temperatura.* ★ *Toda fotografia antiga é uma punhalada.* ★ *Se os animais falassem não seria conosco que iam bater papo.* ★ *Um turista é um idiota que se julga poliglota.* ★ *Considero o máximo de habilidade político-econômica a desses caras que se locupletam no capitalismo entrando pela esquerda.* ★ *Em Brasília, todos os gastos são pardos.* ★ *O homem feliz não usava camisinha.* ★ *Naquela época, mãe era mãe, não ia para a boate, não.* ★ *Quer dizer que as mulheres queriam se liberar apenas para imitar os homens — beber mal, se locupletar em ministérios e entrar na Academia Brasileira de Letras?* ★ *O pior cego é o que quer ver.* ★ *O pior cego é o que vê tevê.* ★ *O cérebro eu já tinha. Só me faltava a eletrônica.* ★ *A internet é o poder do anarquismo que não tomou o poder.* ★ *Nós, os humoristas, temos muita importância para ser presos e nenhuma para ser soltos.* ★ *A invenção do Alka-Seltzer foi uma tempestade em copo d'água.* ★ *Graças a Zeus, o Olimpo não foi feito para os jograis.* ★ *Imprensa é oposição. O resto é armazém de secos e molhados.*

MONTENEGRO

1965-72. Ponto da praia defronte à rua Montenegro (atual rua Vinicius de Moraes).

Em termos de liberdade, comportamento e interesses na praia, a Montenegro foi a pós-graduação do ARPOADOR. Se este fora o fascinante laboratório onde duas ou três gerações serviram de cobaias de si próprias na busca de um novo estilo de vida, a Montenegro foi seu doutorado, o fórum das discussões maduras, das conquistas consolidadas. Não por acaso, muitos de seus pioneiros eram egressos do Arpoador — expelidos de lá pela crescente hegemonia do pessoal do SURFE e, a partir de 1965, pelo congestionamento e monocultura decorrentes. Um pouco mais velhos, sábios e cultos, já sem interesse em esportes e muito menos em pranchas, esses excedentes, em meados dos anos 60, marcharam seis quarteirões à beira-mar e estabeleceram-se em frente à rua Montenegro. Por que ali? Por dispor de um anexo a cem passos de distância, aonde ir depois da praia: o VELOSO.

A Montenegro era a praia dos intelectuais — que, contrariando Paulo FRANCIS, iam à praia e bebiam, ainda que uma coisa de cada vez. Foi o primeiro ponto de praia pós-1964 e de firme, mas ainda bem-humorada, oposição aos militares. De seu espírito saíram LEILA Diniz, a Passeata dos 100 Mil e o PASQUIM. Naqueles menos de cem metros de largura por cinquenta de fundo na areia fofa, concentravam-se os famosos, os quase isso e os anônimos, mas todos reduzidos à mesma pele queimada — e, caso fossem afins, partilhando a mesma roda. Não havia grupos estanques, e o fascinante na Montenegro foi essa mistura de experiências e gerações.

Em certo momento, por estarem em grande evidência, os rapazes do CINEMA NOVO pareciam predominar: GLAUBER Rocha, David Neves, CACÁ Diegues, RUY Guerra, Arnaldo JABOR, Luiz Carlos Saldanha, Gustavo Dahl, Zelito Viana. Muitos deles, por viverem viajando com seus filmes para os festivais de cinema, falavam de suas conversas com Godard, Rossellini e Visconti como se se referissem ao vendedor de Panduíche ou Limonal, que eram dos poucos produtos vendidos na areia. Aos domingos, a Montenegro se sentia a praia-irmã de Cannes ou Veneza, e cineastas europeus novatos como Bernardo Bertolucci, Werner Herzog e Jerzy Skolimovski eram citados ali muito antes que seus primeiros filmes viessem dar às telas do Paissandu.

Et pour cause, era também a praia dos atores, como NELSON Xavier, CLAUDIO Marzo, JÔ Soares, Hugo CARVANA, Adriano Reys, Carlos Eduardo Dolabella, Rui Polanah, sem falar em ZÓZIMO Bulbul, talvez o primeiro deus negro na areia e que despertava um furor uterino nas mulheres (só depois apareceria Antonio Pitanga com a espetacular Vera Manhães). Jornalistas abundavam, mas o mais visível era Fernando GABEIRA, então chefe do influente departamento de pesquisa do *Jornal do Brasil* e, já em 1967, ameaçando cair na clandestinidade assim que o sol acabasse. A Montenegro era ainda a praia dos cartunistas (JUAREZ Machado, às vezes Lan e ZIRALDO, mais tarde Miguel Paiva), fotógrafos (PAULO Goes, David ZINGG, Armando ROZÁRIO), artistas plásticos (CAIO Mourão, GLAUCO Rodrigues, ROBERTO Magalhães, Carlos VERGARA, Marcos Flacksman), editores (Sebastião e Sergio Lacerda), poetas (Armando Freitas Filho), marchands (JEAN Boghici) e figuras que dispensavam apresentações (ALBINO Pinheiro, ZEQUINHA Estellita, HUGO Bidet, RONIQUITO de Chevalier). O elenco não se esgotava aí. Mas a Montenegro não era uma praia para todo dia, como fora o Arpoador — a maioria daquelas pessoas trabalhava e, de segunda a sexta, tinha de envergar o terno e ir para o Centro da cidade, onde ainda ficavam os escritórios.

E havia as mulheres do pedaço — todas na faixa dos vinte anos, muitas já servindo em algum dos exércitos acima e, juntas, formando talvez o maior escrete sob o sol em todos os tempos: TANIA Caldas; LEILA Diniz; Luiza Konder, esta, craque do frescobol; DUDA Cavalcanti, às vésperas de ir embora para Paris; Monica Silveira, rica, chique, bem-nascida e por quem todo mundo se apaixonava; Marieta Severo, começando no teatro, antes de casar-se com Vergara e, um ano depois, com Chico Buarque; jornalistas como LEA Maria, Martha Alencar, Elizabeth de Carvalho, Virginia Cavalcanti e Maria Lucia Rangel (que teve a parte de baixo do biquíni de argola arrancada por uma onda; Paulo Goes atirou-lhe uma raquete de frescobol para que se cobrisse); as artistas plásticas Thereza Simões, casada com Jabor, Dilmen Mariani e MARILIA Kranz; as atrizes Vilma Dias, depois famosa por aparecer saindo de uma banana na abertura do programa *O Planeta dos Homens*; ANA MARIA Magalhães; Maria do Rosário Nascimento e Silva, que interpretaria a Capitu adolescente no filme de Paulo Cesar SARACENI e se casaria com ele; MARIA LUCIA Dahl; Tania Scher, a "Tania" dos CHOPNICS e estrela de *Tem banana na banda*, substituindo Leila Diniz; Edir, futura Frenética; e mais LYGIA Marina, que inspiraria a canção "Lígia", de ANTONIO CARLOS Jobim; Tanit Galdeano; Noelza Guimarães; Joice Leal, que depois se tornaria importante executiva da Fiesp; Renata Deschamps; e Ana Maria Valle, a quem se referia a música "The Crickets Sing for Ana Maria" ("Os grilos"), de MARCOS Valle, e que, muito mais tarde, viveria toda uma saga particular e não muito feliz em Ipanema como "A mulher de branco".

O programa pós-praia obrigatório era o botequim Veloso, onde já se concentravam desde cedo os intelectuais que preferiam beber a ir à praia, como aconselhava Paulo Francis, embora ele próprio não frequentasse o recinto. E, ali, mais uma vez, dava-se a mágica de Ipanema: a grande mistura de corpos suados e seminus com cabeças como as de RUBEM Braga, VINICIUS de Moraes, FERNANDO Sabino. Uns poucos e felizes tinham outro destino no fim da tarde: as rodas de samba no apartamento de fundos de Albino Pinheiro na avenida Vieira Souto, acompanhadas de uma caranguejada, geralmente a cargo de Rui Polanah. O *Jornal de Ipanema*, um simpático tabloide dirigido por Mario Peixoto, circulava na praia e nos botequins.

Nos dias de semana, a Montenegro era calminha, com espaço de sobra para os rapazes e moças que jogavam buraco sobre a toalha, valendo o ingresso do cinema ou o cachorro-quente do Geneal no trailer em frente. Das duas às quatro da tarde, nesses dias, era a hora sagrada das domésticas. Mesmo aos sábados e domingos, quando os discursos de Glauber na praia eram capazes de fazer voar barracas, a praia era acolhedora e confortável, com cada cidadão tendo direito a seu metro quadrado de areia. Mas, por volta de 1970, as obras do aterro de Copacabana, a abertura do túnel Rebouças e a fama de Ipanema começaram a atrair para a Montenegro uma multidão que nunca ali botara os pés. Diante da súbita falta de espaço, os tatuís foram os primeiros a escassear, seguidos pelos habitués.

À esquerda da Montenegro, de quem estava de frente para o mar, começou a surgir uma gigantesca armação de ferro que definiria o caráter da praia nos anos seguintes: O PÍER.

MORAES (Sorveteria das Crianças)
1936-80. Sorveteria na rua Visconde de Pirajá, 484.

Se houve um fato que encerrou de vez o ciclo da Ipanema clássica e inaugurou o da pós-Ipanema, este não se refere à morte de nenhum botequim, galeria de arte ou cinema — mas ao fechamento, em 1980, da sorveteria do português Antônio Moraes. Era talvez a instituição mais querida do bairro. Sobre seu balcão, durante 44 anos, debruçaram-se jovens, idosos, intelectuais, políticos e populares para lamber as casquinhas do, talvez, melhor sorvete já fabricado no Rio.

Começou como uma mercearia que, entre biscoitos e refrescos, vendia os inacreditáveis sorvetes produzidos por dona Maria, mulher de seu Moraes. Mas, diante da procura, os sorvetes tomaram conta do negócio. A grande especialidade eram os de frutas — abacate, ameixa, bacuri, cajá, coco queimado, cupuaçu, fruta-do-conde, goiaba, graviola, jabuticaba, tamarindo, uva —, feitos praticamente na hora. As frutas eram descascadas e descaroçadas à mão por dona Maria, e a combinação da calda com água e açúcar, sem essências ou aditivos, detinha segredos de alquimia. Era como se cada casquinha fosse produzida de encomenda. Um amigo batizou-a de Sorveteria das Crianças, e este passou a ser o nome oficial. Mas, para as três gerações que se seguiram em Ipanema, era apenas "o Moraes".

O presidente JUSCELINO Kubitschek era um dos clientes — pedia que lhe mandassem sorvete de jabuticaba para o Catete e até para Brasília. E a rainha Elizabeth, em visita ao Rio em 1968, teve caixas de sorvete de pitanga entregues no iate da comitiva. O Moraes sobreviveu invicto ao advento da Kibon, do Bob's e de todas as novidades congeladas. Mas não resistiu à brutalidade da ocupação de Ipanema nos anos 70, quando o aluguel começou a ficar impraticável para uma operação tão amorosa. O próprio Moraes morreu em 1984, com a mesma serenidade e delicadeza com que servia seus sorvetes.

John **MOWINCKEL**
1920-2003. Diplomata americano e espião da CIA.

Não é que o pitoresco gringo Mowinckel fosse o nosso homem na CIA. Ele é que era a CIA em Ipanema. Ou, pelo menos, queria ser — uma CIA festiva, bronzeada e de sunga, mas sempre a CIA. Mowinckel chegou ao Rio com sua mulher, Letizia, em 1967, para servir como adido cultural da embaixada americana. Era alto, esportivo e bem-humorado. Falava seis línguas, entre as quais português, promovia feijoadas, pescava na baía, vivia na praia e sua simpatia garantiu-lhe logo muitos amigos — quase todos de esquerda, o que, em Ipanema, era natural. Gostava de contar que participara da invasão da Normandia chapinhando ao descer de um anfíbio e dizia-se personagem do livro *Paris está em chamas?*, teria liberado o Hotel Crillon e, sozinho, dado ordem de prisão a 170 soldados alemães. Passou apenas quatro anos no Brasil, mas isso bastou para torná-lo uma instituição de Ipanema, à qual deu uma pequena contribuição cultural: foi o introdutor do bullshot, a combinação de vodca com caldo de carne, ideal para bebuns com síndrome de abstinência matinal e precisando de uma desculpa para recomeçar a beber.

Os medianamente paranoicos suspeitavam que Mowinckel fosse um agente da CIA; os muito paranoicos achavam que ele era o próprio chefe da CIA no Brasil. Mas ninguém conseguia provar nada e isso dava um charme extra a seu folclore. Em 1969, os grupos da luta armada tramaram o sequestro de um diplomata americano no Rio, e, para um deles, Mowinckel parecia o sequestrável ideal. A jornalista LEA Maria, ex-colunista do *Jornal do Brasil* e com ligações sociais na clandestinidade, foi incumbida de levantar seus hábitos e horários. Mas logo se chegou à conclusão de que, com Mowinckel como sequestrado e Fernando GABEIRA como um dos sequestradores, o sequestro não seria levado a sério. O diplomata americano sorteado acabou sendo o embaixador Charles Burke Elbrick.

Mowinckel foi transferido para Viena em 1971 e viajou com lágrimas nos olhos — o COUNTRY barrara sua entrada como sócio. Se isso lhe serviu de consolo, *O Globo* deu-lhe o título de "carioca honorário". Passaram-se anos sem que se soubesse dele, até que a publicação nos Estados Unidos das memórias de David Atlee Phillips (este, sim, o chefe da CIA no Brasil naquela época) revelou a verdade. Mowinckel não pertencia à CIA, mas era louco para pertencer. Por telefone, vivia passando informações a Phillips, todas óbvias. Exemplo: "David, acabo de saber que o líder dos comunistas brasileiros chama-se Luiz Carlos PRESTES!". Mas sua obra-prima foi quando, telefonando de uma festa num dos apartamentos da ESQUERDA FESTIVA, tirou Phillips da cama para avisá-lo de que acabara de saber que o embaixador francês seria sequestrado. "Quem lhe contou isso?", perguntou o espião. "A cozinheira!", disse Mowinckel.

NAPOLEÃO Moniz Freire
1928-71. Ator, figurinista, cenógrafo e engenheiro.

Napoleão Moniz Freire estava fazendo *Casa de bonecas*, de Ibsen, com TONIA Carrero. Todas as noites seu personagem saía de cena dizendo: "Boa noite, porque eu vou morrer". Tonia, no papel de Nora, respondia: "Descanse em paz". Certa manhã, em meio à temporada, Napoleão acordou, tomou café, foi para o banheiro e teve um infarto. Quando os empregados o encontraram, já era tarde. Foi uma triste coincidência que suas últimas palavras em cena tivessem de ser aquelas. Cecil Thiré, o diretor da peça, substituiu-o e continuou dizendo: "Eu vou morrer". Mas Tonia, mãe de Cecil, nunca mais repetiu sua fala.

A admiração e o amor dos colegas por Napoleão se misturavam. Ele próprio punha amor em tudo a que se entregava e, se um who's who das artes e letras do Brasil quisesse fazer-lhe justiça, teria de distribuir seu verbete por várias categorias. O teatro fascinou-o desde criança, mas só depois de se formar em engenharia civil é que Napoleão se permitiu mergulhar nele — pelas mãos de MARIA CLARA Machado, nas domingueiras na casa do pai desta, ANIBAL Machado. Napoleão foi um dos fundadores do Teatro Tablado e sua evolução seguiu paralela à de KALMA Murtinho — os dois começaram como atores no Tablado, mas Maria Clara estimulou-os a tentar também outras disciplinas. Kalma foi ser figurinista; Napoleão, cenógrafo. Sua primeira cenografia já nasceu clássica: a de *Pluft, o fantasminha*, em 1955. Dali em diante, ele faria a cenografia para mais de cem peças e também enveredaria pela área dos figurinos.

No teatro, Napoleão representou Molière, Tchékhov, Oscar Wilde, Bernard Shaw e Paddy Chayefsky, dirigiu várias peças (inclusive para a Companhia Tonia-Celi-Autran) e, por dez anos, foi diretor do SNT (Serviço Nacional de Teatro). No cinema, foi cenógrafo (*Rio Zona Norte*) e ator (*Couro de gato, Society em baby-doll, Cara a cara*). Publicou contos na revista SENHOR. Era também pintor e sempre participou, a convite, das Bienais de São Paulo. Só isso bastaria para demonstrar seu espírito renascentista, mas Napoleão nunca abandonou sua profissão original: como engenheiro do estado e da prefeitura, empenhava-se na restauração de prédios públicos e históricos — tinha especial carinho por Santa Teresa, onde não deixava que se construísse nada fora do estilo original do bairro.

Sua família só tivera um artista antes dele, mas nem queira saber quem era: o dramaturgo e poeta alemão Schiller (1759-1805), amigo de Goethe e autor de um poema, "Ode à alegria", musicado por Beethoven como parte coral da *Nona Sinfonia*. É mole?

Ernesto **NAZARETH**
1863-1934. Compositor e pianista.

"Branco, pele morena, cabelos negros e lisos, que mais lindos se tornaram depois de grisalhos, forte, altura acima da mediana, extremamente simpático, suas maneiras distintas o tornavam muito atraente." Assim a pesquisadora Mariza Lyra descreveu um grande compositor, pianista e morador de Ipanema. ANTONIO CARLOS Jobim? Não. Ernesto Nazareth.

Com esse perfil jobiniano avant la lettre, Nazareth foi morar numa casinha na quase deserta avenida Vieira Souto em 1917, por um motivo triste: sua filha Maria de Lourdes "sofria do peito" e os médicos disseram que a brisa do mar faria bem à garota. Não adiantou porque, em dezembro daquele ano, Maria de Lourdes morreu do mesmo jeito. Mas Nazareth, com sua mulher, Theodora, e os outros três filhos, continuou em Ipanema. Tempos depois, mudaram-se para outra casa, não muito longe dali, na rua Visconde de Pirajá, onde ficaram pelos nove anos seguintes.

Em algum ano entre 1917 e 1926, Nazareth compôs o que pode ter sido a primeira música sobre o bairro: a marcha "Ipanema". Seria gravada em 1928 pela orquestra Pan American, mas, até então, se Nazareth quisesse tocá-la em sua casa, não poderia — porque não tinha piano. Os pianos que usava no dia a dia eram os das lojas de música em que trabalhava, na rua Gonçalves Dias ou na avenida Rio Branco, e os de seus alunos em domicílio. Quando queria tocar apenas para si, Nazareth ia à casa de seu vizinho na Vieira Souto, o cientista Alvaro ALVIM. Mas, mesmo ali, havia uma pequena plateia: a filha de Alvaro, LAURA Alvim. Nazareth só voltou a ter seu próprio piano aos 63 anos, em 1926, doado por amigos de São Paulo, depois de uma temporada por lá.

O criador de "Odeon", "Brejeiro", "Tenebroso", "Fon-fon", "Ouro sobre azul", "Apanhei-te, cavaquinho" e outras duzentas composições, entre polcas, choros, valsas, marchas, foxtrotes e tangos brasileiros, já havia composto a maioria de suas obras-primas quando se mudou para Ipanema. Seria exagero dizer que ele foi um de seus primeiros moradores ilustres — porque, em 1917, aos 54 anos, Nazareth não era exatamente "ilustre". O povo não se empolgava com suas composições, porque elas não eram dançáveis, e muitos estudiosos as chamavam de maxixes — para desgosto dele, que via no maxixe a música mais baixa que existia.

Nazareth passou a vida apostando corrida contra o aluguel, tocando em clubes que detestava e tentando até o serviço público. Em 1921, quando finalmente arranjou um emprego que lhe garantia um razoável dinheirinho e o apreço popular, de pianista da sala de espera de um cinema elegante na avenida Rio Branco, a tranquilidade só durou até o fim da década. Sua mulher morreu em 1928 e a relativa surdez que o ameaçava desde criança agravou-se — tocava curvado sobre o teclado, como que tentando ouvir os sons que lhe escapavam. Em 1932, foi afetado por uma perturbação mental e seus parentes o internaram em hospitais psiquiátricos. Em fevereiro de 1934, burlou a vigilância da Colônia Juliano Moreira, em Jacarepaguá, saiu para dar uma volta e sumiu. Foi encontrado dias depois, morto por afogamento num rio, nas imediações do sanatório.

Mas, nesse ponto, o Brasil não falhou. Se, vivo, Nazareth não teve o reconhecimento que merecia, a morte desencadeou sua ressurreição como um dos gigantes da cultura brasileira. Nos anos 70, Arthur Moreira Lima gravou quatro discos dedicados a ele e, em 2016, Maria Teresa Madeira registrou nada menos que a íntegra da obra de Nazareth, em doze CDs que lhe renderam muitos prêmios. É justo — nunca teremos Nazareth que chegue.

NELSON Dantas
1927-2006. Ator e diretor de teatro, cinema e TV.

Muitos atores são tímidos na vida real. Por isso são atores — porque, no palco, deixam de ser eles mesmos. Mas Nelson Dantas, uma das figuras históricas de Ipanema, bateu todos os recordes — era tímido na vida e no palco. Seu medo do público levou-o a passar dezesseis anos sem fazer teatro, de 1955 a 1971. E olhe que, profissional desde 1949, já tinha interpretado Pirandello, Martins Pena, Anouilh, Nelson Rodrigues, enfim, os clássicos. Quando voltou, depois de tantos anos, foi em *Casa de bonecas*, de Ibsen, com TONIA Carrero e NAPOLEÃO Moniz Freire. Na estreia, em Brasília, passou os primeiros minutos em pânico. Nem Tonia percebeu, mas *ele* sabia o que estava sentindo. Recuperou-se, deu seu show de interpretação e finalmente se reconciliou com o teatro. Para sempre.

Mas, se o palco costumava deixá-lo de pernas bambas, seu à vontade diante da câmera fez dele, desde o começo, um dos grandes atores de cinema de sua geração. Nelson apareceu em quase todos os filmes brasileiros que valeram a pena ser vistos: *Matar ou correr* (1954), *Assalto ao trem pagador* (1962), *Capitu* (1968), *Azyllo muito louco* (1970), *Vai trabalhar, vagabundo* (1973), *A estrela sobe* (1974), *O casamento* (1976), *Dona Flor e seus dois maridos* (1976), *Cabaret Mineiro* (1980), *Bar Esperança, o último que fecha* (1983), *Memórias do cárcere* (1984), *Lamarca* (1994), *O que é isso, companheiro?* (1997), *Sonhos tropicais* (2001), *Zuzu Angel* (2006). Quase sempre como coadjuvante, mas do tipo que segura um elenco. Todos os seus filmes juntos, no entanto, não lhe renderam a popularidade de que desfrutou durante os oito meses da novela *Roque Santeiro* (1985), em que fazia o beato Salu (ah, agora você o identificou!), e em todas as novelas em que apareceu desde então. Bem que seu amigo LUCIO Cardoso o avisara: "A novela é a motocicleta do diabo".

Nelson era casado com a tradutora Ismenia Dantas (1928-99). Durante quase dez anos, de 1953 a 1962, eles mantiveram uma famosa open house em seu pequeno apartamento na praça Nossa Senhora da Paz. Ao embalo de jazz e vodca, aos sábados à noite, quase cinquenta pessoas (atores, intelectuais, jornalistas, vizinhos, gente de todo tipo) espremiam-se num espaço onde mal cabiam vinte, num exemplo da fraternidade e da democracia típicas de Ipanema. Uma das atrações da casa era a coleção de Ismenia de lindos cartões-postais da Belle Époque, com milhares de exemplares, nenhum deles comprado de colecionadores. Ismenia reuniu-os localizando aquelas velhas senhoras chiques do Rio que, quando jovens, os tinham recebido da Europa. As festas de Nelson e Ismenia eram um programa tão sagrado que, um dia, quando eles se separaram e as reuniões acabaram, seus amigos sentiram-se órfãos. "E agora, o que eu vou fazer aos sábados?", vários disseram.

Foi a Nelson que devemos a primeira tradução brasileira do romance *Laranja mecânica*, de Anthony Burgess, escrito numa língua inventada, que ele teve de converter foneticamente. Mas o negócio da família era o teatro — vide seus filhos Daniel (*n.* 1954) e Andréia Dantas (*n.* 1957), nascidos em Ipanema numa época em que, ao saírem à rua, o bairro inteiro era seu quintal.

NELSON (Nelsinho) Motta

n. 1944. Jornalista, compositor, produtor musical e de televisão.

Em 1967, quando foi a Nova York pela primeira vez, aos 23 anos, Nelson Motta entrou numa loja do Village e viu as paredes cobertas de posters de Marx, Trótski, Guevara, Mao e outros super-heróis do período. Não teve dúvidas: comprou um poster de Trótski, voltou para o Rio e, com uma deliciosa irresponsabilidade, deu-o de presente a seu colega Fernando GABEIRA na redação do *Jornal do Brasil*. É verdade que, em 1967, ainda havia uma relativa liberdade no país. Mas os alcaguetes infiltrados nos jornais não gostavam de ver gente desenrolando posters de comunistas na presença de estagiárias inocentes. O nome de Nelsinho foi anotado para futuro acompanhamento. Anotado à toa porque, para ele, figuras como Marx, Trótski, Mao e Guevara eram algo como John, Paul, George e Ringo: personagens do panteão pop — até os penteados eram parecidos.

Sem querer, Nelsinho estava se antecipando à tendência que, para o bem ou para o mal, seria a dominante no mundo pelo resto do século — a de que, no fundo, tudo é pop. Isso foi há muitas décadas, mas, para ele, pode ter sido a receita que o manteve jovem enquanto o mundo envelhecia ao seu redor. Anos depois, alguém o definiu como "um homem em eterno estado de juventude". Pois ainda mais anos se passaram e a definição continuou valendo — mesmo depois de veterano, Nelsinho conservou, inclusive, o direito de continuar sendo tratado pelo diminutivo. Até mesmo por ele próprio.

De 1964 para cá, não houve um modismo musical no Brasil de que ele não tivesse participado. Ou inventado. Naquele ano, quase de calças curtas, Nelsinho era mascote da BOSSA NOVA, e o homem que ele queria ser quando crescesse era o letrista e repórter RONALDO Bôscoli, esperto, cheio de bossa e safo. Não demorou a chegar lá: em 1966, ganhou o Festival Internacional da Canção com "Saveiros", em parceria com Dori Caymmi. No ano seguinte, os dois fizeram "O cantador", que se tornou "Like a Lover" na gravação de Sergio Mendes e se incorporou ao repertório internacional.

Mas, em 1968, quando tudo indicava que ele faria uma brilhante carreira como letrista, surgiu o tropicalismo, e Nelsinho, precipitadamente, sentiu-se "antigo". Sua parceria com Dori foi desfeita e, desde então, ele se tornou bissexto como compositor. Em compensação, sua atuação no restante do panorama musical foi avassaladora. Inclusive com a mulher do próprio Ronaldo Bôscoli — Elis Regina —, que Nelsinho namorou em 1970 e durante o casamento deles. O caso com Elis durou um ano. Para Nelsinho, que depois lamentou o episódio, havia na coisa um complexo de Fedra, com Elis no papel da madrasta e Ronaldo como o "pai" que ele tinha de "matar". Ronaldo, que conhecia teatro grego e psicanálise, preferiu dizer (referindo-se ao fato de Elis e Nelsinho serem baixinhos) que Elis tinha finalmente encontrado "um homem à sua altura". E, de passagem, namorou a mulher de Nelsinho, Monica Silveira.

Em sua coluna diária na *Última Hora*, na virada para os anos 70, depois no *Globo* e na TV Globo, Nelsinho tornou-se o arauto de tudo que cheirasse a jovem e tivesse um quê de "rebeldia": o tropicalismo, o rock, o Teatro Oficina, os filmes udigrúdi, os hippies, as drogas, o desbunde e a contracultura. Durante boa parte da década, essa foi a cesta básica de uma grande parcela jovem no Brasil. Claro que, no fim da década, quase todos esses itens já haviam se tornado tão antigos e fora de moda quanto as calças boca de sino.

Mas o "desbunde" do próprio Nelsinho (assim como o de Luiz Carlos MACIEL — que operava em faixa parecida) foi sob controle. Quase sempre associado à Globo, criou as trilhas sonoras das novelas (embora não tenha se beneficiado quando delas surgiu a milionária gravadora Som Livre). De seu escritório na praça General Osório, onde trabalhavam SCARLET Moon de Chevalier e Julio Barroso (futuro líder da banda Gang 90 & Absurdettes), nasceram os primeiros festivais brasileiros de rock, como o de Saquarema, e, em 1976, a discoteca Dancin' Days, onde ele inventou o conjunto As Frenéticas (para quem compôs sucessos como "Perigosa", com Rita Lee, e "Dancin' Days", com Rubens Queiroz). Nos anos seguintes, Nelsinho dirigiu gravadoras, casas noturnas e programas de TV, nos quais muita gente teve a primeira chance. Entre os que lhe devem bem mais do que essa chance estão Elba Ramalho, Lulu Santos (seu parceiro em "Como uma onda no mar"), Sandra de Sá e Marisa Monte.

Mas o melhor papel de Nelsinho tem sido o de veludo entre os cristais. Mesmo voltado para o "jovem", ele nunca tirou um pé do passado. Suas admirações sempre foram homens mais velhos, como João Gilberto, VINICIUS de Moraes, Nelson Rodrigues, GLAUBER Rocha, quase todos frontalmente discordantes entre si. Isso reforçou sua convicção de que a música popular não deveria ser o feudo de uma só corrente. Em 1968, em pleno tiroteio entre o tropicalismo e seus amigos Chico Buarque, MARCOS Valle, Edu Lobo, Francis Hime e Dori Caymmi, ele conseguiu driblar as balas perdidas e pacificar as partes. Continuou a fazer isso com as tendências que surgiram nos anos 80 e 90, procurando os pontos comuns entre o samba, o jazz, o rock, a música negra e os ritmos do Nordeste — e mais a Bossa Nova, de que nunca se desligou. Como se tudo fosse, segundo ele, uma grande e abrangente "voz do Brasil". Sua atitude nunca foi a de quem vive em cima do muro, mas a de quem preferia que não houvesse muro.

Como o Brasil estivesse muito devagar para o seu ritmo, Nelsinho transferiu-se para Nova York, onde ficou de 1992 a 2000, estrelando o programa *Manhattan Connection* e, nas horas vagas, desbravando o Harlem para os brasileiros. Voltou para o Rio e, sem conseguir parar nem para envelhecer, estrelou programas de televisão, produziu mais discos, imortalizou suas memórias em

Noites tropicais, em 2000, e *De cu pra lua*, em 2020, e dissecou a vida de Tim Maia em *Vale tudo — O som e a fúria de Tim Maia*, em 2007, livros de enorme sucesso.

E sempre será assim. Não importa o que ele faça, tudo acaba num palco e, ao ir ao teatro para assistir a musicais sobre Wilson Simonal, Elis Regina, o próprio Tim Maia e muitos mais, você inevitavelmente encontrará o nome de Nelsinho na ficha técnica. Até agora só lhe falta transformar, se quiser, a vida de Paulo FRANCIS num musical. Afinal, tudo é pop.

Frase

★ *Ver nascer uma crônica de Nelson Rodrigues* [com quem conviveu na redação de O Globo nos anos 70] *era como assistir a um show dos Rolling Stones.*

NELSON Xavier

1941-2017. Teatrólogo, diretor de teatro, e ator de teatro, cinema e TV.

Em 1968, já calejado por sua atuação em peças cascudas como *Chapetuba F.C.*, *Eles não usam black-tie* e *Toda nudez será castigada* e filmes como *Os fuzis* e *A falecida*, Nelson Xavier pensava que já tivesse visto tudo. Mas, naquele ano, ao fazer *Navalha na carne*, de Plínio Marcos, com TONIA Carrero, num teatro em Porto Alegre, o assustador Brasil da época lhe mostrou as garras. Bilhetes violentos, com ameaças de agressão, começaram a ser passados por baixo da porta de seu quarto no hotel gaúcho. Eram assinados pelo Comando de Caça aos Comunistas (CCC) e vociferavam contra os palavrões que ele tinha de dizer em cena. Os próprios bilhetes já eram uma agressão, mas Nelson não teve medo. O que provocou nele a mágoa e o desencanto foi a insensibilidade daquela gente para com uma peça, como a de Plínio, que revelava um Brasil real — que o teatro queria salvar e os altos poderes tentavam esconder. Ali ele teve nojo do teatro, do público e, quase, até do Brasil.

Nelson resolveu deixar a profissão e partir para o individualismo. Se não podia ajudar a salvar o Brasil, iria ganhar dinheiro e salvar a si próprio. E a maneira de fazer isso, pensou, era abrindo um bar em Ipanema. Cooptou Manuel Malagut (futuro cunhado de ANTONIO CARLOS Jobim) como sócio e criou o VARANDA, na rua Maria Quitéria. Durante todo o ano de 1969, o Varanda foi adotado (e adorado) pelos ipanemenses como o verdadeiro bar do bairro. O dinheiro não entrou como ele esperava, mas, naquele período, Nelson passou a levar uma vida invejável: morava no andar de cima do bar, de dia escrevia uma peça (*O segredo do velho mudo*), namorava a bela Joice Leal (que trabalhava numa loja de design e por quem o bairro suspirava) e, ao pôr do sol, descia para seu próprio bar. Aliás, Nelson sempre teve estrela com as mulheres — foi casado com, entre outras, Joana Fomm e teve como namoradas MARCIA Rodrigues (antes de ela fazer GAROTA de Ipanema), a socialite Tanit Galdeano e Aizita do Nascimento, que desafiava definições. É claro que, com tal cartel, ele era visto como um dos símbolos sexuais de Ipanema.

No começo de 1970, o cinema voltou a atraí-lo e Nelson vendeu o Varanda para Ricardo Amaral, que o transformou numa boate. Se era para fazer cinema, era para fazê-lo a sério, e Nelson participou de filmes marcantes: *Os deuses e os mortos* (1970), *Dois perdidos numa noite suja* (1971), *Vai trabalhar, vagabundo* (1973), *A rainha diaba* (1974), *Dona Flor e seus dois maridos* (1976), *Marília e Marina* (1976), *Gordos e magros* (1976), *A queda* (1976) — que ele escreveu e dirigiu com RUY Guerra —, *Eles não usam black-tie* (1981), *O mágico e o delegado* (1983), *Césio 137 — O pesadelo de Goiânia* (1990), *Brincando nos campos do Senhor* (1991) e *Chico Xavier* (2010), em que brilhou no papel-título.

Nelson voltou também ao teatro, inclusive como autor, mas essa experiência lhe causou outra decepção. Sua peça *O segredo do velho mudo*, encenada em 1971, tratava, profeticamente, do fim das ideologias e rendeu-lhe a inimizade de colegas como Oduvaldo Vianna Filho, Ferreira GULLAR e Mario Lago. O futuro provaria que ele tinha razão — as ideologias pareciam ter perdido a razão de ser.

Nelson custou a interessar-se pela televisão por achar que, com aquele ritmo industrial, ela não lhe permitiria preparar a fundo os papéis. Mas as minisséries o fizeram mudar de ideia e ele brilhou como o fortíssimo protagonista de *Lampião e Maria Bonita* (1982) e o Pedro Arcanjo de *Tenda dos milagres* (1985), ambas na Globo. Isso despertou seu interesse pelas novelas. O público o descobriu como o malandro Caveirinha de *Kananga do Japão* (1989), na Manchete, e o velho Norberto de *Renascer* (1993). Fez até o barão de Tremembé em *Sítio do Picapau Amarelo* (2007), na Globo. E, a partir daí, foi a televisão que não conseguiu passar sem ele. O palco era onde estivesse.

NEWTON Mendonça
1927-60. Compositor.

Eu sei, ao se ler no selo do disco o título "Desafinado", de ANTONIO CARLOS Jobim e Newton Mendonça, a dedução era quase automática: música de Tom, letra de Newton. Afinal, não era assim com Tom e VINICIUS de Moraes? Sim. Mas não com Newton Mendonça, e muita gente, por desinformação ou preguiça, cometeu esse erro.

De uma vez por todas: Newton Mendonça não era letrista, era músico. Pianista, com formação clássica, balanço jazzístico e grande tarimba na noite. Era *também* letrista, mas primordialmente músico. Juntos, ele e Tom criaram vários dos primeiros clássicos da BOSSA NOVA, como "Foi a noite" (1956), "Caminhos cruzados" e "Desafinado" (1958), "Discussão", "Meditação" (1959) e "Samba de uma nota só" (1960). Deixaram também pelo menos dois outros grandes sambas que poucos conhecem: "Luar e batucada" (1957) e "Domingo azul do mar" (1959).

Nascidos ambos em 1927, Newton era vinte dias mais novo do que Tom. Os dois foram colegas de juventude em Ipanema nos anos 40 e, de farra, gostavam de harmonizar quartetos vocais com os amigos nas madrugadas da praça General Osório. Newton profissionalizou-se antes de Tom, como pianista de boate, e a primeira parceria entre eles foi "Incerteza", em 1953. Tom morava na rua Nascimento Silva e Newton, numa quitinete na rua Prudente de Morais. Suas mulheres, respectivamente Thereza e Cirene, eram amigas, foram mães quase ao mesmo tempo e se ajudavam com seus bebês. Mas o que elas mais tinham em comum era uma enorme paciência com seus maridos.

Tom e Newton viravam madrugadas ao piano, na casa de um ou de outro. O titular era sempre o dono do piano — na casa de Newton, o teclado era para ele, enquanto Tom, de pé, usava a caneta ou servia as cervejas. Na casa de Tom, era o contrário. Os dois faziam música e letra juntos e talvez seja impossível precisar quem fez o quê em cada canção. Mas pode-se especular. O jornalista JANIO de Freitas, amigo de ambos, lembra-se de ter ouvido Newton numa boate, trabalhando numa progressão harmônica que depois se tornaria o "Samba de uma nota só". E há relatos de que certos versos, como "Fotografei você na minha Rolleiflex", em "Desafinado", só poderiam ter partido de Tom — porque Newton era muito ligado aos jovens comunistas de Ipanema, como Leandro Konder, e não viu com simpatia aquela história de Rolleiflex, uma máquina fotográfica indubitavelmente capitalista. Mas os dois tinham forte personalidade e nada entraria numa canção da parceria sem a aprovação de ambos.

Os dois eram de pescaria no ARPOADOR e na Lagoa. Iam juntos ao VELOSO e tinham capacidade cúbica para incontáveis cervejas. Mas eram muito diferentes entre si. Tom era mais expansivo e tinha algum tino comercial; Newton era retraído e não se sentia seguro entre estranhos. Newton morreu muito cedo, aos 33 anos, de um ataque cardíaco; Tom teve tempo de sobra para saborear a glória. A obra de Newton, fora da parceria com Tom, ainda não foi valorizada, mas contém grandes sambas-canção, como "Canção do azul", "O tempo não desfaz", "Canção do pescador" e "Seu amor, você". O primeiro disco dedicado à sua obra saiu pouco depois de sua morte, o logo raríssimo LP *Em cada estrela uma canção* (1961), com Mariza (depois Gata Mansa), Ernâni Filho e Carminha Mascarenhas, nunca relançado em qualquer outro formato. E só 41 anos depois, em 2002, ele ganharia um segundo e também excepcional songbook: o CD *Cris Delanno canta Newton Mendonça*. Sim, há um Newton sem Tom a descobrir.

NUMBER ONE
1969-74. Boate na rua Maria Quitéria, 19.

De repente, às três da manhã, no Number One, clientes com vinte uísques no tanque e já adernando sobre a mesa podiam acordar ao som de uma voz estranhamente familiar, parecida com Ella Fitzgerald, Sarah Vaughan ou Nancy Wilson. Ajustando o foco dos olhos para terem certeza do que estavam ouvindo, eles viam ao microfone uma mulher parecida com Ella, Sarah ou Nancy. E era mesmo uma delas — porque todos os artistas estrangeiros de passagem pelo Rio eram levados ao Number One no fragor da madrugada. Todos davam canjas. E eles só podiam rir quando, ao ir embora, o Number One lhes apresentava a conta.

Foi a primeira boate de Ipanema, competindo com seu poderoso rival contemporâneo, o Flag, em Copacabana (só meses depois, Alberico Campana abriria a Monsieur PUJOL, também em Ipanema). A música do Number One era de primeira, a cargo do pianista Osmar Milito, com seu conjunto de onze figuras e a crooner Maria Alcina. Com ele revezava outro pianista de primeira, Don Salvador, também com onze músicos. E ainda havia um trio reserva, para eventualidades. Era um luxo: 26 músicos na folha de pagamento para um lugar onde se sentavam pouco mais de cem pessoas. E que, às vezes, nem precisavam tocar a noite inteira, porque ANTONIO CARLOS Jobim, Paulo Moura e outros viviam indo lá para dar canjas. E, incrível, Elis Regina também. Elis brigava com seu marido, RONALDO Bôscoli, em casa ou no Pujol (de que Ronaldo era o diretor artístico com MIELE), e, de pirraça, ia cantar de graça na boate concorrente — depois se queixava de que seu casamento não estava dando certo.

O Number One era atrevido: foi a primeira casa noturna a apresentar um pianista clássico. Durante duas noites em 1970, o concertista Jacques Klein, em duo com o trompetista Marcio Montarroyos, lotou a casa tocando sonatas de Mozart, com os gelos nos copos dos clientes fazendo um involuntário contraponto.

NUMBER ONE

Aqueles eram os sinistros anos Médici, época em que um uísque a mais numa boate podia fazer diferença e uma frase mal colocada levar a uma cassação de mandato ou prisão — sendo o Number One frequentado por todo o arco-íris político, exceto o pessoal da luta armada. Seus proprietários, os empresários e irmãos Alencar (Mauricio, Mario e Marcelo), tinham boas relações à esquerda e à direita, o que garantia que, certa vez, o ex-presidente JUSCELINO Kubitschek, o ex-governador Carlos Lacerda, ambos cassados, e o comandante do 1º Exército, general Sizeno Sarmento, se vissem sentados em mesas vizinhas, cada qual com seu grupo, e tudo corresse tranquilamente. Mas nada superou em pompa a noite de 1973, em que Mauricio Alencar, mais ligado aos militares, fechou o Number One para cinquenta altas patentes do Exército e suas patroas. Naquela noite, em que a deliciosamente debochada Maria Alcina foi aconselhada a não cantar e a música limitou-se a um pano de fundo instrumental, o general Ernesto Geisel fez um discurso no plural majestático, como se já fosse o sucessor de Médici — muitos meses antes de se saber que seria ele.

De modo geral, as noites do Number One se prestavam a outros tipos de libações, nada políticas, muito mais sociais. Numa mesa, IBRAHIM Sued podia estar fazendo a corte à socialite SILVIA AMELIA; em outra, TARSO de Castro podia estar fazendo um discurso contra o Flag, porque este se atrevera a apresentar-lhe a conta de seis meses de penduras; e, ainda em outra, Paulo FRANCIS, sob forte depressão, podia estar sendo consolado por LEILA Diniz, que lhe fazia cafuné e dizia que, se ele continuasse tão jururu, a dindinha — ela própria — também ia ficar. Sim, aqueles eram os dias. Ou noites.

ODETTE Lara
1929-2015. Atriz e escritora.

O rosto severo, lindíssimo, e o corpo que recheava aqueles vestidos justos eram um escândalo. Depois de ver Odette Lara no cinema, devia ser penoso para o espectador voltar para casa, contemplar a patroa e continuar fagueiro no casamento. Assim que surgiu na tela, Odette tirou o sono dos homens que a viram em *Absolutamente certo* (1957), *Na garganta do diabo* (1960), *Mulheres e milhões* (1961), *Esse Rio que eu amo* (1961), *As sete Evas* (1962), *Boca de Ouro* (1963), *Bonitinha, mas ordinária* (1963) e *Noite vazia* (1964). Apesar da beleza, era tão ótima atriz que conquistou até os críticos, os quais, tradicionalmente, preferem as feias. E, nos anos seguintes, continuou a mostrar mais do que a beleza em *Copacabana me engana* (1968), *O dragão da maldade contra o santo guerreiro* (1969), *Os herdeiros* (1970), *Vai trabalhar, vagabundo* (1973), *A rainha diaba* (1974) e *A estrela sobe* (1974).

Para quem não estava em sua pele, o que podia faltar a Odette Lara? Ela era respeitada, bem-sucedida, desejada, capa de *Cinelândia* e estrela do CINEMA NOVO. Era requisitada também pelo teatro (fez *Liberdade, liberdade* no Teatro Opinião, em 1965) e até pela BOSSA NOVA: gravara dois LPs na Elenco, um com VINICIUS de Moraes, em 1963, e outro só dela, em 1966. Odette era tão reconhecida como cantora que, em 1967, Leon Hirszman a chamou para dublar MARCIA Rodrigues cantando "Noite dos mascarados" no filme GAROTA *de Ipanema*. Em 1968, Odette podia ser vista marchando nas passeatas contra a ditadura na avenida Rio Branco, e a foto que ia para as primeiras páginas era a que a mostrava em primeiro plano. O PASQUIM, ao surgir, em 1969, sabia que ela gostava de escrever e encomendou-lhe artigos — Odette conduziu até entrevistas para o jornal, uma delas muito boa, com REGINA (Rosemburgo) Lecléry. E os namorados com quem circulava por Ipanema eram homens disputados, como o dramaturgo Oduvaldo Vianna Filho, o cineasta Antonio Carlos Fontoura, o roteirista Euclydes Marinho.

■ ODETTE Lara

Sim, o que mais ela poderia querer? Mas, em 1975, Odette publicou um livro, *Eu nua*, misto de autobiografia e autoflagelação, revelando uma mulher que era o avesso de sua imagem pública. O livro falava de uma menina de São Paulo, filha de operários, que sonhava ser bailarina ou cantora — ela própria. O sonho começou a desfazer-se aos seis anos, quando sua mãe se matou atirando-se dentro de um poço. E pareceu acabar de vez aos dezesseis, quando seu pai também se matou, tomando soda cáustica. Como alguém pode superar isso?

A menina Odette foi mandada para um orfanato, do qual saiu para casas de parentes e, depois, para pensões e quitinetes baratas. Homens com oito braços caíam sobre ela como polvos e Odette vivia um massacrante desajuste interior. Ela era um campo de batalha entre a culpa e o desejo, uma mulher cuja tocante fragilidade era apenas disfarçada pela agressiva beleza — beleza essa que, contra sua vontade, muitas vezes tomava as rédeas e a fazia aceitar parceiros que não a mereciam. Suas manhãs seguintes, acordando ao lado de quase estranhos, eram vazias e desesperadoras. Mesmo assim, Odette estudou, trabalhou como secretária, tornou-se modelo e, em 1955, atriz.

Não uma atriz qualquer, mas uma atriz do TBC, ao lado de TONIA Carrero e Paulo Autran, dirigida por Adolfo CELI. Fez *Santa Marta Fabril S.A.*, de Abílio Pereira de Almeida (peça que, na estreia, desapontou a plateia de São Paulo porque esta foi ao teatro esperando ver uma história religiosa), *A casa de Bernarda Alba*, de Federico García Lorca, e outras. Sua carreira no palco deslanchou, o cinema a descobriu e Odette fez aquele punhado de filmes provando que a beleza e o talento podiam conviver dentro do mesmo decote. Ao mudar-se para o Rio em 1959, foi apresentada (por Tonia e Celi) a pessoas que falavam sua língua: Vinicius, João Gilberto, FERNANDO Sabino, Sergio Pôrto, Antonio Maria, ANTONIO CARLOS Jobim — e, com Tom, teve várias noites de idílio nas areias de São Conrado. Outro que namorou, em 1960, foi o pianista Burt Bacharach, acompanhante de Marlene Dietrich em sua temporada no Copacabana Palace.

Odette entregou-se ao trabalho, conheceu o sucesso, fez sete anos de análise, as culpas se foram e, com esse material, ela construiu a Odette Lara da lenda. Mas os filmes, peças, discos e amores que protagonizou não resolveram o vazio essencial. Seu livro *Eu nua* era o relato desse vazio, a narrativa de uma asfixiante solidão em que a ideia do suicídio — como o de seus pais — lhe ocorreu mais de uma vez. Odette fez então o que ninguém esperava: em 1976, ainda linda, aos 47 anos, retirou-se silenciosamente para seu sítio em Muri, perto de Nova Friburgo, na região serrana do estado do Rio. Ignorou telefonemas, deixou de ler jornais ou de ver TV e deu sua carreira como atriz por encerrada. Converteu-se ao budismo, passou longas temporadas em mosteiros na Índia, no Japão e na Califórnia e conquistou uma disciplina que nunca achara possível. De volta a Muri, Odette só saiu de seu silêncio para publicar outros dois livros altamente confessionais, narrando o resto de sua trajetória: *Minha jornada interior* (1990) *e Meus passos em busca de paz* (1997) — e que ela, coerentemente, insistiu que saíssem sem alarde. Neles, nada de arrependimento ou autopiedade. Apenas o testemunho de um corpo em busca de um espírito — que ela encontrou.

E, por tê-lo encontrado, reencontrou a si própria. A tal ponto que, convidada a prestigiar a abertura de um festival de seus filmes no CCCB (Centro Cultural Banco do Brasil), no Rio, em 2011, aceitou com prazer. E, naquela senhorinha de 82 anos sentada numa das primeiras filas, na exibição de *Bonitinha, mas ordinária*, a plateia viu, ao vivo, a mesma mulher que iluminara a tela em 1963 — 48 anos antes.

ODILE Rodin Rubirosa Marinho
1937-2018. Atriz e socialite.

O que foi aquilo, uma epidemia? De repente, inúmeras mulheres famosas começaram a deixar tudo para trás — homens, drogas, festas, viagens, luxo, dinheiro — para ir viver no mato, em contato com a "vida simples", no meio do estado do Rio. A exemplo de ODETTE Lara, a francesa-carioca Odile, *née* Bérard, ex-Rodin, ex-Rubirosa, ex-Marinho e, de novo, Rodin, também largou tudo em 1985 e foi esconder-se num sítio no vale do Pavão, na pequena Visconde de Mauá, onde ficou por vinte anos. E olhe que ela tinha o que deixar para trás.

Aos dezoito anos, em 1955, em Paris, Odile era uma promissora estrelete do cinema francês, com dois filmes na bagagem: *A mais linda vedete*, de Marc Allégret, e *Se Paris contasse...*, de Sacha Guitry. Rodin foi o sobrenome que ela mesma se deu — porque era tão estatuesca que o grande artista teria orgulho de assiná-lo. Sua turma em Paris era Brigitte Bardot (com quem trabalhou no filme de Allégret) e Mylène Démongeot, meninas que se dariam bem nos anos seguintes. Mas, naquele ano, Odile foi vista num torneio de polo pelo dominicano Porfirio Rubirosa, o playboy do século. E Rubirosa caiu por Odile.

Até então, eram as mulheres mais ricas e disputadas que lutavam por ele. Rubirosa casava-se com elas e ganhava aviões, fazendas, carros, cavalos, dinheiro e crédito ilimitado nos cassinos. Aos 46 anos, quando ele conheceu Odile, suas mulheres tinham sido milhares e os casamentos, quatro: com Flor de Oro Trujillo, filha do ditador de seu país; com a estrela francesa Danielle

Darrieux, que ele arruinou; com a milionária americana Doris Duke, que tinha tanto dinheiro para perder que nem ele conseguiu zerá-lo; e com outra zilionária, Barbara Hutton — casamento este que durou 72 dias e rendeu a Rubirosa 5 milhões de dólares para ele aceitar ir embora. O nome Rubirosa era sinônimo de cavalos, carros esporte, aviões particulares (pilotados por ele mesmo), champanhe, caviar e rubis (embora Rubirosa não discriminasse outras joias). Com tantas qualidades, não admira que tivesse haréns à disposição. Mas, mesmo sem elas, Rubirosa seria um sucesso: era magnético, *charmant*, fino, cafajeste (quando precisava), incansável na cama e, segundo seu amigo Jorginho Guinle, que se cansou de vê-lo nu, dotado de um também cavalar instrumento de trabalho.

Habituado às mulheres puros-sangues — a ex-imperatriz do Irã Soraya, a cantora e pantera Eartha Kitt, as atrizes Ava Gardner, Rita Hayworth e Zsa Zsa Gabor —, o que Rubirosa podia ter visto na menina Odile? Ela não era famosa, nem rica (mal conseguia pagar o aluguel), nem experiente — 28 anos mais jovem do que ele. Pois foi por insistência de Rubirosa que, em 1956, para espanto do circuito Elizabeth Arden, eles se casaram. Só podia ser — perdão, ouvintes — amor.

Durou nove anos e foi o mais agitado dos casamentos. Rubirosa era embaixador da República Dominicana em Havana. Certa noite, em dezembro de 1958, ele e Odile estavam oferecendo um jantar na embaixada ao seu colega americano quando, a poucos metros dali, Fidel Castro e seus homens invadiram o palácio do governo e foram à cata do ditador Fulgencio Batista. Mas, no último segundo, Batista escapou e se refugiou onde? Na embaixada mais próxima — a da República Dominicana. A deles. Os revolucionários dispensaram as formalidades. Metralharam a casa e derrubaram portas, — mas o ditador conseguiu fugir. Rubirosa e Odile não sofreram nada — foram apenas convidados por Fidel a deixar o país.

Rubi foi servir em Paris e, com isso, a deslumbrante Odile tornou-se a mais famosa embaixatriz do mundo. Mas os affaires diplomáticos não os ocupavam muito. "Não tenho tempo para trabalhar", dizia Rubirosa. Preferiam desfilar por Londres, Nova York, Ciudad Trujillo e, em dois anos seguidos, 1963 e 1964, pelo Carnaval do Rio. Numa dessas, Odile desapareceu do camarote presidencial no baile do Theatro Municipal e materializou-se a alguns quilômetros dali, no Top Club, uma pequena boate de Copacabana, onde Rubirosa só foi encontrá-la de manhã, entusiasmadíssima com os homens cariocas — ou, pelo menos, com alguns deles. Era um casamento feliz.

Até que, em 1965, Rubirosa deu uma festa no New Jimmy's, em Paris, para comemorar a vitória de seu time de polo sobre o do barão de Rothschild.

Ao nascer do sol, tomou sua Ferrari conversível, saiu em disparada e o carro beijou violentamente uma árvore no Bois de Boulogne. De um minuto para o outro, Odile, aos 27 anos, viu-se viúva.

Ao morrer, Rubirosa deixou-lhe algum dinheiro, certamente menos do que se pensava que ele tivesse. Por sorte, Odile estava no auge da beleza, e tanto os caça-dotes quanto as cabeças coroadas da Europa choveram sobre ela. Mas Odile trancou-se em seu apartamento em Paris, engordou de tristeza dez quilos e ficou dois anos sem sair. Quando voltou à tona, já magra e mais bonita do que nunca, reabriu-se para a temporada de caça — todos queriam a mulher que fora de Rubirosa. Odile namorou meia Europa, mas recusou todas as propostas de casamento. Em fins de 1970, veio ao Rio para passar uns dias com seus amigos, o casal Gérard e REGINA Lecléry. Gostou, ficou e, vários namorados brasileiros depois, em 1973, foi sua vez de aturdir o jet set ao se casar com o garoto Paulo Roberto Marinho, que ninguém conhecia fora de Ipanema e que, de tão jovem, mal sabia quem fora Rubirosa.

Odile tinha 36 anos, Paulo, 21, e, diferentemente dos homens com quem ela se dava na Europa (de Onassis para cima), ele precisava trabalhar. Era corretor financeiro e, toda manhã, fazia essa coisa tão classe média: beijava a esposa e ia de terno e gravata para o Centro da cidade. Mais uma vez, só podia ser (como é mesmo a palavra?) amor.

Para os amigos de Paulo, a explicação estava no apelido pelo qual ele era conhecido em Ipanema: "Coelho" — por ser tão ativo quanto o bicho. Por um motivo ou por outro, o casamento deu certo. Durou oito anos, abrilhantado por festas, agitos e carnavais que se esticavam uns nos outros, como se todas fossem uma única noite. Da pista do Hippopotamus à quadra da Portela, Odile teve toda a cidade literalmente sob seu nariz. E como era, segundo IBRAHIM Sued, "uma francesa com *derrière* de mulata", deram-lhe o título de cidadã carioca.

Em 1981, o casamento terminou. Mas Odile continuou no Rio. Aboliu de seu guarda-roupa a lingerie e, certa noite, no restaurante The FOX, subiu a uma mesa e, com mira certeira, fez xixi num balde de gelo. A continuar naquele ritmo, não chegaria ao fim de seus dias. Em 1985, subiu literalmente a serra — foi para o vale do Pavão e, mesmo lá, aprontou: devastou os alambiques locais e desfilou nua em carro aberto no Carnaval da pacata Visconde de Mauá.

Foi salva por Jim Moss, um músico americano que viera tocar no Rock in Rio daquele ano e que também ficara por aqui. Com Jim a seu lado em Mauá, Odile levou um ano, mas parou com tudo. Tornou-se abstêmia, casou-se com ele, passou a criar cachorros, virou pintora, dedicou-se à pâtisserie, retirou-se do mundo e recusou as mais tentadoras ofertas europeias para escrever sua autobiografia. Com razão — sua vida não caberia num livro.

No início dos anos 2000, Odile e o marido deixaram o Brasil e foram morar numa cidadezinha no estado de New Hampshire, nos Estados Unidos, onde certamente morava a mãe dele. E por que não? O mundo não lhe devia nada, donde Odile podia aposentar-se e descansar. O que, enfim, fez.

OLGA Savary
1933-2020. Poeta.

Se o Brasil abriu seus portos às "nações amigas" em 1808, a abertura dos portos de Ipanema começou a dar-se por volta de 1958 — 150 anos depois. Claro que, antes, já existia um certo espírito de Ipanema, formado por turmas memoráveis do ARPOADOR, pelas casas de ANIBAL Machado e LUCIO Cardoso e bares como o JANGADEIRO e o ZEPPELIN. Mas era uma Ipanema secreta, privilégio apenas de seus moradores e desconhecida até do resto do Rio. Não havia ainda a mitologia de Ipanema. Esta se criou a partir das festas pré-carnavalescas da poetisa Olga Savary, então casada com o cartunista JAGUAR, em fins dos anos 50. Foi nelas que as diversas turmas se agruparam e veio à tona, publicamente, a Ipanema boêmia, excêntrica e criativa que, na década de 60, se tornaria a Ipanema oficial.

E, como sempre acontece, foi sem querer. No começo, eram apenas festas entre amigos, mas que foram crescendo, tomando o bairro, tomando a cidade e, quando se viu, tomando o Olimpo. Eram também conhecidas como festas de "Olga e Jaguar", o que não fazia justiça a ela. Jaguar era desanimado, detestava Carnaval e se limitava a fazer figuração para sua mulher. Já a jovem e festeira Olga, sim, era a mentora intelectual, produtora e responsável por tudo — descobria uma casa, escolhia os convidados (jornalistas, escritores, poetas, cartunistas, atores, artistas plásticos, a turma da praia, os amigos dos botequins, as grandes mulheres). Telefonava para cada um deles, passava-lhes o endereço, instruía-os sobre como chegar lá, cobrava os convites, contratava os garçons e produzia a orquestra (geralmente músicos amadores, alguns dos quais trabalhavam durante o dia como mecânicos numa oficina do Posto 6). Cada convidado levava sua bebida e os anfitriões só forneciam o local do crime.

Curiosamente, nenhuma dessas festas foi em Ipanema. Uma das primeiras, em 1957, foi na casa do aviador Fernando Schneider de Almeida, em São Conrado, ao lado do que depois seria o Hotel Sheraton e tendo como quintal aquela prainha nos fundos do hotel. Outra, célebre, foi na casa de HELIO Oiticica, no alto do Jardim Botânico — mais exatamente, do pai de Helio, o fotógrafo José Oiticica Filho, que acabara de reformá-la (a casa, sem móveis e ainda cheirando a tinta, foi quase demolida). Em todas elas, os vizinhos chamaram a polícia e um jovem advogado de gravata-borboleta, ALBINO Pinheiro, era o escalado para negociar com a lei. E sempre voltava com o habeas corpus para a fuzarca continuar.

A cada ano, os convidados duplicavam e as casas começaram a ficar pequenas. As festas passaram então a ser feitas em bares e restaurantes, onde havia infraestrutura. A de 1963, no Bar Bem, em São Conrado, foi gloriosa — nela aconteceram o batismo da ESQUERDA FESTIVA e a primeira e estrondosa aparição pública de DUDA Cavalcanti. Em 1964, Albino sugeriu como cenário a Estudantina, uma gafieira na praça Tiradentes, no Centro da cidade. A praça ficava a quilômetros de Ipanema e havia quem se gabasse de nunca ter lá posto os pés (muito menos ter entrado numa gafieira). Mas o espírito de aventura garantiu as adesões e a festa foi um sucesso — a orquestra era profissional, tocava sem parar das dez da noite às quatro da manhã e o recinto estava cheio de gente que, apesar de altamente intelectualizada e de esquerda, sabia dançar. A partir dali, as festas se institucionalizaram na Estudantina e em outras gafieiras, como a Elite, na praça da República, e a Banda Portugal, perto da Central do Brasil.

Antecipadas para o réveillon, elas foram levadas para o Clube Silvestre, em Santa Teresa, e se tornaram um *must off*-Ipanema durante todos os anos 60. Mas, aos poucos e por algum motivo ou sem motivo, Olga foi se afastando da organização, que ficou a cargo de Albino e Jaguar (este, tardia, mas fanaticamente convertido ao Carnaval), além de FERDY Carneiro, PAULO Goes e outros que, em 1965, fundariam a BANDA de Ipanema. Tudo isso ajudou a criar o "mito" de Ipanema, a tal ponto que, em 1967, Jaguar já estava reclamando: seus réveillons com Albino tinham agora setecentas ou oitocentas pessoas, e a Banda, que começara com trinta gatos-pingados, agora atraía milhares. Mas não adiantava — os portos de Ipanema tinham sido definitivamente abertos a todo e qualquer audaz navegante.

A paraense Olga tinha mais o que fazer na área da literatura e da imprensa do que promover carnavais lítero-musicais. Seu primeiro livro de poesia, *Espelho provisório*, saiu em 1970 e lhe rendeu um Prêmio Jabuti. Anos depois, separada de Jaguar, ela se tornaria uma espécie de pastora da poesia brasileira — publicando seus livros, ajudando poetas estreantes a editar os deles e organizando valiosas antologias, uma das quais, *Carne viva* (1984), a primeira de poesia erótica brasileira. Sua própria obra poética, elogiada por Antonio Carlos Secchin, saiu em 1998, sob o título *Repertório selvagem*.

Outra contribuição de Olga foi a consolidação da palavra "dica" na língua escrita do Brasil. O termo já estava vagamente no ar em 1969, como abreviatura de "indicação" (de livro, disco, show, qualquer coisa), mas sua estreia em letra de fôrma se deu quando Olga a usou como título de sua seção de notinhas no *Pasquim*: "As dicas". A palavra se consagrou logo no primeiro número do jornal, em junho daquele ano, e hoje está no *Aurélio*, sem crédito para Olga ou para o PASQUIM. Foi também Olga, nas "Dicas", a primeira a dar os preços dos pratos e bebidas quando se tratava de notas sobre restaurantes e bares. Na época, isso parecia um insulto — era como chamar o leitor de pobre ou sovina. Depois, esse tipo de serviço ficaria obrigatório na imprensa, numa prova de que até os ricos podiam ser pobres ou sovinas.

    Olga, querida por todos que a conheceram, foi a segunda personagem deste livro a morrer de Covid-19. O primeiro foi o cartunista DANIEL Azulay. E a terceira foi GERMANA de Lamare.

PASQUIM
1969-91. Semanário tabloide de humor e crítica.

O quê? Um jornal de jornalistas??? A notícia de que um grupo de jornalistas — TARSO de Castro, JAGUAR, Sérgio Cabral e Claudius — ia fazer seu próprio jornal provocou risos nas redações do Rio. Era o primeiro semestre de 1969 e, se a notícia fosse a de que Dercy Gonçalves aderira à luta armada, não causaria maior espanto.

Um jornal sem "patrões", em que os colaboradores pudessem escrever o que quisessem, era um velho sonho dos jornalistas, tão antigo quanto conhecer Paris ou ir para a cama com Elvira Pagã. Era também um sonho tão improvável que se tornara antigo até como piada. E, naquele ano, só podia ser visto como uma piada sinistra porque, seis ou sete meses antes, na noite de 13 de dezembro de 1968, fora decretado o AI-5. Parte da imprensa já estava sob censura e alguns dos colaboradores do tal jornal tinham sido presos naquela noite, como ZIRALDO e Paulo FRANCIS.

Mesmo assim, o nº 1 de *O Pasquim* (como se chamou ao nascer, com o artigo definido acoplado) foi para as bancas no dia 26 de junho de 1969, tendo tudo para não dar certo. O próprio MILLÔR Fernandes, outro colaborador, escreveu no número de estreia que, se o jornal fosse mesmo independente, seria fechado, e, se não fosse fechado, era porque deixara de ser independente. Millôr sabia do que estava falando porque, cinco anos antes, em 1964, fizera uma experiência no gênero, com seu jornal *Pif Paf* — que era excepcional, com elenco e bossas parecidos com os do *Pasquim* e só durara oito números. E o clima em 1969 era pior que o de 1964, porque havia o AI-5, com munição de sobra para perseguir, censurar e prender.

Mas *O Pasquim* sobreviveu àquele período inicial, talvez porque fosse diferente do que todo mundo esperava — era debochado, irresponsável, aparentemente alienado. Os militares, que não tolerariam uma oposição política explícita, custaram a perceber que o deboche do jornal na área dos costumes e da cultura o tornava "subversivo". Nitidamente era um jornal "de esquerda"

— mas não da esquerda oficial, careta, do Partido Comunista, a que os censores estavam habituados, ou mesmo da esquerda esquerda mesmo, maoista, que já começara a assaltar bancos e a fazer caixa para a luta armada. Era uma esquerda de humoristas, mais para a FESTIVA, bem Ipanema, e que eles ainda não levavam a sério.

Mas, se os militares custaram a acordar para o jornal, havia o risco de ele implodir prematuramente, pelos choques no elenco: os diretores Tarso, Jaguar, Sérgio Cabral e Claudius, e estrelas como Millôr, Ziraldo, Paulo Francis, Fortuna, Henfil, IVAN Lessa e Luiz Carlos MACIEL — entre os que se ligaram ao *Pasquim* desde os primeiros números. Hoje custa crer que se pudesse reunir um time como esse em apenas 32 páginas — mas, então, nem todos eram famosos e, por isso, não se podia garantir que o jornal se sustentasse financeiramente. Enfim, tudo conspirava contra aquele pasquim em que ninguém acreditava e que, por isso mesmo (graças a Jaguar), se chamou *O Pasquim* — só anos depois, *Pasquim*.

O jornal foi para as ruas, a implosão não aconteceu e muitos fatores contribuíram para que, quase de estalo, fosse um sucesso. Sua matéria-prima era a liberdade que dava aos colaboradores — eles podiam escrever do jeito que quisessem. Era um jornal engraçado, provocativo e desrespeitoso, mesmo quando tratava de assuntos "sérios" — isso numa época em que os grandes jornais ainda escreviam cheios de dedos sobre um simples atropelamento de cachorro. Para os padrões de 1969, o *Pasquim* não parecia "escrito", mas "falado" — tendo como modelo Millôr, que havia anos já vinha aproximando o texto impresso da língua das ruas. Era também um jornal de cartunistas, fotógrafos e artistas gráficos, capazes de produzir páginas surpreendentes, a cargo do diretor de arte Carlos Prosperi.

E tinha ainda o charme dos colaboradores da área artística, como JÔ Soares, ODETTE Lara, VINICIUS de Moraes, GLAUBER Rocha, Chico Anysio e dois autoexilados que escreviam regularmente para o jornal: de Roma, Chico Buarque; de Londres, Caetano Veloso. Mas a grande atração eram as entrevistas, desde a do número 1, com IBRAHIM Sued. Elas não eram "editadas". A turma do *Pasquim* sentava-se com o entrevistado durante horas, rolavam uísque e cerveja, e tudo que se gravava ia para o jornal do jeito que fora dito, incluindo as interrupções, gargalhadas, insultos e até os pedidos de "Fulana, traz mais gelo!" ou "Ziraldo, deixa o entrevistado falar, pô!". Não se tratava de uma estratégia editorial, mas, no caso das primeiras entrevistas, de preguiça e correria mesmo. O público adorou aquela espontaneidade e ela se tornou padrão nas entrevistas.

Os leitores adotaram apaixonadamente o *Pasquim* e fizeram sua circulação disparar: 14 mil exemplares no número 1; 94 mil no número 19; 117 mil no número 22 (com a entrevista de Leila Diniz); 140 mil no número 23; 200 mil no número 27; e, a partir daí, estabilizou-se por um bom tempo nessa marca. O jornal ficou sob censura desde o número 39, mas a perseguição só começaria para valer em novembro de 1970, com a prisão de nove de seus integrantes (Ziraldo, Cabral, Francis, Maciel, Tarso, Fortuna, Jaguar, o fotógrafo Paulo GARCEZ e o funcionário Haroldo). Isso deu ao *Pasquim* uma aura de martírio que o tornou ainda mais querido.

Os homens do *Pasquim* ficaram dois meses presos ("gripados", que era como o jornal, sob censura, informava aos leitores sobre a situação). Nesse período, ele foi feito por Martha Alencar, Millôr e Henfil, com Miguel Paiva na parte gráfica, e um mutirão de colaboradores voluntários e ilustres — quase toda a imprensa e a literatura brasileira mandaram material para o jornal. Jaguar foi libertado às onze da noite de 31 de dezembro e nem passou em casa — rumou direto para o super-réveillon que ALBINO Pinheiro promovia no Clube Silvestre, em Santa Teresa, onde foi recebido com uivos e lágrimas. Era o apogeu da Esquerda Festiva, da qual o *Pasquim* era um alegre porta-voz, e do mito de Ipanema, de que ele foi o grande estimulador. "O *Pasquim* é Ipanema *bottled*", escreveu na época o diplomata Edgard Telles Ribeiro para seu colega JOMICO Azulay, então cônsul-adjunto em Los Angeles, sabendo que Jomico entenderia.

Os censores sofriam para exercer seu ofício na redação do *Pasquim*. O principal deles, o general Juarez Paz Pinto, era pai de HELÔ Pinheiro, a "garota de Ipanema", e, sempre deslumbrado, vivia sendo tapeado. Mas quando as matérias passavam pelo censor, o jornal era apreendido nas bancas. Foi o que o desestabilizou economicamente, quebrando sua circulação e assustando os anunciantes. Juntou-se a isso o caos financeiro da empresa, atribuído em parte ao estilo de vida de Tarso de Castro, que alugava aviões, fechava bares e, a cada noite, liquidificava literalmente o dinheiro do jornal. Em 1971, o *Pasquim* viu-se com uma dívida de 200 mil a 400 mil dólares (até isso era difícil de apurar). Era dinheiro à beça: um exemplar do jornal custava o equivalente a vinte centavos de dólar. Tarso foi afastado, Sérgio Cabral assumiu a direção da empresa e, pouco depois, Millôr tornou-se uma espécie de interventor convidado, encarregado de sanear as finanças. Levou três anos, mas conseguiu. Em março de 1975, no número 300, a Censura se retirou, propondo ao jornal que se autocensurasse. Millôr se demitiu por "não saber trabalhar com autocensura".

O *Pasquim* ficou então nas mãos de Jaguar e Ziraldo, que tentaram mantê-lo vivo de todas as formas. Mas, desde a relativa "abertura" política iniciada em meados do governo Geisel, já não era a mesma coisa: o jornal começou a ficar "sério", com ênfase nos assuntos políticos. Nesse período, publicou importantes denúncias e investigou abusos do regime — mas, para isso, já existiam os "nanicos" sisudos, como *Opinião* e *Movimento*, com gente mais bem equipada para essas escaramuças. O forte do *Pasquim* era o gume sarcástico, e este ele começara a perder. Com a posse de Figueiredo na Presidência em 1979 e o fim da censura nos outros veículos, o jornal deixou de ser original, já que a grande imprensa também começou a publicar cartuns e artigos atrevidos. Era como se os leitores tivessem passado de ano e o *Pasquim* continuasse dando o mesmo curso.

Nos anos 80, para sobreviver, o *Pasquim* alternou-se em mortais acordos com partidos políticos (Jaguar, com o PDT de Leonel Brizola; Ziraldo, com o PMDB), o que eliminou o resto da graça que ele ainda podia ter. Em 1982, Jaguar e Ziraldo promoveram uma aposta entre eles a respeito das cotas do jornal, baseados no resultado das eleições daquele ano para governador do Rio — o derrotado perderia o *Pasquim* e comeria uma edição do jornal. Ziraldo perdeu e teve de engolir algumas páginas com uísque. Jaguar ganhou e ficou com o jornal todo para ele, o que incluía outra dívida de 200 mil dólares. Tocou o barco como pôde, mas à custa de o *Pasquim* submeter-se às piores humilhações: ser vendido como encarte de outros jornais, ter sua marca transformada em franchising e a tiragem definhar a 3 mil exemplares.

Era triste assistir à agonia do *Pasquim* nas bancas e não se ter ânimo nem para folheá-lo. Em 1988, Jaguar vendeu o cadáver a um empresário e caiu fora. Em 1991, depois de 22 anos de circulação ininterrupta (recorde na história da imprensa nanica brasileira), o *Pasquim* finalmente descansou. E só então Jaguar admitiria que o *Pasquim* estava morrendo dez anos mais tarde do que deveria.

De 1969 a 1975, o *Pasquim* foi excepcional. Seus colaboradores eram atrevidos, criativos, informados e, cada qual à sua maneira, com enorme bossa para escrever. Sua influência no resto da imprensa foi sentida rapidamente no texto mais solto e limpo dos segundos cadernos e de algumas revistas mensais. Suas entrevistas ensinaram os repórteres de outros veículos a fazer perguntas diretas (embora não tanto quanto a que Tarso de Castro fez a Luiz Carlos PRESTES: "O senhor já entubou alguma vez?"). O *Pasquim* formou também várias gerações de humoristas e cartunistas — o humor agressivo de Ivan Lessa, por exemplo, foi o inspirador direto dos rapazes do *Casseta & Planeta*, vários dos quais passaram pelo jornal antes de se consagrar na TV Globo. E, entre muitas outras contribuições, o *Pasquim* criou expressões que se incorporaram à língua como "pô", "duca", "sífu", "bleargh" (vômito) e, claro, "dica".

Frases

★ Pasquim: *ame-o ou deixe-o.* ★ Pasquim: *equilibrado como um pingente.* ★ *Um jornal sempre em alta, graças ao nosso baixo nível.* ★ Pasquim: *mais verde de susto do que de esperança.* ★ *Um jornal com liberdade de autocensura.* ★ Pasquim: *um folião no velório.*

PAULO Amaral
1923-2008. Treinador de futebol e preparador físico.

Em 1959, num treino no Botafogo, o atacante Amarildo (que, no futuro, Nelson Rodrigues iria chamar de "O possesso") encrespou com o treinador do time, Paulo Amaral. Para espanto dos colegas, o garoto de dezenove anos já ia partir para a briga quando Paulo, 36, tranquilo, com voz de pai, riscou com o pé uma linha imaginária no gramado e disse: "Amarildo, não passe desta linha que você vai se dar mal". O craque viu a firmeza nos olhos do homem mais velho, conferiu aqueles braços nodosos de músculos, o crânio raspado à navalha e preferiu recolher os punhos. Se soubesse da fama de Paulo Amaral — homem de grande doçura, mas capaz de subir arquibancadas de quatro em quatro degraus para espancar torcidas inteiras em cidades como Caracas, Bogotá e Tegucigalpa —, Amarildo não teria nem sonhado em desafiá-lo.

Paulo Amaral não era de brincadeira. Morador de Ipanema de 1935 a 1960, Paulo foi aluno de SINHOZINHO, com quem praticou boxe, levantamento de peso, barra e paralelas. Era um superatleta, habituado a subir seis metros de corda com quinze quilos de peso amarrados à cintura. Só isso já seria suficiente para defini-lo, mas ele ainda gastava suas energias trabalhando como instrutor da Polícia Especial, separando brigas nos bailes do Clube dos Marimbás e jogando futebol de praia em times de Ipanema, como o Atlântico, o Juventude e o Tatuís — era comum que as partidas contra os times de Copacabana terminassem em briga e Paulo, às vezes, tinha de justiçar a torcida e o time adversários.

Em 1946, já aluno da Escola Nacional de Educação Física e jogando futebol como profissional (era zagueiro, claro), foi parar no Botafogo. Numa disputa de bola no primeiro treino, o abusado centroavante Heleno de Freitas, estrela do time, tentou humilhá-lo verbalmente, como fazia com todo mundo, e se deu mal — levou uma bolada na testa que o deixou tonto. E a coisa só ficou nisso porque Paulo foi magnânimo: com uma única mão, teria dobrado Heleno em dois e o atirado fora do estádio, na rua General Severiano. Mas, em pouco tempo, Paulo se convenceu de que tinha mais jeito para a ginástica do que para jogador. Diplomou-se como professor de preparação física e efetivou-se no cargo no próprio Botafogo — o primeiro profissional do ramo no futebol brasileiro.

Em 1952, quando ele começou, a ginástica nos times de futebol era dada, imagine, pelo treinador. Homens como Flávio Costa, Zezé Moreira ou Fleitas Solich podiam saber tudo de tática e técnica de futebol, mas não entendiam nada de músculo, osso, esforço ou batimento cardíaco. Por isso, limitavam-se a mandar os jogadores correr em volta do campo, subir e descer os degraus da arquibancada — o que, muitos anos depois, se provaria mortal para o joelho dos jogadores — e realizar um mecânico exercício do Exército: "Mãos nos quadris, flexão, um-dois-três-quatro".

Paulo criou novos exercícios, adaptados a cada tipo de jogador. Suava junto com eles, levava-os ao limite de sua resistência e deixava-os na ponta dos cascos. A importância de seu trabalho ficou provada nas Copas do Mundo de 1958 e 1962, como preparador da seleção brasileira — não por acaso, aquelas foram as primeiras Copas que o Brasil venceu — e nos grandes times que o Botafogo teve nesse período (não esquecer que, desses times, fazia parte Garrincha, alérgico a ginástica). O sucesso de Paulo obrigou a que todos os clubes contratassem especialistas no assunto e, com isso, abriu-se uma nova profissão no Brasil.

Em 1959, Paulo tornou-se também treinador, primeiro no Botafogo e em outros times brasileiros, depois na Europa, com o Juventus e o Porto, e no Oriente Médio, com o Al-Hilal. Ganhou títulos, brigou com dirigentes em defesa dos jogadores, quase levou a breca num principado árabe e, quando se aposentou, em 1983, vestiu uma sunga e sossegou.

Seu escritório passou a ser definitivamente a areia do Marimbás, onde os amigos nunca entenderam como aquele corpanzil indestrutível conseguia conter seu coração, maior ainda.

PAULO Goes

1930-2012. Fotógrafo e criador da expressão "Devagar, quase parando".

Fantasiado de mendigo, com a barba toda decorada com medalhinhas e equipado com um pratinho, Paulo Goes sentou-se na calçada, à porta do JANGADEIRO, para esperar a saída da BANDA de Ipanema, da qual era fundador. Uma senhora bem-vestida passou e, impressionada com o seu aspecto, deu-lhe uma moeda. Paulo não se ofendeu. Ao contrário — de propósito, olhou para a madame com um jeito súplice e agradeceu. Ela mordeu a isca e começou a conversar com ele, tentando reformá-lo: "Mas como, um rapaz tão moço...". Paulo gostou da brincadeira e inventou para ela uma série de "desgostos que o tinham levado àquela situação". A mulher ficou ainda mais comovida e trocou-lhe a moeda no pratinho pela nota mais alta que havia na época. Paulo aceitou, agradeceu de novo e passou todo o desfile da Banda sentado ali e recebendo esmolas, inclusive em dólar. Outros que lhe pingavam moedas eram nordestinos humildes (que não podem ver um homem de barba e camisolão). Ao fim do desfile, Paulo contou o dinheiro: deu para pagar os músicos da Banda e ainda sobrou para um chope.

Durante toda a década de 60, Paulo Goes foi uma atração turística de Ipanema, tanto quanto HUGO Bidet ou LEILA Diniz, se bem que por outros motivos. Era uma das forças por trás dos célebres réveillons de ALBINO Pinheiro e JAGUAR, com suas fantasias de árabe, hindu e outras que exigiam muito pano (a cada réveillon, liquidava os lençóis e cobertores de sua casa). Num desses réveillons, já com o dia claro, voltou a pé do Silvestre, em Santa Teresa, até seu apartamento na rua Conselheiro Lafayette, na fronteira Ipanema-Copacabana, fazendo o percurso todo pelo alto dos morros — uma façanha que poucos cariocas tinham realizado e, hoje, com os morros nas mãos do tráfico e das milícias, não é mais possível realizar. Paulo era famoso também por algumas das definições mais ferinas de Ipanema. A respeito de alguém muito desanimado, disse que ele era "devagar, quase parando" — o alvo da definição foi esquecido, mas a expressão foi incorporada à língua. Da escultural mulata Esmeralda Barros, disse que ela tinha seios tão duros que se podia "pendurar um paletó em cada um". E, para definir um famoso baixinho do bairro: "Se botar meia soquete, fica de gola rolê".

Ele era fotógrafo, e dos bons, mas sua reputação como bebum superava todas as outras. Para se calcular quanto bebia, basta saber que ele era quase o bebum oficial de Ipanema, um território infestado de profissionais do copo. Quando lhe disseram que alcoólatra era quem bebia de manhã, Paulo ficou tranquilo, porque só começava a beber às quatro da tarde — quando acordava. Mas, no que abria um olho, não ficava garrafa de uísque, cerveja ou cachaça a salvo. Os amigos também ajudavam: Paulo tinha ordem de José Hugo Celidônio para beber de graça o quanto e quando quisesse na boate deste, o Flag. Ao ouvir isso, ele foi obediente — em todos os anos em que o Flag existiu, a partir de 1968, não ficou uma noite sem ir lá bater o ponto. Por essas e outras, sua vida profissional balançava: era popularíssimo, mas quase não lhe davam trabalho.

Mas, quando lhe davam, ele podia ser formidável. Fotografou para agências de propaganda, ateliês de moda e gravadoras de discos. É dele a foto de

■ PAULO Goes

capa do LP *Edison Machado é samba novo* (1964), do baterista Edison Machado na CBS, talvez o maior disco de samba-jazz já gravado. Para essa foto, Edison usou uma bateria que trouxera de Nova York, própria para grandes recintos, e metralhou-a sem parar enquanto Paulo ajeitava a luz, o fundo preto, fotografava-o, trocava o filme e voltava a fotografar, tudo isso num trabalho que levou horas. Detalhe: a foto foi feita no pequeno apartamento de Paulo, na pacata rua Conselheiro Lafayette, e de madrugada. Para desespero da vizinhança, o prédio tremia a cada saraivada de Edison, ex-cabo-metralhadora do Exército e bebop até a alma. E foi também Paulo quem fotografou a belíssima nudez de VERA Barreto Leite na cobertura de RUBEM Braga para a revista *Fairplay*, em 1968.

Nem tudo era tão fácil. Em 1971, Samuel Wainer, diretor do *Domingo Ilustrado*, o efêmero jornal colorido dos Bloch, encarregou-o de uma matéria sobre a microssaia, a ser fotografada no Centro da cidade. A microssaia era algo entre uma saia muito curta e um cinto muito largo, e algumas das modelos eram TANIA Caldas e Claude Amaral Peixoto. Paulo sentiu que seria temeridade expor tais monumentos, com as coxas de fora, em ruas como a Uruguaiana e a da Quitanda, então território de populares maduros e moralistas, moradores dos bairros mais conservadores. Mas nem ele podia prever o que aconteceria. Aos gritos de "Piranhas!" e, referindo-se a ele, "O barbudo é viado!", a turba acuou Paulo e as moças dentro de uma loja. Um dos mais atirados passou a mão no bumbum de Claude, que lhe respondeu com uma cuspida no olho. Deu-se o sururu. Paulo conseguiu enfiar as moças na kombi da *Manchete*, mas a multidão os seguiu e tentou virar o carro. Se a polícia não chegasse, nem Paulo escaparia da curra.

Em 1972, meio farto da farra, Paulo recolheu as armas e foi esconder-se em seu sítio em Corrêas, onde passou a criar coelhos, rãs e faisões. Escondeu-se tão bem que, em Ipanema, acharam que tivesse morrido (menos PAULO Mendes Campos, João SALDANHA e SANDRO Moreyra, que iam visitá-lo para grandes cachaçadas matinais). Ficou onze anos fora de circulação. E, quando voltou ao Rio, em 1983, achou que estava na hora de sossegar — o que ele levou sete anos para conseguir. Em 1990, fez o que ninguém achava possível: parou de beber. Parou também de fotografar e, ao procurar algo diferente para fazer, descobriu que era capaz de vender qualquer coisa — de equipamento para limpeza de chão de hospitais até a coleção da *Enciclopaedia Britannica* (em 32 volumes e, de bônus, um *Webster* e um atlas). Tornou-se um supervendedor.

E estava se dando muito bem quando a internet, com a crueldade que a caracteriza, feriu de morte a venda das enciclopédias impressas. Ao ver o negócio definhar, Paulo pensou em refazer sua fantasia de mendigo da Banda e voltar às ruas com o pratinho esmaltado. Mas, desta vez, a sério — em moldes profissionais, com livro-caixa e tudo. Só pensou, claro. E, já devagar, resolveu parar de vez.

PAULO Mendes Campos
1922-91. Jornalista, poeta e cronista.

"Descobri que amo esta cidade por me sentir exilado em outras", escreveu Paulo Mendes Campos numa crônica sobre o Rio. "Amo o bairro de Ipanema. Foi Alvaro Moreyra o primeiro a dizer que a cidade do Rio nasceu velha e aos poucos virou menina, contando o tempo às avessas. Podemos contemplar essa observação no próprio espaço. O Centro do Rio representou a velhice da cidade: o morro do Castelo, os conventos, os prédios burocráticos dos reinados. Flamengo e Botafogo foram a maturidade do Rio. Copacabana foi a louca adolescência. Ipanema e Leblon: eis a infância da cidade. Preciso dessa meninice de Ipanema. Preciso da frivolidade amorável de Ipanema, onde tenho o meu lar, o meu mar e o meu bar."

Imenso autor e grande personagem de Ipanema, foi nela que Paulo Mendes Campos se inebriou de azul e de espíritos. O bairro foi cenário de inúmeras de suas crônicas — uma delas, a quase psicodélica "Sobrevoando Ipanema", foi escrita do ponto de vista de uma gaivota, e nunca a expressão *"bird's eye view"* pareceu tão perfeita. Consta de seu livro *O cego de Ipanema*, cuja crônica-título também é excepcional. Paulo ainda escreveu pensatas sobre o bairro (como a pequena obra-prima "A garota de Ipanema", em *Hora do recreio*), uma oração para Nossa Senhora da Paz ("da praça do meu amor de Ipanema", em *Os bares morrem numa quarta-feira*) e usou-o como ponto de referência afetiva no extraordinário poema "Moscou-Varsóvia", de *O domingo azul do mar*. Mas, evidentemente, Paulo não é apenas um autor de Ipanema ou do Rio. Seus livros são uma saga penetrante e bem-humorada do homem urbano e moderno, num período — anos 50, 60 — de profunda mudança na vida brasileira.

Paulo era versado em mudanças. Nascido em Belo Horizonte, passou lá os primeiros 23 anos tentando inventar algo para fazer. Em criança, foi expulso de vários colégios; ainda de calças curtas, fugiu com dois amigos e ficaram 24 horas embrenhados no mato; começou e largou cursos de odontologia, veterinária e direito; trabalhou como mata-mosquitos; entrou para a Escola de Cadetes, em Porto Alegre, e, com a mesma velocidade, saiu; até que, em 1945, veio ao Rio, a convite de FERNANDO Sabino, para conhecer o poeta chileno Pablo Neruda. Conheceu-o. Neruda foi embora. Paulo ficou.

Desde cedo sua alma fora capturada pela palavra, com a qual tinha uma intimidade de milhões de horas-livros: de Tarzan a Proust, parecia ter lido tudo. O Rio permitiu-lhe escrever para viver e, se a palavra fosse a ferramenta, Paulo não desdenhava de nenhum veículo. Aliás: desdenhava, sim, mas produzia do mesmo jeito. Em jornais e revistas, escreveu crônica, poesia, reportagem, crítica de teatro e tópicos políticos; traduziu os poetas que amava (Valéry, Eliot, Auden, Dylan Thomas) e muita prosa que desprezava; foi diretor da Divisão de Obras Raras da Biblioteca Nacional; passou vinte anos escrevendo documentários promocionais para Jean Manzon; foi roteirista de filmes educativos, redator de publicidade, escriba da Agência Nacional e de diversos empregos públicos. E foi até ghost-writer de certos escritores, estes, sim, fantasmas, tudo isso resultando numa enorme produção secreta, que lhe roubou tempo e espaço para ser ainda mais cronista e mais poeta do que foi. Daí a — para ele, irritante, mas não de todo injusta — pecha de poeta bissexto.

Mas, finalmente, começa a criar-se um consenso de que, relançada, sua obra pode ser uma surpresa para muita gente. Como poeta, ele foi o grande contraponto lírico à poesia seca de João Cabral de Melo Neto, o principal nome de sua geração; como cronista, Paulo talvez só seja superado (mas nem sempre) por RUBEM Braga, sendo que seu repertório de assuntos e formatos era infinitamente mais variado. Paulo e Rubem foram dois dos três maiores cronistas brasileiros do século XX — o terceiro, você escolhe.

Sergio Pôrto dizia que ele penteava o cabelo com ventilador. É possível. Por mais redondas, polidas e sem uma palavra fora do lugar, suas crônicas pareciam mesmo obra de um escritor despenteado — tinham um quê de ventania, de ar livre e janela aberta, de fazer inveja ao próprio Rubem. Exemplos ao acaso são "Carta a um amigo" (no caso, Otto Lara Resende) e "Ser brotinho", ambas em *O cego de Ipanema*. Às vezes, Paulo falava de morte, trevas e solidão, e se, pela janela aberta, se viam densas nuvens de chuva, sua leveza verbal era infalível — vide "Encenação da morte", em *O colunista do morro*. Se tinha de falar de si mesmo, inventava contextos imaginosos, nos quais se envelopava como num papel de bala — delicie-se com "O Botafogo e eu", em *Homenzinho na ventania*. Muitas crônicas usavam os amigos como personagens, e alguns dos mais frequentes eram Rubem, VINICIUS de Moraes e o artista plástico RAYMUNDO Nogueira, objeto de sua crônica "Raymundo e a vida", em *O colunista do morro*, crônica que ele reescreveu várias vezes com títulos diferentes.

Se algo o interessava, Paulo não tinha medo de fazer-se de cobaia de si mesmo. Em agosto de 1962, quando quase ninguém por aqui sabia que aquilo existia, ele tomou ácido lisérgico. Por extenso, dietilamida do ácido lisérgico, como Paulo o chamou (ainda não havia a sigla LSD). Mas não fez isso à Bangu. Já tinha quarenta anos e, na cabeça, uma vasta literatura sobre loucura e drogas — fora dos primeiros no Brasil a ler *As portas da percepção*, de Aldous Huxley, assim que o livro saíra em Londres, em 1954. Era um adulto que se submeteria a uma experiência controlada e na presença de um psiquiatra, o dr. Murilo Pereira Gomes, num apartamento da rua General Glicério, em Laranjeiras.

Tomou três bolinhas coloridas e, pelas cinco ou seis horas seguintes, experimentou os efeitos que, dez anos depois, seriam clichês até para adolescentes em Ipanema (mas estes nunca seriam capazes de descrevê-los como ele). Elas o fizeram sentir-se como se visse o mundo pela primeira vez — como se tivesse sido "aceito na sociedade secreta das cores". Fizeram-no regredir à infância, à vida pré-natal e o convenceram de que, "apurando os ouvidos, poderia ouvir a parede". Ou que, estendendo os braços, poderia "enraizar-se a ela". Sob o ácido, ele e o mundo passavam a reger-se por uma sensação peculiar de delicadeza, como se, dentro da delicadeza, "houvesse uma segunda delicadeza e, dentro desta, uma terceira, uma quarta, uma quinta e, só lá no fundo de não sei qual película sutil, estivesse, intacta, a verdadeira delicadeza".

O efeito do ácido parecia eterno e, enquanto durou, nenhuma intromissão do racional poderia ameaçá-lo. Levou uma eternidade comendo uma azeitona, "deliciado com o paladar, com a quantidade de caldo, com a ternura, com o mistério do caroço" — como se na azeitona estivesse contido o universo, ou como se ela fosse o próprio universo. Paulo depois chamaria a tudo isso de "purificação do consciente pelo inconsciente". Ele se lembraria também de que seu único medo era o de ser trazido de volta ao mundo consciente. Mas, horas depois, ainda sob o efeito, saiu do consultório, tomou um táxi e foi a uma reunião em casa de amigos. Só se recorda de que todos (o motorista, o porteiro, os amigos) o tratavam com delicadeza.

Com solenidade quase mística, Paulo descreveu sua primeira experiência com o ácido em vinte páginas do livro *O colunista do morro*. Parece ter havido uma segunda vez, mas pode-se garantir que ele se contentou com aquele breve contato com o que chamou de "não pensamento". Era uma experiência rica e profunda demais para não ser vivida por inteiro e com plena consciência das consequências — e uma dessas era a renúncia ao pensamento organizado, algo em que ele passara a vida acreditando (nunca poderia imaginar que, nos anos 70, muitos jovens estariam usando LSD como se mascassem chicletes). Se não pudesse viver essa experiência "por inteiro", ele decidiu, era melhor abandoná-la. Além disso, sua droga de eleição era outra: o álcool.

Durante quarenta anos, Paulo escreveu crônicas usando a bebida como tema e pretexto — roteiros históricos da boemia carioca, anedotas de bebuns clássicos, elegias para bares mortos e muitas reflexões sobre o ato de beber associado ao prazer e à celebração da vida. Às vezes, deixava vazar uma reprovação a quem se embriagava ou cometia "excessos", como se, invertendo a tese moralista de que o álcool degrada o homem, o homem é que degradasse o álcool. Mas suas constantes justificativas do hábito de beber, sempre muito inteligentes e nunca em caráter pessoal, eram apenas sofismas inteligentes — como na crônica "Por que bebemos tanto assim", em *Homenzinho na ventania*: "A bebida consola; o homem bebe; logo, o homem precisa ser consolado". Bem bolado, mas sofisma do mesmo jeito.

Paulo pertencia a uma geração para a qual o uísque era o complemento diário e indispensável dos homens civilizados. Infelizmente, em seu caso e no de tantos de seus amigos e contemporâneos de Ipanema — Vinicius, LUCIO Cardoso, CARLINHOS Oliveira, LUCIO Rangel, RONIQUITO de Chevalier, WALTER Clark, ARMANDO Costa, TARSO de Castro, HUGO Bidet, ZEQUINHA Estelita, Narceu de Almeida e uma legião —, o nirvana alcoólico evoluiu para uma dependência química em massa que abreviou vocações, carreiras e vidas. Não importa que tenham morrido em idade madura — todos morreram muito cedo, muito antes do que seria justo e razoável.

Os últimos vinte anos da vida de Paulo Mendes Campos não estiveram à altura do artista e de sua obra. Devastado pelo álcool, nada restou do homem bonito que Nelson Rodrigues, no passado, comparara a um "Byron aos 23 anos" e cuja inteligência seduzia as mulheres — uma delas, ninguém menos que Clarice Lispector, com quem, segundo se dizia, ele foi um dos raros a ter um caso. O temperamento amorável cedeu lugar à irritação, que o tornava uma pessoa a ser evitada nas ruas, e à violência desmedida nas mesas dos bares, em vários dos quais teve a entrada proibida. O homem que, muitas vezes, bebera uísques raros com os grandes homens e mulheres da República, em balcões de jacarandá, luzes indiretas e paredes espelhadas, já não era admitido nas mais reles biroscas de seu bairro.

Num rasgo de lucidez, o próprio Paulo classificou-se como "um homem entornado". O fim estava tão à vista que, em sua morte, em 1991, Otto Lara Resende, seu amigo de adolescência mineira, escreveu na *Folha de S.Paulo*: "Paulo morreu. Não, não estamos preparados. Confuso sentimento de que era preciso ter feito alguma coisa. Sim, era previsível. Mas não precisava ser irreparável".

E, ah, sim, o cego de Ipanema. Paulo descreveu-o numa crônica tão perfeita que os desavisados poderiam achar que ele o tirara da imaginação. Mas o cego existiu. Chamava-se Baltazar, vivia na garagem da rua Nascimento Silva, 384 (no mesmo prédio de JANIO de Freitas), e deixara de enxergar aos doze anos, a partir de uma pancada que seu padrasto lhe dera na cabeça. Era um misto de Papai Noel com profeta bíblico: gordo, pálido e de barbas brancas. Usava uma haste de ferro como bengala, andava com um rádio de pilha ao ouvido e ninguém jamais o viu sóbrio. Mesmo assim, cego e bêbado, circulava com a maior desenvoltura por Ipanema, empurrando um carrinho de mão cheio de ferramentas, com as quais consertava enceradeiras, ferros elétricos ou fechaduras. Uma luz interna devia guiar suas mãos. Às vezes, estacionava o carrinho e recostava-se na calçada para dormir — de olhos abertos. Nos anos 60, "aposentou-se". Por uns tempos, foi vendedor de balas e depois sumiu.

Todos em Ipanema conheciam Baltazar. Mas só Paulo Mendes Campos enxergou nele um irmão.

Frases

★ *O sol é viril, a noite é feminina, e eu não sei de onde me chega tanta incompetência de viver a hora do crepúsculo.* ★ *Somos uns porquinhos. O Senhor nos cria, engorda e mata.* ★ *Deus é a luz, e assim a energia é a matéria multiplicada pelo quadrado da velocidade de Deus.* ★ *Nunca tive cachorro nem gato. Tive árvore.* ★ *O poeta, quando não tem nada a dizer, escreve prosa. O prosador, quando não tem nada a dizer, escreve poesia.* ★ *Nunca senti a vocação do romance ou do conto. O Dostoiévski que eu esperava de mim se esvaiu na cesta das risadas.* ★ *O sucesso não me interessa. Faço questão de fracassar.* ★ *O mineiro é um animal, porém político.* ★ *Só gosto de beber bem acompanhado por um garçom.* ★ *Eu adorava as bebidas fortes. Mas não fui muito correspondido.* ★ *Aqui jaz Paulo Mendes Campos. Por favor, engavetem-me com a máxima simplicidade e do lado da sombra.* ★ *No mais, é como dizia Freud: morreu, babau.*

PEDRO (Pedrinho) de Moraes
n. 1942. Fotógrafo.

Aos três anos, Pedro adorava ir para o colo de Mariinha, amiga de seus pais. E com razão. Enfiava o rosto no decote ou nos cabelos louros da moça e ficava muito quieto, como se não estivesse fazendo boa coisa. Mariinha — mais tarde famosa como TONIA Carrero — custou a perceber que o menino era taradinho. Mas bem que devia ter desconfiado: afinal, Pedro era filho de VINICIUS de Moraes. Depois disso, nunca lhe faltariam peitos em que se aninhar. Foi para

Pedro que Vinicius escreveu os poemas infantis de *A arca de Noé*, que ficariam décadas esquecidos numa gaveta e só seriam transformados em livro em 1970, depois de musicados por Toquinho, Paulo Soledade, o italiano Bacalov e outros.

A primeira piscina em que Pedro mergulhou, aos quatro anos, foi a de Carmen Miranda, em Beverly Hills — Vinicius servia em Los Angeles em fins dos anos 40, conhecia todo mundo em Hollywood, e Pedro e sua irmã SUZANA conviviam com os filhos das estrelas. De tanto ouvir jazz em casa, Pedro quis ser músico e decidiu aprender trompete. Mas, quando prestou mais atenção no que Louis Armstrong fazia, concluiu que nunca chegaria lá e trocou o trompete por uma câmera. Aos doze anos, de novo no Rio e já influenciado por cobras como Henri Cartier-Bresson e Robert Capa, começou a fotografar tudo que via nas ruas: préstitos de Carnaval, um mendigo entre taróis, moleques da Praia do Pinto, o almoço dos operários de uma obra. Aos quatorze, publicou suas fotos na *Manchete* e foi até pago por isso. A Rolleiflex era uma extensão de seus olhos e o que estes viam eram as mulheres mais lindas do país — suas amigas do ARPOADOR, entre as quais IRA Etz, que ele namorou aos dezessete anos (ela, 22). Fotografou-as todas.

Mas Pedro sabia enxergar também a feiura que circundava tanta beleza. Um estágio na adolescência em Mato Grosso, sob a tutela de um tio militar, fizera com que visse de perto a miséria brasileira. De volta ao Rio, formou com Cecil Thiré a dupla politicamente mais radical entre os jovens de Ipanema. Depois, fez de sua câmera uma arma — como fotógrafo semiclandestino para organizações de esquerda, em fins dos anos 60 (do que resultou o livro *1968 — A paixão de uma utopia*), ou como diretor de fotografia em filmes como Os *inconfidentes* (1972), *A guerra conjugal* (1974) e *A idade da terra* (1980).

Com o fim da ditadura militar e da própria ideia de um cinema de combate, Pedro reassumiu sua carreira de fotógrafo profissional, dividindo-se entre exposições na França e na Itália e na tentativa de uma vida alternativa na Bahia. E a estirpe dos Moraes continuou em sua filha com VERA Barreto Leite, Mariana de Moraes (*n*. 1969), cantora e atriz de *Fulaninha* (1986) e *Alma corsária* (1994).

PER Johns
1933-2017. Escritor e diplomata.

Quem nasce em duas línguas não vive em nenhuma e será sempre um exilado de uma ou de outra. Talvez só haja uma saída para esse dilema: tentar transformá-lo em grande literatura. O brasileiro-dinamarquês Per Johns conseguiu.

Seu pai era um engenheiro dinamarquês que chegou ao Rio em 1922, para construir o pavilhão da Dinamarca na Exposição do Centenário da Independência. A exposição terminou e ele, fascinado pelo potencial quase selvagem do país, ficou por aqui. Nas décadas seguintes, participaria da construção de importantes obras brasileiras, como o píer Mauá, o porto de Tubarão, o estádio do Maracanã, as tribunas do Jockey Club. Em 1928, já muito bem-sucedido e casado (com uma também dinamarquesa), construiu sua enorme casa na rua Gomes Carneiro — um pedaço da Dinamarca a duzentos metros da praia de Ipanema, destinado a ser um enclave humanista na barbárie, um paraíso a salvo da dura realidade dos dois mundos: o que deixara para trás, saturado de civilização, e aquele em que se estabelecera, todo por fazer. Foi nessa casa que, em 1933, nasceu Per Johns.

O pequeno Per foi educado em dinamarquês e português, entre a gelada rigidez do pai (para quem a vida só se justificava pelo sucesso, conseguido à custa de eficiência e trabalho) e o injustificável (para seu pai) relaxamento dos nativos. Per, bilíngue perfeito, cedo se descobriu vivendo no vácuo entre os dois mundos — com uma perna em cada um e o coração sem lugar no espaço. Sua saída era fugir para o sótão ou para o porão, onde podia exilar-se da vida real e de si mesmo. Ali criava fantasias em que se punha no lugar de seu herói, Fletcher Christian, o exilado definitivo, que cortou os laços com seu país ao amotinar o navio *Bounty*, mas não encontrou o sossego na ilha do Taiti onde se refugiou. Na imaginação de Per, o *Bounty* era a "rocha mágica", tão perto de sua casa e para onde às vezes escapava — a do ARPOADOR. "Em seu topo, como numa ponte de comando, sentia-se embarcado, respingado de borrifos de água salgada, respirando salsugem", ele escreveu. Suas ilhas, tão próximas e inatingíveis, eram as Cagarras.

Mas, mesmo quando não se quer ir à vida real, a vida real vem até nós. A própria casa de sua família, um Valhala arrogante e autossuficiente, foi lentamente engolfada pela vida que brotava em Ipanema. No decorrer de sua infância e juventude, nos anos 40 e 50, Per viu a romântica cerca baixa, de treliça e trepadeira, ser substituída por um muro de alvenaria, que foi subindo aos poucos ao redor de sua casa até transformar-se numa muralha chapiscada de dez metros de altura, encimada por cacos de vidro, como uma fortaleza. Viu também os edifícios surgindo em volta e engolindo a casa, até que esta (que antes era olhada pelos vizinhos de baixo para cima, com admiração e respeito) já podia ser vista de cima para baixo pelos novos prédios ao lado, como algo estranho e anacrônico na paisagem. Seus jardins, que até havia pouco não continham uma folha seca ou um tufo fora do lugar, tornaram-se repositório dos dejetos atirados das janelas altas. Em 1958, foi demolida e, em seu lugar, um edifício juntou-se ao paliteiro.

A custo, Per também foi engolfado pela paisagem humana. Quando adulto, bonito como um deus nórdico e bronzeado como uma entidade das trevas, ele finalmente se encontrou entre seus amigos e amigas do Arpoador, muitos dos quais, como ele, eram também cariocas de família europeia e de formação dupla.

Mas ainda carregava consigo o dilacerante dilema — a obrigação de "vencer", herdada do pai, e o canto das sereias que lhe faziam tremendos apelos poéticos e criativos. Por muitos anos, seu pai foi mais forte e Per submeteu-se aos dentes da engrenagem. Foi para São Paulo, trabalhou em administração de empresas, foi gerente de uma indústria metalúrgica, empresou projetos agroindustriais, atuou na Bolsa de Valores, ganhou dinheiro e continuou infeliz. Até que, em 1973, trocou tudo pelo cargo de cônsul da Dinamarca no Rio. Era um rompimento. Pela primeira vez, "escolhia, em vez de ser escolhido". Estava com quarenta anos e aquele foi seu passaporte, não para a carreira diplomática, mas para a literatura — para a qual levou sua originalíssima vivência e o peso de sua cultura.

Os romances de Per Johns formam uma espécie de ilha na literatura brasileira. Não há nada parecido com eles. Suas tramas são veladas, mas de uma densidade humana, filosófica e de uma riqueza vocabular quase sem paralelo entre nós. Todos eles — A *revolução de Deus* (1977), *Morte na rodovia Galileo Galilei* (1978), o fabuloso *As aves de Cassandra* (1990), *Cemitérios marinhos às vezes são festivos* (1995) e *Navegante de opereta* (1998) — tratam de homens divididos entre pátrias, carreiras e afetos, em luta contra o destino que lhes é imposto. Forças terríveis os puxam, cada qual para seu lado, deixando-lhes pouca escolha. São livros emocionantes e para leitores especiais. E ele se provou também na não ficção com os ensaios de *Dioniso crucificado*, de 2005, premiado pela Academia Brasileira de Letras.

Per Johns, que já não está entre nós, é um romancista a ser assumido pela literatura brasileira, antes que os dinamarqueses — que já controlam 50% de seus fantasmas interiores — detenham direitos exclusivos sobre ele.

Paulo César **PEREIO**
n. 1940. Ator.

Em 1969, tempos da ditadura militar, Paulo César Pereio foi preso como suspeito de envolvimento no sequestro por um grupo armado do embaixador americano Burke Elbrick. Pereio não tinha nada com isso, mas, como eram comuns essas confusões, levaram-no para o DOI-Codi, em São Paulo.

Amarraram-no nu e encapuçado à cadeira do dragão, um instrumento de tortura, e prepararam-se para acionar a maquininha de choques. "Você é comunista?", trovejou o torturador. "Não. Comunista é quem tem pau pequeno. E, como você está vendo, eu não tenho", disse Pereio, calmamente. O torturador deve ter ficado satisfeito, porque nunca girou a manivela. Dias depois, Pereio foi solto.

Se nem a cadeira do dragão conseguiu assustá-lo, o que poderiam contra ele os pobres diretores de teatro, cinema e televisão? Aos oito anos, quando Pereio declamava Fagundes Varela e cantava tangos numa rádio em Alegrete (RS), ninguém diria que um dia iriam rotulá-lo de o melhor ator do Brasil — e também de o mais encrenqueiro. A palavra "rebelde" é tíbia para defini-lo. Como Jean-Paul Belmondo em *Acossado* (1960), de Godard, ele escolheu viver perigosamente — o que incluiu atirar uma Brasília do alto de um viaduto no Rio, prisões envolvendo flagrantes de drogas ou subir morros para, entre outras coisas, jogar totó com os bandidos. Ao optar pela marginalidade romântica, Pereio cansou-se de pôr sua vida profissional (e a própria vida) em jogo.

Mas, com toda a sua fama de "difícil", por dar broncas descomunais em diretores e largar peças e novelas pelo meio, Pereio cumpriu várias peças de longa temporada (*Os rapazes da banda*, *Revista do Henfil*, *O analista de Bagé*) e fez mais de sessenta filmes — grandes papéis em *Os fuzis* (1964), *Toda nudez será castigada* (1973), *Vai trabalhar, vagabundo* (1973), *Iracema, uma transa amazônica* (1975), *Lúcio Flávio, o passageiro da agonia* (1977), *Chuvas de verão* (1978), *Eu te amo* (1981), *Navalha na carne* (1997), *O comendador* (2001), *Harmada* (2003). Não pergunte como, mas seu histórico revela, em muitas fases, um ator ocupadíssimo. O difícil era saber quando ele *não* estava representando.

"Nunca me inspirei em outro ator", disse certa vez. "Inspirei-me em Hitler, Nixon, Idi Amin Dada. Acho Idi Amim [famigerado ditador africano dos anos 70] um gênio teatral, maior que Laurence Olivier."

Pereio é da turma que saiu de Porto Alegre no começo dos anos 60 para fazer teatro a sério no Rio e em São Paulo e que incluía Paulo José, Itala Nandi, Fernando Peixoto, Lilian Lemmertz, Luiz Carlos MACIEL. O que não os impediu de terem de se virar fazendo também filmes, novelas, comerciais e, no caso de Pereio, até jingles. Sua voz de locutor do Juízo Final já foi ouvida em rádio e TV apregoando toda espécie de produtos, do desodorante Moderato ao candidato Leonel Brizola. E sua fama de criador de casos não assustava os diretores de cinema e teatro. Eles sabiam que, com ou sem aditivos, Pereio daria uma performance de que ninguém sóbrio seria capaz.

E dava mesmo, mas com um sentimento quase pândego de culpa. Nas filmagens de *Eu te amo*, produzido por WALTER Clark, Pereio autoflagelava-se por estar trabalhando num filme do "sistemão". Um dia, discursou no set: "Minha tese não é explodir o cinema nacional! É implodir! Só aceitei trabalhar neste filme porque vou destruí-lo!". Quase conseguiu: Walter Clark precisou fazer-se de sua babá e Pereio chegou perto de enlouquecer o diretor, que era Arnaldo JABOR. Mas quem levou as sobras foi sua coestrela, Sonia Braga, com quem Pereio tinha de rodar cabeludas cenas de amor. Em protesto contra aquilo, ele mastigava cebola crua antes dos beijos — e Sonia submetia-se lindamente, por amor à arte e por achar que, sob a grossura explícita, Pereio, o galã *terrible*, era "um autêntico lorde".

Os anos 90 não foram favoráveis a Pereio. O cinema brasileiro foi dado como morto na era Collor (só ressuscitou no fim da década), o teatro viveu sua crise permanente e, embora tenha feito *Roque Santeiro*, em 1985, Pereio nunca se deu bem com a televisão. Restavam-lhe os jingles. Mas um acidente com seu Opala, em 1991, provocou-lhe uma desarticulação na mandíbula, impedindo-o de falar com a antiga perfeição. Um Pereio sem falar direito seria, como ele mesmo se definiu, "um bailarino que quebrasse as duas pernas". Mas, se fosse bailarino, Pereio dançaria até de muletas, e ele voltou a falar tudo. Sem deixar de, como sempre, pontuar cada final de frase com sua infalível assinatura: "Porra!". Exemplo: "Eu te amo, porra!".

Para quem nunca soube sobre como pronunciar seu nome, se aberto ou fechado: Pereio rima com "véio".

Frases

★ *Sou um mau menino de boa família.* ★ *Cinema é misturar a farinha no leite, dar forma e esperar esfriar para ver o pão. Teatro é como pegar surfe: estoura na praia. Sou mais surfista do que padeiro.* ★ *O teatro é o reduto do não e a televisão é o reduto do sim.* ★ *Prefiro a tosse ao aplauso do público.* ★ *Muitos animais que matamos, como o rato, a barata ou o pombo, têm mais vocação para a felicidade do que o ser humano.* ★ *O ser humano é muito mixuruca.* ★ [Em 2020, aos oitenta anos]: *Atores não se aposentam. Sabe qual é a idade do rei Lear? Noventa anos. Ainda sou muito novo para fazer.* ★ *Bem que eu avisei que não queria sair do útero da minha mãe.* ★ *Porra!*

PETIT

1957-89. Surfista e "Menino do Rio".

No verão de 1979, uma canção de Caetano Veloso, depois música-tema da novela da Globo *Água Viva*, tornou Baby Consuelo famosa: "*Menino do Rio/ Calor que provoca arrepio/ Dragão tatuado no braço/ Calção, corpo aberto no espaço...*".

A letra falava ainda em "tensão flutuante do Rio" — que muitos entendiam como "tesão" — e "toma essa canção como um beijo". Com suas referências ao Havaí e às ondas, Caetano poderia estar se referindo a qualquer surfista. Mas os iniciados sabiam que o muso de "Menino do Rio" era o tímido José Arthur Machado, o "Petit": 22 anos, 1,80m, juba loura, nazarena, olhos verdes, queimado de sol, nascido em Ipanema e uma das estrelas do SURFE NO ARPOADOR.

Petit foi cria de ARDUINO Colasanti, o herói que ele contemplava com olhos de criança nos anos 60 e o homem que um dia ele queria ser. Arduino praticamente o adotou e o iniciou no surfe. Petit era o menor da turma e as pranchas que usava, no começo sempre emprestadas, eram quase o triplo de seu tamanho, daí o apelido. Anos depois, quando Caetano o conheceu na fila do Cinema Leblon e lhe prestou a homenagem musical, Petit já era, mais que o novo Arduino, o próprio Petit — que, durante anos, imperou sobre Búzios e Ipanema, num universo de ondas, sal, areia, corpos esculturais e sensualidade à flor da pele molhada. E, a partir de certo instante, confundindo-se com a parafina, também muita cocaína.

Em 1987, Petit viajava na garupa de uma moto que derrapou. Lançado ao ar, bateu com a cabeça no meio-fio e teve concussão cerebral. O tratamento exigiu grandes despesas e seus amigos Baby Consuelo, CAZUZA, Moraes Moreira, LOBÃO, Evandro Mesquita e outros lotaram o CIRCO VOADOR, na Lapa, com um show cuja renda dedicaram à sua recuperação. Petit teve um lado do corpo paralisado. Com os exercícios, havia esperança de que, em quatro anos, voltasse a andar normalmente e até a fazer surfe. Mas Petit não quis esperar. Em março de 1989, dez anos depois de "Menino do Rio", enforcou-se com sua faixa de judô.

PETITE GALERIE

1954-88. Galeria de arte na rua Teixeira de Melo, 53, e depois na rua Barão da Torre, 220.

Se a primeira galeria de arte do Rio data de 1891, no Centro da cidade, Ipanema levou quase setenta anos para ter a sua. Durante décadas, o grande centro do mercado carioca e brasileiro do gênero fora Copacabana. Mas valeu a pena esperar. Quando surgiu, a Petite Galerie não se limitou a ser um marco do bairro, nem a lançar uma quantidade de artistas que se consagrariam, nem a se abrir para todas as tendências da arte contemporânea quando elas estavam apenas se ensaiando. Seu proprietário, o italiano Franco Terranova

(1923-2013), profissionalizou também o mercado de arte no país, ligando-se a banqueiros e homens de negócios e introduzindo técnicas de marketing inéditas na área. Até então, segundo Ferreira GULLAR, os artistas só faltavam ter de vender seus quadros de porta em porta. Franco abriu-lhes essas portas.

Em 1960, a Petite Galerie foi a primeira galeria no Brasil a fazer contratos de exclusividade com artistas, permitindo que jovens talentos que não sabiam de onde viria seu próximo tubo de tinta pudessem produzir, confiantes em que ela lhes compraria pelo menos dois quadros por mês. Foi também a primeira a vender quadros em prestações, como se fazia com os carros e os eletrodomésticos. Os anúncios da Petite Galerie diziam: "Nenhuma obra de arte ficará diminuída se você a pagar aos poucos. E ela ainda enriquecerá sua sensibilidade e seu patrimônio". Foi também a primeira a promover leilões de arte, alguns deles no Copacabana Palace — prática combatida na época e hoje corrente no mercado.

A Petite Galerie nasceu em Copacabana, numa cave com um pé-direito de humilde 1,80 metro na avenida Atlântica, ao lado do antigo Cinema Rian. Mas o napolitano Franco, no Rio desde 1947, sempre foi um personagem de Ipanema. Em 1960, ele se associou a José de Carvalho, proprietário das Lojas Ducal, e ao banqueiro José Luiz Magalhães Lins, e levou a galeria para a praça General Osório, num espaço projetado pelo arquiteto Sergio Bernardes. Foi a grande fase dos leilões e dos contratos de exclusividade com Di Cavalcanti, Guignard, Carlos SCLIAR, Milton DACOSTA, Maria LEONTINA, GLAUCO Rodrigues, Gastão Manuel Henrique, Rubem Valentim, Marcelo Grassmann. Em 1971, a sociedade foi desfeita e Franco mudou-se para a rua Barão da Torre. No antigo espaço da Petite Galerie, José de Carvalho abriu a Bolsa de Arte, que também marcou época.

Na Barão da Torre, Franco criou um salão para jovens e lançou vários artistas que depois formariam a Geração 80. Em 1983, ele usou de sua criatividade para enfrentar uma das muitas crises da economia: expandiu a Petite Galerie e transformou-a no Cabaret Voltaire, uma fervilhante central de eventos envolvendo cinema, teatro, dança, poesia e literatura. E, desde 1979, os fundos da galeria já abrigavam o Petit Studio, a usina de expressão corporal organizada por sua mulher, a coreógrafa Rossella Terranova (*n*. 1941), ela própria uma instituição do bairro.

O Petit Studio foi responsável pela preparação corporal dos elencos de peças dirigidas por Marcio Vianna, Luiz Arthur Nunes e Eduardo Wotzik, e ministrou cursos de movimento para uma quantidade de profissionais e amadores — por lá passaram DANUZA Leão, Christiane Torloni, CARLINHOS Lyra, Patricia Pillar, NELSON Motta e boa parte de Ipanema. Mas alguns dos grandes eventos de Rossella foram seus cursos noturnos de dança ao ar livre nas areias do Posto 9. À luz dos holofotes do posto, vestidas com túnicas leves, alunas de todas as idades pareciam reproduzir a dança de ISADORA Duncan para JOÃO DO RIO no ARPOADOR em 1915.

A Petite Galerie encerrou seus trabalhos em 1988 com um comovente ato de amor. Em gratidão a Franco, sessenta artistas, entre os quais os grandes nomes, passaram três dias e três noites pendurados em escadas ou andaimes na galeria, pintando em suas paredes e colorindo-as de todos os estilos e tendências que ela acolheu em mais de trinta anos. Foi uma obra de arte coletiva inédita e que se tornou um programa para milhares de pessoas — havia quem chegasse às três da manhã para assistir àquela obra em progresso. O evento intitulou-se "O eterno é efêmero" e foi gravado em vídeo por Tereza Christina Rodrigues. O resultado ficou exposto ao público durante vários dias — até que Franco e os artistas voltaram à galeria para dar o último toque: cobrir com tinta branca as pinturas, devolvendo-as ao nada. Se a arte é tudo, o nada também pode ser arte.

Desde então, a Petite Galerie descansa. O Petit Studio, por sua vez, mudou-se para Botafogo e continuou firme por muito tempo, antes de Rossella tornar-se exclusiva da TV Globo. Franco se foi, mas a criatividade da família não para. Em 1998, um dos brilhantes filhos do casal, o fotógrafo Marco Terranova (*n.* 1964), sobrevoou de helicóptero a Lagoa Rodrigo de Freitas para uma foto de capa da revista *Domingo*, do *Jornal do Brasil*. E, com a ajuda do piloto Paulo Renato Flores, fez uma foto histórica ao descobrir que, vista do céu, a Lagoa tinha a forma de um... coração.

PÍER

1970-73. Ponto da praia em frente à rua Farme de Amoedo. O mesmo que Dunas da Gal ou do Barato.

Na cultura da praia carioca, um fato súbito, no verão de 1970, pareceu reverter ao século XIII todos os verões, praias e culturas anteriores de Ipanema: o Píer. Comparado ao que se passou naquelas dunas cobertas pelo fumacê, toda a modernidade duramente conquistada por três gerações de pioneiros do ARPOADOR, do CASTELINHO e da MONTENEGRO ficou, de repente, antiga, tímida, superada. Mas terá sido?

Durante três verões, até 1973, o Píer foi a liberdade no poder. Sexo, drogas, comportamento, ideias, roupas, comprimento do cabelo, quantidade de piolhos, tudo era liberado. Era uma "república independente" nos piores tempos do regime militar: os anos Médici. Ao contrário do resto do país, que vivia sob a mais angustiante mordaça de sua história — censura, prisões, torturas e um clima permanente de delação no ar, tudo isso fora do alcance da Justiça —, no Píer só era proibido proibir. Anos depois, seus participantes passaram a se ver como integrantes de um ousado foco de resistência ao regime, e essa visão tem sido difundida em românticos artigos na imprensa. Mas, por mais que isso magoe seus veteranos, o que se pergunta hoje é se toda aquela "liberdade" do Píer não terá sido apenas cuidadosamente consentida.

Primeiro, é preciso ver do que se constituiu o Píer. Era mesmo um píer: uma armação de ferro e madeira, instalada em 1970 no trecho da praia entre as ruas Farme de Amoedo e Teixeira de Melo, para a construção do emissário submarino de Ipanema. As tubulações que avançavam trezentos metros mar adentro formaram ondas violentas. Estas afugentaram os praieiros tradicionais, mas eram ideais para o pessoal do SURFE. Os jovens surfistas do Arpoador, como Rico, "Mudinho", Daniel Sává e seus amigos, sempre de olho na qualidade das ondas, logo se mudaram para lá com suas pranchas. A mística do surfe estava no auge e, no rastro dos surfistas, veio o séquito das *gatas*. Pegar onda ali era coisa para profissionais — mas o espetáculo na areia era irresistível para os amadores.

A areia dragada do mar e despejada na praia formou acolhedoras dunas artificiais. Elas atraíram Gal Costa, que vinha de um grande sucesso com seu show *Fa-tal* no Teatro Thereza Rachel e estava a fim de sossego na praia. Com ela vieram os compositores Jards Macalé, Jorge Mautner, Nelson Jacobina, os poetas e irmãos Waly e Jorge Salomão e os então Novos Baianos; José Wilker (em cartaz com *A China é azul*, no Teatro Ipanema); as atrizes ODETTE Lara, Sonia Braga e Tania Alves; o jornalista Luiz Carlos MACIEL; os cineastas Julio Bressane, Neville d'Almeida e Rogério Sganzerla; a cantora Elba Ramalho; o poeta-mimeógrafo Chacal; o maquiador Carlinhos Prieto; o cenógrafo Luiz Carlos Ripper; e muitos outros, quase todos entre vinte e trinta anos e arautos de uma nova cultura — ou de uma "contracultura". Mas, se Gal estava a fim de sossego, foi só o que ela não teve no Píer — que, em sua homenagem, ficou também conhecido como *as dunas da Gal*.

A presença de metade dessas celebridades já seria suficiente para formar um *point*. Juntas, elas provocaram uma aglomeração. O Píer tornou-se a praia hippie de Ipanema, um grande underground a céu aberto, o epicentro do desbunde — e, como tal, frequentado por gente de todo tipo, muitos sem nenhuma intimidade com a areia. ROSE di Primo, impressionante pela beleza, acabara de lançar ali a tanga. Mas nem todas no pedaço eram Rose de Primo, donde a moda no Píer eram as saias longas, apenas com o umbigo de fora, e as batas indianas. Havia também quem circulasse de calças *saint-tropez*, macacões e até ponchos, mais adequados para Machu Picchu. Sob um sol de quarenta graus, raros caíam n'água. Não se raspavam as axilas — foi uma época de triunfais chumaços. As pessoas se saudavam com beijos na boca (as mais radicais cumprimentavam os amigos empalmando-lhes firmemente os baixos meridianos). Não era só uma praia, era uma atitude.

Tudo fazia parte da cultura (*sorry* — contracultura) do Píer. As conversas eram sobre mapa astral, macrobiótica, orientalismos, comunidades alternativas, a "nova era", o disco do grupo Cream, a peça *Hair* ou o último reparte de Cannabis na praça. Ali se venderam os primeiros sanduíches naturais, livros de poesia da Geração Mimeógrafo e gibis, revistas e jornais alternativos. Foi também nas dunas que LEILA Diniz se revelou grávida, de biquíni, em agosto de 1971, sendo instantaneamente seguida por uma legião de outras grávidas. O Píer ainda ressuscitou a ideia de bater palmas para o pôr do sol atrás do morro Dois Irmãos, inaugurada dez anos antes no Arpoador.

Enquanto a música do Arpoador e do Castelinho fora o jazz e a BOSSA NOVA, a do Píer eram o rock e o tropicalismo ou o que resultara deles. Cantava-se, tocava-se violão e fumava-se baseado nas dunas, que, por isso, passaram a ser também chamadas de "dunas do barato" — "Vapor barato", a música de Macalé e Waly, feita ali, era uma dupla homenagem à fumaça da maconha e à dos navios que passavam ao largo. Tomava-se ácido e ia-se de bicicleta para a praia, como José Wilker contou que fazia. Mandrix, maconha e LSD eram vendidos e usados tão abertamente quanto o mate com limão. Muito da droga que se disseminaria por Ipanema nos anos seguintes formou ali seu primeiro mercado.

O Píer começou a atrair gente do país inteiro, que desembarcava na rodoviária Novo Rio e já zarpava de mala para a praia, em busca de seus pares. Não era absolutamente uma sociedade secreta com frequentadores clandestinos. Na verdade, todo mundo mais a torcida do Flamengo parecia saber do Píer. Menos os órgãos de repressão. Estes, que tinham agentes infiltrados em sindicatos, universidades, órgãos públicos, teatros e redações, certamente os tinham também no Píer — mas, se viam alguma coisa de "subversivo" naquele comportamento, não pareciam incomodar-se.

Pode-se argumentar que, naquele exato período, os militares estavam muito ocupados combatendo os assaltos a bancos, sequestros, explosões em quartéis e a guerrilha em geral, e não teriam tempo a perder com um bando de jovens queimando fumo e discutindo horóscopos. Além disso, o Píer não era político — longe disso: seria o inspirador da ideologia odara percebida por Caetano Veloso, ele próprio frequentador ocasional das dunas ao voltar do exílio, em 1972. Mas isso não explica tudo. Os mesmos setores militares que odiavam Caetano Veloso em 1968, por usar cabelo grande e camisola, continuavam no poder. O que não estariam achando em 1971 ao ver a praia transformada num festival de gaforinhas, sexo, "tóchico" e roupas exóticas?

O mais provável é que aquilo os incomodasse muito, mas, por orientação superior, fizessem vista grossa. O principal marqueteiro político do governo Médici, o general Otavio Costa (considerado um militar inteligente, especialista em propaganda e guerra psicológica, inspirador de campanhas como "Ame-o ou deixe-o" e "O país que vai pra frente") pode ter visto o risco de um confronto inútil nessa área — ao passo que certa tolerância poderia reverter até em benefício para a imagem de "liberdade" que o governo queria passar. Se o desbunde era uma "fuga" às derrotas políticas da geração de 1968, que fosse, sem problema — teriam raciocinado os militares. Na mesma época, outros jovens estavam "fugindo" para a luta armada e, esta sim, era preocupante, porque desafiava a autoridade do regime. Daí a dura suspeita, hoje levantada por muitos, de que a "república independente" do Píer pode ter sido uma cortesia do governo Médici.

Com o Píer aparentemente *out of bounds,* era inevitável o inchaço. Seus aderentes iam desde o garoto CAZUZA, então com treze anos, à veterana e louquíssima Vera Sant'Anna, que criara um "laboratório de pesquisas sexuais" na rua Visconde de Pirajá. Enquanto durou a "sublime convivência de pessoas bonitas, livres, leves e soltas" (como a definiu SCARLET Moon de Chevalier em seu livro *Areias escaldantes*), o Píer ainda respirou. Mas, apenas dois verões depois, a praia em que sempre cabia mais um já estava ficando impraticável. Os pseudo-hippies chegavam em falanges, intrometendo-se nas rodas e mendigando na areia. O piolho, extinto no país havia anos, instalou-se até nas cabeças mais bem-pensantes. E ônibus de excursão despejavam levas de turistas na praia, os quais tinham faniquitos quando viam os artistas.

"O *craudionor* [de *crowd,* multidão] tornou insuportável a frequentação do Píer", escreveu Scarlet, "e começou a diáspora." Os surfistas foram os primeiros a ir embora, em direção à praia do Pepino ou à Prainha — outros para a Bahia, ainda mais longe. Os artistas também foram saindo de fininho e deixando o ponto para a turba. No fim do verão de 1973, o Píer já era quase exclusivamente dos turistas. Em 1974, com o fim das obras do emissário, as dunas foram aplainadas e o píer explodido, com o que se evaporaram todos — afinal, era um vapor barato.

Nos anos imediatamente seguintes, não houve um *point* de praia definido em Ipanema. Em 1976, os sobreviventes do Píer, mais adultos e purificados, caminharam alguns metros para a frente e, enriquecidos pela adesão dos veteranos da Montenegro, formaram uma nova turma que se instalou na faixa de areia perto do Posto 9, em frente ao recém-construído Hotel SOL Ipanema. E ali começou mais um capítulo nas areias escaldantes.

PIZZAIOLO
1962-92. Restaurante na rua Montenegro, 153.

O Pizzaiolo já existia havia sete anos quando seu proprietário, o português Joaquim Campos, observou as mãos ilustres que empunhavam garfos e facas e trinchavam suas pizzas. Eram as dos astros do teatro, da televisão e da música popular. Então, ocorreu-lhe a ideia de transferir aquelas mãos para o cimento e fazer ali uma "calçada da fama", à moda da calçada do Chinese Theatre de Los Angeles. Era um pouco Hollywood demais para Ipanema, mas o Pizzaiolo não os estaria homenageando apenas por serem celebridades. Todos ali eram amigos e frequentadores de sua pizzaria, e alguns até lhe tomavam dinheiro emprestado.

A ideia vingou e, a partir de 1969, grandes nomes brasileiros imprimiram suas mãos em placas de cimento na calçada do Pizzaiolo. A primeira a enfiar a mão na massa foi Maria Bethânia. Depois vieram VINICIUS de Moraes, LEILA Diniz, Pixinguinha, TONIA Carrero, Paulo Gracindo, Jardel Filho, Chacrinha, Grande Otelo, Elizeth Cardoso, Elis Regina, Elza Soares, Garrincha (não as mãos, mas os pés), Gal Costa, o ator Sergio Cardoso. As cerimônias incluíam cordões de isolamento, cobertura da imprensa, muita gente na calçada, música até de madrugada e, às vezes, a chegada da polícia.

A brincadeira durou até 1977 e as preciosas placas ficavam na calçada do restaurante. Mas, com sua insensibilidade histórica, os motoristas botavam suas quatro rodas sobre elas e as estavam destruindo. Joaquim Campos retirou-as do chão (não eram grudadas na calçada, mas sobrepostas a uma camada de areia) e afixou-as numa parede interna da pizzaria, onde continuaram à vista. Mas, em 1992, o proprietário pediu o imóvel, o Pizzaiolo teve de mudar-se e a casa foi demolida — não sem que, aos 44 minutos do segundo tempo, as placas fossem salvas pelo expedito CAIO Mourão.

Caio levou-as para seu ateliê na rua Gorceix, ali ao lado, e cuidou delas como se tivessem o valor da pedra de Roseta. E por que não teriam? A maioria daquelas mãos produziu maravilhas que emocionaram milhões, e muitos de seus donos já estavam mortos. Caio não se apoderou das placas para seu acervo particular. Sempre se considerou apenas um guardião, à espera de que uma instituição um dia as assumisse, para restaurá-las, expô-las e, quem sabe, gravar ainda mais mãos. Pois, em 1994, essa instituição apareceu: a TOCA do Vinicius.

PONTES de Miranda
1892-1979. Jurista, matemático e pensador.

De 1927 até morrer, Francisco Cavalcanti Pontes de Miranda morou na rua Prudente de Morais, numa casa de dois andares, com 70 mil livros e centenas de corujas. Os livros eram sobre ciências jurídicas, matemáticas, físicas, biológicas e sociais. Destes, cerca de duzentos eram de sua autoria, entre os quais o monumental *Tratado de direito privado*, que ele levou quinze anos produzindo, de 1954 a 1969, em sessenta volumes, e outros que escreveu diretamente em alemão, inglês e francês. Era um intelectual sério, defensor de causas que hoje devem ser consideradas exóticas. Como, por exemplo, a de que os partidos políticos só se justificam por seus programas doutrinários (para que os eleitores possam votar em programas, não em políticos) — daí que, quando um partido fugisse ao programa, deveria ter o registro cassado. Foi sorte de Pontes não ter vivido para ver o imundo troca-troca de filiação partidária entre os políticos brasileiros nas últimas décadas. Aliás, ele gostava de lembrar que, etimologicamente, "imundo" é o antônimo de "mundo".

Era respeitado nos círculos internacionais por sua erudição e, ao mesmo tempo, uma figura popular de Ipanema. O "dr. Pontes", como o chamavam, almoçava aos domingos no Clube Caiçaras, jantava com frequência na CARRETA e, com quase noventa anos, ia às vezes à boate Hippopotamus. E foi, em todos os sentidos, um homem de seu (longo) tempo. Quando ele nasceu, a máquina de escrever fora inventada havia cerca de vinte anos. Pois seu último parecer, que deixou incompleto, tratava do direito autoral dos programas de computador.

Sua casa inteira era um luxo de objetos de arte e de decoração. Mas uma das salas chamava a atenção — a da coleção de corujas. Nenhuma viva, claro. Eram empalhadas e de todas as nacionalidades. A coruja representa o pensamento e foi a este que Pontes de Miranda dedicou a vida.

Luiz Carlos PRESTES e OLGA Benario
(1898-1990) (1908-42). Casal de revolucionários.

A casa da rua Barão da Torre, 636, foi o primeiro "aparelho" de Ipanema — originalmente, "aparelho", com aspas, era um lugar onde moravam temporariamente ou se reuniam membros de uma organização clandestina. E aquele, sem dúvida, correspondia à descrição. Seus ocupantes eram Luiz Carlos Prestes e sua mulher, a alemã Olga Benario, nos quatro meses que antecederam a Intentona comunista de 1935. Prestes e Olga foram morar ali em julho daquele ano, a fim de preparar o que se propunha a ser a revolução. Perto deles, na rua Paul Redfern, 34, já estava o casal Harry Berger e Machla Lenczycki, altos funcionários do Partido Comunista alemão e igualmente vindos ao Rio para o evento. Ipanema foi escolhida como esconderijo por ser um lugar afastado e seguro — tinha muitos estrangeiros, principalmente alemães, e dois ou três a mais não fariam diferença na paisagem.

Mas uma revolução não precisa ser triste e, enquanto as coisas não se resolviam, Olga e Prestes iam diariamente à praia, em frente ao COUNTRY — logo ali, o reduto mais luxuoso da burguesia. Prestes era muito conhecido e não podia dar sopa pelas ruas, mas Olga e Machla iam também frequentemente aos cafés da Cinelândia, no Centro da cidade. Às quintas e aos domingos, os casais se reuniam na casa de Berger com Antonio Maciel Bonfim, secretário-geral do Partido Comunista brasileiro, e o argentino Rodolfo Ghioldi. Eles eram o estado-maior da revolução. Segundo Fernando Morais em seu livro *Olga*, os encontros começavam à tarde e iam até meia-noite, e serviam-se uísques e tira-gostos. No fim, todos brindavam à vitória com um coquetel à base de vinho branco alemão e suco de abacaxi, de autoria de Berger. A se confirmar isso, podem estar aí as pioneiras reuniões da ESQUERDA FESTIVA em Ipanema.

Mas a história que se seguiu não teve nada de festivo. Em fins de novembro, o levante foi espoletado às pressas em Recife e Natal, sem a participação de Prestes e Berger — que só ficaram sabendo da notícia pelos jornais. Era um desastre. A esperada revolta da Marinha, no Rio, não aconteceu (como depois diria Ghioldi, nem as barcas da Cantareira se levantaram). Com as primeiras prisões, a polícia de Filinto Müller chegou logo aos revolucionários de Ipanema. O casal Berger foi preso em casa, na Paul Redfern, sob as vistas de Olga, que passava casualmente pela rua. Ela correu para avisar Prestes, e os dois abandonaram às pressas o "aparelho" da Barão da Torre — com Prestes deixando para trás documentos, panfletos, mapas, cartas, chaves dos códigos, salvo-condutos falsos e agendas contendo nome, sobrenome e endereço de centenas de militantes e uma bolsa com o dinheiro da revolução. Em poucos minutos, tudo isso estaria nas mãos do carniceiro Filinto, e o resto é sabido — Berger, indescritivelmente espancado, enlouqueceu na tortura e, três meses depois, Prestes e Olga foram presos no Méier. Prestes ficou dez anos na prisão e a judia Olga foi entregue por Getulio Vargas à Gestapo, em Berlim, para morrer na câmara de gás — o que não impediu Prestes de abraçar Getulio em público ao ser anistiado e posto em liberdade, em 1945.

Antes, durante e depois de Prestes, Ipanema já era um reduto de militantes do Partido Comunista. Alguns eram comunistas históricos, como o médico sanitarista Valerio Konder (1911-68), que ajudou a livrar o Rio do mosquito e trabalhou no serviço médico americano na África durante a Segunda Guerra. Em 1946, Valerio elegeu-se senador pelo partido, em sua breve legalidade, mas logo teve o mandato cassado, junto com o registro do partido. Era um homem finíssimo e foi preso mais de vinte vezes, para espanto de seus filhos Leandro (1936-2014) e Rodolfo (1938-2014), que, na infância, não entendiam o que o pai fazia para viver na cadeia. Mais tarde, também militantes, Leandro e Rodolfo entenderam.

Como os Konder, famílias inteiras de Ipanema atuavam no Partido Comunista. Uma delas era a dos irmãos Francisco, Silo, Ilvo, Antônio e Rosa Meirelles, fiéis a Prestes desde 1930. Rosa, que foi companheira de Olga na prisão, era casada com o major Carlos Costa Leite, de codinome "Firmo" na insurreição. O filho deles, o arquiteto Silo Costa Leite, igualmente militante, seria um dos fundadores da BANDA de Ipanema. E havia os Pereira Nunes, cujo chefe, o médico Adão Pereira Nunes (1909-85), também seria deputado pelo partido em 1946. Sem contar, claro, João SALDANHA, profissional do partido em diversas ocasiões. Nos anos 50 e 60, entre os simpatizantes menos ou mais ativos, estariam FERDY Carneiro (que atuou na Juventude Comunista, chefiado por Saldanha), o advogado Mânlio Marat e o também advogado ALBINO Pinheiro, que produziria muitos shows de arrecadação de fundos para o partido. O que Albino, Ferdy, Marat, Saldanha e Silo tinham em comum? A Banda de Ipanema — todos foram seus fundadores. E de que Prestes só não participou por motivo de força maior. Estava exilado, fora do Brasil.

Frase

★ [Às vésperas do golpe militar de 1964]: *Não há condições para um golpe reacionário. Se os golpistas tentarem, terão as cabeças cortadas.*

Monsieur PUJOL

1970-74. Restaurante na rua Aníbal de Mendonça, 45.

A ideia de Alberico Campana ao abrir o Pujol era fazer o restaurante mais fino do Rio, para concorrer com Le Bec Fin, de Copacabana. A decoração, por exemplo, ficou a cargo de Marco Antonio Pudny, e os maîtres, garçons e cozinheiros foram recrutados nos endereços mais ilustres. Mas, ao eleger os diretores artísticos da casa, Alberico foi extravagante: escolheu RONALDO Bôscoli e MIELE. E mais ainda ao se decidir pelo nome do restaurante. Alberico queria um nome francês, que sugerisse finesse, *noblesse* e outros *parlevus*, mas nada muito óbvio. A sugestão vencedora foi a do casal Jacques e Lidia Libion, franceses e velhos amigos de Ronaldo: Monsieur Pujol, em homenagem a Joseph Pujol, chamado "Le Pétomane" — em português, O Peidorreiro —, um artista do Moulin Rouge de Paris, famoso no começo do século xx por (desculpe) peidar música. Todas as noites, Pujol encantava o público do Moulin Rouge com seu repertório: peidava lindas canções como a valsa "Fascination", árias de ópera como "Tristesse", de Chopin, e a própria "Marselhesa".

Por sorte, Pujol não expelia gases, mas apenas o ar que aspirava, num truque que aprendera quando criança. "Sua música era inodora", garantia Bôscoli. Fotos de Joseph Pujol, tiradas do livro *Histoire de l'insolite*, cobriam as paredes do Pujol, e sua história era contada por Miele aos clientes que queriam saber mais sobre ele — ilustres como IBRAHIM Sued, Jorginho Guinle, Didu e Thereza Souza Campos, Beki Klabin e até o respeitadíssimo professor Carlos Chagas e suas filhas Anna Margarida (que fez lá vários shows com Miele) e SILVIA AMELIA. Todos se deleitavam. Associar um restaurante a um homem famoso por peidar podia não ser muito grã-fino, mas, enfim, Ipanema nunca levou seus grã-finos a sério.

No Pujol, apresentaram-se Elis Regina (então sra. Ronaldo Bôscoli), Dionne Warwick, Burt Bacharach, o mímico francês Marcel Marceau, Wilson Simonal (no auge), o quase estreante Ivan Lins e, de improviso (depois que o barraram na porta por não conhecê-lo), o muito jovem Stevie Wonder. Foi lá também que os DZI CROQUETES começaram. O drinque da casa, criado pelo espanhol Lito Abelleira (o barman favorito da BOSSA NOVA), chamava-se "Pernas de Danuza" e era feito de cherry, vinho do Porto, uísque e açúcar — só os turistas mais incautos o tomavam. O Pujol chegou a ganhar prêmios de gastronomia, mas, em 1974, o gás acabou e Alberico resolveu partir para outra. Fechou o Pujol e, anos depois, abriu a Churrascaria Plataforma, uma extensão de Ipanema no Leblon.

Roberto **QUARTIN**
1941-2004. Produtor de discos e sinatrólogo.

Um dia, em janeiro de 1967, Roberto Quartin, 26 anos incompletos, bem-nascido, tataraneto do barão de Mauá, viu a luz pela qual ansiara desde que nascera. Vinha de dois olhos azuis que o encaravam como se fossem holofotes a laser. Eram os olhos de Frank Sinatra. "Pensei que fossem me furar", disse depois Quartin para seu amigo ANTONIO CARLOS Jobim, no quarto da fortaleza de Palm Springs, Califórnia, que Sinatra reservara para eles. Quartin sabia que um dia conheceria Sinatra, mas nunca ousara pensar que seria daquele jeito: estava hospedado na casa do homem a quem dedicara a vida, para ajudar a produzir o histórico LP *Francis Albert Sinatra & Antonio Carlos Jobim*. Era melhor ainda do que ter namorado Claudia Cardinale quando ela viera ao Rio, em 1965, para filmar *Uma rosa para todos*.

O homem por trás dos olhos azuis era caloroso e amável. Sinatra surpreendeu Quartin ao dizer-se "leitor de Fernando Pessoa" (não explicou em qual língua). Depois começou a inquiri-lo sobre Ipanema e se era verdade que, ali, rapazes e moças passavam o dia tocando violão e cantando na praia. Aceitou de bom grado a sugestão de Quartin, de pronunciar *Ipanêma*, não *Ipaníma*, ao cantar "The Girl from Ipanema", e permitiu-lhe dar vários palpites no disco. Infelizmente, não lhe deu o crédito de coprodutor, que ficou para Sonny Burke, embora este só tenha sido visto em estúdio no primeiro dos três dias de gravação. Mas Sinatra deu a Quartin algo que ele não pedira: autorização para vasculhar seu arquivo na Reprise e na Capitol, em Los Angeles, e copiar os fonogramas que quisesse.

Quartin nem piscou. Copiou tudo e trouxe para o Rio cópias dos teipes completos (três, quatro horas cada um) de *todos* os LPs de Sinatra até então, incluindo os takes rejeitados, as canções gravadas e não lançadas e até as ordens de Sinatra (captadas pelo microfone) para o maestro Nelson Riddle — podia haver presente mais ring-a-ding-ding? Pelos trinta anos seguintes, Quartin manteve contato com Tina, filha de Frank, e, por intermédio dela, acompanhou a longa agonia do cantor, em 1997-98, sofrendo com ela como se fosse um membro da família.

Quartin tornou-se um dos três ou quatro maiores peritos em Sinatra no mundo. Pesquisadores internacionais passaram a consultá-lo para completar as discografias do chefe. A própria Tina lhe telefonava para saber o modelo da peruca que seu pai usara neste ou naquele concerto e se ele podia emprestar-lhe a fita completa do concerto de Seattle, de 1957, que só ele tinha. O que Quartin fez, ganhando o crédito de produtor executivo no CD *Sinatra in Seattle*, pela Artanis (Sinatra ao contrário), selo fonográfico de Tina.

No plano doméstico, a façanha de Quartin foi outra: aos 22 anos, em 1963, com um empréstimo tomado ao banqueiro José Luiz de Magalhães Lins e em parceria com o empresário Wadih Gebara, ele criou o selo Forma, que lançaria 25 LPs e se tornaria um dos grandes celeiros da BOSSA NOVA. Luiz Eça, Baden Powell, Eumir Deodato, VINICIUS de Moraes, Moacyr Santos, o Quarteto em Cy, Anna Margarida, Victor Assis Brasil, Francis Hime, Dulce Nunes, o Bossa 3, o violonista Candinho, todos gravaram discos definitivos pela Forma. Alguns, que entraram pela primeira vez num estúdio pelas mãos de Quartin, em pouco tempo dispensariam cartões de visita em dois ou três continentes.

Menos no Brasil, onde, em meados dos anos 60, a música de alta qualidade já começava a ser asfixiada pelo iê-iê-iê. Apesar do reforço de dinheiro por Gebara (e que este nunca viu de volta), Quartin teve de encerrar a Forma em 1969. O acervo foi vendido para a então Polygram, depois Universal, que nunca se dignou relançá-lo em CD. Enquanto isso, os LPs originais — um deles, a trilha sonora original do filme *Deus e o diabo na terra do sol*, com música de Sergio Ricardo — atingem quantias astronômicas nos leilões.

A Forma foi, talvez, a mais fascinante aventura da história fonográfica do Brasil. Não podia dar certo.

RAYMUNDO Nogueira
1909-62. Arquiteto, artista plástico e decorador.

O paraense Raymundo Nogueira era bom de lápis e pincel. Tanto que, desde que chegou ao Rio, em 1931, viveu de seu desenho: participou das cinco primeiras Bienais de São Paulo, ganhou medalhas em salões e foi projetista de Oscar Niemeyer na construção de Brasília. Em seu ateliê na praça General Osório, pintava sob a influência de Antonio Bandeira e era um belo artista gráfico — fez um dos cartazes da peça e a capa do LP de *Orfeu da Conceição*, de ANTONIO CARLOS Jobim e VINICIUS de Moraes. Mas os que conheciam sua capacidade cúbica preferiam associá-lo ao copo e ao garfo. Raymundo bebia a valer, mas era mais famoso ainda por comer.

Sua folclórica dedicação à comida foi assunto de tantas crônicas de PAULO Mendes Campos que muitos deviam achá-lo uma figura de ficção. Em algumas delas ("Raymundo e a vida", em *O colunista do morro*; "Para inapetentes", em *Homenzinho na ventania*; "Entrevista com Raymundo Nogueira", em *Hora do recreio*), o leitor se sacia com a simples enumeração (temperada com comentários de dar água na boca) do trivial diário de Raymundo: coração de boi, paçoca de carne-seca, mocotó de carneiro, coelho refogado, chuchu recheado, macaco, gambá, tatu, capivara, jacaré, caranguejo, lagosta, acarajé, churrasco, quiabo, arroz (comia puro), toda a linha árabe, toda a linha chinesa, qualquer bicho que nadasse, tudo que viesse do Pará, todas as massas, todos os doces — não havia coisa que nadasse, voasse, corresse ou não fizesse nada disso e que ele não adorasse. "Seu apetite era amor", escreveu Paulo. Amor que não o impedia de, se necessário, tapear um garoto para roubar-lhe uma bala, como fez certa vez na frente de Paulo. Ou de ter sempre na banheira do apartamento uma pobre tartaruga viva, vinda do Norte, fadada a enriquecer a biografia de seus convidados para o almoço.

Cruel? Não. Segundo seu ilustre cronista particular, Raymundo seria incapaz de matar qualquer ser vivo exceto para comê-lo — cortou relações com um amigo porque este, ao vender uma casa, abateu uma linda mangueira para que os compradores pudessem "ver melhor o terreno". Paulo considerava Raymundo o homem "mais cheio de vida" que conhecera. Daí, quando os excessos começaram a apresentar-lhe a conta, Raymundo ter quase enlouquecido ao passar um ano proibido pelo médico de comer sal. "Vocês acham que bom é mulher!", ele bradava. "Vocês não sabem de nada! Bom mesmo é sal!"

Os excessos em Raymundo vinham em todos os formatos: tocar violão, cantar, dançar, pescar — se começasse, não parava. E beber, claro. Montou um bar com amigos, e não é que o bar tenha fechado porque ele bebeu o estoque. O bar nem chegou a abrir. O estoque foi bebido antes.

Frase

★ *Uma das coisas mais lindas do mundo é gente dando adeus.*

REGINA Rosenburgo Lecléry
1939-73. Socialite, atriz e musa.

Em 1973, quando os noticiários de rádio deram que o Boeing 707 da Varig, que decolara do Rio rumo a Paris na noite anterior, se incendiara nas proximidades do aeroporto de Orly, houve uma comoção em círculos das duas cidades: Regina Rosenburgo estava a bordo daquele avião. Durante toda aquela manhã, esperou-se por um desmentido ou pelo nome de Regina entre os sobreviventes. Poucas horas antes, de madrugada, seu retrato se desprendera da parede do Antonio's e caíra ao chão sem ter sido tocado por ninguém. Quando se confirmou que Regina já não existia, as pessoas se perguntaram se, injusto como era, o mundo merecia continuar funcionando. Era inexplicável que uma mulher tão bonita, alegre e generosa morresse aos 34 anos.

Regina morria na véspera do primeiro aniversário da morte de sua amiga LEILA Diniz e nas mesmas circunstâncias — amarrada a uma poltrona de avião, impotente diante da fatalidade. Era irônico porque, em vida, as duas haviam lutado contra toda espécie de amarras e conquistado o direito de dirigir seu destino. Mas com uma diferença — Leila, até sem querer, gerara polêmica; Regina, mais velha e mais sábia, desafiara e vencera com elegância os moinhos de vento. Seu nome lembrava o da socialista alemã Rosa Luxemburgo e, à sua maneira, ela foi uma revolucionária dos costumes. Uma terna revolucionária. Ao desaparecer, não tinha inimigos, nem mesmo entre os muitos homens que a amaram e ela deixara para trás, embora os conservasse por perto.

Era uma menina de classe média, nascida no Leme, criada para casar. A depender de seus pais, viveria do apartamento para o colégio e vice-versa,

■ REGINA Rosenburgo Lecléry

mas Regina fugia para jogar pelada e empinar pipa com os garotos da rua. Aos treze anos, bastava sair de casa para impressionar. Desfilava nos Jogos da Primavera e só não foi rainha porque sua mãe não deixou. Quando o pai, diretor da companhia de seguros Sul-América, foi aposentado por motivo de saúde, a mãe começou a fazer doces para fora. Fazia também os vestidos de Regina. Em 1952, com o dinheiro dos doces, Regina foi estudar na Europa. Passou dois anos em Paris, numa grande época da cidade — era o apogeu do existencialismo, do amor livre, das pregações de Sartre e Simone de Beauvoir, do cachimbo de Juliette Gréco.

Quando voltou para o Rio, em 1955, os colunistas a lançaram ao título de Miss Distrito Federal, como candidata do Lagoinha, um clube chique de Santa Teresa. Mas, para quem voltava *daquela* Paris, não podia haver nada mais ridículo do que um concurso de miss, e Regina não o disputou. Além disso, achava que tinha pernas finas. Essa não era a opinião dos que a viam na piscina do COUNTRY e se apaixonavam por ela.

Ela era pequenina, mas perfeita em seu corpo moreno. O rosto era deslumbrante, os cabelos pretos e soltos e os olhos absurdamente verdes — o "olhar de cobra verde", como a definia GLAUBER Rocha. E havia sua simpatia, à qual ninguém ficava indiferente — todo mundo queria tê-la por perto. Regina sentia-se à vontade entre os ricos, sem abrir mão de sua "autenticidade". Frequentava a convite o fechado Country com os mesmos jeans e tênis com que ia ao JANGADEIRO. Não escondia sua origem, não se fazia passar por grã-fina e só entrava em cabeleireiros ou butiques quando obrigada a isso por suas amigas Thereza Souza Campos e Carmen Mayrink Veiga. Os ricos a disputavam, mas Regina não tinha preconceitos — namorava atores, jornalistas, cineastas, gente cronicamente pobre (um deles, Glauber, que ainda nem famoso era). Na verdade, era como se Regina aceitasse que os ricos a adotassem. Com tudo isso a favor, sua inteligência fez o resto.

Em 1963, casou-se com Wallinho Simonsen, filho de Mario Wallace Simonsen, grande exportador de café, dono da Panair do Brasil, da TV Excelsior e uma das maiores fortunas do país. Wallinho era jovem, educado na Europa, tinha casas em Paris e Londres, uma coleção de carros esporte, jogava polo na equipe do príncipe Philip, marido da rainha Elizabeth, e — façanha difícil de bater até por aqueles nobres — transportava seus cavalos puros-sangues nos aviões de sua própria companhia aérea (dos quais as poltronas eram retiradas). Wallinho e Regina fizeram do mundo seu playground e, segundo IBRAHIM Sued, um dos pousos do casal foi a casa de veraneio do presidente John Kennedy em Palm Springs. Com tudo isso, o casamento acabou em 1966.

Nos dois anos seguintes, Regina levou vários homens à loucura em dois ou três continentes até casar-se, em 1968, com o milionário francês Gérard Lecléry, herdeiro da indústria de sapatos e rede de sapatarias André, uma das maiores da Europa. Os dois haviam sido apresentados por sua amiga comum ODILE Rubirosa, a bordo de um cruzeiro em que Gérard parecia um misto de marinheiro e cameraman do dono do barco. Só depois de namorarem pela primeira vez ela soube que ele era o dono do barco. O casamento foi cinematográfico, na Jamaica, com Gérard chegando de surpresa e sequestrando Regina de um almoço com seus amigos Jane Fonda e Roger Vadim, então casados. Com Wallinho, Regina reinara sobre céus e terras, mas, ao casar-se com Gérard, incluiu também o mar em seus domínios — fez a volta ao mundo de navio.

Não paravam muito tempo nos lugares. Podiam escolher entre os castelos da família Lecléry espalhados pela França, o apartamento de Gérard na avenue Foch, em Paris, e a casa que Regina construiu na Barra da Tijuca, no Rio. O apartamento de Paris ocupava metade de um andar — a outra metade era da princesa Grace de Mônaco. A casa no Rio era gigantesca e parecia conter todo o oceano Atlântico lá embaixo. Nos dois endereços, os hóspedes mais constantes eram Odile, Jack Nicholson, Roman Polanski, Florinda Bolkan, Françoise Sagan ou qualquer amigo carioca carente de pouso. "A casa de Regina era enorme", escreveu ZÓZIMO Barrozo do Amaral. "Só não era maior do que o coração da proprietária."

Quando lhe perguntavam por que namorava pobres, mas só se casava com ricos, Regina dizia que poderia ter se casado também com pobres. Só que, com ela, eles "iriam trabalhar, produzir, fazer qualquer coisa". Os que a conheciam sabiam que estava dizendo a verdade e a admiraram ainda mais quando souberam que, às escondidas, ela prestara importante ajuda a Wallinho Simonsen, seu ex-marido cruelmente empobrecido pela ditadura, que lhe tirou tudo, inclusive a Panair.

Regina foi uma *women's libber* muito antes do Women's Lib. Desprezava as mulheres que viviam em função do marido ou mantinham maus casamentos por medo de ficar sozinhas ou pobres. Ao mesmo tempo, dizia achar "ótimo ser mulher-objeto" — o que, na verdade, ela nunca foi. Era mais uma mulher-sujeito, e os homens é que eram, com muito prazer, seus objetos. Numa atitude rara entre as mulheres, Regina separava o sexo do amor, como declarou em 1969 a ODETTE Lara no PASQUIM — uma coisa não tinha nada a ver com a outra, e ela se sentia livre para fazer o que quisesse. Provavelmente não fazia mais do que as outras mulheres de seu grupo. Apenas não fazia mistério e falava com à vontade e humor sobre seus casos de amor antes, durante e depois dos casamentos.

• REGINA Rosenburgo Lecléry

Regina tinha consciência de sua grande beleza, beleza que se acentuou quando, aos trinta anos, lhe nasceu uma mecha branca no cabelo e que ela, bem a seu estilo, nunca pensou em tingir. Mas não era de forma alguma uma vamp. Na verdade, o que a tornava ainda mais sensual era o fato de que parecia tão acessível, embora não houvesse situação sobre a qual não exercesse absoluto controle.

Em 1972, estrelou *Quem é Beta?*, filme de Nelson Pereira dos Santos, produzido por Gérard. Fazer cinema era um sonho antigo. Nove anos antes, Glauber lhe oferecera o papel de Rosa, a mulher do vaqueiro Manuel em *Deus e o diabo na terra do sol*. Regina tivera de recusá-lo porque estava de casamento marcado com Wallinho, e o papel ficou com Yoná Magalhães, que se consagrou. Dessa vez, não deixaria a oportunidade escapar. Mas *Quem é Beta?* era um caos e o filme fracassou. E Regina não teve tempo de provar-se como atriz, porque morreu um mês depois da estreia do filme. A cena final de *Quem é Beta?* era premonitória no limite do sobrenatural: Regina subia uma escada de avião, virava-se e dava adeus.

Na vida real, ela embarcara para encontrar Gérard em Paris. A poucos quilômetros de Orly, quando se iniciava a descida, a tripulação notou fogo na cauda. Uma fumaça escura e oleosa invadiu o avião, o oxigênio alimentou o fogo e, com a descida, a variação de pressão fez o fogo se disseminar. A cabine de comando também estava tomada pela fumaça e o avião já tinha perdido a comunicação com terra. A poucos metros do solo, o primeiro oficial Antonio Fuzimoto pôs a cabeça para fora da janela e conseguiu pousar num campo de cebolas. Mas já estavam mortos 122 dos 134 ocupantes do avião, entre os quais o cantor Agostinho dos Santos, o jornalista Julio De Lamare, o senador (e antigo torturador da polícia de Getulio) Filinto Müller — e Regina.

Gérard só a identificou pelo coração de jade, preso por uma corrente, que ela sempre trazia ao pescoço. Suas cinzas foram atiradas ao mar no sul da França — como, um dia, brincando, Regina dissera que gostaria que acontecesse.

Frases

★ *Sou uma das pessoas mais independentes que conheço.* ★ *O sexo é uma coisa, o amor é outra.* ★ *Poderia amar um homem de oitenta anos ou um garoto de quinze.*

ROBERTO Magalhães
n. 1940. Artista plástico.

Em 1969, quem visse o famoso pintor Roberto Magalhães saindo todos os dias de sua casa, na esquina das ruas Prudente de Morais e Montenegro, às cinco da manhã, modestamente vestido, nunca imaginaria que ele estivesse a caminho de seu trabalho como pedreiro. Pedreiro mesmo, de peneirar areia, misturar cimento e carregar tijolo — para a construção de um mosteiro budista.

Ele já era um dos artistas mais adulados de sua geração. Acabara de voltar de Paris, onde ficara dois anos, com um prêmio de viagem, e seu apartamento em Ipanema fervia de compradores e críticos. Mas, então, Roberto teve um de seus formigamentos místicos. Fascinou-se pelo budismo, adotou a macrobiótica, parou de pintar e desfez-se de tudo que tinha — quadros, livros de arte, discos de jazz, móveis. Pensava em recolher-se a um mosteiro na Índia. Mas, ao subir uma ladeira de Santa Teresa, encontrou casualmente um monge budista. Ao convencer-se de que não precisava ir tão longe para achar os caminhos que buscava para sua vida, juntou-se ao monge na construção de um mosteiro, ali mesmo, no Centro do Rio. Durante dois anos, calejou as mãos levantando paredes. Depois, com o mosteiro pronto, morou nele por mais dois anos. Tudo isso sem pintar. Segundo o crítico Frederico Morais, Roberto estava "construindo a si mesmo".

Não era a primeira vez que aquilo lhe acontecia. Quando começou a desenhar profissionalmente, em 1962, seu mundo era expressionista e seu mestre era Marcelo Grassmann. Só desenhava em preto e branco e, mesmo assim, já chamara a atenção por seu talento. Em certa madrugada viu "uma irradiação emanando das cores dos tubos de tinta", como disse à repórter Celina Côrtes. Obediente ao apelo, incorporou a cor ao seu trabalho e, com Antonio Dias, Carlos VERGARA e Rubens GERCHMAN, tornou-se uma das revelações de sua geração. Anos depois, aconteceu o longo interregno budista. E só não se tornou monge porque não conseguia ficar sem fumar, beber e fazer sexo.

Roberto deixou o mosteiro em 1973 e voltou a pintar, mas seu novo ateliê no Leblon parecia o laboratório do mago Merlin. Na verdade, *era* um pequeno laboratório de alquimia e homeopatia, forrado de livros sobre ocultismo, astrologia, cabala, teosofia, quiromancia e velhos manuais de leitura das unhas e de fundo do olho. Havia um cheiro forte de incenso e uma música que não se sabia de onde vinha. Sua nova e estranhíssima pintura, cheia de referências zodiacais, refletia aquele universo. Mas, em algum momento, Roberto dispensou também aquela simbologia e encontrou sua expressão própria, que consolidou como estilo.

■ RODRIGO M. F. (Mello Franco) de Andrade

Um estilo difícil de classificar. Era uma variação do surrealismo, só que original e engraçada. E ninguém no mundo pintou narizes mais estranhos — comparados aos narizes de suas figuras, os de Pinóquio e Cyrano eram puro Pitanguy. Mas, como não conseguia ficar parado, a partir de 2000 concentrou-se na abstração, numa série de quadros que chamou de "Atípicos" e, depois, na produção de objetos que intitulou de "Sem pé nem cabeça". Pode parecer paradoxal, mas ninguém era tão coerente.

RODRIGO M. F. (Mello Franco) de Andrade
1898-1969. Escritor e administrador.

De certa forma, o Brasil deve Ouro Preto a Rodrigo M. F. de Andrade. Foi o grande responsável pela classificação da cidade como patrimônio nacional. Deve-lhe também a preservação de boa parte de seu acervo de arte e história, porque Rodrigo foi o inspirador, fundador e primeiro diretor do SPHAN (Serviço do Patrimônio Histórico e Artístico Nacional). Não apenas isso — dirigiu-o de 1937 até ser aposentado, em 1967. E, quando veio essa aposentadoria, Costa e Silva, o ditador de plantão, não lhe disse nem obrigado.

Sob Rodrigo, o SPHAN restaurou o arranjo dos Passos da Paixão, em Congonhas do Campo (MG), e estabeleceu a autenticidade de outras obras do Aleijadinho. Foi Rodrigo quem tornou possível, com verba do SPHAN, a recuperação por Saulo Pereira de Melo da única cópia de *Limite* (1931), o filme de Mario Peixoto que era uma espécie de mito no cinema brasileiro — todos ouviam dizer que era genial, mas ninguém o tinha visto. Rodrigo era um erudito, nascido numa família de políticos e escritores, mas não via diferença entre o que deveria e o que não deveria ser salvo. Em sua visão, era preciso salvar tudo. Rodrigo só não se interessou em salvar sua própria obra — seu único livro de contos, *Velórios* (1936), é considerado uma obra-prima, mas passou décadas esgotado. Só foi reeditado depois de sua morte.

Sua casa, na rua Nascimento Silva, era um viveiro de intelectuais e artistas. Um deles, em quem ele via uma espécie de síntese nacional, era Heitor dos Prazeres, pintor, sambista e, a seu convite, funcionário do SPHAN. Outros eram Di Cavalcanti, Antonio Maria, Sergio Buarque de Hollanda, Manuel Bandeira, Carlos DRUMMOND de Andrade. Por ser pai do cineasta JOAQUIM PEDRO de Andrade, que morava no andar de cima, era natural que sua casa fosse também um reduto de gente do cinema — como GLAUBER Rocha, que rodou nela várias cenas de *Terra em transe*. E, pouco antes de morrer, Rodrigo foi um severo consultor de Joaquim Pedro na adaptação para o cinema do livro de um amigo que, embora poucos saibam disso hoje, lhe devia mais do que sempre admitiu — Mario de Andrade. O filme, *Macunaíma*.

RONALDO Bôscoli
1928-94. Letrista, produtor, produtor de shows e homme-à-femmes.

Muito magro, envelhecido e vencido por um câncer de próstata (que operou tardiamente e nunca tratou direito), Ronaldo Bôscoli foi visitado no hospital por seu velho amigo e parceiro Roberto Menescal. Ao entrar no quarto, Menescal ficou arrasado ao ver Ronaldo no fundo da cama, com os braços abertos em cruz — um deles atado ao frasco de soro e o outro, ao de sangue. Menescal quis chorar, mas a saudação de Ronaldo, com voz fraca e sumida, desarmou-o: "Vai de branco ou vai de tinto, Menescal?". Ronaldo recuperou-se e voltou a frequentar a Plataforma, a churrascaria do Leblon onde se encontrava quase todo dia com ANTONIO CARLOS Jobim. Os dois morreriam no mesmo ano, 1994, com vinte dias de diferença, e, pouco antes, ainda estavam trocando frases na churrascaria Plataforma: "Você era um gato, Ronaldo", disse Tom. E Ronaldo: "É. Mas, de gato, agora só tenho a asma".

Os gatos não têm asma e Ronaldo também não tinha, mas isso era puro, autêntico Ronaldo Bôscoli — incapaz de economizar uma frase, mesmo que voltada contra si próprio. Imagine o que não fazia com os amigos e inimigos. Com ele, não havia terceira escolha. Era amá-lo ou esquecê-lo — de preferência sem virar-lhe as costas, porque o veneno verbal podia ser mortífero. Ronaldo passará à história como um dos principais letristas da BOSSA NOVA, como criador (com MIELE) dos pocket shows (que revelaram grandes cantores e músicos) e por ter namorado as mulheres mais desejadas de seu tempo. Mas foi também um *wit* tipo Dorothy Parker, cruel, vitriólico e engraçadíssimo — se você não fosse o alvo de seu humor, o mais incorreto possível. Para irritar o cronista Antonio Maria, quando este atacava a Bossa Nova, Ronaldo ia direto à cor da pele do desafeto, chamando-o de "Galak" (uma referência ao chocolate branco) ou de "Eminência parda da música brasileira". Ronaldo pode ter sido também o inventor do verbo "pichar", no sentido de espinafrar com classe, e, mesmo que não o tenha sido, foi seu grande praticante. Era o rei do piche e só isso seria suficiente para garantir-lhe uma galeria de inimigos. Mas boa parte da aversão despertada por Ronaldo tinha a ver com as mulheres com quem ele se envolvia.

Era difícil perdoá-lo por ser tão bem-sucedido nesse departamento. Aos trinta anos, em 1958, com a Bossa Nova estourando, ele era de fato o que já

• RONALDO Bôscoli

se chamava de um *gato* — e sabia disso. Era bonito, atlético (sem ser alto), queimado do sol de Cabo Frio ou do ARPOADOR, jornalista, poeta, letrista, sobrinho-neto de Chiquinha Gonzaga e dublê de fino e cafajeste. Sabia usar os talheres, vestia-se bem, falava francês, conhecia todo mundo e, principalmente, fazia um gênero a que as mulheres não resistiam: o desamparado e compreensivo. Ronaldo fora um dos primeiros psicanalisados do Rio (com a dra. Iracy Doyle) e dominava o jargão. Diante de uma mulher por quem estivesse interessado, era capaz de ouvir horas de arenga "existencial". Depois, solidário, falava com aparente sinceridade dos próprios problemas, um deles a síndrome do pânico que teve aos 26 anos e que o fez trancar-se em casa durante um ano. Isso o tornava tão diferente dos sólidos machões da época que, ao fim da jornada, a moça queria pô-lo no colo.

Não era de vangloriar-se gratuitamente, mas, para os mais íntimos, escalava suas conquistas como se fossem times de futebol: o das cantoras, das atrizes, das modelos etc. Apenas entre as que Ronaldo namorou publicamente estão Nara Leão, BETTY Faria, Maysa, Joana Fomm, Sylvinha Telles, a condessa Mimi de Ouro Preto, Mila Moreira e Monica Silveira. Certa vez, escalou Maria Bethânia no time das cantoras. E ponha aí outras centenas de mulheres conhecidas, anônimas, dos amigos e até dos inimigos — Ronaldo as atraía em tal quantidade que, muitas vezes, sobrava alguma para os amigos com quem circulava, como JOÃO LUIZ de Albuquerque e Paulo GARCEZ. Só que, ao contrário de seu ídolo (e ex-cunhado) VINICIUS de Moraes, Ronaldo ganhou inimigas de morte entre muitas das mulheres que conquistou — elas não o perdoavam por suas traições, mentiras e desculpas tão esfarrapadas que só podiam ser levadas na brincadeira. Ironicamente, acabou se casando com uma que o detestava antes de terem alguma coisa: Elis Regina — para se ter uma ideia de seu poder de sedução. Mas, para não se sentir tão casado, Ronaldo dizia ter dado uma rapidinha com uma convidada *durante* sua festa de casamento com Elis, no segundo andar da casa de Laurinha e Abelardo Figueiredo, no Rio.

Como letrista, ele era o oposto do conquistador sem caráter. Era um lírico, embora tenha imprimido a seu lirismo uma técnica de versos curtos, fotográficos, tirada de sua experiência em jornais e revistas, e que seria uma marca da Bossa Nova. Sua melhor fase foram os cinco anos, de 1956 a 1961, em que namorou Nara Leão. Para Nara, Ronaldo fez "Lobo bobo" e "Se é tarde me perdoa" (com CARLINHOS Lyra), "Você", "O barquinho", "Ah, se eu pudesse", "Vagamente", "Nós e o mar" e "Errinho à toa" (todas com Menescal). Mas Nara não chegou a lançar nenhuma delas porque, naquele tempo, ainda não era profissional — e, quando se tornou, os dois já haviam brigado (Maysa lançou "O barquinho", e Wanda Sá, "Vagamente").

Somente os que viveram o ambiente pesadamente romântico da música dos anos 50 podem avaliar o impacto provocado pelas letras de Ronaldo. Quando ele dizia: *"Você/ Um beijo bom de sol/ Você/ Em cada tarde vã/ Virá sorrindo/ De manhã"*, estava ensolarando a música popular, tornando-a alegre, ágil, jovem, romântica, inteligente. Podia ser também malicioso, mas jamais grosso. Mesmo assim, teve problemas: a letra original de "Lobo bobo" (uma paródia das adaptações infantis de João de Barro) dizia: *"Era uma vez um lobo mau/ Que resolveu comer alguém"*, mas a Censura o fez substituir "comer" por "jantar". Ronaldo produziu grandes versos como *"Brinca no ar/ Um resto de canção"* (em "Canção que morre no ar", com Lyra) e *"Rio, serras de veludo/ Sorrio pro meu Rio que sorri de tudo"* (em "Rio", com Menescal), mas sua importância como letrista foi diminuída pelos desafetos que acumulou no caminho. Um dia terá de ser valorizado à altura.

Frases

★ *Fui criado por um monte de mulheres. Eu tinha tudo para ser bicha.* ★ *Amo até as chatices da mulher.* ★ *Se me deixar falar, eu como.* ★ *Ave Maria, cheia de graça/ O Senhor é com Bôscoli/ Bendita sois vós entre as mulheres.* ★ *Nunca gostei de uma mulher como gosto de Frank Sinatra.*

RONIQUITO de Chevalier

1937-83. Economista, crítico social e inventor da palavra "aspone".

Ele às vezes adentrava um botequim e se anunciava: "Senhoras e senhores, aqui Ronald de Chevalier. Dentro de alguns minutos... Roniquito!".

Mesas estremeciam. Todos sabiam que aquele rapaz bem-nascido, bem-vestido, bem-falante e economista de profissão, que acabara de entrar recitando Shakespeare ou Baudelaire, iria cumprir a ameaça. Dali a três ou quatro uísques (não havia uma progressão, era de repente), ele se aproximaria de alguém (o queixo proeminente quase espetando a cara do outro) e diria alguma coisa tão ofensiva que faria o outro partir para assassiná-lo. Talvez porque o que Roniquito dissesse fosse a verdade.

Roniquito era tão suicidamente corajoso quanto fisicamente frágil. Escapou centenas de vezes de ser desmembrado ou de ter os ossos da face transformados em paçoca por punhos poderosos. Muitas vezes foi salvo pelos amigos, que brigavam por ele. Em outras, apanhou de verdade e aguentou firme. Conta-se que, numa dessas, o sujeito que o espancava perguntou-lhe: "Chega ou quer mais?". E Roniquito, no chão, com o sapato do brutamontes sobre seu pescoço, ainda conseguiu olhar para cima e articular: "Cansou, filho da puta?".

Roniquito talvez tenha sido o sujeito mais livre e sem censura da história de Ipanema. Dizia o que pensava para qualquer um, não importavam o cargo, a idade, a cor, o sexo ou o tamanho da pessoa. Uma dessas foi o cronista Antonio Maria, que, sozinho, seria capaz de massacrar vinte Roniquitos. Numa discussão no Bottle's Bar, no Beco das Garrafas, em 1962, Roniquito provocou Maria ao duvidar de sua competência como homem de televisão. Para ele, homem de televisão era seu amigo WALTER Clark, então diretor comercial da TV Rio e que estava calado na mesa, temendo o pior. Roniquito ofendia Maria e pedia o testemunho do boêmio dentista Jorge Arthur Graça, o "Siri-K", também sentado com eles. Maria aguentou enquanto pôde, até que Roniquito soltou a frase final: "Antonio Maria, você foi parido por um ânus!". Ao ouvir isso, Maria atirou-se sobre Roniquito, Walter e quem mais estivesse por ali. A muito custo foi contido por "Siri-K" e mais dez.

Roniquito e Walter Clark eram amigos de adolescência em Ipanema. Conheceram-se no Colégio Rio de Janeiro, depois de uma prova de redação na qual Walter, recém-chegado de São Paulo, teria tirado nota dez. A primeira frase de Roniquito para Walter foi: "Você é o garoto que tirou dez? Você me parece bem medíocre...". Nunca mais se separaram. Nos anos 60, Walter contratou Roniquito para trabalhar na administração da TV Rio e toureou os insultos que Roniquito disparava contra o chefe de ambos, Pericles do Amaral. Quando Walter saiu para fazer a TV Globo, em 1965, levou Roniquito com ele, como seu consultor. Com o estrondoso sucesso da Globo a partir de 1970, a máquina começou a andar sozinha, e Roniquito e o próprio Walter pareceram ficar sem função. Dizia-se que a única utilidade de Roniquito era beber uísque com Walter durante o expediente — em xícaras de chá, para dar menos na vista. Foi quando, ao ser perguntado sobre o que fazia na Globo, Roniquito respondeu com a expressão depois popularizada por CARLINHOS Oliveira: "Sou aspone. As-po-ne. Assessor de porra nenhuma". A palavra, consagrada nacionalmente, chegou ao *Houaiss*.

Na Globo, no entanto, a atuação de Roniquito estave longe de ser a de um aspone. Numa época de crise, ajudou a equacionar uma pesada dívida da Globo para com a Receita Federal. Era um economista brilhante, ex-aluno de Otavio Gouveia de Bulhões, Roberto Campos e Mario Henrique Simonsen, e fora o orador de sua turma (da qual fazia parte Maria da Conceição Tavares). Em fins dos anos 50, saíra da faculdade para um emprego na Cepal (Comissão Econômica para a América Latina). O próprio Simonsen vivia consultando-o sobre questões econômicas, antes, durante e depois de ser ministro do Planejamento do governo Geisel — e sendo derrotado por ele no xadrez. Sóbrio, Roniquito trabalhava também no Ministério da Fazenda, escrevia uma coluna semanal no *Correio Braziliense* e dava palestras em universidades e cursos de pós-graduação.

E, sóbrio ou ébrio, passava a impressão de ser íntimo de todos os livros do mundo. Falava inglês e francês, sabia poetas inteiros de cor e conhecia muita literatura, sendo apaixonado por William Faulkner. Suas estantes eram impecáveis, com os livros organizados por assunto, todos sempre à mão. Em música, era capaz de assobiar até os clássicos. Parte dessa erudição lhe vinha de família: seu pai, o amazonense Walmik Ramayana de Chevalier, era poeta e médico (o Ramayana do nome era uma referência ao célebre poema hindu). Ramayana carimbou seus filhos com nomes bonitos, mas, para brasileiros, exóticos: Roniquito era Ronald Russel Wallace de Chevalier; dois de seus irmãos eram Stanley Emerson Carlyle de Chevalier e, claro, SCARLET Moon de Chevalier.

Roniquito ainda usava calças curtas quando, por intermédio de Ramayana, se sentou para beber pela primeira vez com VINICIUS de Moraes e PAULO Mendes Campos. Ou seja, já começou entre os profissionais. Na mesma época, para exibir o garoto Roniquito, Ramayana mandou-o imitar Rui Barbosa para LUCIO Cardoso. Roniquito imitou Rui à perfeição, com todos os pronomes no lugar. Lucio ficou fascinado: "Nunca vi um menino de dez anos beber tão bem!". Muitos anos depois, Lucio deu-lhe para ler os originais de seu romance *Crônica da casa assassinada* e pediu-lhe sua opinião — que foi de entusiasmada aprovação. Mas, quando Lucio o enxotou de uma festa em seu apartamento por ele estar zombando do namoro secreto de Paulo Mendes Campos com Clarice Lispector, Roniquito foi para a rua e, debaixo da janela de Lucio, começou a gritar o insulto que, em sua opinião, mais o ofenderia: "Faulkner do Méier! Faulkner do Méier!".

A relação de Roniquito com os escritores era cruel. Ao cruzar com FERNANDO Sabino num restaurante, Roniquito perguntou-lhe: "Fernando Sabino, quem escreve melhor, você ou Nelson Rodrigues?". Fernando, modestamente, gaguejou: "Bem... Nelson Rodrigues, é claro". Mas Roniquito fulminou: "E quem é você para julgar Nelson Rodrigues?". Fez pior com o suave Antonio Callado, a quem perguntou se ele já tinha lido Faulkner. Callado disse que, evidentemente, sim. "Bem, se já leu Faulkner, você sabe que você é um bosta", disse Roniquito.

Se Roniquito se limitasse a desfeitear os amigos, seria apenas um bebum inconveniente. Mas ele tinha a mesma falta de cerimônia para com o poder, mesmo quando esse era o truculento poder militar. Certa vez, numa

■ RONIQUITO de Chevalier

recepção na TV Globo, Roniquito foi apresentado a um general. Depois de certificar-se de que o homem nunca lera Machado de Assis, perguntou-lhe se pelo menos entendia de música. O general hesitou e Roniquito exemplificou: "Nem essa?". E, com a voz e os dedos imitando uma corneta, solou o toque da alvorada. Em outra visita de autoridades à Globo, Roniquito perguntou a Pratini de Morais, ministro da Indústria e Comércio do governo Médici, se ele sabia o tamanho de um vergalhão. O ministro vacilou e Roniquito emendou: "Pois devia saber, porque o governo está enfiando um vergalhão no rabo do povo". De outra feita, no governo Geisel, quando Roniquito conversava com seu amigo, o ministro da Previdência Luiz Gonzaga do Nascimento e Silva, outro ministro, Severo Gomes, este também da Indústria e Comércio e dono dos cobertores Parahyba, tentou participar. Roniquito cortou-o: "Não estou falando com fabricante de lençóis".

Em todas essas ocasiões, Roniquito foi salvo do opróbrio na Globo porque era adorado por Walter Clark e também por José Bonifácio Sobrinho, o Boni. Por diversas vezes chegou a ser posto de quarentena na estação, mas a punição nunca era mais do que simbólica. Na verdade, Roniquito era o que Walter, com todo o seu poder, gostaria de ser — fino de berço e grosso por opção. Walter era o contrário.

Mas a maior sem-cerimônia de Roniquito para com o poder foi em 1967 e envolveu o temido marechal Arthur da Costa e Silva, recém-entronizado na Presidência. Segundo a história, contada por FERDY Carneiro, Roniquito estava ciceroneando um figurão americano convidado do governo, a pedido do ministro Nascimento e Silva. Naquela manhã, ele levara o visitante a almoçar no restaurante do MAM (Museu de Arte Moderna), no Aterro do Flamengo. Antes de irem para a mesa, resolveram reforçar-se no bar com alguns uísques — *muitos* uísques, porque, assim como ele, o americano não enjeitava serviço. Por coincidência, na mesma hora, Costa e Silva também estava no MAM para almoçar. A comitiva presidencial, sem as normas de segurança que depois se tornariam obrigatórias, passou por Roniquito no exato momento em que este catava seu isqueiro no bolso do paletó para acender um cigarro. Com o cigarro no canto da boca, Roniquito viu o presidente. Avançou, cravou o queixo nas medalhas de Costa e Silva e perguntou: "O senhor tem fogo?". Os seguranças, como que subitamente acordados de um rigor mortis, pularam sobre ele. O americano, sem entender o que se passava e já incapaz de fazer um quatro se a isso fosse solicitado, dirigiu-se a um deles e balbuciou qualquer coisa como "*Whatgodfuckindamnitdoyouthinkyourefuckindoin'?*" — e foi também abotoado pelos homens.

Os dois foram levados para o 3º Distrito, na rua Santa Luzia, por desacato à autoridade. Diante do delegado, o americano esbravejava com voz pastosa: "*I'm an American shitizen! Call the embashy!*". O delegado perguntou: "Que que o gringo tá falando?". "Ele está dizendo que a polícia no Brasil é uma merda", *traduziu* Roniquito. "Ah, é? Pois ele vai ver o que é merda!", bramiu o delegado. O americano pediu para usar o telefone. Roniquito *traduziu:* "Ele está dizendo que no Brasil ninguém respeita os direitos humanos". "Direitos humanos é o cacete! Ele vai entrar no pau!", ganiu o delegado. O americano perguntou a Roniquito por que o delegado estava tão brabo. Roniquito sussurrou para o delegado: "Agora ele está dizendo que o Brasil é uma ditadura fascista".

Por sorte, quando estava prestes a ser apresentado ao pau de arara, o americano conseguiu mostrar um documento com o emblema do governo americano. Foi dado o telefonema para a embaixada e, em poucos minutos, chegaram as tropas americanas e do Itamaraty para libertar Roniquito e o gringo. Mas, por causa de Roniquito, conclui Ferdy, por pouco não se declarou uma guerra entre o Brasil e os Estados Unidos — tendo como pivô um palito de fósforo. Não admira que Roniquito não tenha sido levado a sério quando se ofereceu para ser trocado pelo embaixador americano Burke Elbrick, sequestrado no Rio pela luta armada em 1969.

Livre dos espíritos, Roniquito era um gentleman. Beijava as mãos das senhoras e encantava-as com sua inteligência e educação. Mas era bom não confiar. A poção que o fazia passar de Dr. Jekyll a Mr. Hyde (ou de Dr. Roni a Mr. Quito, segundo MARCOS de Vasconcellos) vinha em toda espécie de garrafas. Com uma única palavra ele seria capaz de provocar um terremoto. Uma elegante senhora do Flamengo, que só conhecia seu lado fino, convidou-o para um jantar em sua casa. Roniquito comportou-se bem no jantar, mas bebeu vinho além da conta, desmaiou com a cara no prato e foi levado roncando para um sofá. Terminado o jantar, um dos convidados propôs uma brincadeira então na moda, "A palavra é…". No meio do jogo, Roniquito deu sinais de que estava acordando. A dona da casa, achando que ele queria participar da brincadeira, foi até o sofá, de mãos postas e com um sorriso de beatitude: "Roniquito, a palavra é…". E Roniquito, meio zonzo de sono, arriscou: "Ca--ra-lho". Naturalmente, foi expulso pelo filho da dona da casa.

Quem o conhecesse mal diria que Roniquito tinha um temperamento bélico. Mas era sua falta de paciência para com os enganadores que o levava a ser radical. Poucos meses depois do golpe de 1964, intelectuais reunidos no Teatro Santa Rosa promoviam um debate emocionado e anódino sobre os "caminhos da democracia no Brasil". Propunham "estratégias de ação". Foi quando se ouviu, do fundo da plateia, uma voz característica, a dele: "Muito bem. E quem vai fornecer as metralhadoras?". O debate acabou ali.

• RONIQUITO de Chevalier

Roniquito foi atropelado em dezembro de 1981, na rua Bartolomeu Mitre, no Leblon, em frente ao restaurante Antonio's, seu segundo lar. Um fusca o acertou e jogou-o longe, quebrando-lhe as duas pernas, e fugiu sem socorrê-lo. Um ônibus que vinha atrás viu o acidente e parou. O motorista recolheu Roniquito, colocou-o no ônibus e levou-o para o Hospital Miguel Couto, ali perto. Várias histórias surgiram em torno desse atropelamento. Segundo uma delas, ao passar voando defronte da varanda do Antonio's e ao ver o ar assustado dos amigos, Roniquito teria perguntado: "O que foi, porra? Nunca viram o Super-Homem?".

Na verdade, o atropelamento lhe seria fatal. Roniquito quebrou as pernas em vários lugares, teve sequelas graves e foi submetido a seis operações durante o ano de 1982. Como todo filho de médico, gostava de se automedicar e passou a tomar uma farmácia de remédios. Mas não parou de beber — mesmo de bengala e pé engessado, chegou a ir à Plataforma, fazendo piada com a própria desgraça. Roniquito também foi visto em restaurantes tomando um líquido que parecia café. Ao ser perguntado, "Tomando café, Roniquito?", respondeu: "Estou. *Irish coffee*" (café com uísque). Mas era também asmático, e o uso da bombinha, misturada a bebida e remédios, provocou-lhe uma insuficiência cardíaca. Quando teve o infarto fatal, em janeiro de 1983, estava sozinho em seu apartamento no Posto 6. Só o encontraram horas depois. Foi enterrado com o pé no gesso e de olhos abertos.

O anúncio de seu falecimento no *Jornal do Brasil* marcou época. A lista dos que convidavam para o sepultamento era uma enciclopédia da vida brasileira. Tinha de ministros de Estado a garçons de botequim. Carlinhos Oliveira disse a seu respeito: "Ninguém podia ser patife perto dele. Ninguém ousava". E Paulo FRANCIS escreveu um comovente obituário na *Folha*: "Roniquito fazia o que não temos coragem de fazer — virar a mesa contra os horrores brasileiros. Mas, o leitor dirá, por que então não escrever jornalismo polêmico ou até ficção? É uma boa pergunta. Mas talvez a resposta esteja no Brasil. Nosso horror é de tal ordem de vulgaridade que uma resposta vulgar de baderneiro talvez seja mais adequada do que 'análises' ou 'contramodelos'. Roniquito manteve uma juventude, uma infância de poeta — protestava em pessoa, pondo a vida em risco tantas vezes, pela gente que desafiava".

Frase

★ [Ao entrar num boteco lotado e só ver desconhecidos]: *Porra, este bar está cheio de ninguém!*

Angela RO RO
n. 1949. Cantora e compositora.

Na opinião deste departamento, Angela Ro Ro foi o grande talento de uma turma de boas cantoras surgidas na mesma época, como Simone, Elba Ramalho, Fafá de Belém e Zizi Possi. Se tivesse investido em sua carreira metade da energia que aplicou em sofrer por namoradas, acordar a vizinhança e ser espancada por PMs — tudo isso regado a milhões de birinaites —, Ro Ro teria tomado o poder. Mas, então, não seria Angela Ro Ro. E aposto que ela não se trocaria pelo sucesso de ninguém.

Em 1979, quando estreou em disco, já tinha trinta anos. Por que debutou tão tarde? Porque, para ela — desde sua infância profunda em Ipanema, em que ainda tomava Grapette e passeava de charrete de bodinho no Jardim de Alah —, a vida sempre foi mais importante que a arte. E, aos interessados nas raízes de sua "rebeldia", motivos para ser rebelde nunca lhe faltaram. Dos seis aos oito anos, sua mãe a emperiquitava com laço de fita no cabelo e vestidinho de organdi para estudar acordeão com Mario Mascarenhas. Para uma criança que, aos cinco, já cruzava as pernas para ler o jornal e saber das últimas, a fita, o vestidinho e o acordeão eram uma ofensa. E, dos oito aos quinze, teve aulas de piano clássico *todos* os dias.

Para redimir-se do excesso de disciplina, a pequena Angela cometia as piores ilegalidades no colégio, como andar de patins na sacristia ou dar banho de xampu no papagaio da madre superiora. Em troca, vivia sendo "convidada a retirar-se" do colégio, e foi assim que passou por tantos deles: o São Paulo, o Imaculada Conceição, o Mello e Souza e o Rio de Janeiro. Rebeldia também é cultura.

Aos quinze anos, Angela já lera todo o Sartre e Simone de Beauvoir disponíveis e imaginava que se tornaria Françoise Sagan. Convencera-se também cedo de que preferia o cheiro das meninas ao dos meninos. Fechou o piano (gostava de Mozart e Vivaldi, mas seus amores eram Maysa, Jacques Brel e Ella Fitzgerald) e, pelos quatro anos seguintes, não teve tempo de abri-lo — caiu de boca nas ruas. Sua mãe vivia à sua caça pelos botequins. Chegava à porta do CASTELINHO e gritava lá para dentro: "Angela Maria Diniz Gonçalves!!!". Morta de vergonha, Angela trancava-se no banheiro. Àquela altura, já era Ro Ro — como os moleques a chamavam, por sua voz afinada numa caverna e pela risada de Papai Noel.

Aos dezenove anos, saiu de vez da escola e de casa. Foi morar numa comunidade hippie no alto da rua Saint-Roman, em Copacabana. O ano era 1969, e o LSD começava a grassar em Ipanema como se fosse dropes Dulcora. Com sua turma do ARPOADOR, Angela descobriu Billie Holiday, Janis Joplin,

Maria Bethânia e decidiu que queria cantar como elas. Mas a moda era pôr o pé na estrada e ela partiu de ônibus para o Nordeste. Passou uns tempos numa plantação de maconha em Alagoas, cantou em feiras no sertão e dormiu no coreto de Salvador, onde foi adotada por GLAUBER Rocha. Em 1970, Glauber foi para Roma e convidou-a a passar uns tempos por lá. Ela foi. Sua aventura europeia duraria três anos. O primeiro ano foi passado numa fazenda em Gand, na Bélgica, onde Angela, inspirada no anjo interpretado por Terence Stamp no filme *Teorema*, de Pasolini, comeu todos os membros da família, do filho mais novo à tia solteirona, de 56 anos (ela ainda não fizera 21).

Angela correu o continente e, em 1971, viu-se finalmente em Londres. Para sobreviver, lavou pratos e foi garçonete de cervejarias. Mas os empregos duravam pouco, porque a cerveja era franqueada aos funcionários e ela não passava por um barril sem abastecer-se. Tentou também cantar em pubs, sem sucesso. No pub em que faria sua última tentativa, o Wolsey's Bar, em King's Road, eles a deixaram se sentar ao piano e cantar "Summertime". Angela ganhou o emprego e tornou-se um cult brasileiro em Londres. Em 1974, no melhor da festa, a imigração a descobriu e a devolveu ao Brasil.

De volta ao Rio, resolveu levar a carreira a sério. Deu canjas em boates como o Flag, o 706 e o Mikonos, cantando de Billie Holiday a Antonio Maria, e começou também a compor. Tocava bem piano e sua voz passava uma tintura de blues que, na época, ninguém mais tinha (e, depois, só CAZUZA teria). Mas nenhuma gravadora queria saber dela porque, em pouco tempo, Angela já se tornara famosa na noite carioca como espalha-brasas. Certa madrugada, vestida de roxo, brigou com sua amiga Cupido, que ela chamava carinhosamente pela primeira sílaba, e empurrou o carro da moça, deixando-o atravessado na rua Visconde de Pirajá — episódio que depois contaria na música "Agito e uso". Em outra noite, num surto de lucidez, implorou a NELSON Motta, então homem forte na gravadora WEA: "Me grava, Nelsinho, enquanto eu existo!". Mas nem ele conseguiu vencer a barreira.

Em 1979, Angela aplicou um ponto na orelha que a fez parar de beber e, escoltada por gente que acreditava nela, como o pianista Antonio Adolfo e os produtores Paulinho Lima e Ricardo Cantaluppi, adentrou finalmente um estúdio de gravação, o da Polygram. O resultado foi o excepcional LP *Angela Ro Ro*, contendo "A mim e a mais ninguém", "Tola foi você", "Amor, meu grande amor", "Não há cabeça", "Gota de sangue", todas dela mesma, com ou sem parceiros. Os críticos viram nela uma nova Maysa, com os mesmos olhos verdes, só que ainda mais dark. Com esse disco, Angela conquistou uma galera de fãs — e de *foas*, segundo ela — que a identificavam com alguém que descera aos infernos e voltara para contar. As letras de seus blues, rocks, baladas, sambas-canção e até tangos falavam de garotas arrasadas, corações partidos e vidas afogadas em drogas mortais como o álcool, a heroína e a paixão. Podiam também parecer absurdamente confessionais, e os amigos sabiam que, em muitas delas, Angela estava falando dela mesma. Esse e os discos que se seguiram, de *Só nos resta viver* (1980) a *Prova de amor* (1988), são um pungente testemunho do que era ser jovem e infeliz nos anos 70 e 80.

Mas as canções de Ro Ro não têm data — serão comoventes em qualquer época. Ou esfuziantes, porque seu senso de humor pode irromper no meio do verso mais sofrido. Ou satânicas. A carreira de Ro Ro sofreu com essa imagem de satanismo e, por um bom tempo, ela se transferiu dos segundos cadernos para as páginas policiais dos jornais. Nem sempre a culpa era sua, mas já então ficara fácil associá-la a porres, brigas e escândalos — Caetano Veloso fez para ela a faixa-título do disco *Escândalo!* (1981). E, ao contrário, sempre que ela passou anos sem beber, fazendo grandes shows e dedicando-se a ser "uma mensageira da paz", isso não era notícia.

A Ro Ro do século XXI trocou a bebida, a droga e o cigarro pela serenidade. Mas seu piano, voz e talento não perderam nada com isso.

Frases

★ *Escondam as filhas, tirem as crianças e os velhinhos de perto: chegou Angela Ro Ro!* ★ *Minha infância foi muito prolongada. Aliás, prolongo até hoje.* ★ *Nunca pensei em suicídio. Em homicídio, várias vezes.* ★ *A raça humana, além de errar, coloca esse erro na partitura.* ★ *Se o ser humano pudesse se elevar ao nível de uma samambaia, o mundo estaria bem melhor.* ★ *Já fui muito indigesta. Não via diferença entre cumprimentar uma pessoa e morder seu tornozelo.* ★ *A vida do Rimbaud foi O Pato Donald, comparada com a minha.* ★ *O ciclo da minha vida é este mesmo: quebrar e depois consertar.* ★ *Não quero o sexo das pessoas. Quero sua emoção, sua cabeça e, se quiserem mais, posso dar o número do telefone.* ★ *Nunca tive inveja do pênis.*

ROSAMARIA Murtinho

n. 1935. Atriz.

A estrela da peça se machuca na véspera da estreia. A atrizinha novata e desconhecida entra em seu lugar e se consagra. Onde foi que você já viu isso? Bem, essa é uma situação clássica do teatro, mas ficou mais famosa ao ser mostrada num filme musical americano de 1933, *Rua 42*, de Lloyd Bacon e Busby Berkeley, e depois muito copiada. Pois aconteceu com Rosamaria Murtinho, só que com um toque bem brasileiro. E sua inteligência faz dela uma Fran Lebowitz brasileira.

■ ROSAMARIA Murtinho

Em 1953, o Studio 53, um grupo de teatro amador de Ipanema que ocupava o Teatro de Bolso, na praça General Osório, às segundas-feiras, ia levar a peça *O caso do vestido* (o poema de Carlos DRUMMOND de Andrade adaptado por Francisco Pereira da Silva). Na última hora, uma atriz faltou. O petulante bilheteiro da companhia sugeriu: "Por que não entra a Rosamaria?". E quem era o bilheteiro? Paulo FRANCIS. Na verdade, Francis estava só por acaso na bilheteria. Tinha fumaças de diretor e iria estrear com outra peça, *Esta propriedade está condenada*, de Tennessee Williams. Mas Williams, farejando um calote, cobrou caro pelos direitos, e *O caso do vestido* entrou em seu lugar. Francis não se interessou em dirigi-la, preferindo esconder-se atrás do guichê, cuidando dos ingressos.

Rosamaria, dezoito aninhos, era a irmã de Carlos Murtinho, o líder do grupo. Nascera em Belém do Pará porque seus pais estavam morando lá, mas, 21 dias depois, já viera para a rua Visconde de Pirajá — anos mais tarde, um dos garotos com quem brincaria de pera, uva ou maçã seria WALTER Clark. O sonho de Rosamaria não era ser atriz, mas bailarina. Fez seis anos de balé, até que um problema no menisco a obrigou a desistir da dança. Aos dezesseis anos, foi estudar em New Bedford, Massachusetts, nos Estados Unidos — para tristeza de ANTONIO CARLOS Jobim e Paulo Alberto Monteiro de Barros, que a paqueravam ao vê-la pegando jacaré ou passeando de shortinho pelo ARPOADOR. Em New Bedford, Rosamaria conheceu um jovem político chamado John Kennedy, que, mal a viu, lhe passou uma cantada (mas ela se segurou).

De volta ao Rio dois anos depois, seu irmão apresentou-a a um grupo de jovens aspirantes ao teatro e à pintura que se reuniam no apartamento de LILIANE Lacerda de Menezes, em Laranjeiras. Eles eram Paulo Francis, IVAN Lessa, Janet Estill, YLLEN Kerr, Telmo Martino, Ronaldo Mello Pinto e aquele que seria seu primeiro namorado — o complicado mas charmoso (até TONIA Carrero achava) ZEQUINHA Estelita. Juntos, eles formaram o Studio 53, onde Rosamaria se adestrou em peças como *Homo copacabanensis*, de Antonio Callado, e *Bonito como um deus*, de MILLÔR Fernandes. Até que SILVEIRA Sampaio a capturou para suas comédias *Reginaldo, o costureiro*, *Da necessidade de ser polígamo* e *Sua Excelência em 26 poses*.

Rosamaria profissionalizou-se e, em 1954, foi com a companhia de Maria Della Costa para Portugal. Na volta, amadureceu no teleteatro da TV Tupi, até ser chamada pelo TBC, em São Paulo, estreando com *Moral em concordata*, de Abílio Pereira de Almeida. No TBC, conheceu o ator Mauro Mendonça. Certa noite, os dois se atracaram aos beijos na coxia e perderam a deixa de suas entradas em cena — para evitar que isso se repetisse, casaram-se em 1959.

Mas, para Rosamaria, o sucesso de verdade no teatro só começou em 1961, com a montagem original de *Pequenos burgueses*, de Górki, pelo Oficina. E sua primeira novela, *A Moça que Veio de Longe* (1964), de Ivani Ribeiro, na TV Excelsior, tornou-a um nome nacional.

Desde então, Rosamaria tem sido uma força da natureza no teatro e na televisão, como atriz, diretora, produtora, empresária e até presidente do sindicato da categoria. É natural que o público a conheça mais por seus papéis em novelas como *Pecado Capital* (1975), *Pai Herói* (1980), *Jogo da Vida* (1981), *Kananga do Japão* (1989), *Salsa & Merengue* (1997), *Chocolate com Pimenta* (2003), *Amor à Vida* (2013) e *A Dona do Pedaço* (2019). Ou como a Eufrásia da minissérie *Memorial de Maria Moura* (1994), baseada em Rachel de Queiroz. Mas a alma de Rosamaria, como a de todo ator de verdade, mora no teatro. As peças que ela escolhe para fazer ficam anos em cartaz e correm o país, como *Feira do adultério*, nos anos 70, que produziu e dirigiu e na qual fazia cinco papéis (eram cinco episódios de ARMANDO Costa, JÔ Soares, João Bethencourt, Bráulio Pedroso e ZIRALDO), e *Direita, volver*, de Lauro César Muniz, a primeira peça política pós-censura, nos anos 80.

Se há uma ideia a defender, Rosamaria não escolhe o palco. Em 1978, em plena ditadura, foi a Brasília fazer a campanha que resultou na regulamentação da profissão de ator. Em 1986, depois de ser obrigada a trabalhar quatorze horas por dia nas gravações da novela *Cambalacho*, passou uma água no rosto e liderou o movimento que reduziu a jornada de trabalho na televisão para trinta horas semanais e seis horas extras pagas — para impedir que outros atores tivessem o destino de seus amigos Sergio Cardoso e Jardel Filho: a morte por exaustão.

ROSE di Primo
n. 1955. Atriz, modelo e criadora da tanga.

Lembra-se de Xuxa e de Luiza Brunet? Pois já houve uma garota que, sozinha e quase na mesma época, empolgou tantos homens no Brasil quanto as duas juntas — ou mais. Em 1971, quando Rose di Primo apareceu pela primeira vez numa capa de revista, de tanga, cavalgando uma motocicleta, a foto foi parar nas paredes de todos os borracheiros do país e transformou-a numa sensação instantânea. A revista era a *Manchete*, dirigida por Justino Martins, e todos queriam saber quem era aquela moça.

Ela tinha dezesseis anos e seu corpo era devastador. O Brasil só então a estava descobrindo, mas Ipanema já a conhecia. Ela era a morena de pernas longas e perfeitas que circulava de hot pants (um shortinho justíssimo) pela rua Visconde de Pirajá e, de manhã, enlouquecia os surfistas do píer, usando um estranho biquíni que ela mesma inventara — uma tira de pano torcida e amarrada no busto, tipo tomara que caia, e a calcinha puxada para cima e amarrada nos quadris por duas tirinhas finas, cobrindo no máximo 5% do corpo. A tanga, claro. Aos olhos internacionais, Rose tornou-se o símbolo do verão carioca. Em um mês, foi capa das revistas *Stern*, *Quick* e *L'Europeo*. E tornou-se também o símbolo daquilo que as feministas combatiam: a mulher-objeto. Elas tinham razão — que símbolo, que mulher e que objeto!

No Brasil, depois de muitos anúncios de jeans, suéteres e qualquer roupa que seu corpo pudesse rechear, Rose chegou à maioridade, aos posters das revistas masculinas e, como parecia inevitável, às pornochanchadas que dominaram o cinema brasileiro nos anos 70. Apareceu em épicos eróticos, como *Banana mecânica* (1974), *O padre que queria pecar* (1975) e vários outros, nenhum memorável. As pornochanchadas eram populares, mas arrasavam qualquer reputação — era difícil sobreviver àquilo. Quando elas pararam de ser produzidas, nos anos 80, Rose desapareceu como estrela.

A própria tanga (nome inventado por Justino Martins) foi depois substituída pelo fio dental, que também teve seu curto apogeu e mereceu da ex-vedete Carmen Verônica a imortal frase: "No meu tempo, enfiava-se a bunda dentro do biquíni. Hoje enfia-se o biquíni dentro da bunda". Mas, enquanto durou, a tanga foi uma sensação. Milhares de confecções no Brasil e na Europa copiaram-na vastamente — sem que Rose, que se esquecera de patenteá-la (e nem se pensava nisso), ganhasse um centavo com ela.

E, então, sentindo-se culpada por todos os pecados que não cometeu, Rose entrou nos anos 90 para uma igreja evangélica e transformou-se num lindo item da nostalgia.

Armando **ROZÁRIO**
n. 1931. Fotógrafo.

Ao chegar ao Rio, em 1955, para trabalhar na *Manchete*, Armando Rozário chamou a atenção por três motivos: 1) ser chinês, apesar do nome; 2) falar pouco, só o essencial, e quase num sussurro; 3) ser o maior prodígio da fotografia que aparecera por aqui.

Tinha 24 anos, mas já era um veterano — aos quinze, para uma agência americana de que era correspondente, fotografara a tomada do poder na China por Mao Tsé-tung. Na bagagem, trazia a técnica que aprendera com os mestres da fotografia, europeus e orientais. Foi dos primeiros a usar câmeras 35 milímetros no Brasil, a saber explorar a cor e, apesar da pouca sensibilidade dos filmes da época, a fotografar sem flash, com luz ambiente. Era craque também no laboratório: entendia de filme e de revelação, coisa então rara entre nós. E era tão econômico para fotografar quanto para falar: ao sair à rua a trabalho, não ficava clicando à toa. Fazia poucas fotos — todas surpreendentes e perfeitas.

Os olhos amendoados, que pareciam não combinar com o nome, se explicavam. Ele nascera em Hong Kong, seu pai era português de Macau, sua mãe, francesa, e sua primeira língua fora inglês. Quando o Japão ocupou Hong Kong na Segunda Guerra, eles fugiram para Macau, onde Rozário aprendeu português com os jesuítas. Numa família inteira de economistas, só ele se interessou por câmeras e lentes. Formou-se em fotografia em Cambridge, na Inglaterra, e, nos anos 50, veio para o Rio.

Em 1956, pela *Manchete*, Rozario e o repórter CARLINHOS Oliveira acompanharam o cientista Noel Nutels ao Xingu. Começou ali sua longa ligação com as coisas do Brasil. Nunca mais deixou de fotografar índio, bicho ou planta, mesmo que, por duas vezes, o ataque de inimigos ocultos e traiçoeiros quase lhe custasse a vida. Da viagem ao Xingu, Rozário herdou um vírus na coluna, que por algum tempo o deixou paralítico (foi salvo pelo neurocirurgião Abraham Ackerman). De outra viagem, no ano seguinte, esta à Amazônia e a serviço de *O Cruzeiro*, trouxe uma queimadura que lhe atrofiou a perna e a medicina oficial não soube identificar nem tratar (foi salvo pela homeopatia). Depois desta, o Brasil, vendo que não conseguia derrubá-lo, deixou-o trabalhar sossegado.

O currículo de Armando Rozário é quase insuperável. Além de *Manchete* e *O Cruzeiro*, suas fotos estão nas coleções do *Jornal do Brasil* e de revistas como SENHOR (desde o nº 1, em 1959), *Claudia, Realidade, Quatro Rodas* (muitas vezes tomando edições inteiras), da francesa *Paris Match*, da japonesa *Photo International*, da *Encyclopaedia Britannica* e de mais publicações internacionais de que até ele ficou sabendo. Suas fotos dos beija-flores de Augusto Ruschi tiveram uma sala só para elas numa exposição em Paris. O fotógrafo letão-americano Philippe Halsman, um dos bambas da agência Magnum, teve-o como seu assistente no Rio e o convidou a ir trabalhar com eles em Nova York — se Rozário fosse jogador de futebol, equivalia a ser contratado pelo Real Madrid de Di Stéfano. Nos anos 50 e 60, foram muitos os convites como esse, mas Rozário nunca pensou seriamente em deixar o Brasil, exceto em 1960, quando foi para Paris como correspondente de *Senhor* e fotografou o encontro entre Khruschóv e De Gaulle. Voltou em um ano.

■ Armando ROZÁRIO

É porque, no Brasil, havia Ipanema. Ele era um cidadão da rua Jangadeiros, frequentador do ZEPPELIN (onde levantava no ar e pegava com a mão vinte cartões de chope) e, em 1965, seria um dos fundadores da BANDA de Ipanema. De todas as tribos que fotografava pelo Brasil, nenhuma o fascinava tanto quanto a de Ipanema, talvez por ser a única em que todos se julgavam caciques — e, dentro dos limites da aldeia, eles eram mesmo. O espírito independente de Ipanema se coadunava com o seu e, entre expor em galerias de arte e deitar suas fotos na grama da FEIRA Hippie, na praça General Osório, a convite de HUGO Bidet, ele preferiu a segunda alternativa. Rozário achava que as fotografias deviam merecer galerias próprias. Assim, em 1973, ajudou a criar em Ipanema a Photo Galeria, pioneira em tratar o trabalho dos fotógrafos brasileiros como obras de arte, com fotos numeradas e assinadas.

Sua independência refletia-se em todas as frentes. Ele foi o primeiro fotógrafo brasileiro a processar um poderoso veículo por usar uma foto sua e atribuí-la a outro, depois de tê-lo demitido porque a dita foto estaria "fora de foco". A foto, de 1968, era um retrato de dona Julia, mãe do ex-presidente JUSCELINO Kubitschek. Seu advogado foi o circunspecto dr. Manlio Marat d'Almeida Aquistapace (na vida real, o Marat da Banda de Ipanema e dos CHOPNICS) e a causa levou onze anos para ser concluída, no Rio e em Brasília — com a vitória de Rozário. Isso firmou uma jurisprudência que viria beneficiar todos os seus colegas. A partir daí, as empresas jornalísticas passaram a tomar cuidado ao republicar as fotos de seus antigos contratados.

Isso não tornou Armando Rozário muito popular nessas empresas. O que explica por que, desde meados dos anos 70, ele tenha se dedicado a outras atividades dentro de seu ramo, como testar equipamento para os laboratórios internacionais de fotografia que se instalavam no Brasil, escrever uma coluna altamente especializada na *Folha de S.Paulo* e, principalmente, usar a fotografia para a causa da ecologia. Em 1978, Rozário liderou uma cruzada nacional pela salvação do rio São João, em Barra de São João, perto de Macaé (RJ), ameaçado pela instalação de uma fábrica de álcool anidro. O rio banhara o poeta Casimiro de Abreu (1839-60), nascido ali, e a região, que inspirara o pintor Pancetti, era mais um paraíso na mira da covarde industrialite brasileira. A campanha começou com uma exposição das fotos de Rozário e dos quadros de Pancetti no Museu Nacional de Belas Artes e, durante aquele ano, tomou os jornais, revistas, telas dos cinemas e a TV Globo. Por causa dela, a usina foi obrigada a instalar uma bacia de decantação que manteve a poluição em níveis suportáveis, com isso salvando também o litoral de Macaé a Búzios.

Rozário nunca mais saiu de Barra de São João e Macaé, onde passou a editar pequenos jornais em inglês dedicados à preservação da região. Descobriu que, como macaense, sua responsabilidade era dupla: os cidadãos de Macaé são macaenses — e os da portuguesa Macau também.

RUBEM Braga
1913-90. Cronista e poeta.

Certa vez, Rubem Braga foi assistir a um show de seu velho amigo VINICIUS de Moraes. A folhas tantas, Vinicius suspirou no palco: "Ah, a melhor coisa do mundo é comer um papo de anjo ao lado da mulher amada!". Na plateia, Rubem saiu de um silêncio que já durava horas e resmungou para sua acompanhante: "Está gagá. Muito melhor é comer a mulher amada ao lado de um papo de anjo".

Isso era típico de Rubem Braga — o comentário na mosca, que acontecia quando menos se esperava. Um amigo que voltava ao Brasil depois de longa ausência perguntou-lhe o que havia de novo. Ele respondeu: "O Hollywood com filtro" — para não dizer que estava tudo na mesma. Ou certa noite no Antonio's, em que passou horas sem ter comentário algum a fazer sobre a turma que se sentava à mesa ao lado da sua: Jack Nicholson, Alexandra Stewart, Odile Rubirosa, Regina Lecléry e Roman Polanski — como se fosse um bando de anônimos.

Era tão econômico ao falar quanto ao escrever, e era econômico também para rir. Estimativas otimistas calculam que Rubem não deve ter dado mais que meia dúzia de gargalhadas em toda a sua vida. Era capaz de provocá-las nos amigos e, quando isso acontecia, era o único a não rir. Se lhe diziam uma coisa engraçada, também não ria explicitamente. Mas sabia-se que achara graça porque havia algo em seu rosto que o traía: a expressão dos olhos. Na verdade, era facílimo ver Rubem feliz. Bastava metê-lo dentro de um barco, a caminho de uma ilha. Ou dar-lhe meia dúzia de laranjas e um canivete.

Em janeiro de 1963, ao fazer cinquenta anos, escreveu sobre sua nova idade: "Uma injustiça, sem dúvida alguma. Logo comigo, que tinha tanta vocação para ser rapaz!". Mas, algum dia, alguém terá visto um Rubem rapaz? FERNANDO Sabino, que o conheceu aos trinta anos (ele, Rubem, tinha trinta; Fernando, vinte), já o descreveu, em seus primeiros encontros no Bar Vermelhinho em 1943, como um homem fechado e taciturno em meio à roda de — os outros, sim — rapazes falantes e expansivos. Donde Rubem, se foi rapaz um dia, devia ser tão casmurro, calado e observador quanto o homem que, nas crônicas, chamava a si próprio de "o velho Braga" — mesmo quando ainda estava longe de ter idade para isso.

Fazia jus ao clichê que o descrevia, fisicamente, como um urso. Era rouco, como se imagina que os ursos o sejam; tinha muito cabelo, sempre despenteado; as sobrancelhas eram juntas e espessas; o bigode, grosso e trapezoide; e sua caixa torácica também era meio ursina. Mas era um urso que fabricava o próprio mel, como disse Otto Lara Resende. Rubem fabricava crônicas: as mais perfeitas e bem destiladas da língua, as mais surpreendentes, as mais humanas e sensíveis, e sem o menor favo de sentimentalismo — cerca de 15 mil, em 62 anos de trabalho. O que tornará incompleta e frustrante qualquer seleção que se faça delas (mesmo a que leva o título de *200 crônicas escolhidas*), porque sempre ficarão de fora aquelas de que mais gostamos.

Se convocados a eleger as trinta crônicas definitivas de Rubem Braga, é possível que todos os seus leitores votem em "Ai de ti, Copacabana!" (publicada em 1958 na *Manchete* e depois título de seu livro mais popular), mas discordem quanto às outras 29. Sempre haverá alguém dizendo: Ei, que fim levaram "Aula de inglês", "A companhia dos amigos" e "História do corrupião", de *Um pé de milho* (1948)? E "O telefone", de *A borboleta amarela* (1955)? E "Homem no mar", "Recado ao senhor 903" e "Caçada de paca", de *A cidade e a roça* (1957)? E "O pavão", de *Ai de ti, Copacabana!* (1960)? E "Nós, imperadores sem baleias" e "Pescaria de barco", de *A traição das elegantes* (1967)? É a prova de sua eternidade, de sua capacidade de atravessar décadas falando à inteligência e à sensibilidade dos leitores (seus livros vendem mais hoje do que quando ele era vivo).

Que Rubem tinha absoluta consciência de seu processo, não há dúvida. Em sua obra-prima (ou, pelo menos, uma delas), "O pavão", ele conta como descobriu que não existem aquelas cores todas na pena do pavão. "Não há pigmentos", escreveu Rubem. "O que há são minúsculas bolhas de água em que a luz se fragmenta, como em um prisma. O pavão é um arco-íris de plumas. Eu considerei que este é o luxo do grande artista, atingir o máximo de matizes com o mínimo de elementos. De água e luz ele faz seu esplendor; seu grande mistério é a simplicidade." Rubem conseguiu a mesma coisa usando palavras e assuntos muito simples: uma borboleta, um peixe, um vizinho, um cheiro, um amigo, uma mulher. A mágica se dá nos olhos do leitor. Não precisou alterar seu processo nem mesmo diante de um "grande tema", como a guerra — muitas de suas crônicas da Segunda Guerra, em *Com a FEB na Itália* (1945), como a da menina italiana que morreu em seu colo, são igualmente simples e inesquecíveis. Com todo o seu amor aos passarinhos, o apelido de "sabiá da crônica" o cansava um pouco. E ainda piorou quando seu amigo, o caricaturista Borjalo, já então diretor da recém-inaugurada TV Globo, lhe mandou um sabiá de presente e, subestimando o alcance de seu canal, sugeriu aos telespectadores que fizessem o mesmo. Para desespero de Rubem, os sabiás começaram a chegar-lhe de toda parte, e não se sabe o que ele fez com aquela quantidade de gaiolas.

Rubem não se limitou a dar maturidade à crônica no Brasil ou a transformá-la em literatura. Também ensinou jornalistas (e escritores) a escrever e, se eles não aprenderam, não foi culpa sua. Mas nunca lhe passou pela cabeça impor a crônica como um "gênero literário". Para ele, era apenas um meio de ganhar a vida, e não muito rentável — vivia de seu salário de cronista diário ou semanal, publicou numa infinidade de veículos e nunca teve dinheiro. "Digam o que disserem sobre inflação, em minha casa sempre reinou uma grande deflação", escreveu.

Os leitores de suas crônicas deviam visualizá-lo na mesa do bar, silencioso e forte, o bigode sujo de chope, uma testemunha paciente das ilusões humanas. Ou pachorrentamente deitado na rede de sua cobertura em Ipanema, contemplando o mar e a grandeza ou pequenez dos homens lá embaixo. Rubem, de fato, sugeria o mormaço e a solidão de uma ilha numa tarde de domingo. Mas não era, de forma alguma, um contemplativo. Na verdade, poucos escritores brasileiros tiveram uma vida mais agitada. Desde que saiu de Cachoeiro do Itapemirim (ES), aos quatorze anos, em 1927, nunca mais parou. Estudou em Niterói, foi jornalista no Rio, em Belo Horizonte, Porto Alegre, Recife, São Paulo e Paris e, como repórter, cobriu várias revoluções e uma guerra mundial. Foi preso quatro vezes, fundou jornais e revistas de combate e conheceu todos os poderosos do país quando eles ainda não eram poderosos. Sendo alérgico a casacas e sem entender nada de comércio exterior, foi adido comercial do Brasil no Chile e embaixador no Marrocos. Quando lançou sua primeira coletânea, *O conde e o passarinho*, em 1936, teve de escolher entre as 2 mil crônicas que já publicara. A que dava o título ao livro continha a frase que iria defini-lo para sempre: "A minha vida sempre foi orientada pelo fato de eu não pretender ser conde" — muito menos um conde de araque, nomeado pelo Vaticano, como Afonso Celso, Pereira Carneiro ou Matarazzo. Vale a pena fazer as contas: quando optou pelo lado do passarinho, Rubem ainda não completara 23 anos.

No intervalo entre tantas peripécias, seu pouso foi sempre o Rio. Mais exatamente, desde a década de 40, Ipanema. Mais exatamente ainda: primeiro, na rua Conselheiro Lafayette; depois, nos anos 50, na Prudente de Morais, na diagonal do VELOSO; e, a partir de 1963, na famosa cobertura da Barão da Torre. Muitas vezes ele se disse, por escrito, "um homem de Ipanema", e sua participação na vida do bairro foi abrangente: seus apartamentos eram pontos de encontro de velhos e novos. O da rua Prudente de Morais era baixo, mas de fundos, e, da pequena varanda, entre árvores e telhados, via-se o mar. Foi dali que Rubem acompanhou o nadador solitário ("esse desconhecido, esse nobre animal, esse homem, esse correto irmão") de sua crônica "Homem no mar".

Mas o apartamento em que passou mais tempo na vida (27 anos) foi mesmo a cobertura na rua Barão da Torre, 42, com a praça General Osório a seus pés e o mar e as ilhas Cagarras, em cinemascope, à frente. Com uma luneta ou um binóculo, Rubem inspecionava os navios que passavam ao largo, os pescadores em seus barquinhos e uma ou outra janela mais oferecida da vizinhança. Ao contrário dos outros imóveis em que morara, esse era dele mesmo. O prédio fora construído por um amigo, o empreiteiro Juca Chaves, que lhe vendeu a cobertura a preço "simbólico" (e, mesmo assim, Rubem teve de sacrificar-se para pagá-la). O projeto básico era de Sergio Bernardes, mas Rubem alterou-o segundo suas conveniências.

O apartamento em si era modesto e tornado menor ainda pela quantidade de estantes e de quadros nas paredes. Mas a vida vegetal que o circundava era de arrepiar: um misto de jardim e pomar, com pés de pitanga, mamão, manga ("a menor mangueira do mundo, modéstia à parte"), caju, goiaba, romã, cana, coco e outras frutas. A grama teria vindo da Índia. Trepadeiras abundavam. Rubem sabia tudo de fruta — do plantio à colheita e à maneira certa de descascá-la. Um dia, a futura escritora ANA MARIA Machado, ainda adolescente, mas já sua amiga, levou-lhe uma cesta de pitangas; depois de as comerem lambendo os dedos, Rubem guardou os caroços para plantá-los. Comer certas frutas era uma coisa séria, exigia concentração. Numa tarde de novembro de 1963, Rubem e Otto Lara Resende estavam abatendo uma bacia de jabuticabas quando CARLINHOS Oliveira telefonou dizendo que o presidente John Kennedy fora assassinado. Otto queria sair correndo para algum de seus vários empregos em jornal e televisão, mas Rubem convenceu-o a acalmar-se e concentrar-se nas jabuticabas — o cadáver não ia fugir.

A horta, com couve, alface, aipim e tomate, ficava nos fundos da cobertura, perto da cozinha. Rubem batalhava o ano inteiro contra pragas e doenças, mas, no fundo, gostava — sentia-se um cruzado do mundo vegetal contra a invasão dos infiéis. PAULO Mendes Campos, que fazia a feira na horta de Rubem, chamava-o de "fazendeiro do ar" e o "único lavrador de Ipanema". Como apêndices do terraço, havia a rede, uma cadeira de balanço, gaiolas (uma delas chegou a abrigar rouxinóis negros), um tanque para peixes (que depois sumiu) e a estátua de uma mulher nua, feita por Alfredo CESCHIATTI — a mulher era Bluma Wainer, ex-sra. Samuel Wainer.

Rubem tinha uma coleção de pios, que usava para travar longas conversas com os pássaros que o visitavam. Seu jardim atraía todo tipo de aves, não apenas beija-flores — nos anos 70, serviu de refúgio para a cacatua de Virginia Cavalcanti, foragida do apartamento da jornalista, também na rua Barão da Torre. Plumes ou implumes, a cobertura atraía todo mundo. Em 1966, serviu de cenário para uma sequência de *Terra em transe*, de GLAUBER Rocha. Em 1968, foi lá que PAULO Goes fotografou VERA Barreto Leite nua para a revista *Fairplay*.

Com os amigos, Rubem não tinha cerimônias e não se importava de cochilar na rede enquanto eles disputavam rinhas verbais. Mas, aos estranhos que o visitavam, não mostrava apenas o mar, nem se detinha somente sobre a variedade do jardim. Desde começos dos anos 70, levava-os ao fundo da cobertura e lhes apontava a favela do Pavãozinho, que começava a crescer em sua direção — nela habitava o mais estranho dos seres da fauna: o homem. Dez anos depois disso, seu paraíso a treze andares do solo já estava sendo perturbado pelos tiroteios, e a possibilidade de uma bala perdida ficava cada vez mais real. Para Rubem, não fazia sentido blindar o jardim. Seguindo sugestão de seu motorista Cosme, passou a receber, todo Natal, uma comissão de pessoas da comunidade, a quem presenteava com cestas de alimentos ou com contribuições em dinheiro para necessidades específicas. Em troca, tinha a garantia de que "tentariam não acertá-lo por engano".

Para um homem com tal fama de rabugento, ele não era nada solitário. Sua casa vivia aberta e, embora só tenha se casado uma vez, não podia queixar-se de sua vida amorosa — amou e foi amado por algumas das mulheres mais fascinantes do país. O casamento foi com a escritora Zora Seljan, em 1936. Separaram-se em meados dos anos 40 e Zora foi viver com o jornalista Antonio Olinto, dando ensejo a uma das frases mais conhecidas de Rubem: "Ela pode ter melhorado de marido, mas piorou muito de estilo". Anos depois, no canto da sala, pendurou um azulejo em que se lia: "Esta é a casa de um solteiro feliz". Dizia-se de Rubem que, se falasse como escrevia, nenhuma mulher lhe ficaria impune.

A afirmação é duvidosa. Primeiro, as mulheres não lhe ficaram tão impunes. Segundo, se a mulher já o conhecesse das crônicas ele não precisaria falar. E, ao contrário do que se pensa, não era nada reservado quanto a seus casos. Aos mais íntimos, contava tudo que fazia e às vezes até dava os nomes. Por exemplo, sobre uma de suas mais comentadas paixões: "Durante muito tempo, ela foi uma maquininha de costura — tchec-tchec, tchec-tchec, tchec-tchec. Mas, outro dia, gozou tão alto que até levei um susto".

Várias paixões entrelaçaram sua vida amorosa com a de seu desafeto Samuel Wainer, e nem sempre a seu favor. A primeira foi Bluma Wainer, que se separou de Samuel para ficar com Rubem e depois voltou para o marido (Rubem teve de contentar-se com a estátua). A outra foi a muito jovem DANUZA Leão, que Rubem nunca namorou, mas por quem foi apaixonado em Paris e no Rio, em princípios dos anos 50 — e que se casaria com Samuel. Depois, foi Mimi de Ouro Preto, que ele e Samuel namoraram, mas Rubem namorou primeiro. Que Rubem vivia de olho nas mulheres, não há dúvida. Até na poesia, que bissextamente praticou, ele revelava seu lado sensual. Num soneto que terminava com a descrição de um casal caminhando de mãos dadas, à noite, pela praia, os dois últimos versos eram: "*Nos corpos leves e lavados ia/ O sentimento do prazer cumprido*".

Mas sua paixão integral, segundo todos os relatos, foi mesmo por TONIA Carrero. Uma paixão que Tonia (casada na época com Carlos THIRÉ) sempre classificou de platônica. Mas, quando Tonia foi com Thiré para Paris, a fim de estudar teatro, em 1947, Rubem acertou-se com *O Globo* para mandar suas crônicas de lá e zarpou também — imagine se ele iria deixá-la viajar sozinha com o marido. Os outros dois casamentos de Tonia (com Adolfo CELI e Cesar THEDIM) não turvaram sua amizade com ela, e eles continuaram íntimos até a morte de Rubem. Há uma história, contada pelos amigos de Rubem (e certamente de autoria deles), segundo a qual, ao ouvir de Tonia que o namoro chegara ao fim, ele lhe teria dito: "Ah, cuspindo no prato que te comeu, hein?".

Em maio de 1990, Rubem soube que tinha um câncer na laringe. Ficou abatido, mas procurou saber como se daria a evolução da doença — a perda da voz, a metástase, as dores. Passou uma semana em observação no Hospital Samaritano e, a partir daí, recusou as ofertas de amigos, um deles Roberto Marinho, para ir se tratar nos Estados Unidos. Não queria cirurgias nem quimioterapia, não queria falar por uma maquininha (logo ele, que já falava pouco por seus próprios meios) e não queria depender de nada ou de ninguém para sobreviver. A morte não o assustava; ele só não queria sofrer, donde o único tratamento que aceitava eram analgésicos. Como ainda não houvesse cremação no Rio, foi sozinho ao cemitério de Vila Alpina, em São Paulo, e, para espanto da funcionária, acertou e deixou paga sua própria cremação. A ideia não era nova — fora usada no filme *A fonte dos desejos* (1954), em que um americano, o personagem de Clifton Webb, morando em Roma e sabendo-se doente terminal, ia a um serviço funerário local e providenciava o envio de seu corpo para os Estados Unidos.

Em seus últimos meses, Rubem dedicou-se a receber os amigos no apartamento e presenteá-los com objetos que sabia que eles estimavam — um livro, uma estatueta, um clichê antigo. Não falava na doença e parecia abatido, mas sereno. Não deixaria prolongar a agonia. No dia 22 de dezembro, aceitou voltar ao Hospital Samaritano, porque sabia — ou decidira — que a morte estava às portas. Poucas horas depois, ela chegou como previsto, quase como se, em associação com os médicos, ele tivesse escolhido a hora de ir embora. Aliás, muitos acreditavam que isso tivesse acontecido.

Tudo correu segundo as instruções que deixara para seu filho Roberto. Não houve velório. Seu corpo foi cremado em São Paulo e suas cinzas, levadas para o Espírito Santo e lançadas em algum ponto do rio Itapemirim, entre as cidades de Safra e Cachoeiro. Na carta com as instruções para Roberto, escrita na véspera de sua morte (provavelmente, a última coisa que escreveu), a frase final era: "Viva a Vida!". Curto e simples — como sempre.

Frases

★ *Antigamente diziam que ou o Brasil acabava com a saúva ou a saúva acabava com o Brasil. Agora estou bastante velho, me lembro dessa história e vejo que continua havendo saúva e continua havendo Brasil. O pessoal é muito afobado.* ★ *Sou do tempo em que os telefones eram pretos e as geladeiras, brancas.* ★ *No fundo, talvez não seja bom negócio vender a alma. A alma, às vezes, faz falta.* ★ *O mar só é mineral durante o dia. À noite, o mar boceja, contrai-se, abocanha, torna-se um animal.* ★ [Frase atribuída a vários políticos, mas criada por ele]: *Fazer política é namorar homem.* ★ *Guerra é coisa triste. E monótona. Brincadeira de homem. Só tem homem lá.* ★ *Fazer amor depois dos 75 anos dá ressaca.* ★ *Peixe e hóspede, depois de três dias, fedem.* ★ *Escrevo de palpite, como muitas pessoas tocam piano de ouvido.* ★ *Sou um escritor superficial, o último talvez deste país cada dia mais transcendente e sublime.* ★ [Ao ser chamado pela milésima vez de "sabiá da crônica"]: *Sou mais o vira-bosta da crônica.* ★ *Crônica é viver em voz alta.* ★ *Ultimamente têm passado muitos anos.*

RUY Guerra

n. 1931. Cineasta e compositor.

Quando era criança em Lourenço Marques, Moçambique, colônia de Portugal, onde nasceu, Ruy Guerra acompanhava as aventuras de Pedrinho no *Almanaque do Tico-Tico* e ouvia pelo rádio joias como "*Se você fosse sincera/ Ô-ô-ô-ô, Aurora...*", com Joel e Gaúcho, sucesso do Carnaval de 1941. Adolescente, descobriu uma revista brasileira sobre cinema, *A Cena Muda*, com artigos do crítico Alex Viany. Quer dizer, o Brasil já existia em sua encarnação moçambicana. Em compensação, nos feriados nacionais portugueses, o estudante Ruy era obrigado a esticar o braço e desfilar em homenagem ao detestado ditador Oliveira Salazar. Pouco depois, seus amigos começaram a tramar a independência da colônia e a ser presos pela Pide, a polícia política do ditador. Em

1950, aos dezenove anos, antes que se metesse em águas de bacalhau, Ruy foi embora de Moçambique.

Foi para Paris, onde estudou cinema e serviu como assistente de vários diretores. Em 1958, a atriz brasileira Vanja Orico convidou-o a fazer um filme aqui. Ruy veio para o Rio, o filme não aconteceu e ele não teve dinheiro para voltar. Então, foi ficando. Namorou Nara Leão (que acabara de brigar com RONALDO Bôscoli), juntou-se à turma do CINEMA NOVO e, em 1962, dirigiu *Os cafajestes*, o primeiro filme do movimento a ser violentamente perseguido. E não só pela Censura: Igreja, Exército e polícia de vários estados uniram-se para impedir que até os maiores de dezoito anos vissem a sequência em que Norma Bengell, nua, era "currada" pela câmera numa praia em Cabo Frio. A cena era noturna, com luz precária, e pouco se via da nudez frontal de Norma. Só os moralistas enxergaram tudo. Entre os policiais censores que perseguiram o filme estava o delegado Augusto da Costa, ex-beque do Vasco e da seleção brasileira e um dos que ajudaram a enterrar o Brasil na final da Copa de 1950 contra o Uruguai. Que nível! O filme acabou sendo liberado, deu enorme bilheteria, ganhou prêmio em Berlim e seu produtor e astro Jece Valadão vendeu-o para toda a Europa.

Já então, Ruy Guerra não tinha sossego para trabalhar. E nunca teria. Todos os seus filmes foram problemáticos. O radical *Os fuzis* (1963) desagradou aos críticos, foi cortado pelo produtor e afundou na bilheteria. *Sweet Hunters* (1969), rodado na Europa, nunca foi exibido aqui. Na sessão de *Os deuses e os mortos* (1970), no Festival de Brasília, parte da plateia saiu no meio, e uma jurada, a escritora Dinah Silveira de Queiroz, tapou os olhos nas cenas de violência — e olhe que, para que o filme ficasse pronto, o ator Paulo José, que o produziu, teve de pedir dinheiro emprestado até do cômico Mazzaropi. *A queda* (1977), uma continuação de *Os fuzis*, teve boa crítica, mas pouco público. O documentário *Mueda: Memória e massacre* (1979) foi o primeiro filme nacional moçambicano e seu interesse era local. *Erêndira* (1982) e *A bela palomera* (1987), rodados em Cuba, com roteiro de Gabriel García Márquez, não empolgaram. *Ópera do malandro* (1985), baseado na peça de Chico Buarque, foi comparado por Sérgio Augusto a um "musical da UFA" — da UFA saíam os geniais mas claustrofóbicos filmes expressionistas alemães dos anos 20. E *Kuarup* (1989), do romance de Antonio Callado, foi apreciado por uma multidão, mas nesta não se incluíram os críticos.

Ruy recebeu tudo estoicamente. "Acho natural que as pessoas não gostem de um filme e saiam no meio da sessão", disse certa vez. "A recusa faz parte do jogo. A não aceitação é válida." Nunca deixou de ver o cinema como um "instrumento cultural", o território do "autor", em que a expressão pessoal é tão importante quanto para um escritor — e, no seu caso, a expressão é política, terceiro-mundista. Doeu-lhe constatar que, a partir dos anos 90, o cinema ficou só interesseiro e que "ninguém mais sonha sonhos impossíveis". Mas ele não mudou — se tivesse de fazer concessões temáticas ou narrativas para atrair bilheteria para um filme, simplesmente não faria esse filme. Por isso, sempre filmou tão pouco. Em compensação, revistas francesas de cinema, como *Positif* e *Cahiers du Cinéma*, abriram-lhe páginas.

Sua fidelidade a si mesmo sempre foi consequência de sua pluralidade cultural. Ruy foi estrangeiro em todos os lugares em que morou, inclusive em Moçambique, onde não se sentia português. Mas, quando veio a independência, em 1975, não gostou de ver que os marcos de Lourenço Marques, já então Maputo, tinham sido rebatizados — os antigos nomes lusos foram substituídos por expressões tribais que não diziam nada à sua memória afetiva. Sua pátria pode ser sua língua, mas será sempre uma pátria com sotaque — em Maputo e Lisboa, é considerado brasileiro; no Rio, português.

Pode ter sido essa sintonia dúbia que permitiu a Ruy Guerra escrever grandes letras de música popular, com parceiros como Sergio Ricardo ("Esse mundo é meu"), Edu Lobo ("Reza", "Aleluia", "Réquiem por um amor"), MARCOS Valle ("Bloco do Eu Sozinho"), Francis Hime ("Minha", "Por um amor maior", "Último canto") e, principalmente, Chico Buarque ("Bárbara", "Ana de Amsterdam", "Tatuagem", "Fado tropical", "Não existe pecado ao sul do equador"). Talvez no futuro ele seja mais lembrado como um letrista de primeira classe do que como um cineasta do Terceiro Mundo.

Ruy era o namorado de LEILA Diniz quando ela decidiu que seria mãe — e ele o pai. A filha deles, Janaína, nasceu em 1971 e Leila morreu sete meses depois, num acidente de aviação. Sobre isso, Ruy Guerra foi sempre exemplar. Nunca se fez de viúvo do mito, nunca explorou a imagem de Leila e nunca deu entrevistas sobre ela. O americano Arthur Miller escreveu uma peça sobre sua mulher que acabara de morrer — Marilyn Monroe. Mas Ruy Guerra nunca quis ser Arthur Miller.

Frase

★ *Não se é português impunemente.*

SABADOYLE

f. 1964. Reunião semanal de intelectuais na casa de Plinio Doyle, na rua Barão de Jaguaripe.

Reza a versão oficial que, no dia de Natal de 1964, Carlos DRUMMOND de Andrade precisava fazer uma consulta literária. Arquivos não costumam funcionar nesse dia, muito menos sendo um sábado, e o único *arquivo* aberto na cidade era a casa de seu amigo, o advogado e bibliófilo Plinio Doyle, na rua Barão de Jaguaripe, 62. Doyle (1906-2000) era famoso por ter tudo que se referisse à literatura brasileira — sua biblioteca continha quase 30 mil livros e revistas raros, incluindo uma formidável machadiana. Não se sabe o que Drummond procurava de tão urgente, mas deve ter encontrado, porque se habituou a voltar todos os sábados à tarde, para bater papo, tomar café e comer os biscoitinhos amanteigados servidos por Idalina, cozinheira de Plinio.

Outros amigos de Drummond e Plinio começaram também a comparecer, sempre nas tardes de sábado: os poetas Manuel Bandeira, Alphonsus de Guimaraens Filho, Homero Homem, Gilberto Mendonça Telles e OLGA Savary; os romancistas Cyro dos Anjos, Clarice Lispector, Guimarães Rosa e Dinah Silveira de Queiroz; os historiadores Americo Jacobina Lacombe e Afonso Arinos de Mello Franco; o médico e futuro memorialista Pedro Nava; o dicionarista Aurelio Buarque de Holanda Ferreira, os escritores Homero Senna e Prudente de Moraes Neto; e muitos outros. A reunião institucionalizou-se e passou a atrair a turma de fora do Rio. Um desses, o poeta Raul Bopp, batizou-a em 1973 de Sabadoyle, e o nome pegou. Plinio alugou um apartamento no nº 74 da mesma rua, transferiu para lá a biblioteca, e o novo endereço tornou-se o ponto oficial do Sabadoyle. Pelas décadas seguintes, ele seria o sarau mais agradável da cidade, atraindo inclusive gente das novas gerações, como a historiadora Isabel Lustosa.

Somente a biblioteca de Plinio já seria uma atração para aqueles homens e mulheres cultos e sóbrios — VINICIUS de Moraes não ia ao Sabadoyle porque nele não se servia uísque —, mas o melhor era o papo furado. Marques Rebelo às vezes levava sua cachorra Dolores; se não houvesse senhoras presentes, o caricaturista Alvarus contava as piadas mais lúbricas de seu repertório; e Drummond arrastava o olho para a beleza de Lygia Fagundes Telles, lamentando que, por morar em São Paulo, ela só comparecesse de vez em quando. Em 1988, viúvo e octogenário, Plinio vendeu a biblioteca para a Casa de Rui Barbosa, mas os Sabadoyles continuaram, só que de novo em sua casa. Por estímulo de Drummond, Plinio fundou na Casa Rui, de que foi diretor nos anos 70, o Arquivo-Museu da Literatura Brasileira. Lá estão os originais, documentos pessoais e correspondência de Nava, Clarice, LUCIO Cardoso, Manuel Bandeira, Nelson Rodrigues, Alvaro Moreyra e do próprio Drummond.

Há também uma versão secreta (e talvez mais completa) sobre a criação do Sabadoyle. Naquela tarde de Natal de 1964, Drummond realmente foi à casa de Plinio — mas como pretexto para, de lá, visitar Ligia Fernandes, sua namorada desde 1952, sem despertar suspeitas em sua esposa num dia tão especial. Ligia morava na rua Alberto de Campos, a um quarteirão da casa de Plinio. Os outros intelectuais de fato seguiram Drummond espontaneamente na criação do Sabadoyle, mas, pelas décadas seguintes, o poeta continuou a ser o primeiro a chegar e o primeiro a sair das reuniões — sempre para visitar Ligia, com quem sustentou por 35 anos um romance sem futuro e sem esperança, por ele ser casado.

Não é poético saber que uma das mais queridas confrarias culturais do Rio pode ter nascido de um caso de amor — e, melhor ainda, clandestino?

João **SALDANHA**
1917-90. Jornalista e treinador de futebol.

Em 1968, ao ser tibiamente sondado pelo cartola Antonio do Passo em seu apartamento na rua Visconde de Pirajá sobre se "aceitaria" ser o treinador da seleção brasileira na Copa do Mundo de 1970, no México, o jornalista João Saldanha perguntou: "É uma sondagem ou um convite?".

Em 1957, ele se tornara treinador de futebol, fizera do Botafogo um esquadrão — com Garrincha, Didi e Nilton Santos — e vencera o campeonato carioca. Mas sua passagem pela boca do túnel fora curta e, pelos quase dez anos seguintes, convertera-se em comentarista esportivo de rádio, televisão e jornal. Para todos os efeitos, era agora um homem da imprensa. A ideia de um jornalista, mesmo com sua enorme autoridade, no comando da seleção brasileira parecia absurda. Mas, quando Antonio do Passo lhe disse que era um convite, Saldanha topou. Foi empossado no mesmo dia e, no próprio ato, convocou os jogadores, definiu o time titular e garantiu que o Brasil teria 22 *feras* em campo. Tudo direto, sem rodeios, sem conversa mole. Bem João Saldanha.

Ele era sempre assim. Escrevia como falava e falava o que pensava. Às vezes pensava torto e inventava histórias, mas era tão sedutor e persuasivo que convencia até a si mesmo de que essas histórias eram verdadeiras. A se acreditar nele, o gaúcho Saldanha fora traficante de armas para os maragatos aos seis anos de idade em Alegrete (RS); desembarcara de um anfíbio dos Aliados na Normandia para libertar a França em 1944; e entrara com Mao Tsé-tung na China, em 1949. Ao mesmo tempo, assistira a todas as Copas do Mundo, inclusive a de 1950, no Brasil, embora, na mesma época, estivesse na Coreia cobrindo a guerra como jornalista. E tudo isso sem sair da praia no Rio. Saldanha, mentiroso? Não. A história é que insistia em incorporar-se à sua biografia.

Mesmo porque, de fato, ele já aprontara poucas e boas. Em 1948, como dirigente do Botafogo, interrompeu uma série de títulos invictos do Vasco, e sabe como? No jogo final, em General Severiano, espalhou pó de mico no vestiário reservado aos vascaínos e misturou tranquilizante na laranjada que, gentilmente, mandou servir a eles. O Botafogo ganhou por 3 a 1 e foi campeão carioca. Como militante do Partido Comunista desde 1935 — ou 1942, nem ele sabia —, foi baleado pela polícia do governo Dutra na sede da UNE em 1945, participou de um levante camponês no Paraná em 1946 e, em 1952, para "proletarizá-lo", o partido quase o casou com uma operária de São Paulo. Nos anos 40 e 50, Saldanha viveu diversos períodos na clandestinidade, dos quais saía e ia direto para a praia, onde seus companheiros de pelada no Posto 4 de Copacabana eram Pirica (futuro jogador do Botafogo), SANDRO Moreyra, Sergio Pôrto e o lendário craque Heleno de Freitas. Para confirmar essa narrativa há os fichários do Dops (Departamento de Ordem Política e Social), assinados pelo famigerado policial Cecil Borer, que dão conta das chamadas atividades subversivas que Saldanha, de fato, praticou.

Ele era valente e safo — "topete gaúcho com malícia carioca", segundo RUBEM Braga. Ao emitir opiniões como comentarista esportivo, não queria saber se estava ao microfone da Globo, no Bar do Osmar, na esquina da rua Miguel Couto com a Aires Saldanha, em Copacabana, ou numa roda do JANGADEIRO. Chamava jogadores de vendidos ou de pernas de pau, falava dos homossexuais que se faziam passar por treinadores de times juvenis e criticava o excesso de jogos durante a semana (sem se importar se isso irritava os patrocinadores de sua rádio ou TV). Às vezes, parecia um profeta. Na Copa de 1966, a Coreia fez 3 a 0 em Portugal no primeiro tempo e, no intervalo, ele, que assistia ao jogo, afirmou a um microfone: "Portugal vira isso fácil". No segundo tempo, deu Portugal 5 a 3.

Sua naturalidade diante da câmera tornava-o diferente de todo mundo na televisão — seu jeito sorridente de despedir-se, batendo com dois dedos na testa, à guisa de continência, foi adotado por muitos. A exemplo de seu amigo Nelson Rodrigues, Saldanha era uma figura popular: na rua, os desconhecidos sentiam-se à vontade para abordá-lo e perguntar: "E aí, João?". Era um grande conversador e, onde estivesse, rodas se formavam para ouvi-lo. Assim como IBRAHIM Sued, era um inventa-línguas — foi o criador de expressões consagradas do futebol, como "zona do agrião" (a grande área), "estar no bagaço" (extenuado), "ir pro vinagre" (jogo já perdido), "entregar o ouro" (expor-se demasiadamente ao adversário) e "gravata vermelha" (com a língua de fora). É possível que "cabeça de bagre" (o jogador perna de pau) também fosse de sua autoria.

Saldanha contou tantas vezes a história de que o ditador Médici o demitiu da seleção em 1970 por ele se recusar a convocar o centroavante Dario que a versão se tornou o fato. Mas, como já foi estabelecido por João Máximo em seu livro sobre Saldanha, isso nunca aconteceu. Não há sequer registro de que Médici tenha se irritado com sua frase "Eu não escalo o ministério e ele não escala o meu time". Ao contrário — segundo João Máximo, Médici, gaúcho e gremista como ele, era seu fã (achava-o corajoso) e, comunista ou não, queria vê-lo até presidente da então CBD, no lugar de João Havelange — que, este, sim, Médici detestava. Foi Havelange quem demitiu Saldanha, porque, a três meses da Copa, havia uma crise permanente na seleção e Saldanha não estava conseguindo armar o time.

E talvez tenha sido melhor assim. Como escreveu João Máximo: "Não ganharíamos o tri sem o João de 1969 [quando ele classificou com folga o Brasil nas eliminatórias] nem com o João de 1970" [quando ameaçou barrar Pelé, alegando que o craque estava ficando cego!]. Mas, enquanto se sustentou no cargo, Saldanha soprou uma saudável aragem do CASTELINHO (que frequentou por quase trinta anos) num organismo — a seleção — que começara a se levar excessivamente a sério.

Dias antes de ser demitido, sem ligar para as fofocas que o envolviam e à seleção em pleno Carnaval, Saldanha, como fazia todos os anos, aplicou seu bigode postiço de Groucho Marx e desfilou na BANDA de Ipanema. Ele não deixaria que aquelas questiúnculas envolvendo personagens menores, como Médici e Havelange, interferissem em seus compromissos com a Banda.

O Brasil foi tri sem ele, mas isso não diminuiu Saldanha. Pelos vinte anos seguintes, ele foi "o comentarista que o Brasil consagrou", como era anunciado pelo locutor Waldyr Amaral. Nunca lhe faltou um canhão — o microfone da Rádio Globo — ou uma coluna de jornal para falar de futebol ou do que quisesse.

A tal ponto que, para levá-lo, em 1990, a morte teve de ir buscá-lo na ativa — em Roma, cobrindo a Copa do Mundo para o *Jornal do Brasil*.

Frases

★ *Todo mundo diz que sou Botafogo. Sou Botafogo no Rio. Mas meu clube é o Grêmio. Todo garoto gosta mais do seu primeiro clube.* ★ *Dizem que os gaúchos gostam mais de boi do que de mulher. Não é verdade. Nós gostamos igual.* ★ *Eu não sabia que era machista.* ★ *As mulheres só serão livres no dia em que nós, homens, formos livres. Nós não somos livres.* ★ *Quem protesta já perdeu.* ★ *Eu não brigo para ganhar. Brigo porque tenho razão.* ★ *Todo treinador [de futebol] que defende concentrações longas é candidato a corno.* ★ *A bola não respira nem cansa. Além disso, é redonda. É ela que deve correr em campo.* ★ *Se concentração ganhasse jogo, o time da penitenciária não perdia um.* ★ *Se macumba ganhasse jogo, o campeonato baiano terminava empatado.* ★ *Se xadrez é esporte, são Jorge tem de sair na página de turfe.* ★ [Impondo uma condição para a militância política]: *Primeiro a gente tem que lutar pelo bife.* ★ *Vida que segue.*

SANDRO Moreyra
1918-87. Jornalista.

Quando Sandro Moreyra entrava na redação do *Jornal do Brasil* às quatro da tarde de qualquer dia da semana, como quem estivesse chegando da praia, seus colegas não se alteravam — ele estava mesmo chegando da praia. Especificamente, do CASTELINHO, que frequentava de segunda a sábado com um fervor quase religioso (domingo era o dia dos amadores). Sua cor era uma atração turística: lembrava velhas encadernações de clássicos franceses, e Sandro atravessava o ano queimado de sol. Seu expediente na areia ia das dez da manhã às três da tarde — "no horário do câncer de pele", segundo ele. Câncer este que Sandro desmoralizou, nunca se dando ao trabalho de passar cremes ou filtros e *não* morrendo por causa dele.

Ia à praia pela praia — ou não seria carioca. Não jogava vôlei ou frescobol, não caminhava na areia, e o máximo de esforço era um rápido mergulho a cada quinze minutos, depois do qual voltava para seu lugar ao sol: a cadeirinha. Ali era servido pelo vendedor de mate (com quem tinha conta e acertava por semana) e cercado pelos amigos: CARLINHOS Niemeyer, João SALDANHA, seus colegas de jornal Sergio Noronha e Salim Simão, o ator Carlos Eduardo Dolabella, o pianista Luiz Carlos Vinhas. Se os amigos não aparecessem, ele cumpria sua jornada do mesmo jeito.

Sandro era um humorista do futebol. A carteira de trabalho o dava como repórter, mas seu senso de humor prevalecia sobre a notícia. Sabia de tudo que se passava no Botafogo e nos outros clubes, mas preferia usar a imaginação, desde que pudesse fazer rir. Seu personagem do coração era Garrincha, sobre quem inventou as histórias que as pessoas repetiam como se fossem verdadeiras (uma delas, a de que Garrincha chamava os adversários de "João"). Para dar um ar de autenticidade aos relatos, Sandro os contava primeiro para um colega, como se passasse uma notícia em primeira mão — este o publicava e a ficção ganhava status de fato. Fez isso, por exemplo, com o crédulo Mario Filho, que recheou com elas seu livro *Copa do Mundo, 62*.

Foi Sandro, amigo íntimo de Garrincha, quem criou a imagem do jogador como um "passarinho" ingênuo e ajudou a encobrir suas trapalhadas com o álcool e as mulheres — muitas vezes enfiando-o no chuveiro de sua casa, tentando deixá-lo sóbrio para o treino no Botafogo. Quando Garrincha decaiu, Sandro continuou a inventar histórias, só que com um novo personagem: Manga, goleiro do mesmo Botafogo. Mas foi dos poucos que seguiram com Garrincha até o fim.

Filho de Eugenia e Alvaro Moreyra, duas grandes figuras da cultura brasileira na primeira metade do século, Sandro era hábil com as palavras — seu livro, *Histórias de Sandro Moreyra*, é um clássico do humor. Na Copa de 1966, em Londres (a primeira a que muitos brasileiros compareceram, pagando a viagem a prestações), um torcedor viu-o à saída do estádio logo depois da eliminação do Brasil diante de Portugal e perguntou, chorando: "E agora, Sandro???". Ele respondeu: "Agora você tem 25 meses para pagar". Em outra ocasião, na praia, no Castelinho, Sandro estava como sempre criticando a ditadura quando um senhor, na cadeirinha ao lado, o advertiu: "Muito cuidado com o que fala. Eu sou contra-almirante". Sandro não deixou a bola cair: "Eu também. Contra almirante, contra general, contra vocês todos".

Mas sua melhor frase foi a que pronunciou na praia, quando um amigo, ao ver que eram duas da tarde de um dia útil, o convidou para irem embora. Sandro respondeu: "Não posso. Ainda tenho muito que lazer".

José **SANZ**
1915-87. Crítico de cinema, livreiro e mito.

Tivesse José Sanz vivido na velha Provença de 1200, suas façanhas seriam cantadas em verso pelos trovadores. À falta destes, elas passaram à tradição oral dos botecos de Ipanema e, quiçá, do Quartier Latin. E, como não se pode jurar pela veracidade do que circula de boca em boca, pelo ar, através dos séculos, tente não rir das façanhas que a lenda atribui a Sanz. Elas podem ter acontecido.

Nos anos 40, por exemplo, ele separou pelo telefone uma briga entre marido e mulher — os quais eram Orson Welles e Rita Hayworth. Orson sempre lhe foi grato por isso e por outro importante motivo: em 1959, cruzando acidentalmente com Welles em Paris e, achando-o deprimido, Sanz sugeriu-lhe filmar o romance O *processo*, de Kafka. Welles seguiu o conselho e, em 1962, fez o filme com Anthony Perkins. Sua depressão passou instantaneamente. Daí a história de que se Welles, um dia, retomasse seu projeto de filmar *Don Quixote*, o papel-título caberia a Sanz (cuja barba branca e magreza lhe davam o physique perfeito para o papel), com o rotundo Akim Tamiroff como Sancho Pança.

Também pelo telefone, em 1943, Sanz disse ao dramaturgo Eugene O'Neill para deixar de ser chato e parar de se opor ao casamento de sua filha Oona, quase adolescente, com o quase sexagenário Charles Chaplin. O'Neill cedeu ao apelo e, por isso, sempre que o via, Geraldine Chaplin, filha de Oona e Chaplin, cobria-o de beijos — porque, sem Sanz, ela não existiria. A amizade entre Sanz e Chaplin não impediu que, em 1952, ele escrevesse uma crítica desancando *Luzes da ribalta*, apenas uma semana depois de o filme de Chaplin, ainda inédito em toda parte, ter estreado em Paris. O impressionante é que nem sua mulher, LUIZA Barreto Leite, sabia que Sanz viajara para assistir ao filme em Paris, já que não deixara de vê-lo por um único dia na casa deles, no Rio.

Outra história corrente era de que Sanz, filho de um anarquista, saíra pela primeira vez de Ipanema em 1938, para lutar na Guerra Civil espanhola, ao lado de Ernest Hemingway e André Malraux. Mas isso nunca ficou provado. Alguns juravam até que ele nunca fora à Europa, embora admitissem que era capaz de descrever cada quarteirão de Paris, localizando os botequins, cinemas e livrarias com a exatidão de quem morara lá a vida toda. Bem, pelo menos para isso havia uma explicação: Sanz efetivamente morou em Paris por algum tempo, nos anos 50, dividindo um *studio* com o crítico paulista de cinema Paulo Emilio Salles Gomes. E um indício de que tudo que ele dizia *talvez* fosse verdade era o fato de que jamais caía em contradição — por mais improváveis, todas as suas histórias eram coerentes em termos de lugar e época. Ou, pelo menos, ele as contava sempre do mesmo jeito.

E havia também a sua incrível correspondência com certos artistas. Sanz dizia, com uma ponta de tédio, que André Gide, Jean Cocteau, Luis Buñuel, Jeanne Moreau, Gérard Philipe e outros viviam lhe escrevendo. As pessoas duvidavam da existência dessas cartas. Para tapar a boca dos incréus, Sanz catava displicentemente nos bolsos das calças uma carta recente, já toda amarrotada, e a exibia. Não havia possibilidade de fraude: no envelope estavam o nome e o endereço do remetente, os selos e os carimbos do correio francês. Nas cartas, ostentando as assinaturas famosas, Gide, Cocteau e os outros lhe pediam conselhos ou faziam confidências.

A existência das cartas autorizava a que se acreditasse ser verdadeira sua mais famosa história: a das sardinhas da Noruega. Numa noite em fins dos anos 50, Sanz recusou o convite de PAULO Mendes Campos e Sergio Pôrto para comer um prato de sardinhas no JANGADEIRO. Disse que, tendo em casa sardinhas da Noruega, não iria se passar por sardinhas vagabundas, pescadas não sabia onde — notar que, naquela época, era mais fácil ter um marciano em casa do que produtos importados. Os amigos duvidaram e o desafiaram a mostrar as sardinhas. Sanz tentou fugir, alegando que, àquela hora, Luiza estaria dormindo e ele não queria levar gente para casa. O poeta e o jornalista insistiram, e Sanz teve de ceder. Rumaram para sua casa, na rua Barão da Torre. Pedindo silêncio para que Luiza não acordasse, ele abriu um armário e exibiu-lhes montanhas de latas de sardinhas da Noruega.

Aparentemente, Sanz nunca se deu conta das dimensões do folclore a seu respeito. Nos anos 60, Carlos Heitor Cony citava-o quase todo dia nas crônicas de sua coluna "Da arte de falar mal", no *Correio da Manhã*, fazendo-o protagonizar as histórias mais absurdas, e, em 1965, começou a publicar um folhetim de humor no efêmero jornal *Reunião*, intitulado "Vida, paixão e glória do brasileiro José Sanz, escrita por seu admirador e exegeta Carlos Heitor Cony". Sanz parecia não se importar — levava-se a sério demais para supor que os outros não fizessem o mesmo. Era consciente de sua cultura e discutia com base e segurança sobre jazz, *science fiction*, surrealismo, artes plásticas, literatura e o cinema de qualquer época, inclusive o búlgaro.

Sanz podia ser uma figura da *Sanz fiction*, como a chamavam. Mas nenhum folclore poderá diminuir suas realizações. Foi diretor da Cinemateca do MAM (Museu de Arte Moderna), do Rio, para a qual comprou o acervo básico e produziu, com o crítico Moniz Vianna, fabulosas retrospectivas dos cinemas italiano e francês; organizou festivais internacionais; também foi bom crítico de cinema (do *Globo*); e, nos anos 70, administrou algumas das mais charmosas livrarias de Ipanema. E foi amigo de Orson Welles.

Paulo Cesar **SARACENI**
1933-2012. Cineasta.

Ele é o único brasileiro que foi de ônibus para a Europa. E não é piada. Em fevereiro de 1960, Paulo Cesar Saraceni ganhou da embaixada italiana no Rio uma bolsa para estudar no Centro Sperimentale de Cinema, em Roma. Sem dinheiro para ir de avião, resolveu ir de navio e comprou uma passagem do Lloyd Brasileiro. Mas, no dia do embarque, dormiu além da hora e conseguiu perder o navio. Sem problema — ele poderia tomá-lo em Vitória (ES), onde sabia que o navio faria uma longa parada durante o Carnaval. E assim, dias depois, deu-se a clássica cena do embarque, com o viajante já enfiado em casacos para o inverno europeu, malas com roupa para passar dois anos, beijos, abraços e choradeira da família, dos amigos e da namorada. Só que, em vez do charmoso Touring Club, no cais do porto carioca, o cenário do bota-fora era a velha rodoviária da praça Mauá, de onde saía o ônibus para Vitória. A frase sobre ir de ônibus para a Europa foi criada pelo pai de sua namorada Helena, o urbanista Lucio Costa.

Saraceni chegou à Itália, fez um ano do curso de cinema (onde foi colega dos futuramente célebres Marco Bellocchio e Bernardo Bertolucci) e voltou para o Rio para tornar-se um dos expoentes do CINEMA NOVO — movimento do qual foi um dos fundadores e autor da expressão "Uma ideia na cabeça e uma câmera na mão". Mas, desde então, seu percurso como cineasta foi tão complicado quanto aquela viagem.

Nos quarenta anos que separam o curta *Arraial do Cabo* (1959) de *O viajante* (1998), Saraceni teve problemas com *todos os* filmes que fez. *Porto das Caixas* (1962) passou quatro meses na Censura e ficaria virgem nos cinemas se não tivesse conquistado pilhas de prêmios em festivais (ninguém queria lançá-lo comercialmente). *O Desafio* (1965), que trata do dilema de um intelectual de esquerda depois do golpe de 1964, ficou oito meses na Censura e não irritou apenas os militares — irritou também GLAUBER Rocha, que o tachou de "provocação irresponsável" (o que, vindo de Glauber, era cômico). *Capitu* (1968), baseado em Machado de Assis e o filme mais comercial de Saraceni, foi bem na bilheteria, mas tinha custado muito caro. O filme seguinte, *A casa assassinada* (1971), a partir do romance de LUCIO Cardoso, *Crônica da casa assassinada*, ganhou outra montanha de prêmios, mas Severiano Ribeiro, o principal exibidor do Rio, não queria saber dele — era "de arte" demais. Saraceni não concordava e garantiu que, se Severiano fizesse uma sessão do filme num cinema de Ipanema, à meia-noite, na véspera de Natal, o cinema encheria. Severiano apostou que não haveria quinhentas pessoas na plateia.

Saraceni topou a aposta — mas, se passassem de quinhentas, Severiano teria de produzir um filme para ele no Carnaval. Foram 850 pessoas.

Com as trinta latas de filme que ganhou na aposta com Severiano, Saraceni rodou em seis dias *Amor, Carnaval e sonhos* (1973). O filme começava com um sublime dueto entre LEILA Diniz e Hugo CARVANA (ela de pirata, ele de malandro, os dois sambando ao som de uma caixa de fósforos), e, mesmo com belas cenas de cama entre ARDUINO Colasanti e Ana Miranda, a plateia não gostou. Além disso, o filme foi lançado exatamente no Carnaval, quando os cinemas ficam vazios. O filme que se seguiu, *Anchieta, José do Brasil* (1977), era um épico, e os épicos costumam enlouquecer os que trabalham neles. O filme foi rodado em Porto Seguro (BA) e Paraty (RJ). Entre as duas locações, a produção parou durante oito meses porque Roberto Farias, presidente da Embrafilme, assustado com uma história que chegara da Bahia — a de que a polícia encontrara drogas no ônibus da equipe perto de Vitória —, retirou o dinheiro da empresa. No Rio, Saraceni foi às faces de Farias, os dois rolaram pelo chão no escritório da Embrafilme (sob o olhar de Geisel no retrato oficial) e Saraceni teve de cavar outro dinheiro para terminar o filme. O qual, para variar, foi mal lançado.

Ao sul do meu corpo (1982) era um filme político e, em plena abertura, ficou dois anos na Censura. Em 1983, Saraceni e Leon Hirszman foram a Roma filmar *Bahia de todos os sambas*, a partir de um festival de música brasileira na piazza Navona com João Gilberto, Dorival e Nana Caymmi, Caetano Veloso, Gilberto Gil, Gal Costa, Maria Bethânia, Tom Zé, Batatinha, os Novos Baianos e dezenas de outros baianos vivos ou mortos. Brigas entre os produtores italianos paralisaram a pós-produção, e o filme só foi montado e finalizado em 1996 — treze anos depois. Em 1987, Saraceni filmou *Natal da Portela*, uma coprodução entre o Ministério brasileiro e o francês da Cultura. Montou e mixou o filme em Paris e voltou para o Rio. Mas, como o governo brasileiro se descuidou de sua parte do dinheiro, os franceses sequestraram o filme, exibiram-no na Europa inteira, nunca lhe pagaram um centavo e ainda cobraram as despesas de laboratório — Saraceni só o recuperaria em 1990, mas não conseguiu lançá-lo aqui. Nada, no entanto, supera o tempo que ele levou para completar sua carinhosa trilogia de LUCIO Cardoso, planejada e iniciada em 1961: 36 anos — de *Porto das Caixas* a *A casa assassinada*, passaram-se nove anos; deste a *O viajante*, outros 27. Como é que ele aguentava?

Saraceni poderia ter se poupado de tudo isso se tivesse sido jogador de futebol. Nascido na Gávea, mas morador de Laranjeiras, era craque do juvenil do Fluminense — jogava como centroavante — e, em 1952, foi convocado para a Olimpíada de Helsinque na reserva de Vavá (na última hora, foi cortado).

Mas Saraceni era também aluno do Liceu Francês e colega de ALBINO Pinheiro, IVAN Lessa e ZÉ Henrique BELLO. E, como ele, todos gostavam de samba, jazz, cinema, pintura, literatura. Naquela época, Saraceni leu impressionado o romance *Mundos mortos*, de Octavio de Faria, de quem nunca ouvira falar, e assistiu ao filme *Depois do vendaval*, de John Ford. Para sua surpresa, um dirigente do Fluminense, que acabara de voltar da Europa e estava sempre de olho nos juvenis, era Octavio de Faria. Imagine a surpresa de Octavio, cinéfilo apaixonado, ao conhecer um jogador de futebol que sabia quem era John Ford e até lera um de seus romances.

Com Octavio (que, desde os anos 30, era uma potência intelectual do Rio e exercera grande influência sobre VINICIUS de Moraes), Saraceni conheceu LUCIO Cardoso. Ali, um mundo se abriu para ele: Lucio era romancista, poeta, teatrólogo, artista plástico e começara a dirigir um filme que não conseguiria terminar. Era também boêmio radical e seu apartamento em Ipanema vivia cheio de gente criativa e fascinante. Outro apartamento, este em Laranjeiras, onde Saraceni encontrou seus pares, foi o de LILIANE Lacerda de Menezes. O futebol ficou definitivamente para trás e, em 1954, ao assistir ao filme *Ouro e maldição* (1924), de Erich von Stroheim, num festival de cinema em São Paulo, Saraceni viu que não havia mais volta. Seu mundo passou a ser o dos cineclubes (onde conheceu os meninos que fariam com ele o Cinema Novo) e, por algum tempo, em 1956, o teatro, quando Paulo FRANCIS o convidou a ser seu assistente numa peça que iria dirigir: O *dilema do médico*, de Bernard Shaw. E, em 1958, ganhou meia hora de filme virgem e rodou *Caminhos*, o curta-metragem que lhe valeu a bolsa para estudar em Roma.

Saraceni nunca se deixou abater pelos problemas com seus filmes, pelo mesmo motivo que ninguém dispensa oxigênio por estar respirando mal — ao contrário, precisa de mais oxigênio. O cinema integrou-se ao seu sistema. Nesse sentido, sua trajetória se parece com a de seu herói, Lucio Cardoso, cujos livros também foram mal lançados ou mal recebidos, ficaram presos nas editoras sem ser publicados ou, como aconteceu durante décadas, fora de catálogo. Mas isso não impediu Lucio de escrever.

Saraceni foi o mais ipanemense dos cineastas brasileiros. Nunca fez um filme sobre o bairro, mas, em seu livro *Por dentro do Cinema Novo — Minha viagem* (1993), a importância de Ipanema em sua formação (e na de sua geração) fica declarada. As pessoas com quem trabalhou em todos os seus filmes foram os amigos que fez em Ipanema a partir dos anos 50 e que se formaram no mesmo espírito eclético e cosmopolita. Muitos desses filmes foram produzidos por seu irmão Sergio Saraceni (em *Capitu*, foi Mario Fiorani). Como roteiristas, teve Marcos Konder Reis e o próprio Lucio Cardoso. Seu diretor de fotografia e montagem foi quase sempre MARIO Carneiro. Seus cenógrafos e figurinistas, FERDY Carneiro ou Zé Henrique Bello. ANTONIO CARLOS Jobim, que vivia recusando propostas de Hollywood, fez a música para seus três filmes baseados em Lucio. Eduardo Escorel cuidava do som. Em seus elencos, Saraceni teve GUERREIRINHO (Josef Guerreiro), Othon Bastos, NELSON Dantas, Paulo César PEREIO, Hugo CARVANA, Carlos Kroeber, LEILA Diniz, VERA Barreto Leite, ARDUINO Colasanti, ANA MARIA Magalhães, MARIA GLADYS, Rui Polanah, MARILIA Carneiro, SCARLET Moon de Chevalier, Tetê Medina, ZÓZIMO Bulbul, ROSAMARIA Murtinho, sua mulher, Ana MARIA do Nascimento e Silva, muitos outros, e até FAUSTO Wolff, JAGUAR, Rony "Porrada" — tudo Ipanema.

Saraceni tinha mais prestígio na Europa do que no Brasil. Desde que foi até lá pela primeira vez — de ônibus, lembra-se? —, voltou muitas vezes (de avião) e sempre para atividades triviais: recolher prêmios em festivais, trocar ideias com colegas como Elio Petri e Francesco Rosi, e namorar uma ou outra estrela de Antonioni. Precisava mais?

SCARLET Moon de Chevalier
1950-2013. Jornalista, atriz e apresentadora de TV.

"Isso não é um nome, é uma alegoria", disse Joãozinho Trinta à própria Scarlet Moon. Mas é claro que esse era o nome de Scarlet. O de seu irmão era ainda mais exuberante: Ronald Russel Wallace de Chevalier — ou, alguns uísques depois, RONIQUITO. Nomes exóticos eram uma preferência do pai deles, o poeta amazonense Walmik Ramayana de Chevalier, descendente de índios e franceses, donde íntimo de luas escarlates.

Com esse parentesco, era inevitável que as coisas acontecessem cedo para Scarlet. Aos sete anos, ela observava um senhor com jeito de padre, que caminhava nos fins de tarde pelo Posto 6 com o queixo enterrado no peito. Na mesma época, Scarlet leu um poema de Carlos DRUMMOND de Andrade e apaixonou-se pelo autor. Procurou outros livros dele, decorou tudo que podia e fantasiou sobre como seria o poeta. Um dia, seu pai, que conhecia todo mundo, apresentou-a na rua a Drummond. Scarlet fez: era o "padre".

Aos doze anos, em 1962, começou a ser levada por Roniquito (quatorze anos mais velho) ao Bateau e ao Jirau, boates de Copacabana. Para fugir às blitze do famigerado delegado Padilha, os de menores escondiam-se no banheiro. Scarlet logo teria mais horas de banheiro de boate do que de brincadeiras com sua boneca Suzy. Às vezes saía da boate ao nascer do sol e ia direto para o curso de mergulho no Clube dos Marimbás. No qual, aliás, logo venceu o medo de afogar-se ao ouvir de seu instrutor, o lendário mergulhador Américo Santarelli: "Mulher não afunda, porque tem bunda de rolha".

Scarlet foi uma espécie de antologia ambulante de Ipanema e do pós-Ipanema. Ainda de tranças, pegou os últimos tempos do MAU CHEIRO, em 1962; debutou no primeiro caju-amigo que Carlinhos NIEMEYER promoveu na praia, em 1963; e, desde seu primeiro biquíni, fez parte de todas as turmas que se sucederam na areia: as do ARPOADOR, do CASTELINHO, da MONTENEGRO, do PÍER e do SOL Ipanema. Em 1964, com quatorze anos e 1,78 metro, já assustava os homens com sua independência. Tornou-se modelo da loja H. Stern e sua mentora era VERA Barreto Leite, recém-chegada da Maison Chanel, em Paris. Quatro anos depois, num desfile de roupas "espaciais" pela Fenit, em Brasília, teve como colega de passarela um modelo local, chamado Fernando Collor de Mello. Mas não teve culpa disso.

Nos anos 70, Scarlet fez teatro, foi assistente de DANIEL Más na *Última Hora*, participou da louquíssima equipe do filme *Anchieta, José do Brasil*, de Paulo Cesar SARACENI, e durante sete anos estrelou o telejornal *Hoje*, da TV Globo, com NELSON Motta. Depois uniu seus talentos de atriz e de repórter em programas dos anos 80, como *90 Minutos* (Bandeirantes), *Noites Cariocas* (Record) e *Mulher de Hoje* (Manchete), criando um tipo entre o cômico e o sério que, muito depois, seria retomado por Regina Casé na Globo. Desde então, Scarlet casou e descasou diversas vezes, a maioria com o mesmo ex-marido (Lulu Santos), e publicou, em 1999, *Areias escaldantes*, um relato sobre os agitos do píer nas décadas de 70 e 80. Mas o grande livro que ela poderia ter escrito seria a história de uma garota — ela mesma — que entrou e saiu de absolutamente *todas* em Ipanema nos anos dos brabos agitos. E que uma devastadora doença degenerativa precisou de dez anos para vencê-la.

Carlos **SCLIAR**
1920-2001. Artista plástico.

Quem conhece Carlos Scliar apenas de galeria e o admira por seus retratos, marinhas e naturezas-mortas talvez não saiba que ele comandou uma das mais fascinantes revoluções gráficas da imprensa brasileira: a da revista SENHOR, criada e dirigida por Nahum Sirotsky e de cujo departamento de arte foi o chefe de 1959 a 1960. Era de sua cabeça que saíam todas aquelas inovações, tão ousadas para a época. Seus assistentes eram jovens que depois fariam jus a nome próprio: GLAUCO Rodrigues, BEA Feitler e JAGUAR. Foi uma experiência que o marcou como pintor e desenhista. Dali Scliar passaria a usar elementos das artes gráficas em seu trabalho, como colagens de páginas de velhos livros e fragmentos de cartas, e aquilo lhe daria mais noção de sua própria agilidade. Scliar conta que, certa vez, pintou um quadro em quinze minutos — porque "começou a pintá-lo em 1920", quando nasceu.

O gaúcho Scliar conheceu uma guerra mundial ao vivo: a Segunda. Foi cabo da Artilharia da FEB (Força Expedicionária Brasileira) na Itália, em 1944 e 1945, convivendo no front com os repórteres RUBEM Braga e Joel Silveira. Mas, antes de ser soldado, já era pintor. E, com Florença ali ao lado, para onde escapava sempre que podia, era normal que não se interessasse muito em dar tiros. Da guerra, além de pilhas de desenhos feitos nas trincheiras, Scliar trouxe uma preocupação pioneira com a não violência, a natureza e a conservação. Quando veio para o Rio, em 1956, foi morar em Ipanema, na fase que classificou de "paraíso pré-'GAROTA de Ipanema'". Nada contra a música ou a garota, ele dizia, mas, já em 1964, começara a captar os sinais de que o bairro não resistiria à razia imobiliária. Mudou-se então para o Leblon, de onde batalhou pela recuperação do Parque Lage, contribuiu para o tombamento do espelho d'água da Lagoa e passou a lutar pela preservação do sempre ameaçado morro Dois Irmãos. E, de seus ateliês em Ouro Preto e Cabo Frio, manteve uma soberana vigilância sobre a montanha e o mar.

SENHOR
1959-64. Revista mensal.

Será que um dia teremos outra igual? Foi a revista mais admirada, criativa e inteligente da imprensa brasileira, e qualquer um de seus números exibia mais talento concentrado do que um ano inteiro das outras revistas então em circulação. Seu quadro de redatores e de colaboradores fixos, fora os rotativos, era de humilhar a concorrência. Tinha cerca de 30 mil assinantes classe A, não fazia feio nas bancas e não lhe faltava publicidade. Pois, com tudo isso a seu favor, *Senhor* fechou em 1964, e pelo mesmo motivo por que tantas outras coisas acabaram no Brasil — por uma crise política, econômica ou ambas. E crise era o que havia de sobra por aqui às vésperas do golpe de 1964.

Senhor tratava de política, negócios, artes, moda, comportamento e serviço e não se parecia com nenhuma outra revista do país. Estava tão distante de *Visão* e *Manchete* (as bambambãs da época) quanto do *Pato Donald*, e, embora sua receita editorial lembrasse a das americanas *Esquire* e *Fortune*, era uma experiência autóctone. Em seus cinco anos de vida, *Senhor* contribuiu tanto para informar e civilizar seus leitores quanto para mostrar que o Brasil estava se transformando. Durou de março de 1959 a janeiro de 1964, mas sua melhor fase deu-se nos três primeiros anos, quando tinha um discreto, quase imperceptível e talvez inconsciente sabor de Ipanema. Não se falava do bairro na revista, e a própria redação, que começou num andar da travessa do Ouvidor, no Centro, mudou-se depois para uma casa na rua Santa Clara, em Copacabana. Mas a maioria de seus principais nomes era Ipanema de corpo ou espírito.

Seu fundador e primeiro editor-chefe foi Nahum Sirotsky (1926-2015), então com 32 anos e oriundo justamente de *Visão* e *Manchete*. O dinheiro vinha de Simão Weissman, um dos homens fortes da editora Delta Larousse. Sirotsky propôs-lhe fazer uma revista "para ser lida pelos elementos mais responsáveis da vida nacional, a fim de estimulá-los a considerar com mais seriedade os problemas culturais do país". Dito assim, mais parecia uma receita de bolo, mas Weissman se empolgou. E, com a equipe que Sirotsky reuniu em fins de 1958, *Senhor* provou-se um *choix* de baba de moça, quindim e ambrosia, em termos editoriais e gráficos.

Paulo FRANCIS, 28 anos e terrível crítico de teatro do *Diário Carioca*, era editor assistente. Pautava os ensaios sobre cultura e comportamento, escrevia artigos e notas, escolhia a ficção estrangeira e titulava grande parte dos artigos da revista (era muito bom para inventar títulos) — no começo, auxiliado pelo também jovem (23 anos) IVAN Lessa. Newton Rodrigues era o editor de política e economia e pedia colaborações a ativistas de todas as cores — do mofado Plínio Salgado, antigo líder integralista, ao incendiário Francisco Julião, chefe das Ligas Camponesas (os sem-terra da época), passando por Carlos Lacerda (escrevendo sobre rosas) e Jânio Quadros (antes de ser presidente, mas já dando cambalhotas em mesóclises). Todos eram pagos — ninguém escrevia de graça —, mas com a condição de poderem ser copidescados. Luiz Lobo era o editor executivo: cuidava do humor e dos serviços, perfilava as moças que se deixavam fotografar e criou o texto padrão da revista, marcada por dirigir-se ao leitor como "o senhor" e por dizer coisas engraçadas que se fingiam de sérias.

Mas o que tornava *Senhor* diferente era sua apresentação visual. Era uma revista de artistas plásticos com gosto pelas artes gráficas. O diretor de arte era Carlos SCLIAR, secundado por GLAUCO Rodrigues e pelo quase iniciante JAGUAR. Scliar e Glauco criaram capas modernas que, entre molduras, honrariam qualquer parede. Por um breve período tiveram a ajuda de CAIO Mourão, depois mais famoso como joalheiro, e BEA Feitler, que sairia de *Senhor* quase direto para a *Harper's Bazaar* em Nova York. Jaguar produzia grosas de cartuns por número e, na última fase da revista, editou um caderno de humor chamado "O Jacaré", que antecipava achados do futuro PASQUIM.

Scliar saiu em 1960 e a chefia de arte foi assumida por Glauco, que, por sua vez, em 1961, deu lugar a Michel Burton, pai do futuro artista gráfico Victor Burton. Todo o pessoal da redação e da arte, exceto Sirotsky e Luiz Lobo, era "Ipanema".

Os colaboradores, então, nem se fala. O ubíquo YLLEN Kerr produzia colagens (então uma grande novidade), palpitava em tudo na revista e trazia do ARPOADOR as "moças de família" que topavam posar "artisticamente" para a revista. As fotos não tinham malícia, mas a regra na imprensa era a de que só artistas, cantoras e atletas sujeitavam-se a isso. Algumas dessas moças logo seriam lendas em Ipanema, como a loura IRA Etz (estrela do nº 1, sob o título "A Ira do Senhor"), REGINA Rosenburgo, Monica Silveira, Cookie Bello e Ana Luiza "Bruxinha" Rabelo. A própria HELÔ Pinheiro (ainda Heloísa Eneida) saiu em *Senhor* em 1962, meses antes de ser "descoberta" às margens do bar VELOSO por ANTONIO CARLOS Jobim e VINICIUS de Moraes e tornar-se a "GAROTA de Ipanema" oficial.

Ferreira GULLAR fazia crítica de arte; Alex Viany, de cinema; Telmo Martino, de livros. O arquiteto SERGIO Rodrigues, inventor da "poltrona Mole", ensinava o homem solteiro a decorar o apartamento (o que era um estímulo a esse homem para que crescesse e saísse da casa da mamãe). MARCOS de Vasconcellos e NAPOLEÃO Moniz Freire escreviam contos; PAULO Mendes Campos e Claudio Mello e Souza, poemas. MARINA Colasanti começava a aparecer, escrevendo e posando para moda. Armando ROZÁRIO era o fotógrafo. Outros colaboradores frequentes eram MILLÔR Fernandes, RUBEM Braga, Carlos DRUMMOND de Andrade, LUCIO Cardoso, ANIBAL Machado, FERNANDO Sabino, ELSIE Lessa, Vinicius de Moraes, CARLINHOS Oliveira, JOSÉ HONORIO Rodrigues, JOSUÉ de Castro, Armando Nogueira, LUCIO Rangel, ZIRALDO e os irmãos Bruno e Rudolf HERMANNY. Entre suas vendedoras de assinaturas, estava YONITA Salles Pinto, dezesseis anos e já imprópria para menores.

E havia os que não eram Ipanema nem precisavam ser: Otto Maria Carpeaux, Antonio Callado, Antonio Maria, Otto Lara Resende, Marques Rebelo, Carlos Heitor Cony, Gustavo Corção, Darcy Ribeiro, Mario Faustino, Manuel Bandeira, José Ramos Tinhorão, Flavio Rangel, Celso Furtado, Sergio Pôrto, Maurício Bebiano Barbosa, e ponha gente nisso. *Senhor* publicou grande ficção nacional inédita: novelas como "A morte e a morte de Quincas Berro d'Água", de Jorge Amado, "Meu tio, o iauaratê", de Guimarães Rosa, e uma cena de *Boca de Ouro*, de Nelson Rodrigues. Os contos de Clarice Lispector eram frequentes, até que ela ganhasse um espaço fixo ("Children's Corner") — numa época em que nenhum editor de livros queria saber dela. E, acredite ou não, *Senhor* foi a primeira revista a publicar um texto de um garoto (22 anos em

1959) desconhecido chamado Paulo Coelho. Claro que, sendo Francis o editor de ficção, o forte seriam os escritores estrangeiros, mas só os do primeiro time: F. Scott Fitzgerald, Dorothy Parker, James Thurber, George Orwell, Truman Capote, Mary McCarthy. *Senhor* foi a primeira a dar no Brasil uma prévia de *Lolita*, de Vladimir Nabokov, que sairia dali a pouco pela Civilização Brasileira com capa de Eugenio HIRSCH.

Em agosto de 1961, *Senhor* mudou de proprietário e Nahum preferiu afastar-se da direção. Deixou para trás a revista de seus sonhos e foi trabalhar com o embaixador Roberto Campos nos Estados Unidos. Em seu lugar entrou Odylo Costa Filho, mas Francis continuou no comando, como o poder atrás do trono. Depois, Odylo foi substituído pela dupla Reynaldo Jardim e Edeson Coelho, um poeta e um publicitário. Francis saiu em meados de 1962 e, nessa fase, que correspondeu aos dois últimos anos da revista, *Senhor* ficou mais sisuda. Mas continuou a ser uma revista adulta, que acreditava na inteligência do leitor.

O Brasil é que não estava nada inteligente e ainda iria piorar. Com a crise política e a retração dos negócios no início de 1964, *Senhor* tornou-se inviável e fechou. Em meados dos anos 70, seu título foi comprado por um grupo de São Paulo, que, por algum tempo, editou uma revista com o mesmo nome. Favor não confundi-las.

A única revista a herdar parte do espírito da *Senhor* original foi a quase desconhecida *Diners*, que durou basicamente o ano de 1968 e meados de 1969 e tinha circulação restrita aos clientes do cartão de crédito. Paulo Francis, não por coincidência, era o seu editor. E, assim como *Senhor*, *Diners* também teve sua existência abreviada por um fato político: o AI-5. Com a prisão de Francis no dia seguinte ao ato de 13 de dezembro, Beki Klabin, proprietária da revista, fechou-a seis meses depois. Não ficava bem a uma publicação do austero cartão de crédito ser dirigida por um perigoso preso político — embora ninguém mais inofensivo do que Francis. Os últimos números foram editados por Millôr, este, sim, muito mais perigoso.

SERGIO Rodrigues
1927-2014. Arquiteto e designer de móveis.

O que, além do poder, o papa Pio XII, a rainha Elizabeth, o presidente americano John Kennedy e o premiê soviético Nikita Khruschóv tinham em comum? Uma "poltrona Mole", criação de Sergio Rodrigues. Assim que a descobriram, todos a tiveram em seus palácios e nelas depositaram seus cansados braços, costas e bumbuns. Desconhecem-se registros oficiais, mas não será surpresa se várias crises mundiais do começo dos anos 60 só tiverem sido evitadas porque, a ponto de explodir, um deles se atirou numa poltrona Mole e relaxou.

Quem melhor a definiu foi Sérgio Augusto, em O *Estado de S. Paulo*: "Ah, a poltrona Mole! Quem nunca se sentou numa não sabe o que é. Perdão, na poltrona Mole não se senta. Refestela-se, repimpa-se, repoltreia-se. É um regaço de jacarandá, tiras de couro e almofadas, que entrou para a história do mobiliário brasileiro na mesma época e com a mesma força expressiva da BOSSA NOVA".

Donde, se alguém pode usar a frase feita e efetivamente falar de cadeira no Brasil, é Sergio Rodrigues, que criou a Mole em 1957. Em 1961, ele venceu com ela o Concurso Internacional do Móvel, em Cantù, Itália, derrotando 437 peças de 27 países — e, a partir daí, com o nome de "Sheriff Chair", a Mole foi incorporada ao mobiliário clássico moderno. Sheriff ou não, nunca deixou de ser uma criação arraigadamente brasileira — para o sociólogo Odilon Ribeiro Coutinho, ela combinou "o dengo e a moleza libertina da senzala com a preguiça e o aconchego macio da casa-grande".

A poltrona Mole, como quase todas as primeiras criações de Sergio Rodrigues, foi um produto da Oca, a loja de móveis que ele abriu na praça General Osório em 1955. Lá nasceu também outra de suas apaixonantes cadeiras: a Oscar. Em pouco tempo, a Oca atraiu para aquele quadrilátero de Ipanema uma inacreditável concentração de designers. Ali coexistiram, durante anos, a Mobília Contemporânea, de Michel Arnoult e Norman Westwater; a loja de Joaquim TENREIRO (que se mudou de Copacabana para a praça por sugestão de Sergio); a PETITE GALERIE, de Franco Terranova; a loja de Emmerich Marcier; a de Christian Roule; e a Meia-Pataca, também de Sergio e que era uma Oca mais popular. Mas, embora os móveis da Oca fossem obras de arte, não eram intocáveis ou para ser contemplados à distância. Nas festas de lançamento de um deles, Sergio botava as cadeiras e poltronas na calçada e fazia a praça General Osório voltar aos tempos em que as famílias se sentavam na porta de casa para conversar fiado. E, como não se tivesse mais o que fazer, a Oca servia também de sala de espera para seu querido vizinho, o Teatro de Bolso, de SILVEIRA Sampaio.

Sergio não se contentou em tornar mais moderno e confortável o recheio das casas brasileiras. Em 1960, começou a projetar suas "casas de armar", a serem construídas com módulos pré-fabricados em maçaranduba, jatobá, ipê e garapa. Sua ideia era derrubar um velho preconceito nacional, que via as casas de madeira como provisórias, improvisadas e, no máximo, para regiões serranas. Sergio começou por adaptá-las ao clima e às condições culturais do país. Abriu-lhes janelões, varandas e balcões, tirou-lhes aquele aspecto de sauna e inventou um sistema permitindo que fossem expandidas para cima e para os lados. A primeira que construiu foi a dele mesmo, perto da Fazenda Inglesa, em Petrópolis — e da qual nunca mais se afastou nos fins de semana.

"É aconchegante, nos abraça como uma casca", ele disse certa vez. "Quando a gente entra nela, sente aquele cheiro gostoso de madeira. É uma coisa viva, um prolongamento da natureza." Desde então construiu dezenas de outras, no Rio e em Brasília. Infelizmente, todas de luxo, porque nunca conseguiu que o governo adotasse uma política de reflorestamento que permitisse construir casas populares de madeira — embora seu preço correspondesse a um quarto do de uma casa convencional de alvenaria.

Sergio Rodrigues fazia seus móveis e casas à sua imagem: exuberantes, alegres, gratos à vida. Quando ele tinha pouco mais de um ano, em dezembro de 1929, seu pai, o desenhista Roberto Rodrigues, foi assassinado aos 23 anos na redação de *Crítica*, o jornal de seu avô Mario Rodrigues. O irmão mais novo de Roberto, Nelson Rodrigues, extraiu desse episódio os fundamentos para grande parte de sua obra teatral. Sergio foi criado pelos avós maternos, os Mendes de Almeida, e não sofreu a sucessão de tragédias que, pelos dez anos seguintes, quase destruiu os demais Rodrigues. Mas acompanhou tudo com seus olhos de criança, e isso foi decisivo em sua formação como homem e como artista — grande nas duas categorias.

SILVEIRA Sampaio
1914-64. Médico, autor, ator, diretor e produtor de teatro, cinema, televisão e boate.

Um repórter perguntou ao inglês Noël Coward como ele explicava seu sucesso como dramaturgo, ator, autor, compositor, letrista, cantor, *showman* e diretor de teatro e cinema. Noël respirou fundo e respondeu: "Talento". Se alguém lhe tivesse feito essa pergunta, o brasileiro José de Silveira Sampaio poderia ter dado a mesma resposta — sabia fazer de tudo na área do espetáculo, exceto talvez engolir fogo. Foi uma absoluta celebridade em seu tempo. E hoje está esquecido em igual dimensão.

Suas comédias, escritas, produzidas, dirigidas e interpretadas por ele próprio e em seu próprio teatro — o Teatro de Bolso de Ipanema, na praça General Osório —, eram admiradas e concorridíssimas. *Da necessidade de ser polígamo*, que inaugurou o teatro, ficou seis meses em cartaz em 1949. A esta somaram-se *A inconveniência de ser esposa* e *A garçonnière de meu marido*, formando sua *Trilogia do herói grotesco* — uma versão do teatro francês de boulevard, mas com tempero e graça cariocas. E não parou mais: *Triângulo escaleno, Sua Excelência em 26 poses, Deu Freud contra, O cavalheiro sem camélias, Só o faraó tem alma* e muitas outras. Eram tramas típicas dos anos 50, em que muitos casamentos felizes se constituíam de marido, mulher e amante (sendo esta última categoria aplicada aos dois sexos) e, à falta de motéis, que ainda não existiam, os lares tinham como extensão as garçonnières.

Não que, desde o princípio, Silveira Sampaio quisesse ser esse faz-tudo. Ao escrever sua primeira peça, foi humildemente lê-la para o elenco, apenas para mostrar como achava que o herói devia comportar-se no palco. Mas sua verve e gesticulação eram tão especiais que os outros se convenceram de que ninguém mais poderia protagonizá-la ou dirigi-la. A prática provou que ele era mesmo indispensável e, a partir daí, Silveira ficou tão convencido disso que nunca deixou que fossem encenadas por outro diretor. Não queria nem que fossem publicadas em livro, para que o leitor não desse inflexões erradas a suas falas. Por sorte, em 1958, acabou permitindo que a *Trilogia do herói grotesco* saísse pela Editora Civilização Brasileira, o que garantiu que, no futuro, pudéssemos ter uma ideia de seu gênio para o diálogo e o deboche.

Seu domínio do palco era inacreditável. E mais ainda quando se sabia que Silveira, primo dos ricos Silveirinha, da Fábrica Bangu, era um médico sério, dedicado às crianças e aos tuberculosos. Em 1947, no entanto, ele fizera algo que ninguém esperava: escrevera, produzira e dirigira um filme, *Uma aventura aos quarenta*, usando atores profissionais e amadores, um dos quais ele. Os críticos se surpreenderam, compararam-no a Marcel Pagnol e Sacha Guitry e o encheram de prêmios e elogios. Mas Silveira, sempre imprevisível, deixou ali mesmo o cinema e, por sugestão de Pedro Bloch, também médico e teatrólogo, desviou sua carreira para o teatro.

E para todos os outros ramos do show business. Entre uma peça e outra, Silveira tornou-se um comediante stand-up — o primeiríssimo no Brasil, muito antes de José Vasconcellos, Chico Anysio e Jô Soares. Os shows de Silveira, com suas sátiras políticas e de costumes, atravessavam temporadas nas boates cariocas. Ninguém o superava também nas imitações, e uma das melhores que fazia era a de seu primo, o cantor Mario Reis.

Se não deixava que outros dirigissem suas peças, isso não o impedia de dirigir peças dos outros, entre as quais *Um deus dormiu lá em casa*, de Guilherme Figueiredo, em 1949, com TONIA Carrero e Paulo Autran. E Silveira não gostava de fazer nada pela metade — quando percebeu que o teatro estava atrapalhando sua dedicação à medicina, guardou o diploma na gaveta, quicou os calcanhares em pleno ar e entregou-se integralmente à ribalta.

Sua popularidade total só aconteceu em fins dos anos 50, quando ele se revelou como apresentador de televisão. Em seu programa *Silveira Sampaio Show*, pegava um telefone e "falava" com o presidente da República, na época, JUSCELINO Kubitschek. Outro programa, o *Bate-Papo com Silveira Sampaio*, foi o primeiro talk show brasileiro — seu prestígio permitia-lhe chamar quem quisesse para entrevistar, do próprio Juscelino ao bandido Quinzinho, procurado pela polícia de São Paulo. Suas entrevistas tinham enorme repercussão e não é por acaso que, neste exato momento, você está pensando em Jô Soares. Jô deve a Silveira o empurrão que o levou para o show business — fez parte de sua equipe de televisão e aprendeu com ele que não havia limites para a criação.

Silveira ficou tão influente como personalidade que o Itamaraty passou a incluí-lo em delegações oficiais ao exterior. Numa dessas, foi parar em Moscou, onde se divertiu chutando neve pelas ruas. O único sonho que não realizou foi ser nomeado embaixador — toparia qualquer lugar, até Paris.

Silveira era irresistível na vida real e fazia rir qualquer um com quem conversasse. Morreu de um tumor no cérebro, sem esperar pelo dr. Abraham Ackerman, que estava vindo de Paris especialmente para operá-lo. Morava na rua Visconde de Pirajá, 281, num predinho recuado e com um lindo gramado na frente. Se soubesse que, logo depois de sua morte, o prédio seria demolido, talvez tivesse dado um jeito de não ir embora.

Frases

★ *A instituição do casamento periga todas as vezes que as mulheres se ausentam de casa das cinco às sete.* ★ *Um homem só possui uma garçonnière quando tem muitas amantes. Quando é uma só ele pratica o adultério em domicílio. Sai mais em conta.* ★ *O homem pode ter muitas mulheres. Mas só uma de cada vez. Monogamia no tempo e poligamia no espaço.*

SILVIA AMELIA Chagas de Waldner
n. 1943. Socialite, musa e baronesa.

Respire fundo ao ler: "*Tudo quanto é puro/ Cheira a: manacá, jasmim, camélia/ Lírio, flor de laranjeira/ Rosa branca, Silvia Amelia*". Quantas meninas ganharam ao nascer um poema de Manuel Bandeira? Silvia Amelia Chagas ganhou — o poeta era um antigo amigo da família. O pai de Silvia Amelia, o cientista e ensaísta Carlos Chagas Filho (1910-2000), foi presidente da Academia Pontifícia de Ciências do Vaticano e responsável pela reabilitação de Galileu junto à Igreja. O pai deste, o sanitarista Carlos Chagas (1879-1934), combateu no Brasil a tripanossomíase, mais conhecida desde então como doença de Chagas. E o avô materno de Silvia Amelia era o jurista e diplomata Afranio de Mello Franco (1870-1943), que governou o Brasil na prática durante o mandato (1919-20) do presidente Delfim Moreira, que, coitado, teve problemas mentais. Some a essa árvore alguns nabucos e alvins para se convencer de que nunca houve pantera com origens tão ilustres.

Linda, rica e multiplamente bem-nascida, Silvia Amelia transportou seus brasões para o casamento com o empresário Paulo Fernando Marcondes Ferraz e dedicou-se à vida para a qual fora criada: tardes no COUNTRY, jantares em sociedade, uma ou outra filantropia e viagens, muitas viagens. Nada de extravagâncias. Sua única e tímida veleidade artística era pintar — chegou a expor num salão de verão no Museu de Arte Moderna. De repente, em 1970, a explosão: Silvia Amelia separara-se de Marcondes Ferraz e saíra do casulo.

De crisálida a borboleta, foi enfeitar os ambientes mais inesperados. Integrou-se à boemia de Ipanema, foi adotada por artistas, namorou jornalistas e se tornou a musa do ZEPPELIN. Justino Martins deu-lhe várias capas em *Manchete* e, em sua coluna no *Globo*, IBRAHIM Sued transformou-a na "Pantera". O nome pegou e Silvia Amelia ficou nacionalmente famosa. A "Liga do chá" do Country entrou em pânico: a "Pantera" estava à solta. Várias dondocas ameaçaram prender seus maridos — qual deles resistiria à beleza arrasadora de Silvia Amelia? Notícia por qualquer coisa que fizesse, Silvia Amelia abriu uma butique em Copacabana, em que vendia camisolas desenhadas por ela mesma e contendo inscrições picantes ("Faça seu gol comigo", "One Way Only"). Fez até uma ponta num filme, *Roleta-russa* (1972), produzido por Ibrahim. E, de repente, quando mais o céu era o limite, a festa de Silvia Amelia em Ipanema terminou.

Numa escapada com os amigos, um de seus brilhantes, joia de família, desapareceu. Ela namorava então o jornalista TARSO de Castro. Sua mãe achou que já chegava — precisava tirá-la do Rio. Para isso, enfiou-a no primeiro avião para Paris e nem a deixou despedir-se de Tarso. Mas Silvia Amelia não se alterou. Juntou-se ao jet set europeu, posou para um dos trípticos de Andy Warhol e, quando parecia que a Europa iria se tornar Ipanema, conheceu em Paris o jovem barão Gérard de Waldner, de uma das mais antigas famílias da França. Ele a pediu em casamento. Silvia Amelia aceitou e o trouxe ao Rio para conhecer Ipanema. Em maio de 1973, num final feliz para todos, casaram-se com as justas pompas no castelo do noivo e foram morar nele. E ali, finalmente, a "Pantera" sossegou.

Silvia Amelia integrou-se com naturalidade ao mundo das armas e dos barões assinalados. Uma única mágoa levava ao ir embora do Brasil, como declarou à colunista social Nina Chavs: deixar para trás "a praia, o limãozinho e o sorvete de coco queimado do MORAES". Mas, enfim, nem uma baronesa pode ter tudo.

SILVIA Sangirardi

1946-99. Poeta, atriz, modelo, figurinista, astróloga, hippie, quase guerrilheira.

Para definir Silvia Sangirardi, sua amiga JOYCE Moreno usou as palavras de VINICIUS de Moraes sobre Jayme Ovalle: "Gênio sem obra". Ovalle era famoso por não botar para fora a poesia e a música que seus admiradores sabiam que ele tinha dentro de si e que, por ele ser quem era, deviam ser formidáveis. Esses admiradores eram Manuel Bandeira, Augusto Frederico Schmidt, Ronald de Carvalho, Di Cavalcanti e Villa-Lobos — que tal? E por que Ovalle fazia isso? Porque, para ele, seus poemas e peças musicais, se lidos ou escutados, nunca seriam tão perfeitos como eram ao ser concebidos — a própria mentalização deles já seria um desgaste. Era um raciocínio disparatado, quase maluco, mas, vindo de Ovalle, parecia fazer sentido.

Bem, Silvia Sangirardi não chegou a tal. Na verdade, até que, em matéria de obra, deixou muita coisa nos 53 anos de vida que, para seus muitos amigos, passaram depressa demais. Foi Silvia quem criou a maquiagem de Gal Costa no show *Fa-tal* (1971). Como atriz, apareceu em novelas da Globo, uma delas *O Rebu* (1974). Como figurinista de teatro, vestiu Fernanda Montenegro, em *É...*, de MILLÔR Fernandes (1977). No mesmo ano, botou de preto, branco e cinza os trinta atores de *A morte de Danton*, do romântico alemão Georg Büchner (1813-37), peça que Aderbal Freire-Filho encenou nas galerias do metrô carioca, a dezenas de metros da superfície e ainda em obras — um cenário de simbólica resistência à ditadura. E, como poeta, Silvia legou-nos dois livros magníficos, *Curva do tempo* e *Guache na vida*, que publicou em 1996 num só volume, um de costas para o outro e de cabeça para baixo. Era, talvez, como ela própria se visse — de cabeça para baixo na vida. Não se sentia gauche, esquisita, desajustada, como dizia Drummond (*"Vai, Carlos, ser gauche na vida..."*), mas guache mesmo, úmida, tinturada, viva.

E houve a Silvia letrista de música, embora, apanhada em pleno voo por um câncer, ela não tivesse se conscientizado desse seu talento. Quem a descobriu como compositora foi a própria Joyce, com quem, nos anos 60, Silvia dividira milhares de braçadas no mar de Ipanema, indo além da arrebentação, onde, adolescentes e lindas, podiam nadar sem a parte superior do biquíni, longe dos olhos do mundo. Começou com Silvia já internada no Hospital Samaritano, em Botafogo, quando se puseram a adaptar "Galã tantã", um dos poemas de *Guache na vida*, para uma valsa que Joyce ia criando ali na hora, baixinho, ao pé da cama de Silvia. O resultado está no disco de Joyce *Tudo bonito* (2000) — "*Eu com vestido verde-hortelã/ perdida em seus olhos de xamã/ de deslumbrante cor de avelã/ pra me aquecerem feito astracã./ Mas pra que me cobrir de lã/ se cá não ardo em febre terçã?/ Me seduzindo assim como um fã/ com fala mansa, cantada chã/ para um passeio no seu sedan/ e ver um filme de Jean Gabin./ Me convidou para um coq au vin/ que encomendou lá no Bec Fin...*". E, que pena, nunca foi escutado por Silvia.

Nem esse nem os seus outros poemas que Joyce musicou, como "Lamarca na gafieira" e "Neguinho do pastoreio", nem os seus versos que Joyce montou numa espécie de partido-alto, "Samba da Silvia" e gravou em dupla com Elza Soares no disco *Gafieira moderna* (2001): "*Quando eu dou, não tomo/ multiplico, somo/ amo, mas não domo/ sou fada e gnomo/ quando eu dou/ quando eu dou/ quando eu dou, eu como...*". Silvia partiu antes e, se isso leva a pensar no muito que ela poderia ter feito e não fez, é porque levou a vida fazendo outras coisas, para ela mais importantes.

Era alta, de roupas estampadas e extravagantes e com quilos de agressivo cabelo vermelho — um vermelho de vinho tinto, que, dependendo da luz, ganhava um tom laranja, inédito até para os padrões de Ipanema. Chamava a atenção onde quer que estivesse e não poucos lhe tinham medo. Mas era só a aparência. Algumas das palavras com que até hoje seus amigos a definem são suave, doce, reflexiva, alegre, engraçada, inteligente. Mas as outras palavras eram franca, intelectualizada, irônica, debochada e sem muita paciência para com a burrice — no que, pensando bem, talvez tivessem razões para temê-la.

Silvia viveu todas as vidas dos anos 60 e 70, e, quase sempre, antes dos outros. Em 1968, estava entre os estudantes da Faculdade de Medicina da UFRJ que foram cercados e massacrados no estádio do Botafogo pela polícia da ditadura — ela se escondeu dentro de uma caixa-d'água e ficou horas lá até tudo acabar. No mesmo ano, era um dos mais de mil estudantes no fatídico congresso da UNE (União Nacional dos Estudantes), numa fazenda perto de Ibiúna (SP). Durante anos Silvia se martirizou achando que contribuíra sem querer para a queda do congresso nas mãos da polícia, ao fazer parte do grupo destacado para ir à padaria de Ibiúna encomendar 4 mil pães e salsichas para o pessoal. Isso detonou uma suspeita — quem precisaria, de repente, de 4 mil pães e salsichas? Ao ver a movimentação de homens estranhos e de óculos escuros rumo à fazenda, ela teria dado o alarme e fugido, mas, para os outros, já era tarde — 920 estudantes foram levados presos. Silvia não tinha razão para se acusar. Segundo Elio Gaspari em seu livro *A ditadura envergonhada*, as forças de segurança já sabiam tudo do congresso — onde, como, quando, quantos —, antes mesmo que os meninos começassem a chegar a Ibiúna.

Sob o codinome Clara e morando em "aparelhos" da clandestina VPR (Vanguarda Popular Revolucionária), onde dormia usando panfletos como travesseiro, Silvia teve sua fase de, segundo ela, A Passionária de Ipanema. Um de seus namorados, já apanhado e num porão do regime, foi um dos presos que saíram do país trocados pelo embaixador americano Burke Elbrick, sequestrado em 1969. E há quem acredite que, em plena temporada dos assaltos a bancos a fim de arrecadar fundos para a guerrilha, ela possa ter sido a mitológica "loura dos assaltos" — a mulher alta, vistosa e de peruca loura, que ficava nas proximidades do banco a ser assaltado para distrair possíveis guardas e seguranças. Mas isso nunca foi confirmado. O fato é que, à medida que a repressão recrudescia e seus amigos iam sendo presos, Silvia achou que estavam também de olho nela. Em 1971, já casada com o cinegrafista Edinho Santos e com um filho, Diego, achou melhor sair do Rio por uns tempos. Foram para São Paulo, onde passaram um ano numa comunidade de estudantes, em Pinheiros, que incluía os jovens Chico e Paulo Caruso. Muitos anos depois, Chico seria o autor da capa de *Guache na vida*.

De volta ao Rio, Silvia foi fazer teatro e televisão, casou-se com o ator Antonio Pedro e sossegou. Filha da maga da cozinha Helena Sangirardi, talvez a primeira colunista de culinária da imprensa brasileira (em *O Cruzeiro* nos anos 50), Silvia não gostava de cozinhar. Era vegetariana, quase macrobiótica, e só sabia preparar bardana, tofu e gergelim. Seu pai, o publicitário e escritor Sangirardi Jr., era botânico amador, entendido de plantas eróticas (sabia quais delas continham poderes afrodisíacos) e alucinógenas, o que podia explicar a precoce devoção de Silvia à maconha. O efeito da erva podia ser passageiro, mas sua habilidade não tinha fim. Silvia era capaz de, em cinco minutos, produzir qualquer objeto, desde confeccionar uma calça — calça mesmo, com pernas, bolsos, bainhas — até fazer o mapa astral de um amigo ou, de improviso, dar-lhe um curso compacto de marxismo, estruturalismo ou qualquer ismo. E transformou seu apartamento na rua Barão da Torre numa quase república, abrigando jovens que sonhavam com o teatro e precisavam de abrigo — entre outros, os garotos Miguel Falabella, Zezé Polessa, DANIEL Dantas. No futuro, consagrados, todos lhe seriam gratos. Falabella escreveu que, ao olhar para o teto daquele apartamento à noite, pensava ver luas, estrelas e asteroides.

Com a doença e o tratamento de quimioterapia, Silvia perdeu seu lindo cabelo. Mas Joyce e seu marido, Tutty Moreno, resolveram-lhe parcialmente o problema. Numa loja de artigos sadomasô de Nova York, compraram-lhe uma peruca vermelha, que Silvia adorou. A cor lhe lembrava os anos em que, apenas por sair à rua, ateava labaredas em Ipanema.

Frases

★ *Homens... Melhor não tê-los! Não precisa nem sabê-lo!* ★ *Pau duro, superego mole.* ★ *Se o meu cavalo de batalha tivesse asas, eu tava feita.* ★ *Se dá errado o que faço, à depressão sou avessa. Nunca deixei que um fracasso me subisse à cabeça.* ★ *Ô mouse, leva esse cursor até o lugar do desejo e dá o enter!*

SIMPATIA É Quase Amor
f. 1985. Bloco de Carnaval.

"Alô, burguesia de Ipanema, olha o Simpatia aí!!!"

Com esse grito de guerra, inspirado de alguma forma na campanha então em curso, pelas eleições diretas, trezentos foliões vestidos de lilás e amarelo, ao som de uma bateria e de um carro de som puxando o samba, saíram da praça General Osório rumo à praia no domingo de Carnaval de 1985. Era a primeira saída do Simpatia É Quase Amor, bloco formado por rapazes e moças de Ipanema. Horas depois, ao dobrar na rua Joana Angélica para começar o percurso de volta, os trezentos eram cerca de 3 mil — passantes de bermuda, banhistas de sunga e biquíni, velhos, crianças e até uma gestante tinham se juntado ao bloco. A partir daí, o Simpatia tornou-se uma das instituições permanentes do Carnaval de rua do Rio.

A ideia foi de um grupo de foliões desencantados com o samba turístico do desfile das escolas e que já estavam cansados de sair do Rio no Carnaval por falta de opção. Eram amigos de infância em Ipanema, de faculdade e de militância política. Alguns deles: o publicitário Henrique Brandão, filho de GUGUTA e DARWIN Brandão, o engenheiro do BNDES Gustavo ("Mellinho") Mello, Ruth Erlich, o médico Ary Miranda, o artista plástico Zé Cruz, o engenheiro (depois prefeito de Vitória, ES) Luiz Paulo Veloso Lucas e o jornalista Milton Temer. Seu capital consistia em peças de uma bateria inativa, oriunda da campanha das diretas, e na animação de seus fundadores. As reuniões para a criação do bloco aconteceram nos bares de Ipanema. Um "livro de ouro" correu o bairro para contratar o som, uniformizar a bateria e fabricar as camisetas — e, ao sair à rua, o Simpatia já era uma realidade. Parecia filme da MGM dos anos 40 com Judy Garland e Mickey Rooney, em que eles montavam um musical da Broadway no quintal de casa.

O nome do bloco foi extraído do personagem Esmeraldo Simpatia É Quase Amor, do livro de Aldir Blanc *Rua dos Artistas e arredores*. O lilás e o amarelo, cores oficiais, eram as da então embalagem do analgésico Engov, artigo de primeira necessidade entre seus organizadores. A "musa" do primeiro desfile foi ISABEL do vôlei, e o padrinho foi ALBINO Pinheiro, fundador da BANDA de Ipanema, da qual o Simpatia se dizia "um subproduto de alto nível". Na verdade, por algum tempo o Simpatia substituiu a Banda no coração do bairro, por ser um privilégio dos ipanemenses — o que a Banda só foi nos primeiros anos. O contingente do Simpatia também não parou de crescer a cada ano, mas o espírito continuou: famílias inteiras sambando, de avós a crianças de chupeta, como convém a um bloco de bairro.

Bloco de bairro? Sim, mas veja o elenco. Seu hino, composto em 1986, é de João Bosco e Aldir Blanc. Entre os que se submeteram ao concurso para a escolha do samba oficial estiveram Noca da Portela (várias vezes ganhador), Walter Alfaiate, Rildo Hora, Lenine e Diogo Nogueira. Os autores de suas camisetas costumam ser artistas como ZIRALDO, Lan e Daniel Senise. Durante anos, seu rei Momo foi Bussunda, do Casseta & Planeta. Alguns intelectuais que se debruçaram sobre o significado do Simpatia foram o ensaísta Muniz Sodré e o historiador Joel Rufino dos Santos. E um CD gravado em 1998, com todos os sambas do Simpatia, tinha como intérpretes João Nogueira, Elza Soares, Zeca Pagodinho, Monarco, João Bosco, Beth Carvalho, Moacyr Luz e Martinho da Vila.

Nem a MGM, se fosse de samba, reuniria esse time.

SINHOZINHO

1891-1962. Instrutor de educação física e lutador.

Os mais velhos falaram dele por muito tempo como uma lenda de Ipanema. Só que ele foi assustadoramente real. Sem exagero, Sinhozinho esteve para a cultura física no Brasil como seus contemporâneos Leonidas da Silva para o futebol, Orlando Silva para a música popular e Getulio Vargas para a política. Numa época de brasileiros raquíticos e desnutridos, ele aliava destreza, talento e força como lutador. Como professor, repassou o que sabia, fez discípulos famosos e formou três gerações de atletas.

Chamava-se Agenor Moreira Sampaio e era baixo, atarracado e de mãos pequenas. Era também tímido, modesto e generoso. Mas o tórax era enorme, o pescoço, um tronco, e os braços, de ferro. Quando chegou ao Rio, aos dezessete anos, em 1908, vindo de Santos (SP), Sinhozinho jogava futebol, fazia luta romana e praticava ginástica em aparelhos. Mas aqui conheceu a capoeira carioca, a violenta forma de luta dos antigos malandros da Lapa — diferente da capoeira baiana, mais coreográfica e ao som de berimbaus. Sinhozinho foi morar no morro de Santo Antônio, tornou-se mestre de capoeira e se aprimorou lendo tratados sobre cultura física que mandava vir da França. Ganhou todos os campeonatos de pesos e halteres que disputou, foi instrutor de educação física do Flamengo e começou a ser chamado para treinar atletas de várias categorias — quem passava por suas mãos saía campeão ou recordista.

Por volta de 1930, reuniu sua primeira turma de alunos particulares, a quem ensinava capoeira de graça. Mas a turma não parava de crescer e Sinhozinho teve de profissionalizar-se. Sua primeira "academia", no quintal de sua casa na rua Redentor, foi também a primeira academia de ginástica de Ipanema. Depois começou a mudar de pouso, indo para terrenos baldios cedidos por proprietários magnânimos — em épocas diversas, ela funcionou nas ruas Visconde de Pirajá, Saddock de Sá, Conselheiro Lafayette e outras, sempre em Ipanema. Sinhozinho e seus discípulos limpavam o terreno, instalavam os aparelhos (halteres, barras, paralelas) e, para que não dormissem ao relento, cobriam-nos com jornais, ou, às vezes, com um pequeno telhado de zinco.

Nos anos 30, 40 e 50, ele formou capoeiristas, levantadores de peso, boxeadores, corredores e remadores. Seu discípulo mais ilustre foi Rudolf HERMANNY, futuro campeão de judô no Pan-Americano do México, em 1960. Outros foram PAULO Amaral, que se tornaria preparador físico do Botafogo e da seleção brasileira; Luiz "Ciranda" Aguiar, campeão brasileiro de capoeira e levantamento de peso; Silvio Padilha, que chegou a ser o sexto corredor do mundo na prova de obstáculos e depois presidente do COB (Comitê Olímpico Brasileiro); e Paulo Azeredo, considerado o atleta mais completo de seu tempo e futuro presidente do Botafogo. Surpreendentemente, nenhum dos alunos de Sinhozinho ficaria tão famoso quanto ANTONIO CARLOS Jobim — que foi também um dos piores, porque tinha de poupar as mãos para o piano.

Tom fazia exercícios com pesos, para reforçar a musculatura, e um pouco de capoeira. Claro que sem o mesmo empenho de "Ciranda", Mário Pedregulho e "Quim", alunos aplicados, capazes de entortar com as mãos um guidão de bicicleta. Os três brigavam tanto com os policiais que acabaram ficando amigos deles. O futuro filósofo Leandro Konder, que morava na rua Nascimento Silva e só cuidava de aprimorar o cérebro, relata que ele e seu irmão Rodolfo olhavam para aquelas figuras "com a admiração com que um grego olharia para um herói das epopeias de Homero".

SINHOZINHO

Sinhozinho inventava aparelhos com objetos domésticos. Calçava um cabo de vassoura num pé de sapato, ele próprio segurava firme o cabo e instruía o aluno a passar rasteiras. Quando o aluno conseguia derrubar a vassoura, é porque estava começando a ficar pronto para a capoeira. O prestígio de Sinhozinho chegou à Bahia, onde os capoeiristas treinados por mestre Bimba eram considerados invencíveis. Em 1948, Sinhozinho desafiou Bimba a trazer seus dois melhores lutadores para um confronto no Rio com seus alunos. Bimba topou, o tira-teima foi no antigo Palácio de Alumínio, no Centro. Na preliminar, "Ciranda" venceu Jurandir. Na luta principal, Rudolf Hermanny, dezessete anos, só precisou de dois minutos para mandar Fernando Perez direto do ringue para o hospital.

O próprio Sinhozinho nunca foi vencido na queda de braço. Sua única possibilidade de derrota foi contra um gigantesco estivador de Santos, que veio ao Rio para enfrentá-lo. O confronto foi num cabaré da Lapa. Os amigos de Sinhozinho apostaram forte em sua vitória. Mas, ao cruzar os punhos com o conterrâneo para começar a luta, Sinhozinho sentiu que iria perder. Então foi mais esperto: acusou o adversário de ter tirado o cotovelo da mesa. O outro negou e Sinhozinho insistiu. O santista, ingênuo, fez o que ele queria: foi malcriado, disse alguma coisa. Sinhozinho acertou-lhe um soco e o tempo fechou. Não houve a queda de braço. Sinhozinho continuou invicto e seus amigos receberam de volta o dinheiro das apostas.

Já idoso, talvez continuasse tão forte quanto seus discípulos. Se o aluno não conseguisse fazer o exercício que ele ordenava, Sinhozinho dava-lhe com uma vara de marmelo nas pernas, na cintura e até no rosto. Depois fazia o exercício por ele — certa vez, Paulo Amaral viu-o levantar noventa quilos. Sua história mais famosa é a de que teria matado com um soco um pobre jegue que fora atropelado no ARPOADOR. Contavam-se também muitos casos de seu tempo de boemia na Lapa e de quando fora instrutor da Polícia Especial — em todos, não era aconselhável entrar numa briga em que ele estivesse do outro lado. Mas esse era o mesmo homem que, às vezes, podia ser visto no JANGADEIRO tomando um pacífico chope com seus discípulos, quase todos rapazes finos como Hermanny.

Sinhozinho não achava que se devesse começar uma briga. Mas dizia que, uma vez começada, não se podia fugir dela. Para isso, dava conselhos. Primeiro: rir do adversário — rindo, domina-se o medo e o adversário fica momentaneamente desconcertado. Segundo e mais importante conselho: ganha a briga quem bate primeiro.

Frase

★ *Apanhar de homem não é desonra. Desonra é dar pra trás.*

SOL Ipanema
Ponto da praia entre as ruas Montenegro e Joana Angélica, atual Posto 9.

Quando o píer foi demolido, em 1974, já se dera a diáspora entre seus frequentadores — quem não tinha mais o que fazer ali fora para Arembepe (BA); outros puseram sua primeira gravata e rumaram para a Bolsa de Valores; e muitos simplesmente voltaram para o lugar de onde tinham vindo, ou seja, sumiram. Houve uma seleção natural entre os sobreviventes e, depois de dois anos zanzando sem rumo pelas areias, os melhores corpos e cérebros de Ipanema atravessaram o limite da rua Montenegro e concentraram-se poucos metros adiante, defronte de um hotel recém-inaugurado na praia: o Sol Ipanema. Não por causa do hotel, mas por ele ser uma referência impossível de não ser notada na orla — um desagradável espigão, abusando do privilégio dado aos hotéis pelos prefeitos cariocas, o de agredir o equilíbrio entre os prédios.

Em 1976, o Sol, como o ponto passou a ser chamado, tornou-se obrigatório, herdeiro final das grandes tradições do ARPOADOR, do CASTELINHO, da MONTENEGRO e do próprio Píer. A lista de pessoas que fizeram do Sol o seu segundo lar compreende praticamente toda a cultura brasileira da época. Pense em alguém e ele (ou ela) estava lá — todos os grandes nomes do cinema, do teatro, da dança, da música popular e das artes plásticas, poetas, escritores, jornalistas, sociólogos, arquitetos, políticos, empresários, as grandes mulheres, o elenco inteiro da Globo, ex-exilados políticos, jogadores de futebol, surfistas e até um psicanalista, Eduardo MASCARENHAS. O qual era uma espécie de ideólogo do Sol Ipanema — não por acaso, metade daquela multidão já passara, estava passando ou iria passar por seu divã.

Os titulares do Sol Ipanema instituíram uma prática até então inédita na orla do Rio: a praia em pé. Talvez fosse pela quantidade de gente concentrada em tão poucos metros de areia, mas o fato é que ninguém se sentava, ninguém se espichava. Eram grupos eretos conversando — movendo-se, no máximo, para se misturar a outro grupinho ou para um rápido mergulho. As pessoas se comportavam com a formalidade de um coquetel, o que levou o cineasta Antonio CALMON a definir o Sol como um *"sober cocktail"* — um porre sóbrio —, já que as bebidas circulantes eram o mate e o limãozinho. Para Caetano Veloso, outro titular do pedaço, "só faltavam os cinzeiros". Essas e outras histórias estão no livro de SCARLET Moon de Chevalier, *Areias escaldantes*, "um livro de futilidade pública", como ela o chamou.

O Sol Ipanema esteve para o Píer como a Montenegro para o Arpoador — foi a consolidação das conquistas. Mas, a sua maneira, também influiu profundamente na cultura brasileira. Ali começou o degelo entre o ex-CINEMA NOVO e a TV Globo, com os cineastas, graças à convivência com Daniel Filho, finalmente considerando a possibilidade de trabalhar para ela — os primeiros a aderir foram Walter Lima Jr. e Antonio Calmon. No Sol, nasceram Os Doces Bárbaros (Caetano, Gilberto Gil, Gal Costa e Maria Bethânia). O recém-formado grupo teatral ASDRÚBAL Trouxe o Trombone usava o Sol como escritório e, nos dias de semana, ensaiava sua peça *Trate-me leão* na areia. Foi no Sol que vários aspirantes ao estrelato começaram a ser notados: Patricia Pillar, Miguel Falabella, Mauro Rasi, Zezé Polessa, Daniel Dantas, Bebel Gilberto, além das meninas das Frenéticas e dos garotos da Cor do Som. E foi também no Sol que se tramou a criação do rock brasileiro, com NELSON Motta, Julio Barroso, Léo Jaime, Lulu Santos, Eduardo Dusek, LOBÃO, CAZUZA. Todos os grupos pioneiros, como a BLITZ, o Barão Vermelho, a Gang 90 & Absurdettes, João Penca e Seus Miquinhos Amestrados e o Kid Abelha, saíram daquelas conversas em pé na areia.

Sonia Braga, então a estrela absoluta do Brasil, por filmes como *Dona Flor e seus dois maridos* (1976) e *A dama do lotação* (1978) e novelas como *Gabriela* (1975) e *Dancin' Days* (1978), circulava pelo Sol sem ser incomodada — porque todo mundo ali era famoso. Por isso, o problema com Fernando GABEIRA, que voltou do exílio em 1979 e foi direto para o Sol, não estava propriamente em sua tanga de crochê lilás. O problema era ele. Qualquer outro teria passado despercebido, com ou sem tanga, mas aquele era o último traje com que as esquerdas tradicionais esperavam ver seu herói. Um dos poucos a defendê-lo foi Eduardo Mascarenhas, cuja presença de sunga na areia, exposto à visitação pública, também era combatida pela severa comunidade psicanalítica: "Todo mundo pode ir à praia. Menos eu e o Gabeira!".

A prova de que o Sol estava pouco ligando para o que as pessoas usassem se deu quando a atriz Patricia (irmã de Regina) Casé lançou a moda do topless — não porque quisesse *épater*, mas porque, como Patricia disse a Scarlet Moon, as alças do biquíni machucavam suas saboneteiras. O topless teve muitas seguidoras, mas só durou até ser percebido pela TV Globo — que o incluiu na novela *Água Viva* (1980) e, com isso, atraiu milhares de tietes e curiosos que nunca tinham visto seios ao vivo. Por sinal, foi também no Sol que nasceu a palavra "tiéte" — inspirada, segundo consta, por uma ardorosa fã de Ney Matogrosso, chamada "Tiéte", que o perseguia até dentro d'água.

O Sol como instituição não passou de 1982. A essa altura, seus principais nomes já estavam ocupados demais para continuar a frequentá-lo nos dias de semana. E, aos sábados e domingos, o excesso de contingente começou a torná-lo impraticável. Com a reforma dos postos de salvamento da orla em meados dos anos 80, o que se chamava de Sol Ipanema passou a ser conhecido como Posto 9, e mais um pedaço da mística se perdeu. Desde então, continuou a ser o ponto mais concorrido da praia e é provável que suas areias estejam fazendo história, mas ainda não nasceu o cronista que irá contá-la.

Já o que se passou ali, nos tempos em que ainda se dizia Sol, tornou-se — literalmente — material de museu. Em 2019, vinte anos depois de sua aparição no Sol Ipanema, a tanga de Fernando Gabeira foi tirada do fundo de uma gaveta, restaurada e doada ao Centro Cultural Banco do Brasil. Que, por sua importância para a história do Brasil, a trancou num cofre.

Eduardo SUED
n. 1925. Artista plástico.

"Ele parece doidinho da silva", escreveu o crítico Wilson Coutinho no *Jornal do Brasil*. "Anda pelo vasto ateliê procurando ouvir os quadros pendurados nas paredes. Coloca mesmo os ouvidos em camadas de cor, para extrair delas — acredite — o seu som." Mas Eduardo Sued, para muitos o mais importante pintor brasileiro dos anos 1980 e 1990, confirmava com a maior naturalidade: "É preciso ouvir o quadro". Se, naquele momento, o quadro em que está trabalhando não lhe diz nada ou fala muito baixo, Sued vira-o contra a parede e vai escutar outro que também esteja preparando.

Segundo os críticos, Sued completou o trabalho que Volpi e Milton DACOSTA deixaram pela metade, expulsando definitivamente a figura do quadro e abolindo qualquer possibilidade de associá-lo ao estoque do conhecimento. O que ele passou a pintar foram formas e cores, mas tão sutis que talvez só se comuniquem mesmo pelo som. Ou pelo silêncio. E talvez houvesse uma relação entre elas e o artista: nos anos 60 e 70, Sued usava agressivos vermelhos, azuis e amarelos e, segundo sua mulher, a estilista Marilia Valls, falava tão pouco no dia a dia que era "quase monossilábico". Era como se suas cores falassem por ele. Com o tempo, Sued foi se passando para os sóbrios ocres e pretos e, mais tarde, para tons cinza e prata, quase ausentes, e, curiosamente, começou a falar mais. Daí a relação — quanto menos "cor" passou a usar nos quadros, mais loquaz Sued se tornou.

Com essa ficha, de onde você acha que ele pode ter surgido? Do ARPOADOR, claro. Nasceu em Copacabana, mas foi criado em Ipanema, onde seu pai, um imigrante sírio, tinha um armarinho. O jovem Sued ajudava-o no balcão, vendendo agulhas e retroses, mas sua jurisdição no tempo da guerra era o Arpoador, onde pegava jacaré e tinha como parceiro o também jovem ANTONIO

CARLOS Jobim. Os dois cresceram juntos, na areia e nas madrugadas, e foram iguais até na demora em se definir profissionalmente — Tom começou na arquitetura e acabou músico; Sued começou na engenharia e acabou pintor. Mas foi o padrasto de Tom, Celso Frota Pessoa, quem permitiu a Sued deslanchar: comprou-lhe duas aquarelas em 1951 e, com o dinheiro, o artista pôde tomar um navio e ir para Paris, pensando em aguentar três meses. Ficou três anos.

Era um tempo em que Paris valia bem mais que uma missa. Picasso e colegas estavam absolutamente na ativa. Tomava-se café roçando cotovelos com Jean-Paul Sartre ou Albert Camus no Quartier Latin, e o filósofo Maurice Merleau-Ponty dava conferências gratuitas sobre fenomenologia no Collège de France. Em 1954, Sued voltou para Ipanema, mas não se dedicou à pintura. Entregou-se à gravura em metal, com a qual adquiriu uma reputação respeitável. A volta às telas só aconteceria em 1968, quando ele trocou os ácidos das chapas de gravura por outro tipo de ácido — o LSD. As portas de sua percepção se abriram (o que depois lhe custou algum tempo no psicanalista) e, ao passar por elas, ele redescobriu o óleo. E, no processo, descobriu que as cores falavam.

Frases

★ *Quadro não tem nome. Tem apelido.* ★ *Eu escuto as cores.* ★ *O amarelo é metido a besta.*

SURFE

De Honolulu ao Arpoador e vice-versa.

Imagine a cena: homens e mulheres, igualmente morenos, hercúleos e — atente para o detalhe — nus, empoleirados em pranchas gigantescas, cavalgando ondas de dez metros de altura. Na praia, torcidas ululando com fervor quase religioso pelos litigantes e, trepado numa cadeirinha alta, um sacerdote ou rei fazendo olhares de aprovação, como se fosse uma autoridade no assunto. Absurdo? Não. Foi mais ou menos o que o navegador inglês James Cook viu ao aportar no Havaí em 1779 — o primeiro branco a chegar lá e o primeiro a assistir à prática do surfe. Deve ter-lhe caído o queixo.

Quase 170 anos depois, em 1947, o queixo de muitos cariocas desprevenidos também caiu ao ver quatro rapazes de boas famílias de Ipanema — George Grande, "Rubinho", "Jonjoca" e "Bisão" — despencando com suas pranchas de madeira oca pelas ondas bravas do ARPOADOR. Nenhum deles estava nu, é claro, nem havia mulheres. Nem precisava — a visão daqueles rapazes desafiando a morte, deitados sobre tábuas, já parecia inacreditável.

Uma coisa esses pioneiros do surfe no Brasil tinham em comum com os havaianos do século XVIII: o primitivismo das pranchas. Elas eram enormes, de bico quadrado, com dois metros de comprimento, e pesavam trinta quilos, lembrando uma porta de igreja ou o que de fato eram: pedaços do tapume de alguma obra. Não se usava a palavra "surfe" e só os rapazes mais parrudos conseguiam carregar aqueles pranchões para "pegar onda" em dias de "ressaca de leste", como diziam. Foi num desses trambolhos que ARDUINO Colasanti, já uma estrela do mergulho e da caça submarina no Arpoador, subiu pela primeira vez, aos quinze anos, em 1951.

O esporte absoluto do Arpoador era a caça submarina. Levaria toda a década de 50 para que os meninos começassem a conciliar os dois esportes e metade dos anos 60 para que o surfe passasse a reinar sobre as ondas. E o que determinou essa história foi a evolução das pranchas. Naquele ano de 1951, "Bisão" fabricou uma prancha mais aerodinâmica, com a ponta virada, mas ainda precária, de madeira e pesando cerca de quinze quilos. Em 1955, apareceu no Arpoador a primeira prancha de fibra de vidro, muito mais leve, trazida pelo americano Jimmy O'Connor, piloto da Pan Am — e foi aí que a revolução começou.

Os rapazes aprenderam a fabricá-la e, em fins dos anos 50, ela permitiu que — assim como, um dia, o homem se pôs ereto e andou — eles parassem de surfar de peito ou de joelho e se pusessem de pé sobre as pranchas. Alguns desses pioneiros foram Arduino, Paulo "Preguiça", Paulo "Macumba" Bebianno, Gilberto Laport e Jorge "Americano". A eles se juntaram, pouco depois, Ricardo "Charuto", Irencyr "Barriguinha" Beltrão e Galdino Silva. Todos vinham da caça submarina e foram craques do arpão antes de passar para as pranchas.

Em princípios dos anos 60, surgiu a primeira geração que já começou direto pelo surfe: Tito Rosemberg, Mário "Bração", Jorge "Perseguição", Ricardo Mine. Apareceram também as primeiras surfistas: Maria Helena (que se casaria com Irencyr), Patricia "Buzina" Young, Regina "Batatinha" Vital e a chilena Soledad. "Samba de verão", do surfista MARCOS Valle, seria a música da onda. PETIT, o futuro "menino do Rio", tinha menos de dez anos, era a mascote da turma e sonhava tornar-se um novo Arduino (e até que começou bem — assim que teve idade para isso, foi praticamente comido por uma das garotas depois da arrebentação).

O ano da virada no Arpoador foi 1964. Um australiano chamado Peter Croy apareceu na praia, ensinou manobras mais arriscadas aos rapazes e presenteou-os com croquis de uma prancha menor, de poliuretano revestido de fibra de vidro, que pesava no máximo cinco quilos. Outro surfista americano no Rio, Russell Coffin, começou a importar o material e, com este, fabricaram-se em série as novas pranchas, que não dependiam de ressacas e eram mais fáceis de transportar. Passou a haver quórum para organizar campeonatos e, destes, sairiam os primeiros ídolos do surfe brasileiro — já vestidos à havaiana (pareôs, camisas e calções floridos), de cabelo parafinado e a bordo de uma legião de admiradoras, todas louras como seus heróis.

Os veteranos foram se retirando discretamente. Alguns trocaram o Arpoador pelos fins de semana em Angra ou Cabo Frio, a bordo do saveiro *Pery*, que Pedro Paulo Couto, marido de IRA Etz, e Arduino trouxeram da Bahia e foi o primeiro a entrar na baía de Guanabara. Outros foram simplesmente tratar da vida e se deram muito bem. "Bisão" tornou-se o engenheiro Luiz Carlos Vital. Arduino transformou-se no galã oficial do CINEMA NOVO. Ricardo "Charuto" abriu a primeira de suas lojas Richard's. Muitos herdaram a indústria da família e seguiram em frente. Mas ninguém superou a façanha de Jorge "Americano", aliás Jorge Paulo LEMANN — tornou-se um dos homens mais ricos do mundo.

Com a debandada dos veteranos, uma nova turma ocupou o Arpoador a partir de 1965, com estilos e preferências bem diferentes: Rico (Ricardo Fontes de Souza), Daniel Savá, "Mudinho", Pepê, Cauli, Betinho, os irmãos Mario e Paulo Rebeq, Helson Gracie, Horacio Seixas e muitos outros. Em 1970, eles descobriram o PÍER e arrastaram artistas, tietes e louquetes para o novo ponto. Quando o Píer começou a transbordar de gente, foram os primeiros a ir embora e instituíram o surfe na Barra e no Recreio. A geração de Rico provou que era possível viver do esporte, competindo ou fabricando pranchas. Vários foram para o Havaí e nunca mais voltaram; outros passaram a viver numa ponte aérea Rio-Honolulu.

O Arpoador não foi de todo abandonado. Com a completa democratização do surfe a partir dos anos 80, até crianças de chupeta passaram a praticá-lo e o Arpoador tornou-se o jardim de infância das ondas. Faz sentido. Pode haver alegria mais infantil do que o surfe?

SUZANA de Moraes
1940-2015. Atriz e cineasta.

Ser filha de uma grande mulher e de um grande homem não é algo comum na vida das pessoas, principalmente se o pai é um poeta que dedicou a essa filha, em criança, alguns de seus grandes poemas, sonetos e baladas. Bem, aos trinta anos, em 1970, Suzana de Moraes já estava mais que habituada a ser filha de Tati e VINICIUS de Moraes. Mas imagine sua surpresa quando, nessa época, sua mãe lhe disse que suspeitava ser filha de Monteiro Lobato.

A mãe de Tati, avó de Suzana, tivera um longo e apaixonado romance com o futuro autor de *Reinações de Narizinho* — um romance que teria começado em Taubaté, por volta de 1910, e se estendido a São Paulo, pelas décadas seguintes, nem que fosse como uma linda amizade. Os dois eram casados e os costumes da época exigiam que esses casos se dessem sob grande discrição e elegância — no que ambos eram impecáveis. Mas Lobato sempre acompanhou os passos de Tati e teria se inspirado nela para criar, justamente, Narizinho. Suzana ouviu isso deliciada e descobriu-se, de repente, não apenas filha de Tati e Vinicius, mas neta de Monteiro Lobato (e, assim como ela, seu irmão PEDRO de Moraes, mais parecido ainda com o escritor).

Para Suzana, isso estava apenas de acordo com a visão que ela tinha de sua família, já suprida o suficiente de gente importante e/ou excêntrica pelos dois lados — outro antepassado dela, o almirante Custódio de Mello, bombardeara a igreja da Candelária em 1894, na Revolta da Armada. E ela mesma, Suzana, já tivera desde tenra infância sua cota de *thrills*, na forma de poemas que lhe tinham sido dedicados por amigos de Vinicius, um deles Manuel Bandeira ("*Suzana nasceu/ Na segunda-feira/ E eu, que sou Bandeira,/ Embandeirei eu/ Esta Lapa inteira:/ Sus, Ana!*"). Nada, claro, que se comparasse ao beijo que, em, 1950, aos dez anos, ela recebeu do astro Montgomery Clift, quando morava em Los Angeles com os pais, e que a deixou alguns dias sem respirar.

Em 1964, de volta ao Rio depois de longa temporada na França e na Tunísia, Suzana substituiu Nara Leão durante um mês no show *Opinião*, esquentando o lugar para a verdadeira substituta de Nara — uma garota que vinha da Bahia, chamada Maria Bethânia. Suzana não era cantora e também não queria ser atriz, mas acabou fazendo teatro por insistência de uma amiga de sua mãe, TONIA Carrero. O que ela queria era dirigir cinema e, quando foi atuar em novelas na Globo, como *Verão Vermelho* (1970) ou *Assim na Terra como no Céu* (1971), interessava-se mais pelas câmeras e pela edição do que por seu papel. Nos filmes que rodou com Miguel Faria (com quem foi casada), JOAQUIM PEDRO de Andrade, Julio Bressane e outros, Suzana trabalhou também como assistente de direção, já se preparando para dar o salto.

Assim que surgiram as condições, passou-se de vez para trás das câmeras com um documentário sobre seu tio, CARLOS Leão — cuja carreira de relutante pintor ela praticamente salvou, obrigando-o a desenhar todos os dias, posando para ele e organizando suas exposições. Em 1979, Suzana partiu para um projeto ambicioso: o filme *Vinicius de Moraes, um rapaz de família*, estrelado pelo próprio. Seria um longa misturando ficção e documentário — uma saga

■ SUZANA de Moraes

internacional, brasileira, carioca, ipanemense. Mas Vinicius, que estava adorando ser ator, adoeceu e morreu em meio às filmagens. Alguns anos depois, Suzana salvou o material já filmado, editando-o num vídeo com o mesmo título. Em 1993, conseguiu fazer seu primeiro filme de verdade, *Mil e uma*, que ganhou prêmios em Brasília, Gramado e Veneza, mas foi vitimado pela collorite que na época atacou o cinema brasileiro.

Em 2010, Suzana oficializou sua relação, que já vinha desde 1989, com a cantora e compositora Adriana Calcanhoto — talvez a primeira vez que isso aconteceu no Brasil envolvendo pessoas públicas. Cinco anos depois, Suzana estava de mãos dadas com Adriana quando um câncer raro a levou.

TANIA Caldas
n. 1947. Modelo, marchande e promoter.

Quando Tania Caldas circulava em Ipanema, aos dezessete anos, em 1964, janelas se enchiam de gente para vê-la, ruas engarrafavam e carros batiam nos postes. De biquíni, no ARPOADOR, ela alterava o curso das marés. Com duas maçãs esculpidas no rosto, quilos de cabelo e o corpo estatuesco, Tania pode ter sido a causa primeira da expressão "monumento". E parecia haver um caso de amor entre ela e as câmeras. Um dos understatements de 1970 foi sua foto no PASQUIM, na seção "Dica de mulher" — o correto seria "Dica de deusa". Nessa época, posou para um anúncio de Coppertone, com suas curvas morenas lambuzadas de bronzeador. Não se via o rosto de Tânia, nem precisava — pelo bumbum, toda Ipanema sabia que era ela.

Em adolescente, Tania não percebia que causava toda essa alteração. As freiras do colégio em que estudava conseguiam manter sua beleza em segredo até dela própria. Mas, no Arpoador, sua silhueta na areia projetava a verdade. Uma de suas amigas na praia era Vera Bocayuva, que conhecia todo mundo. Num almoço em casa de Vera, Tania foi fotografada por YLLEN Kerr. Ele mandou suas fotos para Thomaz Souto Corrêa, na Editora Abril, e ali começou para Tania a carreira de modelo. Posou para editorial e publicidade, desfilou na Fenit e foi vista pelos costureiros internacionais. Ted Lapidus e Valentino quiseram levá-la para Paris. Mas ela tinha coisa melhor a fazer aqui: conciliar os dois mundos — o dos grã-finos e o outro, dos mortais.

Por mais que as altas-rodas a atraíssem (e Tania soubesse dos confortos e prazeres que elas oferecem), havia sempre um ímã arrastando-a para o centro da Terra. Ela tanto podia estar no COUNTRY, cercada dos finos e ricos, quanto no PÍER, dando-se com gente que não tinha sequer CPF. Seus amigos podiam ser SILVIA AMELIA e Maurício Bebianno Barbosa, que não sabiam o significado bancário da palavra "papagaio", ou Arnaldo JABOR e Gustavo Dahl, que, como legítimos cineastas brasileiros, tinham mais "papagaios" — notas promissórias — em seu nome do que a Floresta Amazônica. Tania saía quase

449

todo dia na coluna de zózimo Barrozo do Amaral, no *Jornal do Brasil*, e era, ao mesmo tempo, jurada da *Buzina do Chacrinha*. Foi capa da revista *Interview* americana na mesma época em que podia ser vista em filmes brasileiros intitulados *Gente que transa* (1974) e *Cada um dá o que tem* (1975). Nessè último ano, quando tinha farta escolha entre milionários europeus, saltou para o coração de um brasileiro — Jorge Guinle, que acabara de sair do casamento com yonita Salles Pinto. O casamento com Jorginho durou três anos e envolveu a maratona habitualmente reservada às sras. Guinle: festas de cabeças coroadas em castelos na Europa, festivais de cinema à beira do mar de Cannes ou dos canais de Veneza, cerimônias de entrega do Oscar — uma agenda tão agitada que o organismo de Tania se habituou a funcionar em seis fusos horários diferentes. Pois, em 1978, Tania deixou Jorge e tudo isso para trás. Foi para São Paulo e casou-se com o ator Raul Cortez, com quem ficou oito anos, e teve sua filha Maria.

Desenhada para estirar-se em chaises longues, Tania trocou-as muitas vezes por uma prancheta ou escrivaninha com cadeira dura. Foi redatora de moda da *Manchete*, dona de confecção, promoter da boate Régine, marchande da Galeria São Paulo (de Regina Boni) e, de volta ao Rio, juntou sua tarimba em tudo isso e concentrou-a numa empresa de promoção de eventos.

Sua própria beleza acompanhou esses muitos ciclos de sua vida. Mesmo no esplendor da forma, Tania sempre teve problemas com a balança — o ponteiro subia, baixava, voltava a subir. Mais ou menos como ela, que nunca conseguiu ficar no mesmo lugar por muito tempo. Mas o ponteiro mais importante ficava dentro de sua cabeça e só ela determinava para onde ele apontaria.

TARSO de Castro
1941-91. Jornalista.

Diferentemente da maioria de nós, que descendemos dos macacos, o gaúcho Tarso parecia descendente dos cavalos — cavalgava sobre os amigos, os inimigos, as mulheres e sobre si próprio, sem se importar com os estragos provocados pela força dos cascos a galope. Era brutal e sedutor. E, por mais que tentem apagá-lo dos registros, ficará na história e na lenda como o criador do pasquim.

É verdade que mais na lenda do que na história, porque ele não o criou sozinho. jaguar, Sérgio Cabral e Claudius foram seus sócios na origem do jornal, em 1969, sem falar no brilho individual dos primeiros colaboradores, como millôr Fernandes, ziraldo, Fortuna, Henfil, Luiz Carlos maciel, Paulo FRANCIS e o diretor de arte Carlos Prósperi. Mas, com sua audácia e criatividade, Tarso foi o amálgama inicial para a imagem debochada do *Pasquim*, numa época em que o AI-5 acabara de fechar todos os canais políticos. O sucesso foi incrível: dos 12 mil exemplares iniciais, o jornal passou a vender 200 mil por semana em cinco meses.

Tarso tinha a vocação para criar jornais e o talento para fazê-los, mas sua irresponsabilidade os condenava a uma vida curta. Sob sua administração, o *Pasquim* passou a levar uma feérica vida social fora da redação. Ele fechava bares, alugava aviões e se instalava em hotéis de luxo. Um cartão de crédito em seu bolso era um foguete para Júpiter. Numa boate, alguém esbarrou em sua garrafa de uísque e ela começou a derramar. Um garçom tentou resgatá-la e Tarso o impediu — era para derramar mesmo. Quando se descobriu que, com menos de dois anos de vida, os lucros do jornal também tinham derramado para a Escócia e o prejuízo parecia impagável, os sócios o afastaram para que o *Pasquim* pudesse sobreviver.

O Tarso que chegara ao Rio em 1962, vindo do Rio Grande do Sul para trabalhar com Samuel Wainer na *Última Hora*, era ainda um rapaz simples e moderado. Na verdade, levou anos anônimo no Rio. Mas o sucesso o transformou, e o estrondo do *Pasquim* investiu-o de um poder que poucos podiam disputar. Tornou-se um personagem — em qualquer lugar em que estivesse, era o que bebia mais, o que falava mais alto e o que saía com a mulher mais bonita. E não economizava suas opiniões: seus ódios ou admirações eram proclamados por escrito ou, ao vivo, nos botequins. Tinha multidões de afetos e desafetos, mas ninguém podia negar-lhe a coragem.

Pode-se quase dizer que Tarso foi para a cama com todas as mulheres que quis. Era um frenesi erótico que fazia pipocar úlceras até em seus amigos mais bem-sucedidos nesse terreno. Os inimigos, então, queriam comer vidro moído ao saber de algumas de suas conquistas. O estoque das mulheres de Tarso incluía as que ele acabara de conhecer; as que conhecera pouco antes e estava guardando para um dia de chuva; e as que já conhecia havia muito tempo, inclusive as dos amigos. As mulheres o achavam alegre, bonito e irresistível. Ele também se achava. Quando declarou no Antonio's (onde nunca pagou um uísque) que precisava de dinheiro para ir à Bahia encontrar a estrela Candice Bergen (então filmando por lá), os amigos cotizaram-se e forneceram o dinheiro, torcendo para que Candice lhe desse um chute que o devolvesse voando ao Rio. Tarso foi — e teve com ela um caso que se prolongou por Búzios, pelo Rio e por várias cidades onde houvesse uma cama. Em sua autobiografia, Candice descreveu Tarso como "um ex-guerrilheiro que entrou em Havana com Che Guevara" — a pateta acreditou em tudo que ele lhe dissera. Daí a tempos, de volta aos Estados Unidos, Candice escreveu a Tarso para dizer que não se veriam mais porque ela iria se casar com o cineasta francês Louis Malle. O diretor de *Os amantes* (1958) era famoso por ser baixinho. Ao saber do caso, Tarso comentou, resignado: "Dos Malles, o menor".

Seus amigos eram Chico Buarque, João Ubaldo Ribeiro, Luiz Carlos Maciel, Hugo CARVANA, José Lewgoy, LEILA Diniz, REGINA Rosenburgo, ANTONIO CARLOS Jobim, VINICIUS de Moraes, Ricardo Amaral, Paulo GARCEZ, Julinho Rego, Cesar THEDIM, Leonel Brizola. Os inimigos eram todos os que, com ou sem motivo justo, falassem contra seus amigos. Para vingar-se de Jaguar, que o classificara como um "provinciano deslumbrado", Tarso publicou na *Folha de S.Paulo* o anúncio de "falecimento" do cartunista. Quando ele próprio, Tarso, morreu, seus amigos escreveram obituários carinhosos, mas nem eles puderam esconder o quanto Tarso os incomodava. "Defeitos visíveis e qualidades nem sempre visíveis, sobretudo para quem o via de longe, ou o sofria de perto", escreveu Otto Lara Resende na *Folha*.

Sua morte já estava anunciada desde pelo menos 1988, quando os quase trinta anos de álcool em quantidades oceânicas lhe renderam uma cirrose hepática. Otto escreveu também: "O riso apagava no rosto o vinco das noites boêmias. A vida jogada fora, num gesto de desdém e rebeldia. Mas onde está a vida dos que a depositaram na poupança?". O objeto da frase era Tarso, mas ela poderia igualmente aplicar-se a ZEQUINHA Estelita, RONIQUITO de Chevalier, HELIO Oiticica, CAZUZA e a outros personagens de Ipanema que nunca se pouparam para a vida — ou para a morte.

Frases

★ *Viver é fácil. A dor é apenas o intervalo para fumar.* ★ *Perdi 25 milhões. Por sorte, não os tinha.* ★ *Devo ter todos os defeitos possíveis, mas faço questão de exercer minhas virtudes.* ★ *É preciso ter amigos. Mas poucos.* ★ *Minha coluna* [de jornal] *é meu analista.* ★ *Busco munição nas ruas, nos bares.*

Clube dos **TATUÍS**

c. 1949-60. Clube social e time de futebol de praia.

Quando começou, em fins dos anos 40, era apenas um time de futebol de praia em frente ao antigo Posto 7 (hoje, 8). O nome se inspirava naqueles simpáticos crustáceos de que eram pródigas as areias de Ipanema. Mas os Tatuís do futebol não queriam ser simpáticos. Eram gente forte e que comia a bola, como o goleiro Luiz "Ciranda" e o zagueiro PAULO Amaral. Se enfrentá-los na areia era duro, fora dela, nem pensar — os dois eram discípulos de SINHO-ZINHO em capoeira e boxe. Mas, em 1955, o Tatuís agregou outro território, muito mais suave e interessante: uma "sede social", perto dali, na rua Gomes Carneiro, separada da esquina da praia por um posto Shell. Naquela casinha de dois andares, com um quintal nos fundos, fermentaram nada menos que o musical *Orfeu da Conceição*, boa parte da futura BOSSA NOVA e os meninos da TV Rio que depois iriam fazer a TV Globo.

A casa era alugada e o clube, mantido pelos sócios, rapazes e moças da praça General Osório, que pagavam mensalidade e tinham direito a carteirinha. O segundo andar era um ponto de encontro para beber (cuba-libre ou samba em Berlim), ouvir música (de vitrola ou ao vivo) e dançar. WALTER Clark, já diretor comercial da TV Rio, era o diretor social do clube. A TV Rio era perto dali, no Posto 6, e, entre um e outro contrato milionário que fechava para a televisão, Walter promovia bailes, shows, reuniões. Havia um piano, às vezes ocupado por ANTONIO CARLOS Jobim ou NEWTON Mendonça. Vários sócios eram ases do violão, como Chico Feitosa e Candinho (o primeiro estaria no concerto de Bossa Nova no Carnegie Hall, em 1962). CARLOS Lyra às vezes aparecia, assim como o ritmista José Paulo (que também iria ao Carnegie Hall) e o baterista Dom-Um. Cantoras? DOLORES Duran (vizinha do clube, na mesma Gomes Carneiro), Sylvinha Telles, Carmen Costa. Muitos dos primeiros clássicos da Bossa Nova foram testados primeiro no Tatuís.

O clube promovia "desfiles" de moda, com as sócias como modelos, o que explica por que RONALDO Bôscoli não saía de lá. Faziam-se recitais de poesia — alguns dos poetas oficiais eram RONIQUITO de Chevalier, Claudio Mello e Souza e o próprio Walter Clark. Mas, quando VINICIUS de Moraes começou a frequentar, Walter e Roniquito recolheram suas estrofes. Vinicius voltara da Europa para montar *Orfeu*. Juntou-se ao Tatuís e a estrutura do musical foi planejada ali, com Haroldo Costa (que foi o primeiro e melhor Orfeu), Candinho, Ronaldo, Chico Feitosa.

Outro sócio era Carlos Alberto Lofler, produtor da TV Rio. Do Tatuís nasceu o programa da TV Rio *Música e Romance*, uma versão musical do *I Love Lucy* americano, com Sylvinha e Candinho (já casados na vida real) recebendo amigos que iam "visitá-los" no ar. E quem eram esses amigos? Tom, Dolores, Johnny Alf. Outros produtores e diretores da TV Rio frequentavam o Tatuís, e o próprio *Noite de Gala*, o maior programa de variedades da televisão brasileira, foi feito com gente do clube. Poucos anos depois, com a saída de Walter Clark e de seus principais nomes, a TV Rio se mudaria de certa forma para a TV Globo, donde alguns veteranos do Tatuís se sentiam (com razão) avós da Globo.

Mas, por volta de 1960, os principais animadores do clube já não tinham tempo para se dedicar a ele. Outros se casaram e o clube começou a perder a função. A própria Bossa Nova já estava em todos os rádios. A sede social foi sendo desativada e, aos poucos, o Tatuís voltou a ser o que era ao nascer: um time de futebol de praia.

TEATROS DE IPANEMA
Luta contra o pano final.

Quando surgiu, em 1949, criado por SILVEIRA Sampaio, nada podia ser mais Ipanema do que o **Teatro de Bolso** (rua Jangadeiros, 28-A, na praça General Osório). Silveira era autor, produtor, diretor e ator de suas peças. Como fazia tudo isso bem, não podia ficar na dependência de empresários pedantes e burros. O jeito era ter seu próprio teatro, onde ninguém daria palpite na duração de suas temporadas. Se quisesse manter uma peça em cartaz por seis meses, como as que formavam sua adorada *Trilogia do herói grotesco*, mantinha. Mas, se sentisse que um espetáculo ia fracassar, aplicava-lhe logo a guilhotina — sua sátira política *Paz na terra entre os bichos de boa vontade* foi um tal fiasco na estreia que Silveira a tirou de cena no mesmo dia e publicou um anúncio fúnebre, dizendo que fazia isso porque ninguém gostara dela, nem ele. Mas não limitou o Teatro de Bolso à sua abundante produção. Abriu-o também para as peças de estreantes, como MILLÔR Fernandes, e consagrados, como Guilherme Figueiredo.

Às segundas-feiras, cedia o teatro a grupos amadores. Um desses, em 1953, foi o **Studio 53**, dirigido por Carlos Murtinho e patrocinado por LILIANE Lacerda de Menezes. Da companhia faziam parte Liliane e jovens que depois ficariam mais conhecidos em outros campos, como os então atores Telmo Martino, IVAN Lessa e o diretor e encarregado da bilheteria Paulo FRANCIS. A única a tornar-se profissional seria ROSAMARIA Murtinho, irmã de Carlos. O espetáculo de estreia foi *O caso do vestido*, baseado no poema de Carlos DRUMMOND de Andrade. Outras peças do Studio 53 eram de Accioly Neto, Tristan Bernard e adaptações de Machado de Assis, mas o grupo se desfez antes de cumprir o ambicioso plano de levar peças americanas modernas, como as de Tennessee Williams. Um anexo ao Teatro de Bolso era o botequim Arapuã, na entrada do teatro, e que se acredita ter sido o introdutor do cachorro-quente no Rio. Foi no Arapuã que Paulo Francis e Ivan Lessa iniciaram uma amizade de 44 anos, cortada pela morte de Francis em 1997 e só violentamente interrompida por alguns meses na década de 70, quando um acusou o outro — é verdade! — de não saber que Evan Hunter e Ed McBain eram a mesma pessoa.

Em 1956, muito ocupado com shows em boates, programas de TV e viagens, Silveira Sampaio repassou o arrendamento do Teatro de Bolso para um jovem empolgado pelo teatro e uma nova fase começou: a do **Teatro Aurimar Rocha**. Aurimar (1934-79) conseguia ser ainda mais múltiplo que Silveira: era autor, ator, diretor, cenógrafo, empresário, relações-públicas, faxineiro e almoxarife. Só que sem o mesmo talento. Os críticos detestavam suas comédias, quase sempre feitas em cima de algo que estivesse no noticiário. Chamavam-no de primitivo, moralista e sem sutileza. Para o caracterizarem como antigo, os mais benevolentes diziam que, quando evoluísse, Aurimar talvez chegasse a Georges Feydeau (1862-1921). Paulo Francis diria depois que abandonou a crítica de teatro (que exerceu no *Diário Carioca* em fins dos anos 50) para não ter de assistir às duas ou três produções anuais de Aurimar.

Mas foi com títulos como *Os desquitados, O genro que era nora* e *Cego, surdo e mudo, porém sensual* que Aurimar manteve o Teatro de Bolso durante doze anos e ajudou a revelar atores como Thereza Rachel, Glauce Rocha, Marcia de Windsor, Carlos Eduardo Dolabella e Adriana Prieto. Às vezes, arriscava levar uma peça mais séria, como *Ratos e homens*, de John Steinbeck, ou *O auto da compadecida*, de Ariano Suassuana, e dizia perder dinheiro — nesta última, em 1959, JÔ SOARES fez sua estreia profissional. Um mérito ninguém jamais tirou de Aurimar: sua correção com os atores — era capaz de andar quilômetros a pé para economizar o táxi e poder pagar seu elenco. Mas ele próprio admitia que, às vezes, sua plateia tinha mais credores do que espectadores. Em 1968, o novo proprietário tomou-lhe o imóvel e Aurimar levou o Teatro de Bolso, cujo nome registrara, para o Leblon.

No mesmo lugar do teatro original, na praça General Osório, CACÁ Diegues, Marco Aurelio Moreira Leite e Luiz Fernando Goulart abriram o **Cine-Theatro Poeira de Ipanema**, de curta mas gloriosa duração. Foi o palco em 1970 de *Tem banana na banda*, o musical em que LEILA Diniz, ANA MARIA Magalhães, MARIA GLADYS e Tania Scher se esbaldavam dançando entre plumas, paetês e lantejoulas, como no antigo teatro de revista. Os textos eram de Millôr Fernandes, Luiz Carlos MACIEL, Helio Bloch, Oduvaldo Vianna Filho e outros, mas Leila e as colegas improvisavam o tempo todo, dirigindo-se à plateia, pintando e bordando. Depois de *Tem banana na banda*, o Poeira não conseguiu sustentar-se e, em 1971, o imóvel foi devolvido ao proprietário — que, a partir daí, preferiu arrendá-lo para boates.

Dez anos antes, em 1961, a criação do **Teatro Santa Rosa** (rua Visconde de Pirajá, 22) mobilizara Ipanema. A começar por sua localização: o Santa Rosa ficava no subsolo do prédio (aliás, na garagem) e, para que ali pudesse funcionar um teatro, fora preciso uma lei especial do prefeito Sá Freire Alvim. Poltronas, luzes, equipamento, tudo saiu da ajuda (em dinheiro ou aval) de particulares, entre os quais a histórica LAURA Alvim, o diplomata Paschoal Carlos Magno, comerciantes benevolentes, grã-finas sensíveis e, principalmente, o banqueiro José Luiz de Magalhães Lins. Não havia quem não apoiasse a ideia de Leo Jusi, Helio Bloch e Glaucio Gill, criadores do Santa Rosa: a de um teatro que só levasse peças brasileiras. Não por um nacionalismo oco, mas para tentar equilibrar o jogo — a maioria das salas do Rio preferia peças estrangeiras, de tiro certo na bilheteria. O Santa Rosa (homenagem não à santa, mas ao cenógrafo e artista gráfico Thomaz Santa Rosa [1909-56]) prometia promover a dramaturgia nacional, revelar autores e trazer o Brasil para o palco.

Prometeu e cumpriu. Seu primeiro espetáculo, *Procura-se uma rosa*, já foi uma sensação. Compunha-se de três peças de um ato, baseadas numa notícia de jornal: a história de um rapaz que perdera sua namorada, chamada Rosa, no momento em que iam tomar um trem. O recorte foi dado a três autores (VINICIUS de Moraes, Pedro Bloch e o próprio Glaucio Gill), e cada qual escreveu seu ato sem saber o que os outros estavam inventando. Marcou a estreia de Norma Bengell num papel mais sério em teatro, ficou seis meses em cartaz e, em 1965, deu-se a glória: o episódio de Glaucio Gill foi transformado num filme italiano do mesmo nome, rodado no Rio, com Claudia Cardinale.

Outro grande sucesso de Gill foi *Toda donzela tem um pai que é uma fera*, que revelou Joana Fomm — cujo namorado, RONALDO Bôscoli, morava por coincidência na cobertura do prédio do teatro. Enquanto pôde, o Santa Rosa sustentou a política nacionalista: *A úlcera de ouro*, de Helio Bloch; *O asilado*, de Guilherme Figueiredo; *Este banheiro é pequeno demais para nós dois*, de ZIRALDO; *O homem do princípio ao fim*, de Millôr Fernandes; e *Greta Garbo, quem diria, acabou no Irajá*, de Fernando Mello. Acabou tendo de ceder, mas, nas poucas vezes em que recorreu ao material estrangeiro, este era de alta qualidade, como *A mandrágora*, de Maquiavel, dirigida por Augusto Boal, e *O bem-amado*, de Neil Simon, em tradução de Carlos Lacerda (ainda enquanto governador da Guanabara).

De repente, a tragédia. Na noite de 13 de agosto de 1965, Glaucio Gill morreu de infarto, durante um programa que apresentava na TV Globo, *Show da Noite*. Tinha 38 anos. Os bravos Leo Jusi e Helio Bloch continuaram tocando o Santa Rosa, mas a especulação que assolou Ipanema nos anos 70 contaminou os donos do imóvel e estes passaram a calcular o valor do arrendamento pelo que os 1200 metros quadrados do teatro renderiam se fossem explorados comercialmente. Houve grande grita, mas os proprietários foram insensíveis. Incapaz de chegar a esse valor, o Santa Rosa teve de fechar. Em seu lugar, instalou-se outro tipo de empreendimento mais de acordo com o que o Brasil estava se tornando: uma gafieira.

Em contrapartida, foi o amor ao teatro que permitiu a criação do **Teatro Ipanema** (rua Prudente de Morais, 824), em 1969. Esta é uma história linda. Podendo enriquecer apenas vendendo a casa que sua mãe lhe deixara na valorizada Prudente de Morais, o inesquecível Rubens Corrêa (1931-96) vendeu, de fato, o terreno, mas em troca de um teatro no térreo do predinho de quatro andares a ser construído no local. Para Rubens, foi como se sua infância apenas continuasse — o palco do novo Teatro Ipanema ficava exatamente no antigo quintal de sua mãe, onde ele, de calças curtas, montava teatrinhos e "contracenava" com as galinhas, o cachorro e a goiabeira. Donde sua frase "Meu mundo é um teatrinho de fundo de quintal" não era apenas uma frase.

Na pior época da censura, no começo dos anos 70, Rubens e seu sócio Ivan de Albuquerque (1932-2001) fizeram do Teatro Ipanema um ponto obrigatório para plateias jovens, com peças como *O jardim das cerejeiras*, de Tchékhov, *O arquiteto e o imperador da Assíria*, de Fernando Arrabal, *A China é azul*, de José Wilker, e, principalmente, *O assalto* e *Hoje é dia de rock*, de José Vicente. O teatro tinha casa lotada todas as noites. Nem sempre por causa das peças, mas pelo clima de psicodelismo e "rebeldia" da própria plateia — houve quem comprasse ingresso para trinta récitas de *Hoje é dia de rock* e duvida-se que tenha assistido à peça. Não raro, a plateia se misturava com os atores: certa noite, Leyla Ribeiro, mulher de Ivan, saiu de cena com um anel com que não tinha entrado — um espectador enfiou-o em seu dedo sem ela perceber. Mas dali surgiram Zezé Motta, Isabel Câmara, José Wilker e José de Abreu.

Durante os anos 70, o Ipanema quase se confundia com a praia, tanto na época do píer (1970-73) como depois, quando o grupo asdrúbal Trouxe o Trombone saía literalmente da areia para o teatro, a fim de cumprir o horário das seis da tarde com sua peça *Trate-me leão*. Em fins da década, o palco do Ipanema recebeu muitos shows musicais, em que se apresentaram pela primeira vez os jovens Angela ro ro, Eduardo Dusek, Marina, Marisa Monte e Ed Motta. Na virada para os anos 80, Rubens e Ivan alternaram entre restabelecer a programação do teatro, com sucessos como *O beijo da mulher-aranha* (1981), de Manuel Puig, e alugar o espaço para shows de rock que quase o destruíam. Em 1986, Ivan dirigiu Rubens no monólogo *Artaud*, que ficou três anos em cartaz no porão do teatro para plateias exclusivas de cinquenta pessoas. Ao fim desse tempo, em que completaram vinte anos de Teatro Ipanema e trinta de parceria profissional, os dois fizeram um pacto: quem morresse primeiro daria o nome ao teatro. Dez anos depois, em 1996, Rubens morreu de aids, um dia antes de completar 65 anos. Em 1998, Ivan transformou o Ipanema em **Teatro Rubens Corrêa** e seguiu com a tocha até o seu próprio falecimento, em 2001.

Os teatros de Ipanema ajudaram a construir o charme do bairro e foram devorados por um subproduto cruel desse mesmo charme: a supervalorização de seu metro quadrado — que pareceu tornar proibitiva a manutenção de espaços para uma atividade de renda tão precária e incerta. Passado o período dourado, nos anos 50 e 60, os produtores teatrais de Ipanema sempre viram com apreensão a descida do pano ao fim de um espetáculo. Em todas as vezes, podia ser a última vez.

Joaquim **TENREIRO**
1906-92. Designer de móveis e artista plástico.

Ele foi das melhores coisas que herdamos de Portugal desde 1500. E, em troca, nós o tratamos muito mal. Quando Tenreiro desembarcou no Rio aos 22 anos, em 1928, trazia sua incrível habilidade de artesão, aprendida com o pai e o avô numa gélida aldeia portuguesa. Era capaz de construir de pipas de vinho a todo tipo de móvel. Ao perceber que havia pouco uso no Brasil para pipas de vinho, só teve uma saída: inventou o moderno móvel brasileiro.

Tenreiro produziu chaises longues inspiradas nas redes do Nordeste. Substituiu o pesado mobiliário chippendale, Luís XVI e gótico, que infestava as nossas salas, pela então desprezada palhinha e recheou as casas do país com móveis leves, elegantes e funcionais. Seu xodó eram as madeiras nativas, como o jacarandá, a cabiúna e o pau-marfim. "Com Tenreiro, o Brasil passou a sentir-se realmente em casa", disse o crítico Wilson Coutinho. Tenreiro tinha um respeito religioso pela madeira. Para ele, uma cadeira de jacarandá malfeita era um crime contra o jacarandá — "Não se pode destruir em vão uma árvore que levou duzentos anos para crescer", dizia. Mas os móveis de Tenreiro talvez durem tanto quanto as árvores: décadas depois de criadas, suas cadeiras continuam firmes, as gavetas deslizam macias e ninguém encontra um prego ou parafuso em suas peças.

Há muitos Tenreiros nos salões de banquete do Itamaraty, em Brasília, mas os milhares que estão espalhados pelo país são quase impossíveis de catalogar. Tenreiro sempre teve relação inexistente com o dinheiro. Nos anos 40, abriu sua loja de móveis em Copacabana e transformou-a numa galeria destinada aos pintores e gravadores modernos. Foi dos primeiros a expor e vender Volpi, Goeldi, SCLIAR, Milton DACOSTA, Ivan Serpa e tantos outros e nunca cobrou um centavo de comissão desses artistas. Em 1959, por sugestão de SERGIO Rodrigues, da Oca, transferiu-se para a praça General Osório e teve ali seu apogeu — no que foi também o apogeu da praça como o centro nacional do design de móveis. Mas Tenreiro desprezava a industrialização e não permitia que suas peças fossem produzidas em série. Nos anos 70, o homem que criava artesanalmente aqueles objetos sem preço já podia considerar-se pobre.

Quando se diz que o Brasil tratou mal Joaquim Tenreiro, leia-se sua família brasileira, com quem nunca teve bom relacionamento. Em 1985, aos 79 anos, ele se internou na Beneficência Portuguesa para operar um câncer no intestino. Várias complicações mantiveram-no no hospital pelos cinco anos seguintes, período em que morreu sua mulher, o que conseguiram esconder dele. Segundo o noticiário da época, uma de suas filhas entrou com um processo declarando-o incapaz de cuidar do inventário. Daí mudou-se para o apartamento dele em Botafogo e vendeu sem critério seu acervo — quadros de Miró, Di Cavalcanti e Djanira, esculturas, mesas, cadeiras, poltronas e toda sorte de peças históricas. A coleção de livros de arte, incluindo edições raras do século XIX sobre arquitetura e mobiliário, foi vendida a quilo para os burros sem rabo ou atirada pela janela. Artistas como Ascanio MMM e Mathias Marcier tentaram ajudar Tenreiro contratando advogados para defendê-lo. Mas, dobrado pela idade, ele já entregara os pontos.

Aos 86 anos, despojado de sua casa, sem dinheiro e sem saúde, foi acolhido por seu ex-motorista Celso, que o levou para morar com ele em Realengo. Tenreiro morreu um ano depois, na casa de outra filha no interior de São Paulo, a dias de um evento com o qual jamais concordaria: o lançamento industrial de suas cadeiras artesanais.

Cesar **THEDIM**
1930-2001. Engenheiro, arquiteto e empresário.

Cesar Thedim tinha a quem puxar. Seu avô, o português José Thedim, tremendo boêmio, era companheiro de farras de Eça de Queiroz, que o usou com seu próprio nome como personagem de *Os Maias*. Era muito rico e veio para o Rio no começo do século, onde torrou a fortuna. Seu pai também partiu do zero, também enriqueceu e também gastou tudo. E, então, o próprio Cesar, respeitoso à tradição, dedicou-se a fazer o mesmo. Enriqueceu mais ainda do que os antepassados e, em sua luta para empobrecer, levou uma vida que muitos consideraram privilegiada. Inclusive ele.

Foi uma vida que lhe permitiu conviver com as pessoas mais extraordinárias sem ele precisar se esforçar muito. Certa vez, em meados dos anos 50, conversou horas com um chileno de boina e só depois foi informado de que se tratava do poeta Pablo Neruda. Nessa época, Thedim namorava a cantora Maysa, que era magra, linda, em começo de carreira e já inundava o país com aqueles olhos verdes que, segundo Manuel Bandeira, eram "dois oceanos não pacíficos". Pouco depois, em 1958, Thedim namorou Elizeth Cardoso, uma das mulheres mais desejadas do Rio, e foi decisivo num episódio de grandes consequências para a música popular. Elizeth relutava em gravar um LP que lhe tinham oferecido, com sambas e canções de uma nova dupla, ANTONIO CARLOS Jobim e VINICIUS de Moraes — achava as músicas bonitas, mas muito "poéticas" e "intelectuais". Thedim convenceu-a de que, se ela as achava bonitas, deveria gravá-las — o que Elizeth fez. O LP seria *Canção do amor demais*, com uma faixa, "Chega de saudade", em que se ouvia pela primeira vez em disco o violão BOSSA NOVA de João Gilberto. Em 1963, Thedim casou-se pela única vez na vida — com TONIA Carrero, na majestade de sua beleza. Ficaram juntos por quinze anos, o que não o impediu de, em 1969, ser objeto de uma declarada paixão de LEILA Diniz (paixão que Tonia ignorou soberanamente até que Thedim e Leila a encerrassem).

"Rico, bonito, tinha iates, casa em Cabo Frio e uns seis a sete metros de altura" — foi assim que TARSO de Castro definiu Thedim. Tudo verdade, exceto pela altura, que nunca passou de 1,90 metro. Mas Tarso deixou de relacionar a talvez maior qualidade de Thedim: a de ser fanaticamente amigo de seus amigos. Thedim sempre deu a impressão de investir nos amigos todo o dinheiro que ganhou na indústria petroquímica. Nos anos 50 e 60, ele fora o rei do sulfato de sódio no Brasil. Em 1968, como ganhava mais dinheiro do que conseguia gastar, resolveu tomar providências: desfez-se da fábrica (em Santo André, SP), largou tudo e resolveu começar realmente a viver. Construiu uma bela casa para ele e Tonia no canal da Ogiva, em Cabo Frio, e, nos fins de semana, enchia-a de seus amigos de Ipanema e os levava a passear de lancha pelas ilhas entre Cabo Frio e Búzios. ARDUINO Colasanti, CLAUDIO Marzo, BETTY Faria, LÉA Maria, PAULO Goes, YLLEN Kerr, CARLINHOS Oliveira, Sergio Pôrto, Haroldo Barbosa, TANIA Caldas, NELSON Motta, Monica Silveira e Vinicius eram apenas alguns deles. Ao longo daquelas maratonas alcoólicas, marítimas e terrestres, era comum que Tonia fosse dormir exausta e, ao acordar, horas depois, encontrasse Thedim como se a farra estivesse apenas começando. Não admira que ela o classificasse como "o melhor amigo do mundo e o pior marido do mundo".

A especialidade de Thedim eram amigos no desvio ou pela bola sete. Quando RONIQUITO de Chevalier foi atropelado em frente ao Antonio's e teve as pernas quebradas, em 1981, Thedim aguardou-o à saída do hospital, levou-o para seu apartamento e cuidou dele durante meses. Carlinhos Oliveira, um caos ambulante, pela vida desregrada que levava, teve muitas chances de recuperar-se: Thedim o recolhia, pagava suas dívidas, fazia-se de sua babá e devolvia-o novo à praça — até a recaída seguinte. Tarso de Castro, cujo fígado já pedira demissão havia muito, também foi ajudado por ele de várias maneiras. Thedim conseguia tirar amigos até da prisão, responsabilizando-se pessoalmente por eles — o que, em alguns casos, era uma desvairada temeridade.

Não que ele próprio fosse santo. Certa noite, no Antonio's, quando alguém reclamou de uma balbúrdia provocada por Roniquito, Thedim defendeu o amigo e disse uma frase que ficou famosa: "Quem não gosta de bêbado não deve vir a bar. Deve frequentar farmácia ou padaria". O próprio Thedim era de uma inacreditável capacidade alcoólica. Mas, mesmo em seu apogeu bebum, conservou duas qualidades — nunca brigou de porre e nunca ficou triste. Sua fama de boêmio podia ser também enganadora: os que o viam comendo um sanduíche na boate Vogue, às cinco da manhã, nos anos 50, não sabiam que ele dormira das dez da noite às três daquela madrugada e que aquele sanduíche era o seu café da manhã a caminho do Galeão, aonde chegava com o sol nascendo — era chefe da equipe responsável pela tarefa de limpar os tanques de gasolina do aeroporto e, às vezes, ele mesmo, de macacão, ia corajosamente para dentro do tanque.

Mas a grande paixão de Thedim seria a arquitetura, a que se dedicou já maduro e consciente de que toda modernidade desumana precisava ser combatida e sustada. Nos anos 60, convocou os arquitetos cariocas que pensavam como ele e, juntos, traçaram um plano diretor para Cabo Frio. Thedim temia que a especulação imobiliária e o mau uso dos loteamentos destruíssem a cidade — o que acabou acontecendo, porque seu plano, derrubado pela mesquinhez política local, nunca saiu do papel. Uma amostra do que Cabo Frio poderia ter sido está no condomínio Moringa, projetado e construído por ele na curva do canal — um exemplo da harmonia entre a cidade e o mar e, por muito tempo, razoavelmente preservado. Em Búzios, Thedim deixou também sua marca: a rua das Pedras. Era uma rua de terra, que o prefeito cismou de calçar e encarregou-o da tarefa. Thedim pediu-lhe os dois piores quebradores de pedra da região e o resultado foi o que se viu. O prefeito perguntou: "Mas como os carros vão passar?". E ele: "Não vão. É pra não passarem mesmo".

Thedim nunca entendeu como quarteirões de Ipanema ou do Leblon, que, até os anos 70, tinham dez casas de cada lado, à média de quatro moradores e dois carros por casa (num total de oitenta moradores e quarenta carros), pudessem passar a ter um igual número de prédios totalizando 2 mil moradores e oitocentos carros, sem que a rua tivesse crescido — e como seus colegas aceitaram contribuir para isso. Quanto mais gente espremida, dizia, mais tensão, desconforto e insegurança.

Ele era de um tempo em que a porta de sua casa, na rua Barão de Jaguaripe, nunca ficava trancada. E não se pense que isso foi no tempo do próprio barão. Até outro dia mesmo, em meados dos anos 60, ainda era assim, e, para Cesar, os meados dos anos 60 nunca tinham deixado de ser outro dia.

THÉO-Filho
1892-1973. Escritor.

Em 1913, aos 21 anos, Théo-Filho (no registro, Manuel Theotonio de Lacerda Freire Filho) cavou uma passagem de navio no *Correio da Manhã* e foi para Paris como correspondente do jornal de Edmundo Bittencourt. Se conseguiria mandar alguma matéria, Théo não tinha ideia. O importante era ir para Paris. Depois também zarparam, cada qual com um duvidoso bico, o folclórico Patrocínio Filho, o Zeca, filho do grande abolicionista, e o teatrólogo Renato Alvim. As matérias de Théo foram uma sensação, narrando as aventuras em que os três viraram Paris de pernas para o ar.

Alugaram apartamentos em Montmartre, ao lado dos grandes cabarés como o Moulin Rouge, o Chat Noir e o Rat Mort, e mergulharam no verdadeiro bas-fond: as casas dos *mauvais quartiers*, onde se serviam cocaína e ópio e por onde desfilavam mulheres de cabelo curto, smoking e gravata-borboleta e homens de peruca, cílios postiços e casaco de pele. Os três foram despejados mais de uma vez por promover festas com mulheres nuas nos apartamentos, e a embaixada brasileira cansou-se de socorrê-los para que não fossem presos e guilhotinados. As aventuras de Théo-Filho estenderam-se pelo sul da França, sempre a bordo dos iates e casas de praia dos milionários que, com seu charme brasileiro, ele cativava e de quem se fazia amigo. Então veio a Grande Guerra e, antes que fosse convocado por engano para lutar no Exército francês, Théo-Filho preferiu voltar para casa. Desembarcou no Rio com o cabelo oxigenado, hábito de que não abriu mão nem depois de velho. Meteu-se numa encrenca na rua, passou dois meses na Casa de Detenção e escreveu um livro, *Do vagão-leito à prisão*, em que combinava suas aventuras nos balneários franceses com o duro dia a dia da prisão mais famosa do país. Consagrou-se como escritor e, em 1927, tornou-se o primeiro a publicar um romance sobre o bairro, com o título de, exatamente, *Praia de Ipanema*.

É um romance corajoso, envolvendo a tentativa de transformação de Ipanema numa espécie de Miami Beach, cheia de hotéis e cassinos. Grande parte da ação se passa na praia propriamente dita, com heroínas suspirantes e homens mal-intencionados. Théo inventou uma casa de ópio atrás do COUNTRY, descreveu orgias nos "terrenos baldios da Vieira Souto" e, no fim, mostrou o protagonista atirando-se do ARPOADOR, "barbado como Tritão", e deixando-se levar pela corrente até o canal da Lagoa (o futuro Jardim de Alah), onde foi despejado com o lixo na praia do Leblon. É delirante — e, se um romance sobre Ipanema tinha de ser o primeiro, é perfeito que tenha sido esse.

A expressão ainda não existia, mas, antes mesmo de *Praia de Ipanema*, Théo já era um best-seller. Seus livros saíam pela respeitada Editora Leite Ribeiro, a uma média de 8 mil exemplares na primeira edição. Alguns de seus outros títulos foram o escandaloso *Dona Dolorosa* (um misto de Kama Sutra com um tratado de anatomia, que ele publicou em 1910, aos dezoito anos, quando ainda estava espremendo espinhas), o delicioso *365 dias de boulevard*, e um ciclo de cinco romances sobre uma família rica brasileira, composto de *As virgens amorosas*, *Ídolos de barro*, *O perfume de Querubina Doria*, *A grande felicidade* e *Quando veio o crepúsculo*. Théo não só vendia muito como tinha admiradores entre os críticos mais respeitáveis. Um deles, Agrippino Grieco, que não poupava ninguém de suas chibatadas verbais, dedicou-lhe um estudo de 36 páginas em seu livro *Caçadores de símbolos*, em 1923 — antes, portanto, de *Praia de Ipanema*.

Mas toda a celebridade de Théo-Filho nos anos 20 não impediu que, na década seguinte, ele fosse abandonado por seu público. Resistira bem aos romancistas pós-1922 (nenhum deles, na verdade, romancista), mas, quando escritores como Jorge Amado, José Lins do Rego e Graciliano Ramos entraram em cena a partir de 1930, Théo (a exemplo de seu companheiro de geração, Benjamim Costallat) ficou para trás. Costallat ainda seria lembrado no futuro como o símbolo do Rio rebelde e "imoral" dos anos 20 — Théo-Filho, nem isso. Continuou a escrever, mas já sem apelo popular.

Ou talvez ele tivesse mais o que fazer. Em 1924 Théo assumira (em parceria com um lacônico M. N. de Sá) a direção do simpático jornalzinho chamado *Beira Mar*. Circulava mensalmente, tinha dez páginas em formato standard e apresentava-se como "o jornal dos moradores de nossas praias". A redação ficava na praça Serzedelo Corrêa, em Copacabana, e era a Copacabana que quase todo o noticiário se referia. Mas Théo era morador de Ipanema e, em 1932, assim que o assunto começou a render, criou uma disputada seção fixa, "Observatório de Ipanema", dedicada principalmente ao Arpoador. Por ela, fica-se sabendo, por exemplo, que, um dia, pensaram em instalar um trampolim no Arpoador, que a língua vigente na praia era o inglês e que as famílias faziam sardinhadas na pedra. Com o tempo, Théo estendeu a jurisdição de *Beira Mar* à Região dos Lagos, falando de Búzios e Cabo Frio, e conseguiu levar o jornal até os anos 50. Se houve um jornalista e escritor que ajudou a formar uma cultura da praia, ele foi Théo-Filho.

Beira Mar pode ter sido uma de suas fontes de renda, mas não a principal: era também alto funcionário do Ministério da Justiça. Ia trabalhar todos os dias, sempre louro e bem-vestido, mas não devia ser dos mais severos com seus funcionários. Às vezes, no meio da tarde, convidava-os: "Está chato aqui. Vamos passear!" — e saía em caravana com eles pela cidade. Sabe-se pouco de sua vida pessoal e, quando ele morreu, em 1973, os jornais não deram uma linha a respeito. Os poucos que tomaram conhecimento só tiveram uma surpresa: não sabiam que, até então, ele ainda estava vivo.

Mas Théo-Filho tem uma chance de ressuscitar. *Praia de Ipanema*, que ganhou uma reedição nos anos 90, é apenas um de vários bons romances que ele deixou. Sua literatura é um retrato quase único da sociedade brasileira da Primeira República. E suas crônicas, publicadas em *Beira Mar*, também poderão um dia render uma bela coletânea.

Théo morou durante décadas na avenida Vieira Souto e deixou relatos como este, de 1945: "*O sol dá bom-dia a Copacabana, mas dá a Ipanema a boa-tarde de sua melancolia. Nasce sobre Copacabana, mas deita-se espiando o casario e toda a faixa litorânea de Ipanema. É por isso que Ipanema diz, com muito orgulho, ser a predileta do sol. [...] O tempo fixou-me em Ipanema. Aqui em Ipanema, penso, às vezes, nos mares tormentosos percorridos pelos aventureiros. Aqui se ergue a minha casa solitária, de janelas voltadas para o poente. Contemplo o oceano com o embevecimento de quem desejasse prosternar-se diante do infinito. O mar de Ipanema assemelha-se ao infinito do amanhã*".

Carlos **THIRÉ**
1917-63. Desenhista, publicitário, cenógrafo, diretor de cinema e TV.

Quando os jornais falam da dinastia artística dos Thiré — a estrela TONIA Carrero, seu filho, Cecil Thiré, e a filha deste, Luiza Thiré —, as reportagens só se esquecem de seu fundador: Carlos Thiré, o primeiro marido de Tonia. O que é irônico, porque por pouco a dinastia não parou no próprio Thiré. O artista da família era ele, como dizia — e, no começo, era mesmo.

Neto de um fundador do Colégio Pedro II, Thiré era um homem da Renascença. Fazia muitas coisas, todas bem: desenhava, pintava, escrevia, sabia de música clássica e popular, cantava (com grande afinação), conhecia a moderna literatura inglesa e americana (foi dos primeiros a ler no Brasil *O amante de Lady Chatterley*, de D. H. Lawrence). Thiré levou tudo isso para o jornal, a revista, a publicidade, o teatro, o cinema e a televisão. Não havia muitos como ele em seu tempo — talvez não houvesse ninguém.

Em 1936, antes dos vinte anos, Thiré já criava e desenhava histórias em quadrinhos para o *Suplemento Juvenil*, de Adolfo Aizen, a primeira publicação brasileira do gênero e cuja influência na educação de uma geração inteira ainda precisa ser estudada. O desenho de Thiré tinha forte influência de Alex Raymond e Hal Foster, criadores respectivamente de Flash Gordon e Tarzan, e que eram os bambas do gênero. Apesar da temática internacional, suas histórias ("Ricardo Relâmpago", "O gavião do Riff", "A maldição do faraó louco" e várias outras) foram das primeiras tentativas bem realizadas de quadrinhos brasileiros.

Nos anos 40, Thiré foi também diretor de arte da agência de publicidade J. Walter Thompson, na época em que a propaganda brasileira estava passando dos anúncios de remédios contra calos ou catarro para os de automóveis e viagens de avião. A partir de 1946, entrou para o cinema e o teatro, primeiro como cenógrafo — e foi aí que sua mulher (até então, a sra. Mariinha Portocarrero Thiré) começou a tornar-se Tonia Carrero.

Na peça que marcou a estreia de Tonia no teatro, *Um deus dormiu lá em casa*, de Guilherme Figueiredo, em 1949, Thiré fez não apenas a cenografia, mas até cantou em cena. Já separado de Tonia, mas nada conformado com isso, foi atrás dela na Vera Cruz, em São Paulo. O diretor Alberto Cavalcanti ficou fascinado por ele e o pôs para dirigir filmes como *Nadando em dinheiro* (1952) e *Luz apagada* (1953). Com o fim da Vera Cruz, Thiré ingressou na TV Rio, onde, em 1955, foi um dos criadores de *Noite de Gala*, o programa mais caro e luxuoso de seu tempo e de muito tempo.

A ironia está em que, considerando-se suas capacidades e ambições, a maior obra de Thiré, *malgré lui*, pode ter sido... Tonia Carrero. De certa forma, é a ele que devemos Tonia, pelo tanto que a fez lutar para transformar-se de Mariinha em Tonia — e pelas armas que ele próprio lhe deu para isso. Thiré vivera o drama de ser filho de pais separados (algo escandaloso e raro na Tijuca dos anos 30) e logo se dera conta dos mecanismos hipócritas da sociedade. Sua revolta contra essa hipocrisia impressionava Mariinha, que ele conheceu e namorou quando ela ainda era adolescente. Além disso, Thiré impôs a seus pais sua vontade de trabalhar em profissões tão pouco tradicionais, como as de desenhista de quadrinhos e publicitário. Essa rebeldia fascinava Mariinha. Quando eles se casaram, em 1940, e se mudaram para Ipanema, Mariinha orgulhava-se de ver seu marido sendo admirado pelos homens que *ela* admirava, como ANIBAL Machado, Di Cavalcanti e VINICIUS de Moraes. E eles deviam realmente formar um casal e tanto: o brilhante intelectual e artista com sua mulher jovem e lindíssima.

Mas Thiré, por mais libertário em causa própria, era de um convencionalismo quase medieval quando se tratava de casamento. Na sua cabeça, ao homem tudo era permitido — inclusive ter, abertamente, outras mulheres fora de casa. Já as mulheres eram seres passivos e a sua, mais do que todas — Mariinha podia brilhar nas festas, mas teria de ser, essencialmente, uma mulher de forno e fogão.

Só que o círculo que eles frequentavam contrariava essa visão das coisas. Mariinha sabia que não era isso que se esperava das outras mulheres daquele grupo, como Tati de Moraes, mulher de Vinicius, ou ELSIE, mulher de Origenes Lessa. Elas eram modernas, independentes e realizadas. Enquanto estava ocupada tendo seu filho, Cecil, Mariinha submeteu-se a toda espécie de humilhações. Mas, em 1946, para irritação de Thiré, Tonia Carrero começou a sair da casca. E, em 1951, já estava fora da casca e do casamento.

Thiré nunca conciliou sua criatividade com seu conservadorismo. Doía-lhe ver sua ex-Mariinha tornar-se uma personalidade nacional naquela estranha identidade de Tonia Carrero. Mas segurou-se e até escreveu e dirigiu programas para ela na TV Tupi. Era considerado um encanto de pessoa, generosíssimo, e sua casa, na esquina da rua Joana Angélica com a praia, vivia cheia de amigos — casa de cuja varanda, aliás, um dia, Thiré caiu de costas, da altura do primeiro andar, e não se machucou. Thiré foi também um dos que ajudaram a fazer a glória do JANGADEIRO, indo lá todos os dias com sua turma. E, segundo IVAN Lessa, pode ter sido o lançador da moda de se tomar chope com Steinhäger.

Thiré morreu aos 45 anos, sem ter explorado todo o seu tremendo potencial. E de um problema congênito que, alguns anos depois, nunca mais assustaria ninguém — uma deficiência na válvula mitral.

TOCA DO VINICIUS
1993-2020. Livraria musical e instituição cultural.

Começou em 1991 como uma banquinha de livros, operada pelo homem, sua mulher e duas filhas, ocupando um simples metro quadrado no canteiro do calçadão de Ipanema defronte ao Posto 9. Constava de um chassis com recortes de jornais sobre VINICIUS de Moraes, grande paixão do homem e da família, e de uma pequena pilha do livro *ABC de Vinicius*, de autoria dele próprio. As pessoas passavam, deixavam-se atrair pelos recortes e viam o livro à venda. Vinicius morrera dez anos antes, mas sua memória ainda estava fresca entre os muitos que o admiravam, donde o livro tinha saída. A banquinha funcionava aos domingos, com o calçadão fechado ao trânsito, e era desmontada depois que os turistas aplaudiam o pôr do sol no ARPOADOR. Nos dias de semana, o homem se virava como professor de literatura, mas já planejando a expansão de seus sonhos para além daquele metro quadrado no asfalto — pensava numa instituição que estudasse, promovesse e estimulasse a cultura do Rio, de Ipanema e... da BOSSA NOVA. Aos poucos, com sacrifícios de que só sua mulher, Natalina, e as filhas, Leila e Aline, poderiam falar, Carlos Alberto Afonso conseguiu realizar seu sonho. Nasceu a Toca do Vinicius.

Dois anos depois, em 1993, a marca Toca do Vinicius foi vista pela primeira vez, num stand da VI Bienal Internacional do Livro, no Riocentro. Dali, ainda como uma pequena livraria, acomodou-se como pôde num box da Galeria 318, na rua Visconde de Pirajá. E, em, 1995, mudou-se para seu endereço definitivo, uma loja e sobreloja na única rua de que ela seria quase uma extensão natural: a antiga Montenegro, já rebatizada como Vinicius de Moraes, quase na esquina com a Barão da Torre. Mais Vinicius, impossível. O poeta fora, naturalmente, o seu inspirador — a ponta do fio que Carlos Alberto puxara e resultaria no vasto tecido cultural urdido por ele nas décadas seguintes. O que Ipanema e o próprio Rio ficariam a dever a Carlos Alberto e à Toca não caberia em nenhuma contabilidade.

Era uma livraria de música — especializada em biografias, ensaios, songbooks, partituras, discos e vídeos de música brasileira, de ANTONIO CARLOS Jobim a Villa-Lobos — que, um dia, saiu à rua. No caso, à sua calçada, transformada por Carlos Alberto em 1999 em uma espécie de calçada da fama, com a gravação em cimento das mãos de heróis como CARLOS Lyra, Os Cariocas, João Donato, Leny Andrade, Pery Ribeiro, Wanda Sá, Durval Ferreira, Johnny Alf, MIELE, João de Barro (Braguinha), Emilinha Borba, Jorge Goulart, Miltinho, Aldir Blanc e muitos mais, que se apresentaram ali, na rua, cantando ou tocando os seus clássicos. E os homenageados não se limitavam à música popular — escritores, como o poeta (e letrista) Ferreira GULLAR, e jogadores de futebol, como Nilton Santos, Zico e Roberto Dinamite, também gravaram suas mãos. Todas essas cerimônias tiveram como plateia centenas de pessoas que, diante da loja e tomando a calçada, se emocionavam ao ver de perto os seus ídolos.

Ironicamente, o evento mais tocante só foi presenciado por poucos: a gravação em cimento das mãos de Bellini, o zagueiro do Vasco e capitão da seleção brasileira campeã mundial de 1958 na Suécia. Em criança, nos anos 50, o ardente vascaíno Carlos Alberto deixou por pouco de entrar em campo no Maracanã como mascote de seu time, de mãos dadas com Bellini — outro menino tomou o seu lugar —, e ele achou que nunca iria superar essa frustração. Mas, mais de cinquenta anos depois, o destino corrigiria esse lapso e lhe permitiria eternizar em cimento as mãos do ídolo — as quais, como se não bastasse, eram também as que primeiro levantaram o troféu sobre a cabeça numa conquista, como Bellini fizera ao receber a Copa Jules Rimet em 1958. E por que a gravação se deu para poucos? Porque, em 2011, quando ela aconteceu, Bellini sofria de uma forma de demência senil, e Giselda, sua esposa, já evitava expô-lo publicamente. Os admiradores daquele homem — que conservava quase intactas sua elegância, imponência e beleza física — não compreenderiam que ele já não tinha muita percepção do que acontecia ao seu redor. Por isso, Carlos Alberto foi a São Paulo, onde Bellini morava, realizou a gravação no apartamento do ex-jogador, em Higienópolis, e voltou para o Rio trazendo no colo o pesado bloco de cimento — que foi se juntar às dezenas de outros já gravados e cuja morada era a sobreloja da Toca.

Sobreloja essa que, por causa das placas, se tornou também um museuzinho da cultura ipanemense e carioca, abrigando mais de quinhentos objetos, como a máster do LP *Canção do amor demais*, de 1958, em que Elizeth Cardoso cantava Tom e Vinicius; o disco 78 rpm de "Chega de saudade", também de 1958, mas gravado alguns meses depois, com João Gilberto, e considerado o primeiro disco oficial da Bossa Nova; e um jogo de baquetas que pertenceu ao baterista Milton Banana, pioneiro da criação da batida da Bossa Nova. Em 2008, aniversário de cinquenta anos do ritmo, a Toca tornou-se também o Centro de Referência da Bossa Nova, com personalidade jurídica e oferecendo oficinas, palestras e pequenos concertos — o que já acontecia, antes da institucionalização, para os universitários americanos, franceses e russos que a procuravam para pesquisas.

A Toca, sem nunca sair de Ipanema, estendeu-se a lonjuras como o Centro da cidade, ao reconstituir em 2009 o histórico show da Bossa Nova na Escola Naval em 1959, com vários dos participantes originais. Antes, em 2006, já chegara a Copacabana, com a abertura da Bossa Nova & Cia., loja criada e dirigida por sua filha Leila Afonso Martins no próprio Beco das Garrafas, na rua Duvivier. Em seus doze anos de existência, até 2018, a Bossa Nova & Cia. foi um dos espaços mais charmosos do Rio, com sua decoração inspirada no vizinho Copacabana Palace e um incrível estoque de livros, discos e acessórios referentes à Bossa Nova — muitos destes de concepção da própria Leila. E a Toca deixou marcada para sempre a sua presença na estação Teixeira de Melo do metrô, em Ipanema, com seu painel de azulejos estampados de violões estilizados, inspirados nas capas do designer Cesar Villela para os discos da gravadora Elenco, e textos sobre a Bossa Nova em várias línguas, com visual criado pelo arquiteto Urbano Iglésias. Foi também da incansável disposição de Carlos Alberto que se conseguiu que o dia 25 de janeiro — data do aniversário de Tom Jobim — se tornasse o Dia Nacional da Bossa Nova.

Foram muitos anos de luta por um sonho. Para Carlos Alberto, só faltou a concretização de uma fantasia alimentada desde o começo — ver o Maracanã lotado e cantando em coro "Desafinado", de Jobim e NEWTON Mendonça. Como isso não aconteceu, ele teve de se contentar em ouvir o mesmo Maracanã, em peso, na cerimônia de encerramento dos Jogos Olímpicos do Rio, em 2016, cantar... "Garota de Ipanema".

TONIA Carrero
1922-2018. Atriz e símbolo de Ipanema.

Em 1951, Tonia Carrero ia filmar *Tico-tico no fubá* em São Paulo, sob a direção de Adolfo Celi, um dos italianos importados pela Vera Cruz para ensinar os brasileiros a fazer cinema italiano. No começo das filmagens, Celi levou Tonia para ver uma locação num bosque perto de Pirapora. O dia estava quente, havia um lindo rio nas proximidades e Tonia propôs que caíssem n'água. Ele alegou que estava sem calção e que ela não trouxera maiô. "Não é preciso", disse Tonia, com naturalidade. "É só tirar a roupa e mergulhar." Celi recusou. Ela insistiu, mas ele ficou firme: sentou-se numa pedra, vestido como estava, de meias e sapatos, e assistiu impassível àquela deusa se despir na sua frente e se atirar nua no rio.

Tonia Carrero devia ser então, sem patriotada, a mulher mais bonita do mundo. No mínimo, uma das mais bonitas (não esquecer que, com todos os filmes americanos, europeus e mexicanos nas telas brasileiras, era possível aferir isso). Tinha 29 anos e estava em seu apogeu — ou, como se saberia depois, num de seus apogeus.

Tonia tinha também total consciência de sua beleza. Afinal, ouvia falar dela desde os quatorze anos, quando ainda se chamava Maria Antonieta Portocarrero, estudava na Escola Normal e parava o trânsito na rua Mariz e Barros, na Tijuca. Seu pai, o militar e professor Hermenegildo Portocarrero, sabia que Mariinha, como a chamavam, era uma tentação e que seria preciso prendê-la em casa. Mas em vão: ela era rebelde, incontrolável, maquiava-se como Joan Crawford ou Jean Harlow — no futuro, seria das primeiras a abolir qualquer pintura — e sonhava ser bailarina ou cantora. Era até precocemente vegetariana. Além disso, já fora beijada. E gostara.

O felizardo fora Carlos THIRÉ, filho do professor de matemática Cecil Thiré, colega do capitão Hermenegildo no Colégio Militar. O jovem Carlos Thiré era tudo que Mariinha admirava num homem: culto, inteligente, criativo — entendia de música, desenhava, falava línguas e parecia ter lido todos os livros. E, como ela, tinha um fogo insaciável. Os dois pintavam o sete no jardim da casa de Mariinha, fizeram amor escondido e, em 1940, se casaram; ela, com dezessete anos; ele, 22. Não houve casamento no religioso. Foram morar na avenida Vieira Souto, esquina com a rua Henrique Dumont e a cinco passos do oceano Atlântico. Mariinha teve seu filho Cecil (*n*. 1943) e, então, a exemplo do professor Portocarrero, Thiré tentou trancá-la em casa. E também não conseguiu.

Ela era uma atleta. Fora aluna do Instituto de Educação Física, onde jogara vôlei, lutara jiu-jítsu, nadara, correra cem metros com barreiras e fizera ginástica rítmica, que era o mais próximo da dança. Tudo isso a tornara mais bonita ainda. Ia à praia e, ao passar por uma rede de vôlei, loura e queimada de sol, ficava ofendida se os rapazes não parassem para olhá-la. O casamento a obrigara a abandonar o esporte, mas, com Thiré, Mariinha juntou-se ao mundo artístico de Ipanema. Ficaram amigos de RUBEM Braga (que caiu instantaneamente por ela), Tati e VINICIUS de Moraes, Origenes e ELSIE Lessa. Passaram a frequentar as domingueiras na casa de ANIBAL Machado e, ali, Ipanema a descobriu. Outro a ficar alterado foi PAULO Mendes Campos: "Ela iluminava Ipanema, as salas, a praia, as ruas", ele recordou em *Os bares morrem numa quarta-feira*. "Quando Mariinha entrava na sala, só por um denodado esforço de compostura social a gente podia olhar para outra pessoa."

Era um contraste fascinante. Mariinha dardejava seus olhos azuis cheios de admiração e respeito para com aqueles grandes artistas e intelectuais, e eles se reduziam a simples homens abestalhados por sua beleza. Carlos DRUMMOND de Andrade, por exemplo, ficava vermelho e baixava os olhos quando ela o encarava. Já Di Cavalcanti, ao descobrir que Mariinha sabia de cor todos os sambas, tangos e foxes já compostos, fazia-a cantar para ele. Heitor dos Prazeres ensinava-lhe seus sambas novos e a bossa dos sambistas. Em sua casa, ao receber os amigos, ela recitava Federico García Lorca e Fernando Pessoa e, fantasiada com o vestidinho próprio, dançava flamenco para as visitas. Enquanto os dotes artísticos de Mariinha continuassem em família, Thiré não se importava. Mas, em 1947, quando ela aceitou fazer uma ponta num filme, *Querida Suzana*, para o qual ele estava criando a cenografia, Thiré quis proibi-la.

Mariinha fez a ponta assim mesmo. Não dizia uma palavra em cena, mas bastou-lhe aparecer de maiô na tela para abafar. Para não embaraçar os antepassados do marido, fundadores do Colégio Pedro II, adotou um pseudônimo: Tonia Carrero. Thiré zombou: "Tonia Carrero não existe. O artista da casa sou eu".

Era o que ele pensava. Tonia logo saltou das telas para a capa da revista *Noite Ilustrada*, com a legenda profética: "Nasce uma estrela". Os dois foram passar seis meses estudando em Paris (Thiré, desenho; Tonia, teatro) e, quando voltaram, o mundo abriu-se para Tonia. Fez dois outros filmes, estreou no teatro com *Um deus dormiu lá em casa* (1949), de Guilherme Figueiredo, e, em 1951, o estúdio paulistano Vera Cruz a chamou para filmar *Tico-tico no fubá*. Foi então que Adolfo Celi a levou para ver a locação perto de Pirapora e Tonia propôs que eles tomassem banho no rio.

Tonia ainda estava com Thiré, mas o casamento já morrera. Separaram-se e ela não aceitou dinheiro para educar seu filho. Admirava Thiré pelo que ele já atingira — era desenhista de histórias em quadrinhos do *Globo*, cenógrafo de teatro e cinema, publicitário respeitado e logo iria começar a dirigir filmes. Mas Thiré era também um dos grandes galináceos amorosos da cidade e com uma argumentação perfeita para o século XIX: a de que, como homem, tinha direito àquilo — e que, por ele, Mariinha nunca despiria o avental. Quanto a Celi, também culto e bonitão, estava vivendo com Cacilda Becker, prima-dona do Teatro Brasileiro de Comédia (TBC), a companhia-irmã da Vera Cruz e da qual ele também era diretor.

Tonia tirou a roupa e, como não iria mergulhar de sutiã e calcinha para depois molhar o vestido, tirou-os também. Jogou-se no rio, deu longas braçadas na água transparente e estirou sua arrebatadora nudez em outra pedra para secar-se. Celi, metade homem, metade nariz, não arredou pé de sua pedra — no que comprometeu a imagem dos homens italianos. Ela então se vestiu e foram trabalhar. Tonia juraria depois (numa genial entrevista para Simon Khoury) que só queria refrescar-se e não fizera aquilo para seduzir Celi. Mas ele acabou seduzido do mesmo jeito porque, pouco depois, deixou Cacilda Becker para ir viver com ela.

Cacilda sofreu horrores com a separação e fez Celi prometer que Tonia Carrero nunca poria os pés no TBC. Acontece que, com filmes como *Tico-tico no fubá*, *Apassionata* (1952) e *É proibido beijar* (1953), Tonia se tornara a estrela da Vera Cruz. Com isso, foi figurinha da bala Fruna, ao lado dos ídolos americanos cujas figurinhas ela própria ainda colecionava. Sua foto saía nos anúncios do sabonete Eucalol. E, ao mudar-se para São Paulo, não podia sair à rua sem aglomerar uma multidão. Com tudo isso, Franco Zampari, dono da Vera Cruz e do TBC, não iria perder a chance de levar para o palco sua figurinha da bala Fruna — e, em 1954, escalou-a na comédia *Uma certa cabana*, de André Roussin, com direção de Celi. E então, para desespero de Cacilda, Tonia passou a ser também um dos cartazes do TBC — com salário igual ao da prima-dona.

Suas peças eram as de maior bilheteria da companhia, o que não a impedia de perceber que, dentro do TBC, eles não a levavam a sério como atriz. Os grandes papéis dramáticos iam para Cacilda, Cleyde Yáconis, Nathalia Timberg — estas eram as divas, as intérpretes. Para Tonia, uma "artista de cinema", só restavam as comédias em que sua principal função era mostrar as pernas. E ela não se conformava, porque sabia que podia fazer mais.

Demoraram tanto a lhe dar um papel mais sério (o que só aconteceu em *Profundo mar azul*, de Terence Rattigan, em 1955) que, logo depois, Tonia fez o que ninguém faria: pediu as contas no TBC. E não apenas saiu como arrastou com ela para o Rio nada menos que Paulo Autran, Margarida Rey e o próprio Adolfo Celi.

Três atores e um diretor já formavam uma companhia, e assim nasceu o célebre grupo Tonia-Celi-Autran. Nos oito anos de existência da companhia, eles fizeram 35 peças, várias memoráveis, como *Entre quatro paredes*, de Sartre, *Negócios de Estado*, de Louis Verneuil, e *Seis personagens à procura de um autor*, de Pirandello. Mas, quando ousavam montar Shakespeare (*Otelo, Macbeth*), os críticos se contorciam de rir: não podiam imaginar Tonia como Desdêmona ou lady Macbeth — e não iam ver o espetáculo. Como acontecera também com Maria Della Costa, Tonia arrastaria essa maldição durante anos: o estigma da beleza. Apesar de tudo que viviam provando no palco, não era concebível que mulheres tão belas tivessem um entendimento profundo do ser humano e a capacidade de passar isso para seus personagens. Maria Della Costa demorou, mas provou-se como intérprete. Tonia só o conseguiria muito mais tarde: em 1967, aos 45 anos, com *Navalha na carne*, de Plinio Marcos, dirigida por Fauzi Arap. E, se antes lhe faltava aquele entendimento do ser humano, ela agora o tinha de sobra.

Entre outros motivos porque, em 1961, sofrera o grande baque amoroso de sua vida: ser trocada por uma mulher vinte anos mais jovem. E, ao passar por isso, encarnara (como que esculpido a navalha) o mesmo sofrimento que infligira a Cacilda Becker dez anos antes, quando lhe tomara Adolfo Celi.

Tonia roubara Celi de Cacilda por inveja, admiração, paixão por Cacilda — a própria Tonia, um dia, admitiria isso. Queria ser como Cacilda: a grande atriz, a maior de sua geração. Roubar o seu homem era uma forma de comparar-se a ela, talvez derrotá-la. Pelos anos seguintes, Tonia teve de conviver com o ódio que Cacilda lhe dedicava, um ódio do tamanho da admiração que ela, Tonia, continuava a ter por Cacilda. Mas Tonia era também apaixonada por Celi, que, de romano, além do nariz, tinha 2 mil anos de cultura. Tonia se enrodilhava para ouvi-lo e aprender com ele, como fazia com todos os homens que julgava superiores a ela. Mas com Celi era melhor, porque ele era todo dela. E de repente, em 1961, deixara de ser. Era agora de Marilia Branco, uma atrevida garota de Ipanema — como ela, Tonia, fora no passado.

Marilia era da turma do ARPOADOR, amiga de IRA Etz, BEA Feitler, MARINA Colasanti. Tinha dezoito anos quando Celi alucinou por ela — Tonia tinha 38.

Tonia era mais bonita que Marilia e, evidentemente, muito mais mulher, mas Celi estava apaixonado, e contra isso não há argumento. Tonia chegou a propor-lhe seis meses de tolerância conjugal, para que ele se desse conta da besteira que estava fazendo e voltasse para casa. Mas Celi recusou. Saiu do apartamento de Tonia na rua Nascimento Silva e foi viver com Marilia. No frigir dos ovos, deve ter concluído que não fizera bom negócio — porque Marilia, a menina mais namoradeira do Arpoador, não dispensou nenhum de seus ex-namorados ao se casar com ele (e, aliás, eles nunca foram exatamente ex). A testa de Celi ganhou uma florida galharia, mas Tonia saiu com uma ferida aberta.

Assim como Cacilda às vezes tinha de dividir o palco do TBC com Tonia, esta teve de ver Celi entrando em seu teatro para o ensaio, de mãos dadas com Marília Branco. Era o fim — e a companhia foi desfeita. Cada qual foi para o seu lado, o que, profissionalmente, acabou sendo bom para todos. Paulo Autran logo estaria brilhando em *My Fair Lady*, com Bibi Ferreira. Celi, ao ser trocado por ARDUINO Colasanti no coração e no travesseiro de Marília Branco, voltou para a Europa e se firmou como ator internacional, no papel do supervilão de *007 contra a chantagem atômica*, o quarto filme da saga de James Bond. E Tonia faria *Tiro e queda*, de Marcel Achard, com a qual ficaria três anos em cartaz. Para ela, ainda haveria um terceiro casamento (o mais longo, de quinze anos de duração), com o arquiteto, empresário e boêmio Cesar THEDIM.

Em 1967, Tonia arrancou da Censura a peça *Navalha na carne* (estava proibida até para representação entre amigos) e a levou para o Teatro Glaucio Gill. E só então os críticos enxergaram a atriz em quem, antes, só viam o bibelô. Ali, Tonia estava no esplendor de sua maturidade. Era a soma de todas as emoções que vivera no palco e as suas próprias, dos livros que lera, das paixões que despertara ("Ministros, presidentes da República, milionários, políticos e gigolôs, todos eu olhei de cima e joguei para escanteio"), das tentações a que não resistira ("Um conhecido escritor, um famoso poeta, um ator encantador, um pintor divino") e das cabeças privilegiadas com quem convivera: "Fui sendo formada pelo tricô que eles fizeram de mim", ela disse a Simon Khoury, referindo-se a Thiré, Celi, MARIO Pedrosa, Di Cavalcanti, Vinicius, CARLOS Leão, Anibal Machado, Rubem Braga, Paulo Autran, Fauzi Arap e muitos mais, e às mulheres com quem sempre se identificou: Elsie Lessa, Tati de Moraes, ODETTE Lara, Maria LEONTINA.

Desde então, a atriz foi dada de barato. Surpresa mesmo foi quando ela não mais parou de superar-se: da Neuza Suely de *Navalha na carne* para a Nora de *Casa de bonecas* (1971); desta para a marquesa de Merteuil em *Quartett* (1986), e o ciclo ainda estava longe de fechar-se. Mas Tonia nunca teve certeza de seu valor, e era bem feito quando perguntava a alguém: "Você me acha boa atriz?" — porque se arriscava a receber uma resposta como esta, de Guilherme Figueiredo: "É ótima. Mas nem precisava".

O demônio pensou que levaria vantagem sobre Mariinha, dando-lhe beleza, alegria e juventude em troca de sua alma. Mas Mariinha recebeu esses atributos e os entregou a Tonia para administrá-los. Ao fazer as contas, o demônio descobriu que Tonia Carrero lhe passara a perna — não abria mão de sua alma e ainda iria ganhar a vida eterna.

Frases

★ *Porque tenho cabelo louro, eu vou na frente.* ★ *Não sou inteligente. Finjo que sou.* ★ *Nunca me aconteceu desejar um homem e não tê-lo.* ★ *Como os homens se diminuem ante a beleza de uma mulher!* ★ *A mulher produz outros homens. É uma fábrica. Sabe fazer fígado, sabe fazer unha. Por isso não precisa ser um Shakespeare, um Michelangelo.* ★ *O homem quer parir. Por isso faz poesia, música, matemática. Mas a criação de um ser é incomparavelmente maior do que a criação de uma obra.* ★ *Eu e meu filho Cecil tivemos uma séria relação edipiana. Eu o amamentei durante mais de um ano. Em comparação a esse período, nenhum homem me deu tanta satisfação sexual.* ★ *Libertino. Acho essa palavra linda. Libidinagem, também. Mas não gostaria que fosse isso que me definisse.* ★ *Os eixos de minha vida sempre foram o trabalho e o amor.* ★ *Por que eu vou querer ser anônima? Eu não era anônima nem quando era a Mariinha Portocarrero!* ★ *Não tenho tido tempo para envelhecer.* ★ *O sexo depois dos sessenta é ótimo.* ★ *Não quero me preparar para a morte. Quero estar viva e ser surpreendida.* ★ *Fazer amor, já vi como é. Mas o orgasmo da morte não vi, e isso me interessa.*

TRIO TUMBA
1963-67. Pioneiras da mulher noire.

Uma instituição de Ipanema nos anos clássicos: as três meninas lindas, independentes, modernas, inteligentes e que, como o Trio Maravilhoso Regina (sabonete, água-de-colônia e talco), andavam sempre juntas. Eram YONITA (n. 1947) e as primas Solanginha (n. 1945) e Dorinha (n. 1944). O nome Trio Tumba lhes foi dado por JAGUAR, porque estavam sempre na FOSSA, embora não parecessem ter motivo para isso — circulavam entre as pessoas mais fascinantes da cidade e podiam ter mil namorados cada uma. Mas a fossa era um estado de espírito compulsório na Ipanema da época, como o spleen ou o Weltschmerz na Paris e na Berlim de outros tempos — uma angústia vaga e indefinível, algo a ver com a situação do mundo ou com o impasse, fosse qual fosse, do ser humano. Elas eram sérias, graves e tinham um jeito noir, se comparadas com as meninas fúteis da *jeunesse dorée* e do COUNTRY. Talvez por isso parecessem estar "na fossa".

Suas mães eram mais avançadas do que a média e elas souberam fazer uso dessa liberdade, que consistia em ler os livros que quisessem, ficar nos botequins até de madrugada, frequentar o CPC (Centro Popular de Cultura), usar o menor biquíni possível, deixar as pernas sem raspar e viver liberalmente. Quando surgiram na praia, o ARPOADOR estava vivendo sua última grande fase e elas foram soberanas no breve reinado do CASTELINHO — e olhe que aqueles eram os tempos de DUDA Cavalcanti e Marilia Branco. Seus amigos, sempre mais velhos, eram OLGA Savary, RONIQUITO de Chevalier, CAIO Mourão, ODETTE Lara e Oduvaldo Vianna Filho. Sentavam-se no VELOSO com VINICIUS de Moraes — ele falava, elas escutavam, e vice-versa. Yonita namorava o jornalista Renato Machado, futuro sr. DANUZA Leão, e queria ser bailarina. Solanginha queria ser (e seria) antropóloga, namorava Cecil Thiré e lia Voltaire e Dostoiévski. Dorinha era namorada de RUY Guerra e apareceu na linda cena final de *O circo* (1965), de Arnaldo JABOR. As três podem ser vistas também em *Todas as mulheres do mundo* (1966), de DOMINGOS Oliveira, nas cenas da praia e do jogo do pinto.

Em 1967, Yonita e Solanginha foram estudar em Paris. Voltaram a tempo de pegar 1968 no Rio, mas então Yonita se casou com Jorginho Guinle e o trio se desfez. Solanginha foi de novo para Paris em 1969, ficou sete anos estudando antropologia, namorou o líder estudantil Régis Debray e voltou de vez para o Rio, para fazer sua tese de doutorado sobre o Xingu. Dorinha viveu um episódio triste: um maluco jogou-lhe ácido, dentro de um elevador em Copacabana, e ela ficou cega de um olho. Passou a usar o cabelo sobre um lado do rosto, como Veronica Lake, e isso lhe deu uma aura de mistério. Ruy Guerra trocou-a por LEILA Diniz e ela foi para Londres em 1970, com MARIA GLADYS e Georgiana de Moraes. Ficou muito tempo por lá e, na volta, foi viver com a mãe no interior de Minas Gerais.

É claro que Yonita, Solanginha e Dorinha não se assumiam como um trio e, muito menos, tumba — era mais uma brincadeira de Jaguar e seus amigos. Outras frequentemente escaladas no Trio Tumba eram Tania Scher, Maria Gladys e a popular Tereza, conhecida como "Terezão" — mas estas, segundo PAULO Goes, eram o banco de reservas do time.

O Trio Tumba foi característico de uma época de Ipanema em que, para suas garotas, a vida parecia caber num poema de Vinicius.

VARANDA
1969-70. Botequim na rua Maria Quitéria, 91.

Como pode um bar-restaurante que durou apenas um ano ter marcado época? Pois essa é a história do Varanda, criado no começo de 1969 pelo ator NELSON Xavier e seu sócio Manuel Malagut, futuro cunhado de ANTONIO CARLOS Jobim. Era uma época braba para o teatro, marcada por censura, greves. Nelson desencantou-se com a profissão e resolveu mudar de ramo e ganhar algum dinheiro. Coincidiu que os ipanemenses que haviam sobrevivido ao AI-5, implantado poucos meses antes, precisavam de um botequim para a resistência. Só que o VELOSO não era mais o mesmo, desde que se tornara o GAROTA de Ipanema, e o ZEPPELIN, recém-comprado por Ricardo Amaral, fora maquiado, emperucado, plastificado e transformado num bar para turistas. A alternativa era o Varanda, que foi imediatamente adotado — e muito por causa de Nelson Xavier, que era charmoso, inteligente e de esquerda. Em sua vida-relâmpago, o Varanda foi o bar oficial de Ipanema, sendo considerados traidores os que continuavam a prestigiar o novo e falso Zeppelin.

Foi no Varanda superlotado que, certa noite, RONIQUITO de Chevalier, ao discutir um delicado tópico econômico, subiu na mesa e arriou a calça e a cueca para melhor enfatizar seus argumentos. Foi também no Varanda que o artista plástico Albery promoveu um dos primeiros happenings de Ipanema, adentrando montado num elefante que tomara emprestado de um circo. O elefante atravessou facilmente o corredor que levava ao restaurante, mas foi um custo fazê-lo virar-se para ir embora — sem falar nos suvenires que deixou pelo caminho. E foi também no Varanda, em 1970, o lançamento de *Flicts*, o livro de ZIRALDO que revolucionaria a literatura infantil brasileira.

Nem tudo era tão divertido. Como em todo botequim, às vezes estouravam brigas, e houve pelo menos uma memorável, estrelada por Rony "Porrada". Houve também a noite em que ZEQUINHA Estelita ficou batendo com a mão espalmada na mesa e gritando "Meeengo!", sem que ninguém conseguisse pará-lo. Os torcedores dos outros times foram logo embora. Horas depois, os torcedores rubro-negros no recinto também se cansaram e se mandaram. Restou apenas Zequinha, eufórico, gritando "Meeengo!" até de manhã, com um garçom a servi-lo. O também recém-criado o PASQUIM chegou a sugerir um jogo de futebol entre os partidários de cada bar, com a condição de que só um dos times poderia sair vivo de campo.

Mas, em 1970, Nelson ainda não ganhara o dinheiro que imaginara, perdera a paciência exigida para gerir um bar e já estava retomando sua carreira de ator. Então, ele e Malagut venderam o Varanda a prestações para o próprio Ricardo Amaral. Este, mais esperto, não quis continuá-lo — transformou-o na boate Open, que teria a sua própria história. Quanto aos bebuns de Ipanema, devolveram o seu coração ao JANGADEIRO, que nunca deviam ter abandonado.

VELOSO

1945-67, com este nome. Desde então, GAROTA de Ipanema. Botequim na rua Montenegro (atual Vinicius de Moraes), 49-A.

Em 1945, quando o comerciante português Raul Veloso abriu seu estabelecimento na esquina das ruas Prudente de Morais e Montenegro, era uma mercearia comum, que vendia de sabão a pirulitos. O nome era O Botineiro. Mas continha também um balcão, no qual se vendiam pinga e cerveja. A birita passou a sair mais que os outros produtos. Mesas foram colocadas, a calçada foi aos poucos ocupada e, finalmente, o bar engoliu a mercearia. Ninguém jamais o chamou de Botineiro, mas de Veloso mesmo.

O vascaíno Veloso, no entanto, não tinha alma de dono de bar — função que exige certa compaixão e muita paciência para tolerar clientes com quinze ou vinte copos no tanque. Brigava-se muito ali e, entre os brigões, estavam os alunos do capoeirista SINHOZINHO. Com seus bíceps e punhos assustadores, uma simples flexão de músculos de um deles derrubava várias cadeiras. Raul Veloso sofria com as queixas dos frequentadores e, em 1950, passou o ponto a Armênio Oliveira e seus filhos. De alguma forma, Armênio e família pacificaram o bar, que continuou a vender bebida, mas atraiu um contingente mais tranquilo: famílias que iam tomar sorvete, atletas de esportes silenciosos, como a pesca ou o mergulho, e boêmios que preferiam trocar ideias a bofetes. O Veloso — nome que Armênio oficializou — tornou-se tão fanaticamente família que, naqueles anos 50, um de seus clientes, o jovem ANTONIO CARLOS

Jobim, foi certo dia convidado a parar de tocar violão no recinto. A alegação era de que, onde havia violão, havia "gente desclassificada". Claro que, um dia, o Veloso iria rever essa opinião.

Ironicamente, seria em seus postos de observação no Veloso que, em 1962, Tom e VINICIUS contemplariam a moça que os inspiraria a compor "GAROTA de Ipanema". A revelação, em 1964, de que o Veloso estava na gênese do maior sucesso da BOSSA NOVA atraiu uma nova clientela para o botequim. Mesmo assim, ele continuou a ser "um bar de homens discretos, onde ninguém aborrece ninguém e cujo maior prazer consiste em falar sem dizer grande coisa", como Vinicius o definiu em 1966 no *Jornal de Ipanema*. Ou quase isso — porque foi também no Veloso, em meados daquele ano, que Tom estava tomando chope com seus amigos KABINHA, Dico Wanderley e Roberto QUARTIN quando o garçom Arlindo veio dizer-lhe que "um gringo" o chamava ao telefone. O gringo era Frank Sinatra, convidando-o a gravarem um disco juntos.

Dois eventos históricos podem fazer um lugar sentir-se importante. Em Roma também foi assim, com a diferença de que os romanos, mais humildes, nunca pensaram em mudar o nome de sua cidade. Mas o Veloso achou de chamar-se Garota de Ipanema, ali mesmo, em fins de 1966. E aproveitou para sofrer uma reforma, que sanitizou excessivamente seu antigo e delicioso ar de pé-sujo. Os velosianos de carteirinha, como LEILA Diniz, Paulo Berger, Dico Wanderley, ZÉ Henrique BELLO, Kabinha e FAUSTO Wolff, discordaram dessas mudanças e ainda o frequentaram por bom tempo, mas se recusaram a chamá-lo pelo novo nome.

O próprio Tom, na intimidade, desaprovou a mudança e, quando se referia ao bar como Garota de Ipanema, era com ironia. Tanto que, de Los Angeles, durante a gravação do disco com Sinatra, em janeiro de 1967, mandou um cartão-postal a seu amigo Raul "Vovô", veterano boêmio do Veloso, com os seguintes dizeres: "Para Raul 'Vovô', a/c Veloso, Rio de Janeiro, GB, Brazil" — sem endereço, sem nada —, e o cartão chegou. Não que o correio soubesse quem era Raul "Vovô", mas sabia muito bem onde ficava o Veloso, apesar do letreiro com o novo nome na porta.

E, se o correio não sabia quem era Raul "Vovô", devia ficar sabendo. Chamava-se Raul Gunther Vogt (1936-95), era de Teresópolis, filho de suíços, e seria uma das figuras mais trágicas de Ipanema. Fazia sucesso com as mulheres, pelos olhos azuis e cabelos compridos, de um louro quase branco (o "Vovô" referia-se ao som de Vogt, nada tinha a ver com idade). Raul falava inglês, francês e alemão, conhecia história da arte, era designer formado pela Esdi (Escola Superior de Desenho Industrial) e, segundo FERDY Carneiro, seu ex-colega na escola e que o empregou em seu estúdio, um dos mais caprichosos artistas gráficos e arte-finalistas da praça. Mas não era extremamente assíduo no trabalho. Era assíduo no Veloso.

Na verdade, o Veloso era o único lugar onde se tinha certeza de encontrar Raul "Vovô", e sempre com um copo na mão. Não se sabia onde morava, nem mesmo se morava. Podia ser visto na rua a qualquer hora do dia ou da noite e começou a viver de bicos, como levar a crônica de CARLINHOS Oliveira ao *Jornal do Brasil* (com Carlinhos pagando o táxi e dando-lhe uma gorjeta). Quando já não podia bancar sua bebida, Raul levou anos filando-a dos amigos, e, quando estes começaram a perder a paciência, dedicou-se a esmolar. Tornou-se mendigo. Com frequência, sua amiga Mitzi Waddington o recolhia na rua, cuidava dele e tentava recuperá-lo. Mas, em pouco tempo, Raul "Vovô" já estava de novo na calçada, com a mão estendida, e dormindo na areia. Os últimos quinze anos de sua vida foram tristíssimos, imundo, esmolambado, o rosto vermelho, os pés descalços e muito inchados. Os amigos do passado — pessoas cujas casas ele visitara e com quem se sentara à mesa para falar de Mies van der Rohe ou Mondrian — evitavam-no na rua (e ele talvez achasse melhor assim). Em 1995, Raul "Vovô" apareceu morto, deitado na praça Nossa Senhora da Paz.

Foi no Veloso, em 1968, que Tom conheceu Lygia Marina, que tempos depois lhe inspiraria o samba-canção "Ligia" e, sem querer, quase criaria um problema entre ele e o novo namorado dela, seu amigo FERNANDO Sabino. E sabe-se lá quantas outras canções não teriam tido sua centelha inicial naquelas mesas?

O Veloso não era um botequim especialmente político — não mais que os outros de Ipanema —, mas, em 13 de dezembro de 1968, uma sexta-feira, o destino tornou-o palco de um evento bem sintomático do que estava reservado ao Brasil. Naquela noite, ele era o cenário da festa de lançamento do livro *10 em humor*, uma ampla antologia de cartunistas e humoristas: MILLÔR, ZIRALDO, Claudius, JAGUAR, Fortuna, Borjalo, Zélio, Henfil, Vagn, Sergio Pôrto e Leon Eliachar. Todos estavam presentes, exceto Sergio Pôrto, que morrera dois meses antes. Quando a data da festa fora marcada, não se podia adivinhar que aquela seria a terrível noite do AI-5 — por acaso, comunicado à nação pelo rádio e pela televisão quase na mesma hora em que os cartunistas começavam a autografar. O livro estava cheio de cartuns contra os militares e, entre autores e convidados presentes no Veloso — todos, aparentemente, hostis à ditadura —, havia quórum para lotar um presídio inteiro. Ali, naquele momento, ninguém imaginava que o regime de terror já começara. Mas, na manhã seguinte, ao ser preso em sua casa, Ziraldo ouviu do carcereiro que este estivera a seu lado no Veloso a noite toda e o seguira, quando, terminado o evento, o cartunista saíra para jantar com Helio Pellegrino.

Naquele dia, o Veloso já se chamava Garota de Ipanema, mas os antigos frequentadores ainda o tratavam por Veloso. E por muito tempo continuaria assim. Claro que, com a aposentadoria ou morte desses frequentadores e o peso dos turistas que desconhecem sua tradição, o velho nome acabou sendo sepultado. O que não morre é a lenda popular — popular, mas apenas uma lenda — de que "Garota de Ipanema" foi escrita em suas mesas.

VERA Barreto Leite
n. 1931. Manequim e atriz.

Algumas pessoas são tão especiais que não podem esperar para começar a construir sua biografia. Veja o caso da menina Vera, filha de diplomatas e sobrinha de LUIZA Barreto Leite. Depois de ser reprovada duas vezes num colégio americano em que estudava no Rio, a adolescente Vera foi mandada por sua família para um colégio em Lisboa — do qual também foi expulsa por ser excessivamente bonita, usar batom vermelho e gostar de namorar. E quem, por acaso, ela namorou por lá? O jovem RUY Guerra, recém-chegado de Moçambique e já pensando em cinema. Em 1952, a mãe de Vera, Maria Barreto Leite, foi designada para a embaixada brasileira em Paris e Vera seguiu com ela. Tinha então 21 anos e, um dia, bastou-lhe sair à rua para chamar a atenção de um olheiro ligado à estilista Elsa Schiaparelli. Poucos dias depois, foi contratada por Schiaparelli e ganhou um belo nome artístico: Vera Valdez.

Sua figura — magra, classuda, com uma postura de deusa e uma das primeiras a desfilar inclinada para trás — tornou-se constante nas duas revistas que tinham o peso do Juízo Final sobre a moda internacional: a *Vogue*, francesa, e a *Elle*, americana. Sua amiga Suzy Parker podia ser a modelo mais famosa do mundo, mas Vera Valdez ficou um nome tão familiar nas passarelas de Paris quanto as top models de hoje — com a diferença de que, então, os salários tinham três ou quatro zeros a menos.

Schiaparelli era uma das potências da moda, mas, nos anos 50, havia alguém maior ainda: Coco Chanel, de volta à sua clientela depois do ostracismo provocado por sua camaradagem com os alemães em Paris na Segunda Guerra. Quando Schiaparelli fechou seu salão, em 1954, aos 64 anos, Chanel estava exatamente reabrindo o seu, aos 71. Vera não se tornou apenas sua modelo, mas sua modelo favorita e a que Chanel escolheu para estrelar seu desfile de rentrée. Ela era a perfeita encarnação do tipo que Chanel exigia — a mulher interessante, que valorizava a roupa, em vez de ofuscá-la. Nos cinco anos em que desfilou para Chanel, os nobres e os ricos se jogaram aos pés de

Vera. Um Rothschild deu-lhe um apartamento em Paris, vizinho ao de Monica Vitti, estrela do cineasta Antonioni. Mas nem com Chanel nossa Vera soube se comportar — acabou demitida, de tanto se atrasar e faltar ao trabalho.

Vera, nada deslumbrada, parecia superior a tudo. Podendo sair à rua em Paris com modelos exclusivos, vivia de calça cigarette e camiseta e, com seu senso de humor, zombava de si própria. Seus amigos eram os jovens cineastas Roger Vadim e Louis Malle. Namorou ambos e, para Malle, desenhou os figurinos do filme *Trinta anos esta noite* (1963), em que (como Vera Valdez) fez também um pequeno papel, bem a seu estilo, sem luxo. Depois, desfilou para Dior e Cardin e, quem diria, ainda seria chamada por Chanel para o último desfile da estilista.

Vera voltou para o Rio em meados dos anos 60, casou-se com o ator Luiz Linhares, desfilou para a Casa Canadá e, em 1968, deixou-se fotografar, deslumbrante e nua, para uma revista masculina. A revista era a *Fairplay*, a primeira do gênero no Brasil; o fotógrafo era PAULO Goes; e as fotos, feitas na cobertura de RUBEM Braga, renderam a Vera o fim de seu casamento. Em 1971, apogeu do desbunde em Ipanema, foi sócia de LEILA Diniz na Butique 12, na praça General Osório, e alugou um apartamento, na rua Joana Angélica, no mesmo prédio onde morara LUCIO Cardoso. Fiel à vocação do endereço, seu apartamento tornou-se um ponto de encontro de cineastas como Paulo Cesar SARACENI e Julio Bressane, atrizes como ODETTE Lara, SCARLET Moon de Chevalier, SUZANA de Moraes, da jovem Baby Consuelo e de toda a Ipanema desvairada. Um dos habitués era o fotógrafo PEDRO de Moraes, filho de VINICIUS e onze anos mais novo, com quem Vera se casou. O casamento durou pouco, mas produziu a atriz e cantora Mariana de Moraes.

Os anos 70 não foram dos mais favoráveis a Vera. Presa com cocaína no Galeão ao chegar de uma viagem, ela cumpriu uma temporada num hospital psiquiátrico e, libertada, foi acolhida por Malle e Bernardo Bertolucci em Paris. Voltou de vez para o Brasil em 1982, passou a trabalhar como figurinista de teatro, e amostras de seu trabalho estão em *As bacantes* (1987), de Eurípides, no Oficina. Mas, a provar que, para ela, roupas nunca quiseram dizer muito, Vera, aos 78 anos, em 2008, posou lindamente seminua para a revista *Trip*.

Carlos **VERGARA**

n. 1941. Artista plástico.

Nos anos brabos do Brasil, em fins da década de 60, Carlos Vergara pintava com uma mão e brandia o punho fechado com a outra. Seu apelido, dado pelo colega Cildo Meirelles, era "Che" Vergara. O regime vivia de olho nele.

■ Carlos VERGARA

Foi ameaçado de ter uma exposição explodida pelo CCC (Comando de Caça aos Comunistas), e uma coletiva no Museu de Arte Moderna, de que ele participava, foi fechada pelo Dops, muito por sua causa. Alto, forte e queimado de praia, Vergara poderia passar por um garotão do vôlei na MONTENEGRO (o que ele era), se não atuasse também como segurança de líderes estudantis em comícios-relâmpago e não tivesse ativa participação em reuniões clandestinas. Numa dessas, envolvendo o pessoal do teatro, Vergara, ao defender a luta armada, disse que, para isso, todos ali precisariam ter "três culhões". Em resposta, alguém gritou: "Eu tenho!". Era Hugo CARVANA.

Mas foi como pintor que Vergara deixou um testemunho mais importante. Sua geração — a de Antonio Dias, ROBERTO Magalhães e Rubens GERCHMAN —, revelada nas exposições *Opinião 65* e *Opinião 66*, no MAM, soterrou os formalismos concretistas então vigentes e impôs um neofigurativismo de combate, talvez indispensável para a ocasião. Ele era o mais incendiário da turma e isso nada tinha a ver com o fato de ter nascido em Santa Maria (RS) — porque, na verdade, era tão gaúcho quanto esquimó. Aos dois anos já estava em São Paulo e, aos treze, de vez no Rio, onde estudou no Colégio Brasileiro de Almeida. Era bom em química e, dos dezoito aos 25 anos, foi analista de laboratório da refinaria da Petrobras, em Caxias — o convívio com os operários o fazia sentir-se também meio operário. Já então, Vergara desenhava joias e participara da Bienal de 1963. Não contente, fora estudar desenho com Iberê Camargo e levou anos submetendo-se ao tratamento que Iberê só dispensava aos alunos mais queridos: ouvir dele que os desenhos eram uma porcaria, rasgá-los e ter de fazer de novo, até que o mestre gostasse de um — o que, um dia, finalmente aconteceu.

Quando se sentiu com a mão apta para desenhar as figuras que quisesses, Vergara usou-a para mostrar a realidade de 1968, já por si desfigurada: estudantes presos, soldados ameaçadores, as cores da bandeira brasileira escorrendo pelo logotipo da Texaco. Os americanos tinham inventado a pop art para sair de um impasse criativo. Pois os brasileiros fizeram da pop art uma arma política.

Mas quadros não derrubam regimes e, nos anos 70, Vergara voltou-se para suas próprias inquietações criativas. Passou a fotografar o Carnaval (não o das escolas de luxo, mas o dos blocos e o dos bate-bolas de subúrbio) e a usar as fotos como suporte para a pintura. Fez isso durante doze anos e só parou, segundo ele, porque ameaçava tornar-se "um novo Debret". Nos anos 80, incoerente como todo verdadeiro artista, dedicou-se exatamente àquilo que sua geração derrubara: a arte abstrata — mas, mesmo nessa fase, era de uma contundência que fazia o espectador "ver" coisas em suas formas e cores. E, na vida prática, não tirou os pés do chão — como presidente do Conselho de

Proteção ao Patrimônio do Rio de Janeiro, foi decisivo para o tombamento dos espelhos d'água da Lagoa Rodrigo de Freitas e da enseada de Botafogo. Como o Rio lhe poderá pagar por isso?

Em 1995, Vergara participou da reedição da Expedição Langsdorff, promovida pelo Instituto Goethe — refazer os passos da equipe liderada pelo médico prussiano Georg von Langsdorff entre 1821 e 1829, que inventariou a flora e a fauna do Brasil. Da turma original, que chegou até Mato Grosso, faziam parte pintores como Rugendas e Taunay. Vergara foi um dos artistas da turma moderna e, ao conhecer o Pantanal, teve uma ideia que nunca ocorreria a seus antecessores — atrair os jacarés para pisar sobre lonas e espalhar o pigmento com suas patas e caudas. Ao fazerem isso, os jacarés produziram figuras parecidas com as pinturas das cavernas pré-históricas, das quais, aliás, foram contemporâneos. Com aquilo, Vergara atingia algo com que talvez sempre sonhasse sem saber — capturara o umbigo do Brasil.

VINICIUS de Moraes
1913-80. Poeta, diplomata, compositor e cantor.

Vinicius de Moraes sempre foi eleito o "homem típico de Ipanema" nas enquetes que *O Globo* e o *Jornal do Brasil* costumavam fazer por ocasião de alguma efeméride. Era uma escolha justa, embora não por tempo de casa. Numa vida de tantas idas e vindas, Vinicius morou diversas vezes em Ipanema, mas todas elas, somadas, não chegam a cinco anos — seu único pouso certo na vida foi a Gávea, onde nasceu e onde sua família sempre teve propriedades. Vinicius pode não ter sido um recordista de residência em Ipanema, mas, em seu caso, isso é o que menos importa. Eça de Queiroz, que nasceu perto do Porto e passou grande parte da vida fora de Portugal, também não chegou a morar dez anos em Lisboa — e essa era a sua cidade, em literatura e espírito.

Do ARPOADOR ao Jardim de Alah, a presença de Vinicius inundou o território durante quarenta anos. Em Ipanema ele fez poesia, teatro, cinema, música popular e filhos. Frequentou seus bares, praias e casas, dançou boogie-woogie, caminhou e bicicletou por suas ruas, namorou suas mulheres e foi um dos autores de, entre muitas canções com indiscutível sabor local, "GAROTA de Ipanema". Mas a grande importância de Vinicius para Ipanema foi como colonizador. Ao fazer sua própria transição pessoal — da gravata para a camisa aberta, da cadeira de espaldar alto para a mesa de calçada, do soneto para a canção e do mistério para o paganismo —, ele foi decisivo para a definição do caráter de Ipanema.

E, para sorte de todos, não fez isso de um dia para o outro. Durante muito tempo, protagonizou essa convivência entre contrários, permitindo que eles se interpenetrassem e fecundassem várias gerações. Vinicius encarnou a coexistência entre o Itamaraty e o VELOSO, o chope e o uísque, o asfalto e o morro, a poesia "séria" e a letra de samba.

A influência dessa dualidade sobre os jovens que conviveram com ele em Ipanema nos anos 50 e 60 foi tremenda. Eles acompanharam seu lento dar as costas à formação europeia e erudita em troca da cultura das esquinas e do papo furado — embora a expressão "poetinha", pela qual se permitia ser chamado, não escondesse o tamanho do poeta que ele era. Dizia-se "o branco mais preto do Brasil" e, muitas vezes, provou que não estava brincando. E o rodízio de mulheres em sua vida também foi importante — era um intelectual que não recuava diante dos desafios.

Mas Vinicius não se fez sozinho. Teve de ser, digamos, aprimorado. E a primeira responsável por isso foi sua primeira mulher, Beatriz (Tati) Azevedo de Mello — Tati de Moraes (1911-95). Dois anos mais velha do que ele, ela era uma paulistana que estudara na Europa e, desde jovem, brilhava nos círculos literários de São Paulo. Raul Bopp inspirou-se nela para criar a "filha da rainha Luzia" em seu poema "Cobra Norato" (1929), e ela foi o modelo para dois personagens de Monteiro Lobato em *Reinações de Narizinho:* o peixinho vermelho Tati e, por seu nariz arrebitado, a própria Narizinho. Como se não bastasse, Tati suspeitava ser filha de Lobato.

Tati trabalhava como tradutora e era uma mulher independente. Quando Vinicius a conheceu, estava noiva de um rapaz rico de São Paulo e ia se casar com todas as pompas, mas a atração entre eles foi mútua e imediata. Em 1938, Vinicius foi estudar em Oxford, na Inglaterra. Tati desfez o noivado, casou-se com Vinicius por procuração e juntou-se a ele em Londres. Foi para ela que Vinicius escreveu o "Soneto da fidelidade" (o de "Que não seja imortal, posto que é chama/ Mas que seja infinito enquanto dure"). Quando voltaram para o Rio, em 1940, Vinicius tinha 27 anos e já era um poeta completo. Mas Tati ainda iria influenciá-lo politicamente — era comunista, e Vinicius, como outros intelectuais místicos de sua geração, flertava com o fascismo. No Rio, em 1942, ela o apresentou ao socialista americano Waldo Frank, que acabou por seduzir Vinicius para as esquerdas.

Vinicius e Tati formavam um casal ideal na Ipanema dos anos 40. Eram inteligentes, cultos, viajados, boêmios e com um vasto leque de interesses. Seus amigos eram escritores, diplomatas, jornalistas, artistas plásticos, compositores, músicos, atores, menininhas em flor e os anônimos bebuns dos botequins. Se foi esse blend que tornou a acanhada Ipanema tão cosmopolita,

Vinicius foi um de seus principais mentores. Tudo nele sugeria uma saudável e arrojada duplicidade. Era um homem a ser respeitado, mas a não se levar muito a sério. Sua poesia era metafísica e lírica, mas também podia ser moleque (ou atrevidamente profana, como na "Balada do Mangue"). Fora aprovado no concurso do Itamaraty (embora se diga que seu amigo Roberto Assumpção, futuro embaixador, fizera a prova por ele) e logo chegara a vice--cônsul, mas qual foi seu primeiro posto? Moscou, como lhe ofereceram? Não, Los Angeles — aliás, Hollywood, a terra de Sabu, Maria Montez e Jon Hall, grandes astros daquele tempo. Ele tinha o charme do homem que se apaixonava facilmente e assumia essas paixões.

Mas esse era o traço de Vinicius que menos agradava a Tati. O casamento deles, por exemplo, foi interrompido por um ano, em 1945, quando Vinicius a trocou por uma arquivista do Itamaraty, Regina Pederneiras, com quem se "casou" no religioso e zarpou para Los Angeles. Antes de seu embarque, as amigas de Tati (ELSIE Lessa, TONIA Carrero, Zora Seljan) o procuraram para tentar entender o que ele vira em Regina Pederneiras e chamá-lo às falas. Mas encontraram-no dando papo de anjo às colherinhas na boca da moça e entenderam: *era* mesmo paixão. Surpreendentemente, no fim daquele mesmo ano, foi Regina Pederneiras quem dispensou Vinicius. Ele caiu em si, sofreu horrores e implorou a Tati que voltassem e que ela partisse para Los Angeles, levando os filhos de ambos, SUZANA e PEDRO, ambos crianças. Tati o fez sofrer por mais algum tempo, mas acabou indo e o casamento foi retomado. Em Hollywood, onde passavam a maior parte do tempo, o círculo de amizades de Vinicius continuou eclético — ia de Orson Welles a Rin-Tin-Tin.

O casamento com Tati não sobreviveu à volta de ambos para o Rio, em 1951, porque RUBEM Braga apresentou Vinicius à jovem (dezenove anos) e irresistível Lila Bôscoli. O encontro foi na boate Tudo Azul, em Copacabana, e a história ficou célebre. Rubem teria dito: "Vinicius de Moraes, apresento--lhe Lila Bôscoli. Lila Bôscoli, apresento-lhe Vinicius de Moraes. E seja o que Deus quiser". A paixão foi fulminante e é impossível avaliar o que aquilo representava na época — Vinicius era casado e tinha o dobro da idade de Lila. Os dois foram morar juntos e o caso quase resultou em tragédia. O irmão de Lila, RONALDO Bôscoli, ciumento como todo irmão, viu-o dentro do carro e ordenou: "Saia para apanhar!". Mas Vinicius respondeu, sereno: "Não, entre para conversar". Bastou isso para Ronaldo recolher os punhos e sacramentar o casamento. Além disso, Vinicius era seu herói — Ronaldo sabia de cor os seus poemas.

Vinicius e Lila foram morar num apartamentinho quase nu de móveis na rua Francisco Otaviano, no Arpoador, em que, durante as primeiras semanas, a única luz para o amor era a romântica chama azul do bico de gás aceso no banheiro. Para Lila, Vinicius faria o "Poema dos olhos da amada". Foram tempos difíceis — o Itamaraty pagava pouco aos diplomatas estacionados na base. Atrelado à pensão para Tati e ainda malvisto pela família de Lila, Vinicius poderia ter recuado e voltado ao casamento com Tati (que sempre o aceitaria de volta). Mas ficou firme e, com isso, estabeleceu um novo padrão para Ipanema: o do homem que, em nome de uma paixão (ou de uma atitude), ousa trocar uma vida burguesa e "respeitável" por outra despojada, quase mendicante.

Vinicius, em disponibilidade pelo Itamaraty, teve de se virar. No jornal *Última Hora* e na revista *Flan*, de Samuel Wainer, fez crítica de cinema, coluna de discos, uma crônica diária e um consultório sentimental, também diário, assinado por "Elenice". A ideia de que o autor das *Cinco elegias*, o homem sofisticado, amigo de Pablo Neruda e Giuseppe Ungaretti, tivesse de ganhar a vida respondendo a cartas de corações partidos parecia humilhante para muitos. Para Vinicius, não. Afinal, naquelas cartas estava o legítimo sofrimento humano, de que também se alimentam os poetas.

Em 1953, finalmente o Itamaraty o mandou para Paris. Mas Paris estava infestada de brasileiros e devia ser penoso para Vinicius ficar despachando coisas sérias com o embaixador Luiz Martins de Souza Dantas. E não eram brasileiros comuns, mas um bando de alucinados. O embaixador na Unesco era Paulo Carneiro. Haroldo Costa e as quarenta figuras de seu balé folclórico *Brasiliana* faziam uma longa temporada por lá. Os pintores Di Cavalcanti e Augusto Rodrigues, o cronista Antonio Maria, os fotógrafos Luiz Carlos Barreto e Luciano Carneiro e os historiadores RODRIGO M. F. [Mello Franco] de Andrade e Octavio Tarquínio de Souza viviam chegando ou partindo. Outro historiador, Roger Bastide, mais brasileiro que francês, também estava em Paris. As belas VERA Barreto Leite e Mimi de Ouro Preto eram modelos de Coco Chanel. Com apelos tão fascinantes, ainda queriam que Vinicius trabalhasse? E, apesar de Lila, ele se apaixonou por Mimi de Ouro Preto. Como esta não lhe correspondesse de todo, Vinicius tentou o suicídio, vedando as janelas e abrindo cuidadosamente o gás até ser "salvo".

Ao mesmo tempo, era também como se Vinicius não tivesse saído do Rio. Estava em Paris, mas às vezes podia ser visto em boates como o Clube da Chave, no Posto 6, e o Vogue, no Leme (tentando seduzir Elizeth Cardoso). Em 1956, tirou uma licença mais longa e veio ao Rio para escolher um compositor que fizesse as canções de sua peça *Orfeu da Conceição*, que via como um musical. O jornalista LUCIO Rangel sugeriu-lhe o jovem ANTONIO CARLOS Jobim — e nem Vinicius poderia imaginar o turbilhão que isso representaria em sua vida.

Os ensaios de *Orfeu* seriam na boate High Life, na Glória, e a apresentação, no Theatro Municipal. Mas as canções foram compostas por Tom em seu apartamento na rua Nascimento Silva, e a concepção e a arquitetura do espetáculo se fizeram no Clube dos TATUÍS e nas reuniões na nova casa de Vinicius com Lila, na rua Henrique Dumont, de esquina com a praia. Durante semanas, esta foi a maior open house de Ipanema, envolvendo a equipe, o elenco e penetras ilustres. O entra e sai incluía FERNANDO Sabino, PAULO Mendes Campos, Rubem Braga, Augusto Frederico Schmidt, Cyro Monteiro, Lucio Alves e até Emilinha Borba. A estrela do show era Haroldo Costa, que interpretaria Orfeu. Numa dessas, a grã-fina Lourdes Catão interrompeu um bate-papo com Haroldo para dizer-lhe com admiração: "Sabia que você é o primeiro negro com quem estou conversando?". E Haroldo, simpaticíssimo: "Pois não sabe o que perdeu, madame".

Orfeu da Conceição fez mais do que confirmar o antigo gosto de Vinicius pela música popular. Sua parceria com Tom foi um redespertar criativo para ambos. Em pouco tempo ele estaria pondo letra nas dezenas de sambas e canções que Tom, vendo um novo horizonte em sua carreira, passara a produzir. Doze dessas composições foram reunidas no LP *Canção do amor demais*, produzido em janeiro de 1958 pelo selo Festa, de Irineu Garcia, e interpretado por Elizeth Cardoso. Esse disco trazia as sementes de uma revolução: na faixa "Chega de saudade", ouvia-se a nova batida de violão do quase anônimo João Gilberto. Em julho, o próprio João Gilberto gravou "Chega de saudade" no histórico 78 rpm da Odeon que deflagraria nacionalmente a BOSSA NOVA. De um dia para o outro, aos 45 anos — idade em que, naquele tempo, muitos homens se sentiam condenados ao pijama — e, com Lila, pai de mais duas filhas, Georgiana (*n.* 1953) e Luciana (*n.* 1956), Vinicius viu-se promovido a guru de um movimento musical que iria empolgar a melhor parcela da juventude brasileira. Como você reagiria a isso?

O futuro chamaria de "dourados" o fim dos anos 50 e o começo dos 60 no Brasil. Na época, ninguém usaria tal metáfora para definir o período em que se estava vivendo — mas era possível, já então, ver, ouvir e sentir no ar que o país passava por grandes transformações. Os exemplos mais óbvios eram Brasília, os primeiros carros nacionais e a industrialização galopante. Mas esses sinais estavam também no novo visual do *Jornal do Brasil*; nos textos e fotos da revista SENHOR; nos layouts enxutos dos anúncios da Volkswagen e do Banco Nacional; nas modernas galerias de artes plásticas; nas sequências de futebol em câmera lenta do cinejornal *Canal 100*; em programas de televisão como o *Jornal de Vanguarda*; nos novos filmes brasileiros, como *Os cafajestes* e *Assalto ao trem pagador*; e na palpável sensação de que havia ideias e dinheiro circulando.

Pela primeira vez, o Brasil sentia-se contemporâneo do mundo e Vinicius era quase um símbolo daquela evolução. Ele era não só o poeta moderno, autor da "Receita de mulher", da "Balada das duas mocinhas de Botafogo", de "O operário em construção". Era também diplomata, compositor de Bossa Nova, teatrólogo e homem do mundo, tudo ao mesmo tempo — o que dava a impressão de que o Brasil também era moderno, bossa-nova e mundano.

Se a alma de Vinicius nunca vestira uma casaca, foi ali que ele começou fisicamente a tirar o paletó e a gravata. Seu uniforme de trabalho passou a ser a camisa de malha preta, aberta no pescoço e de mangas arregaçadas. Os sapatos agora eram sem meias. O lápis já não batucava sílabas, mas compassos. Era como se quase toda a sua grande poesia já estivesse escrita e, agora, a música popular lhe abrisse novos caminhos. Uma canção como "Chega de saudade" permitia-lhe rimar "peixinhos" com "beijinhos", coisa que talvez ele não fizesse num poema. Essa transição exigiu coragem. Vinicius continuava ligado ao Itamaraty, mas sua cabeça estava em outro hemisfério. Estava no parque Guinle, em Laranjeiras, onde morava com a nova mulher, Lucia Proença, sobrinha de seu antigo mentor, o romancista Octavio de Faria (de quem se dizia que, em jovens, fora apaixonado por Vinicius). E estava nas músicas que ele passara a fazer com um escrete de parceiros. De 1958 a 1965, Vinicius produziu cerca de cinquenta canções com Tom, quarenta com Baden Powell, trinta com CARLOS Lyra e vinte com Edu Lobo, além de eventuais duplas com Pixinguinha, Ary Barroso, Moacir Santos e outros. Com cada um deles, Vinicius falou uma língua: lírica, com Tom; crítica, com Lyra; mística, com Baden; viril, com Edu. Com todos eles gerou canções que abriram caminhos, mas sua principal contribuição, com todos eles, foram sua valorização da figura feminina e a afirmação do amor.

Antes de Vinicius, a mulher da música popular era a vilã, a traidora. O amor, impossível: "Ninguém me ama, ninguém me quer" ("Ninguém me ama", de Antonio Maria e Fernando Lobo) e "Não, eu não posso lembrar que te amei" ("Caminhemos", de Herivelto Martins). Vinicius mudou isso para "Eu *sei* que vou te amar" e "Bom mesmo é amar em paz, brigas nunca mais". Por sua causa, houve ainda o rejuvenescimento da mulher na música popular — ela deixou de ser a vamp, a mulher fatal, mais associada a Copacabana, e tornou-se a garota de Ipanema, a menina que vem e que passa, a namorada, a estrela derradeira.

Naquele período, Vinicius ensaiou também seu salto para o outro lado do microfone. Na juventude, fizera inúmeros duetos com TONIA Carrero na casa de ANIBAL Machado ou de CARLOS Leão, em Ipanema, mas, quando cantou pela primeira vez em público, em 1960, num show de Bossa Nova na

Faculdade de Arquitetura, na Praia Vermelha, ainda era um intérprete envergonhado. Dois anos depois, no entanto, cumpriu uma temporada de quarenta noites com o show *Encontro* na boate Bon Gourmet, em Copacabana, ao lado de Tom Jobim, João Gilberto e Os Cariocas — na única vez em que esses gigantes se apresentaram juntos. Para isso, Vinicius teve de pedir licença ao Itamaraty, que só a concedeu sob a condição de que ele cantasse de terno, não se apresentasse embriagado e não recebesse cachê. Vinicius cumpriu essas exigências. Foram talvez as últimas concessões que ele fez.

Já se disse muito que a Bossa Nova abriu o caminho para que compositores sem voz começassem a cantar e a gravar discos, tirando o emprego dos cantores de verdade, e que um dos grandes culpados teria sido Tom Jobim quando ele começou a "cantar". Mas Tom não foi o primeiro sem-voz a gravar como cantor. O próprio Vinicius antecipou-o em dois anos, com o LP *Vinicius & ODETTE Lara*, da Elenco, em 1963. Quando Tom gravou seu primeiro disco como cantor, nos Estados Unidos, em 1965, Vinicius já tinha também se apresentado na boate Zum-Zum, em Copacabana, com Dorival Caymmi e o Quarteto em Cy, de que resultara mais um disco. Estava a caminho de tornar-se o que seria pelo resto da vida: um showman.

Mas não sejamos injustos. Mesmo em seu período mais profícuo como letrista, a música popular não foi sua única ocupação. Em 1962, publicou seu livro mais famoso, *Para viver um grande amor*, inspirado em Lucinha Proença. Foi também um dos três autores da peça *Procura-se uma rosa*, que inaugurou, em 1963, o Teatro Santa Rosa, na rua Visconde de Pirajá. E, ainda em 1963, protagonizou uma espécie de sequestro, naturalmente benigno: o de sua nova namorada, Nelita Abreu Rocha, com quem fugiu para Paris numa peripécia digna do Pimpinela Escarlate.

No caso, talvez não houvesse outra coisa a fazer. Vinicius já estava com cinquenta anos, Nelita com vinte, e os pais dela, de sólida família, detestavam a paixão de sua filha por aquele velho com vários casamentos na coronha. Vinicius já se separara de Lucinha Proença, mas Nelita estava noiva de um rapaz fino, por acaso exímio em tiro. O Itamaraty acabara de oferecer a Vinicius seu antigo posto em Paris e, quando Carlinhos Lyra lhe sugeriu, brincando, que raptasse a moça, Vinicius adorou a ideia — além disso, uma lua de mel em Paris era sempre melhor do que levar um tiro no Rio. E Nelita também se empolgou com a aventura — um dos raros casos em que a suposta vítima era cúmplice do próprio sequestro.

Para não despertar suspeitas, Nelita deixou suas roupas aos poucos na casa de Carlinhos e de sua mulher na época, a atriz Vera Gertel, na rua Barão da Torre. Na noite do embarque, com a assistência de sua prima Noelza Guimarães, Nelita vestiu-se para a fuga como se fosse para o casamento — toda de branco, inclusive o sutiã e a calcinha. O motorista que os levou ao Galeão foi Tom Jobim, tendo dentro do carro, como guarda-costas, Fernando Sabino e Otto Lara Resende. Vinicius e Nelita embarcaram e chegaram, felizes da vida, a Paris. Diante do fato consumado, o casal Abreu Rocha publicou um anúncio em que tinha o prazer de comunicar o casamento de sua filha Nelita com o poeta e diplomata Vinicius de Moraes.

Mas Paris, daquela vez, durou apenas um ano para Vinicius e seria seu último posto no exterior pelo Itamaraty. Quatro anos depois, em fins de 1968, pouco antes do AI-5, um memorando do marechal Costa e Silva ordenou ao chanceler Magalhães Pinto a exoneração de Vinicius do serviço diplomático. O motivo oficialmente alegado, alcoolismo, podia ser real, mas pouco convincente — o índice de alcoolismo entre diplomatas de qualquer país sempre foi altíssimo. Para os padrões de então, "subversão" talvez fosse mais exato. Mas o que na verdade incomodava os militares era toda a imagem de Vinicius: o intelectual boêmio e liberal, com trânsito nas esquerdas, e que, apesar de diplomata, era visto em passeatas com inimigos do regime ou tomando uísque nos palcos, com um buquê de menininhas gostosinhas a seus pés. O provincianismo da ditadura não podia tolerar aquilo. No começo de 1969, amigos influentes ainda tentaram transferir Vinicius para o MEC (Ministério da Educação e Cultura), para que ele não fosse demitido do serviço público, mas o governo foi intransigente.

Vinicius, de fato, era diferente de muitos diplomatas: "O poeta foi o único membro dos corpos diplomáticos que não conseguiu adquirir ou manter os excelentes artigos manufaturados, pelos quais distinguimos (e invejamos) os homens da *carrière*", escreveria PAULO Mendes Campos em seu livro *Os bares morrem numa quarta-feira*. "Nunca nos apareceu com lãs inglesas espetaculares; com gravatas e sapatos italianos de fazer babar o elegante aborígine; com malas de couro argentino; com máquinas de escrever, vitrolas, câmeras ou demais gadgets caprichados da indústria americana; creio mesmo que até as canetas dele sempre foram dessas comuns, que a gente compra no balcão do charuteiro".

Paulo Mendes Campos poderia ter acrescentado que, assim como não se interessava pelas benesses da *carrière*, Vinicius também não ligava muito para seus deveres. Mas quem mandara o Brasil cair numa ditadura? De 1965 em diante ele se dedicara muito mais a suas novas parcerias com Francis Hime, Chico Buarque e, mais do que todos, Toquinho, com quem, em 1969, firmou um casamento musical que duraria até o fim da vida e renderia mais de cem canções — sem falar nas muitas parcerias mistas com Tom e Chico Buarque ou com Chico Buarque e Toquinho.

Ironicamente, o Itamaraty não estava errado ao classificá-lo como alcoólatra. Trinta anos esvaziando ampolas de forma persistente e progressiva fizeram com que, talvez mesmo antes de 1970, Vinicius já estivesse dependente de álcool. Sua definição do uísque como o melhor amigo do homem ("É o cachorro engarrafado") era engraçada, mas ele teria se dado melhor se preferisse o animal — desenvolvera diabetes, e suas folclóricas internações em clínicas tolerantes (das quais podia sair à noite para beber com os amigos) não o ajudavam. Em 1968, sua mulher, Nelita, o abandonara por não querer competir com as garrafas. Vinicius então se casou, em 1969, com a jornalista Christina Gurjão, com quem teve sua última filha, Maria (*n*. 1970). Christina também gostava de beber, mas não era páreo para Vinicius — ninguém era.

No próprio ano de 1970, aos 57 anos, ele se enrabichou por uma aspirante a atriz, a baiana Gesse Gessy, e partiu para a ruptura mais radical de sua vida. Foi morar na Bahia, casou-se com Gesse no candomblé e pareceu cortar de vez seu umbigo com o mundo "erudito". Converteu-se ao mundo de Gesse — uma sarabanda místico-lisérgico-pansexual, em que tudo era permitido, desde que não assustasse os orixás. Nesse período, graças a ela, Vinicius conheceu a liberdade em níveis inimagináveis para a maioria dos homens de sua geração. Com os cabelos brancos escorrendo-lhe pelos ombros, Vinicius tornou-se o hippie mais velho do Brasil, com todo o ridículo contido nessa situação. Mas até nisso foi corajoso. Parte dessa coragem talvez estivesse em sua súbita disponibilidade financeira e no fato de que sua vontade, minada pelo álcool, já não podia competir com o temperamento dominador de Gesse. Há relatos de que até apanhava dela — que, apesar do desbunde circundante, parecia gerir muito bem os negócios dele.

Salvaram-no sua parceria com Toquinho e o trabalho com as cantoras Marília Medalha, Maria Creuza e Joyce, uma de cada vez. Toquinho arrastou-o para a Itália, onde o produtor Sergio Bardotti lhes construiu uma carreira italiana. Essa carreira se estendeu por Portugal, Uruguai e Argentina, com quase mil shows entre 1974 e 1977. Em 1975, Gesse foi deixada para trás quando Vinicius conheceu em Punta del Este a jovem argentina Marta Rodriguez Santa-Maria, a sua Martita. O caso com Martita durou dois anos, tumultuado pelas viagens de Vinicius e pela confusão da moça, que não sabia se ficava com a família ou com o poeta. Confusão normal: quando o conheceu, Martita tinha 23 anos — 39 menos do que ele.

Em setembro de 1977, houve o esperado reencontro profissional entre Vinicius e Tom. Ao contrário do que se pensava, os dois nunca haviam brigado — a vida profissional é que os separara. Mas, agora, os dois, reforçados por Toquinho e Miúcha, lotaram durante sete meses o Canecão, com um show que se estendeu a São Paulo, Londres e Paris e resultou num grande disco. Um dos pontos altos do show e do disco era a nostálgica "Carta ao Tom", seguida de sua paródia, "Carta do Tom", em que a letra de Tom e Chico Buarque lamentava a ocupação de Ipanema pelos pivetes e pelo incorporador Sergio Dourado. A música despertava na plateia a consciência de que um mundo maravilhoso estava morrendo e sendo substituído por outro, cheio de prédios altos, sombrio e alarmante. Em fins de 1978, quando fecharam o show, por esgotamento físico do elenco — Tom e Vinicius bebiam tanto quanto cantavam —, eles não imaginavam que Vinicius teria menos de dois anos de vida.

Mas Vinicius ainda teria tempo para mais uma história de amor — com a produtora Gilda Matoso, que o acompanhou até o fim e que ele, com típico humor mórbido, apresentava assim aos amigos: "Aqui Gilda. Minha viúva". Dessa vez, eram quarenta anos de diferença de idade, mas que pareciam pesar menos, porque a jovem Gilda era madura e viajada. Ela estava ao seu lado no avião, na viagem Paris-Rio, em outubro de 1979, quando Vinicius teve um acidente vascular cerebral e desceu em cadeira de rodas no Galeão. Vinicius teve outra crise em março de 1980 e foi operado. Ainda chegou a voltar para casa, na rua Frederico Ayer, na Gávea, e a planejar shows com Toquinho. O parceiro estava hospedado com ele na noite de 9 de julho quando, sem nenhum problema aparente, Vinicius foi cumprir seu velho ritual — horas de imersão na banheira, cercado de livros, papéis, lápis, telefone, uísque e gelo. De manhã, a empregada encontrou-o inconsciente na banheira. Tivera um edema pulmonar. Morreu poucos minutos depois, nos braços de Gilda e de Toquinho.

Uma morte bonita, junto ao último amor e ao último parceiro, digna de um homem que sempre declarou que, se não fosse quem era, gostaria de ter sido um santo — "como Pixinguinha ou Cyro Monteiro".

Mas que, se fosse mulher, seria danadinha: "Uma mistura de LEILA Diniz com Marilyn Monroe e REGINA Rosenburgo".

Frases

★ *Ser carioca é ter como programa não tê-lo.* ★ *Prefiro o amanhecer ao crepúsculo. O crepúsculo é muito acadêmico.* ★ *Uma axila sem cheiro pode levar o homem ao desespero.* ★ *Nada mais lindo que as feiurinhas da mulher amada.* ★ *A hora do sim é o descuido do não.* ★ *Quem nunca teve um pai que ronca não sabe o que é ter pai.* ★ *A fé desentope as artérias; a descrença é que dá câncer.* ★ *Nada melhor para a saúde do que um amor correspondido.* ★ *Ipanema era só felicidade.*

WALTER Clark
1936-97. Homem de televisão.

Em 1970, como diretor-geral da Rede Globo, Walter Clark ganhava 1 milhão de dólares por mês, entre salário e porcentagem no faturamento e no lucro. Segundo o *New York Times*, era o executivo mais bem pago do mundo. Em 1977, ao ser demitido da Globo, Walter manteve o status, mas mudou de categoria: passou a ser o desempregado mais caro do mundo. E ficar longe da Globo fez-lhe muito mal. Pelos vinte anos seguintes, foi um exilado de si mesmo. Disfarçava sua amargura com um otimismo que os amigos sabiam falso. Vagava por seus enormes apartamentos com paredes cobertas de quadros que não tinha paciência para olhar e ia indiferente para a cama com mulheres que outros dariam impérios para ter. E bebia desesperadamente, mais até do que no tempo em que estava tirando a Globo do quarto lugar em audiência no Rio e fazendo dela uma das maiores redes de televisão do mundo. Na verdade, Walter deu tanto poder à Globo que, sem ela, ele próprio deixou de ser Walter Clark. E nunca mais conseguiu repetir a mágica.

O Walter que saiu milionário da Globo não era mais feliz do que o Walter pobre e tímido dos anos 50, colega de RONIQUITO de Chevalier no Colégio Rio de Janeiro e reserva da lateral direita do TATUÍS, seu time de praia em Ipanema. O jovem Walter tinha um futuro; o Walter maduro — pelo menos, como ele se via — não tinha nenhum.

Quando entrou para a TV Rio, em 1956, aos vinte anos, Walter era tão garoto que precisava mostrar a carteira de identidade para, de madrugada, depois do expediente, entrar nas boates a poucos quarteirões dali, no Posto 6 de Copacabana. E era também tão jovem quanto a televisão brasileira. As transmissões tinham começado na TV Tupi havia apenas cinco anos e ainda eram de uma comovente precariedade — podia-se passar horas olhando para o desenho de um indiozinho na tela daqueles pioneiros aparelhos Emerson, esperando que o programa começasse. A TV Rio entrou no mercado com uma equipe cheia de grandes profissionais, vindos do rádio e da publicidade, e todos a fim de aprender televisão. Walter foi o primeiro da turma. Com ele, a TV Rio teve programas marcantes como *Noite de Gala*, *Praça da Alegria*, *Grande Teatro Philco*, *TV Rio Ringue*, *Gincana Kibon*, *Resenha Facit*, *Noites Cariocas*, enlatados charmosos como *Bat Masterson* e *Paladino do Oeste* e, vencendo o preconceito contra o mau gosto, a *Discoteca do Chacrinha*.

Não admira que seu apelido fosse "Vento", por viver zunindo nos corredores da estação e se metendo em tudo. Walter disciplinou a poder de cronômetro os comerciais, tabelou os anúncios pela faixa de horário e lutou para que os programas deixassem de ser contratados por esses anunciantes. Introduziu a "grade" de programação, fez com que uma atração garantisse a audiência do programa seguinte e impôs a ditadura do videoteipe, quando quase ninguém por aqui queria saber dele. Tudo isso apenas por um bom salário, sem participação nos lucros — enquanto outros enriqueciam com o seu trabalho. Foi quando, em 1965, a Globo entrou desarvoradamente no ar e em poucos meses já estava prestes a falir. Por sugestão de Victor Berbara, experiente homem de comunicação, Roberto Marinho convidou Walter a trocar a TV Rio pela recém-nascida e já agonizante Globo — e Walter aceitou. Por quê? Porque, quando se tratava de televisão, bastava-lhe chegar à janela para ver o futuro. E, embora só ele parecesse acreditar naquilo, o futuro estava na Globo.

Em seus doze anos de TV Globo, Walter fez tudo com que até então uma televisão podia sonhar: valorizar cada segundo no ar; transmitir nacionalmente; criar uma rede de afiliadas; cativar (no sentido de tornar cativa) 80% da audiência; vender a programação para o exterior; e gerar lucros quase impossíveis de calcular. Dominar culturalmente o país não estava nos planos, mas também aconteceu — nunca um veículo teve tanto poder no Brasil. Claro que não fez tudo isso sozinho, mas seu olho para escolher auxiliares — um deles, Boni, José Bonifácio de Oliveira Sobrinho, como diretor-geral da programação — é que tornou aquilo possível.

Quando resultados tão monstruosos começam a aparecer, é normal que o responsável por eles pareça investido de poderes divinos. E é normal também que, na luta pelo poder, ele passe a ser o inimigo a derrotar. Walter era esse alvo óbvio — e deu chance ao azar.

Em sua autobiografia, *O campeão de audiência* (1991), escrita com Gabriel Priolli, Walter relata diversas ocasiões em que a bebida o tornou inconveniente e levaria à sua inacreditável demissão por Roberto Marinho. Uma dessas teria sido um episódio em Brasília, em maio de 1977, sob a ditadura militar, quando, alterado por alguns espíritos, ele disse poucas e boas a militares do segundo escalão — para alguns, o pretexto para sua demissão.

Mas, como o próprio Walter dá a entender durante o livro, sua queda foi uma soma de fatores que já vinham de longe — e que só ele, tão clarividente quando se tratava dos rumos da televisão, não percebia. Walter teria de cair porque ficara poderoso demais na Globo. Os porres na emissora durante o expediente, as viagens, os carros, as mulheres e tudo que irritava seus desafetos apenas facilitaram a decisão. Quando recebeu o bilhete azul, estava a serviço em Nova York. No Rio, uma única repórter ficou sabendo e foi esperá-lo no Galeão: Maria Lucia Rangel, do *Jornal do Brasil*. Walter parecia decepcionado, mas confiante. Havia um mundo a ser feito em televisão, mesmo fora da Globo.

Talvez. Mas, se havia, não o deixaram fazer ou preferiram fazer sem ele. Não é que os tronos como o que ele tivera na Globo já estivessem ocupados nas outras emissoras. Nestas, esses tronos simplesmente não existiam e, sem ele, a própria Globo aboliria o dela. Bem que ele tentou, mas sua breve passagem por três estações menores era impraticável — imagine o modesto Canto do Rio contratando Zico no auge. E, na televisão, assim como no futebol, também se joga com onze.

Em vinte anos de sobrevida, para tirar sua cabeça da Globo, Walter produziu filmes bem-sucedidos (*Eu te amo, Bye bye Brasil*), um musical de teatro idem (*Chorus Line*), ajudou a construir o Flamengo que seria campeão mundial de clubes em 1981, namorou BETTY Faria, Sonia Braga, Dina Sfat, Silvia Bandeira e mais um escrete de mulheres, e bebeu tudo que lhe restava beber.

Por muito tempo, foi um vitorioso. E, como tal, infeliz para sempre.

YLLEN Kerr
1924-81. Artista plástico, fotógrafo e esportista.

A história pertence à idade de ouro de Ipanema. Num dia de semana, tipo nove da manhã, na avenida Vieira Souto, um homem a bordo de seu carrão, a caminho do trabalho na cidade, viu Yllen Kerr, de chinelo e bermuda, atravessando a rua em direção à praia. Meteu a cara pela janela e disse: "Yllen, praia a esta hora??? Vamos trabalhar, rapaz. Estou faturando vinte milhas por mês!". Yllen não pareceu impressionado: "Vinte milhas? É quanto eu pago para ficar aqui na praia".

Para muitos, ele era o *Homo ipanemensis* original, o protótipo. Seu uniforme de trabalho era a pele queimada de sol e os ditos chinelo e bermuda. O gabinete em que dava expediente na maior parte do ano era o ARPOADOR. Ali, a partir de 1950, Yllen Kerr foi uma espécie de alto sacerdote de pelo menos três fornadas de jovens que viram nele a possibilidade de combinar esporte e cultura. Era um criador, um intelectual, um homem informado sobre arte, jazz e literatura, só que sem o menor ranço acadêmico ou bacharelesco — e, ao mesmo tempo, sabia tudo de mergulho, caça submarina e motocicleta. Muito por sua causa, rapazes e moças da geração de ARDUINO Colasanti voltavam para casa, guardavam seus arpões e iam ler, escrever ou pintar. Yllen era amigo de MILLÔR Fernandes, Paulo FRANCIS, RUBEM Braga, PAULO Mendes Campos, e frequentava a casa do pintor Enrico BIANCO. Em seu rastro, muitas portas se abriram para aqueles moços.

Com todo o expediente que dava na praia, Yllen foi um dos primeiros multimídias do país, quando essa expressão ainda não existia: era jornalista, fotógrafo, artista plástico, artista gráfico, promoter (outra palavra inexistente) e, nas horas que sobravam, boêmio. Sua coluna semanal sobre caça submarina no *Jornal do Brasil* refletia isso — não só dava as informações como era bem escrita, com humor e autoridade. Didática, também, porque podia ser lida por qualquer leigo. E, como sabia tudo que estava acontecendo além das duzentas milhas, Yllen era o primeiro a aparecer no Arpoador com as novidades em matéria de equipamento — roupas de neoprene, máscaras diferentes, um novo tipo de relógio. Mas, curiosamente, embora fosse o mais bem equipado da turma e dominasse toda a teoria, ninguém se recorda de que, um dia, ele tenha matado um peixe. Não importava — Yllen era o grande ideólogo de certo estilo de vida.

Seu salário eram o sol, o mar, a areia, e, visto de longe, ele realmente podia ser classificado como um bon vivant. Mas era mais uma pose do que uma realidade, porque Yllen fazia muitas coisas. Como gravador, era respeitado por profissionais como ANNA LETYCIA e Anna Bella Geiger. Foi premiado no Salão Nacional de Belas-Artes em 1952, ganhou uma bolsa na Europa e ficou um ano fora. Na volta, entrou para *Manchete* como fotógrafo e foi com o repórter CARLINHOS Oliveira ao Nordeste para uma série de reportagens sobre a seca. Passaram lá um mês e voltaram com um material terrível: quilômetros de desolação e morte, fotografados de carro ou de avião — naquele tempo, ainda não tínhamos nos acostumado com a miséria. Na revista SENHOR, de 1959 a 1963, como ilustrador, Yllen lançou a moda das colagens de gravuras antigas. Fazia também uma seção, "Show de mulher", em que as primeiras "garotas de Ipanema", como IRA Etz, MARINA Colasanti (sua aluna de gravura), REGINA Rosenburgo e Marilia Branco apareceram pela primeira vez — fotografadas por Armando ROZÁRIO, Salomão Scliar ou ele próprio.

Em 1964, com Eugenio HIRSCH e Marina Colasanti, Yllen ajudou Millôr a pôr na rua os oito únicos números de *Pif Paf*, o jornal que antecedeu o PASQUIM. No *Jornal do Brasil*, do qual era também (esporadicamente) relações-públicas, Yllen manteve ainda uma coluna sobre motociclismo e, com Marina e Carlos LEONAM, editou em 1967 a seção "Carioca quase sempre", uma espécie de agenda da Zona Sul. E teve passagens mais ou menos fixas por *Quatro Rodas*, *Claudia*, *Veja* e outras revistas de São Paulo, sempre escrevendo sobre algum esporte que praticava — como o voo livre, outro de seus pioneirismos.

Por fim, e talvez tenha sido esta sua maior façanha, foi Yllen quem botou o Rio de Janeiro para correr. Não correr do rapa ou por esporte, mas correr a sério, com relógio, quilometragem, tênis especiais e precauções médicas. Começou com a criação de um grupo em Copacabana, que, em 1977, foi o núcleo da primeira maratona Hotel Nacional-Leme, para pessoas acima de 35 anos (a ideia de que seres humanos em idade tão avançada conseguissem correr os dezesseis quilômetros de São Conrado ao Leme era considerada absurda). A princípio, tudo muito romântico — as inscrições eram feitas na carrocinha de Coca-Cola no final do Leme. Mas, em pouco tempo, os corredores do Rio já estavam reunidos numa sociedade fundada por Yllen, a Corja. Tinham sua revista mensal, *Corrida*, também feita por ele, e, em 1979, ele escreveria o primeiro livro brasileiro sobre o assunto: *Corra para viver* (Nórdica). Àquela altura, dos coroas mais decrépitos, sobrando nos bermudões, às gatas mais elásticas, espremidas em seus shortinhos, toda a orla do Rio já parecia ocupada por gente correndo. Até que, em novembro de 1981, dois dias antes da corrida sobre a ponte Rio-Niterói, organizada por ele, Yllen Kerr se matou.

Mas, como? Por quê? Ninguém sabia de algum drama ou tragédia em sua vida. Yllen era boa-pinta, namorador, não lhe faltavam mulheres. Elas o achavam charmoso e engraçado, com seu eterno ar de conspirador, amigo de uma fofoca. Foi dos primeiros no Brasil a se casar com separação de apartamentos. Não parecia ter problemas financeiros. Vivia bem, gastando pouco. Tinha também muitos amigos ricos e era tão boa companhia que eles o levavam como acompanhante em viagens a mares ou ilhas distantes, com tudo pago — Ivo Pitanguy era um deles. Os mais íntimos sabiam-no sujeito a pequenas depressões, mas nada que os preocupasse. E só muito depois seu grande amigo Carlos Leonam se lembraria de que, desde os anos 60, Yllen já falava (racionalmente, como se estivesse discutindo uma questão filosófica) em se matar.

No dia fatal, Yllen pôs terno e gravata, abriu o gás e se deitou para morrer. Não deixou bilhete nem falou com ninguém. Naquele mesmo dia, poucas horas antes, seu colega de corrida e mergulho Claudio Coutinho, ex-treinador do Flamengo e da seleção brasileira, morrera afogado nas ilhas Cagarras. Fora Yllen quem o ensinara a mergulhar. Falou-se alguma coisa, mas os amigos de ambos nunca viram relação entre as duas tragédias, exceto a triste coincidência.

Frase

★ *Vento noroeste é sexo puro.*

YONITA Salles Pinto
n. 1947-2015. Modelo, socialite e empresária.

Se você se julga uma moça precoce, respire fundo e leia isto. Menina de Copacabana, mãe poetisa, pai diplomata, primeira da classe no Colégio Notre Dame, ela queria ser bailarina e aos treze anos já era um *avião* — famosa no bairro pela beleza. Grávida aos quatorze, casou-se com um rapaz de 25, largou a escola, teve sua filha, outro filho aos quinze, separou-se aos dezessete — e só então a vida começou de verdade para Yonita Salles Pinto. Bem, eu avisei.

Ou será que já tinha começado? Aos dezesseis anos, em 1963, Yonita vendia assinaturas da revista SENHOR, andava com o pessoal do CINEMA NOVO e cantava "Subdesenvolvido", de CARLOS Lyra e Chico de Assis, no coro do

CPC (Centro Popular de Cultura), que funcionava no prédio da UNE (União Nacional dos Estudantes), na Praia do Flamengo. Na noite de 31 de março de 1964, quando a UNE recebeu as primeiras rajadas de metralhadora de grupos paramilitares, Yonita estava lá. Na confusão, conseguiu fugir pelos fundos, mas foi por pouco — custou a pular o muro por causa das calças justas.

O recheio daquelas calças entusiasmava multidões quando ela aparecia de biquíni no ARPOADOR — até o sóbrio IVAN Lessa admitiu que ficava gago ao vê-la. Foi Yonita quem introduziu o pareô no Rio (trazido para ela, de Paris, por seu amigo Carlos LEONAM) e, ao surgir no Arpoador vestida com ele pela primeira vez, foi aplaudida de pé pela praia. Estava sempre ao lado de suas amigas Dorinha e Solanginha e, juntas, formavam o TRIO TUMBA, as supergarotas dos bares e praias de Ipanema entre 1963 e 1967. No intervalo de namoros com Chico de Assis, Edu Lobo e Francis Hime e um romance com o jornalista Renato Machado, Yonita fez um ano de Conservatório de Teatro, contracenou com a estreante LEILA Diniz numa peça infantil de DOMINGOS Oliveira e ninguém entendeu quando ela não foi escolhida para ser a "garota de Ipanema" no filme de Leon Hirszman.

Em 1967, Yonita foi estudar francês e cinema em Paris. Mas a saudade da praia e dos filhos bateu e ela voltou para o Rio no fim daquele ano. Mal pisou no Galeão, foi a uma festa na boate Le Bateau e conheceu Jorginho Guinle. Ele a pediu em casamento e ela aceitou. Bem, não tão rápido assim. Jorginho realmente a pediu em casamento na primeira noite, mas Yonita só o aceitou dias depois. O argumento dele era irresistível. "Yonita, tenho 52 anos e você tem vinte. Dê-me dois anos de sua vida. Para você, isso não é nada. Para mim, é uma vida inteira." É ou não é uma das grandes cantadas da história? E, mais incrível, sincera. Tanto que ela topou e lhe deu sete anos.

Enquanto Ipanema resmungava, vendo naquele casamento a adesão de Yonita ao "sistema", o problema para ela era o ritmo de vida de Jorginho. Seus amigos agora eram os amigos dele: o duque e a duquesa de Windsor, os bilionários Rothschild, o bon vivant Gunther Sachs (futuro marido de Brigitte Bardot), a socialite Marisa Berenson, o cineasta Roman Polanski, o ator e jogador de bridge Omar Sharif — enfim, a velha nobreza, o novo jet set internacional e todo mundo muito rico. Sua vida tornou-se uma ciranda de bailes, jantares, iates, noitadas e até torneios de bridge, em Paris, Cannes, Versalhes, Hollywood. Jorginho viajava pelo menos três vezes por ano, além de voos decididos em cima da hora — como na vez em que ele a levou a Nova York para ser fotografada por Richard Avedon no dia seguinte. Não que, ao contrário do que se pensa, Jorginho gostasse tanto daquela vida. O colunista americano Earl Wilson, do *New York Post*, o chamava de "Brazilionaire", mas, se pudesse,

■ YONITA Salles Pinto

ele ficaria em seu apartamento no Flamengo, ouvindo seus milhares de discos de jazz dos anos 20 em 78 rpm e lendo os filósofos franceses e alemães do século XIX — juro.

Outras se deslumbrariam com a vida que Jorginho lhe oferecia. Não Yonita. Tinha francês e traquejo suficientes para conviver com os ricos, era disputada por eles, e, afinal, não há FOSSA que não se possa curar com uma taça de Château Lafitte 1895 e porções de caviar Molossol no café da manhã. Mas, a certa altura, Yonita já não suportava ir aos festivais de cinema europeus ou à entrega do Oscar. Preferia ficar vendo televisão no Rio. O casamento com Jorginho se transformara numa prisão e, com pouco mais de vinte anos, ela já sentia saudade de si mesma. Os dois tiveram uma filha, Georgiana, em 1971, e isso os segurou por mais algum tempo. Em 1975, o casamento acabou e Yonita escalou o homem que queria como novo marido: o fotógrafo Antonio GUERREIRO.

Foram apenas dois anos com Guerreiro, mas também valeram por uma saga. Os dois formavam o casal mais devastador, bonito e glamoroso do Rio. O mais ciumento também — não havia festa em que não brigassem, a tal ponto que os amigos deixaram de convidá-los. Então, Yonita e Guerreiro recolheram-se ao apartamento dela no Flamengo e ao estúdio dele no Catete, e passaram a viver em função da câmera. Guerreiro fotografou Yonita de todos os ângulos, poses e maneiras — mas sempre luxuosa, glossy, sensual. Em todas as fotos, visível e de propósito, surgia a cicatriz na face esquerda de Yonita, fruto de uma queda quando criança e que ela nunca quis corrigir, nem precisava. Era sua marca. Às vezes, eles acordavam às quatro da manhã para fotografar. Quadros e objetos de valor eram descidos das paredes para dar lugar a painéis que mostrassem Yonita, um deles com quatro metros de comprimento. Era como se Guerreiro quisesse capturar sua alma. Mas, em 1977, o filme na câmera acabou. E, quando Guerreiro o rebobinou, sua câmera só tinha lentes para SONIA Braga.

Yonita, cuja alma não cabia em 35 milímetros, foi à luta. Por algum tempo exerceu seu lado socialite, casou-se de novo (com Luiz Eduardo Guinle, primo de Jorginho), separou-se, foi inacreditavelmente avó aos 35 anos e resolveu dar férias a sua biografia: abriu uma loja de artesanato num shopping da Gávea e tornou-se mulher de negócios. Deu certo por algum tempo, mas, então, Yonita resolveu, também prematuramente, aposentar-se. Não foi uma decisão muito feliz.

ZÉ DA FARMÁCIA
1910?-72. Farmacêutico.

Ele se postava à porta da farmácia (qualquer uma das muitas em que trabalhou em Ipanema) e, quando um dos grandes *aviões* passava na calçada, comentava gaiatamente com algum amigo: "Já espetei muito essa bundinha". Podia parecer grosseiro, mas não era, e ele não estava mentindo — em seus quase quarenta anos como farmacêutico em Ipanema, desde 1934, Zé da Farmácia (seus clientes nunca o conheceram pelo nome verdadeiro) espetou os bumbuns mais premiados do Brasil quando suas donas ainda estavam na idade de levar injeção na nádega. Espetou também os de muitos homens futuramente famosos, mas esses ele não se preocupava em recensear.

Aos marmanjos, Zé da Farmácia prestava outro tipo de serviço, de primeira necessidade no bairro: ressuscitava-os de seus porres com um coquetel injetável, inventado por ele, composto de complexo vitamínico, um antidepressivo e um antitóxico para o fígado. A esse coquetel reconstituinte submeteram-se, durante décadas, ANTONIO CARLOS Jobim, RUBEM Braga, VINICIUS de Moraes, RONIQUITO de Chevalier, ZEQUINHA Estelita, HUGO Bidet, os alunos de SINHOZINHO — em suma, a Ipanema líquida. O coquetel devia funcionar porque Zé da Farmácia (ele próprio um bebum da primeira divisão) o aplicava em si próprio.

ZÉ (José) Henrique BELLO
1935-85. Artista plástico e decorador.

Certo dia, Zé Henrique Bello e seus assistentes estavam pintando um painel em frente ao Theatro Municipal, na Cinelândia. Populares passando pelo local, provavelmente adeptos de escolas mais conservadoras de pintura, discordaram de seu estilo moderno, informal — acharam que não combinava com a estética clássica do teatro. Para manifestarem seu desapreço, compraram ovos (certamente no bar Amarelinho, ali ao lado) e os atiraram no painel. Zé Henrique

Bello não se ofendeu: observou as gemas escorrendo, gostou do tom do amarelo e incorporou aquela gosma ao que estava pintando. Dali a pouco, os agressores, convertidos à grandeza do artista, estavam também trabalhando no painel.

Zé Bello, como todos o chamavam em Ipanema, era assim. Ao montar seus painéis em hotéis ou salões de convenções, gostava de envolver todo mundo, inclusive os operários, na criação da obra. Não que não pudesse fazer tudo sozinho: era desenhista, pintor e gravador, e com uma formação invejável — aluno de Guignard, Oswaldo Goeldi, Darel Valença. Participou de salões nacionais, ganhou uma Bienalzinha (sim, assim se chamava) de gravura em Paris e foi um dos pioneiros da colagem entre nós. Fazia texto e arte de publicidade, criava embalagens, enfim, tudo que pudesse ser desenhado, impresso ou colado. Ironicamente, seu trabalho mais popular foi reproduzido aos milhões e correu o país durante anos, mas nunca chegou a uma galeria e só os amigos sabiam que era dele: um rótulo da garrafa de Brahma Chopp (o do copo dourado suando), exposto dia e noite em todos os balcões e mesas de botequins do Brasil.

Para beber, Zé Bello preferia uísque — e, acredite ou não, para diluir a tinta, também. Será difícil reunir sua obra para uma retrospectiva porque, às vezes, quando bebia demais, dava seus quadros para qualquer um, e sóbrio, idem. No começo dos anos 60, pintou uma pequena marinha para seu amigo do peito, ANTONIO CARLOS Jobim. A marinha tinha um título: "Inútil paisagem". Tom inspirou-se nela para compor a música com esse título, em que Aloysio de Oliveira botou letra.

Dos artistas plásticos de Ipanema, ninguém se deu mais com os músicos do que Zé Bello. Era adorado por Tom, João Gilberto (com quem morou por pouco tempo nos anos 50), Nara Leão (que ele namorou), o superviolonista Candinho e muitos outros. Todos se admiravam com sua musicalidade. Tom escrevia apresentações para seus álbuns de gravuras ("Viva o Bello! Vide o Bello!") e dizia que Zé Bello era o pintor que deveria ter sido músico, enquanto ele, Tom, era o contrário. "Mas no fim dá certo, porque pintura não é arte visual, nem música arte do ouvido", escreveu Tom.

Zé Henrique Bello queria fazer música com seus quadros. E, em meio a uma conversa, se lhe faltavam as palavras, assobiava.

ZEPPELIN
1937-68. Botequim na rua Visconde de Pirajá, 499.

Um dia, a saga do Zeppelin terá de ser contada num livro só para ele, como já fizeram com o "21", o Jim and Andy's, o Elaine's e muitos outros botequins e restaurantes de Nova York. Esse livro falará de trinta anos de política, literatura, música popular, sexo, comportamento e só poderá ser lido com um Engov antes e outro depois.

As mesas eram de madeira, forradas com toalhas brancas. As cadeiras eram de palhinha e as paredes chapiscadas de um verde que, para PAULO Mendes Campos, era "arrogante" — para outros "verde-nojo" e, para ainda outros, "verde-Oskar". Oskar Geidel era o dono, um austríaco bonitão e de quase dois metros, que aportou no Brasil em 1933 como trapezista do Circo Sarrasani. Há qualquer coisa de romântico e diabólico em todo trapezista, e Oskar não era exceção. O circo foi embora e Oskar preferiu continuar por aqui, com sua mulher, Nadja. CHICO BRITTO, o grande homem do mar de Ipanema, arranjou-lhe um emprego de garçom no Clube Caiçaras, na Lagoa. Com o dinheiro das gorjetas, Oskar abriu o Zeppelin, em 1937, na rua Visconde de Pirajá. O nome era uma homenagem ao dirigível alemão *Graf Zeppelin*, que fazia a linha Frankfurt-Rio, e a localização era ideal — quase toda a colônia alemã da cidade morava em Ipanema.

Oskar chegara ao Rio no mesmo ano em que seu conterrâneo Adolf Hitler tomara o poder na Alemanha. Por convicção ou simples patriotismo, Oskar era simpático ao nazismo. Pelo menos, uma das atrações do Zeppelin eram os pastelões decorados por camarões graúdos em forma de suástica. Veio a Guerra e nem assim Oskar precisou esconder essa simpatia, porque o Brasil era "neutro" no conflito. Dizia-se que o odiado chefe da Polícia do Estado Novo, Filinto Müller, que trocava figurinhas com a Gestapo e morava em Ipanema, às vezes ia tomar um chope no Zeppelin, cercado por seus guarda-costas.

Mas, em 1942, os submarinos alemães afundaram navios brasileiros. O Brasil declarou guerra a Hitler, e um dos primeiros objetivos a serem atacados no front interno foi o Zeppelin — depredado pela turma liderada por João SALDANHA, que iria quebrar também o Bar Berlim e o Rhenania. O prejuízo foi grande. Mas Oskar era de circo e, pelo visto, não guardou rancor. Guardou apenas as convicções e para si. Em nome da paz, os botequins mudaram de nome: o Bar Berlim tornou-se o Shangri-lá e, mais tarde, O BAR LAGOA; o Rhenania tornou-se o JANGADEIRO. Oskar foi macho — reconstruiu o bar e o pintou de verde, cor mais "brasileira", mas não lhe mudou o nome. E como conseguiu sobreviver aos politizados ipanemenses?

Porque, já desnazificado, o Zeppelin ganhou um influente vizinho: o escritor ANIBAL Machado, em cuja casa se reuniam aos domingos intelectuais, artistas, jornalistas, mulheres e jovens. Foram estes que o estabeleceram como um ponto nobre. Terminada a função chez Anibal, por volta das dez da noite, muitos esticavam no Zeppelin, onde o chope era de primeira e havia o pato com maçã produzido por Oskar e Nadja. Foi o Zeppelin, por exemplo, que fixou o itinerante ALBINO Pinheiro em Ipanema nos anos 50, com as consequências que se conhecem.

Diferentemente do Jangadeiro, preferido pela ESQUERDA FESTIVA, o Zeppelin sempre esteve mais para estado-maior do bairro. Numa noite normal dos anos 50, ele poderia abrigar MILLÔR Fernandes, RUBEM Braga, Paulo Mendes Campos, RAYMUNDO Nogueira, FERNANDO Sabino, MARCO AURELIO Matos, JANIO de Freitas, LUCIO Rangel, Sergio Pôrto, Ary Barroso, Dorival Caymmi, o caricaturista Otelo Caçador, o compositor e radialista Haroldo Barbosa, CARLINHOS Oliveira, LILIANE Lacerda de Menezes, Alfredo CESCHIATTI, CAIO Mourão, TONIA Carrero. Uma clientela que seria engrossada nos anos 60 por VINICIUS de Moraes, CACÁ Diegues, Arnaldo JABOR, Cecil Thiré, BETTY Faria, CLAUDIO Marzo, NELSON Motta, RONIQUITO de Chevalier, todo o CINEMA NOVO e toda a música popular. Vários garçons do Zeppelin atravessaram décadas ali: o espanhol Nicácio, o tricolor Zé Montilla (com cara de pirata e famoso por ser feio) e o louro Orlando (que se suspeitava ter sido agente da Gestapo).

Desde a Guerra, Oskar deixara de misturar ideologia com negócios. Nem podia ser diferente: 90% de seus clientes eram de esquerda. O que não o impedia de continuar fascinado pelo nazismo — as estantes de seu apartamento, no segundo andar do Zeppelin, onde morava com a mulher, eram cheias de livros sobre o assunto. Quem contava isso era Walter Atademo, que, além de ser dentista de Oskar e Nadja, era o único cliente com acesso ao segundo andar. O próprio Atademo era um grande personagem do Zeppelin e de Ipanema. Era o dentista oficial do bairro (seu consultório ficava em cima do Bob's, na rua Garcia d'Ávila) e a prova de que, em Ipanema, nem sempre o dinheiro era a principal moeda com valor de troca. Com Atademo era assim: quem tinha dinheiro pagava; quem não tinha era atendido do mesmo jeito. Entre seus clientes estavam atores de cinema e teatro, designers, jornalistas, gente nem sempre abonada, e o arquiteto Oscar Niemeyer, com cuja filha, Ana Maria, Atademo foi casado.

Segundo Atademo, a única coisa que Oskar não suportava era bêbado — o que o tornava um dono de botequim único no mundo. Vivia de cara amarrada, mas, paradoxalmente, aceitava penduras, trocava cheques e até emprestava dinheiro aos clientes mais queridos, como PAULO Goes, Rony "Porrada", Luiz Carlos "Cabelinho" Portinho, Zeca Castro Neves e o favorito absoluto, ZEQUINHA Estellita, por mais confusões que este aprontasse no bar. Outro de quem gostava era o campeão de porrinha Edgar "Gagá" Paranhos, copiloto da Varig, prematuramente aposentado por uma queda da escada do avião — embora uma versão apócrifa reze que, num Carnaval, "Gagá" tentou escalar o Theatro Municipal pelo lado de fora para penetrar no baile e caiu lá de cima. Nenhum desses homens era abstêmio — muito ao contrário —, mas talvez Oskar os visse como os *seus* bebuns.

Em setembro de 1968, finalmente cansado das penduras e confusões, Oskar vendeu o Zeppelin para Ricardo Amaral, recém-chegado de São Paulo. Aposentou-se e foi morar em Muri, na serra fluminense. Mas, antes, deu uma festa de despedida que, segundo todos os relatos, foi um porre cósmico, dos maiores da história de Ipanema — tão grande que seus participantes não se lembram de como a festa terminou. Mas dela ficou um registro: a maravilhosa foto de Paulo "Salsicha" Scheuenstuhl, com os grandes personagens de Ipanema posando de "A última ceia".

Ricardo Amaral comprou o Zeppelin por causa da lenda, mas sua primeira providência foi retocar essa lenda. Botou mesas de fórmica, pintou as paredes de outra cor e pendurou posters dos clientes famosos, fotografados por David ZINGG. Com isso, o Zeppelin deixou de ser um humilde e aconchegante botequim e se tornou uma vitrine para os deslumbrados que quisessem ver ou ser vistos. Os famosos o abandonaram, claro, e deixaram os posters para a galera admirar. O segundo andar foi ocupado pela butique Voom-Voom, de DANUZA Leão, pelo escritório de DANIEL Más e pelo estúdio fotográfico de Antonio GUERREIRO e David Zingg. Tudo por pouco tempo — em 1972, o espaço já pertenceria ao Oba-Oba, de Oswaldo Sargentelli. Não muito depois, o Zeppelin também fechou e, para seus antigos frequentadores, que nunca se conformaram com o que se fizera dele, já fechou tarde.

ZEQUINHA Estellita
1926-70. Corretor de terrenos e brigão.

Num dia de setembro de 1970, a notícia de que Zequinha Estellita morrera correu pelas ruas de Ipanema. Foi chocante, principalmente pelas circunstâncias. Não morrera numa briga contra alguém dez vezes mais forte do que ele, como aquelas em que vivia se metendo. Morrera sozinho, batendo com o carro. Tinha 44 anos. Seu amigo ZIRALDO resumiu a situação com uma frase: "Morreu como viveu — estupidamente".

Naquela manhã, bem cedo, o fusca branco de Zequinha corria pela avenida Epitácio Pessoa. Na mortífera curva do Calombo, o carro deu uma guinada à direita, subiu no meio-fio e voou para dentro da Lagoa Rodrigo de Freitas. Antes do mergulho, o fusca cometeu a proeza de passar entre duas árvores (uma delas conhecida como "Abraça-me forte") cujos troncos já tinham impedido a queda de centenas de outros carros na água. No voo, o carro deu uma cambalhota, caiu de rodas para o ar e a capota achatou-se no fundo da Lagoa. Zequinha morreu prensado entre o volante e o assento. Fora o único culpado do acidente — segundo testemunhas, a pista estava toda para ele, não havia nenhum carro atrapalhando-o. Mas Zequinha não estava bem. Uma semana antes, saíra de sua casa, na rua Barão da Torre, deixara mulher e filha e, desde então, estava bebendo mais do que de costume. Se é que isso era possível.

Naquele dia, ele ficara até as cinco da manhã no ZEPPELIN, brindando com o vascaíno Sérgio Cabral [pai] ao campeonato carioca conquistado horas antes pelo Vasco contra o favorito Botafogo. Zequinha era Flamengo, donde a desgraça do Botafogo era um prato irresistível. Os gritos de "Casaca! Casaca! Casaca!", vindos de um notório rubro-negro, eram uma provocação aos botafoguenses, o que provocou uma briga, como era comum na jurisdição de Zequinha. Os ânimos serenaram e Sérgio Cabral, ao ir embora, o deixara tranquilo. Mas Zequinha continuara bebendo e, no carro. dormira ao volante.

Horas depois, seu corpo foi resgatado e levado para a capela do Cemitério São João Batista. Começou a romaria. Pelo resto da tarde e durante a longa noite (os velórios se estendiam por 24 horas), centenas de amigos foram despedir-se dele. Passavam pelo caixão, diziam "Coitado do Zequinha!" e marchavam para o bar do cemitério, que, então, ainda servia bebida (alguns, prevendo escassez no estoque, já chegaram equipados com suas miniaturas de uísque). Cada um contava uma história de Zequinha e a turba explodia em gargalhadas.

Não era um velório, mas uma festa. De madrugada, a situação ficou fora de controle. Havia dezenas de pessoas de porre, o dono do bar perdera a conta das cervejas que servira e os velórios vizinhos começaram a reclamar. O parente do morto da capela ao lado foi lá protestar. Sem conhecer ninguém, dirigiu-se a RONIQUITO de Chevalier, o mais bem-vestido, e pediu silêncio e respeito. Roniquito deu-lhe razão: "O senhor está certo. Esses caras aqui são uns animais!". E ofereceu-se para ir à outra sala e prestar uma homenagem ao morto vizinho. O homem concordou e Roniquito seguiu-o. Instantes depois, os amigos de Zequinha não se espantaram ao ver Roniquito sendo expulso a socos e pontapés do velório do homem.

É que Roniquito se aproximara gravemente do caixão, olhara bem para o morto e dissera apenas o seguinte: "Comparado com o nosso, o defunto de vocês é uma merda".

Zequinha ganhava às vezes muito dinheiro vendendo terrenos, mas deixava tudo nas patas dos cavalos. Era também um homem de enorme alegria, grande boêmio e ainda maior brigão, embora não tivesse físico para isso — usava óculos, era baixo e apenas um pouco mais forte do que Roniquito (seu equivalente em provocar as pessoas até que estas se sentissem obrigadas a surrá-lo). E, assim como Roniquito, Zequinha morreu invicto: não há registro de que, um dia, tenha vencido uma briga — parecia ter prazer em apanhar. Discutia com o dono do restaurante, entrava na cozinha e vomitava na panela do estrogonofe. O dono do restaurante chamava o leão de chácara e Zequinha o ofendia também. O leão, que o conhecia e gostava dele, implorava: "Para com isso, dr. Zequinha, pelo amor de Deus!". Zequinha continuava ofendendo-o até que o leão, geralmente do tamanho de uma geladeira, lhe acertava vários tabefes e o jogava na rua.

Como Roniquito, Zequinha era um especialista em dizer o que pensava, sem ligar para as consequências. No show de Gal Costa na boate Sucata, em 1969, irritou-se com o guitarrista do conjunto The Bubble (futuro A Bolha), que acompanhava Gal. O guitarrista, fã de Jimi Hendrix, começou um daqueles solos intermináveis com sua aporrinhola. Muitos minutos depois, Zequinha, na primeira fila, advertiu-o: "Você tem trinta segundos para parar de tocar. Senão vai levar porrada". O guitarrista encerrou o solo rapidinho. E todos na plateia ficaram gratos a Zequinha por ter dito o que eles diriam se tivessem coragem.

Por que Zequinha brigava tanto? Para seu amigo Nonato Pinheiro, brigava "porque não era CARLINHOS Niemeyer" — ou seja, não era bonito, disputado e cheio de mulheres. Mas uma de suas namoradas nos anos 50 fora a bela ROSAMARIA Murtinho, e esta ouvira da própria TONIA Carrero que Zequinha, filho de um ministro do Supremo Tribunal Federal, era "um homem charmoso". Para outros, Zequinha brigava apenas para botar sua tremenda energia para fora. Seu colega de confusões em Ipanema, o economista e professor de matemática da PUC Ronald Lopes da Silva, mais conhecido e estimado como Rony "Porrada", dizia: "Ele era maravilhoso. Quando a gente chegava, a briga já estava formada. Era só bater". Rony, faixa preta no judô, era o contrário de Zequinha — nunca perdeu uma briga. Mas, para Zequinha, ganhar ou perder não fazia diferença porque, pouco depois, já estava aos abraços com os litigantes e sendo abraçado de volta.

Era um espírito livre, movido a instinto, como o homem já foi um dia, antes de ficar civilizado e neurótico. Um Peter Pan, porque nunca cresceu, mas com alma de Capitão Gancho. IVAN Lessa, que o adorava, definiu-o como "uma granada sem pino" e comparou-o ao bêbado de *Luzes da cidade*, de Chaplin.

Todos gostavam de Zequinha, inclusive Oskar Geidel, o mal-humorado proprietário do Zeppelin. Foi a este que, em meio a um bafafá no bar, Zequinha dirigiu sua famosa pergunta, irrespondível por qualquer dono de botequim: "Você vende álcool e quer comportamento de casa de chá?".

David Drew **ZINGG**
1923-2000. Fotógrafo.

Ipanema é uma faixa de terra entre o mar e o bar, mas nem todos os botequins decisivos em sua saga ficavam em seu território. Um deles estava a exatamente 7757 quilômetros e 55 ruas do VELOSO: o P.J. Clarke's, o grande bar da Terceira Avenida com a rua 55, em Manhattan. O destino da música brasileira pode ter sido decidido em seu balcão numa noite de setembro de 1962, ao embalo de um dilúvio de uísque entre o fotógrafo David Zingg e o repórter Bob Wool.

Os dois americanos tinham acabado de chegar do Rio trazendo uma reportagem para a revista *Show* sobre as artes na América do Sul. O que mais os impressionara fora um show de BOSSA NOVA a que tinham assistido na boate Bon Gourmet, em Copacabana, estrelado por João Gilberto, ANTONIO CARLOS Jobim, VINICIUS de Moraes e Os Cariocas. A matéria ficara pronta e eles foram comemorar tomando um porre no P.J. Clarke's. Trinta uísques e alguns hambúrgueres depois, os dois já estavam com certa dificuldade para pronunciar as consoantes, motivo pelo qual conversavam usando basicamente as vogais. *Show* ainda não estreara nas bancas e Wool lembrou que precisavam inventar um evento para promover o lançamento da revista.

"É simples", disse Zingg, com aquela lucidez que às vezes acomete os santos e os bebuns. "É só alugar o Carnegie Hall, fretar os aviões e trazer os músicos da Bossa Nova para fazer um show aqui."

As grandes ideias produzidas nessas condições costumam voltar para as garrafas de onde saíram, mas esta vingou — porque, ao lembrar-se dela na manhã seguinte, Zingg concluiu que era muito boa. Sabendo que a revista não poderia bancar esse show, ele foi propô-lo a dona Dora Vasconcellos, consulesa do Brasil em Nova York e poeta. Ela adorou a ideia e, a partir daí, os mares se abriram para que o show saísse. O Carnegie Hall foi alugado por uma noite pelo americano Sidney Frey, dono da gravadora Audio Fidelity, em troca do direito de fazer um disco. No Rio, Mario Dias Costa, chefe da Divisão Cultural do Itamaraty, conseguiu com a Varig passagens gratuitas para os músicos. Alguns destes ficariam em hotéis; outros seriam acomodados por brasileiros residentes em Nova York. A autorização para tudo isso foi dada pelo ministro Lauro Escorel, chefe do Departamento Cultural e velho amigo e colega de Vinicius no Itamaraty. Sem eles, nada teria acontecido. Mas a semente da ideia brotou dentro de um copo no P.J. Clarke's. E esse copo estava na mão de David Zingg.

O show no Carnegie Hall, na noite de 21 de novembro de 1962, foi importante não pelo que aconteceu no palco, mas por tudo que se deu depois.

Tom e João Gilberto ficaram em Nova York e, também graças a Zingg, conheceram o produtor Creed Taylor — que gravou com eles o LP *Getz/Gilberto*. Deste saiu a faixa "GAROTA de Ipanema" (com ASTRUD Gilberto), decisiva para a fixação internacional da Bossa Nova, a qual, desde então, já fez mais pela imagem do Brasil no exterior do que qualquer outra manifestação artística. Poucas vezes a política externa do Itamaraty conseguiu frutos tão permanentes — e a custo tão zero.

Quanto a David Zingg, fez o percurso inverso. Em 1965, ele é que veio para o Brasil. Cansado da ponte aérea Nova York-Rio a que passara a submeter-se, fotografando o Rio, Brasília e a Bahia para revistas como *Life* e *Look*, alugou uma microcobertura na rua Gomes Carneiro, em Ipanema, e estacionou de vez por aqui. O apartamento era tão minúsculo que sua geladeira ficava praticamente no corredor, mas ele não se preocupava com que ela fosse assaltada: "Nunca tinha nada mesmo". Foi para ele que Tom Jobim disse sua frase "David, o Brasil não é para principiantes". Zingg fotografou todas as musas do bairro, de DUDA Cavalcanti a LEILA Diniz, todo o CINEMA NOVO, os intelectuais, a praia, os botequins, o Carnaval e se tornou um especialista nos crepúsculos do Rio. A partir de 1978, converteu-se aos crepúsculos de São Paulo, para onde se mudou, e, com sua experiência de piloto de bombardeiros B-17 na Segunda Guerra e gerente de uma plantação de bananas em Honduras, desbravou 12 mil quilômetros por Mato Grosso para fazer seu belíssimo livro *Mato Grosso — Fronteiras* (1985).

Zingg levou sua alma ipanemense para São Paulo. Lá, uma de suas façanhas foi amarrar-se a uma árvore numa pracinha em Pinheiros, onde morava, para impedir que a prefeitura a derrubasse. A prefeitura preferiu deixar a árvore em paz. Ninguém faria a maldade de derrubar também David Zingg.

Frases

★ *A palavra "ironia" está banida do Brasil.* ★ *As pessoas deviam ser crianças até a morte.* ★ *Todo mundo viu Tom Jobim nos últimos anos de vida usando seu chapéu-panamá, né? O que quase ninguém sabe é que ele roubou o chapéu de mim.*

ZIRALDO

n. 1932. Cartunista, artista gráfico e escritor.

O mundo nunca sofreu de uma escassez de Ziraldo. E o pior é que ele sempre esteve no apogeu. Quando chegou ao Rio, nos anos 50, desenhou folhinhas, caixas de fósforos, anúncios, cartuns, capas de discos e de livros e achou que estava indo muito bem. Em 1960, foi o primeiro desenhista brasileiro a ter uma revista de quadrinhos só para seus personagens — *Pererê* — e teve certeza de que aquilo era seu apogeu. Não era. Nos anos 60, inventou outros e grandes personagens, como Jeremias o Bom, a Supermãe e Os Zeróis, escreveu peças de teatro e humor para televisão, fez três filhos, bolou marcas comerciais que pegaram e pensou que aquele era o apogeu. Mas enganou-se porque, em 1969, criou *Flicts*, com seu revolucionário conceito de livro infantil, e, aí sim é que foi o apogeu. Passaram-se onze anos de apogeus moderados, em que ganhou o Oscar do humor em Bruxelas, tornou-se uma estrela do PASQUIM, foi preso quatro vezes, fez charge política para o *Jornal do Brasil* e passou a ser reconhecido na rua por causa da televisão. Enfim, nada de especial. E, então, em 1980, publicou *O menino maluquinho*. E aí, sim, começou mesmo o seu apogeu.

Ao nascer humildemente em livro, *O menino maluquinho* não imaginava que, pelas décadas seguintes, iria vender milhões de exemplares. Desde então, já se tornou revista mensal, tira de jornal, filmes de cinema, marca de biscoito e chicletes, camiseta, bermuda e outros cinquenta produtos, peça de teatro, vídeo paradidático, minissérie de TV, ópera para crianças, CD, deu nome a livrarias infantis, virou símbolo de campanha de vacinação, quase se tornou parque temático, materializou-se numa estátua gigante e foi traduzido para línguas que vão do javanês à língua do pê. Só falta ser adaptado para o teatro kabuki. Qualquer artista se contentaria com esse currículo, mas, desde então, Ziraldo já teve outros 58 apogeus, com *O planeta lilás*, *O menino marrom*, *O bichinho da maçã* e mais algumas dezenas de livros que, por falta de espaço, deixam de ser citados. Basta dizer que, em 1990, de uma só tacada, lançou 26: os da Coleção ABZ, um para cada letra do alfabeto, inclusive o K, o W e o Y. E assim se explica por que, como se gabava, ele nunca brochou — porque não tinha tempo para trepar.

Tinha, sim. Ziraldo sempre encontrou tempo para tudo. Nunca morou em Ipanema, mas esteve praticamente em todos os seus eventos históricos — aliás, é uma característica que ele sempre encarou como missão: estar em todas. Estava na epopeica festa de OLGA Savary e JAGUAR no Bar Bem, em 1963, quando DUDA Cavalcanti foi apresentada a Ipanema, e esteve também em todos os réveillons de Jaguar e ALBINO Pinheiro. Foi uma das inspirações de Carlos LEONAM quando este batizou a ESQUERDA FESTIVA. Traduziu o conto "The Wonderful O", de James Thurber, para a revista SENHOR, e colaborou em *Pif Paf*, o jornal criado por MILLÔR. Não saía da casa de GUGUTA e DARWIN Brandão e de Enrico BIANCO. Esteve na fundação da BANDA de Ipanema em 1965 e em seus dez primeiros Carnavais. Fez o cartaz de vários filmes do CINE-

MA NOVO e, desde que você não piscasse, ele podia ser visto vendendo balões na praia, no filme GAROTA de Ipanema. Frequentou O BAR LAGOA, O JANGADEIRO, O VELOSO e O ZEPPELIN — às vezes, os quatro ao mesmo tempo. Nos dois anos (1968-69) em que ajudou a editar *Fairplay*, a primeira revista masculina do Brasil, publicou, lindamente nuas, ANA MARIA Magalhães, VERA Barreto Leite, BETTY Faria, Tania Scher, Celi Ribeiro e muitas outras. Esteve no *Pasquim* desde o nº 1 e depois foi um de seus proprietários.

Cansou-se de dar carona a Carlos DRUMMOND de Andrade para o poeta encontrar-se com a namorada. Foi figura remida do "cemitério de elefantes", o ponto da praia na rua Farme de Amoedo onde ficava o pessoal do antigo Partidão — de quem, aliás, sempre foi torcedor, não sócio-atleta. Brigou a socos com TARSO de Castro e tomou injeção com ZÉ DA FARMÁCIA (não necessariamente nessa ordem). Cortou o cabelo com o Souza e foi sogro de GERALD Thomas (também não necessariamente nessa ordem). Descobriu Fernando GABEIRA no exílio em Paris, editou pela Codecri o livro dele, *O que é isso, companheiro?*, e morreu de desgosto quando o ex-guerrilheiro, seu herói, apareceu na praia com a famosa tanga. Ajudou a impedir que os padres vendessem a igreja da praça Nossa Senhora da Paz e contribuiu para que a Casa de Cultura LAURA Alvim se tornasse uma realidade. Varejou as noites de Ipanema com CARLINHOS Oliveira, PAULO Goes, CAIO Mourão, EUGENIO Hirsch, JOÃO Luiz de Albuquerque e conheceu (não necessariamente de forma bíblica) 90% das melhores mulheres da história de Ipanema.

Apenas alguns especialistas sabem que André François nasceu em Timisoara, na Romênia, Saul Steinberg em Sarat, também Romênia, e Millôr Fernandes no Méier, Rio de Janeiro. Mas todo o planeta sabe que Ziraldo nasceu em Caratinga (MG), "uma cidade de 1 milhão de habitantes — em toda a sua história", segundo Millôr. Ziraldo nunca se habituou ao fato de ter nascido lá — considera isso uma das coisas mais extraordinárias de sua biografia. Pela dimensão épica que dá a cada detalhe de sua infância (perto dele, Casimiro de Abreu pode ser comparado a Herodes), seus amigos não gostam nem de pensar em como Ziraldo seria se tivesse nascido em Florença, Viena ou Paris.

Ziraldo é, certamente, um dos maiores artistas gráficos do mundo. Millôr, que também estava nessa categoria, disse que, às vezes, ele deveria desenhar com a mão esquerda, "para dar oportunidade ao erro". No Brasil, a assinatura de Ziraldo é tão conhecida quanto a de Walt Disney, com a vantagem de que o próprio Ziraldo sempre desenhou tudo que assinou (o que Walt nunca fez). Suas capas, ilustrações e marcas saíram nos principais veículos internacionais e ele já ganhou todos os prêmios possíveis. E nunca houve cidade do mundo em que não encontrasse alguém que não o reconhecesse (quase sempre um conterrâneo). Claro que, às vezes, ele se engana. Em Frankfurt, na Alemanha, foi parado por um guarda de trânsito que lhe perguntou: "*Ist das ihr Auto?*". Pensou que o tedesco estivesse perguntando: "Você é o Ziraldo?". Mas não. O guarda apenas perguntava: "É seu este carro?". E aplicou-lhe uma multa.

E, com relação àquilo em que você estava pensando, é verdade: ele nunca brochou. Sem ser perguntado e sem a menor provocação do entrevistador, confessou isso à revista *Playboy* em 1980. Considerando-se que sua "primeira vez" (a primeira vez que transou) foi, segundo ele próprio, aos onze anos, isso significa, até o fechamento desta edição, 77 anos de ereção contínua, infalível e envernizada. Não admira que se chame Ziraldo Pinto.

Frases

★ *Para o meu machismo, o feminismo é ótimo. Ele liberou as mulheres para os machistas.* ★ *Na minha vida, falta tragédia, falta drama. Por exemplo: eu nunca brochei.* ★ *A mãe é o maior inimigo do homem.* ★ *A melhor coisa que você pode fazer por seu filho é prepará-lo para o presente, não para o futuro.* ★ *O menino tem de ser feliz hoje, porque o futuro é feito de muitos hojes.* ★ *Num determinado momento, Ipanema foi a cidade mais feliz do mundo.*

ZÓZIMO Barrozo do Amaral
1941-97. Jornalista.

Em 1969, três meses depois do AI-5, a coluna "Zózimo", do *Jornal do Brasil*, informou que o general Lyra Tavares, ministro da Guerra da ditadura militar, levara um chega pra lá de um segurança do ditador paraguaio Alfredo Stroessner numa cerimônia oficial na fronteira. Como, naquele tempo, os militares brasileiros podiam até levar chega pra lás na fronteira, mas não numa coluna de jornal, o colunista foi preso pela Polícia do Exército. A cela que lhe reservaram já tinha um líder estudantil e um puxador de carros. Quando o viu entrar, o estudante gritou: "Os homens endoidaram! Estão prendendo a eles mesmos!". Ao ser solto cinco dias depois, Zózimo só se queixou do comentário do garoto. "Ora, bolas, eu não sou um 'deles'", disse.

No ano seguinte, Zózimo foi preso de novo, dessa vez por noticiar que um coronel do Exército, disfarçado, já assistira três vezes ao show de LEILA Diniz, *Tem banana na banda*, no Poeira de Ipanema — não esquecer que Leila era a mulher mais detestada pelo regime. Zózimo já estava se sentindo um herói da resistência quando sua mulher, a artista plástica Marcia Barrozo do Amaral, lhe mandou uma tábua de queijos franceses na cadeia. Zózimo dividiu os queijos com os companheiros de cela, mas comentou: "Foi uma desmoralização. Ela podia ter mandado um catupiry".

Era esse tipo de humor, onipresente em sua coluna, que tornava Zózimo Barrozo do Amaral o melhor praticante de um tipo de jornalismo iniciado no Rio em fins dos anos 40, quando MANECO (Jacinto de Thormes) Müller abriu sua coluna "social" no *Diário Carioca* para notas sobre política, negócios e até futebol. Na década de 50, IBRAHIM Sued, em *O Globo*, deu-lhe continuidade e, na de 60, Alvaro Americano, como "Carlos Swann", também no *Globo*, fez uma pequena revolução: tirou a coluna dos gabinetes e salões e levou-a igualmente para as ruas. Zózimo, que começou como assistente de Americano em 1963 e ganhou a coluna com o seu nome em 1969, no *Jornal do Brasil*, foi o grande sintetizador da fórmula. Mas acrescentou-lhe um toque exclusivo: o humor.

De 1969 a 1989 no *JB* e daí até sua morte, de novo no *Globo*, Zózimo informou a sério seus leitores e, quando era para rir, não poupou a piada. O alvo de suas tiradas podia ser qualquer um, mas ele preferia os poderosos. Por exemplo, quando notou que os jaquetões do presidente José Sarney o faziam parecido com um gângster de filme B, Zózimo recomendou-lhe que usasse um chapéu Borsalino para completar o figurino. Ou, quando se comentou que o presidente Itamar Franco estava muito calado, Zózimo sugeriu que ele podia ter queimado a língua comendo pão de queijo. Era cuidadoso com notícias sobre casos amorosos, mas foi o primeiro a dar o ridículo affaire entre os ministros Zelia Cardoso de Mello e Bernardo Cabral, no apogeu dos problemas criados no governo Collor — omitiu seus nomes, mas não o detalhe de que se apaixonaram ao dançar o bolero "Besame mucho". E que, em certo momento, Cabral virou-se para Zélia: "Posso mimoseá-la com uma empadinha?".

"No Brasil, ninguém escreveu melhor em três linhas", disse de Zózimo seu colega e sucessor no *Globo*, Ancelmo Gois. Era isso mesmo — bastava a Zózimo o espaço de um lenço para dar a informação e, com um fecho de ouro, resumir tudo. Por exemplo, ao ouvir dizer que os notórios negocistas Donald Trump e Naji Nahas estavam pensando em associar-se numa empresa, sugeriu-lhe um nome: "Trampolinagem".

Esse tipo de humor era uma extensão natural de seu jeito no dia a dia. Zózimo escrevia como falava, via graça onde ninguém a enxergava e, com algum exagero, sua gargalhada sonora e explosiva podia ser ouvida da praça General Osório ao Jardim de Alah. Zózimo era grã-fino de berço, criado no COUNTRY e educado em bons colégios do Rio e de Paris. Mas tinha a quem puxar: seu pai, o banqueiro "Boy" Barrozo do Amaral, fora um dos grandes boêmios da cidade e inventor da palavra "esticada" (no sentido de espichar a maratona noturna por bares e boates). Quando "Boy" morreu, deixou para Zózimo e sua irmã Isabel, apenas em ações do Banco do Brasil, 2 milhões de dólares em dinheiro da época — mais do que ele conseguiria gastar, mesmo que lhe tocasse fogo. Mas Zózimo queria trabalhar e foi parar no jornalismo. Ao assumir uma coluna dita "social", levava uma vantagem sobre os concorrentes: já comera mais ostras do que várias encarnações deles juntos.

Quando ele começou, a expressão "coluna social" deixara de ter sentido. Com a mudança da capital para Brasília e a instauração do regime militar, o Brasil entrou num "processo de chinfrinização" galopante, em que o glamour e o charme deram lugar a reuniões ou jantares "sérios", protagonizados por gente que podia manejar um fuzil ou um talão de cheques, mas não sabia segurar um garfo — essa definição é dele mesmo, Zózimo. Com isso, as colunas também tiveram de mudar. As melhores entre elas ignoraram o mundanismo novo-rico que passara a imperar e tornaram-se definitivamente colunas de interesse geral. Ganharia quem tivesse as melhores fontes e soubesse escrever — e Zózimo era absoluto nos dois quesitos.

Conhecia todo mundo de seu tempo em Ipanema, de banqueiros e diplomatas a vendedores de mate na praia. Seu círculo variava de galerias de arte ao restaurante Antiquarius e ao Maracanã (em jogos do Flamengo), incluindo os inenarráveis bares do estádio. Vestia-se em Paris, jogava tênis, discutia Dostoiévski e quando escrevia uma frase que ele próprio achava engraçada lia-a para o primeiro contínuo que passasse. Era o carioca total. E, diversamente de muitos jornalistas, Zózimo extraía evidente prazer do que fazia. Certa vez, adorou informar que o cirurgião Ivo Pitanguy, seu amigo, iria à Suíça operar a duquesa de Windsor — antes de o próprio Pitanguy saber que seria convidado. Mas, se quisesse, poderia fazer uma coluna inteira sem notícias e sem sair de casa (smoking, ele já não tinha desde 1985) — sua capacidade de transformar os rumores da cidade em tiradas brilhantes era suficiente para prender o leitor.

Zózimo era famoso e boa-pinta, mas cansou-se de recusar convites para estrelar comerciais de TV. Os vernissages de Marcia, sua primeira mulher, e a butique de Dorita Moraes Barros, a segunda, nunca saíram em sua coluna. Durante muito tempo, Zózimo conseguiu também esconder do público seu sério problema com a bebida. Um ano antes de morrer, conseguira parar de beber e passara do uísque para refrigerantes e sucos. Mas, então, foi colhido por um tumor cerebral que, em menos de dois meses, se espalhou pelo organismo e o matou. No auge da doença, pediu à empregada que trouxesse Coca-Cola para ele e seu colega Ricardo Boechat e disse a ela: "A minha é diet".

Frases

★ *Enquanto houver champagne, há esperança.* ★ *Depois de certa idade, o homem, da cintura para cima, é poesia; da cintura para baixo, prosa.* ★ *O Brasil não é o país do know-how. É o país do know-who.* ★ *O problema em Brasília é o tráfico de influência. Já no Rio é a influência do tráfico.* ★ [Sobre a transferência da capital para Brasília]: *Começou ali, naquele ato de pavorosa insanidade, o processo de chinfrinização do país.* ★ *E Tóquio, hein? Mexeu os pauzinhos para as bolsas levantarem.* ★ *Há poucos prazeres maiores do que o cigarro. Entre eles, o de abandoná-lo.* ★ [Propondo um horário para o adultério]: *Antes à tarde do que nunca.* ★ [O que é brega?] *É perguntar o que é chique.* [E o que é chique?] *É não responder.*

ZÓZIMO Bulbul

1937-2013. Ator e cineasta.

Zózimo Bulbul saía de seu apartamento — uma cobertura na avenida Vieira Souto, entre as ruas Maria Quitéria e Joana Angélica —, atravessava a rua e ia dar um mergulho. Ao voltar para a areia e aproveitar a tranquilidade da praia vazia no meio da semana, era interpelado por dois PMs: "Tá fazendo o quê aqui, negão?". Zózimo explicava que estava apenas tomando sol. Um PM, já o julgando um foragido do morro, perguntava rispidamente: "Mora onde, crioulo?". Zózimo apontava para a cobertura do outro lado da rua — e ia preso por desacato à autoridade.

Na primeira vez em que isso aconteceu, o porteiro de seu prédio viu-o sendo levado, avisou a mulher de Zózimo — a cineasta e artista plástica Vera Figueiredo — e esta acionou o advogado ALBINO Pinheiro. Albino foi direto para a 14ª DP, no Leblon, e o liberou. Bastou dizer ao delegado que Zózimo era ator de teatro, cinema e televisão, trabalhava em novela e, de fato, morava numa cobertura da Vieira Souto. Tudo muito fácil de comprovar. Albino só teve de entrar em ação desta vez. Em todas as outras em que os PMs — alguns deles, negros — o abordaram na praia e o levaram para a DP, o delegado já recebia Zózimo dizendo: "Você de novo??? Vai embora, pô!" — e descompunha os soldados.

Isso não acontecia em 1571, pré-Lei Áurea, mas em 1971, quando Zózimo se casou com Vera e foi morar no apartamento dela, no metro quadrado mais caro do planeta. Os vizinhos nunca o discriminaram, mas, naqueles tempos opressivos, todo mundo era suspeito em potencial e ele chamava a atenção ao sair à rua.

ZÓZIMO Bulbul

Zózimo é um apelido de infância e Bulbul, nome que adotou, significa "rouxinol" em javanês. O nome é formidável, mas, mesmo que se chamasse Jorge da Silva (que é, na verdade, seu nome de batismo) e não tivesse 1,90 metro, Zózimo não passaria em branco. Muito antes de a expressão "*Black is beautiful*" tornar-se uma bandeira dos negros americanos, ele já era visto assim pelas moças do ARPOADOR, que o adotaram entusiasticamente quando apareceu na praia por volta de 1961. Zózimo foi, para muitas delas, o primeiro negro com quem se deram "de igual para igual" e tiveram o orgulho de namorar. O fato de disputar com seu amigo ARDUINO Colasanti o título de homem mais bonito da areia podia ajudar, mas ele tinha ainda outras qualidades. Frequentava o MAU CHEIRO desde 1959, era um habitué das noitadas de jazz no apartamento de Robert CELERIER, na rua Almirante Saddock de Sá, e estudava teatro com Adolfo CELI no Tablado.

Em 1962, Zózimo estreou em teatro num papel marcante: o de "Cadelão", o líder dos curradores na montagem original de *Otto Lara Resende ou Bonitinha, mas ordinária*, de Nelson Rodrigues. Depois Zózimo foi *Zumbi* (1963) no Teatro de Arena, estrelou uma remontagem de *Orfeu da Conceição*, de VINICIUS de Moraes, e fez também um Cristo negro. No cinema, começou pelo episódio de Leon Hirszman em *Cinco vezes favela* (1962), depois fez *Ganga Zumba* (1963), *Pureza proibida* (1974), *Quilombo* (1984) e outros filmes, mas menos do que deveria, pela falta de bons papéis para atores negros no cinema brasileiro e por ser "bonito demais" para interpretar bandidos e marginais — foi o que um diretor alegou ao lhe recusar um papel. Bem, Sidney Poitier tinha o mesmo problema. Não por acaso, Zózimo fez uma novela, *Vidas em Conflito* (1969), na TV Excelsior, que era uma espécie de *Adivinhe quem vem para jantar*. A mocinha branca era LEILA Diniz — que ele namorou na vida real.

Mas esses papéis eram raros e, muitas vezes, desempregado ("Morro de fome, mas não faço motorista de madame", dizia), Zózimo teve de tornar-se também roteirista e diretor. No filme *Compasso de espera* (1973), escrito por ele, interpretou um publicitário negro que se apaixona por uma universitária branca, perde o contato com seu mundo e não é "aceito" pelo mundo branco. Passou a ser um estudioso do problema racial e tratou apaixonadamente do assunto em curtas como *Alma no olho* (1974) e *Dia de alforria* (1980) e um longa, *Abolição* (1988).

Por mais "liberal" que o Brasil tenha se tornado nas últimas décadas, Zózimo sempre sentiu a diferença entre ser o galã da praia, com direito a namorar todas as moças, e efetivamente coabitar com uma delas. Aconteceu quando se casou com a analista de sistemas Liliana Weinberg (irmã de MARILIA Kranz), de 1966 a 1968, no que pode ter sido o primeiro casamento inter-

-racial de Ipanema; com Vera Figueiredo, de 1971 a 1974; e com a figurinista Biza Vianna, de 1978 a 1991. Por algum motivo, um compromisso firme com uma moça branca causava certa estranheza — nem sempre muda — até nos círculos mais liberais. Se um dia ela se dissipar, Zózimo Bulbul deveria ganhar uma estátua por sua luta.

ZUZU Angel
1921-76. Estilista e mártir.

Alguém ainda se lembra de que Zuzu Angel trabalhava com moda? Seu nome ficou tão ligado à história da resistência contra a ditadura militar que tudo o mais, mesmo seu sucesso internacional como estilista, pareceu, com o tempo, insignificante. Mas, para que se entenda essa história como exemplar, é preciso pegá-la do começo — de como uma mulher destinada a uma vida de glamour e beleza se viu, de repente, obrigada a armar-se de enorme coragem para lutar pela verdade e pela justiça, contra inimigos poderosíssimos. No fim, eles a mataram. Mas não conseguiram derrotá-la.

Seu primeiro ateliê em Ipanema era sua própria casa, na rua Barão da Torre. As araras de roupas ficavam na sala, as clientes provavam os vestidos em seu quarto e o quarto das crianças era o de costura. Foi lá que, em 1958, levada por uma amiga carioca, a estrela americana Yvonne de Carlo, recém-saída do Mar Vermelho no épico de Cecil B. DeMille *Os dez mandamentos*, descobriu Zuzu. As outras clientes famosas — Joan Crawford, Kim Novak, Margot Fonteyn, Liza Minnelli, as manequins Verushka e Jean Shrimpton — já foram conhecê-la, anos depois, na casa da rua Nascimento Silva. Mas, mesmo com essa clientela, Zuzu ainda era praticamente uma operação individual. Criava os modelos, cortava os panos, lidava com agiotas, pedalava a Singer, fazia as entregas e criava sozinha os filhos Stuart, Hildegarde e Ana Cristina — seu marido, o americano Norman Angel Jones, já a abandonara havia muito.

Sua moda em estilo rústico, puxada para o folclore, era mais apreciada em Nova York do que no Brasil. Era natural. Os vestidos e saias eram de pano de colchão, zuarte, chita e rendão, tipo "muié rendera", e as estampas exibiam a fauna e flora nacionais. Mesmo as suas noivas de calça comprida, as primeiras do Brasil, tiveram mais aceitação lá fora. Em 1968, as criações de Zuzu já estavam nas vitrines da Bloomingdale's e da Bergdorf Goodman, em Manhattan, e só então começaram a chamar a atenção por aqui. O próprio poder a descobriu, e uma de suas clientes passou a ser dona Yolanda Costa e Silva, mulher do ditador Costa e Silva. Até então sem nenhum interesse por política, Zuzu era apenas uma guerreira do corte e costura. Mas os acontecimentos dos anos seguintes, já sob o general Médici, transformariam sua vida e a de todos à sua volta.

Em 1971, seu filho Stuart, 25 anos, bonito, atleta olímpico do Flamengo e militante do MR-8, passou à clandestinidade na luta contra a ditadura. No dia 14 de maio daquele ano, foi preso e sumiu. Ninguém era ingênuo no Brasil daquela época, exceto talvez Zuzu Angel. Assim que ele foi dado como desaparecido, ela iniciou uma longa peregrinação à sua procura pelos órgãos convencionais de segurança. Nenhum deles admitia a prisão de Stuart. Zuzu então começou a procurar políticos, bateu à porta de quartéis e visitou diversas vezes o general Silvio Frota, comandante do 1º Exército. Em vão. Poucos meses depois, Zuzu já não era tão ingênua. Quando se convenceu de que, no Brasil de Médici, não conseguiria quebrar a conspiração do silêncio, decidiu fazer um escândalo internacional — mesmo porque Stuart era brasileiro, mas filho de um cidadão americano.

O primeiro gesto foi o desfile de sua nova coleção na residência do cônsul do Brasil em Nova York, Lauro Soutello Alves, em setembro de 1971. Em vez das cores alegres de seus pássaros, flores e borboletas, Zuzu estampou os vestidos com pássaros engaiolados, tanques, quepes, balas de canhão, pombas negras e anjos mortos. O "enredo político" do desfile repercutiu na imprensa americana e os anjos se tornariam uma constante em suas criações. Mas nada de Stuart, exceto negativas e mentiras. Zuzu levaria um ano para descobrir, pelo relato de uma testemunha, que Stuart morrera no próprio dia da prisão, amarrado a um carro na base aérea do Galeão, arrastado pela pista e obrigado a respirar os gases tóxicos da descarga do motor.

Finalmente certa de que seu filho morrera na tortura, Zuzu passou a ir a Washington, onde sensibilizou para seu drama senadores democratas como Teddy Kennedy, Walter Mondale e Frank Church e exortou-os a defender o corte da ajuda militar americana ao Brasil. Zuzu queria o corpo de Stuart, mas, àquela altura, já não era só o filho que a interessava — sua caixa de correio no Rio tornou-se uma central de denúncias sobre torturados e torturadores, que ela repassava a organismos como o Departamento de Estado e a Anistia Internacional. Sabia que era vigiada e seguida e que seu telefone estava grampeado, mas, com incomparável audácia, fazia comícios em filas de banco, farmácias e supermercados. Nesse sentido, foi uma precursora das "locas" argentinas, as mães da Plaza de Mayo, que também lutavam por seus filhos assassinados pela ditadura local.

Incrivelmente, em meio ao martírio, Zuzu ainda conseguia criar coleções e exibi-las. O trabalho não lhe servia apenas de terapia — era um pretexto para continuar sua pregação e fazer-se ouvida. Mas o corpo de Stuart jamais apareceu.

"Eles cometeram um erro", ela dizia. "Mataram meu filho e me deixaram viva." Zuzu estava certa de que os órgãos de segurança não demorariam a *retificar* esse erro, produzindo mais um corpo — o dela. Durante o ano de 1976, deixou documentos com amigos (um deles, Chico Buarque), alertando-os para a possibilidade de um "acidente ou assalto" em que ela apareceria morta. Mas, antes disso, em fevereiro daquele ano, ainda realizou sua maior proeza: burlou o esquema de segurança do governo americano, que cercava o secretário de Estado Henry Kissinger, hospedado no Hotel Sheraton, no Rio, e conseguiu que chegasse a ele seu "Dossiê Stuart". Pelo que se veria depois, o cínico Kissinger não se moveu para ajudá-la — mas só o fato de Zuzu ter furado sua inacessibilidade demonstrava que nada a deteria.

Nada, exceto a morte. Na madrugada do dia 14 de abril, apenas dois meses depois do episódio Kissinger, o Karmann Ghia azul de Zuzu saiu do túnel Dois Irmãos em direção à Barra da Tijuca, bateu na mureta e voou para a pista de baixo. Zuzu teve morte instantânea. O laudo concluiu que ela "dormira ao volante". Pelos vinte anos seguintes, os amigos e parentes de Zuzu, certos de que ela fora assassinada pelo Estado, lutaram pela reversão desse laudo. E finalmente conseguiram: em 1998, novas análises estabeleceram que o acidente foi provocado por um carro que a perseguiu em alta velocidade e a jogou contra a mureta. Um ferimento na perna direita de Zuzu indicava um movimento de autodefesa — uma freada brusca. Os assassinos nunca foram punidos, mas, desde então, o túnel Dois Irmãos passou a chamar-se túnel Zuzu Angel.

AGRADECIMENTOS

Ao perguntar ao pescador ipanemense George Grande em que época ele começara a frequentar o Arpoador, eu esperava ouvir algo como "fins dos anos 30" ou "na Segunda Guerra". Mas sua resposta me deixou sem fala: "Desde 1925. Eu tinha três anos e ia à praia todos os dias, montado na garupa de Chico Britto. Assim como as pessoas não se lembram de quando não sabiam andar, não me lembro de quando não sabia nadar. Foi onde passei a vida: no Arpoador e em Ipanema".

Nem todos são privilegiados como George Grande. Até por causa da idade ou por morarem em bairros distantes, houve os que só conheceram Ipanema nos anos 30, como Tonia Carrero; nos anos 40, como Millôr Fernandes; nos anos 50, como Albino Pinheiro; e nos anos 60, como Leila Diniz. E, a partir daí, não é vantagem — dos anos 70 em diante, o mundo já conhecia Ipanema e boa parte dele mudou-se para lá. Quanto a mim, frequentei Ipanema desde meados dos anos 60, donde considero que ainda peguei os restos da Ipanema clássica. Sentei-me no Veloso (com Tom Jobim), no Jangadeiro e no Zeppelin, quando esses botequins ainda tinham o nome, o endereço e a decoração originais, e frequentei a praia defronte à Montenegro em seu apogeu. Como jornalista desde 1967 (até mesmo em veículos tão associados a Ipanema naquela época, como as revistas *Diners* e *Fairplay* e, desde os primeiros números, *O Pasquim*), conversei, convivi ou estive com a maioria dos personagens deste livro. Fui até testemunha de algumas de suas peripécias narradas aqui. Isso não me tornou uma autoridade em Ipanema, mas foi indispensável para entender o espírito do território.

Para escrever *Ela é carioca*, tive de ir às fontes, às pessoas que efetivamente viveram Ipanema em suas diversas épocas. Devido às dimensões do universo a ser investigado e a problemas de tempo, não pude entrevistar metade das pessoas que gostaria. Mas, muitas vezes, o que estas teriam a me contar já estava embutido em depoimentos de outros que partilharam de experiências iguais. Algumas dessas pessoas, perdi-as por questão de dias, como Chico Britto e Albino Pinheiro — não puderam me esperar. De novembro de 1997 até quase o prelo da primeira edição, em fins de 1999, ouvi cerca de 120 pessoas

■ AGRADECIMENTOS

(várias delas tantas vezes que seria justo citá-las como coautoras). Embora seja minha a responsabilidade pela inclusão ou omissão de nomes neste livro, a escolha dos personagens retratados saiu mais ou menos de um consenso nas conversas com as fontes. Sempre que um nome novo me foi apresentado, empenhei-me em pesquisá-lo. E sete novos verbetes foram acrescentados a esta edição: Alair Gomes, Hans e Miriam Etz, Jean Sablon, Joyce Moreno, Lygia Marina, Silvia Sangirardi e Toca do Vinicius.

Diferentemente de livros anteriores, como *Chega de saudade*, *O anjo pornográfico* e *Estrela solitária*, que dependeram 80% de conversas e entrevistas, o peso da leitura de material foi muito maior em *Ela é carioca*. Li centenas de livros — não sobre Ipanema, que não chegam a dez, mas produzidos por gente de alguma forma ligada a Ipanema — e reuni tantos recortes e anotações que, em certos momentos, eles pareceram fugir ao controle. Para o levantamento desse material, contei com a inestimável ajuda do jornalista e pesquisador Antonio Roberto Arruda. Depois de lançada a primeira edição, repassei grande parte desse material para o acervo da Toca do Vinicius, dedicada à cultura da Bossa Nova e de Ipanema.

Às pessoas que me ajudaram com suas memórias de Ipanema e não raro choraram — ou riram muito — ao relembrar os melhores anos de suas vidas, muito obrigado. São elas:

Adriano de Aquino, Alda Porto, Ana Luiza Pinheiro, Ana Luiza "Bruxinha" Rabelo, Ana Maria Machado, Ana Maria Magalhães, Angela Ro Ro, Antonio Carlos Jobim, Antonio Guerreiro, Antonio Pedro, Arduino Colasanti, Armando Rozário, Beatriz Horta, Betty Faria, Caio Mourão, Candinho, Carlos Alberto Afonso, Carlos Heitor Cony, Carlos Leonam, Carlos Niemeyer, Carlos Vergara, Celina Moreira da Rocha, Cesar Thedim, Chico Caruso, Christina Gurjão, Daniel Azulay, Danuza Leão, David Drew Zingg, Domingos Oliveira, Edna Palatnik, Edson Lobo, Elizabeth Gasper, Elsie Lessa, Fausto Wolff, Ferdy Carneiro, Gardenia Garcia, George Grande, Geraldo Casé, Germana de Lamare, Gilles Jacquard, Glauco Rodrigues, Guguta Brandão, Helena Jobim, Helô Pinheiro, Hiluz del Priori, Ira Etz Couto, Isabel Salgado, Ivan Lessa, Jaguar, Janet Estill, Janio de Freitas, Jô Soares, João Carlos Rodrigues, João Luiz de Albuquerque, Joice Leal, Jomico Azulay, Jorge Leôncio, José Luiz Itajahy, Joyce Moreno, Julio Rego, Kadu Magalhães, Kalma Murtinho, Léa Maria Aarão Reis, Léo Christiano, Luciana de Moraes, Luiz Carlos Maciel, Luiz Lôbo, Lygia Marina, Maneco Müller, Manoel Augusto de Almeida e Silva, Marcia Neder, Marcia Rodrigues, Marcio Roberto, Marcos Valle, Maria Clara Machado, Maria Gladys, Maria Lucia Dahl, Maria Lucia Rangel, Marilia Kranz, Marina Colasanti, Miele, Millôr Fernandes, Miúcha, Nahum Sirotsky, Nelson Dantas,

AGRADECIMENTOS

Nelson Motta, Nelson Xavier, Nonato Pinheiro, Norma Pereira Rego, Odette Lara, Olga Savary, Ophelia Rodrigues, Osmar Milito, Paulo Amaral, Paulo Caruso, Paulo Cesar Saraceni, Paulo Garcez, Paulo Goes, Ricardo Cravo Albin, Roberto Muggiati, Roberto Quartin, Rosamaria Murtinho, Rubens Gerchman, Rudolf Hermanny, Ruth Bonfá, Ruy Solberg, Sandra Moreyra, Scarlet Moon de Chevalier, Sérgio Augusto, Sergio Figueiredo, Sergio Rodrigues, Sidney Régis, Solange Padilha, Suzana de Moraes, Tania Caldas, Telmo Martino, Tonia Carrero, Vera Figueiredo, Vera Gertel, Virginia Cavalcanti, Yonita Salles Pinto, Ziraldo, Zózimo Bulbul, Zuenir Ventura.

Outros contribuíram com textos, fotos, recortes, revistas, filmes, discos e documentos, ajudaram a localizar fontes, identificar figuras ou deram valiosas sugestões. A estes, também, muito obrigado. Foram eles: Ana Vidotti e Elenice Ferrari (Editora Abril), Anna Paula Martins e Flaminio Lobo (Livraria Dantes), Daniel e Maurício (Livraria Berinjela), Lincoln Martins e Cezar Thomasi (*Manchete*), José Alves (Colégio Rio de Janeiro), Renata Martinelli (*O Globo*), Sergio Pedrosa (Funarte), Silvia Regina de Souza (Biblioteca Nacional), Tatiana Constant e Alexandre Amaral (*Jornal do Brasil*), André Luiz de Lacet, Bebel Sued, Benjamin Magalhães, Beth Serpa, Fernando Pessoa Ferreira, Fred Rozario, Helena Salem, Henrique Sverner, Ignácio de Loyola Brandão, Jason Tércio, Joëlle Rouchou, José Zaragoza, Julia Romeu, Leila Afonso Martins — grande torcedora deste livro —, Lu Lacerda, Marcela Cerqueira de Souza, Mario Gabbay, Mario Grisolli, Mary Ventura, Nara Improta, Regina Martins, Sérgio Cabral [pai], Sergio Fridman e Zeca Perrone.

E, naturalmente, Heloisa Seixas — por tudo.

BIBLIOGRAFIA

AARÃO REIS FILHO, Daniel; **MORAES,** Pedro de. *68 — A paixão de uma utopia*. Rio: Fundação Getúlio Vargas, 1998.

AFONSO, Carlos Alberto. *ABC de Vinicius de Moraes*. Rio: Novo Quadro, 1991.

ALMEIDA, Mario de. *Antonio's, caleidoscópio de um bar*. Rio: Record, 1992.

ALVES, José. *Um bedel no Rio de janeiro*. Rio: Mauad, 1996.

AMARAL, Fernando Barrozo do. *Zózimo diariamente*. São Paulo: EP&A, 2005.

ARAÚJO, Lucinha. *Cazuza — Só as mães são felizes*. Rio: Globo, 1997.

BELCHIOR, Elysio de Oliveira. *Ipanema 100 anos — A história de um bairro em antigos cartões-postais*. Rio: Y. R. Marketing, 1994.

BENTES, Ivana. *Joaquim Pedro de Andrade*. Rio: Relume Dumará; RioArte, 1996.

BRAGA, José Luiz. *O Pasquim e os anos 70*. Brasília: Editora UnB, 1991.

BRAGA, Rubem. *O homem rouco*. Rio: José Olympio, 1949.

_____. *Três primitivos*. Rio: MEC, 1954.

_____. *O conde e o passarinho* [1936] e *Morro do Isolamento* [1944]. Rio: Editora do Autor, 1961.

_____. *Ai de ti, Copacabana*. Rio: Editora do Autor, 1962.

_____. *A borboleta amarela* [1955]. Rio: Editora do Autor, 1963.

_____. *Um pé de milho* [1948]. Rio: Editora do Autor, 1964.

_____. *Chroniques de Copacabana, de Paris et d'ailleurs*. Paris: Seghers, 1963.

_____. *Crônicas de guerra — Com a FEB na Itália* [1945]. Rio: Editora do Autor, 1964.

_____. *A cidade e a roça* [1957]. Rio: Editora do Autor, 1964.

_____. *A traição das elegantes*. Rio: Sabiá, 1967.

_____. *As boas coisas da vida*. Rio: Record, 1988.

_____. *Livro de versos*. Rio: Record, 1993.

_____. *Um cartão de Paris*. Rio: Record, 1997.

_____. *Retratos parisienses*. Rio: José Olympio, 2013.

_____. *Crônicas*. Caixa com três volumes: *Bilhete a um candidato*, *Os segredos todos de Djanira* e *Os moços cantam*. Belo Horizonte: Autêntica, 2016.

_____. *A poesia é necessária*. Org. André Seffrin. São Paulo: Global, 2017.

_____. *O poeta e outras crônicas de literatura e vida*. São Paulo: Global, 2017.

BRANDÃO, Darwin. *A cozinha baiana*. Rio: Letras e Artes, 1965.

BRANT, Angela (Org.). *Country Club — 80 anos*. Rio: Nova Fronteira, 1996.

CABRAL, Sérgio. *Antonio Carlos Jobim — Uma biografia*. Rio: Lumiar, 1997.

CALS, Soraia. *Tenreiro*. Rio: Bolsa de Arte, 1998.

CAMPOS, Paulo Mendes. *O cego de Ipanema*. Rio: Editora do Autor, 1960.

_____. *Homenzinho na ventania*. Rio: Editora do Autor, 1962.

_____. *O colunista do morro*. Rio: Editora do Autor, 1965.

BIBLIOGRAFIA

CAMPOS, Paulo Mendes. *Testamento do Brasil & Domingo azul do mar*. Rio: Editora do Autor, 1966.
_____. *Hora do recreio*. Rio: Sabiá, 1967.
_____. *O anjo bêbado*. Rio: Sabiá, 1969.
_____. *Transumanas*. Rio: Codecri, 1977.
_____. *Os bares morrem numa quarta-feira*. São Paulo: Círculo do Livro, 1980.
_____. *Diário da tarde*. Rio: Civilização Brasileira, 1981.
_____. *Murais de Vinicius e outros perfis*. Org. Flavio Pinheiro. Rio: Civilização Brasileira, 2000.
_____. *O mais estranho dos países*. Org. Flavio Pinheiro. São Paulo: Companhia das Letras, 2011.
CARDOSO, Lucio. *Maleita*. Rio: Schmidt, 1934.
_____. *A luz no subsolo*. Rio: José Olympio, 1936.
_____. *Crônica da casa assassinada* [1959]. Rio: Letras e Artes, 1963.
_____. *Diário I*. Rio: Elos, 1961.
_____. *Diário completo*. Rio: José Olympio, 1970.
_____. *Três histórias da cidade* [*Inácio*, 1944; *O anfiteatro*, 1946; e *O enfeitiçado*, 1954]. Rio: Bloch, 1969.
_____. *O viajante* [obra póstuma]. Rio: José Olympio, 1973.
_____. *Dias perdidos* [1943]. Rio: Nova Fronteira, 1980.
CARDOSO, Tom. *Tarso de Castro — 75 kg de músculos e fúria*. São Paulo: Planeta, 2005.
CARDOSO, Wanda Stylita. *Laura Alvim, anjo barroco*. Rio: Rosa dos Tempos, 1997.
CARVALHO, Marco Antonio de. *Rubem Braga — Um cigano fazendeiro do ar*. São Paulo: Globo, 2007.
CASTELLO, José. *Vinicius de Moraes — O poeta da paixão*. São Paulo: Companhia das Letras, 1994.
_____. *Na cobertura de Rubem Braga*. Rio: José Olympio, 1996.
CASTRO, Tarso de. *Pai solteiro e outras histórias*. São Paulo: Laser Press, 1990.
CENTRO de Arte Helio Oiticica. *Helio Oiticica*. Rio: RioArte, 1996.
_____. *Eduardo Sued*. Rio: RioArte, 1998.
CEZIMBRA, Marcia; CALLADO, Tessy; SOUZA, Tárik de. *Tons sobre Tom*. Rio: Revan, 1995.
CHEVALIER, Scarlet Moon de. *Areias escaldantes — Inventário de uma praia*. Rio: Rocco, 1999.
_____. *Dr. Roni e Mr. Quito — A vida do amado e temido boêmio de Ipanema*. Rio: Ediouro, 2006.
CLARK, Walter (com Gabriel Priolli). *O campeão de audiência*. São Paulo: Best-Seller, 1991.
COLASANTI, Marina. *Eu sozinha*. São Paulo: Global, 1968.
_____. *Uma ideia toda azul*. São Paulo: Global, 1979.
_____. *A nova mulher*. Rio: Nórdica, 1980.
_____. *E por falar em amor*. Rio: Salamandra, 1984.
_____. *Contos de amor rasgado*. Rio: Rocco, 1989.
_____. *Intimidade pública*. Rio: Rocco, 1999.
COUTINHO, Afranio. *A literatura no Brasil*. Rio: Sul-Americana, 1995, em vários volumes.
DAHL, Maria Lucia. *Quem não ouve o seu papai, um dia... balança e cai*. Rio: Codecri, 1983.
DAPIEVE, Arthur. *BRock — O rock brasileiro dos anos 80*. São Paulo: Ed. 34, 1996.
DIEGUES, Carlos. *Vida de cinema*. Rio: Objetiva, 2014.
DUARTE, Paulo Sergio. *Anos 60 — Transformações da arte no Brasil*. Rio: Campos Gerais, 1998.

ESQUENAZI, Rose. *No túnel do tempo.* Porto Alegre: Artes e Ofícios, 1993.

ETZ, Ira (com Luiz Eduardo Carneiro). *Ira do Arpoador.* Rio: Id Cultural, 2016.

FEITLER, Bruno (Org. e texto); **STOLARSKI**, André (Texto). *O design de Bea Feitler.* São Paulo: Cosac Naify, 2012.

FERNANDES, Millôr. *Trinta anos de mim mesmo.* Rio: Nórdica, 1972.

_____. *Millôr no Pasquim.* Rio: Nórdica, 1977.

_____. *Flavia, cabeça, tronco e membros* [1963]. Porto Alegre: L&PM, 1977.

_____. *Desenhos.* São Paulo: Raízes, 1981.

_____. *Millôr definitivo — A bíblia do caos.* Porto Alegre: L&PM, 1994.

_____. *Tempo e contratempo — Millôr revisita Vão Gôgo.* São Paulo: Beca, 1998.

_____. *Millôr Fernandes — Cadernos de Literatura Brasileira.* Org. Rinaldo Gama. São Paulo: Instituto Moreira Salles, 2003.

_____. *Millôr: Obra gráfica.* São Paulo: Instituto Moreira Salles, 2016.

FRANCIS, Paulo. *Opinião pessoal.* Rio: Civilização Brasileira, 1966.

_____. *Paulo Francis nu e cru.* Rio: Codecri, 1976.

_____. *Cabeça de papel.* Rio: Civilização Brasileira, 1977.

_____. *Cabeça de negro.* Rio: Nova Fronteira, 1979.

_____. *O afeto que se encerra.* Rio: Civilização Brasileira, 1980.

_____. *Waaal — O dicionário da corte de Paulo Francis.* Org. Daniel Piza. São Paulo: Companhia das Letras, 1996.

GABEIRA, Fernando. *O que é isso, companheiro?.* Rio: Codecri, 1980.

GARCEZ, Paulo. *Arte do encontro.* Textos de Millôr Fernandes, Sérgio Augusto e Ruy Castro. Rio: Bem-te-vi, 2002.

GOLDENBERG, Mirian. *Toda mulher é meio Leila Diniz.* Rio: Record, 1995.

GOMES, João Carlos Teixeira. *Glauber Rocha, esse vulcão.* Rio: Nova Fronteira, 1997.

GUIMARÃES, Paulo Cezar. *Sandro Moreyra — Um autor à procura de um personagem.* Rio: Gryphus, 2017.

GULLAR, Ferreira. *A luta corporal.* Rio: Edição do autor, 1954.

_____. *João Boa-Morte, cabra marcado para morrer.* Rio: CPC-UNE, 1962.

_____. *Cultura posta em questão.* Rio: Civilização Brasileira, 1964.

_____. *Poema sujo.* Rio: Civilização Brasileira, 1976.

_____. *A estranha vida banal.* Rio: José Olympio, 1989.

_____. *Toda poesia* [1980]. Rio: José Olympio, 2009.

_____. *O formigueiro* [1955]. Belo Horizonte: Autêntica, 2015.

_____. *Autobiografia poética e outros textos.* Belo Horizonte: Autêntica, 2015.

_____. *Cancioneiro.* Rio: Topbooks, 2016.

JABOR, Arnaldo. *Os canibais estão na sala de jantar.* São Paulo: Siciliano, 1993.

_____. *Amor é prosa, sexo é poesia.* Rio: Objetiva, 2004.

_____. *Pornopolítica.* Rio: Objetiva, 2006.

JACQUELINE [Silva]. *Vida de vôlei.* Rio: Casa do Escritor, 1985.

_____. *Jackie do Brasil.* Rio: Ediouro, 2004.

JAGUAR (com Fortuna e Claudius). *Hay gobierno?.* Rio: Civilização Brasileira, 1964.

_____. *Átila, você é bárbaro.* Rio: Civilização Brasileira, 1968.

_____. *A vida sexual do Jaguar.* Rio: Codecri, 1979.

_____. *Confesso que bebi — Memórias de um amnésico alcoólico.* Rio: Record, 2001.

_____; **AUGUSTO**, Sérgio (Org.). *O Pasquim — Antologia.* Volume I (1969-1971); Volume II (1972-1973); Volume III (1973-1974). Rio: Desiderata, 2006, 2007 e 2008.

BIBLIOGRAFIA

JHOSEP (Depoimentos a Manoel Filho). *Ronaldo Bôscoli, o senhor Bossa Nova*. Rio: Toca do Vinicius, 1996.

JOBIM, Helena. *Antonio Carlos Jobim — Um homem iluminado*. Rio: Nova Fronteira, 1996.

JOFFILY, Ruth. *Marilia Carneiro — Um trabalho sobre moda*. Rio: Salamandra, 1989.

JOHNS, Per. *As aves de Cassandra*. Rio: José Olympio, 1990.

_____. *Os cemitérios marinhos às vezes são festivos*. Rio: Topbooks, 1995.

_____. *Navegante de opereta*. Rio: Record, 1998.

_____. *Dioniso crucificado*. Rio: Topbooks, 2005.

JOYCE. *Fotografei você na minha Rolleyflex*. Rio: MultiMais, 1997.

KAPLAN, Sheila. *José Carlos Oliveira — A sedução do duplo*. Rio: Faculdade de Letras da UFRJ, 1996 (Tese de mestrado).

KERR, Yllen. *Corra para viver*. Rio: Nórdica, 1979.

KHOURY, Simon. *Bastidores I*. Rio: Leviatã, 1994.

LACERDA, Luiz Carlos. *Leila para sempre Diniz*. Rio: Record, 1987.

LARA, Odette. *Eu nua*. Rio: Civilização Brasileira, 1975.

_____. *Minha jornada interior*. São Paulo: Best-Seller, 1990.

LÉA MARIA (com Gilda Chataigner). *1440 minutos de mulher*. Rio: José Álvaro, 1963.

_____. *Além da idade do lobo — A vitalidade da segunda juventude*. Rio: Campus, 1998.

_____. *Maturidade*. Rio: Campus, 2001.

LEÃO, Danuza. *Na sala com Danuza*. São Paulo: Siciliano, 1992.

_____. *Quase tudo*. São Paulo: Companhia das Letras, 2005.

LEITE, Luiza Barreto. *A mulher no teatro brasileiro*. Rio: Espetáculos, 1965.

_____. *Teatro e criatividade*. Rio: MEC, 1975.

LEONAM, Carlos. *Os degraus de Ipanema*. Rio: Record, 1997.

LESSA, Elsie. *Enfermaria de terceira*. Curitiba: Guaíra, 1943.

_____. *Armazém da lua*. Rio: Lux, 1956.

_____. *A dama da noite*. Rio: José Olympio, 1963.

_____. *Ponte Rio-Londres*. Rio: Record, 1984.

_____. *Canta que a vida é um dia*. Rio: Razão Cultural, 1998.

_____. *Formoso Tejo meu*. Lisboa: Pergaminho, 1998.

LESSA, Ivan. *Garotos da fuzarca*. São Paulo: Companhia das Letras, 1986.

_____. *Ivan vê o mundo — Crônicas de Londres*. Rio: Objetiva, 1999.

_____. *O luar e a rainha*. São Paulo: Companhia das Letras, 2005.

_____ (com Redi e outros). *Gig! Gip! Nheco! Nheco!* Rio: Desiderata, 2006.

_____; **CONTI,** Mario Sergio. *Eles foram para Petrópolis — Uma correspondência virtual no começo do século*. São Paulo: Companhia das Letras, 2009.

LUZ, Ângela Âncora da. *Anna Letycia*. São Paulo: Edusp, 1998.

MACHADO, Ana Maria. *Tropical sol da liberdade*. Rio: Nova Fronteira, 1988.

_____. *Esta força estranha — Trajetória de uma autora*. São Paulo: Atual, 1996.

MACHADO, Anibal. *Cadernos de João*. Rio: José Olympio, 1957.

_____. *Histórias reunidas*. Rio: José Olympio, 1959.

_____. *João Ternura*. Rio: José Olympio, 1965.

_____. *A morte da porta-estandarte e outras histórias*. Rio: José Olympio, 1965.

_____. *Seleta em prosa e verso*. Rio: José Olympio, 1974.

_____. *A arte de viver e outras artes*. Rio: Graphia, 1994.

MACHADO, Maria Clara. *Teatro I*. Rio: Agir, 1991.

_____. *Eu e o teatro*. Rio de Janeiro: Agir, 1991.

MACIEL, Luiz Carlos. *Negócio seguinte*. Rio: Codecri,1981.

_____; **CHAVES**, Angela. *Eles e eu — Memórias de Ronaldo Bôscoli*. Rio: Nova Fronteira, 1994.

MAGALHÃES JR., R. *A vida vertiginosa de João do Rio*. Rio: Civilização Brasileira, 1978.

MARINA, Lygia (Org.). *Conheça o escritor brasileiro*. Antologias de textos de Machado de Assis, Jorge Amado, Carlos Drummond de Andrade, Vinicius de Moraes, Rubem Braga e Fernando Sabino, todas pela Record. Várias edições a partir de 1977.

MATTOS, Marco Aurelio. *As magnólias do paraíso*. Rio: Codecri, 1982.

MÁXIMO, João. *João Saldanha*. Rio: Relume Dumará; RioArte, 1996.

MEINEL, Valerio. *Por que Claudia Lessin vai morrer*. Rio: Codecri, 1978.

MIELE, Luiz Carlos. *O contador de histórias*. Rio: Bookstart, 2015.

MIRANDA, Luiz F. A. *Dicionário de cineastas brasileiros*. São Paulo: Art Editora, 1990.

MONTEIRO, Edmilson. *Ronaldo Bôscoli — A bossa do lobo*. São Paulo: Leya, 2011.

MORAES, Vinicius de. *Roteiro lírico e sentimental da cidade do Rio de Janeiro*. São Paulo: Companhia das Letras, 1992.

_____. *Para viver um grande amor — Crônicas e poemas*. São Paulo: Companhia das Letras, 2003.

_____. *Para uma menina com uma flor*. São Paulo: Companhia das Letras, 2004.

_____. *Poesia completa e prosa*. Rio: Nova Aguilar, 1999.

MORAIS, Frederico. *Roberto Magalhães*. Rio: Salamandra, 1996.

MOREYRA, Sandro. *Histórias de futebol*. Rio: O Dia, 1998.

MOTTA, Nelson. *De cu pra lua*. Rio: Estação Brasil, 2020.

MOURÃO, Caio. *Prata da casa — Estórias de um funileiro*. Araruama: Cartaz, 2002.

_____. *Prata da casa II — Gostei mais do outro*. Araruama: Cartaz, 2004.

OLIVEIRA, José Carlos. *Terror e êxtase*. Rio: Codecri, 1978.

_____. *O saltimbanco azul*. Porto Alegre: L&PM, 1979.

_____. *Diário da patetocracia*. Rio: Graphia, 1995.

_____. *O homem na varanda do Antonio's*. Org. Jason Tércio. Rio: Civilização Brasileira, 2004.

_____. *O Rio é assim — Crônica de uma cidade (1953-1984)*. Org. Jason Tércio. Rio: Agir, 2005.

PAIVA, Salvyano Cavalcanti de. *História ilustrada dos filmes brasileiros — 1929-1988*. Rio: Francisco Alves, 1989.

PEIXOTO, Mario. *Ipanema anos 60*. Rio: Toca do Vinicius, 1997.

_____ et al. *Villa Ipanema*. Rio: Novo Quadro, 1994.

PETTEZZONI, Sérgio. *Rio, pra não chorar*. Rio: Catau, 1995.

PINHEIRO, Claudia; **NIEMEYER**, Carla (Orgs.). *Canal 100 — Uma câmera lúdica, explosiva e dramática*. Rio: Dois Um, 2014.

PINHEIRO, Helô. *Por causa do amor*. São Paulo: Olho d'Água, 1996.

PONTES DE MIRANDA. *Tratado de direito privado*. Dezenas de volumes, várias editoras, várias edições.

RANGEL, Lucio. *Sambistas e chorões*. São Paulo: Martins, 1964.

_____. *Revista da Música Popular — Coleção completa em fac-símile*. Rio: Bem-te-vi; Funarte, 2005.

_____. *Samba, jazz & outras notas*. Org. Sérgio Augusto. Rio: Agir, 2007.

• BIBLIOGRAFIA

RÊGO, Norma Pereira. *Ipanema, dom divino*. Rio: Nova Fronteira, 1983.
RESENDE, Otto Lara. *Bom dia para nascer*. São Paulo: Companhia das Letras, 1993.
_____. *O príncipe e o sabiá*. São Paulo: Companhia das Letras, 1994.
RODRIGUES, João Carlos. *João do Rio — Uma biografia*. Rio: Topbooks, 1996.
ROUCHOU, Joëlle; BLANC, Lucia (Orgs.). *Memórias de Ipanema*. Rio: Prefeitura do Rio de Janeiro, 1994.
SABINO, Fernando. *Lugares comuns*. Rio: MEC, 1954.
_____. *O encontro marcado* [1956]. Rio: Editora do Autor, 1962.
_____. *O homem nu*. Rio: Editora do Autor, 1960.
_____. *A mulher do vizinho*. Rio: Editora do Autor, 1962.
_____. *A companheira de viagem*. Rio: Editora do Autor, 1965.
_____. *Gente I e Gente II — Crônicas e reminiscências*. Rio: Record, 1975.
_____. *O tabuleiro de damas*. Rio: Record, 1988.
_____. *A volta por cima*. Rio: Record, 1990.
_____. *No fim dá certo*. Rio: Record, 1999.
_____. *Obra reunida*. Rio: Nova Aguilar, 1996.
SABLON, Jean. *De France ou bien d'ailleurs*. Paris: Laffont, 1979.
SALEM, Helena. *Leon Hirszman, o navegador das estrelas*. Rio: Rocco, 1997.
SAMPAIO, José Silveira. *Trilogia do herói grotesco [A inconveniência de ser esposa, Da necessidade de ser polígamo e A garçonnière de meu marido]*. Rio: Civilização Brasileira, 1961.
SANGIRARDI, Silvia. *Curva do tempo/Guache na vida*. Rio: Relume Dumará, 1996.
SANT'ANNA, Vera. *Quase baixo*. Rio: Codecri, 1983.

SARACENI, Paulo Cesar. *Por dentro do Cinema Novo — Minha viagem*. Rio: Nova Fronteira, 1993.
SAVARY, Olga. *Carne viva*. Rio: Anima, 1984.
_____. *Repertório selvagem*. Rio: MultiMais, 1998.
SILVA NETO, Antonio Leão. *Astros e estrelas do cinema brasileiro*. São Paulo: Loyola, 1998.
SIQUEIRA, André Iki. *João Saldanha — Uma vida em jogo*. São Paulo: Companhia Editora Nacional, 2007.
TÉRCIO, Jason. *Órfão da tempestade — A vida de Carlinhos Oliveira*. Rio: Objetiva, 1999.
TERRANOVA, Franco. *Assassinato de primeiro grau — Uma história de amor*. Rio: Nova Fronteira, 2001.
_____. *Sombras*. Pref. de Ferreira Gullar. Rio: Réptil, 2012.
TERRANOVA, Marco (com Pedro da Cunha e Menezes). *Montanhas do Rio*. Rio: Sextante, 2003.
_____. *Rio em movimento*. Rio: Andrea Jakobsson, 2012.
TERRANOVA, Paola (Org.). *Petite Galerie, 1954-1988*. Rio: Secretaria Municipal de Cultura, 1997.
THÉO-Filho. *Dona Dolorosa* [1910]. 3. ed. Rio: Leite Ribeiro, 1923.
_____. *Do vagão-leito à prisão*. Rio: Leite Ribeiro, 1919.
_____. *365 dias de boulevard*. Rio: Leite Ribeiro, 1920.
_____. *A grande felicidade*. Rio: Leite Ribeiro, 1922.
_____. *As virgens amorosas*. Rio: Leite Ribeiro, 1923.
_____. *Ídolos de barro*. Rio: Leite Ribeiro, 1923.
_____. *O perfume de Querubina Doria*. Rio: Leite Ribeiro, 1924.
_____. *Quando veio o crepúsculo...* Rio: Leite Ribeiro, 1926.

THÉO-Filho. *Praia de Ipanema.* Rio: Leite Ribeiro, 1927.
_____. *Impressões transatlânticas.* Rio: Freitas Bastos, 1931.
VALLI, Virgínia. *Eu, Zuzu Angel, procuro meu filho.* Rio: Philobiblion, 1986.
VÁRIOS autores. *Petite Galerie 1954-1988 — Uma visão da arte brasileira.* Rio: Graphos, 1988.
VASCONCELLOS, Marcos de. *Tragédias ligeiras.* Rio: Codecri, 1981.
VELHO, Gilberto. *Nobres & anjos — Um estudo de tóxicos e hierarquia.* Rio: Fundação Getúlio Vargas, 1998.
VENTURA, Zuenir. *1968 — O ano que não terminou.* Rio: Nova Fronteira, 1988.
VERISSIMO, Luis Fernando. *Glauco Rodrigues.* Rio: Salamandra, 1989.

WOLFF, Fausto. *Rio de Janeiro: um retrato da cidade (a cidade contada por seus habitantes).* Rio: Fundação Rio, 1990.
_____. *À mão esquerda.* Rio: Civilização Brasileira, 1996.
_____. *O nome de Deus.* Rio: Bertrand, 1999.
_____. *A imprensa livre.* Porto Alegre: L&PM, 2004.

E mais as coleções dos jornais *Beira Mar, Comício, Correio da Manhã, Diário de Notícias, Jornal de Conselheiro, Jornal de Ipanema, Jornal do Brasil, O Globo, O Jornal, Pasquim, O Perú Molhado, Última Hora* e das revistas *Diners, Ele/Ela, Fatos & Fotos, Manchete, O Cruzeiro, Pif Paf, Playboy, Senhor, Status, Voga* e *Vogue.*

CRÉDITOS DAS IMAGENS

Todos os esforços foram feitos para reconhecer os direitos autorais das imagens. A editora agradece qualquer informação relativa à autoria, titularidade e/ou outros dados, se comprometendo a incluí-los em edições futuras.

pp. 02-03: Arquivo Images2You
pp. 04-07: José Medeiros/ Acervo Instituto Moreira Salles
pp. 08-09: Thereza Eugênia
p. 16: Rogério Reis/ Tyba

Caderno de fotos
p. 01: Acervo Cristiano Grimaldi
pp. 02-03: DR/ Tomás Mészoly e João Rabong/ Cartografia Turística Editora LTDA., Rio de Janeiro
p. 04 (acima à esq.) e 24 (abaixo): DR/ Fotógrafo não identificado
pp. 04 (acima à dir.), 06 (acima), 08 (abaixo), 14 (abaixo à esq.), 15 (acima à dir. e abaixo), 19 (acima e abaixo à dir.), 22-23, 24 (acima), 29 (acima à dir.) e 31 (acima): Paulo Garcez
p. 04 (abaixo): Paulo Scheuenstuhl
pp. 05, 10 (abaixo), 20 e 27 (abaixo): DR/ Manchete
pp. 06 (à esq.) e 28: Acervo Ira Etz
p. 06 (à dir.): Fotógrafo não identificado/ Acervo Ivan Lessa /Instituto Moreira Salles
p. 07 (acima): Paulo Goes
pp. 07 (abaixo), 09, 19 (abaixo à esq.), 25 (acima à dir.), p. 29 (acima à esq. e abaixo): Ronaldo Câmara
pp. 08 (acima), 10 (centro), 11 (abaixo), 12, 13, 26 (acima à esq. e abaixo) e 30 (abaixo à dir.): Acervo do autor
p. 10 (acima): Milan Alram
pp. 11 (acima), 18 e 21 (Leila Diniz): David Zingg/ Acervo Instituto Moreira Salles
pp. 14 (acima), 21 (capas) e 32: Acervo do autor. Reprodução de Heloisa Seixas
p. 14 (abaixo à dir.): DR/ Carlos Moskovics/ FUNARTE/ Centro de Documentação e Pesquisa
p. 15 (acima à esq.): Ziraldo
pp. 16-17: Fotógrafo não identificado/ Acervo Millôr Fernandes/ Instituto Moreira Salles
p. 24 (ao centro): Alair Gomes

■ CRÉDITOS DAS IMAGENS

p. 25 (à esq.): Sérgio Berezovsky/ Abril Comunicações S.A.
p. 25 (abaixo à dir.): Cristina Granato
p. 27: Acervo Gabriela de Chevalier
p. 28 (abaixo à esq.): Arquivo Nacional/ Fundo Correio da Manhã
p. 28 (abaixo à dir.): Pedro de Moraes/ Acervo Ira Etz
p. 30 (acima): Acervo Centro Afro Carioca de Cinema Zózimo Bulbul
p. 30 (abaixo à esq.): Arquivo/ Agência O Globo
p. 31 (abaixo): Monique Cabral/ Agência O Globo

ÍNDICE ONOMÁSTICO

As entradas em versalete indicam verbetes

Aarão Reis, LÉA Maria, 261, 326, 329
Aarão Reis Filho, Daniel, 262
Abelleira, Lito, 377
Abreu Rocha, Nelita, 92, 489-91
Abreu, Claudia, 298
Abreu, Fernanda, 68-9
Abreu, José de, 457
Abreu, Sofia de, 118
Accioly Neto, 454
Achard, Marcel, 473
Ackerman, Abraham, 401, 432
Acosta, Walter, 137
Adolfo (garçom do Mau Cheiro), 316
Adolfo, Antonio, 396
Aguero, José, 118
Aguiar, Luiz "Ciranda", 51, 86, 439-40, 452
Aguinaga, Laura, 51
Aguinaga, Pedrinho, 115
Aizen, Adolfo, 465
Albery (artista plástico), 476
Albuquerque, Elba, 198
Albuquerque, Ivan de, 129, 298
Albuquerque, JOÃO LUIZ de, 59, 100, 198, 226, 238-41, 269, 388
Alejandro (garçom do BAR LAGOA), 62
Alencar, Marcelo, 340
Alencar, Mário, 340
Alencar, Martha, 96, 261, 326, 351
Alencar, Mauricio, 340
Alencar, Meton de, 52
Alf, Johnny, 249, 453, 467
Alfredo (garçom do BAR LAGOA), 62
Ali, Fatima, 306
Allende, Salvador, 84, 312
Almeida, Abílio Pereira de, 342, 398

Almeida, Aracy de, 70-1
Almeida, Fernando Schneider de, 346
Almeida, Hélio de, 202
Almeida, Narceu de, 360
Almirante (radialista), 280
Alvarez, Irma, 97
Alvarez de Lima, Mariza, 172
Alvarus (caricaturista), 413
Alves Pinto, Zélio, 479
Alves, Ataulpho, 142, 290
Alves, Francisco, 117
Alves, Hermano, 176
Alves, Lucio, 40, 215, 249, 487
Alves, Tania, 370
ALVIM, Álvaro, 26, 259-61, 331
Alvim, LAURA, 259-60, 331, 456, 511
Alvim, Mariana, 26
Alvim, Renato, 462
Alvim, Sá Freire (prefeito), 455
Amado, Gilberto, 49, 212
Amado, Jorge, 136, 427, 463
Amaral Peixoto, Claude, 121, 356
Amaral, Cláudio, 59
Amaral, PAULO, 51, 86, 353, 439-40, 452
Amaral, Pericles do, 390
Amaral, Ricardo, 69, 78, 122, 206, 337, 452, 477, 505
Amaral, Tarsila do, 119, 174
Amarildo (jogador de futebol), 353
Americano, Alvaro, 513
Amorim, Patricia, 115
Ana Carolina (cineasta), 47, 185
Aná e Lu (irmãs jazzistas), 53
Andrade, JOAQUIM PEDRO de, 110, 129, 178, 242-3, 386, 447

ÍNDICE ONOMÁSTICO

Andrade, Jorge, 158
Andrade, Leny, 296, 317-8, 467
Andrade, Mário de, 111, 151-2, 213, 243, 281, 387
Andrade, Oswald de, 181, 243, 287
Andrade, RODRIGO M. F. (Mello Franco), 386, 486
Andrade, Thais de, 114
Angel, Ana Cristina, 517
Angel, Hildegarde, 115, 517
Angel, Stuart, 115, 517-9
Angel, ZUZU, 517-9
Angela RO RO, 103, 114-5, 395-7, 457
Anjos, Cyro dos, 412
ANNA LETYCIA (artista plástica), 25, 32, 34, 114, 271, 298, 497
Antonio do Passo (cartola), 413-4
Antonio Maria, 84, 140, 157, 215, 281, 342, 386-7, 390, 396, 427, 486, 488
Anysio, Chico, 98, 350, 431
Apicius (Roberto Marinho de Azevedo), 306
Aquino, Adriano de, 74, 76
Aquino, ANGELO de, 30-1, 77
Aquino, Ceres de, 126
Aquino, Flavio de, 126
Aragão, Tereza, 84, 142, 187
Aranovitch, Ricardo, 170-1
Arantes, Rômulo, 115
Arap, Fauzi, 472-3
Araújo, Inácio, 80
Araújo, João, 103
Araújo, Lucinha, 102
Araújo, Lulu Silva, 282
Arlindo (garçom do VELOSO), 478
ARPOADOR, 15, 26, 29, 35, 45, 49-54, 56, 64, 68, 72, 77, 82, 86, 99, 104, 107, 112, 116, 132, 138, 171, 176, 178, 190, 196, 199, 207, 212, 214, 230, 237, 240, 244, 263, 269, 272, 293, 300, 303, 305, 307, 319, 325, 338, 346, 362-3, 367, 369, 388, 395, 398, 424, 427, 440-1, 444, 449, 463, 466, 472, 475, 483, 496, 499, 516
Arrelia (palhaço), 299
Artur da Távola (Paulo Alberto Monteiro de Barros), 49, 398

Ascanio MMM, 459
ASDRÚBAL Trouxe o Trombone, 55-7, 68, 103, 112, 135, 442
Assis, Chico de, 498-9
Assis, Machado de, 21, 157, 274, 293, 392, 420, 454
Assis Brasil, Victor, 379
Assumpção, Roberto, 281
Atademo, Walter, 504
Autran, Paulo, 32, 342, 431, 472-3
Ávila (maestro), 59
Ayala, Walmir, 277
Azeredo, Paulo, 50, 439
Azevedo Rodrigues, Jaime de, 178
Azulay, "Bimbico", 55
Azulay, DANIEL, 115, 120, 348
Azulay, Fortunato, 100, 209
Azulay, JOMICO (Jom Tob), 46, 52, 54-5, 64, 100, 209-10, 244-6, 272, 278, 308, 351

Babá (jogador de futebol), 115
Babenco, Hector, 29
Babo, Lamartine, 84, 117
Baby Consuelo, 366-7, 481
Balestieri, FREI LEOVIGILDO, 160-1
Baltazar (o cego de Ipanema), 361
Banana, Milton, 167, 318, 468
BANDA de Ipanema, 18, 24-5, 58-61, 63, 82, 143, 148, 162, 181, 204, 223-4, 226, 347, 354, 376, 402, 415, 438, 510
Bandeira, Antonio, 209, 380
Bandeira, Denise, 313
Bandeira, Luiz, 86
Bandeira, Manuel, 129, 136, 242, 280, 386, 412-3, 427, 432, 434, 447, 459
Bandeira, Paulo, 216
Bandeira, Silvia (Falkenburg), 48, 185, 495
BAR LAGOA, 18, 61, 176, 199, 503, 511
BARBADO (cachorro), 62-3, 226
Barbosa, Haroldo, 70, 281, 460, 504
Barbosa, Maurício Bebiano, 427
Barcellos, Joel, 170, 245
Barcelos, Ciro, 135
Barcinsky, Thomaz, 53, 308
Bardi, Pietro Maria, 323
Bardotti, Sergio, 491

Barnes, Ronald, 118
Barreto, Lima, 21, 157
Barreto, Luiz Carlos, 486
Barreto, Ricardo, 68
Barreto Leite, LUIZA, 418, 282, 480
Barreto Leite, Maria, 480
Barreto Leite, VERA, 78, 263, 356, 362, 407, 423-4, 480-1, 486, 511
Barros, Esmeralda, 355
Barros, Raul de, 26
Barroso, Ary, 42, 44, 84, 117, 243, 280-1, 488, 504
Barroso, Edson "China", 59
Barroso, Julio, 335, 442
Barroso, Maria Alice, 276
Barroso, Mauricio, 183
Barroso, Nininha, 84
Barroso, Sabino, 84, 142
Barrozo do Amaral, "Boy", 513-4
Barrozo do Amaral, Isabel, 116, 514
Barrozo do Amaral, Marcia, 512
Barrozo do Amaral, ZÓZIMO, 60, 121, 125, 262, 383, 450, 512-4
Bastos, Newton, 117
Bastos, Oliveira, 312
Bastos, Othon, 115, 423
Batatinha (músico), 421
Bebianno, Paulo "Macumba", 445
Becker, Cacilda, 105, 157, 183-4, 471-3
Beirão, Nirlando, 236
Bello, Cookie, 53, 208, 308, 427
BELLO, ZÉ (José) Henrique, 137, 148, 278, 316, 422-3, 478, 501-2
Beltrão, HELIO, 192
Beltrão, Irencyr "Barriguinha", 100, 294, 445
Benario, OLGA, 374-5
Bengell, Norma, 98, 105, 139, 235, 410, 456
Berditchevsky, Sura, 298
Berger, Harry, 375
Berger, Paulo, 478
Bernardes, Sergio, 296, 368, 406
Bernardez, "Negra", 290
Besanzone Lage, Gabriella, 307
Besouchet, Lidia, 312

Bethencourt, João, 109, 399
Betinho (Herbert José de Souza), 247
Betinho (surfista), 446
Bial, Pedro, 115
BIANCO, Enrico, 53, 67, 77, 209, 307, 496, 510
Bianco, Paulo, 77
Bianco, Terezinha, 77
Bide (compositor), 117
Bidet, HUGO, 19, 58, 60, 82, 108-9, 113, 132, 147, 203-5, 224, 226, 255, 266, 326, 355, 360, 402, 501
Bimba (cantora), 73
Bimba (mestre de capoeira), 200, 440
Bittencourt, Paulo, 108, 141, 229
Bivar, Antonio, 109, 283
Blanc, Aldir, 93, 438, 467
Blanco, Billy, 40, 72, 127-8, 192
BLITZ (banda), 57, 68-9, 112, 275, 442
Bloch, Débora, 77
Bloch, Helio, 455-6
Bloch, Pedro, 431, 456
Boal, Augusto, 96, 456
Bocayuva, Vera, 449
Boechat, Ricardo, 514
BOFETADA (botequim), 69, 281, 301
Bogart, Humphrey, 241
Boghici, JEAN, 173, 230, 272, 313, 326
Bolkan, Florinda, 383
BONDE 13 (veículo de passageiros), 70
Bonfá, Luiz, 39, 72, 138
Boni (José Bonifácio de Oliveira Sobrinho), 392, 494
Boni, Regina, 450
Bopp, Raul, 412, 484
Borba, Emilinha, 467, 487
Borjalo (cartunista), 404, 479
Bornay, Clovis, 149-50
Bosco, João, 438
Bôscoli, Lila, 485
Bôscoli, RONALDO, 46, 72, 91-3, 115, 127, 195, 209, 269, 317, 334, 339, 376-7, 387-8, 410, 453, 456, 485
BOSSA NOVA, 40-1, 43-4, 46, 53, 71-4, 92-3, 99, 103, 111, 115, 168, 195, 197, 207,

537

244, 250-1, 264, 270, 272, 275, 280-1, 294-5, 317, 318, 334-5, 338, 341, 377, 379, 387-8, 453-4, 460, 467-8, 478, 487-9, 508-9
Botelho, Toninho, 46, 52
Bottini, Ettore, 202
Braga, Gilberto, 246, 313
Braga, Regina, 52
Braga, RUBEM, 18, 28, 31, 51, 53, 64, 88, 90, 95, 107, 123, 125-6, 136, 138, 140-2, 150, 155, 157, 170-1, 191, 208, 244, 247, 280-1, 307, 327, 356, 358, 403-8, 414, 425, 427, 470, 473, 481, 485, 487, 496, 501, 504
Braga, Sonia, 45, 185, 304, 313, 366, 370, 442, 495, 500
Braguinha (João de Barro), 117, 170, 389, 467
Branco, Lucia, 38
Branco, Marilia, 45, 52-3, 472, 475, 497
Brancura (compositor), 117
Brandão, DARWIN, 28, 59, 126-7, 142, 171, 255, 437, 510
Brandão, GUGUTA, 28, 126-7, 142, 171, 255, 437, 510
Brandão, Henrique, 437
Brasileiro de Almeida, Nilza, 36, 115
Bréa, Sandra, 185, 317
Bressane, Julio, 300, 323, 370, 447, 481
Britto, CHICO, 50-1, 86, 107-8, 503
Britto, Sergio, 173
Brizola, Leonel, 97, 352, 365, 452
Brunet, Luiza, 399
Bruzzi, Iris, 98
Buarque, Chico, 93, 96, 100, 133, 139, 170, 269, 285, 314, 326, 335, 350, 410-1, 452, 490, 492, 519
Buarque de Hollanda, Heloísa, 301
Buarque de Hollanda, Luiz, 301
Buarque de Hollanda, Sergio, 242, 276, 386
Buarque de Holanda Ferreira, Aurélio, 153, 206, 268, 348, 412
Bucher, Giovanni Enrico, 305
Bueno, Maria Ester, 118

Bulbul, ZÓZIMO, 52, 170, 305, 325, 423, 515-7
Bulcão, Athos, 271
Bulcão, Márcia, 68
Burle Marx, Roberto, 23, 148, 277
Burton, Michel, 202, 427
Burton, Victor, 202, 427
Bussunda (humorista), 438
BUTIQUES DE IPANEMA, 74-9

"Cabeça" (garçom do JANGADEIRO), 226
"Cabelinho", Luiz Carlos, 504
Cabral, Bernardo, 513
Cabral, Luiz Carlos, 95
Cabral, Sérgio (pai), 222, 349-51, 450, 506
Cabral de Mello, Evaldo, 144
Cabral de Melo Neto, João, 136, 187, 358
Caçador, Otelo, 70, 299, 504
Caju, Paulo César, 131
Caldas, Silvio, 215
Caldas, TANIA, 78, 165, 185, 263, 326, 356, 449, 460
Calder, Alexander, 191, 311
Callado, Antonio, 176, 178, 398, 410, 427
Callado, Tessy, 285
CALMON, Antonio, 82-3, 96, 441-2
CALYPSO (botequim), 83-4, 126, 227, 281
Câmara, Isabel, 457
Câmara Cascudo, Luís da, 296
Camargo, Felipe, 298
Camargo, Iberê, 34, 482
Camargo, Nelson, 182
Campana, Alberico, 339, 376
Campos, Fernando Cony, 110, 112
Campos, Joaquim, 373
Campos, Martinho, 59
Campos, Roberto, 157, 390, 428
Candido, Antonio, 312
Candinho (músico), 72, 217, 379, 453, 502
Cantaluppi, Ricardo, 396
"Cara de Cavalo" (bandido), 194
Cardoso de Mello, Zelia, 513
Cardoso, Elizeth, 40, 72, 249, 281, 373, 460, 468, 486-7
Cardoso, Louise, 298

ÍNDICE ONOMÁSTICO

Cardoso, LUCIO, 18, 22, 34, 43, 53, 111, 148, 209, 225, 244, 270-1, 273, 276-9, 282, 307, 312, 316, 333, 346, 360, 391, 413, 420-2, 427, 481
Cardoso, Maria Helena, 279
Cardoso, Sergio, 182-3, 373, 399
Carlos Magno, Paschoal, 456
Carmen Verônica, 98, 400
Carneiro, Edison, 24, 126
Carneiro, FERDY, 24-5, 58-9, 148-50, 224, 226, 256, 263, 316, 347, 376, 392-3, 423, 478
Carneiro, Geraldo, 306
Carneiro, Luciano, 486
Carneiro, MARILIA, 78, 303, 423
Carneiro, MARIO, 110, 178, 242-3, 303, 309--10, 423
Carneiro, Paulo, 309, 486
Carpeaux, Otto Maria, 32-3, 176, 427
Carrero, TONIA (Maria Antonieta Portocarrero), 18, 32, 51, 95, 97, 105, 132, 137, 139, 141, 157, 173, 183, 191, 214, 225, 260, 263, 281, 330, 332, 336, 342, 361, 373, 431, 447, 460, 465-6, 469-74, 485, 488, 504, 507
CARRETA (churrascaria), 94-5
Cartola (compositor), 103, 280
Caruso, Chico, 306, 436
Caruso, Eliana, 306
Caruso, Paulo, 166, 436
Carvalho, Beth, 438
Carvalho, Délia de, 60
Carvalho, Elizabeth de, 326
Carvalho, Gerusa, 51
Carvalho, Gustavo Henrique de, 50
Carvalho, Inalda de, 139
Carvalho, José de, 368
Carvalho, Laura de, 60
Carvalho, Ruy, 226
CARVANA, Hugo, 60, 84, 95-7, 269, 325, 421, 423, 452, 482
Carvão, Aluisio, 209, 312
CASÉ, Geraldo, 56, 65, 97-9, 182, 203
Casé, Patricia, 442

Casé, Paulo, 99
Casé, Regina, 55-6, 97, 115, 245, 424
CASTELINHO (bar-restaurante), 55, 84, 86, 99-100, 120, 132, 148, 171, 176, 196, 206, 300, 369, 395, 415-6, 424, 441, 475
CASTELLO Branco, Humberto de Alencar, 19, 101-2
Castro, Amílcar de, 228
Castro, Domitila de (marquesa de Santos), 149
Castro, Glaudir de, 58, 113
Castro, JOSUÉ de, 111, 141, 247-8, 427
Castro, TARSO de, 132, 222, 264, 288, 340, 349, 351-2, 360, 433, 450-2, 460, 511
Castro Lima, Evandro, 149
Castro Neves, Oscar, 245
Castro Neves, Zeca, 504
Catão, Lourdes, 487
Catinari, Edson ("El Gringo"), 59
Cauli (surfista), 446
Cavalcanti, Alberto, 310, 465
Cavalcanti, DUDA, 45, 52-3, 99, 115, 132-3, 176, 178, 269, 326, 347, 475, 509-10
Cavalcanti, Flavio, 98, 265
Cavalcanti, João, 51
Cavalcanti, Moema, 202
Cavalcanti, Tenorio, 98
Cavalcanti, Virginia, 326, 407
Caymmi, Dori, 170, 296, 334-5
Caymmi, Dorival, 42, 234, 299, 489, 504
Caymmi, Nana, 115, 208, 250, 421
CAZUZA, 102-3, 112, 115, 367, 372, 396, 442, 452
CELERIER, Robert, 104, 516
CELI, Adolfo, 53, 100, 104-5, 342, 408, 469, 471-2, 516
Celidônio, José Hugo, 355
Celso (motorista), 459
CESCHIATTI, Alfredo, 106-7, 137, 153-4, 271, 406, 504
Chacal (poeta), 112, 370
Chacrinha (Abelardo Barbosa), 193, 220, 373, 450, 494
Chagas, Anna Margarida, 73, 377, 379
Chagas, Carlos, 433

• ÍNDICE ONOMÁSTICO

Chagas, SILVIA AMELIA, 76, 340, 377, 432--4, 449
Chagas Filho, Carlos, 432-3
Chanel, Coco, 480-1, 486
Chaplin, Charles, 123, 418, 507
Chateaubriand, Assis, 123
Chateaubriand, Freddy, 320
Chaves, Erlon, 69
Chaves, Juca, 406
Chaves, Lena, 198
Chavs, Nina, 261, 434
Chebabi, Wilson, 264
Cherques, Sergio, 59
Chevalier, RONIQUITO de (Ronald Russel Wallace de Chevalier), 19, 58, 102, 115, 224, 236, 254, 270, 272, 278, 285, 326, 360, 389-94, 423, 452-3, 460-1, 475-6, 493, 501, 504, 506-7
Chevalier, SCARLET Moon de, 30, 121, 313, 316, 335, 372, 391, 423, 441-2, 481
Chevalier, Stanley Emerson Carlyle de, 391
Chevalier, Walmik Ramayana de, 423
Chiozzo, Adelaide, 175-6
CHOPNICS, Os (personagens de quadrinhos), 108-9, 154, 205, 215, 223, 326, 402
Christiano, Leo, 272-3
CINEMA NOVO, 29, 47, 80, 82, 96, 99, 109--12, 126, 170, 175, 178, 180, 219, 243, 261, 270, 273, 278, 300-1, 303, 309-10, 313, 316, 341, 410, 420, 422, 446, 498, 504, 509
CIRCO VOADOR, 56, 68, 103, 112-3, 251, 367
Clark, Lygia, 174, 312
Clark, WALTER, 100, 115, 117, 121, 360, 365-6, 390, 392, 398, 453, 493-5
Claudius (cartunista), 216, 222, 349-50, 450, 479
Cleto, Roberto de, 298
Coelho, Bete, 173
Coelho, Edeson, 428
Coelho, Paulo, 428
Coelho Barbosa, Edília, 115
Colagrossi, José, 121

Colasanti, ARDUINO, 18, 45-7, 52, 64, 170, 207, 278, 307, 367, 421, 423, 445, 460, 473, 496, 516
Colasanti, Manfredo, 46, 307
Colasanti, MARINA, 46, 52, 60, 64, 67, 192, 203, 208, 269, 272, 278, 306-8, 323, 427, 497
Colé (comediante), 217
Colker, Débora, 298
Collor de Mello, Fernando, 246, 305-6, 366, 424, 513
Colombo, Adalgisa, 227
Comparato, Doc, 270
Conde, Eduardo, 115
Consorte, Renato, 183
Continentino, Dudu, 172
Cony, Carlos Heitor, 140, 145, 176, 178, 419, 427
Corção, Gustavo, 427
Corrêa, Rubens, 173, 298, 457
Corrêa de Araújo, Luiz, 52
Corrêa de Araújo, Pedro, 52
Corrêa e Castro, Claudio, 298
Côrtes, Celina, 385
Cortez, Raul, 450
Cosme (motorista), 407
Costa, ARMANDO, 47-8, 115, 270, 360, 399
Costa, Augusto da, 410
Costa, Carmen, 453
Costa, Cláudio Manuel da, 243
Costa, Flávio, 354
Costa, Gal, 76, 154, 185, 245, 370, 373, 421, 434, 442, 507
Costa, Haroldo, 97, 203, 299, 453, 486-7
Costa, Helena, 420
Costa, Ilka, 51
Costa, Lucio, 242, 420
Costa, Otavio, 372
Costa Aguiar, João Baptista da, 202
Costa e Silva, Artur da, 386, 392, 490, 517
Costa e Silva, Yolanda, 517-8
Costa Filho, Odylo, 227, 428
Costa Leite, Carlos (major "Firmo"), 376
Costa Leite, Silo, 58, 376

Costallat, Benjamim, 227, 463
COUNTRY Club, 116-8
Coutinho, AFRANIO, 21, 247
Coutinho, Claudio, 498
Coutinho, Eduardo, 270
Coutinho, Julio, 269
Coutinho, Odilon Ribeiro, 429
Coutinho, Wilson, 443, 458
Couto e Silva, Golbery do, 161, 179
Couto, Pedro Paulo, 52, 210, 446
Cox, Helio, 50
Cruz, Zé, 437
Cukurs, Herbert, 241
Cuoco, Francisco, 313
Curi, Reynaldo, 198

d'Almeida, Neville, 370
d'Avila, Walter, 98
Dabus, Marilene, 100-1
DACOSTA, Milton, 119-20, 368, 458
Dádi (músico), 115
Dahl, Gustavo, 29, 110, 121, 301, 325, 449
Dahl, MARIA LUCIA, 300-3, 326
Dale, Lennie, 135
Daniel Filho, 313, 442
Dantas, Andréia, 333
Dantas, Daniel, 56, 333, 436, 442
Dantas, Ismenia, 333
Dantas, NELSON, 283, 299, 332-3, 423
Dapieve, Arthur, 275
Dario (jogador de futebol), 415
De Jacy (entalhador), 147
De Lamare, Julio, 384
Della Costa, Maria, 398, 472
Deodato, Eumir, 170, 248, 294-5, 379
Deschamps, Renata, 323, 326
Di Cavalcanti, 32, 90, 119, 123, 133, 141, 201, 231, 310, 368, 386, 434, 459, 465, 470, 473, 486
DI PRIMO, Rose, 370, 399
Dias, Antonio, 30, 174, 231, 482
Dias, Vilma, 326
Dias Costa, Mario, 508
Dida (jogador de futebol), 115
Didi (jogador de futebol), 291, 413

Diegues, CACÁ, 80, 110, 163, 219, 270, 313, 325, 455, 504
Diners (revista), 158, 428
Dines, Alberto, 99, 246
Diniz, LEILA, 15, 18, 29-30, 45, 47, 60, 69, 78, 96, 129-30, 137, 154, 165, 190, 196, 207, 210, 224, 262-9, 299, 305, 325-6, 340, 351, 355, 371, 373, 381, 411, 421, 423, 452, 455, 460, 475, 478, 481, 492, 499, 509, 512, 516
Diniz Guerra, Janaína, 267, 411
Djanira, 53, 201, 209, 459
Dolabella, Carlos Eduardo, 325, 417, 455.
Dom-Um (músico), 453
Don Salvador (músico), 339
Donato, João, 128, 227, 251, 467
Doria, Jorge, 215
Dorinha (do TRIO TUMBA), 99, 300, 474-5, 499
Dourado, Sérgio, 94, 170, 216, 262
DOVAL, Narciso, 130-1
Doyle, Iracy, 388
Doyle, Plinio, 132, 412
DRUMMOND de Andrade, Carlos, 31-3, 41, 52, 90, 111, 119, 131-2, 136, 214, 222, 225, 242, 276, 386, 398, 413, 423, 427, 454, 511
Duarte, Anselmo, 215
Duarte, Regina, 49, 113, 304
Dumont, Denise, 114, 185
Duncan, ISADORA, 49, 212-3, 237, 369
Duran, DOLORES, 40, 72, 93, 127-8, 249, 281, 453
Dusek, Eduardo, 442, 457
DUTRA, Eurico Gaspar, 19, 134, 253
Duvivier, Vera, 75
DZI CROQUETES, 134-5, 377

Eça, Luiz, 170, 379
Edélsio Tavares (pseudônimo de IVAN Lessa), 216
Edinho (jogador de futebol), 131, 436
Edir (cantora), 115, 326
EDITORA DO AUTOR, 64, 132, 136-7, 150, 244

- ÍNDICE ONOMÁSTICO

Edu, comandante (Carlos Eduardo Oliveira), 51, 85
Eliachar, Leon, 479
Eliot, T.S., 157, 358
Elis Regina, 245, 250, 269, 317-8, 334, 336, 339, 373, 377, 388
Elke Maravilha, 165
Eneida (cronista), 24, 59
Erlich, Ruth, 437
Ernâni Filho, 339
Escorel, Eduardo, 110, 423
Escorel, Lauro, 110, 245, 508
ESQUERDA FESTIVA, 60, 84, 97, 142-4, 163, 226, 268, 329, 347, 351, 375, 504, 510
Estellita, ZEQUINHA, 58, 224, 226, 271, 326, 360, 398, 452, 476, 501, 504-7
Estill, Janet, 398
Estrela, Edgar, 100
Etz, HANS, 84, 147, 189-92, 207-8
Etz, MIRIAM, 17, 50, 52, 189-92, 207, 234, 262
Etz, Roberto "Bimba", 53
Etz Couto, IRA (Iracema), 45, 52-3, 64, 189, 192, 207-9, 244, 263, 272, 278, 299, 308, 362, 427, 446, 472, 497
Evans, Monique, 77

Façanha, Juvêncio, 139
Fafá de Belém, 395
Fagundes, Antonio, 246
Fagundes Varela, Luís Nicolau, 365
Fairplay (revista), 29, 66, 356, 407, 481, 511
Falabella, Miguel, 298, 436, 442
Falkenburg, Bob, 118
Faria, BETTY, 65-6, 98, 113, 154, 185, 263, 388, 460, 495, 504, 511
Faria, Marcos, 110
Faria, Miguel, 447
Faria, Octavio de, 276, 422, 488
Farias, Roberto, 421
Farney, Dick, 40
Faustino, Mario, 427
FEIRA Hippie, 147, 204, 402
Feitler, BEA, 52, 63-4, 137, 202, 208, 245, 308, 424, 426, 472

Feitosa, Chico, 72, 453
Félix (salva-vidas do ARPOADOR), 51
Fernanda (surfista), 294
Fernandes, Alcides, 39
Fernandes, Helio, 97, 222
Fernandes, Ivan, 70
Fernandes, Ligia, 132, 413
Fernandes, MILLÔR, 15, 48, 52, 60, 70, 93--5, 125-6, 131, 143, 145-6, 157, 202-3, 209, 222, 272, 292-3, 305, 307-8, 319-24, 349-51, 398, 427-8, 434, 450, 454-6, 479, 496-7, 504, 510-1
Ferreira, Bibi, 126, 473
Ferreira, Eliana, 77
Ferreira de Brito, Raymundo, 228
Figueiredo, Bernardo, 58
Figueiredo, Dulce, 240
Figueiredo, Ênio, 211
Figueiredo, Guilherme, 431, 454, 456, 465, 471, 474
Figueiredo, João Baptista, 143, 155, 192, 229, 240, 352
Figueiredo, Sergio, 123
Figueiredo, Vera, 115, 171, 515, 517
Figueiredo, Waldir, 228
Fiorani, Mario, 422
Fischer, Vera, 304
Flacksman, Marcos, 326
Fleischer, Christina, 225
Fleischer, Victor, 224-5
Flores, Jackson, 240
Flores, Paulo Renato, 369
Fomm, Joana, 129, 337, 388, 456
Fonseca, Rubem, 269
Fontenelle, Celso, 50
Fontenelli, Lia, 50
Fontes de Souza, Ricardo ("Rico"), 370, 446
Fonteyn, Margot, 517
Fontoura, Antonio Carlos, 341
Fortuna, Antônio Pedro, 68
Fortuna, Perfeito, 55, 68, 103, 112-3
FOSSA (gíria), 106-7, 109, 153-4, 271, 273, 474-5
FOX, The (restaurante), 154, 155, 206, 345

ÍNDICE ONOMÁSTICO

FRANCIS, Paulo, 18, 46, 81, 95, 105, 156-60, 176, 184, 215, 219, 222-3, 271, 273, 307, 327, 336, 349-50, 394, 398, 422, 426, 428, 454-5, 496
Franco, Itamar, 513
Franco, Moacyr, 215
François, André, 222, 322, 511
Francu, Alejandro, 225
Frank, Michel, 292
Fregolente (ator), 277
Freire, Nelson, 115
Freitas, Heleno de, 353, 414
Freitas, JANIO de, 101, 145, 176, 227-9, 292-3, 312, 338, 361, 504
Freitas, Luiz de, 163
Freitas Filho, Armando, 326
Freyre, Gilberto, 102, 111, 242, 244, 247
Freyre, Lula (Luiz Fernando), 73, 294
Frias, Lena, 26
Frota, Alexandre, 298
Frota, Silvio, 518
Frota Pessoa, Celso, 36, 444
Furtado, Celso, 427
Fuzimoto, Antonio, 384

GABEIRA, Fernando, 18, 126-7, 135, 143, 162-4, 179, 262, 326, 329, 334, 442-3, 511
Gaetán, Paula, 178
"Gagá" (Edgar Paranhos), 504
Galdeano, Tanit, 326, 337
Galvão, Flavio, 243
Gam, Giulia, 173
GARCEZ, Paulo, 164-6, 264, 292, 305, 388, 452
Garcia, Irineu, 281, 487
Garcia, Isabela, 114
Garcia, Rosana, 98
Garcia, Victor, 172
Garota de Ipanema (botequim) ver VELOSO
"GAROTA de Ipanema" (canção), 18, 40, 57, 73-4, 166-70, 195-7, 351, 357, 469, 478, 480, 509
GAROTA de Ipanema (filme), 170-1, 197, 291, 511

Garrick, Daniel, 100
Garrincha (garçom da Carreta), 94
Garrincha (jogador de futebol), 94, 242, 291, 309, 354, 373, 413, 417
Gasper, ELIZABETH, 52-3, 98, 138-9
Gaya, Claudio, 135
Gázio, Abel, 51
Gebara, Wadih, 379
Geidel, Oskar, 503, 507
Geiger, Anna Bella, 497
Geisel, Ernesto, 94, 179, 216, 340, 351, 391--2, 421
Gerchman, Mira, 174
GERCHMAN, Rubens, 30, 173-5, 193, 231, 261, 385
Gerson (jogador de futebol), 244
Gertel, Vera, 489
Gessy, Gesse, 491
Ghioldi, Rodolfo, 375
Gigi da Mangueira (passista), 115
Gil, Gilberto, 30, 60, 194, 245, 421, 442
Gilberto, ASTRUD, 57, 72-3, 167-8, 196, 509
Gilberto, Bebel, 112, 442
Gilberto, João, 40-1, 46, 52, 57, 72-3, 98, 103, 112, 167-8, 207, 215, 238, 249, 272, 275, 281, 285, 296, 317, 335, 342, 421, 460, 468, 487, 489, 502, 508-9
Gill, Glaucio, 283, 456, 473
Gnattali, Radamés, 43
Godoy (garçom do BAR LAGOA), 62
Goeldi, Oswaldo, 33-4, 458, 502
Goes, PAULO, 58, 224, 283, 326, 347, 354-6, 407, 460, 475, 481, 504, 511
Gomes, ALAIR, 22-3, 271, 278
Gomes, Dias, 96, 114
Gomes, Mario, 313
Gomes, Severo, 392
Gonçalo (garçom do JANGADEIRO), 226
Gonçalves, Dercy, 156, 349
Gonçalves, Martim, 133, 298
Gonçalves, Nelson, 275
Gonzaga, Chiquinha, 42, 388
Gonzaga, Tomás Antônio, 243
Goulart, Beth, 173
Goulart, João (Jango), 102, 124, 187, 268

543

• ÍNDICE ONOMÁSTICO

Goulart, Luiz Fernando, 455
Gouveia de Bulhões, Otávio, 390
Graça, Jorge Arthur ("Siri-K"), 50
Graça Mello, José Rodrigues da, 36
Gracie, Helson, 446
Gracindo, Paulo, 373
Grande, George, 50, 444
Grande Otelo, 69, 243, 373
Grassmann, Marcelo, 368, 385
Graupner, Tereza, 323
Grey, Wilson, 96, 243
Grieco, Agrippino, 276-7, 463
Grieco, Alfredo, 158
Grillo, Daniel, 62
Guarnieri, Gianfrancesco, 91, 158
Guerra, RUY, 69, 110-1, 175, 267, 294, 325, 337, 409-11, 475, 480
Guerra Peixe (maestro), 275, 280
GUERREIRINHO (Josef Guerreiro), 58, 141, 182-4, 217, 271, 423
GUERREIRO, Antonio, 184-5, 500, 505
Guignard, Alberto, 32-3, 368, 502
Guima (artista plástico), 147
Guimaraens Filho, Alphonsus de, 412
Guimarães, Luiz Fernando, 55
Guimarães, Noelza, 185, 326, 489-90
Guinle, Georgiana, 500
Guinle, Jorge (Jorginho), 344, 377, 450, 475, 499-500
Guinle, Luiz Eduardo, 500
GULLAR, Ferreira, 58, 84, 126, 142, 186-8, 194, 312, 337, 368, 427, 467
Gurgel Valente, Maury, 245
Gurjão, Christina, 52, 78, 491

Haggard, H. Rider, 273
Havelange, João, 415
Hazan, Raul, 58
Helena Ignez, 178, 300
HELSINGOR (restaurante), 198-9
Henfil (cartunista), 216, 350-1, 365, 450, 479
HERMANNY, Bruno, 199-200, 427
HERMANNY, Rudolf, 200-1, 427, 440
Hermanny, Thereza, 38, 200

Hime, Francis, 73, 296, 335, 379, 411, 490, 499
HIRSCH, Eugenio, 201-3, 428, 497, 511
Hirszman, Leon, 110-2, 142, 170-1, 341, 421, 499, 516
Hoffmann, Zelia, 98
Homem, Homero, 412
Hora, Rildo, 438
Horta, Francisco, 131
Hosko, Hirene, 52
Houaiss, Antônio, 126, 176, 268, 390
Hugo, Victor (designer), 148
Humildes, Sonia dos, 300

Idalina (cozinheira de Plinio Doyle), 412
Imperial, Carlos, 299
"Índio" (salva-vidas do ARPOADOR), 51
Ipanema, barão de, 269
Irene Estefânia, 45
ISABEL (jogadora de vôlei), 210-1
Isabela (modelo), 261
Itajahy, José Luiz, 75

JABOR, Arnaldo, 110, 170, 219-20, 270, 313--4, 325-6, 366, 449, 475, 504
"Jacaré" (salva-vidas do ARPOADOR), 51
Jacinto de Thormes (pseudônimo de MA-NECO Müller), 289-91, 513
Jacobina, Nelson, 370
Jacquard, GILLES, 76, 100, 133, 176
JAGUAR (cartunista), 25, 58-9, 61, 64-5, 108--9, 129, 137, 143, 145, 149, 154-5, 158, 166, 205, 215, 221-4, 226, 264, 272, 293, 316, 346-7, 349-52, 355, 423-4, 426, 450, 452, 474-5, 479, 510
Jair do Cavaquinho, 25
JANGADEIRO (botequim), 18, 27, 39, 59-60, 62-3, 69, 82, 96, 109, 132, 143, 147, 158, 184, 204, 209, 217, 223-6, 254, 263, 272, 278, 281-2, 346, 354, 382, 419, 440, 466, 477, 503-4, 511
Jango ver Goulart, João
Jardel Filho, 373, 399
Jardim, Reynaldo, 312, 428
Jatobá, Luiz, 141

544

Jesus, Clementina de, 165
João Augusto (crítico de teatro), 271
JOÃO DO RIO, 49, 88, 212-3, 236-8, 282, 369
Joãozinho Trinta, 423
Joaquim (proprietário do MAU CHEIRO), 316
Jobim, Ana Beatriz Lontra, 41
Jobim, ANTONIO CARLOS (Tom), 18, 35-44, 51, 53, 69, 72, 86-7, 92, 94, 98, 111, 115, 128, 138, 148, 166-7, 169, 195, 197, 200, 203, 209, 240, 243, 245, 253, 255, 263, 269, 277, 280-1, 283-4, 291, 299, 307, 316, 331, 336, 339, 342, 378, 380, 387, 398, 423, 427, 439, 443-4, 453, 468, 488-90, 501-2, 509
Jobim, Danton, 228
Jobim, Elizabeth, 115, 283
Jobim, Jorge, 36
Jobim, Paulo, 115
Joel e Gaúcho (cantores), 409
Johns, PER, 362-4
Jones, Norman Angel, 517
"Jonjoca" (surfista), 444
Joppert, Edu, 53
Jorge "Perseguição" (surfista), 294, 445
José Paulo (músico), 453
José Renato (músico), 115
José Vicente (teatrólogo), 457
Joy, Julie, 127
JOYCE (cantora), 73, 114, 248-50, 434
Juan Carlos, 65
Julião, Francisco, 426
Júlio César (ator), 98
Jurandir (capoeirista), 440
Juruna (índio), 324
Jusi, Leo, 283, 456

KABINHA (Isnaldo Chrockatt de Sá), 37, 50, 63, 86, 255-6, 478
Kaufmann, Arthur, 189
Kelly, Celso, 282
Kennedy de Lemos, Raul, 213, 237
Kerr, YLLEN, 52, 100, 166, 196, 203, 209, 269, 307, 398, 427, 449, 460, 496, 497-8
Khour, George, 292

Khoury, Simon, 471, 473
Klabin, Beki, 377, 428
Klein, Jacques, 339
Koellreutter, Hans Joachim, 38
Konder, Leandro, 142, 338, 376, 439
Konder, Luiza, 78, 326
Konder, Rodolfo, 376
Konder, Valerio, 376
Konder Reis, Marcos, 22, 148, 271, 277, 422
Kowalcsuk, Inês, 78
Kranz, MARILIA, 17, 52, 126, 198, 304-6, 326, 516
Kranz, Steve, 59, 126, 305
Kroeber, Carlos, 423
Kubitschek, Julia, 402
Kubitschek, JUSCELINO, 98, 117, 123, 148, 165, 227, 253-4, 321, 328, 340, 402, 432
Kubitschek, Márcia, 253
Kubitschek, Sarah, 253
Kusnet, Eugenio, 29, 66

Lacerda, Carlos, 29, 32, 70-1, 123, 141, 225, 227, 253, 280, 295, 340, 426, 456
Lacerda, Luiz Carlos ("Bigode"), 47, 263
Lacerda, Mauricio de, 238
Lacerda, Sebastião, 326
Lacerda, Sergio, 171, 326
Lacerda de Menezes, LILIANE, 34, 82, 183, 209, 217, 271-3, 277, 398, 422, 504
Lacombe, Américo Jacobina, 412
Lage, Henrique, 307
Lage, Nilson, 228
Lago, Beth, 77
Lago, Mario, 337
Lake, Veronica, 475
Lamare, GERMANA de, 175, 348
Lamare, Rinaldo de, 175
Lan (cartunista), 224, 269, 326, 438
Landim, Jaime, 53
Laport, Gilberto, 46, 52, 445
Lara, ODETTE, 30, 99, 137, 139, 341-3, 350, 370, 383, 473, 475, 481, 489
Lara Resende, Otto, 32, 88, 126, 136, 151, 159, 285, 292-3, 307, 358, 360, 404, 406, 427, 452, 490, 516

ÍNDICE ONOMÁSTICO

Latorraca, Ney, 173
Laurence, Jacqueline, 298
Le Cocq (detetive), 194
Leal, Joice, 198, 326, 336
Leão, CARLOS (Caloca), 90-1
Leão, DANUZA, 52, 60, 78, 116, 122-5, 165, 263, 264, 368, 377, 408, 475, 505
Leão, Esther, 91
Leão, Nara, 48, 72, 115, 143, 170, 173, 208--9, 243, 388, 410, 447, 502
Lecléry, Gérard, 345, 383-4
Lecléry, Regina, 345, 403
Lee, Rita, 274, 335
Lee, Zelinda, 78, 303
Leite, Tito, 95
Lemann, Jorge Paulo, 53, 118, 446
Lemmertz, Lilian, 365
Lemos, Fafá, 94
Lenczycki, Machla, 375
Lenine (músico), 438
Léo Jaime, 442
LEONAM, Carlos, 59, 143, 170, 268-9, 497--9, 510
LEONTINA, Maria, 119, 120, 368, 473
Leporace, Gracinha, 73, 114
Lessa, ELSIE, 32, 140-1, 150, 213, 248, 427, 470, 485
Lessa, IVAN, 74, 108, 141, 145, 154-5, 198, 205, 213-8, 222, 225, 236, 271, 350, 398, 422, 426, 454, 466, 499, 507
Lessa, Origenes, 32, 141, 466
Lessin Rodrigues, Claudia, 292
Levi, Soli, 301
Lewgoy, José, 198, 217, 452
Lewis, Jerry, 120
Libion, Jacques, 377
Libion, Lidia, 377
Light, Enoch, 169
Lima, Paulinho, 396
Lima Jr., Walter, 110, 442
Lins, Alvaro, 202
Lins, Ivan, 377
Lins do Rego, José, 111, 463
Lira (tapeceira), 147

Lispector, Clarice, 32, 136, 148, 244-5, 277--8, 283-4, 360, 391, 412-3, 427
Llerena, Jorge, 50
LOBÃO (João Luiz Woerdenbag), 30, 68-9, 115, 274-5, 367, 442
Lobato, Monteiro, 98, 182, 201, 447, 484
Lobo, Amílcar, 315
Lobo, Edu, 73, 296, 335, 411, 488, 499
Lobo, Fernando, 85, 128, 281, 488
Lobo, Luiz, 426-7
Lofler, Carlos Alberto, 453
London, Julie, 239, 249
Lopes, Xuxa, 77, 114
Lou (Maria de Lourdes de Oliveira), 174
Luisi, Edwin, 198
Luiz "Surrão" (surfista), 51
Luíza (professora), 73
Lukács, George, 287, 288
Lustosa, Isabel, 412
Luxemburgo, Rosa, 381
Luz, Moacyr, 438
LYGIA MARINA, 78, 115, 283-6, 326
Lyra, CARLOS (Carlinhos), 72, 91-3, 167, 250, 298, 368, 388, 453, 467, 488-9, 498
Lyra, Mariza, 331
Lyra Tavares, general, 512

"Macaco" (surfista), 294
Macalé, Jards, 115, 370-1
MacDowell, Mara, 74
Macedo, Watson, 111
Macedo Soares, Edmundo, 50
Macedo Soares, Flávio, 158
Macedo Soares, Helio ("Tubarão"), 100
Machado, Alfredo, 137
Machado, ANA MARIA, 27-8, 115, 126, 208, 406
Machado, ANIBAL, 31-3, 473
Machado, Carlinhos, 135
Machado, Carlos, 52, 65-6, 98, 138-9
Machado, Djenane, 198
Machado, Edison, 104, 356
Machado, JUAREZ, 155, 251-2, 326
Machado, MARIA CLARA, 109, 114, 209, 297-30

Machado, Renato, 124, 475, 499
MACIEL, Luiz Carlos, 287-9, 350, 365, 370, 450, 452, 455
Maciel Bonfim, Antônio, 375
Madeira, Carlos, 138
Madeira, Maria Teresa, 332
Mader, Malu, 115, 298
Magadan, Gloria, 113, 122, 268
Magalhães, ANA MARIA, 29, 170, 263, 326, 423, 455, 511
Magalhães, Kadu, 52
Magalhães, ROBERTO, 174, 326, 385, 482
Magalhães, Sergio, 29
Magalhães, Yoná, 384
Magalhães Jr., Raymundo, 237
Magalhães Lins, José Luiz de, 111, 368, 379, 456
Magalhães Pinto, José de, 490
Maia, Tim, 299, 336
Maia, Vera Lúcia, 100
Maia, Wolf, 298
Mainardi, Diogo, 217
Malagut, Manuel, 336, 476-7
Malle, Louis, 452, 481
Malraux, André, 418
Malvil, Annik, 100
Mancini, Henry, 93
Manga (jogador de futebol), 417
Mangano, Silvana, 166
Manhães, Vera, 326
Mann, Heinrich, 189
Mann, Herbie, 73
Mann, Thomas, 189
Manzon, Jean, 165, 358
Mao Tsé-tung, 124, 400
Maquiavel, Nicolau, 456
Marat, Mânlio, 59, 109, 376
Marçal (compositor), 117
Marcier, Emmerich, 429
Marcier, Mathias, 459
Marcondes Ferraz, Paulo Fernando, 121, 433
Marcos, Plínio, 114, 288, 336, 472
Maria Alcina, 339-40

Maria Bethânia, 143, 245, 250, 264, 373, 388, 396, 421, 442, 447
Maria Creuza, 491
MARIA GLADYS, 129, 154, 299, 423, 455, 475
Maria Helena (surfista), 445
Maria Mariana, 130
Mariani, Dilmen, 326
Mariani, Maria Clara, 171
Marina (cantora), 457
Marinho, Euclydes, 341
Marinho, Flavio, 198
Marinho, Norma, 129
Marinho, Paulo Roberto "Coelho", 345
Marinho, Roberto, 141, 234, 494
Mário "Bração" (surfista), 445
Mario Filho, 136
Mariz, Ivete, 50
Mariza Gata Mansa, 127, 339
Martinez Corrêa, José Celso, 66, 287
Martinho da Vila, 438
Martino, Telmo, 83, 121, 271, 398, 427, 454
Martins, Franklin, 27
Martins, Ivan Pedro de, 141
Martins, Jorge Leôncio, 50
Martins, Justino, 95, 99, 207, 239, 399-400, 433
Martins, Leila Afonso, 468
Martins, Luis, 281
Martins, Mario, 28
Martins, Wilson, 277
Marzo, Alexandra, 114
Marzo, CLAUDIO, 66, 113-4, 154, 314, 504
Más, DANIEL, 115, 121-2, 185, 424, 505
Mascarenhas, Carminha, 339
MASCARENHAS, Eduardo, 18, 83, 313-5, 441-2
Mascarenhas, Mario, 395
Matogrosso, Ney, 250, 442
Matos, MARCO AURELIO, 292-3
Matos, Mario, 293
Matoso, Gilda, 492
Mattar, Mauricio, 298
MAU CHEIRO (botequim), 18, 80, 89, 96, 99--101, 110, 148, 175, 220, 253, 261, 278, 301, 315-6, 424, 516

• ÍNDICE ONOMÁSTICO

Mauriti, Ruy, 115
Mauro "Cabide" (surfista), 53
Mautner, Jorge, 370
Máximo, João, 415
Mayrink Veiga, Carmen, 116, 382
Maysa, 209, 249, 318, 388, 395-6, 459
Mazzaropi, 410
McBain, Ed, 454
McCarthy, Mary, 428
Medalha, Marília, 491
Medeiros, José, 137
Medeiros, Marcos, 302
Médici, Emílio Garrastazu, 30, 94, 134, 155, 179, 216, 243, 340, 370, 372, 392, 415, 518
Medina, Abraão, 66
Medina, Tetê, 423
Mehler, Miriam, 113
Meirelles, Antônio, 376
Meirelles, Cecília, 243
Meirelles, Cildo, 481
Meirelles, Francisco, 376
Meirelles, Ilvo, 376
Meirelles, Rosa, 376
Meirelles, Silo, 376
Meirelles, Victor, 181
Mello, Custódio de, 447
Mello, Fernando, 456
Mello, Gustavo ("Mellinho"), 437
Mello, Thiago de, 126
Mello e Souza, Claudio, 58, 427
Mello Franco, Afonso Arinos de, 412
Mello Franco, Afranio de, 433
Mello Pinto, Ronaldo, 271, 398
Melo, Saulo Pereira de, 386
Memória, Péricles, 50
Mendel, Margot, 308
Mendes, Bete, 304
Mendes, Marcia, 185
Mendes, Murilo, 31, 32
Mendes, Sergio, 317, 334
Mendes Campos, PAULO, 32, 54, 70, 84, 88, 126, 140-2, 150, 153, 191, 255, 281, 285, 292, 299, 357-61, 391, 406, 419, 427, 470, 487, 490, 496, 504

Mendonça, Cirene, 338
Mendonça, Mauro, 398
Mendonça, NEWTON, 39-41, 72, 148, 277, 337-9, 453, 469
Mendonça Telles, Gilberto, 412
Meneghel, Xuxa, 399
Menescal, Roberto, 46, 52, 72-3, 318, 387-9
Mesquita, Custódio, 25, 42
Mesquita, Evandro, 55, 115, 367
MIELE, Luiz Carlos, 135, 252, 269, 317-9, 339, 376-7, 387, 467
Migliaccio, Dirce, 98, 299
Milito, Osmar, 339
Milliet, Sergio, 81-2
Mine, Ricardo, 445
Mirabeau, Victor R., 43
Miranda, Ana, 45, 421
Miranda, Ary, 437
Miranda, Carmen, 135, 362
Miúcha, 43, 94, 112, 285, 491
Monarco (compositor), 438
Mondale, Walter, 518
Moniz Freire, NAPOLEÃO, 32, 257, 298, 330, 332, 427
Moniz Vianna, Antonio, 171, 176, 419
Monsieur PUJOL (restaurante), 376-7
Montarroyos, Marcio, 339
Monte, Marisa, 335, 457
Monteiro de Barros, Paulo Alberto (Artur da Távola), 49, 398
Monteiro, Cyro, 92, 487, 492
Monteiro, Ronald, 243
Montenegro, Fernanda, 157, 173, 216, 323, 434
Montenegro, Manuel Pinto, 269
MONTENEGRO, Rua, 20, 22, 59, 72-3, 77, 101, 131, 142, 169, 177, 195, 237, 264, 269, 301, 312, 325-7, 369, 372-3, 385, 424, 441, 467, 477, 482
Montes, Henrique "Grosso", 59, 226
MORAES (Sorveteria das Crianças), 327
Moraes, Antônio, 327
Moraes, Georgiana de, 114, 475, 487
Moraes, Helius de, 32
Moraes, Luciana de, 487

Moraes, Maria de, 491
Moraes, Mariana de, 481
Moraes, PEDRO (Pedrinho) de, 52, 209, 361-
    -2, 447, 481
Moraes, SUZANA de, 446-8, 481
Moraes, Tati de, 447, 466, 473, 484
Moraes, VINICIUS de, 18, 20, 25, 32, 40, 69,
    71, 91, 94, 123, 127, 132, 136, 139, 141,
    166-7, 195, 209, 242, 255, 269-70, 280,
    284, 291, 299, 318, 327, 335, 337, 341,
    350, 358, 373, 379-80, 388, 391, 403,
    412, 422, 427, 434, 447, 452-3, 456, 460,
    465-6, 470, 483-92, 501, 504, 508, 516
Moraes Barros, Dorita, 514
Moraes Neto, Prudente de, 412
Morais, Fernando, 375
Morais, Frederico, 385
Morais, Pratini de, 392
Moreira, Cid, 87
Moreira, Delfim, 88, 433
Moreira, Mila, 388
Moreira, Moraes, 175, 367
Moreira, Virgilio Moretzsohn, 115
Moreira, Zezé, 354
Moreira Alves, Marcio, 178
Moreira da Rocha, Celina, 74, 76
Moreira Leite, Marco Aurelio, 455
Moreira Lima, Arthur, 332
Moreira Salles, Walther, 290
Moreyra, Alvaro, 33, 187, 357, 413, 417
Moreyra, Eugenia, 417
Moreyra, SANDRO, 62, 100, 356, 414, 416-7
Moses, Herbert, 95
Motta, Ed, 457
Motta, NELSON (Nelsinho), 68, 73, 269, 294,
    333-5, 368, 396, 424, 442, 460, 504
Motta, Zezé, 185, 198, 457
Moura, Mauricy, 41
Moura, Paulo, 104, 112, 339
Mourão, CAIO, 52, 58, 64, 69, 81, 170, 210,
    217, 252, 271, 277, 326, 373, 475, 511
MOWINCKEL, John, 262, 328-9
Mowinckel, Letizia, 328
Mucha, Alphonse, 155
"Mudinho" (surfista), 294, 370, 446

Müller, Filinto, 311, 375, 384, 503
Müller, MANECO (Jacinto de Thormes),
    184, 289-91, 513
Muniz, Lauro César, 399
Muraro, Rose Marie, 267
Murtinho, Carlos, 398, 454
Murtinho, KALMA, 32, 256-8, 298-9, 303,
    323, 330
Murtinho, Rita, 258
Murtinho, ROSAMARIA, 51, 115, 208, 271,
    397-8, 423, 454, 507

Nabokov, Vladimir, 201, 428
Nagle, Leda, 162
Nahas, Naji, 513
Nandi, Ítala, 135, 243, 365
Nascimento, Aizita do, 337
Nascimento Britto, M. F. do, 228
Nascimento e Silva, Ana Maria do, 423
Nascimento e Silva, Luiz Gonzaga do, 392
Nascimento e Silva, Maria do Rosário,
    298, 326
Nava, Pedro, 137, 412-3
NAZARETH, Ernesto, 20, 42, 331-2
Nazareth, Maria de Lourdes, 331
Nelson Cavaquinho, 25, 92, 280
Nercessian, Stepan, 181
Neri, Murilo, 97
Nery, Ismael, 90
Neschling, John, 115
Neves, David, 110, 112, 270, 325
Newton Carlos, 312
Ney (da banda de Ipanema), 59
Ney, Nora, 100
Nicácio (garçom do ZEPPELIN), 504
Niemeyer, Ana Maria, 504
Niemeyer, CARLINHOS (Carlos), 84-7, 100,
    417, 507
Niemeyer, Oscar, 309, 380, 504
Nóbrega, Daltony, 93
Noca da Portela, 438
Nogueira, Armando, 136, 211, 427
Nogueira, João, 438
Nogueira, RAYMUNDO, 299, 358, 380, 504
Nogueira da Gama, José Carlos, 147

ÍNDICE ONOMÁSTICO

Noronha, Sergio, 417
NUMBER ONE (boate), 155, 339-40
Nunes, Adão Pereira, 376
Nunes, Bia, 298
Nunes, Dulce, 379
Nunes, Luiz Arthur, 368
Nutels, Noel, 401

Oiticica, HELIO, 60, 102, 172, 174, 186, 193--4, 311, 346, 452
Oiticica, José, 194
Oiticica Filho, José, 186, 194, 346
Olinto, Antonio, 407
Oliveira, Aloysio de, 40, 502
Oliveira, Armênio, 477
Oliveira, CARLINHOS (José Carlos), 20, 54, 60, 87-9, 133, 137, 140, 150, 244, 277, 305, 312, 360, 390, 394, 401, 406, 427, 460, 497, 504, 511
Oliveira, Cristiane, 114
Oliveira, Dalva de, 103, 135
Oliveira, DOMINGOS, 129-30, 475
Oliveira, Ísis de, 77
Oliveira, Manuel de, 76
Oliveira, Mariozinho de, 51
Oliveira, Paulo César de, 77
Oliveira, Roberto de, 245
Olivier, Laurence, 235, 365
Orico, Vanja, 410
Orlando (garçom do ZEPPELIN), 504
Orléans e Bragança, João (dom Joãozinho) de, 115
Ornstein, Oscar, 98
Oscarito, 98, 139, 235
Osório, Fátima, 77
Ouro Preto, condessa Mimi de, 388, 408, 486

Padilha (delegado), 423
Padilha, Silvio, 439
Pagã, Elvira, 349
Pais de Almeida, Sebastião, 253
Paiva, Miguel, 198, 326
Palmério, Mario, 41

Pancetti, José, 33, 402
Pape, Lygia, 193, 312
PASQUIM, O (semanário), 15, 65, 109, 143, 146, 156, 161, 163, 166, 179, 205-6, 215, 217, 222-3, 226, 236, 264-5, 269, 288, 292, 348-52, 450-1, 477, 510
Passaes, Esdras, 316
Patrocínio Filho, José do (Zeca), 462
Paula, Inimá de, 148
Paulette (dançarino dos Dzi Croquetes), 135
Paulinho da Viola, 154, 275
Paulinho "Pompom" (surfista), 59
Paulo da Portela, 280
Paulo José, 129, 242, 264, 365, 410
Paz Pinto, Juarez, 351
Pederneiras, Regina, 485
Pedregulho, Mário, 439
Pedreira, Fernando, 225
Pedro I, dom, 149
Pedro II, dom, 323
Pedrosa, MARIO, 18, 88, 191, 194, 310-2, 473
Pedroso, Bráulio, 399
Peixoto, Alvarenga, 243
Peixoto, Cauby, 318
Peixoto, Fernando, 365
Peixoto, Mario (cineasta), 386
Peixoto, Mario (jornalista), 327
Pelé (jogador de futebol), 136, 318, 415
Pellegrino, Helio, 126, 151-2, 285, 312-4, 479
Pena, Martins, 332
Penna, Rosa Maria, 178
Pepê (surfista), 78, 115, 446
Pêra, Marilia, 139
Peracchi, Leo, 43
PEREIO, Paulo César, 48, 264, 364-6, 423
Pereira, Chico, 46, 52, 73
Pereira Carneiro, condessa, 227
Perez, Fernando, 200, 440
Persia, Miriam, 97
Pessoa, Fernando, 214, 378, 470
Pessoa Filho, Nelson, 115
Peter "Alemão" (surfista), 59

ÍNDICE ONOMÁSTICO

PETIT (José Arthur Machado, surfista e "Menino do Rio"), 366-7
PETITE GALERIE (galeria de arte), 231, 367--9, 429
Pettezzoni, Sergio, 100
PÍER, 54, 56, 76, 83, 103, 172, 236, 267, 288, 327, 363, 369-72, 400, 424, 441, 446, 449, 457
Pif Paf (jornal), 202, 308, 321, 349, 497, 510
Pignatari, Baby, 85
Pillar, Patricia, 368, 442
Pingarilho, Carlos Alberto, 294, 296
Pinheiro, ALBINO, 24-5, 32, 58, 61, 129, 143, 148, 203, 223, 226, 271, 316, 326-7, 347, 351, 355, 376, 422, 438, 504, 510, 515
Pinheiro, Claudio, 59, 61
Pinheiro, Eneida, 195-6
Pinheiro, Felipe, 246
Pinheiro, Fernando, 196
Pinheiro, HELÔ (Heloisa Eneida Menezes Paes Pinto), 166, 168, 195-7, 351, 427
Pinheiro, Nonato, 127, 507
Pinheiro, Paulo César, 93
Pinto, Fernando, 135
Pirajá (churrascaria), 94-5, 278
Pirandello, Luigi, 282, 332, 472
Pirica (jogador de futebol), 414
Pitanga, Antonio, 326
Pitanguy, Ivo, 498, 514
Pittigliani, Armando, 115
Pittman, Eliana, 115
Pixinguinha, 42, 61, 280, 373, 488, 492
PIZZAIOLO (pizzaria), 373
Plataforma (churrascaria), 377, 387, 394
Polanah, Rui, 325, 327, 423
Polessa, Zezé, 436, 442
Poly, Reginaldo de, 135
Poly, Rogério de, 135
Pompeia, Raul, 21
Pompeu, Maria, 298
Pontes, Paulo, 48
PONTES de Miranda, Francisco Cavalcanti, 374
Portinari, Candido, 32, 67, 90, 111, 119, 141, 201, 281, 311
Pôrto, Sergio (Stanislaw Ponte Preta), 24, 62, 98, 100, 136-7, 150, 222, 249, 280, 299, 342, 358, 414, 419, 427, 460, 479, 504
Portocarrero, Hermenegildo, 469
Possi, Zizi, 395
Powell, Baden, 170, 255, 296, 379, 488
Prado, Eduardo, 129
Prazeres, Heitor dos, 32, 92, 191, 470
PRESTES, Luís Carlos, 329, 374-5
Prieto, Adriana, 198, 455
Prieto, Carlinhos, 370
Priolli, Gabriel, 494
Proença, Lucia, 167, 488-9
Prósperi, Carlos, 451
Pudny, Marco Antonio, 376
Puig, Manuel, 457
Pujol, Joseph, 377

Quadros, Jânio, 74, 187, 426
QUARTIN, Roberto, 378-9, 478
Queiroz, Dinah Silveira de, 410, 412
Queiroz, Rachel de, 91, 399
"Quim" (capoeirista), 439
Quinzinho (bandido), 432

Rabelo, Ana Luiza "Bruxinha", 99, 427
Ramalho, Elba, 335, 370, 395
Ramos, Graciliano, 111, 281, 463
Rangan, Livio, 317
Rangel, Flavio, 48, 75, 157-8, 178, 427
Rangel, LUCIO, 24, 59, 69-70, 84, 191, 280--2, 299, 360, 427, 486, 504
Rangel, Maria Lucia, 121, 198, 280, 326, 495
Rasi, Mauro, 442
"Ratinho" (garçom do JANGADEIRO), 226
Raul "Vovô" (Raul Gunther Vogt), 478-9
Rayol, Agnaldo, 215
Rebelo, Marques, 413, 427
Rebeq, Mario, 446
Rebeq, Paulo, 446
Redi (cartunista), 216
Regis, Sidney, 155
Rego, Julinho, 452

ÍNDICE ONOMÁSTICO

Rego, Norma Pereira, 142, 198, 273
Rêgo Monteiro, Vicente do, 231
Reis, Joaquim Silvério dos, 243
Reis, Luiz, 70
Reis, Mario, 117, 431
Resende, Célia, 76
Rey, Marcos, 96
Rey, Margarida, 472
Reys, Adriano, 115, 170-1, 325
Rhenania *ver* JANGADEIRO (botequim)
Ribamar (barman do The FOX), 155
Ribeiro, Celi, 511
Ribeiro, Darcy, 179, 261, 427
Ribeiro, Edgard Telles, 351
Ribeiro, Isabel, 129
Ribeiro, Ivani, 399
Ribeiro, Jesuíno, 147
Ribeiro, João Ubaldo, 452
Ribeiro, Júlio, 141
Ribeiro, Leyla, 457
Ribeiro, Pery, 296, 317, 467
Ribeiro, Wagner, 135
Ribeiro Jr., Luiz Severiano, 175
Rica, Marco, 148
Ricardo "Bocão" (surfista), 78
Ricardo "Charuto" (surfista), 77, 445-6
Riddle, Nelson, 378
Rimbaud, Arthur, 22, 103, 222, 397
Ripper, Luiz Carlos, 370
Rivelino (jogador de futebol), 131
Roach, Max, 152
Roberto Carlos, 299, 317
Rocha, Anecy, 180, 300
Rocha, Aurimar, 455
Rocha, GLAUBER, 60, 75, 80, 82, 109, 114, 124, 139, 174, 177-80, 270, 287, 309, 313, 325, 335, 350, 382, 386, 396, 407, 420
Rocha, Glauce, 283, 455
Rocha, Martha, 86
Rodin, Auguste, 177
Rodin Rubirosa Marinho, ODILE, 155, 343--6, 383, 403
Rodrigues, Arlindo, 98

Rodrigues, Augusto, 486
Rodrigues, GLAUCO, 64, 137, 180-1, 291, 305, 326, 368, 424, 426
Rodrigues, JOSÉ HONORIO, 202, 246-7, 427
Rodrigues, Leda Boechat, 247
Rodrigues, Lupicinio, 158
Rodrigues, MARCIA, 115, 129, 154, 170-1, 197, 291-2, 337, 341
Rodrigues, Mario, 430
Rodrigues, Nelson, 89, 96, 102-3, 111, 114, 140, 160, 171, 183, 201, 219, 257, 282, 332, 335-6, 353, 360, 391, 413, 415, 427, 430, 516
Rodrigues, Newton, 176, 426
Rodrigues, Roberto de, 135
Rodrigues, SERGIO, 155, 176, 198, 427-30, 458
Rodrigues, Tereza Christina, 369
Rodriguez Santa-Maria, Marta, 491
Rolla, Joaquim, 50
Rolling Stones, 64
Romanelli, Armando, 148
Rónai, Cora, 115, 323
Ronaldo "Cientista", 46, 52
Rondelli, Rose, 98
Rony "Porrada" (Ronald Lopes da Silva), 113, 423, 476, 504, 507
Roof, René, 58
Rooney, Mickey, 438
Rosa, Guimarães, 41, 111, 150, 159, 206, 209, 245, 412, 427
Rosa, Noel, 36, 117, 249, 272
Rosemberg, Tito, 445
Rosenburgo Lecléry, REGINA, 116, 178, 290, 341, 381-4, 427, 452, 492, 497
Rossi, Italo, 173
Rothschild, barão de, 344
Roule, Christian, 429
Roussin, André, 471
Rowlandson, Thomas, 322
ROZÁRIO, Armando, 58, 326, 400-2, 427, 497
Rubin, Sacha, 100
"Rubinho" (surfista), 444
Rubirosa, Porfirio, 343

Rufino, Paulo, 211
Rugendas, Johann Moritz, 483
Ruschi, Augusto, 401

Sá, M. N. de, 463
Sá, Sandra de, 335
Sá, Wanda, 73, 114, 388, 467
SABADOYLE (reunião semanal na casa de Plinio Doyle), 132, 412-3
Sabiá, Editora, 137
Sabino, FERNANDO, 31, 64, 88, 136, 140-1, 150-2, 155, 170-1, 244, 285, 292, 327, 342, 358, 391, 403, 427, 479, 487, 490, 504
Sablon, JEAN, 51, 191, 231-4
Saboya, Paulo, 51
Sachs, Gunther, 499
Sagan, Françoise, 383, 395
Salaberry, Zilka, 98
Saldanha, Gaspar, 148
SALDANHA, João, 60, 62, 100, 148, 170, 277, 356, 376, 413-5, 417
Saldanha, Luiz Carlos, 325
Salgado, Plínio, 426
Salles, Aloysio, 253
Salles, Mauro, 95
Salles Gomes, Paulo Emilio, 418
Salles Jr., Walter, 198
Salles Pinto, YONITA, 99, 185, 196, 263, 269, 300, 427, 450, 474-5, 498-500
Salomão, Jorge, 370
Salomão, Waly, 370-1
Sampaio, Jacyra, 98
Sampaio, Lulu, 50
Sampaio, Paulo, 50
Sandra (jogadora de vôlei), 221
Sangirardi, SILVIA, 434-7
Sant'Anna, Affonso Romano de, 308
Sant'Anna, Vera, 372
Santa Rosa, Thomaz, 257, 281-2, 456
Santarelli, Américo, 424
Santiago Dantas, 268
Santos, Agostinho dos, 127, 384
Santos, Helio, 195
Santos, Joel Rufino dos, 438

Santos, Lulu, 30, 112, 335, 424, 442
Santos, Moacyr, 379
Santos, Nelson Pereira dos, 29, 47, 384
Santos, Nilton, 291, 413, 467
SANZ, José, 19, 100, 282, 312, 316, 418-9
Sanz, Luiz Alberto, 283
Sanz, Sergio, 283
SARACENI, Paulo Cesar, 25, 58, 148, 242, 271, 278, 309, 420-2, 424
Saraceni, Sergio, 422
Saraiva, Ana Maria, 52, 208
Sargentelli, Oswaldo, 505
Sarmento, Sizeno, 340
Sarney, José, 192, 230, 513
Savá, Daniel, 370, 446
Savary, OLGA, 25, 223, 346-8, 412, 475, 510
Scher, Tania, 109, 129, 154, 326, 455, 475, 511
Scheuenstuhl, Paulo "Salsicha", 52, 505
Schmidt, Augusto Frederico, 434, 487
SCLIAR, Carlos, 32, 64, 181, 222, 272, 368, 424-6
Scliar, Salomão, 209, 497
Segall, Beatriz, 198, 283
Seixas, Horacio, 446
Seljan, Zora, 141, 407, 485
SENHOR (revista), 64, 137, 181, 209, 215, 222, 296, 330, 425-8, 487, 497-8, 510
Senise, Daniel, 438
Senna, Homero, 412
Sergio "Borboleta" (surfista), 59
Sérgio Augusto (jornalista), 31, 111, 198, 216, 410, 429
Sergio Ricardo, 299, 379, 411
Serpa, Ivan, 34, 172, 458
Serra, Otoniel, 300
Serran, LEOPOLDO, 269-70
Severo, Marieta, 129, 326
Sfat, Dina, 246, 303, 495
Sganzerla, Rogério, 300, 370
Shangri-Lá *ver* BAR LAGOA
Silva, Abel, 154
Silva, Aguinaldo, 270
Silva, Francisco Pereira da, 398
Silva, Galdino, 445

• ÍNDICE ONOMÁSTICO

Silva, Ismael, 117, 280
Silva, JACQUELINE, 115, 210, 220
Silva, Leonidas da, 438
Silva, Moreira da, 95
Silva, Orlando, 438
Silveira, Enio, 202
Silveira, Joel, 425
Silveira, Monica, 52-3, 326, 334, 388, 427, 460
Silveira, Nise da, 312-3
SILVEIRA Sampaio, José de, 398, 429-32, 454
Silvinha "Maconha", 53-4, 104
Simão, Salim, 417
Simões, Thereza, 326
Simonal, Wilson, 69, 317, 336, 377
Simone (cantora), 395
Simonsen, Mario Wallace, 382
Simonsen, Wallinho, 382-4
SIMPATIA É Quase Amor (bloco de carnaval), 437-8
Sinhô, 42, 117, 232
SINHOZINHO (Agenor Moreira Sampaio), 18, 38, 86, 200, 353, 438-40, 477
Sirotsky, Nahum, 215, 424, 426-7
Soares, Claudette, 317
Soares, Elza, 275, 373, 438
Soares, Ilka, 97
Soares, JÔ, 97, 115, 205, 235-6, 325, 350, 399, 431, 455
Sodré, Muniz, 438
SOL Ipanema (hotel), 112, 162, 314, 373, 424, 441-3
Solanginha (do TRIO TUMBA), 99, 300, 474-5, 499
Solberg, Ruy, 70, 170, 211
Soledad (surfista), 445
Soledade, Paulo, 51, 85, 155, 362
Soledade, Tico, 38, 50, 86
Solich, Fleitas, 354
Sombra (revista), 123
Sorrah, Renata, 313
Soutello Alves, Lauro, 518
Souto Corrêa, Thomaz, 449
Souza, Flávio de, 66

Souza, Octavio Tarquínio de, 486
Souza, Oswald de, 115
Souza, Pompeu de, 228
Souza, Raul de, 104
Souza Campos, Didu, 377
Souza Campos, Thereza, 116, 377, 382
Souza Dantas, Luiz Martins de, 486
Stanislaw Ponte Preta *ver* Pôrto, Sergio
Stycer, Daniel, 274
Suassuna, Ariano, 275
SUED, Eduardo, 39, 51, 443
Sued, IBRAHIM, 86, 121, 155, 206, 340, 345, 350, 377, 382, 415, 433, 513
SURFE, 46, 55, 73, 78, 199, 294, 325, 366-7, 370, 444-6

Taiguara, 317
Takaoka, Yoshiya, 148
Tamovska, Mariella, 308
Tati, Paulo "Preguiça", 51, 445
TATUÍS, Clube dos, 452-3, 487
Taubman, Mauro, 74, 78, 148
Tavares, Maria da Conceição, 390
Tavares, Neyla, 198
TEATROS DE IPANEMA, 454-8
Teixeira, Humberto, 39
Teixeira, Novaes, 292
Teixeirinha (cantor), 94
Teixeirinha (proprietário da carreta), 94
Telles, Lygia Fagundes, 413
Telles, Sylvia, 72, 388, 453
Temer, Milton, 127, 142, 437
Tenório Jr. (músico), 104
TENREIRO, Joaquim, 429, 458-9
Tércio, Jason, 88
"Terezão" (do TRIO TUMBA), 475
Terranova, Franco, 231, 367-9, 429
Terranova, Marco, 369
Terranova, Rossella, 115, 368-9
THEDIM, Cesar, 87, 408, 452, 459-61, 473
THÉO-Filho, 50, 462-4
Thereza Rachel, 455
THIRÉ, Carlos, 32, 137, 141, 191, 217, 225, 408, 464-5, 469

ÍNDICE ONOMÁSTICO

Thiré, Cecil, 29, 52, 330, 362, 464, 466, 475, 504
Thiré, Luiza, 464
Thomas, Daniella, 172-3
Thomas, GERALD, 76, 115, 172-3
Thomaz Lopes, Rosita, 121, 170-1
Tião Neto, 167
Timberg, Nathalia, 471
Tinhorão, José Ramos, 24-5, 228, 427
TOCA DO VINICIUS (livraria), 373, 466-8
Tolentino, Bruno, 275
Tom Zé, 421
Tonelli, Bayard, 135
Toquinho (músico), 94, 362, 490-2
Torloni, Christiane, 115, 313, 368
Torres, Fernanda, 173, 298
Torres, Fernando, 283
Tovar, Claudio, 135
Travassos, Patricia, 55, 114
Trevisan, Dalton, 136, 157, 243
TRIO TUMBA, 99, 129, 300, 474-5, 499
Trump, Donald, 513

Urban, Marisa, 52, 170

Vagn (cartunista), 479
Valadão, Jece, 175, 410
Valcir "22" (surfista), 294
Valdez, Vera *ver* Barreto Leite, VERA
Vale, João do, 48
Valença, Darel, 502
Valentim, Rubem, 368
Valle, Ana Maria, 326
Valle, MARCOS, 73, 251, 293-4, 296, 326, 335, 411, 445
Valle, Paulo Sergio, 73, 131, 293-4
Valli, André, 98
Valls, Marilia, 74, 77, 79, 443
Vandré, Geraldo, 75, 92
VARANDA (bar), 336-7, 476-7
Varela, Obdúlio, 241
Vargas, Getúlio, 28, 123, 134, 156, 225, 375, 438
Vasconcellos, Carlos, 50
Vasconcellos, Dora, 508
Vasconcellos, Georgiana, 74
Vasconcellos, Guilherme, 50
Vasconcellos, Jorge, 50
Vasconcellos, MARCOS de, 224, 295-6, 316, 393, 427
Vavá (garçom do JANGADEIRO), 59, 63, 226
Vavá (jogador de futebol), 421
Vaz Pereira, Hamilton, 55, 115, 298
Vaz, Yara, 50
Veiga, Carlos, 76
VELOSO (botequim), 18, 59, 69, 73, 82, 89, 101, 132, 145, 166, 170, 174, 195, 204, 244, 253, 256, 266, 283, 325, 338, 405, 427, 475-80, 484, 508, 511
Veloso, Caetano, 30, 60, 68, 103, 154, 159, 163, 173, 175, 194, 198, 245, 300, 350, 366, 371-2, 397, 421, 441
Veloso, Raul, 477
Veloso Lucas, Luiz Paulo, 437
Ventura, Mary, 126
Ventura, Zuenir, 126, 142, 179, 301
VERGARA, Carlos, 60, 115, 174, 193, 261, 326, 385, 481-2
Verissimo, Erico, 209
Veríssimo, Lucia, 115
Viana, Zelito, 48, 325
Vianna, Biza, 77, 517
Vianna, Marcio, 368
Vianna, Renato, 137
Vianna Filho, Oduvaldo, 48, 96, 243, 301, 337, 341, 455, 475
Vianny, Alex, 60, 203
Vicenzi, Raul de, 50
Vieira, Júlio, 147
Vieira da Silva, Maria Helena, 32
Vieira Ottoni, Décio, 228
Villa-Lobos, Heitor, 43-4, 111, 169, 177, 274, 434, 467
Vinhas, Luiz Carlos, 72, 417
Vital, João Carlos, 50
Vital, Luiz Carlos "Bisão", 50, 444-6
Vital, Regina "Batatinha", 445
Vivacqua, Angelo, 52, 308
Voga (revista), 52, 321

ÍNDICE ONOMÁSTICO

Volpi, Alfredo, 231, 311, 443, 458
Von, Ronnie, 170, 302

Waddington, Mitzi, 479
Waechter, Eric, 121
Wainer, Bluma, 406, 407
Wainer, Bruno, 124
Wainer, Pinky, 124
Wainer, Samuca, 124-5
Wainer, Samuel, 123-4, 356, 406-7, 451, 486
Waldner, Gérard de, barão, 433
Walter Alfaiate, 438
Wanderléa, 157
Wanderley, Dico, 285, 478
Wanderley, Walter, 293
Washington Luís, 108
Weinberg, Liliana, 516
Weissman, Simão, 426
Werneck de Castro, Moacir, 145
Wilker, José, 370-1, 457
Windsor, Marcia de, 98, 455
Wolff, FAUSTO, 145-6, 175, 224, 423, 478
Wotzik, Eduardo, 368

Xavier, NELSON, 29, 48, 291, 325, 336, 476
Ximenes, Sergio, 43

Yáconis, Cleyde, 471
Yamamoto, almirante, 156
Yamoto, Tatsuo, 50
Young, Patricia "Buzina", 445

Zagury, Bob, 46, 100
Zampari, Franco, 471
Zaragoza, José, 165
ZÉ DA FARMÁCIA, 501, 511
Zé Kéti, 25, 48, 91, 93, 143, 154
Zé Montilla (garçom do ZEPPELIN), 504
Zeca Pagodinho, 438
Zelão (músico), 139
ZEPPELIN (botequim), 18, 21, 30, 57, 62, 69-70, 73, 78, 83, 89, 110, 122, 153, 163, 185, 220, 227, 243, 272, 281, 293, 301, 346, 402, 433, 476, 502-6, 511
Zerlottini, Fernando, 268-9
Zico (jogador de futebol), 131, 162, 467, 495
Ziembinski (diretor de teatro), 183-4, 282
ZINGG, David Drew, 164-5, 170, 326, 505, 508-9
ZIRALDO, 58, 126, 142, 170, 172, 198, 203, 222, 326, 349-52, 399, 427, 438, 450, 456, 476, 479, 505, 509-12
Zizinho (jogador de futebol), 241
Zum-Zum (boate), 155, 177, 489

ESTA OBRA FOI COMPOSTA POR ACOMTE
EM PALATINO E IMPRESSA PELA GEOGRÁFICA EM OFSETE
SOBRE PAPEL PÓLEN SOFT DA SUZANO S.A.
PARA A EDITORA SCHWARCZ EM ABRIL DE 2021

A marca FSC® é a garantia de que a madeira utilizada na fabricação do papel deste livro provém de florestas que foram gerenciadas de maneira ambientalmente correta, socialmente justa e economicamente viável, além de outras fontes de origem controlada.